武家の文物と源氏物語絵

尾張徳川家伝来品を起点として

❖編者❖
高橋 亨
久富木原 玲
中根 千絵

翰林書房

武家の文物と源氏物語絵

——尾張徳川家伝来品を起点として

目次

はじめに――8

第一章　徳川美術館・蓬左文庫伝来品の諸相

第二章　源氏物語をめぐる文物の諸相

武家の文物と源氏物語絵

——尾張徳川家伝来品を起点として

はじめに

公家の文化と武家の文化とは、長いあいだ、ともすれば対立的にのみ捉えられてきた。『源氏物語』や『枕草子』は、王朝文化を代表する女性中心の文学作品として、男性中心の『平家物語』や『太平記』といった軍記物語などとは異質な面が強調されてきている。その基底には、娘を後宮に入内させて生まれた皇子を即位させ、これを補佐する摂関政治から、征夷大将軍として幕府を掌握する武家政権へといった、政治権力や社会の仕組みを中心とした歴史観が作用してきたともいえよう。

こうした政治社会史の変化にもかかわらず、現在の日本まで、少なくともたてまえとして一貫しているのが、天皇をいただく制度と和歌による表現である。『古今和歌集』いらい、脈々として勅撰和歌集が編纂されてきた。二十一代集という勅撰和歌集の伝統は、室町時代の十四世紀の前半に、『新続古今和歌集』で途絶えてしまう。応仁の乱の影響であろうが、その後も天皇と結びついた和歌の伝統は続いた。和歌は貴賎や男女といった差別を超えた交流を可能にする文芸であった。最近では、王朝文学研究においても、男性を中心とした漢詩文も重視されるようになってきたが、そもそも勅撰集の起源は平安朝前期における漢詩集にあった。

十六世紀初頭には三条西実隆をはじめとする歌人たちが活躍したし、十七世紀には、中院通村の影響のもとで後水尾院が「勅撰千首」を編んでいる。そこには、実隆の時代から近世初期までの有力歌人たちの歌が集められている。明治維新の後、正岡子規は『古今和歌集』以来の「和歌」伝統を鋭く批判して「短歌」革新運動を起こしたが、そうした活動も含めて和歌の伝統は続き、宮中における歌会始めも行われている。

『伊勢物語』はもちろん、『源氏物語』などの王朝物語は、散文といえる物語文のみではなく、和歌を組み込むことによって成り立っている。そしてまた、『平家物語』もまた諸本の差異はそれとして、和歌を内包しているのであった。『平家物語』にもまた、女性たちをめぐる恋の物語もある。それらの基底には、漢詩文や仏典なども、程度の差はあるにせよ作用している。

そうした表現の現象ばかりでなく、〈恋愛〉と〈戦争〉という、まったく対立した主題的な物語内容における共通性を読む必要もあるであろう。〈恋愛〉と〈戦争〉とは、ともに権力者たちがその権力を保持するための手段であった。〈恋愛〉は結婚や婚姻と言い換えた方がわかりやすいであろう。徳川家康のような武家にとって、〈戦争〉によって相手を征服するか、婚姻関係を結んで和平を維持するか、どちらかの選択があった。これは、古今東西に一般的な事実である。

徳川家康は大阪冬の陣のあと、中院通村から『源氏物語』の講義を受けている。「源氏長者」として「征夷大将軍」となった「源氏」幻想のゆえである。家康は将軍秀忠の娘の和子を後水尾天皇の女御として入内させた。やがて和子は王朝の伝統を復活させた「中宮」ともなる。そこでは、後水尾天皇の側近であった三条西実枝と中院通勝が、武家伝奏や中宮大夫として活躍している。

家康は自身の所蔵品を、駿河御分物として徳川三家に譲り渡した。尾張徳川家はこれをほぼ元のまま保ち、徳川美術館・蓬左文庫に伝えている。その所蔵品は、「源氏長者」家康の文化政策を知るうえで貴重な手掛かりを提供している。徳川美術館・蓬左文庫は、国宝の刀剣などの武具甲冑のみならず、金沢文庫本『続日本紀』（重要文化財）、『源氏物語絵巻』（国宝）・河内本『源氏物語』（重要文化財）・「初音の調度」（国宝）などを、駿河御分物と歴代尾張藩主および藩主夫人の文物として所蔵している。これらの文物が武家に伝えられていることは、王朝文化を近世の武家が受け継ぎ、みずから政策に取り込んでいたことを示している。

本書は、愛知県立大学の科学研究費補助金基盤研究（S）「戦（いくさ）に関わる文字文化と文物の総合的研究」の成果のまとめとして、徳川美術館・蓬左文庫との連携により企画された。徳川美術館・蓬左文庫の所蔵品を起点に、それら文物自体の研究とともに、これに連なる文化の受容、再構成のありかたを視野に収めた論文集である。

『武家の文物と源氏物語絵―尾張徳川家所蔵品を起点として―』という書名のもと、その内容を大別して、第一章「徳川美術館・蓬左文庫所蔵品の諸相」、第二章「源氏物語をめぐる文物の諸相」とした。そこに、愛知県立大学所蔵の絵画資料の紹介も含んでいる。全体の構成に考慮してそれぞれの専門家に依頼したが、もとより、各論文の内容は執筆者に一任してあるし、編者として加わった名古屋大学の高橋亨をはじめとして、愛知県立大学の科学研究費プロジェクトメンバー以外の執筆者も含んでいる。

（編者）

第一章

徳川美術館・蓬左文庫伝来品の諸相

蓬左文庫本『続日本紀』の伝来とその意義

吉岡眞之
よしおか・まさゆき

はじめに

名古屋市蓬左文庫は主として尾張徳川家の歴代当主が集積した蔵書群を今に伝える文庫である。現在ここに伝えられている四〇巻本の『続日本紀』は、巻一一〜四〇が「金沢文庫」印を捺す金沢文庫旧蔵本で、鎌倉時代後期の書写と考えられる現存最古の『続日本紀』写本として広く知られる。これに対して巻一〜一〇は、次に述べるように近世初期に金沢文庫本の闕巻を補うために書写されたものである。以下、巻一〜一〇については「近世補写本」、巻一一〜四〇は「金沢文庫旧蔵本」と称することとし、四〇巻本『続日本紀』全体を指す場合には「蓬左文庫本（『続日本紀』）」と称する。蓬左文庫本は昭和二九（一九五四）年三月二〇日に重要文化財（書一六四八号）の指定を受けているが、その「重要文化財指定書」（蓬左文庫所蔵）によれば近世補写本は「附慶長補写本　十巻」、すなわち金沢文庫旧蔵本三〇巻の附けたりとされており、自ずから異なる位置付けがなされている。

古代律令国家の手になる正史、六国史の第二番目に位置する『続日本紀』の最重要写本が何故に蓬左文庫に現存するのか、伝来の経緯とその意味について考察するのが本稿の目的である。

一　蓬左文庫本の現状とその形成

蓬左文庫本『続日本紀』は全四〇巻からなるが、右に述べたように、初めの一〇巻は後世の補写であり、いつの頃からか金沢文庫旧蔵本には欠けていた。現存する金沢文庫旧蔵本の現状は、幾度か補修が加えられ、表紙の付け替えが行われるなどの手が加わっているほか、本文とは別の筆跡が随所に認められるなど、注目すべき改竄が行われている。それらの詳細については『続日本紀を中心とする8世紀史料の編年的集成とその総合的研究』[*1]および拙稿「角倉本『続日本紀』の諸問題」、同「蓬左文庫本『続日本紀』の諸問題」[*2]に述べてあるので、

【図2】 巻第四十　巻首

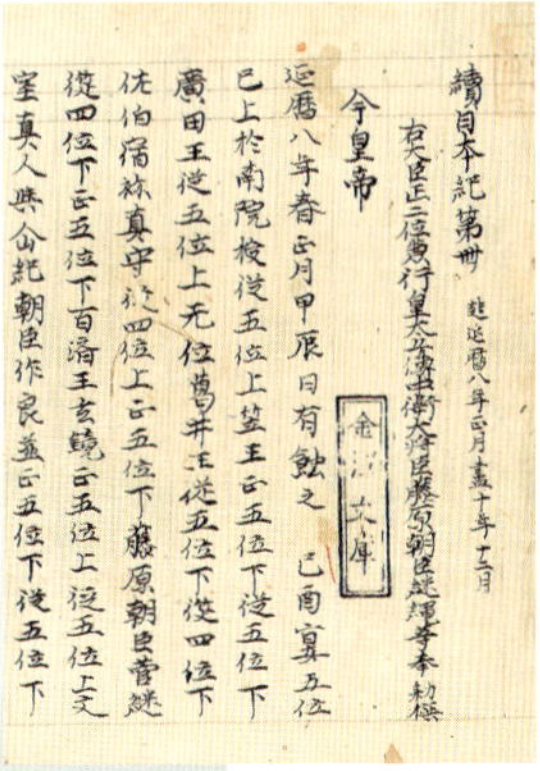
續日本紀第卌　起延暦八年正月盡十年十二月
右大臣従二位兼行皇太子傅中衛大将臣藤原朝臣継縄等奉　勅撰
今皇帝
延暦八年春正月甲辰朔日有蝕之　己酉宴五位
已上於南院授従五位上笠王正五位下従五位下
廣田王従五位上无位葛井王従五位下従四位下
佐伯宿祢真守従四位上正五位下藤原朝臣菅継
従四位下正五位下百済王玄鏡正五位上従五位上文
室真人与企紀朝臣作良並正五位下従五位下
金沢文庫

【図1】
蓬左文庫本『続日本紀』
（名古屋市蓬左文庫蔵）

それに譲る。

一方、巻一～一〇の補写の実状については北川和秀氏[*3]、鎌田元一氏[*4]が明らかにしている。北川・鎌田両氏によりつつ補写の経緯を示せば、おおむね以下のごとくである。

まず『駿府記』慶長一九（一六一四）年六月二日条に、

今日、巻本之続日本紀不足之所十巻、此中仰五山衆令書続給、捧御前、

とある。これにより徳川家康が一〇巻分を欠いた巻子本の『続日本紀』を所持していたこと、その闕巻を補うため、五山衆に命じて補写させたこと、補写が完了して家康に献上されたのは慶長一九年六月二日であること、が知られる[*5]。

この補写事業は以下の経緯を辿ったと考えられる。

①『本光国師日記』慶長一七（一六一二）年一二月二八日条

神龍院（吉田梵舜）へ、依道春（林羅山）望折紙遣、続日本紀御進上可然由申遣、

②『舜旧記』慶長一八年正月一六日条

続日本紀七冊、吉田ヨリ左京助持来也、駿河国大御所様（徳川家康）依御諚、予（吉田梵舜）書写之義申付也、急々義也、道春申次也、

③『舜旧記』慶長一八年三月一五日条

巳刻御対面、（中略）続日本紀廿冊桐箱入進上也、御前之仕合無残処、本書御気色入事、無是非仕合、共安堵仕也、

まず慶長一七年一二月二八日、金地院崇伝（本光国師）は、家康の意を受けた林羅山の求めに応じて吉田梵舜のもとに折紙を遣わし、『続日本紀』を家康に進上するよう申し付けた。これを受けて梵舜は

翌慶長一八年正月一六日、「吉田」（卜部家）より七冊の『続日本紀』を取り寄せ、これを書写することになった。「急々義也」と記していることから、家康が相当急いでいたことが推定されよう。かくして同年三月一五日、梵舜は家康に対面し、書写した二〇冊の『続日本紀』を桐箱に入れて進上した。家康が気に入ったことが窺われる。

この時点で家康は二種類の『続日本紀』を所持したことになるが、これ以外に家康が『続日本紀』を所蔵していた形跡は窺えない。したがって右に引いた『駿府記』慶長一九年六月二日条にいう巻子本の『続日本紀』が金沢文庫旧蔵本であり、それに欠けていた巻一～一〇の補写に用いた『続日本紀』は、梵舜が進上した二〇冊本であったと見てよい。

ところで北川・鎌田両氏の研究によって、『続日本紀』の現存写本は（一）蓬左文庫所蔵の金沢文庫旧蔵本を祖本とする金沢文庫本系統と、（二）三条西実隆・公条父子が書写した三条西本（現存せず）を祖本とする三条西本系統[*6]、の二系統に分類できることが解明されているが、ここではまず（二）三条西本系統に注目する。

右の『舜旧記』には「続日本紀七冊」（②）、「続日本紀廿冊」（③）と二種類の写本が見えるが、このうちの「七冊」本は、鎌倉期以来、卜部家に伝来していた写本（卜部家相伝本）が大永五（一五二五）年に焼失したため、焼失以前の永正一二（一五一五）年に三条西実隆・公条父子が書写しておいた写本（三条西本）を卜部家が借り受けて書写したものである。現在、天理図書館が所蔵する七冊本[*7]がそれに該当すると考えられている[*8]。同書を納める帙の表に「吉田兼右手写天文中古写本」とあり、これにしたがえば②の「七冊」本は天文年間（一五三二～一五五五）に吉田兼右が書写した写本（兼右本）ということになる。現在伝わっている『続日本紀』写本には七冊からなるものが複数あるが、それらはいずれも三条西本から派生した三条西本系統の写本である[*9]。右の吉田兼右書写本もその一つであり、したがってまたそれを梵舜が転写した「廿冊」本も、写本の形態は変化しているが、同じく三条西本系統に属する写本である。ちなみに、吉田兼右は梵舜の実の父であり、梵舜はこの時、父の写本を書写したのである。

なお③の「廿冊」本は現在、国立公文書館内閣文庫に所蔵されている[*10]。徳川家康の蔵書は、その死後、尾張・紀伊・水戸の徳川家に分与された（駿河御譲本）ほか、一部は江戸城内の紅葉山に存在した「御文庫」にも移されており[*11]、右の「廿冊」本『続日本紀』はその中に含まれていたと考えられる。

このように、梵舜書写の「廿冊」本が「巻本之続日本紀不足之所十巻」（前掲『駿府記』）を補写する際に用いられたものである以上、現在の蓬左文庫本『続日本紀』の巻一～一〇は、それぞれの巻頭に「金沢本写」と墨書されているにもかかわらず、それは事実ではなく、内閣文庫本を書写した写本、すなわち三条西本系統の写本であることは明らかである[*12]。

以上をまとめれば、鎌倉期以来の卜部家相伝本を書写した三条西本から派生した一写本である兼右本（②「七冊」本。天理図書館所蔵）を、吉田梵舜が書写して二〇冊に編成し（③「廿冊」本。内閣文庫所蔵）、徳川家康に進上した。家康はこの写本を用いて金沢文庫旧蔵本の闕巻（巻一～一〇）を補写し、現在の蓬左文庫本『続日本紀』の形が成立した。したがって蓬左文庫本『続日本紀』は、三条西本系統（巻一～一〇）と金沢文庫本系統（巻一一～四〇）の二系統の取り合わせ本である。

二　蓬左文庫本の伝来―蔵書目録の追跡―

蓬左文庫本『続日本紀』については、『名古屋市蓬左文庫国書分類目録』（名古屋市蓬左文庫編　一九七六）六六頁に、

　続日本紀　菅野真道等奉勅撰　鎌倉時代写（巻一至一〇慶長一七年補写）
　「御本」印記　金沢文庫旧蔵　駿河御譲本　四〇巻
　四〇軸　一六八・一

と著録され、この『続日本紀』は、（一）巻一～一〇が慶長一七（一六一二）年の書写で、その他の諸巻は鎌倉時代の写本であること、（二）初代名古屋藩藩主徳川義直が用いた「御本」の印記があること、（三）本書は金沢文庫に所蔵されていたものであること、（四）義直が父徳川家康から譲渡された駿河御譲本であること、などが記されている。ただ（一）の巻一～一〇の書写が完了した時期は、右に述べたように慶長一九年である。*13 また（三）については、厳密には金沢文庫旧蔵本は巻一一～四〇のみである。

さて（一）～（四）によれば、今に伝わる金沢文庫旧蔵本『続日本紀』はかつて徳川家康が所持していたもので、後に徳川義直に譲渡された駿河御譲本ということになるが、これは必ずしも自明ではない。よって蓬左文庫その他に所蔵される尾張徳川家歴代当主に関わる蔵書目録などにより、このことを確認する必要がある。

（Ⅰ）『御書籍目録（寛永目録）』（二冊　蓬左文庫所蔵　函号一四八―二三。『尾張徳川家蔵書目録』*14 第一巻所収）は徳川義直の蔵書を著録する目録であるが、*15 その上冊（三五～一〇九頁）には義直が譲渡された駿河御譲本の目録の写しが収められている。関連個所を次に引用する。

　　御書籍之目録
　『○』(朱)　一番　二箱
通鑑綱目　（中略）　百四十六冊　外二四冊
　『○』(朱)　上之字長櫃
　（中略）
続日本紀　西　四十巻　一箱
　（中略）
右
部数　合三百六十三部
冊数　合弐千八百廿六冊
已上駿府御分物之御書籍也
元和丁巳年正月七日請取之了
　　横田三郎兵衛

石原十左衛門

星閑

ここに見える「続日本紀　西 四十巻 一箱」が、前掲の『名古屋市蓬左文庫国書分類目録』に著録されている蓬左文庫本『続日本紀』に当たると考えられているのであるが、この駿河御譲本の『続日本紀』はどのような経緯を辿って現在に至ったのか、蔵書目録などを用いてこのことをまず確認することにする。

（Ⅱ）『御書籍目録（慶安四年尾張目録）』（一冊　蓬左文庫所蔵　函号一四八―二四。『尾張目録』第一巻所収）には「続日本紀　四十巻」とある（四一九頁）。この目録は義直が没した慶安三（一六五〇）年の翌年三月二十六日に作成されたもので、義直の蔵書のうち名古屋城内に置かれていた一五一四四冊を藩の重臣一〇名から儒者三名に預けた際の引き継ぎの目録と考えられる。[*16] したがってこの目録の『続日本紀』四〇巻本は（Ⅰ）の駿河御譲本に当たると見てよいであろう。

（Ⅲ）『馬場御文庫御蔵書目録（安永九年目録）』（四冊　蓬左文庫所蔵　函号一四八―四六。『尾張目録』第三巻所収）の第一冊には「一　続日本紀　同（写本） 箱入 四十巻」と見える（五八頁）。「馬場御文庫」とは「御文庫」「表御書物蔵」などとも呼ばれ、名古屋城内で最も重要な書庫であり、二代藩主光友の時代に新築されたものであるという。[*17]『金城温古録』第三十四之冊[*18]には、

　御文庫（中略）一名表御書物蔵とも云、神君（徳川家康）の御遺書〈薨御の後、御三家へ頒ち賜ふの宋版・朝鮮版の珍書をはじめ、希世の御書物多くあり、これを駿河御譲りと称ふるとなり、〉をはじめ、敬公（徳川義直）御代以来、御歴代御所蔵の御遺書を納め置せらる（〈〉内は割書き。以下同じ）

とあり、この書庫に駿河御譲本を始めとする、義直以下歴代藩主の蔵書が納められていたことがうかがわれるので、この目録に著録された『続日本紀』四〇巻は（Ⅰ）の駿河御譲本と見て差し支えないであろう。なお目録の第四冊末尾（三一三頁）にはこの目録を編纂した経緯などを述べた安永九（一七八〇）年二月付の松平太郎右衛門（君山）の奥書があり、同年に目録が成立したことが明らかである。[*19]

（Ⅳ）『御文庫御蔵書目録（天明二年目録）』（五冊　蓬左文庫所蔵　函号一四八―三四。『尾張目録』第四巻所収）の第五冊に「続日本紀 金沢本写　写本 巻物 四十巻」と見える（三二五頁）。この目録は名古屋藩の古典学者として名高い河村秀穎が、「旧御目録」の書名・巻数を訂正して天明二（一七八二）年に編纂したものである。[*20]「金沢本写」「巻物 四十巻」とあり、この『続日本紀』は（Ⅰ）の駿河御譲本と見なして差し支えない。

（Ⅴ）『御文庫御書籍目録（寛政目録）』（六冊　蓬左文庫所蔵　函号一四八―二九。『尾張目録』第五巻所収）の第一冊に「一　続日本紀 二 金沢写本 四十巻」とあり（一五四頁）、これも（Ⅰ）の駿河御譲本に当たると見てよい。この目録ではこれに続けて、

　此御巻物金沢本ニ而珍希之御巻物ニ御座候、但初十巻金沢本ニ而写足し有之候（同頁）

と述べ、この『続日本紀』は金沢文庫本であるが、最初の一〇巻は「金沢本」によって補写したものであることを指摘している。この指

摘は蓬左文庫本『続日本紀』の現状によく合致している。ただし「金沢本ニ而写足し」という点が誤りであることは、先に述べたように鎌田元一氏により明らかにされている。

（Ⅵ）『尾藩御文庫御書目（文化十三年目録・田安家旧蔵）』（五冊　国立公文書館内閣文庫所蔵　函号二一九―一〇九。『尾張目録』第七巻所収）の第一冊に「一　続日本紀　金沢写本　四十巻」とある（二九八頁）。この目録は、何らかの目的で名古屋藩から田安家に提出されたものである。これが文化十三年（一八一六）に作成されたこと[*21]が確かであれば、この時点での駿河御譲本『続日本紀』の存在が確認される。

（Ⅶ）『御文庫御書物便覧（御書物便覧・国書之部）』（四冊　蓬左文庫所蔵　函号一四八―一二六。『尾張目録』第九巻所収）の第一冊に「駿河御譲　続日本紀　金沢本　四十巻」と記録されており（三七頁）、さらに続けて、

此御本ハ金沢文庫ノ物ニシテ、巻毎ニ金沢文庫ト云楷書ノ墨印アリ（注略―金沢文庫の説明）、全書ノ内、初十巻ハ金沢本ヲ以テノ写シ足シ也、或書ニ金沢本ノ事ヲ云ヘル所ニ云、駿記ニ、慶長十九年六月二日、巻本ノ続日本紀不足ノ所十巻、此中仰五山衆令書給捧御前、トアリテ、其御巻本ノ珍希ナルコトヲ云リ、則此御巻本ニ符合ス、寔無類ノ御珍書ナリ、（三八～三九頁）

と説明を加えている。この目録は嘉永元（一八四八）年以前の成立と見られ、各書目に詳細な書誌解題を付している点に特徴がある。[*22]幕末における駿河御譲本『続日本紀』の存在を証する記録である。

このほかに名古屋藩の儒者として知られる細野要斎が著した（Ⅷ）『官庫襍記』（一冊　国立国会図書館所蔵　函号二三五―二八〇。『尾張目録』第十巻所収）があり、これに「〇続日本紀（「東九番」（朱書））　四十巻　金沢本」と記録され（五九七頁）、さらに続けて、

初巻至十巻、慶長十九年補写、十一巻至四十巻、金沢古写也、
表紙、金沢本ハ白地ニ紺ノ模様入紙、木軸、慶長写ハ白紙、
本文紙、薄キ雁皮ニ類シタル紙也、
首尾ニ金沢文庫ノ印アリ、慶長写ハ巻首ニ、金沢写本ト記ス、
巻物、竪長サ九寸八分五厘、欄界長八寸二分五厘〈欄界ノ上一寸一分、同下五分〉、　界行ノハヾ六分五厘、
巻末ニ（四十巻トモ）奥書等ハナシ、
「此書（朱書）、筆者一人ニ非ズトミユ、甚倉卒ニ写シタルモミユ、侍中群要ニ比スルニ、写手スベテ数等ヲ下レリ、」（同頁）

と、詳細な書誌的解説を加え、さらに駿河御譲本『続日本紀』を納める箱の外形および、巻四〇の表紙の紋様と外題を模写している（五九八頁）が、この箱と巻四〇の形状はいずれも現存する蓬左文庫本のそれと一致している。この書は嘉永三（一八五〇）年の頃の成立と推定される[*23]から、その時点で駿河御譲本すなわち蓬左文庫本『続日本紀』が名古屋藩に存在していたことを証する史料と見てよい。

以上のように蓬左文庫本『続日本紀』は、初代藩主義直が家康から譲渡されて以来、幕末にいたるまで藩の文庫に伝来してきたものであることが、上述の各種目録の記載を辿ることによって証される。

明治五（一八七二）年に駿河御譲本を含む名古屋藩の蔵書の処分が

行われた。[*24] この時の処分は、前掲（V）『御文庫御書籍目録（寛政目録）』の各書目の上に捺された「払」印によってかなり広範囲に及んだことが窺われるが、駿河御譲本『続日本紀』は処分を免れ、今も蓬左文庫に所蔵されていることは、前掲の『名古屋市蓬左文庫国書分類目録』に著録されている通りである。

三　蓬左文庫本の伝来―家康以前―

蓬左文庫本『続日本紀』を徳川義直に譲渡した家康は、この書をどこからどのようにして入手したのか。これについてもすでに鎌田元一氏[*25]によって解明されており、それに加えるものはほとんどない。ここでは鎌田氏の研究成果に拠りつつ概略を述べる。

徳川家康が一〇巻分を欠いた巻子本の『続日本紀』を所持しており、その闕巻を慶長一九年に補写させたこと（『駿府記』慶長一九年六月二日条）、この補写計画は遅くとも、吉田梵舜に写本進上を命じた慶長一七年一二月ころから始まっていたこと（『本光国師日記』慶長一七年一二月二八日条）は先に述べた。まさにその慶長一七年春に家康は『続日本紀』の一写本を入手した。『駿府記』慶長一七年三月一〇日条には、

伊豆山般若院快運、献続日本紀、令道春読之、

と見え、また『高野春秋編年輯録』の同日条にも、

走湯山般若院快運、献上続日本紀於駿城、（頼慶持本、）

と記されている。『高野春秋編年輯録』によれば、この『続日本紀』を所持していた頼慶（永禄五〈一五六二〉～慶長一五〈一六一〇〉）は高野山の学侶方の中心人物であった。慶長一四年一二月一八日には「勧学之台命」を蒙って駿河より高野山にもどったが、頼慶の「一指揮」のもとに本山より諸山にいたる「学・無学之住持」をすべて入れ替え（慶長一五年二月条）、あるいは「今般勧学之上意、頼慶不会談門首・碩学等、任自己振権威、故不能如之何云云」（同年四月二日条）と評されるなど、高野山の経営に関して独断専行し、周辺と軋轢を生じたようである。このため家康の不興を買い（同年五月四日条）、駿府を退去し般若院に蟄居を命じられ（同年五月五日条）、その年の一〇月に同院で入寂した（同年一〇月一三日条）。

頼慶がどのような経緯、目的で『続日本紀』の写本を入手し所持していたかは判然とせず、またこれがどのような形状の写本であったかも正確にはわからないが、その死のおよそ一年半後にこの『続日本紀』は家康の手に渡り、さらにその九カ月あまり後に家康の『続日本紀』写本探訪と闕巻補写の計画が始まる。このような流れから推測すれば、頼慶所持の『続日本紀』が巻一～一〇を欠いた金沢文庫旧蔵本であった蓋然性はかなり高いといってよいであろう。

以上によって、徳川家康が入手した金沢文庫旧蔵の『続日本紀』が、後に闕巻を補写され、家康の死後、第九子の名古屋藩初代藩主徳川義直に譲渡され名古屋城内に一貫して保管され、幕末の蔵書処分の危機を乗り越えて名古屋市蓬左文庫に収蔵されるまでの経過を一つの流れとして理解することが可能となった。

四　蓬左文庫本伝来の意義

　これまで述べてきたような経過を辿って蓬左文庫本『続日本紀』は現在に至っているが、その意義はどのように評価すべきであろうか。

　まず蓬左文庫本『続日本紀』の中核である金沢文庫旧蔵本をかつて保管していた金沢文庫の蔵書の意義について見ておく必要がある。[*26]金沢文庫は北条実時（元仁元〔一二二四〕～建治二〔一二七六〕）が創建したものである。そこに納められた蔵書は和・漢、内典・外典を問わず、かつて所蔵されていたものも含めて二、三の例をあげれば、『春秋経伝集解』『古文孝経』などの儒教経典、帝王学の書である『群書治要』、日本の『律』『令義解』『令集解』『類聚三代格』などの法制書、『続日本紀』『百練抄』などの歴史書、蔵人の儀式作法の書である『侍中群要』、また『源氏物語』『本朝文粋』のような文学、詩文など、多岐にわたる。そこには、鎌倉幕府首脳として政務を運営する上で不可欠の知識と実務に関する情報が大量に集積されており、金沢北条氏の〝知識の体系〟として機能したといってよいであろう。金沢文庫旧蔵本『続日本紀』もまたそのような知識体系の一部を形成していたということができよう。

　このような現実の政治運営のための知識を集積した点では、徳川家康もまた同様であった。新たな幕府政治の開始に当たってその運営の実際に資するために、家康は多様な和漢の文献を広範囲にわたって求めた。その間の状況の一端は近藤守重の「右文故事巻之七」[*27]によってうかがい知ることができる。金沢文庫旧蔵本『続日本紀』の闕巻を補写させた慶長一九年、『駿府記』は四月五日および一三日に次のような記事を掲げている。

　五日、群書治要・貞観政要・続日本紀・延喜式、自御前出五山衆、可令抜公家・武家可為法度之所之旨、被仰出、金地院崇伝・道春承之、

　一三日、今日群書治要・続日本紀・延喜式等之抜書、上于御前、金地院・道春於御前読進之、

「可令抜公家・武家可為法度之所」（五日条）とあり、家康は公武の法度制定のために『群書治要』以下の諸書より関係個所を抜粋させ、それが進上された一三日に金地院崇伝と林道春（羅山）にこれを読ませた。これを契機にして活発な家康の集書活動が開始された。同じく『駿府記』の同月二〇日条に、

　大御所重仰曰、公家中之法式為糺定、諸公家之記録、皆書写可有之旨、被仰、

と見える家康の「仰せ」は、「諸公家之記録、皆書写可有之」とあるように、大規模な集書を本格化する「宣言」にも等しいものではなかったか。

　この時の集書は約一年後に終了した。これを「慶長御写本」と呼び、福井保氏によればその数は三一部、五三七冊に上る。[*28]この集書に当たっては、公家社会が永年培ってきた知識体系と知的ネットワークにも接近し、多くの成果を得ていたと見られる。我が国の古典籍はそ

の多くが禁裏・公家社会を中心に伝えられ、この社会に形成されたネットワークを通じて善本の貸借・書写とその流布が実現されてきており、家康といえどもこれへの接近なくしては大規模な集書、とりわけ公家法度制定のための関係史料の蒐集は不可能であったといってもよい。[*29]家康が「諸公家之記録、皆書写可有之」と命じることができたのも、そのような背景を正確に見抜いていたからであろう。

このように、家康の集書は幕府による統治を支えるテクニックの源泉として位置付けられていたということができる。『続日本紀』がその一翼を担っていたことは、『駿府記』の右の記事から明らかであろう。

五　おわりに

蓬左文庫本『続日本紀』は家康の死後、名古屋藩主徳川義直の手許に置かれることとなったが、ここでさらに一つ、大きな役割を果たすこととなった。そのことについては注2の二つの拙稿に触れているので、ここでは結論のみを示すこととする。

義直は好学の藩主であり、自らも少なからぬ著作を残しているが、[*30]その一つに『類聚日本紀』全一四七巻（本文一七〇巻、系図四巻）がある。[*31]序文は正保三（一六四六）年の年紀を持つ。内容は六国史であり、近松茂矩の『昔咄』[*32]が評したように「六国史の校正本の様成る物」であるが、部分的に分注を施している。また『日本後紀』は闕巻の多い勅撰本ではなく、いわゆる後撰本である。

この『類聚日本紀』の『続日本紀』の部分を編纂するに際して、蓬左文庫本『続日本紀』が利用された形跡がある。すなわち蓬左文庫本には、その親本の破損箇所を空白として書写したところが少なくないが、その空白に、義直の学友ともいうべき角倉素庵（元亀二〔一五七一〕〜寛永九〔一六三二〕）の筆跡による書き込みが少なからず認められる。素庵が書き込んだ蓬左文庫本は転写され、さらに元和八（一六二二）年に素庵が、当時はまだ存在していた三条西本とこの転写本との対校を行った。これを「元和校本」と称する。この元和校本が、現在、蓬左文庫に架蔵されている一三冊本の『続日本紀』であり、[*33]角倉平次が義直に献上したことから「角倉本」とも呼ぶ。角倉本にはおびただしい書き込みがあり、なかには素庵の筆跡も認められる。蓬左文庫本を転写した角倉本に加えられた書き込みと『類聚日本紀』の『続日本紀』を比較すると、両者には一定の親近性が認められるようであり、義直による『類聚日本紀』編纂のある段階で蓬左文庫本が重要な役割を果たしたことが推定できる。

義直は『類聚日本紀』の序の冒頭近くに、書物の効用について次のように述べている（原文は漢文。注31所引『類聚日本紀解説』に収める和文訳による）。

（前略）書ハ先王ノ徽猷ヲ貽シ、往聖ノ微言ヲ伝フ、以テ治乱ヲ鑑ム可ク、以テ興廃ヲ覩ル可ク、以テ人ヲ治ム可ク、以テ己ヲ修ム可シ、

この記述は、書物を通じて先王・往聖の優れた言動を知り、為政者としての在るべき姿を学ぶべきことを述べたものとほぼ理解できよ

う。このような書物がしばしば焼失・湮滅した歴史に鑑み、「今ニシテ装飾セズンバ則チ、将来又益々壊爛セントス」と『類聚日本紀』編纂の意図を述べ「庶クハ其レ天下後世ト之ヲ公ニセンコトヲ」と締めくくっている。六国史の効用を述べ、それを後世に伝えることが義直の目的であった。ここでは、公武の法度の制定を焦眉の課題としていた家康が書物に求めたような、現実の、具体的な統治技術の獲得という差し迫った緊迫感は相対的に希薄であり、義直における六国史の意義は、むしろ日本の古典としてのそれであったといえるかもしれない。その要因は家康と義直の立場の相違、すなわち幕府の創立者と第二世代である名古屋藩主の相違、あるいは両者の間に横たわる時間の問題であるかもしれないし、全く別の観点が必要であるかもしれないが、それを判断する能力は現在の筆者にはない。大方の御教示をお願いしたい。

かくして蓬左文庫本『続日本紀』は、徳川家康の手許で果たした役割りとは異なった形で、義直とその一流のもとで日本の古典としての役割りを保持し続けたのである。

注

＊1 昭和57年度科学研究費補助金（総合研究A）研究成果報告書『続日本紀を中心とする8世紀史料の編年的集成とその総合的研究』（研究代表者 笹山晴生。一九八三）所収「『続日本紀』の書誌」（石上英一・吉岡眞之執筆）。

＊2 拙稿「角倉本『続日本紀』の諸問題」（『古代文献の基礎的研究』吉川弘文館 一九九四 所収。初掲一九八七）、同「蓬左文庫本『続日本紀』の諸問題」（『同上』所収。初掲一九九三）。

＊3 北川和秀「続日本紀諸本の系統について」（『続日本紀研究』一八八号 一九七六）。

＊4 鎌田元一「評制施行の歴史的前提—いわゆる大化前代の「コホリ」について—」（『律令公民制の研究』塙書房 二〇〇一 所収。初掲一九八〇）。

＊5 ただし徳川家康による、補写の準備と推定される『続日本紀』写本入手の最初の試みは慶長一七（一六一二）年と考えられるのであり、この時点を取れば、『名古屋市蓬左文庫国書分類目録』が記述する「慶長一七年補写」説は必ずしも誤りとはいえない。

＊6 三条西本は、次に述べるように、卜部家相伝の写本を書写したものであるので、この系統を卜部本系統とも呼ぶが、ここでは三条西本系統に統一する。

＊7 『天理図書館稀書目録 和漢書之部 第三』（天理図書館編 一九六〇）一三七頁に著録。函号 二一〇・二一イ三。

＊8 この間の詳しい経緯については、北川和秀注3論文を参照。

＊9 現存する七冊編成の写本は、祖本である三条西本が七冊本であったため、その形態を受け継いでいるのである。なお、三条西本の親本である卜部家相伝本（焼失）は二〇冊編成であった。これらの事実は、鎌田元一「卜部家本及び永正本『続日本紀』についての二・三の考察」（『律令国家史の研究』塙書房 二〇〇八 所収。初掲一九七七）が解明した。

＊10 『改訂 内閣文庫国書分類目録』上（国立公文書館内閣文庫編 一九七四）三九八頁に著録。「〔慶長一九〕写」とある。函号 特八四—二。同目録では『続日本紀綱要』二冊と併せて二二冊とする。徳川家康は慶長一九年四月に、五山の僧らに『続日本紀』『延喜式』その他の「抜書」を作成させており（『駿府記』慶長一九年四月四日・一三日条）、鎌田元一注4論文によれば、今日各所に伝わる『続日本紀綱要』二冊はこの時の「抜書」であるという。

＊11 国立公文書館編『内閣文庫百年史 増補版』（汲古書院 一九八六）所収「内閣文庫蔵書の諸源流とその特徴」、福井保『紅葉山文庫—江戸幕府の参考図書館—』（郷学舎 一九八〇）。

＊12　「金沢本写」の墨書は巻一～一〇を通じて一筆であるが、いずれの巻の本文の筆跡と異なっている。五山の僧が補写した時点ではこの文字は存在しなかったものと推定され、巻一一以降に「金沢文庫」印が捺されていることから、後世、何者かが事実を誤認して書き加えたものであろうか。

＊13　前掲『駿府記』慶長一九年六月二日条。また注5参照。

＊14　『尾張徳川家蔵書目録』は原則として影印本（ゆまに書房、一九九九）を使用し、必要に応じて原本を参照した。なお以下に本書を引く場合は『尾張目録』と略称し、影印本の頁数により著録箇所を示す。

＊15　『尾張目録』第一巻所収『御書籍目録（寛永目録）』解題。

＊16　『尾張目録』第一巻所収『御書籍目録（慶安四年尾張目録）』解題。

＊17　山本祐子「尾張藩「御文庫」について（一）」（『名古屋市博物館研究紀要』第八巻　一九八五）、同「尾張徳川家の文庫と蔵書目録」（『尾張目録』第一巻所収）。

＊18　『名古屋叢書　続編　第十五巻　金城温故録（三）』（名古屋市教育委員会　一九六七）所収。

＊19　『尾張目録』第三巻、三一三頁に以下のように見える（／は原本の改行箇所）。

右御目録四冊、寛保三亥年、赤林新助相改／置候御目録ニ随ひ、猶又
冊数、表題并唐本・／朝鮮板・和板・植字板・写本等吟味仕、委敷／
相調へ、部分致シ、当時御有合之御書籍計／書載セ、新規ニ御目録仕
立申候、
但駿河御譲リ御書籍ハ、冊数全部ニ不構同様ニ／積置、籤取ニ而
御三家様江相渡候付、全部不揃由、新助相改候／御目録ニ相見申候
付、右之通ニ而相調置申候、
安永九年子二月　　松平太郎右衛門
奉之

＊20　『尾張目録』第四巻所収『御文庫御蔵書目録（天明二年目録）』解題。なおこの『尾張目録』第四巻、四〇一頁に以下のように見える（／は原本の改行箇所）。

御文庫御蔵書経・史・子・集、并本朝書籍、因／旧御目録訂書名・巻
数、新作御蔵書書目／五巻以献納云、
天明二年寅十一月　　河村七郎秀穎

＊21　『尾張目録』第七巻所収『尾藩御文庫御書目（文化十三年目録・田安家旧蔵）』解題。

＊22　『尾張目録』第九巻所収『御文庫御書物便覧（御書物便覧・国書之部）』解題。

＊23　『尾張目録』第十巻所収『官庫襍記』解題。

＊24　『名古屋市蓬左文庫国書分類目録』（名古屋市蓬左文庫編　一九七六）「後記」を参照。なお（V）『御文庫御書籍目録（寛政目録）』第一冊の一丁裏（『尾張目録』第五巻、一八頁）の貼紙に、以下のように見える（全文朱書。／は原本の改行箇所）。

此六巻ハ明治之初年、御書物御払以前之／目録ナルヲ以テ、御払之分ニ
捺印シ、現在御書／物之縁故ヲ識得シ、以後御書物保存ノ一／助ト成ン
トス
御文庫御書物便覧ト云一書在リ、和書／ノミニ係リタレトモ、頗詳悉
ヲ得タレハ、此目録／ニ書加置、
明治壬午夏日

この目録により「明治之初年」の書籍処分の事実を知ることができ、また処分した書目に「払」印を捺してそれを識別できるようにした貴重な目録であることが知られる。

＊25　鎌田元一注4論文。

＊26　金沢文庫およびその蔵書に関しては関靖『金沢文庫の研究』（大日本雄辯会講談社　一九五一。覆刻版　藝林舎　一九七六）のほか、永井晋『金沢北条氏の研究』（八木書店　二〇〇六）、また同『金沢貞顕』（吉川弘文館人物叢書　二〇〇三）などがある。

＊27　『近藤正斎全集　第二』（国書刊行会　一九〇六）所収。

＊28　『近藤正斎全集　第二』（注27）所収「右文故事巻之七」、福井保『紅葉山文庫―江戸幕府の参考図書館―』（注11）。

*29 禁裏・公家社会における知的ネットワークと知識体系の形成の意義については、いずれも東京大学史料編纂所教授・田島　公氏を研究代表者とする科学研究費による左記の研究とその成果が重要である。

（1）平成一〇～一二年度・基盤研究（A）（2）「東山御文庫を中心とした禁裏本および禁裏文庫の総合的研究」

（2）平成一四～一七年度・基盤研究（A）（1）「禁裏・宮家・公家文庫収蔵古典籍のデジタル化による目録学的研究」

（3）平成一九～二三年度・学術創成研究費「目録学の構築と古典学の再生―天皇家・公家文庫の実態復原と伝統的知識体系の解明―」

これらの研究の代表的な成果を次に掲げる。

（i）田島　公編『禁裏・公家文庫研究』第一輯（思文閣出版　二〇〇三）

（ii）田島　公編『禁裏・公家文庫研究』第二輯（思文閣出版　二〇〇六）

（iii）田島　公編『禁裏・公家文庫研究』第三輯（思文閣出版　二〇〇九）

（iv）田島　公編『禁裏・公家文庫研究』第四輯（思文閣出版　二〇一二・三月刊行予定）

*30 田辺　裕「徳川義直の撰述書目（上）（下）」（『藝林』一八巻一号・二号いずれも一九六七）に詳しい。また注31に引いた『類聚日本紀解説』も参照。

*31 『類聚日本紀』にはコロタイプ複製本（財団法人尾張徳川黎明会　一九三九）があり、『類聚日本紀解説』一冊を付す。

*32 『名古屋叢書　第二十四巻　雑纂編（一）』（名古屋市教育委員会　一九六三）所収。

*33 『名古屋市蓬左文庫国書分類目録』（注24）六六頁に、

続日本紀　（中略）江戸初期写　角倉平次献本

四〇巻　一三冊　一〇五・四六

と著録されている。

【付記】本稿は二〇〇七（平成一九）～二〇一一（平成二三）年度・学術創成研究費「目録学の構築と古典学の再生―天皇家・公家文庫の実態復原と伝統的知識体系の解明―」（研究代表者　東京大学史料編纂所教授・田島　公）による研究の成果を含んでいる。

【追記】三〇年以上も前のことになるが、井上光貞先生（東京大学名誉教授、故人）・笹山晴生先生（現東京大学名誉教授）を中心とする「続日本紀注解編纂会」が結成され、科学研究費補助金を受けて『続日本紀』の総合テキストの編纂を計画した。岩波書店の新日本古典文学大系『続日本紀』全五冊はその成果である。本文の底本は蓬左文庫所蔵四〇巻本と定め、当初は石上英一氏（現東京大学名誉教授）と筆者が本文校訂に従事し、後に加藤友康（現明治大学特任教授）・山口英男（現東京大学教授）・北啓太（現宮内庁京都事務所所長）の諸氏がこれに加わった。石上氏と筆者が最初に蓬左文庫本の調査にうかがったのは、前記の科研の報告書によれば、一九八二年三月となっているが、実際にはそれより早く、一九七〇年代後半から調査を行っていたように記憶する。こうしてたびたび調査をお願いし、最後の記録は一九八三年三月である。その間、文庫当局には格別の御配慮をいただき、とりわけ織茂三郎氏（故人）、桐原千文氏、山本祐子氏には多くの御教示にあずかった。この後も、『続日本紀　蓬左文庫本』全五冊（八木書店　一九九二～九三）を刊行するための写真撮影に石上氏とともに幾度も文庫に参上し、御高配をいただいた。

今回、図らずも丸山裕美子先生より本稿執筆のお誘いをいただき、当時のことがなつかしく思い出されて、逡巡しつつもお受けしたが、結果は何ほどのものも書けずに終わった。研究代表者の遠山一郎先生、本書の編集に当たられた高橋亨先生・久富木原玲先生・中根千絵先生、および丸山先生にお詫び申し上げる。

『続日本紀』の家持、『万葉集』の家持

遠山一郎
とおやま・いちろう

一　蓬左文庫蔵『続日本紀』

名古屋市にある蓬左文庫に収められている書籍の一つに『続日本紀』がある。この本には「金沢文庫」という印が押されている。金沢文庫は北条実時が十三世紀なかごろに金沢に持っていた文庫の名であり、この本がその文庫の蔵本であったことが知られる。この本は金沢文庫から出たのち、伊豆の般若寺に伝えられていた。一六一二年にその寺がその本を徳川家康にたてまつった。家康が亡くなったときに、家康の持ちものが書籍以外のものも含めて、徳川三家に分けられた。これがいわゆる「駿河御分物」と呼ばれている文物であり、その中の書籍が「御譲本」と呼ばれている。尾張徳川家はこの「駿河御分物」をよく保存し、書籍も家康からもたらされたものが伝えられて、多くが蓬左文庫にもたらされた。「御譲本」を含む「駿河御分物」のなかで、ほかによく知られた文物に、「源氏物語絵巻」『河内本　源氏物語』、「初音の調度」、朝鮮版版本がある。これらについては、それぞれにこの論文集のなかに研究が収められている。

これら貴重な文物のなかの一つである『続日本紀』は、日本の朝廷が編んだ六つの歴史書『日本書紀』『続日本紀』『日本後紀』『続日本後紀』『日本文徳天皇実録』『日本三代実録』のなかの第二番目の歴史書である。この『続日本紀』は、七九七年にできあがったと記されている。この歴史書が覆っている範囲は六九七年から七九一年までである。その内容は、日本の朝廷の行ったことの日付け順の記録である。題に「続」と付いているのは、「日本紀」を続けた歴史書の意味である。「日本紀」と呼ばれている歴史書は、日本の朝廷がはじめて編んだ歴史書であり、いま『日本書紀』と呼ばれている歴史書と同じ文献をさすのであろう。そのころの日本の朝廷は、中国の古典の書籍の作りかた、さらに広く中国の朝廷がおこなっていた文物の制作とその結果とを、幅広く受け入れていた。この受け入れの一つの表われとして歴史書を編む事業があった。

日本の朝廷はこれらの歴史書を、中国の朝廷の歴史書の書きかたにならい、中国語の文語によって記した。中国語の文語と私が呼ぶのは、中国の朝廷を構成した知識人たちが書き、読んでいた文章という意味である。中国語の文語の「紀」は中国の皇帝についての記録を指していた。日本の朝廷は、それを受け入れて『日本紀』『続日本紀』に「紀」と名づけた。ところが、『日本紀』『続日本紀』の記事は中国語の文語の指していた「紀」とはすこし異なっていた。たとえば、七八五年の記事の一部に、大伴家持についての記事がある。

中納言従三位大伴宿禰家持死にぬ。

この文に続けて、大伴家持が経てきた「位」「官」、そして亡くなったことが記されている。これは大伴家持という臣下についての記述であり、中国語の文語の指していた「紀」の内容から外れていた。このような皇帝以外の人物について記述は、中国の歴史書のなかでは「伝」に収められた。けれど、日本の朝廷が編んだ歴史書は「伝」を作らず、「紀」だけを作った。その「紀」のなかに、家持などの臣下の記録をも収めていた。これは、日本の朝廷が中国の朝廷の編んだ歴史書を受け継ぎつつも、かなり変えていた部分の一つと見ることができよう。

中国の朝廷の歴史書の作りかたにならいつつ編まれた『続日本紀』がさまざまな側面を含んでいるなかで、この論は大伴家持に焦点を当て、この人がどのように記されたかを読み解き、さらに、『続日本紀』だけでは窺い知ることのできない家持の一面を『万葉集』によって付け加え、歴史書と歌集という異なった分野に分けられることの多い文献のあいだの関わりかたを見ようとする。

二　『続日本紀』における大伴家持

『続日本紀』が伝えた大伴家持は、八世紀の日本の朝廷の一員としての人物である。この朝廷のしごとの中心は、その朝廷が治めていた日本の政治をおこなうことであった。その政治が決めたことを具体的に進めたのが、「令」の定めていた行政機関であった。この行政機関のしごとの一つは、行政に関わる文書を読み書くことであった。今の日本の行政も文書によって運ばれるのが基本である。文書による行政は、日本に限らず近代の国家にひろく見られる行政のありかたである。日本では、このような行政のありかたが七世紀から八世紀ころの日本朝廷のしくみにみなもとを持っていた。

この行政の文書を読み、書くしごとには、とても高い教育が必要である。さらに、この行政を進めた行政官の教育をすることも行政のしくみのなかに組み込まれていた。このしくみが働くためには、行政官だけではなく、その人々を教える人々を養成し、この人たちの日々の生活を保障しなければならなかった。これらをおこなう力を日本の朝廷がもっていないと、文書による行政を進めることはできなかった。まして、『日本紀』や『続日本紀』のような大きな歴史書を編むには、文書を扱う多くの行政官によって日本の朝廷が支えられていなければならなかった。

朝廷の構成員、今で言う官僚たちが勉強していたことのおおもとは、中国語の文語の読み書きであった。その能力によって、中国語の文語で記されていた政治、歴史、地理、経済、軍事、文学など様々な方面にわたったことを、かれらは勉強していた。これは、あたかも十九世紀に西ヨーロッパ・北アメリカの文明・文化に触れた日本の人々が、オランダ語・英語・フランス語・ドイツ語などを学び、それらのことばによって記されていた政治、歴史などを取りいれようとしたのに似ている。これらをおさめることを総称して「学」と呼んでいた。これらの「学」が身についていることを、「才」があると言った。この「学」「才」について、在原業平の記事が『三代実録』の八八〇年の記事に見いだされる。

在原朝臣業平卒。業平、體貌閑麗、放縦不拘、略無才学、善作倭歌。

一目見て分かるように、この部分は中国語の文語で書かれていた。すなわち中国朝廷の構成員が読んでそのまま分かるように書かれていた。いいかえると、日本朝廷の人々は業平について外国語で書いた。このなかの傍線部分に、業平の「才学」についての編み手の意見が記されてある。「才」と「学」という朝廷の人々にとってとても大事な力が業平にはなかった。近代流にいうと、業平はしごとをする力がなかった、と編み手によって評された。その他に記されたこと、すなわち、業平は雅やかで姿形が良かった、決まりに従わず気ままであった、そして倭歌が上手だったという評価は、朝廷の歴史書を編んだ人々にとっては低い評価であった、と私たちは受けとるべきであろう。

朝廷の人々から低く見られていたとはいえ、物語のなかの業平らしき人物は、それとはいささか異なった扱いを受けていた。『伊勢物語』のなかの物語の一つにはこう記されている。

むかし、東の五條に大后の宮おはしましける、西の対に住む人ありけり。それを本意にはあらでこころざし深かりける人、ゆきとぶらひけるを、む月の十日ばかりのほどにほかにかくれにけり。ありどころは聞けど、人のいき通ふべき所にもあらざりければ、なほ憂しと思ひつゝなんありける。またの年のむ月に、梅の花ざかりに、こぞを恋ひていきて、立ちて見ゐて見、見れど、こぞに似るべくもあらず。うち泣きてあばらなる板敷に月のかたぶくまでふせりて、こぞを思ひいでてよめる。

月やあらぬ春や昔の春ならぬわが身ひとつはもとの身にして

とよみて、夜のほのぼのと明くるに泣く泣く帰りにけり。

朝廷の人々は、こんなことでめそめそしていてはいけなかった。「才」と「学」とがあって、しごとができるのが良かった。かれらにとって大事なことは、業平のそれとは違っていた。

『伊勢物語』に伝えられながらも、朝廷の人々の評価の基準に合わなかった業平のありかたを、『三代実録』の記述から私たちが読み取ることはとてもむずかしい。美男子だった、倭歌が上手だった、という歴史書の記述としては珍しい記事ではあっても、その記述はとても抽象的な記録にとどまっていた。対して『伊勢物語』は、業平らしき「をとこ」の人物像を私たちに具体的に知らせる。『伊勢物語』の他の部分、さらに『古今和歌集』の業平の歌を見ると、業平の人物像のうちの「放縦不拘　……　善作倭歌」が、よりあざやかに現われてくる。業平よりも一〇〇年ほどふるい家持のばあいにも、似たような記録のされかたが見いだされる。家持の記録についても、はじめに歴史書、ついで歌集を見る。

『続日本紀』の七四五年の記事に家持がはじめて現われる。

　大伴宿禰家持に…従五位下。

このとき家持は二八歳ほどであった。つぎの年、七四六年の記事のなかに、家持についてつぎのように記されてある。

　従五位下大伴宿禰家持を越中守。

ついで七五四年に、

　従五位上大伴宿禰家持を兵部少輔。

七五八年に、

　従五位上大伴宿禰家持を因幡守。

七六四年に、

　従五位上大伴宿禰家持を薩摩守。

七七四年に、

　従四位下大伴宿禰家持を相模守。

七八一年に

　正四位上大伴宿禰家持に従三位を授く。

七八二年、家持六五歳ほどの時に、

　春宮大夫従三位大伴宿禰家持を兼陸奥按察使鎮守将軍とす。

その二年あと七八四年、家持六七歳ころの記述にはこうある。

　従三位大伴宿禰家持を持節征東将軍とす。

その次の年七八五年に、家持が亡くなったときの記事がある。この時に家持ほぼ六八歳。

　中納言従三位大伴宿禰家持死にぬ。

ほかの部分の記しかたにおかしなところがないなかで、この部分の記しかたには、おかしなところがある。理由は、「従三位」の家持が亡くなったときに、「死」と記された点である。朝廷の編んだ歴史書はこのようなばあいに「死」とは書かず、「薨」と書いた。たとえば、家持のなくなったときと同じ年につぎの記事がある。

　中納言正三位兼式部卿藤原朝臣種継、賊に射られて薨しぬ。

「正」「従」の違いこそあれ、同じ三位の藤原種継がなくなった時には「薨」と書かれた。これが朝廷の歴史書の書きかたの決まりであった。家持が記された「死」は、庶民がなくなった時の記されかたであった。庶民というのは六位以下の日本の人々を指し、五位以上の日本の人々から区別されていた。「従三位」であったにもかかわらず、家持が六位から下の庶民の扱いで亡くなりかたが記されたのには、何かがあったのでろう。この記事のあとに家持の血筋について書かれている。

　祖父は大納言贈従二位安麻呂。父は大納言従二位旅人なり。

これによって、家持が当時の名門の出身だったと分かる。さきの家持の記事に記されていたように、家持が二八歳ほどの若さで五位になったというのは、名門の人にしかありえなかった。さきの記事は続く。

　家持は、天平十七年に従五位下を授けられ、宮内少輔に補せられ、内外に歴任す。宝亀の初、従四位下左中弁兼式部員外大輔に至る。十一年に参議を拝す。左右の大弁を歴、尋ぎて従三位を授けらる。氷上川継が反く事に坐せられて、免して京の外に移さる。詔有りて、罪を宥されて、参議春宮大夫に復す。本官を以て出でて陸奥按察使と為り、居ること幾もなくして中納言を拝す。春宮大夫は故の如し。死にて後廿餘日、その屍未だ葬られぬに、大伴継人、竹良ら、種継を殺し、事発覚れて獄に下る。これを案験ふるに、事、家持らに連れり。是に由りて、追ひて除名す。

「除名」というのは、朝廷の構成員から名を削られることを表わした。これによって家持は庶民の地位に落とされた。これが原因で、家持は「従三位」の位を除かれて「死」と書かれた。くわえて、家持の子に処分が及んだ。

その息永主ら、並びに流に処せらる。

これからほぼ二一年ののち、『日本後紀』のなかの桓武天皇の記事の八〇六年に、桓武のことばがこう書かれてある。

延暦四年の事に縁りて配流の輩は先に已に放還す。今思う所有りて存亡を論せず、よろしく本位に叙せしむべし。大伴宿禰家持を従三位、……大伴宿禰永主を従五位下……に復せしむ。

このことばによって、家持は子の永主ともども、もとの従三位と従五位下とに戻された。この記事のすぐのちに、こう記されてある

頃有りて天皇正寝に崩ず。

桓武は、種継暗殺事件とそれに関わったとされていた大伴家持たちのことをとても気にしていたらしく、なくなる直前に、家持たちをもとの位にもどしたことが知られる。朝廷を構成したものたちのなかで、三位以上の人々がことに高い地位を占めていた。三位であった家持を桓武は直接に知っていたであろう。家持は、朝廷の重要な人の暗殺事件に連座して朝廷から除名されたり、桓武がなくなる寸前にもとに戻されたり、波乱万丈の生涯を送った。

この『日本後紀』をついで読んでおくと、桓武が八〇六年に亡くなった時に、こう記されてある。

皇太子哀号す。

この「皇太子」が桓武をついで即位し、平城天皇になった。この人が八一〇年に「薬子の変」と呼ばれている事件を起こした。この事件は、その事件の時の天皇嵯峨と前の天皇平城とが対立し、平城方がやぶれたという大事件であった。この平城の子どもが阿保親王であり、阿保の子が業平である。『三代実録』の業平についての記事のなかに、つぎのように記されてある。

阿保親王、桓武天皇の女伊登内親王を娶り、業平を生む。

平城の子、阿保につらなっていたことによって、業平は朝廷のなかで危うい地位を占めたようである。すなわち、朝廷にとって必ずしも好ましくなかった流れのなかの一人とみなされたようで、平城の系統から天皇はまったく現われなかった。これら歴史的なことがらの続きを辿ると、家持がなくなった時の記事から、ほぼ二〇年後に『三代実録』に現われる記事への関わり、そして、その系統を継いできた人が『伊勢物語』にどう関わってゆくのかが浮き彫りにされ、これらの歴史書が息づきはじめよう。

朝廷の歴史書『続日本紀』は家持について記していたとはいえ、これだけでは先ほどの業平のばあいと同じく、人としてのふくらみを読みとりにくい。さいわい、私たちには『万葉集』という歌の集が残されており、これによって、『続日本紀』に出てくる公の側面の家持とは異なった側面を、かなり知ることができる。大きく分けると、業平のばあいの『三代実録』と『伊勢物語』とのかかわりに似て、『続日本紀』に出てくる家持は公の家持、『万葉集』に出てくる家持は私の家持と見てよいであろう。

三　『万葉集』における大伴家持

『万葉集』に現われた家持はほとんどすべて歌によってその人物像が伝えられている。業平らしき「をとこ」の心のありかたが歌に加えて散文によっても描かれたのと異なり、『万葉集』は家持に限らず、歌いての心について散文による説明をほとんど記さなかったからである。

『万葉集』と家持とは、さきにも触れた家持の死にかたと元の位に戻されたこととにかく関わる。というのは、家持が『万葉集』を最終的にまとめた人だったらしいからである。家持が『万葉集』を最終的にまとめたのは、七八四年に「持節征東将軍」になった直前であったらしい。「持節征東将軍」になった家持はおそらく多賀城に行ったであろう。東北地方に朝廷に対する反乱が起こっていたので、家持は朝廷の命によって軍を率いてその平定におもむいた。そこでは『万葉集』のような大きな歌集を編むことは難しかっただろう。家持はその地でなくなったようであるから、『万葉集』を最終的にまとめることができたのは、その前に都にいたあいだ、すなわち七八〇年ころだったであろう。ところが家持は、藤原種継事件に連なり七八五年に「除名」された。「除名」されると、その人の持ち物は全て朝廷に取りあげられた。その取りあげられた家持の持ち物のなかに『万葉集』があり、これによって『万葉集』は人々が見ることのできない書物になったのではなかったか、このほぼ二〇年のちに家持が許されたときに、『万葉集』が人々の目に触れることができるようになったのではないか、と『万葉集』研究者たちは想像した。桓武を継いでたった平城が歌に興味をもった人で、『万葉集』にも興味をもっていたらしい。『古今和歌集』の序文は、平城が『万葉集』を撰ばせたと記した。おそらくそうではなくて、『古今集』が編まれた十世紀のはじめころに、『万葉集』が平城につよく結びつけられていたので、平城が撰んだという見かたができていたのであろう。

家持が『万葉集』を編むことに深く関わっていたので、『万葉集』のなかに、かなりたくさん家持に関わった記述が残された。ただ、歌人としての家持を見るうえでは、家持ひとりではなく、家持の父、大伴旅人を見ておかなければならないだろう。その大伴旅人が亡くなったときの記述が『続日本紀』七三一年の記事にある。

秋七月辛未、大納言従二位大伴宿禰旅人薨しぬ。難波朝の右大臣大紫長徳の孫、大納言贈従二位安麻呂が第一子なり。

旅人についての記事も家持のばあいと同じく、官と位との記事がほぼすべてであったのに対し、『万葉集』には歌に関わった旅人が出ている。

小野老朝臣の歌一首

あをによし奈良の都は咲く花のにほふがごとく今盛りなり

（巻三・三二八）

この歌は奈良の都の美しさを褒め称えた歌としてよく知られている。『万葉集』のなかでは、その意味にとどまらず、旅人の思いとの関わりのなかで、奈良の美しさが歌われていた。別の人の歌がはさまれたあとに、旅人が次のように歌ったと記されている。

帥大伴卿の歌五首

我が盛りまたをちめやもほとほとに奈良の都を見ずかなりなむ

（巻三・三三一）

（四首略）

このとき、おそらく七三一年ころ、大伴旅人は大宰府の長官であり、六六歳ほどであった。旅人はこの当時としては長生きであったけれど、つぎの年になくなった。六六歳ころの、この歌いぶりを見ると、自分の行く先が長くないことをうれい、大宰府にいるままで奈良の都を見ずに終わるか、という嘆きが切実であったと思われる。つづく四首の歌も、都が恋しい、ふるさとが恋しいという思いの連なりであった。さきの「奈良の都は……今盛りなり」の歌は、大宰府の旅人への、都のありさまの知らせであったらしい。

これらの旅人の歌につらなる思いを七三〇年に山上憶良も歌った。

敢へて私の懐を布ぶる歌三首

天ざかる鄙に五年住まひつつ都のてぶり忘らえにけり

（巻五・八八〇）

（二首略）

天平二年十二月六日に、筑前国司山上憶良謹みて上る。

山上憶良は国守として筑前にすでに「五年」いたことが八八〇の歌によって知られる。「都のてぶり忘らえにけり」と憶良が歌ったのは、「都」へのなつかしさからきた思いであったろう。このような旅人や憶良の思いは『続日本紀』にはまったく記されておらず、歌に表わされて『万葉集』に伝えられた。家持のばあいにも、旅人、憶良に似た思いがやはり歌に見いだされる。

春の日に萌れる柳を取り持ちて見れば都の大路し思ほゆ

（巻十九・四一四二）

この歌は七五〇年、家持が越中国の国守に赴任していたときに詠まれた。『続日本紀』は七四六年の記事のなかに、「従五位下大伴宿禰家持を越中守」と記していたけれど、その赴任先で家持がどのような思いでいたかをまったく記さなかった。公の記録は私の思いを記さなかったからである。この歌からさらに分かることは、都の大路に柳が植わっていたことである。平城の都の景観を復元するうえで、この歌は一つの手掛かりをもたらす。『万葉集』の歌は歌を詠んだ人々の心を今に伝えるのみならず、遺物、遺跡や歴史書からではかならずしも明らかにならない物の面を考えでゆくうえでも資料になる。

旅人、憶良、家持の都への思いは後々まで受け継がれ、『伊勢物語』でも、「むかし、をとこ」たちは東の国に行ったさきざきで都が恋しい、都の人が恋しいと歌った。

から衣着つつなれにし妻しあればはるばる来ぬる旅をしぞ思ふ

名にしおはばいざこと問はむ都鳥我が思ふ人はありやなしやと

大伴旅人の思いに連なった家持の歌いぶりは、都恋しさにとどまらなかった。家持は、花をめでる心を旅人から受け継ぎ、歌にあらわした。つぎの歌のあとに「主人」と記されたのが旅人である。

梅花の歌三十二首并せて序

天平二年正月十三日に、帥老の宅に萃まりて、宴会を申ぶ。時に、初春の令月にして、気淑く風和ぐ。梅は鏡前の粉を披き、蘭は珮後の香を薫らす。加以、曙の嶺に雲移り、松は羅を掛けて蓋を傾く、夕の岫に霧結び、鳥は縠に封ぢられて林に迷ふ。庭に新蝶舞ひ、空には故雁帰る。ここに天を蓋にし地を坐にし、膝を促け觴を飛ばす。言を一室の裏に忘れ、衿を煙霞の外に開く。淡然に自ら放し、快然に自ら足りぬ。もし翰苑にあらずは、何を以てか情を攄べむ。請はくは落梅の篇を紀せ、古と今と夫れ何か異ならむ。園梅を賦して、聊かに短詠を成すべし。

我が園に梅の花散るひさかたの天より雪の流れ来るかも　主人

（巻五・八二二）

この記しかたは、今の感覚でいうと英語で前書きが書かれ、日本語の歌がローマ字で書かれているような文章の書きかたであろう。これが八世紀の文学の作りかたとしてはとても新しかった。あたかも十九世紀の日本の知識人たちにとって、英語であるいはドイツ語で文章を書くことが目新しかったように。

この新たな感覚の文学が、梅の花を歌に詠むという新たな試みにつらなっていた。すなわち、この旅人たちの歌は日本の歌が梅の花を詠んだ初めての歌であった。これからのち、ほぼ一三〇〇年にわたって、日本の歌人たちは春に梅を詠みつづける。梅の花を歌に詠むことの新しさは梅の由来にあった。すなわち、梅は中国から薬として、もたらされたのであろう。実用的な目的でもたらされた梅を、中国の詩に導かれつつ旅人が見かたを変え、花の美しさに目を向けた。中国語の文語とともに素材の点でも、旅人はもっとも新しい感覚を歌に持ち込んだ。

家持も旅人に似た美しさの感覚を持っていた。

天平勝宝二年三月一日の暮に、春苑桃李の花を眺矚して作る二首

春の園紅にほふ桃の花下照る道に出で立つ娘子

（巻十九・四一三九）

我が園の李の花か庭に散るはだれのいまだ残りたるかも

（四一四〇）

ことに四一三九はとても艶やかな歌であるとよく知られている。ここに「桃の花」が詠みこまれた。「桃の花」と「娘子」とを照りはえさせた着想がとても新しかった。ここにも先の梅の花と同じような事情が潜んでいた。すなわち、桃も中国から薬として日本にもたらされたらしい。この花の美しさに家持は目をむけた。四一四〇の「李の花」のばあいも同じである。この美しさの見つけかたは父親譲りだったのであろう。

このような歌いかたの新しさは、家持のつぎの歌にも見られる。

春の野に霞たなびきうら悲しこの夕影にうぐひす鳴くも　（巻十九・四二九〇）

四二九〇は「春」に「うぐひす」を取りあわせた。この取りあわせは、ほぼ二〇〇年のちの『古今和歌集』にたくさん歌われた。以後千年以上にわたり、日本の歌は春に「うぐひす」を詠むのが大好きである。さきの「梅の花」さらに「うぐひす」を「春」に取りあわせる早い形を、大伴旅人・家持がすでに『万葉集』に表わしていた。

この伝統は歌にとどまらず、ひろく美術工芸にひろがった。その一つの現われが徳川美術館に伝わる国宝「初音の調度」である。梅に鶯を取り合わせた図柄は『古今和歌集』そして『源氏物語』にも受け継がれた。徳川家がそれを配した工芸品を作ったのは、おそらく『源氏物語』にちなんだ図柄であろう。これを辿ると旅人・家持の「春」「梅の花」「うぐひす」の歌にゆきつく。

家持の春の詠みかたは、日本の春の歌の伝統のみなもとをなしたのみではなかった。その詠みかたは伝統から外れたところを含んでいた。すなわち、家持は四二九〇で「春」に「うら悲し」と歌った。春に悲しむのはとても珍しかった。春には草木が芽吹き、新しくなり、命に満ち、めでたい。そして明るい。これが家持よりもはるかに古くからの春の歌の詠みかたであった。たとえば、『万葉集』のなかでもっとも古くに編まれたらしい巻一に次の歌々が収められていた。

泊瀬朝倉宮に天下治めたまふ天皇の代　大泊瀬稚武天皇

天皇の御製歌

籠もよ　み籠持ち　ふくしもよ　みぶくし持ち　この岡に　菜摘ます児　家告らせ　名告らさね　そらみつ　大和の国は　押しなべて　我こそ居れ　しきなべて　我こそいませ　我こそば　告らめ　家をも名をも　（一）

雄略作と記されたこの歌は「菜摘ます」と詠んだ表現によって、春の歌であったと私たちに知られる。雄略が「子」に求婚するというめでたい行ないは、春にふさわしい明るさに満ちていた。また、つぎの歌、

大宝元年辛丑秋九月太上天皇紀伊国に幸しし時の歌

巨勢山のつらつら椿つらつらに見つつ偲はな巨勢の春野を　（五四）

右の一首、坂門人足

この歌は題詞に「秋九月」と記されているにもかかわらず、「椿」を詠みこみつつ「春」のめでたさを歌うことによって、歌のなかで春が秘めていた力をよく表わしていよう。

これらとまったく異なり、さきの家持の歌四二九〇は「春の野」で「悲しも」と歌った。家持がどのように悲しかったのか、その歌はくわしく述べなかった。悲しみのありさまを解きあかしたり、そのわけを哲学的に考えるのは歌ではなかった。けれど、この「悲し」が家持に深く潜んだ思いだったらしいことは、次の歌に似通った思いが表わされていたことによって、私たちに知られよう。

うらうらに照れる春日にひばりあがり心悲しもひとりし思へば　（巻十九・四二九二）

春日遅々に鶬鶊正に啼く。悽惆の意、歌に非ずは撥ひ難きのみ。
よりてこの歌を作り、もちて締緒を展ぶ。（四二九二左注）

春の日に家持が一人悲しみにひたっている心のありかたの歌への表わしには、近代的な悲しみの言い表わしに通う美しさが見てとれよう。「甃のうへ」と題された三好達治の次の歌には、家持のこの歌に潜む思いが響きあう。

あはれ花びらながれ
をみなごに花びらながれ
をみなごしめやかに語らひあゆみ
うららかの跫音空にながれ
をりふしに瞳をあげて
翳りなきみ寺の春をすぎゆくなり
み寺の甍みどりにうるほひ
庇々に
風鐸のすがたしづかなれば
ひとりなる
わが身の影をあゆまする甃のうへ

このような春の思いの表現を示されている私たちは、家持の悲しみの言い表わしを受け入れやすい。三好の歌の傍線部分が示すように、この近代の歌は家持の歌を一つの糧とし、家持のことばをそのまま、あるいは少し変えて受けつつ、近代の春の思いを表わした。ところが、家持のさきの歌は、長いあいだ歌人たちの心をひかなかった。この歌がすばらしいと言われだしたのは、おそらく一九二〇年ころからであろう。その歌がそのころまで高く評価されなかった理由は、その歌の感覚があまりに伝統的でなかったからであろうか。秋が悲しいという歌は『万葉集』のなかにもたくさんある。しかし、春が悲しいという歌は珍しい。たとえ春の呪術的な力の現われが弱い歌であっても、つぎの歌のように、春の歌は明るい。

いはばしるたるみのうへのさ蕨の萌えいづる春になりにけるかも（巻八・一四一八）

このような春の歌の伝統のなかで、呪術もなく、よろこびもなく、春に歌人が一人いて悲しいという感覚の言い表わしは、家持がおそらくみずからのうちから探りだした感覚だったのであろう。
家持の、この歌を探る感覚は、つぎの歌のあとに記された注に示された家持のことばの感覚に関わっていよう。

霍公鳥を詠む二首

ほととぎす今来鳴きそむあやめ草かづらくまでに離るる日あらめや毛・能・波、三つの辞を欠く（巻十九・四一七五）
我が門ゆ鳴き過ぎ渡るほととぎすいやなつかしく聞けど飽き足らず毛・能・波・弖・尓・乎、六つの辞を欠く（四一七六）

「毛・能・波、三つの辞を欠く」と「毛・能・波・弖・尓・乎、六つの辞を欠く」とは家持自身が書き入れた注であったろう。これら九つ、重なりを除くと六つのことばは、近代には助詞と呼ばれている。この「辞」は日本語が文章をなしてゆくなかで、ことばとことばとのあいだの論理的な関わりかたをおもに示す。たとえば、「私があなたを待つ」と「私をあなたが待つ」との二つの文あいだで、助詞が入れ替わることによって、誰が誰に対して「待つ」という行いをするのか、逆になる。この働きを備える「辞」を家持は、おそらく日本語と中国語との違いによって、知っていた。これは日本の語学研究のとても古い芽生えとして位置づけられよう。これを受け継いで本居宣長たちは日本語の研究を進めた。

このようなことばの働きに気づいていたことは、家持が歌とそのことば使いとをよくよく考えていた結果だったのであろう。ことばの一つ一つに注意をはらった営みのなかから、伝統的な春の歌いかたを破ったみずからの春への思いが歌にことばの形を取ったのであろう。

歌のことばに思いをこらした家持は、家持のころまでに受け継がれていた歌のありかたにも深い注意を向けていた。家持の記した、つぎの文章は、家持が歌の流れをつよく意識していたことを表わしている。

……但し、稚き時に遊芸の庭に渉らず、横翰の藻、自づからに彫虫に乏し。幼年に山柿の門に逕らず、裁歌の趣詞を聚林に失ふ。……
（巻十七・三九六九前文）

この文のなかで「山柿の門」と記された「柿」は柿本人麻呂を指したのであろうけれど、「山」が誰を表わしたのか、かならずしも明らかではない。山上憶良か、あるいは山部赤人かのいずれかであったろう。それがいずれであっても、家持が家持のころまで引き継がれてきていた歌の営みに、深い関心を寄せていたことが知られる。家持の歌へのその思いのなかで、新たな歌いかたの一方に、古い歌いかたを受け継ぐ表現が実現された。さきの四一七五のなかでは、「ほととぎす」と「あやめ草」との取り合わせが見いだされる。この取り合わせは『古今和歌集』恋の歌のはじめの歌の素材と同じである。

ほととぎす鳴くや五月のあやめ草あやめも知らぬ恋ひもするかな

家持は『万葉集』のなかの古い歌を受け継ぎつつ、次の時代に引き継がれてゆく歌いかたへの橋渡しの役割を果たしていた。

さらに家持の歌で見のがすことのできないのが、歌を五七五の上の句と七七の下の句とに分け、各々を別の人と詠みあった歌を残したことである。

尼、頭句を作り、并せて大伴宿祢家持、尼に誂へらえて末句を等しく継ぎて和ふる歌一首

佐保川の水を塞き上げて植ゑし田を　尼作る　刈れる初飯はひとりなるべし　家持継ぐ
（巻八・一六三五）

『万葉集』のなかで、この形で歌の詠みあいをしたのは、この一つだけである。詠みかたのうえでは、尼が詠んだ「植ゑし田を」を受けて、家持が「刈れる初飯」と応じた。前の人が使ったことばからすぐに連想される内容を受けて、みずからの歌を付けるという歌いかたは、中世に流行した連歌の基本的な形である。これが十七世紀にはいって連句という形で、ことに芭蕉によって、より豊かなことばの営みに実を結ばせた。『野ざらし紀行』という作品にまとめられた旅の終わりに芭蕉が名古屋にきた。このとき名古屋の俳諧好みの連衆が芭蕉を呼んで会を催した。そこで作られた連句が『冬の日』（一六八四年）に収められた。

狂句こがらしの身は竹斎に似たるかな　芭蕉

たそやとばしる笠の山茶花　　野水

この芭蕉と野水との詠みあいは、芭蕉の詠んだどの部分を野水がどんな風に受けたのか、はなはだ分かりにくい。この芭蕉たちのことばの営みはこんな風であったと研究者たちが読みといている。すなわち、客として迎えられた芭蕉は、私はここに放浪してきたと自己紹介した。野水は、その来た人は誰なのか、笠に山茶花を散らした人は自らを竹斎といっているけれど、いえいえ、花をあしらって風流ですよ、と迎えたらしい。これが分かった人たちが集まって三六句の連句を作った。「尼」との詠みあいからほぼ九〇〇年のち、名古屋の地にまで広がった文学の伝統のみなもとをなした新しい試みを、家持はしていた。

くわえて、家持は女性関係が豊かだったらしい。家持は女たちから送られた歌を手もとに残していて、それを『万葉集』に入れたらしい。なかに紀郎女の歌がある。紀郎女が二首を送ったなかの一つ。

紀女郎、大伴宿宿禰家持に贈る歌二首

わけがため我が手もすまに春の野に抜ける茅花そ召して肥えませ　（巻八・一四六〇）

（一四六一略）

これに対する家持の答えの一つ。

我が君にわけは恋ふらし賜りたる茅花を食めどいや痩せに痩す　（一四六二）

この家持の返しかたは、「わけ」という相手が使ってきた言葉をそのまま繰り返し、さらに「肥えませ」と相手がたわむれてきたのを、「痩せ」で受けた。「召して肥えませ」と紀郎女が言ったのは、家持が細身だったからららしい。『続日本紀』には家持の体つきについて何も記されていない。家持はそのからかいを引きとりつつ、相手を立てるように、自分のほうが相手を思っていると歌いかえした。この形、すなわち相手が使ってきた言葉をそのまま繰り返しつつ、相手への思いを表わして相手にあたたかみを伝えるという返しかたが、『万葉集』の古い歌から家持を経て『伊勢物語』『古今和歌集』を通して引き継がれてゆく、女と男とのあいだの歌いかたの基本であった。

家持の体つき、女性関係、家持の歌が後の歌に与えた影響など、『万葉集』の歌を通してさまざま見えてくることを考えあわせながら『続日本紀』を読むと、『続日本紀』という事実の記録に立体的な見かたを加えることができよう。

四　兵部少輔家持と防人歌と

家持の官歴と歌との関わりをことに示すのが、七五四年の兵部少輔任官によって防人に触れる機会をもったことである。巻二十に収められている防人たちの歌は、『万葉集』に限らず歌の集がほぼすべて貴族たちの歌によって占められていたなかで、『万葉集』巻十四に収められている「東歌」とともに、庶民の歌を残した珍しいばあいである。兵部省の官人に任じられたことによって、防人として取られた農民たちに触れたときに、家持の「才」と歌への関心とが家持に防人歌を集めさせ、さらに『万葉集』に収めさせたらしい。すなわち、「学」

の一つであった『詩』序はつぎのように記していた。

詩は志の之く所なり。心に在るを志と為し、言に発するを詩と為す。情、中に動きて言に形はる。之を言ひて足らず。故に之を嗟嘆す。之を嗟嘆して足らず。故に之を永歌す。之を永歌して足らず、手の之を舞ひ、足の之を踏むを知らず。情、声に発し、声、文を成す。之を音と謂ふ。治世の音は安くして以ちて楽しむ。其の政、和すればなり。乱世の音は、怨みて以ちて怒る。其の政、乖けばなり。亡国の音は、哀しみて以ちて思ふ。其の民、苦しめばなり。故に得失を正し、天地を動かし、鬼神を感ぜしむるに、詩より近きはなし。先王、之を以ちて夫婦を経し、孝敬を為し、人倫を厚くし、教化を美しくし、風を移し、俗を易ふ。……

ここに表わされた『詩』についての考えかたはとても政治的である。『古今和歌集』序は『詩』序にならいながら、ことに仮名序はその政治的な面をほとんど受けつがなかった。しかし、家持の「才」のなかでは『詩』序が生きていたであろう。すなわち、防人たちの「心」にあった「情」の現われとしての歌が、『詩』を「学」として身につけていた兵部少輔家持の「才」によって、防人たちの思いの現われであった歌を集めさせ、「民」の思いを『万葉集』に残したのであろう。しかも、防人の歌のなかの一首、

橘の下吹く風のかぐはしき筑波の山を恋ひずあらめかも

（巻二十・四三七一）

この歌いかたはつぎに掲げる額田王の歌いかたに通う。

三輪山をしかも隠すか雲だにも心あらなも隠さふべしや

（巻一・一八）

額田の歌は額田にとってのふるさとの山である「三輪山」への思いを歌ったことによって、さきの歌の防人がふるさとの「筑波の山」への思いを表わした表現に連なる。一方が、七五五年に集められた防人の歌、他方が六六七年の近江への都移りにあたって額田王が詠んだ歌という、時・身分・所の大きな隔たりにもかかわらず、二首が通う思いを分かちあっていたことは、日本列島に生きていた人々のあいだに心の大きなつながりがあったかのように私たちに思わせる。

『万葉集』巻二十の防人たちの歌のすぐ前に別の歌の作歌事情が記されているなかに、「兵部少輔大伴宿禰家持」と書かれているから、たとえ『続日本紀』の記事がなくとも、その時の家持の官が私たちに分かる。しかし、『続日本紀』の七五四年の記事によって、私たちはその『万葉集』の記事の裏付けを得ることができる。

家持の記事によって『万葉集』との接点を伝えた『続日本紀』は、朝廷のなかで低い位にとどめられていたさむらいたちが権力を握り、「学」を必要とするようになった時代のなかで、その古い写本が「金沢文庫」から家康に移り、蓬左文庫に伝えられた。私たちがそれを目にすることができることは、新たな権力をうちたてようとした家康に関わった貴重な文物の伝えであるといえよう。

【付記】この論は科学研究費補助金「いくさに関わる文字文化と文物の総合的研究」の企画の一環として行った公開講演会（蓬左文庫・徳川美術館との共催、総題「家康の遺産」、二〇一〇年十一月六日、徳川園ガーデンホール）における講演に基づいている。

家康の遺産
―尾張家御譲本を中心に―

桐原千文（きりはら・ちふみ）

はじめに

武具甲冑から書物まで、家康の遺産を受け継ぎ、名品、優品の宝庫として尾張徳川家伝来の品々を昭和十年以来公開してきた蓬左文庫と徳川美術館は、平成二十二年、ともに開館七五周年を迎えた。また、同年は、名古屋にとって記念すべき開府四〇〇年にもあたり、両館は、平成十四年の蓬左文庫の改築によりつながることとなった双方の展示室を使って家康の遺産をはじめとして所蔵の名品を一挙に公開する記念の展覧会「名古屋開府四百年　徳川美術館・蓬左文庫開館七五周年記念特別展　尾張徳川家の名宝―里帰りの名品を含めて―」を開催した。

両館は、現在は、蓬左文庫が名古屋市、徳川美術館が公益法人徳川黎明会と属する組織を異にしているが、いずれも創設者は尾張徳川家第一九代徳川義親であり、尾張徳川家伝来の文物を受け継ぎ、公開する文庫と美術館である。昭和二十五年（一九五〇）、尾張徳川黎明会から名古屋市への蓬左文庫売却までは、両館ともに同会によって運営されていたのである。

尾張徳川家は、徳川家康の第九男義直を初代とする家である。両館が所蔵資料の根幹とする尾張徳川家伝来の文物のはじまりは、徳川家康の遺産である。本稿は、この記念展にあわせて「科学研究費補助金基盤研究S『戦（いくさ）に関わる文字文化と文物の総合的研究』」と名古屋市蓬左文庫、徳川美術館が共同して開催した公開講座「家康の遺産」の第二講「徳川家康の蔵書『駿河御譲本』」の内容を中心に、戦の時代をへて江戸時代二六〇年におよぶ平和な時代の礎を築いた徳川家康の遺産について、その蔵書を中心に紹介するものである。

一　「駿府御分物帳」と「駿河御譲本目録」

徳川家康は、元和二年（一六一六）、駿府において七十五歳で没した。大坂の冬の陣、夏の陣に勝利し、江戸幕府二百六十年の盤石な基礎を築き終えた翌年のことである。

慶長五年（一六〇〇）の関ヶ原合戦の勝利によって、天下の趨勢は徳川家康の手中となり、征夷大将軍就任、江戸幕府の成立、大坂の夏・冬両陣の勝利まで、織田信長、豊臣秀吉の跡を受け、権力の頂点に上り詰めてゆく家康の元には、莫大な金銀財宝が集められていった。家康が亡くなった時、駿府城に残された金銀財宝、諸道具の大半が、尾張義直、駿河頼宣（後の紀州家）、水戸頼房、のちに御三家の祖となる三人の息子に分譲された。これを「駿府御分物」、のちには、「駿河御譲（品・物）」などとも称し、金銀をはじめ、刀剣、武具、茶の湯道具、衣服、調度品など多種多彩であった。一方、これとは別に家康が日常的に使用していた品々の多くは、久能山東照宮に納められ、現在は御神宝として伝わっている。

このときの分譲の記録として現在残されているのが、「尾張家本　駿府御分物帳」（徳川美術館蔵）と「水戸家本　駿府御分物帳」（徳川博物館蔵）である。いずれも内容的には家康からの相続遺品目録であり、各冊巻末に受取人の署名捺印をもつ駿府御分物の「受渡帳」である。

尾張家本は、すでに『大日本史料』第十二編之二十四元和二年四月の項（大正十二年刊）に収録されているが写本からの翻刻で誤読も多いとされる。徳川美術館が所蔵する「尾張家本　駿府御分物帳」は、一項目ごとに確認の印があり、末尾に受領者の著名捺印がある原本であり、その所在が確認されたのは、昭和十年前後のことで、徳川美術館地下室で発見された。刀剣、金銀、数寄屋道具、衣類、能衣装、屏風、薬種など種類別、授受者別に記載されている。

一方、水戸家本は、捺印の部分が「判」と記された箇所もあり、末尾に「本帳写」とある写本であるが、大きく時代がさがるものではなく、受領時に作成された控であろうと考えられている。こちらは、内容はよく似ているが、「一の蔵之分」「御てんしゅ御道具」など受領時の駿府城内の保管場所別の記載となっている。

同じく、家康の遺産を受け取った紀州家についても同様な「相続遺産受取目録」が存在していても不思議はないが、現在のところその所在は確認されていない。頼宣が紀伊に封ぜられるのは元和五年（一六一九）であり、家康の遺品の受渡が行われた元和二年から四年の時期には、駿河・遠江・東三河五〇万石の領主として駿府に滞在していたため他の二家のような「受渡帳」自体が存在しなかったのではないかとも考えられている。

御三家に分譲された遺品の大半は、布、紙、衣服などの備蓄品であり、消耗品であったため、受領後まもなく贈答品などに使用され、消費された。古美術品としての茶器類や棚や床を飾る御数寄屋道具と家康が着用した甲冑や衣服が神聖な物として大事に扱われ、伝えられたが、江戸時代には、刀剣類を中心に、将軍へ献上されたものもあった。

家康の遺産としては、「駿府御分物帳」に記された金銀、刀剣、諸道具のほかに、駿府の家康の元には、「駿河御本」「御本」と呼ばれた膨大な蔵書があり、やはり三家に分譲されて後世「駿河御譲本」と称

尾張家　駿府御分物帳
（徳川美術館所蔵　©徳川美術館イメージ・アーカイブ／DNPartcom）

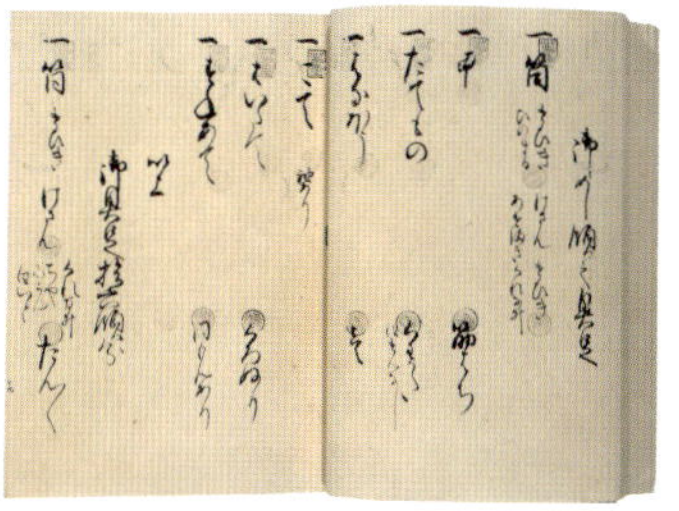
本文

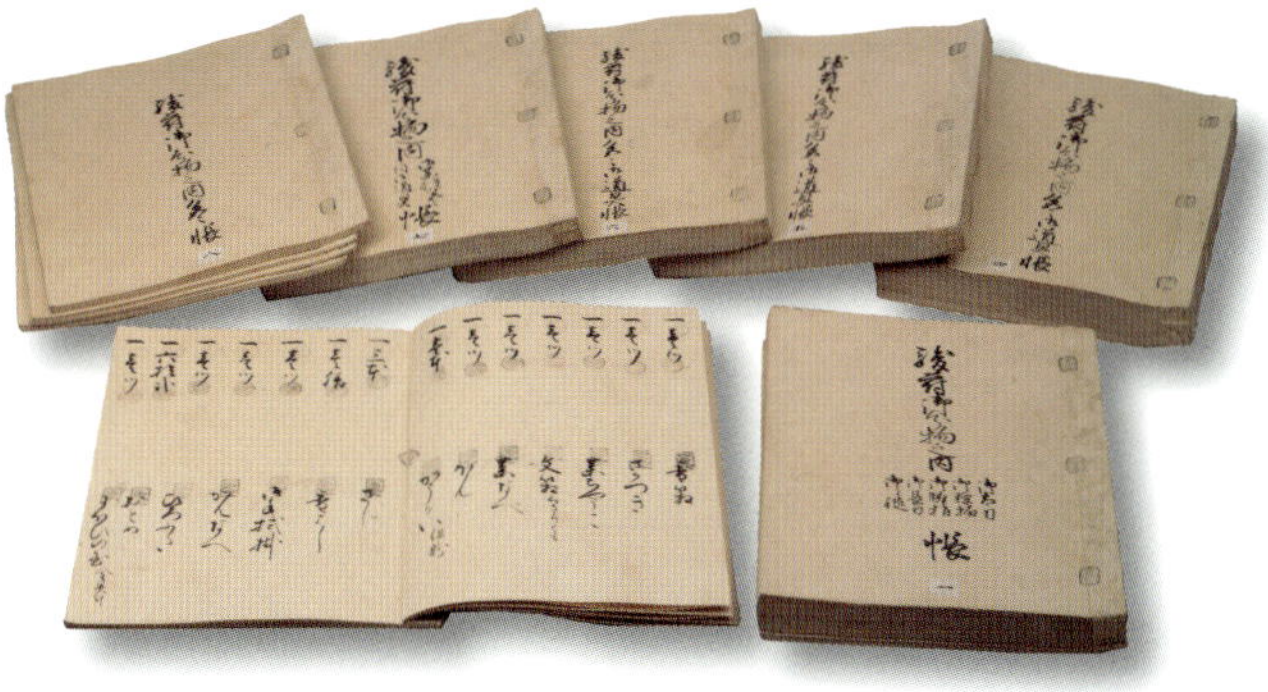

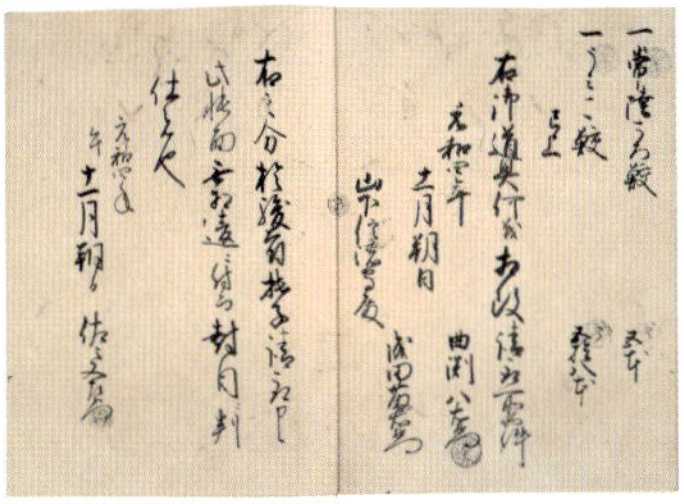
巻末

水戸家　駿府御分物帳　（徳川ミュージアム所蔵　©徳川ミュージアム・イメージアーカイブ／DNPartcom）

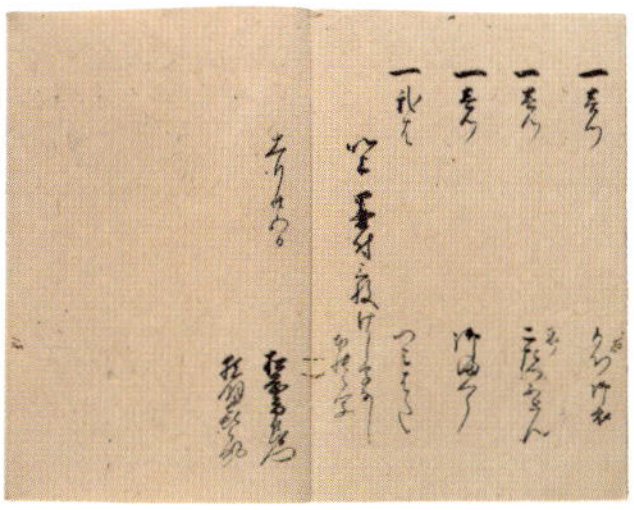
巻末

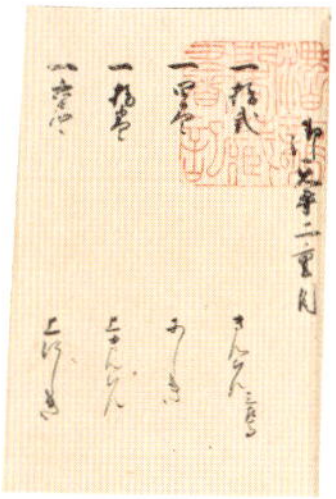
巻頭

表紙

尾張家　駿河御譲本目録
（名古屋市蓬左文庫蔵）

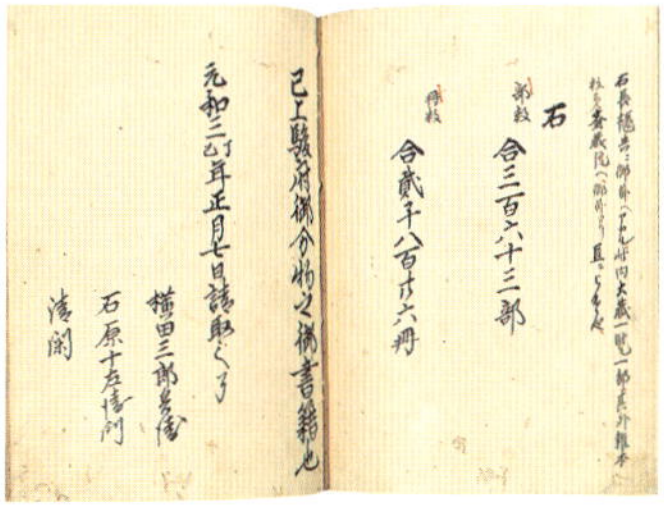
巻末

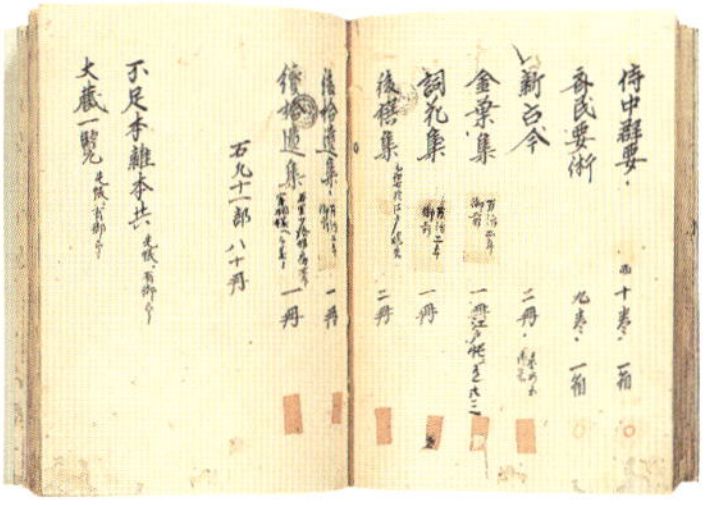
本文

水戸家　駿河御譲本目録
（徳川ミュージアム所蔵　©徳川ミュージアム・イメージアーカイブ／DNPartcom）

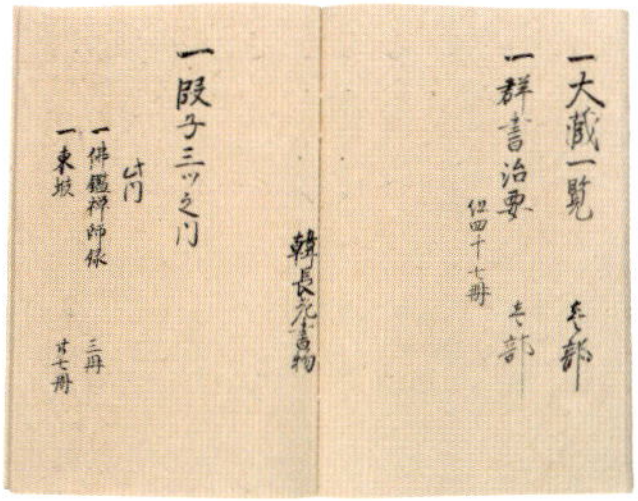
本文

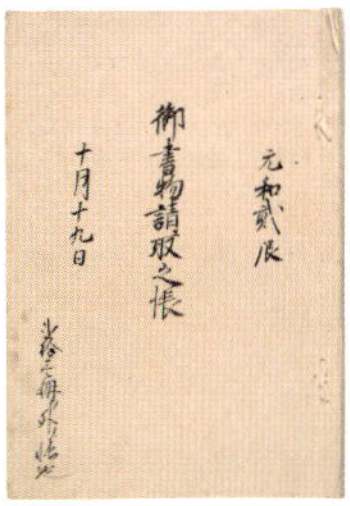
表紙

した。分譲当時の「駿河御譲本」の内容を知ることができる書籍受取目録についても、現在のところは、紀州家を除いて尾張家と水戸家の両家伝来の目録が確認されている。いずれも原本ではなく写しであるが、分譲から大きく時代がさがるものではない。

　尾張家の「駿河御譲本目録」は、「駿府御分物帳」と同様に、『大日本史料』第十二編之二十四元和二年四月十一日の項（大正十二年刊）に「駿河御譲御書物目録」として掲載されているが、これは、書籍の「受取目録」ではなく、寛政年間に編集された「御文庫御書籍目録」（全六冊）第一冊の抄出であり、そこに掲出された書目に大幅な違いはないものの「受取目録」の形態をとる現在確認されている目録とは内容を異にするものである。

　尾張家の「駿河御譲本」受取目録が確認されたのは、昭和九年のことであり、同年「駿河御譲本の研究」（『書誌学』第三巻第四号）を発表した川瀬一馬氏が当時の蓬左文庫の「書庫の隅のうず高く積まれた紙屑の間から見つけられて、歓声を挙げられた。」（織茂三郎氏談「蓬左アルバム」『蓬左』三四号）と伝えられている。

　この目録は、上下二冊からなる初代藩主義直の寛永期の蔵書目録の上巻の最初に収録されており、書物が名古屋に到着し所定の場所（または、箱、長櫃、棚など）に納められた際の担当者の受取目録で、最後に左記のように記されている。

　右
　部数　合　三百六十三部
　冊数　合　弐千八百廿六冊

已上駿府御分物之御書籍也
　元和三丁巳正月七日請取之了
　　横田三郎兵衛
　　石原十左右衛門
　　清閑

　一方、水戸家の御譲本についても、前記の『大日本史料』の同じ箇所に同家からの報告として江戸後期の記録から採用された内容が掲載されているが、この中には明らかに「駿河御譲本」ではないものが入っており、長い間「駿河御譲本目録」は存在しないものとされてきた。ところが、昭和四十八年、徳川義宣氏らにより前記「水戸家本駿府御分物帳」二十一冊とともに発見された「他五冊」の内の一冊が表紙に「元和弐辰　十月十九日　御書物請取之帳」とあり、左記のような奥書をもつ水戸家分の「駿河御譲本」受取目録だったのである。

（奥書）
右墨付弐拾壱枚　これはだうしゅん（林　道春）手前よりうけ取
申御ほんの帳也
　但はこ十七に入申候
　十一月廿五日
　　松浦一左衛門
　　若林角兵衛
墨付拾八枚

二　徳川家康の蔵書「駿河御譲本」

徳川家康が、学問、文化への興味を深め、文治政策を幕府の基幹とする方向に歩みはじめるのは、五十代以降のことであり、この傾向は駿府へ隠居後とくに強まったといえる。慶長年間後半から元和初年の最晩年に至り、書物の収集や出版がピークを迎えることになった。

蓬左文庫の前身である尾張藩の御文庫の基礎を築いたのは、初代藩主義直が収集した蔵書である。その収集の核となったのが、父家康の遺品として譲り受けた約三〇〇〇冊におよぶ駿河御譲本である。

徳川家康は、少年時代から学問に親しみ、江戸幕府の創設に際しても学術の振興に力を注いだ。文禄二年（一五九三）、近世儒学の祖といわれる藤原惺窩を招いて講義をさせた頃から、伏見の家康のもとには、足利学校長三要元佶、南禅寺の金地院崇伝などをはじめ、当代の優れた学者、学僧が登用され、右筆の役割を果たすとともに、書物の収集や出版においても彼らの力に負うところが大きかった。

金沢文庫は、鎌倉時代の中頃、北条実時が武蔵国六浦（横浜市金沢区）に創設した文庫で、蔵書に名品の多いことで知られていたが、室町時代以降その蔵書の散逸が激しかった。家康は、この散逸した金沢文庫本を採訪し、慶長七年（一六〇二）、江戸城内に設けた富士見亭文庫に収集した金沢文庫本を納めたのである。

一方、秀吉の命じた朝鮮出兵は、世界の最高水準にあった金属活字印刷による出版物を中心に、朝鮮本とよばれる朝鮮王朝の優れた出版物を数多く我が国にもたらし、家康のもとにも多くの朝鮮本が、集められることとなった。また、活字印刷による出版物の伝来は、我が国の印刷文化に多大な影響を及ぼし、朝廷や寺院によって活字印刷による出版がさかんにおこなわれた。伏見にあった家康も、慶長十一年～十四年にかけて「孔子家語」「周易」など七種の木活字印刷による書物を刊行し、これが伏見版（円光寺版）と呼ばれた。

慶長十二年（一六〇七）、駿府に隠居するに際し、家康は江戸の富士見亭文庫には一部を残し、金沢文庫本、朝鮮本などの多くを駿府城内に新たに建設した文庫に移した。この文庫は「駿河御文庫」「駿河文庫」と呼ばれた。

駿府における家康の書物収集は、それまで以上に活発化し、中国貿易によってもたらされる明清の新刊本に加え、各方面からの献本も増加し、このなかには、秀吉に滅ぼされた秀次が側近に与えた金沢文庫本なども含まれていた。さらに慶長十九年（一六一四）からは、皇室・公家・寺院の所蔵する古記録の写本を作成し、同年、金属活字による駿河版「大蔵一覧」「群書治要」を刊行している。

駿河文庫の蔵書数については、川瀬一馬氏が自ら発見した受取目録の記述と後述する三家の分配率から約一千部一万冊としたが、水戸家分の「駿河御譲本」受取目録発見後の徳川義宣氏は、その内容から約一千部七千八百冊と概算している。このあたりは、山本祐子氏が「書籍の量は、単に部冊数だけでは論じられないから（長持など容器の個数で量る場合もある。）」（「尾張藩御文庫について」名古屋市博物館研究紀要八）と述べているように、厳密な冊数の算定はさておき、一万冊に及ばんとする貴重書群であったことは間違いないであろう。

元和二年、前述のように家康の残した金銀財宝、諸道具とともに書籍の分譲がおこなわれた際にその分譲を担当したのが、駿河文庫の管理を任されていた林羅山であった。羅山は、秀忠の命をうけて書物の分譲を担当し、約五十件を江戸の文庫に送った後、尾張・紀州・水戸の三家に、五対五体三の割合で分配したという。

中でも、尾張家は義直が年長であり、その学問好きはつとにしられており、師であった羅山とも親しい関係にあったことから、もっとも名品が分譲されたとされる。事実金沢文庫本の分譲が最も多く、紀州家などは一件も分譲されなかったとされることからも、尾張家の御譲本が質量ともに他家より優れた内容であったことがうかがわれる。

義直は、家康の息子たちのなかでもっとも家康の学問好きの性格を受け継いだ男子といわれている。元和元年、十六歳の義直は、大坂夏の陣において包囲軍の先鋒を指揮して戦った帰途、京都に立ち寄り二八件二四五冊の書物を購入するほど書物好きの青年であった。家康の優れた書物を贈られたことにより、その書物収集活動はさらに活発となり、中国の新刊本の購入や学者、家臣などからの献本によって、義直一代の蔵書数は約一万九千冊と推定されており、川瀬一馬氏は、義直の蔵書について「駿河文庫の盛時をしのぐ」「当時の諸大名中随一の文庫」と記している。

さらに義直は、分譲にならなかった駿河文庫の書物についても他家の蔵書から写本を作成し、購入に際しても駿河文庫の蔵書が意識されたことがうかがわれる。義直の書物収集は、駿河文庫を手本に行われたものであり、駿河御譲本と義直の蔵書を合わせることによって、家康の「駿河御本」の概要を推察することも可能となるものと考えられる。

御三家に分譲された御譲本のうち、紀州・水戸の両家では、他の蔵書と区別されることなく伝えられたため、伝来していてもその判別が困難な状態にある。さらに、紀州家の御譲本については、前記の『大日本史料』の水戸家と同じ箇所に報告が掲載されているが、家康が刊行した駿河版「大蔵一覧」二十冊「群書治要」三十七冊以外は不明とされており、その後の確認も進んでいない。また、水戸家の御譲本については、戦前の調査で約五十件が確認されながら、戦災によって蔵書の大半を焼失し、確認作業は困難になっていた。前述の受取目録の発見によって今後の進展が期待されるが、現在のところは公表されるに至っていない。

これに対して、尾張家では、歴代藩主ごとに書物を整理して後世に伝えたこともあり、御譲本は常に歴代藩主の蔵書の筆頭に置かれ、分譲された当時のまま明確に区別されて伝えられた。ただし、明治維新の際、蔵書の払い下げ処分が行われ、御譲本の三分の一が処分されたが、二百五十七件千八百七十一冊はそのまま残り、現在の名古屋市蓬左文庫に伝えられている。このように、御三家に分譲された家康の蔵書「駿河御譲本」の姿を、もっとも確実に現代に伝えているのが、蓬左文庫に残る尾張家分の駿河御譲本なのである。

(1) 金沢文庫本

家康の御譲本を代表する善本といえば、金沢文庫本である。家康は、極めて強い執着心をもって「金沢文庫本」の収集に精力を傾けた。

現在「金沢文庫本」といえば貴重書の代名詞となっているように、優れた書物の宝庫であり、鎌倉の武家文化を代表する輝かしい遺産である。北条氏の滅亡後、文庫は衰退の一途をたどり、時々の権力者による直接、間接の書物の持ち出しが蔵書の散逸に拍車を掛けた。家康もまた、蔵書を管理していた称名寺に保護を与えつつ、慶長六年、金沢文庫本を持ち出して、江戸城内に建てた富士見亭文庫に納めた。家康と同様に、金沢文庫本の収集に精力を傾けた秀次の金沢文庫本ものちに家康の文庫の蔵書となった。収集には、種々の手段が尽くされ、なかには家康側近の学者が献納を強要した例もあったという。家康の金沢文庫本への執着には、武家政権の継承とともに武家文化の継承者としての強い意志が働いていたものと考えられる。以下、尾張家初代義直が譲り受けた家康収集の金沢文庫本および金沢文庫本の写本は下記のとおりである。

①重要文化財　続日本紀　四十巻

紙本墨書
縦二九・九―三二・〇cm　全長五二八・八―一七六八・二cm
鎌倉時代　十三世紀（巻第一―巻第十は慶長十九年補写）
印記　「金沢文庫」（墨印）巻頭・巻末
　「御本」（朱印義直蔵書印）巻頭
名古屋市蓬左文庫蔵

『日本書紀』に続いて延暦十六年（七九七）に成立した官撰の正史。奈良時代を中心とする約一世紀（七世紀末から八世紀末）の編年記録で、この時代の根本史料である。

「駿府記」によれば、慶長十七年（一六一二）伊豆山神社の別当寺般若院の僧快運から家康に献上された。この時すでに巻一～十が欠けていたため、不足分を五山の僧に書写させたとある。巻十一～四十については、現存最古の写本で、一三世紀後半の写しと推定され、早くに金沢文庫から外に出たものであろうと考えられている。なお、詳細は、本書吉岡眞之氏の論文を参照されたい。

②重要文化財　侍中群要　十巻

紙本墨書
各　縦二九・五cm　全長七二四・二―九四二・四cm
鎌倉時代　嘉元四年（一三〇六）
印記　「金沢文庫」（墨印）巻頭・巻末
　「御本」（朱印義直蔵書印）巻頭
名古屋市蓬左文庫蔵

平安時代前期、蔵人の職務について行事別に編纂したもの。侍中とは蔵人の唐名である。現存最古の写本。料紙には、北条氏関係の書状の裏が使用され、巻末に、鎌倉幕府の最後の執権北条貞顕（一二七八～一三三三）が、六波羅評定衆水谷清有所蔵本から書写し、嘉元四年に本書が完成したことを記している。

『右文故事』中の『御代々文事表』により慶長一九年七月二九日、日野輝資から家康に献上されたとあり、先年、豊臣秀次が、金沢文庫から持ち出し、日野輝資に贈ったものという。

③重要文化財　斉民要術（せいみんようじゅつ）　二十二巻

紙本墨書

各　縦二八・五cm　全長四六三・六―一〇六六・六cm

鎌倉時代　文永十一年（一二七四）

印記「金沢文庫」（墨印）巻頭・巻末

「御本」（朱印義直蔵書印）巻頭

名古屋市蓬左文庫蔵

六世紀頃に成立した中国最古の農書。「斉民」は、庶民（主に農民）、要術は、生活に必要な技術の意味で、穀類、野菜、果実など農作物の栽培法、酒類、味噌、麺類の製法、家畜の飼育法などを具体的かつ体系的に記しており、現在でも中国の農業や料理の歴史を知るうえで欠くことのできない文献となっている。

文永十一年三月、北条実時（一二二四～七六）が、巻末にこの写本が完成したことを記している。同巻末の奥書によると、仁安元年（一一六六）に宋刊本から書写されたものを宝治二年（一二四七）に医家である和気種成が転写した本を京都から借用して書写したものとある。蒙古襲来の半年前に、蒙古軍を迎え撃つにあたって敵軍の情報を得るために書写されたものかという指摘もなされている。（参考文献5）

『台徳院実記』に慶長一七年（一六一二）四月に相国寺良西堂が「春秋左伝」とともに家康に献上したという記事がある。

古写本としては、唯一のもので、本書の料紙にも、北条氏関係の書状の裏が使用されており、鎌倉時代の根本史料となっている。

④重要文化財　太平聖恵方（たいへいせいけいほう）　五十一冊

紙本　木版印刷

各　縦二八・八cm　横一八・二cm

南宋時代（紹興年間一一三一―六二）

印記「金沢文庫」（墨印）巻頭・巻末

「御本」（朱印義直蔵書印）巻頭

名古屋市蓬左文庫蔵

中国北宋の太平興国五年（九八〇）、太宗の命により編纂された代表的な医療百科全書。各種の病気の症状、治療法、薬の調合法などが体系的に記されている。太宗自ら序を付し、淳化三年（九九二）に刊行された。

本書は、十二世紀半ば、南宋の紹興年間に、重刻されたもので、北条貞顕の請来本という。慶長七年（一六〇二）、家康が富士見亭文庫に持ち出した書籍のひとつと推定されている。家康のもとにもたらされた時には、すでに半分が失われており、欠落部分を補って、全巻が整えられた。

⑤重要文化財　河内本源氏物語（かわちぼんげんじものがたり）　二十三帖

附　桐宇治橋蒔絵書物箪笥

紙本墨書

縦三二・〇cm　横二五・五cm

鎌倉時代　正嘉二年（一二五八）奥書

名古屋市蓬左文庫蔵

現存最古の「河内本」であり、最古の『源氏物語』の完本である。

重要文化財　続日本紀　(名古屋市蓬左文庫蔵)

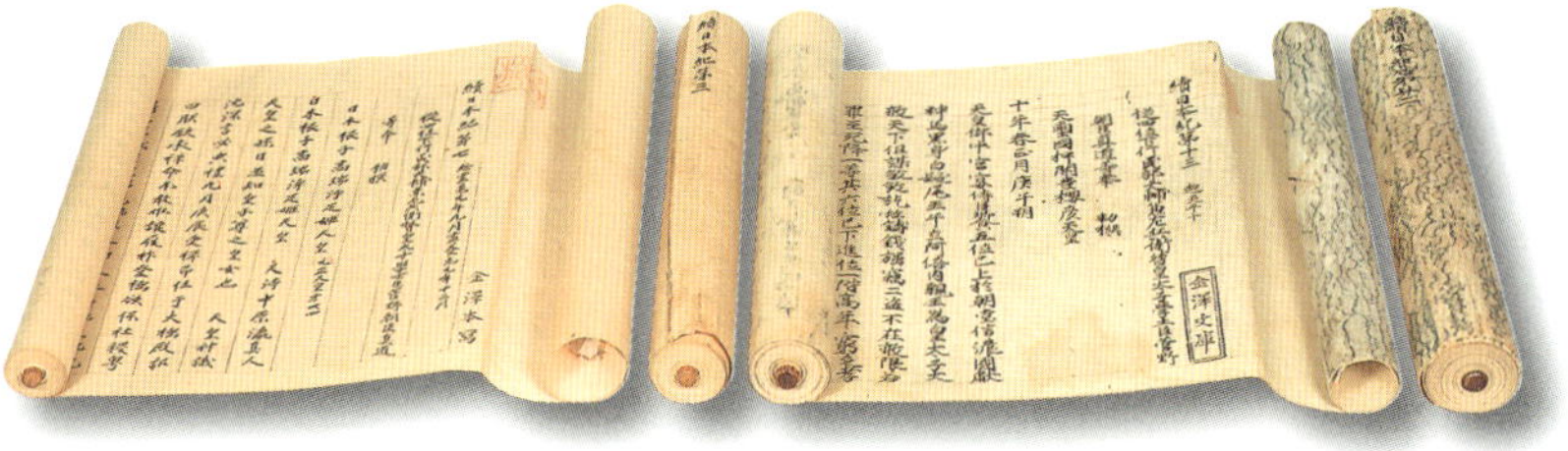

書重要文化財続日本紀　左慶長年間補写　右鎌倉時代写

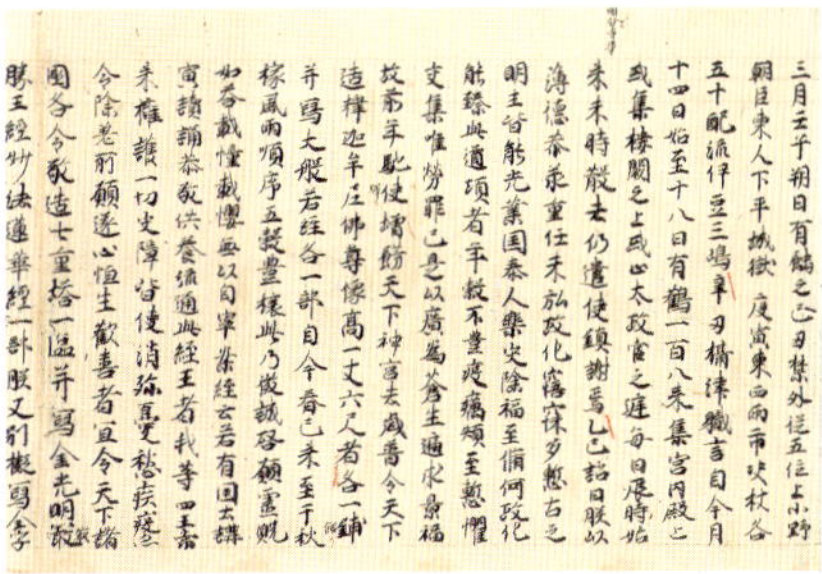

第14巻　天平13年3月　国分寺・国分尼寺詔

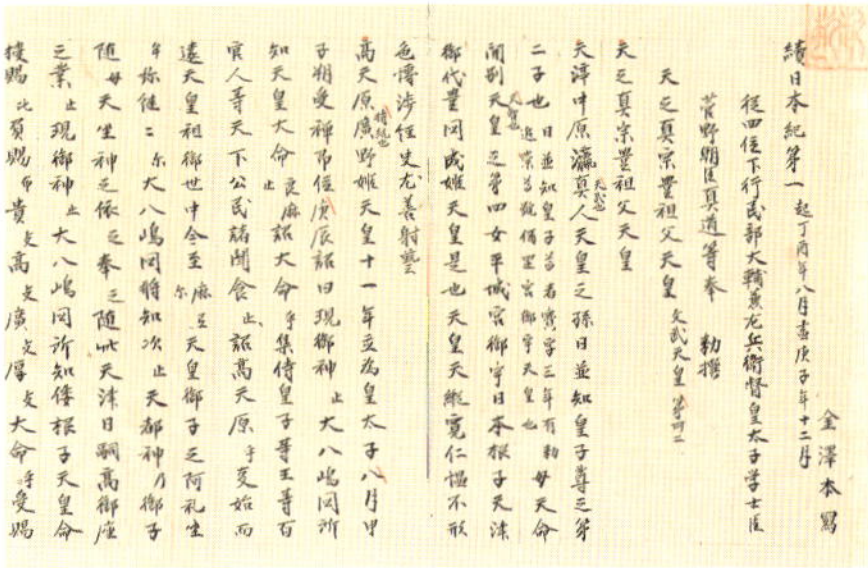

第1巻　巻頭

重要文化財　侍中群要
(名古屋市蓬左文庫蔵)

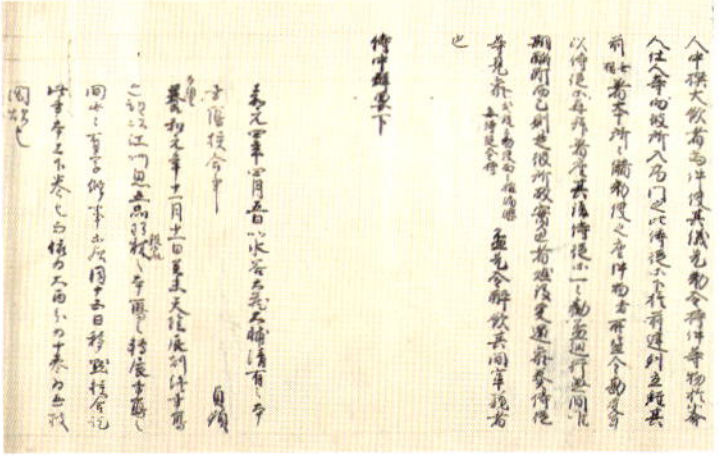

第10巻　巻末

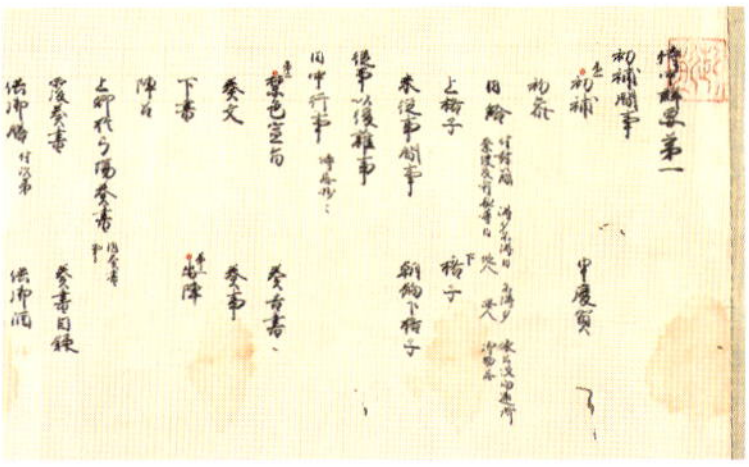

第1巻　巻頭

重要文化財　侍中群要

重要文化財　斉民要術　(名古屋市蓬左文庫蔵)

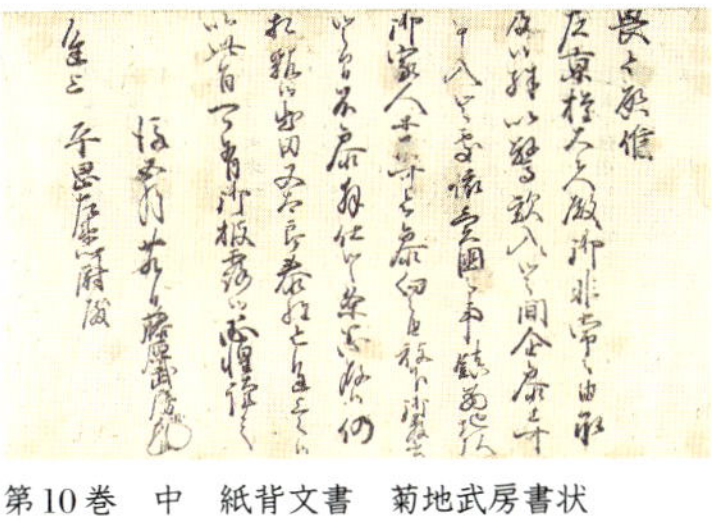

第10巻　中　紙背文書　菊地武房書状

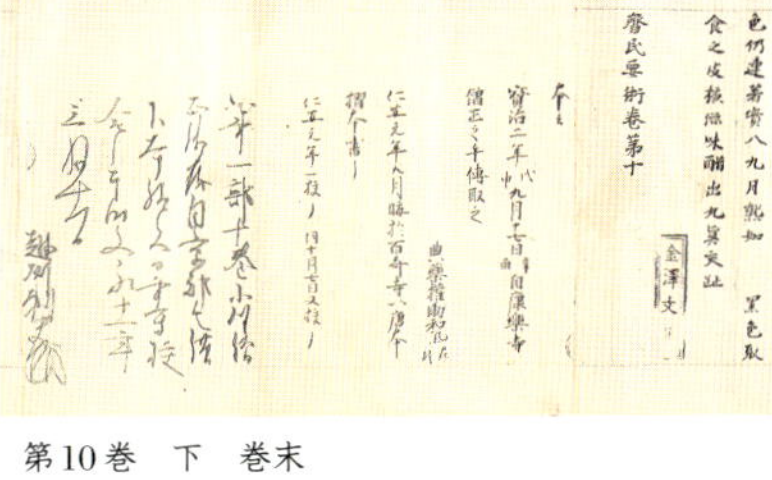

第10巻　下　巻末

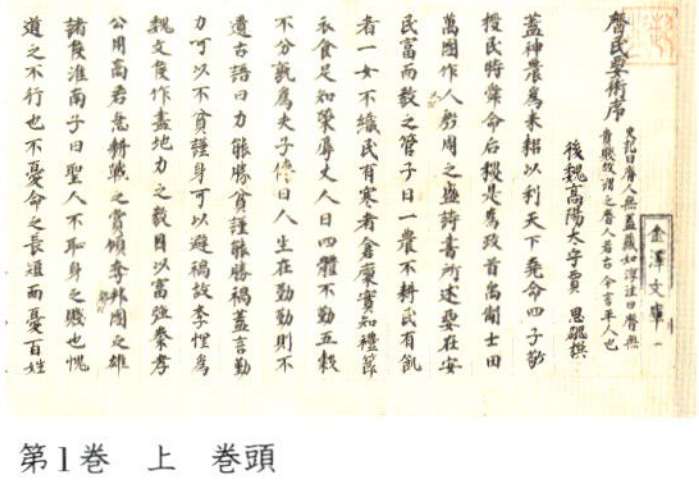

第1巻　上　巻頭

「河内本」とは、河内守に任ぜられた源光行親行親子が校訂した写本の系統をいう。最終帖「夢の浮き橋」の巻末には、正嘉二年五月六日、源親行所蔵の『源氏物語』を写し終えたことを記した、北条実時（一二二四～七六）自筆の奥書がある。本文は十数人の名筆家による寄合書で、物語の写本としては、異例ともいうべき大判な鳥の子紙を使用した大型の写本である。近衛信尹筆をはじめ三種の筆者目録が付属している。十七世紀初頭の製作と推定される付属の書物箪笥も蒔絵調度の優品である。

　本書については、現在カラー版による影印の刊行が進んでおり、同書の解説を執筆中の岡嶌偉久子氏の最新の著作『源氏物語写本の書誌学的研究』に詳細な論稿がある。同書によれば、結論は今後の諸本研究によるとしながらも河内本の稿本そのものの可能性も指摘されている。

　実時の孫にあたる貞顕の書状から実時没後、実時の夫人か娘にあたる人物のところに所蔵されていたともいわれる。北条氏のもとを出た本書は、『実隆公記』明応四年十月四日の記事によって、足利六代将軍義教の代（一四二九～四一）には、足利将軍家にあって、補写が行われていたとあり、九代将軍義尚（一四六五～八九）の所蔵でもあったことが記されている。この後、豊臣秀次をへて、家康の所蔵となったというのが定説ではあるが、秀次所蔵の記録は確認されておらず、推定の域を出ていない。義直の蔵書目録の中では、御譲本の目録以外で家康もしくはその周辺から受領した書物群中に記されていることから、家康の生前に義直に譲られたものであろうと考えられている。義直の死後は、遺品として側室貞松院（一六〇八～八四）に贈られ、以後は尾張徳川家にとどまった。

⑥重要文化財　宋版　唐書（とうしょ）

紙本　木版印刷
各　縦二七・四cm　横一九・五cm
南宋時代（一二世紀）
印記「金沢文庫」（墨印）巻頭・巻末
東京国立博物館蔵

宋時代に編纂された唐時代の正史「新唐書」二百二十五巻のうちの一冊。宰相表が収録された七十一巻の部分である。

中国の印刷史上、最も優れた印刷物が作られた宋時代の版本。

江戸時代にすでに、所在不明の記載が目録にあり、いかにして尾張家から流出したかは明らかではない。

⑦春秋公羊疏（しゅんじゅうくようそ）　三十巻六冊

紙本墨書
縦二七・三cm　横一九・四cm
室町時代　慶長年間（一七世紀）
印記「御本」（朱印義直蔵書印）
　「金沢文庫」四字墨書　巻十一巻頭・巻十二巻末
名古屋市蓬左文庫蔵

「春秋公羊伝」の注釈「公羊正義」三〇巻の鈔本。注釈部分のみの単疏本。金沢文庫本の刊本を書写したものと推定される。

三冊各冊の書写者が異なり、第三冊の書写者のみが「金沢文庫」印記の文字を墨書した。

⑧唐柳先生集（とうりゅうせんせいしゅう）　四十五巻外集二巻付録一巻一二冊
紙本墨書
縦二四・九cm　横一六cm
鎌倉時代　正和元年（一三一二）奥書
印記「御本」（朱印義直蔵書印）巻頭
「昆山」（墨印）巻頭・巻末
名古屋市蓬左文庫蔵

唐時代の文豪柳宗元（七七三～八一九）の詩文集。巻四三と付録の巻末に、正和元年、「金沢学校」で書写されたとある。慶長七年、家康が持ち出した書籍の一つと推定されている。

(2) 朝鮮本

金沢文庫本と並んで家康の蔵書を特徴づけているのが、「朝鮮本」とよばれる十五・十六世紀の朝鮮王朝時代の韓国・朝鮮の優れた出版物である。この時期の朝鮮本には、民間の出版もあるが、とくに目を見張るほど鮮明で重厚なものは、朝鮮王朝が自ら鋳造させた活字によって刊行され、王家から家臣への下賜の記録「内賜記」と「宣賜之記」の印記がある書物である。家康が収集した朝鮮本の多くがこの朝鮮王朝の刊行によるものであり、現在では朝鮮・韓国にも残されていない貴重な文献も多い。

朝鮮本は、その多くが秀吉が行った朝鮮出兵の折に武将たちによってもたらされた。朝鮮出兵の際、朝鮮本を数多く将来した人物としては安国寺恵瓊が知られ、安国寺の将来した朝鮮本も家康の元に収集された可能性が高いとされている。ただし、家康の書物収集の時期を考慮すると慶長十年以降の日朝両国間の通商関係の改善による流入も考慮すべきとも指摘されている。（参考文献1）

主な内容は、四書五経などの中国の古典であったが、朝鮮王朝による金属活字印刷物は世界的にも最高水準を示すものであり、当時の中国や日本の出版物に比べて印刷の鮮明さは際立っていた。尾張家の駿河御譲本三百九十九件の内、約七割にあたる二百四十五件が漢籍で、その三分の二を超える百六十一件が朝鮮本であった。初代藩主義直、二代藩主光友の蔵書においては、漢籍はほぼ同様の割合をしめすものの、朝鮮本の割合は全体の一パーセント前後、十件以内というように、急激に減少しており、書籍流入の時代背景が如実に示されている。明治維新時の蔵書処分を経て、現在蓬左文庫には、百四十二件の朝鮮本が所蔵されているが、一九件を除いてすべて駿河御譲本である。（一九件のうち八割以上は、初代義直、二代光友の時代までに尾張家の蔵書として収集されたものである。このなかには、朝鮮本として代表的な書籍がいくつか含まれる。蓬左文庫所蔵の朝鮮本としてもっとも有名な重要文化財「高麗史節要」もそのひとつである。駿河御譲本ではなく、記録では収集時期は不詳とされているが、二代光友の時代までに収集された書物と推定されている。）

朝鮮王朝が自ら刊行した朝鮮本は、もともと限られた部数しか制作されなかった上、我が国には、特殊な背景をもって流入したものがほとんどで、時期的にも量的にも限定されたものであった。なかでも駿河御譲本として分譲された朝鮮本は、当時もその後もきわめて稀少かつ貴重な存在であり、家康だからこそ収集することが出来たコレクシ

太平聖惠方　(名古屋市蓬左文庫蔵)

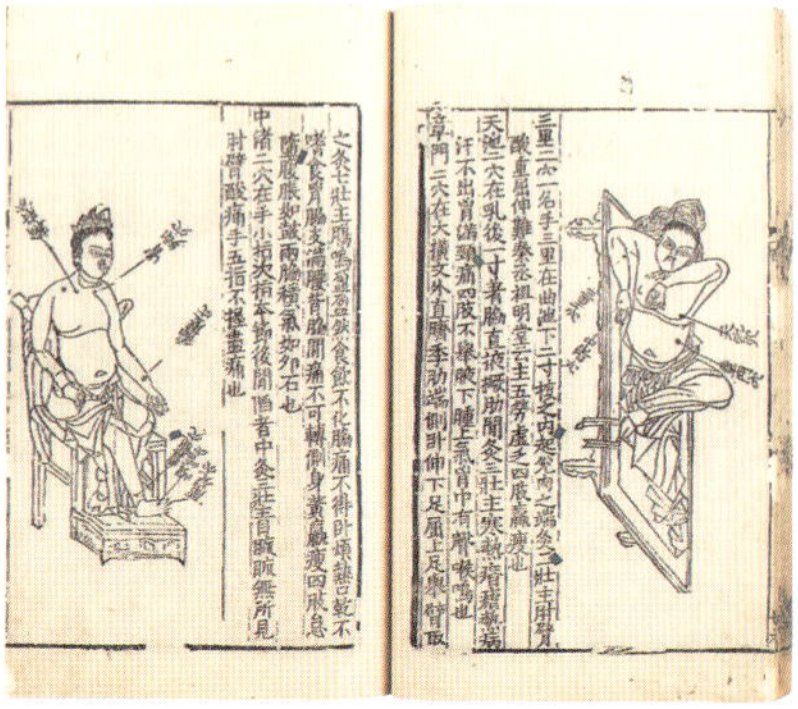

第100巻　本文

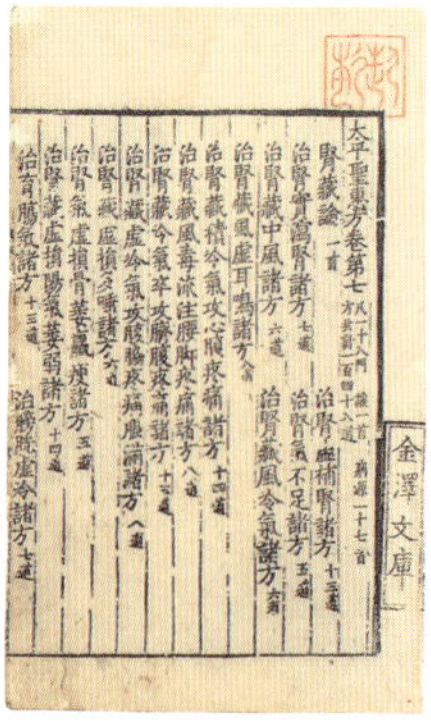

第7巻　巻頭

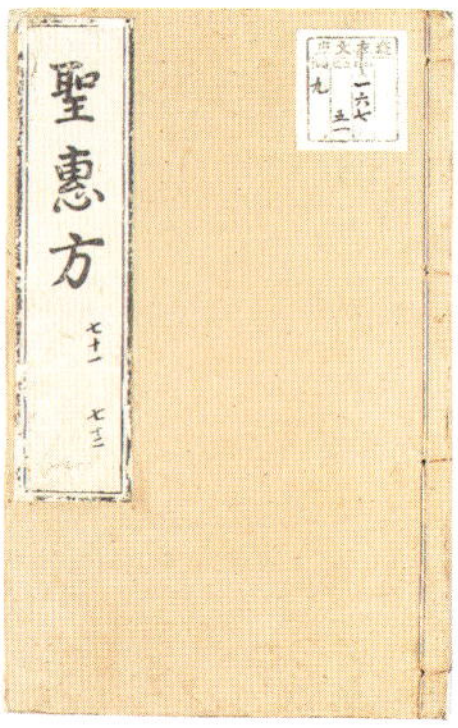

第48冊　表紙

重要文化財　河内本源氏物語　(名古屋市蓬左文庫蔵)

桐宇治橋蒔絵書物簞笥

表紙

第23冊　夢の浮橋　奥書

第1冊　桐壺　巻頭

重要文化財　宋刊本唐書　巻七十一下　（東京国立博物館所蔵 Image：TNM Image Archives）

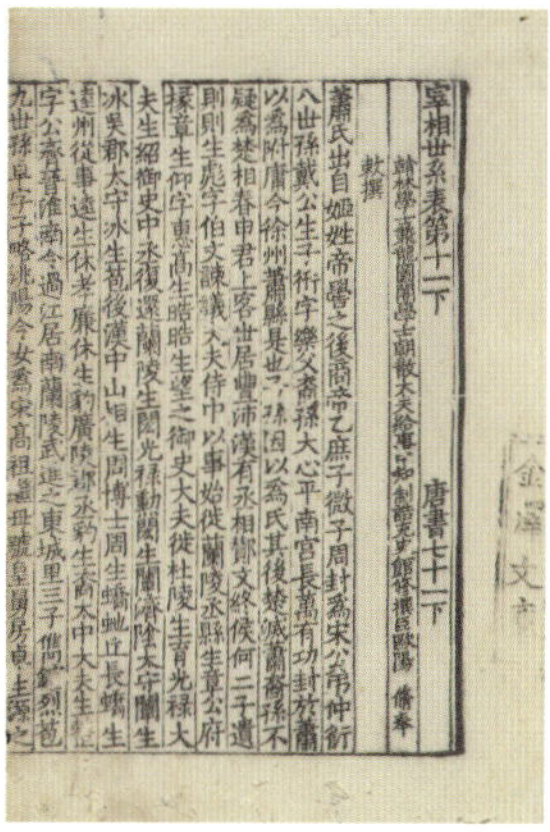

巻頭

重要文化財　朱子大全文集
（名古屋市蓬左文庫蔵）

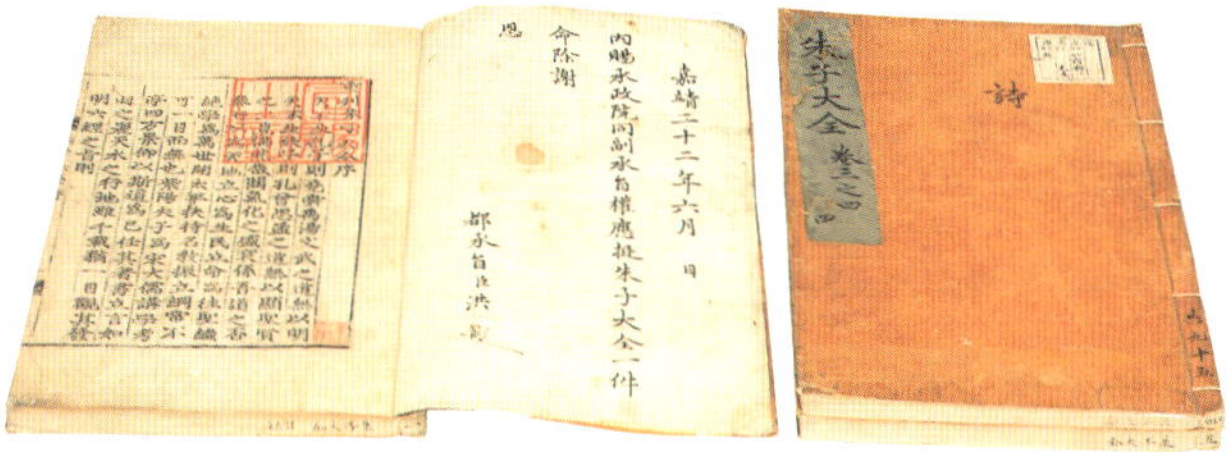

表紙と巻頭

本箱

内訓　（名古屋市蓬左文庫蔵）

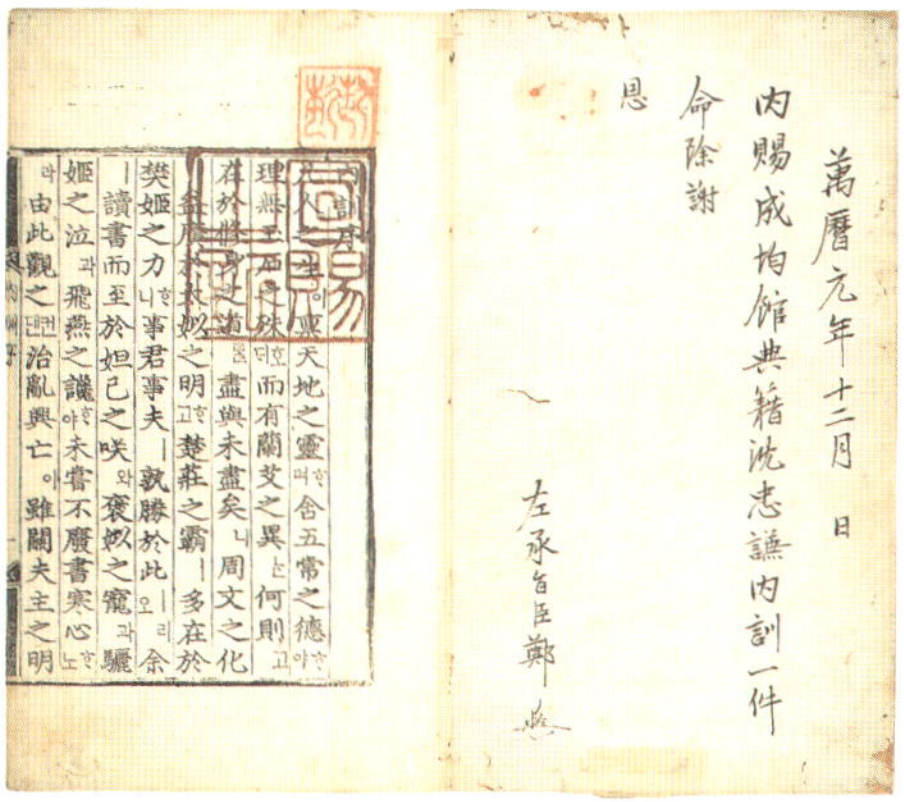

巻頭

表紙

ヨンといえよう。また、尾張家に伝来した朝鮮本は、写真のような黒く墨塗りされた本箱に収納されている。これは、朝鮮から我が国にもたらされたときのままとも伝えられている。

三　徳川家康の遺産

徳川家康が御三家に残した遺産がどのようなものであったかその全貌を知ることは、難しいが、現在徳川美術館と蓬左文庫に残されている尾張徳川家旧蔵の諸道具、書籍からその姿をある程度具体的に描くことは可能である。本稿では、蓬左文庫に伝来する尾張家の「駿河御譲本」の主要部分を概観した。織田信長、豊臣秀吉の跡を受け、江戸幕府二百六十年の盤石な基礎を築いて権力の頂点に上り詰めた徳川家康が遺した「遺産」について、軽々に論じることは不可能である。しかし、駿河御譲本として尾張家に伝来した家康の遺産の内容は、鎌倉幕府以来の武家政権の権力の頂点で継承されてきた文化遺産そのものであり、権力の象徴ともいうべきものの集積でもあった。一方、同じ家康の遺した品々であっても、久能山東照宮に納められた品々は、家康が日常的に使用していた品々であり、その意味を異にするものである。書物に限らず、諸道具類についても同様であることは、今回開催された展覧会「尾張徳川家の名宝」をはじめ近年開催された「家康の遺産―駿府御分物―」（徳川美術館）「家康の遺愛品」（三井記念美術館）などの展覧会からも明らかなことである。

家康の遺産「駿府御分物」の御三家への分譲は、徳川家による政権継承を支える御三家の役割を明確に示すものなのである。

参考文献

1　徳川義宣「徳川家康の遺産」（『家康の遺産―駿府御分物―』徳川美術館・徳川博物館　一九九二）
2　川瀬一馬「駿河御譲本の研究」（『書誌学』第三巻第四号　一九三四）
3　山本祐子「尾張藩御文庫について」（『名古屋市博物館研究紀要』八　一九八五）
4　関　靖・熊原政男『金沢文庫本之研究』（日本書誌学大系一九　青裳堂書店　一九八一）
5　『北条実時』（神奈川県立金沢文庫　二〇〇一）
6　『国宝・重要文化財大全　7書跡　上巻』（毎日新聞社　一九九八）
7　岡嶌偉久子『源氏物語写本の書誌学的研究』（おうふう　二〇一〇）
8　『尾張徳川家の名宝』（徳川美術館　二〇一〇）
9　『徳川家康の遺愛品』（三井記念美術館　二〇一〇）

近世武家女性の源氏絵享受
―徳川家周辺を中心として―

吉川美穂
よしかわ・みほ

はじめに

『源氏物語』の絵画化は原典成立後まもなく行われたと考えられ、永きにわたり「源氏絵」と呼ばれて巻物・色紙・屏風などと形態もさまざまに絵画化されてきた。尾張徳川家伝来の重宝をコレクションとする徳川美術館には、平安時代末期の「源氏物語絵巻」（国宝）をはじめ、鎌倉時代の白描による「源氏物語絵詞」（重要文化財）、近世では詞書が徳川秀忠筆となる「源氏物語画帖」、土佐光則筆「源氏物語画帖」など、源氏絵を語るに欠くことのできない重要な作品が収蔵されている。また、絵画のみならず、調度品に目を向ければ、漆工品では『源氏物語』「初音」の和歌を意匠とした「初音蒔絵調度」、同じく「胡蝶」を主題とした「胡蝶蒔絵調度」の千代姫婚礼調度の一群（国宝）があり、ひときわ光彩を放っている。尾張徳川家は、徳川家康の九男義直を初代とし、江戸時代には石高六十二万で御三家筆頭という高い格式を誇った大大名家である。これらの源氏絵は、どのように尾張徳川家に伝来し、どのような背景のもとに享受されたのだろうか。

本稿では、徳川美術館収蔵の源氏絵に言及しつつ、江戸時代に徳川将軍家をはじめ、武家、なかでも武家の女性に関わる源氏絵の作例に注目し、その享受のありようを概観するとともに、その背景について若干の考察を加えたい。

一　武家の源氏享受

『源氏物語』は、藤原俊成の「源氏見ざる歌詠みは遺憾のことなり」（『六百番歌合』）という言葉に代表されるように、鎌倉時代より神聖視され、必読の教養書として位置づけられた。中世の武家においても、斯波義将（一三五〇～一四一〇）が子孫の家訓として残したとされる『竹馬抄』に「尋常しき人は、かならず光源氏の物がたり、清少納言が枕草子などを、目とどめていくかへりも覚え侍べきなり。なによりも人のふるまひ。心のよしあしのたたずまひををしへたるものなり。それにてをのづから心の有人のさまを見しるなり」と記されている。人の振る舞いや心のありようを学ぶために『源氏物語』や『枕草子』を読み覚えることが諭されており、『源氏物語』の中世武士層への浸透ぶりがうかがわれる。[*1]

戦国時代には、大内や島津といった戦国大名の家臣らによる源氏享受が史料から散見される。そのうち現存作例には土佐光信筆「源氏物語画帖」（ハーバード大学美術館蔵）がある。三条西実隆の日記と修理の際に見いだされた貼紙から、大内氏の家臣・陶三郎興就の注文で、実隆の斡旋により伏見宮邦高親王・実隆ほか計六名が詞書を染筆、絵を土佐光信が担当して永正六年（一五〇九）に制作されたことが判明する稀有な作例である。[*2] また実隆の日記には同じ年、朝倉貞景が妻のために『源氏物語』を書写した記事も見出される。下って天正二年（一五七四）には織田信長が上杉謙信へ「上杉本洛中洛外図屏風」とともに「源氏物語図屏風」を贈ったという『上杉年譜』等の記録が有名である。

このほか細川幽斎をはじめ、秀吉が天正十五年（一五八七）に廷臣に『源氏物語』を書写させた記事（『兼見卿記』）や、大村由己・宇喜多忠家ら秀吉の御伽衆、豊臣秀次ら豊臣家周辺の武将を中心に源氏享受が盛んになっていったことがわかる。現存作例では、狩野光信様の「源氏物語絵巻」（甲子園学院蔵）の詞書の筆者が、関ヶ原合戦で徳川方に寝返った武将・小早川秀秋と推定されているのが注目される。[*3]

公家の九条家には、狩野山楽・山雪による「源氏之間」があったことが『御日記備忘』承応四年（一六五五）六月三日条に記される。狩野山楽筆「車争い図屏風」（東京国立博物館蔵）がこの「源氏之間」の襖絵に当たり、慶長九年（一六〇四）に羽柴完子（豊臣秀勝と浅井江の娘）が九条幸家（忠栄）に嫁いだ際に、完子を猶子としていた淀殿が造営した御殿の一室がこの「源氏之間」であったと推測されている。[*4]

徳川家康もまた『源氏物語』に関心を持った一人であった。慶長十九年（一六一四）六月十七日に、冷泉為満にかねてより預けてあった校正済みの「弄花抄」の返却を受け、七月二十一日には、駿府で飛鳥井雅庸より源氏物語の進講を受けたのに続き、八月二十二日には雅庸から源氏三箇大事を伝授された。この間、八月十日には自らが所蔵する三条西実隆・公條筆の「伊勢物語」二部と「源氏物語系図」二巻を金地院崇伝らに披露している。家康の三ヶ月に及ぶ源氏享受は、大坂の冬・夏陣で一年近く中断を余儀なくされたが、再び慶長二十年（元和元年　一六一五）七月には二条城で集中的に源氏享受が行われる。七月五日には公家衆らに「源氏物語抄」の仮名を付けさせ、九日には冷泉為満が持参した家蔵の定家自筆「源氏物語奥入」を閲覧した。さらに七月二十日、二十九日、八月二日の三度にわたり、二条城で中院通村より「初音」と「帚木」の講釈を受けている。[*5] このうち二条城の数寄屋で行われた帚木の講釈は、襖を隔てて女房衆も聴聞に及んだ。

近年、『源氏物語』は天皇家の血を引く人物が臣籍降下しながら、最終的には准太上天皇として栄華を極める物語であるため、『源氏物語』を王権の象徴とみる政治的な読みが積極的に試みられている。[*6] 家康の源氏享受は大坂の陣前後に集中し、しかも慶長二十年七月七日に

「武家諸法度」、同月十七日には「禁中並公家諸法度」が相次いで発布されたのと平行して源氏享受が行われているため、「源氏」を本姓とした家康が大坂の陣の勝利により名実ともに王権を簒奪したことを明らかにした極めて政治的な行為と見る向きがある。[7] 松島仁からは、慶長八年の将軍宣下とともに、「源氏長者」に任ぜられた家康が、徳川の源氏将軍たる由縁を象徴する宝器として国宝「源氏物語絵巻」と河内本「源氏物語」を手中に収め、『源氏物語』の本文や注釈書、絵巻類を収集・管理することによって「読み」の独占を企てたとする見解が呈されている。

しかし、国宝「源氏物語絵巻」と河内本のいずれも江戸時代にその収蔵を担ったのは徳川将軍家ではなく、分家の尾張徳川家であった。[8] このうち国宝源氏は、大坂の陣の際の分捕品との俗説があるが、家康時代に遡る明確な記録はなく、五島美術館本が阿波蜂須賀家に伝来したことから、江戸時代に蜂須賀家と尾張家がともに婚姻関係を結んだ鷹司家をはじめとする公家より、婚礼調度本として持参もしくは贈答された可能性のあることが指摘されている。[9] 河内本「源氏物語」においても、金沢文庫から足利氏、豊臣秀次を経て、家康の所蔵となったが、その生前には早くも学問好きで知られる九男義直（尾張家初代）に譲られ、義直の死後はその遺品として側室貞松院（一六〇八～八四）に贈られている。今でこそ、揺るぎのない評価を得た二つの作品であるが、江戸時代初期の時点で源氏将軍を象徴する宝器であったとみなす見解には、いささか疑問を感じざるを得ない。

慶長年間に武家に享受されたことが明らかな源氏絵の作例に、後に二代将軍となる徳川秀忠が詞書を染筆した「源氏物語画帖」（徳川美術館蔵）がある【図1】。附属する書付によれば、家康の異父弟・松平康元（一五五二～一六〇三）の娘久松院（一六〇一～二九）が家康の養女として田中忠政（一五八五～一六二〇）に婚嫁した際に、源氏絵・詞書の色紙各五十四枚を貼り込んだ屏風を家康もしくは秀忠から拝領した。久松院の死後、「姉遺物」として康元の三男康久が屏風を受け取り、後に屏風を手鑑に改装し、主家である尾張徳川家に献上したという。久松院が忠政に嫁したのは、慶長六年（一六〇一）から同九年が推定され、屏風の制作期もほぼこの間に求められる。[10] 絵は、土坡にみられる皴の荒々しい筆法から漢画系に分類されるものの、各帖の場面には類型化していない図様のみならず、場面が特定できない図様が五十四帖中十一図あり、土佐派や狩野派に属さない別系統の源氏絵の存在が想定される。また、詞書には写し間違いが多くみられ、帖名と本文を取り違えた箇所や、中には本文の要約が記される箇所もあり、源氏物語に精通したコーディネーターの介在が欠かせない詞書の染筆とは異なる制作事情がうかがえる。

また、静岡・華陽院蔵の「胡蝶図屏風」は、狩野光信筆と推される雛屏風で、家康五女・市姫（一六〇七～一〇）の所用と伝えられる。伝承に従えば、製作年代の下限は数え四歳で亡くなったという市姫の歿年の慶長十五年（一六一〇）となる。本品と秀忠本ともに徳川将軍家に関わる作品だが、その源氏絵の享受者がいずれも女性である点に留意される。

和泉市久保惣記念美術館蔵の土佐光吉筆「源氏物語画帖」は、詞書

筆者の一人、山科言緒の日記『言緒卿記』慶長十七年（一六一二）七月三十日条の記事から、石川忠総（一五八二〜一六五〇）の依頼を受けて中院通村（一五八八〜一六五三）が斡旋して製作された色紙に該当すると指摘される作品である。[*11] 石川忠総は、徳川秀忠から一字（偏諱）を拝領して秀忠の近侍を勤め、大坂冬・夏の陣で功績をあげた武将である。『中院通村日記』には、さらに元和二年（一六一六）一月十日から同年五月七日の記事から、通村が松平利光（前田利常[*12]一五九四〜一六五八）の注文により、絵を土佐勝左衛門、詞を良恕法親王（一五七四〜一六四三）、飛鳥井雅庸（一六五九〜一六一五）らが書いた源氏絵巻制作の斡旋の労をとっていたことが知られる。[*13]

『源氏物語』は、古典文学を代表する文学であり、やはりその享受は武家といえども上流階級に属する人間にとって軽んじることのできない嗜みであった。源氏享受は豊臣・徳川家といった戦国の覇者に必ずしも独占されたわけではなく、家臣筋まで広がりを見せていた。これに加え、室町時代末から江戸時代初期の源氏絵制作は、『源氏物語』に精通した宮廷や公家と切っても切り離せない関係にあり、なかんずく、武将の源氏愛好とあいまって、女性の享受が少なからず見受けられることをここでは指摘しておきたい。

二　婚礼をことほぐ源氏絵

江戸時代は時代が下るにつれ、源氏絵が婚礼調度本、あるいは女性の調度本として、大量に生産されるようになり、その作例は各段に数を増した。また、河内本が義直の死後、その側室貞松院に贈られたように、古写本や源氏絵が女性へと贈与される例も少なからず見受けられる。[*14] ここではまず、源氏絵と婚礼との関わりを見ていきたい。室町時代末期に成立したとされる御伽草子『猿の草子』に古典の物尽くしのかたちで、「源氏、狭衣、新古今、古今、万葉、伊勢物語」を嫁入り本として誂えたとあるのが注目される。御伽草子ではあるが、おそらく、室町時代後期にはすでに『源氏物語』が婚礼の調度本として調進されることが一般的になっていたのであろう。江戸時代には、早くも井原西鶴『日本永代蔵』（貞享五年〈一六八八〉刊）に、娘の「娌入屏風」として「洛中盡」「源氏・伊勢物語」の名が挙がっており、この頃には武家・公家ばかりでなく上層町衆の嫁入り道具としても源氏絵が広く享受されていた。

先に挙げた詞書が徳川秀忠筆となる「源氏物語画帖」は、松平康元の娘が家康の養女として田中忠政に嫁いだ際に拝領した色紙絵で、まさしく婚礼調度本と呼ぶべき作例である。色紙形の源氏絵は多くの場合、堂上寄合書や能筆による詞書を伴って、その権威付けを行うとともに、書の手本としての機能を持ち合わせていた。詞書をしたためる料紙にも意を凝らし、華麗に加飾を施すのが通例である。秀忠本では、色とりどりの具引紙に金銀の砂子を撒き、下絵にさまざまな事物が金泥で描かれた豪華な料紙が用いられ、濃彩の絵とともに、婚礼を言祝ぐにふさわしい見た目の華やかさが配慮されている。

色紙形の源氏絵は、せいぜい縦横二十センチ程度に収まる小さな画面から、細密画を得意とした土佐派が伝統的に彩管を揮った。土佐光

【図1-1】　源氏物語画帖　紅葉賀
（徳川美術館所蔵　©徳川美術館イメージアーカイブ／DNPartcom）

【図1-2】　源氏物語画帖　紅葉賀詞書:徳川秀忠筆
（徳川美術館所蔵　©徳川美術館イメージアーカイブ／DNPartcom）

【図2】　源氏物語画帖　土佐光則筆
（徳川美術館所蔵　©徳川美術館イメージアーカイブ／DNPartcom）

【図3】　源氏物語画帖　土佐光則筆　表紙
（徳川美術館所蔵　©徳川美術館イメージアーカイブ／DNPartcom）

則筆「源氏物語画帖」（徳川美術館蔵）は、その代表作の一つである【図2】。詞書と絵を見開きで対応するように貼り込んだ手鑑形式で、その豪華な装丁から婚礼調度本とみなされている。[*15] 表紙には、青海波に向鶴丸を金糸で織りだした緞子が貼られ、四隅に蝶を象った金銅製の金具が打たれる【図3】。藍の墨流しに金銀の砂子で加飾された料紙にしたためられた詞書と、筆勢を極力抑えた細筆を駆使して典雅な彩色を施した絵とが見事な調和を見せている。その雅やかな趣は、姫君たちが手中の珠として愛玩するにいかにも好適である。このように色紙形を貼り込んだ手鑑形式の源氏絵には、土佐派のみならず、住吉派や狩野派、諸派も含め、婚礼調度本とみられる作例が少なくない。

大画面を代表する屏風では、桂宮家（八条宮家）に伝来した狩野探幽筆「源氏物語図屏風」（宮内庁三の丸尚蔵館蔵）【図4】がその筆頭に挙げられよう。表具裂に葵紋と二つ実の桃紋が交互に色替わりの刺繡であらわされ、飾り金具には七宝の葵紋が打たれていることから、寛永十九年（一六四二）、将軍家光の政治的配慮のもとに、前田利常の息女富姫が東福門院（秀忠の女、後水尾天皇）の養女として八条宮智忠親王に嫁いだ際、東福門院もしくは将軍家から贈られた可能性があることが指摘されている。[*16] しかしながら、富姫は正しくは東福門院の猶子であり、実質的には前田家の息女としての婚姻である。私見では、富姫の婚礼調度とする見解には慎重にならざるを得ないが、[*17] 表具裂の葵紋は徳川家を示す標章であり、他方、二つ実の桃紋は家紋というよりは、特定個人の所有を示す手印（御印）とみられ、やはりその優美な印象から女性の所用品とみなされる。幕府の御絵師である狩野探幽が関わり、葵紋の様式も江戸初期の様式を示すことから、当初から徳川家ゆかりの女性のために制作されたとみてよいだろう。

探幽本は六曲一双の大画面を呈するが、五十四帖の各場面が各扇に四もしくは五場面ずつ展開された小画面の集合形式である。各場面は伝統的図様を踏襲しながらも、モチーフを限定して温雅な彩色をほどこした平明な図様となっており、一つ一つの場面を取り出して、色紙をはじめ他の画面形式に応用・再構成することも可能であった。探幽画の源氏絵は権威ある典拠として、清原雪信筆「源氏物語画帖」（個人蔵）[*18] をはじめ、その後の源氏絵に少なからず影響を与えた。[*19]

その影響力の強さを示す一例として、特殊な画面形式ではあるが、高位の女性が乗る駕籠「女乗物」の内部に描かれた源氏絵を紹介したい。五代将軍綱吉の養女八重姫所用と推測される「梨子地葵紋散松菱梅花唐草文様蒔絵女乗物」（江戸東京博物館蔵）【図5】の内部には、正面より時計回りに「絵合」「初音」「若菜上」「若紫」「竹河」「紅葉賀」「行幸」[*20] の場面が金地に極彩色で描かれている【図6】。これらのうち「若紫」と「初音」の場面を除く五場面が、探幽の源氏絵を踏襲・アレンジした図様である。描かれた場面は、「絵合」が冷泉帝での絵合、「初音」が小松引き、「若菜上」が桜下の蹴鞠、「若紫」が桜咲く北山での源氏の垣間見、「竹河」が碁の勝方の童女が桜を拾う場面、「紅葉賀」が青海波の舞、「行幸」が鷹狩りの雉を下賜される場面である。各場面は正面の「絵合」を除いて季節感に富み、ちょうど時計回りに四季をめぐる構成となっている。

こうした女乗物の仕様について、国立公文書館蔵「鶴姫君様御婚礼

書物」に興味深い記事が見出される。紀伊徳川家に嫁いだ綱吉の息女鶴姫の乗物の内部装飾を施すにあたり、

一、御こしの内はりハ、
　源氏物語藤のうら葉・わかなの
　巻・紅葉乃賀なと、めてたき
　絵ところを、ぎんミいたし、惣金
　こくさいしきにめてたく
　　にきやかにかき候へく候

との指示書きがある。[*21]つまり、女乗物の内側には、『源氏物語』「藤裏葉」「若菜」「紅葉賀」など祝儀性の高い「絵所」（場面）を吟味し、金地に極彩色で華やかに描くようにというのである。伝八重姫所用の女乗物の場面選択にも、同様の意識が働いたとみてよいだろう。

ここで、伝八重姫の女乗物に探幽画から選択されなかった二つの場面「若紫」と「初音」に注目してみたい。これらは何故、選択されなかったのであろうか。探幽画では「若紫」が北山の合奏【図7】、「初音」が歯固め【図8】である。歯固めは年頭に長寿を祝う儀式で、祝儀性という条件を十分に満たしているが、正月の小松引きへと変更されている。両者を比較してみると、探幽画の二図はいずれも人物が動きに乏しいのに対し、女乗物では「初音」は美しい装束の女童たちが庭の築山に生える小松を引き抜く場面、「若紫」は桜咲く北山で逃げた雀を追って縁先に出た紫の上を源氏が垣間見る場面で、生動感にあふれた人物が数多く配され、正月の青々しい小松に春の桜など季節感の表出が優れている。つまり、「めてたき絵ところ」とは、単に場面内容の祝儀性ばかりでなく、「にきやかに」という言葉に象徴されるように、視覚効果のより高い図様と解すことができるだろう。

なお、女乗物の装飾仕様は使用者の身分を表象するものとして、大名家では家格に応じて蒔絵の仕様に区別があった。内部の装飾画は花鳥画が多いが、とりわけ源氏絵は徳川将軍家や御三家ゆかりの女乗物に限定されるという日高真吾の報告がある。[*22]当時、最高の地位と格式を誇った女性にふさわしい格の高い画題として源氏絵が採用されたことは特筆に値しよう。

ところで、十一代将軍家斉の息女たちが婚礼の際に源氏絵を持参したことは、先学の研究[*23]によって明らかとなっているが、それらは探幽画のように小画面の集合形式ではなく、一場面を六曲屏風のそれぞれ一隻ずつに当てた大画面構成の図様であった。幕府の御絵師・狩野晴川院養信（一七九六〜一八四六）の『公用日記』によれば、文政二年（一八一九）の浅姫を筆頭に、天保十一年（一八四〇）の泰姫に至る九人の姫君の「引移り御用」すなわち婚礼に源氏絵の屏風が調進されたことがわかる。その画題は「若紫」「紅葉賀」「澪標」「絵合」「朝顔」「少女」「初音」「胡蝶」「常夏」「行幸」「若菜」「藤裏葉」「梅枝」の帖から選ばれ、さらに記録から「澪標」は住吉詣、「絵合」では藤壺もしくは冷泉帝の絵合、「初音」は小松引、「胡蝶」は舟遊び、胡蝶の舞、「若菜上」は源氏四十賀、「若菜下」は女楽、「朝顔」は雪転しと、場面が固定化していたことが確認される。これらの場面選択には、『源氏物語』のストーリー展開ではなく、「賀」という言葉に代表される祝儀性や、春の桜・秋の紅葉、冬の雪など季節感が豊かで、王

【図4】 源氏物語図屏風　狩野探幽筆 六曲一双の内左隻 (宮内庁三の丸尚蔵館蔵)

【図8】 源氏物語図屏風　狩野探幽筆　初音部分
(宮内庁三の丸尚蔵館蔵)

【図7】 源氏物語図屏風　狩野探幽筆　若紫部分
(宮内庁三の丸尚蔵館蔵)

【図5】 梨子地葵紋散松菱梅花
唐草文様蒔絵女乗物
（東京都江戸東京博物館蔵 Image：東京都
歴史文化財団イメージアーカイブ）

【図6-1】 正面 絵合

【図6-2】 右側面 初音 若菜上

【図6-3】 背面 若紫 竹河

【図6-4】 左側面 紅葉賀 行幸

【図9-01】　源氏物語図屏風　狩野養信筆　右隻　（法然寺蔵）

【図9-02】　源氏物語図屏風　狩野養信筆　左隻　（法然寺蔵）

朝世界を彷彿とさせる華やかさが重視されている。[24] これは先に見た女乗物の仕様書の言葉にまさに合致するものである。

『公用日記』に記された晴川院の源氏屏風は、文政九年（一八二六）に高松藩の松平頼胤に入輿した家斉の十六女文姫の「若菜　源氏春之賀／源氏冬之賀」腰屏風、天保三年（一八三二）に姫路藩の酒井忠学に嫁いだ二十五女喜代姫の「紅葉賀」大屏風、天保十二年に十三代将軍家定に輿入れした鷹司政通の養女有君（任子）の「子の日若菜」腰屏風[25]がそれぞれ、香川の法然寺【図9】、林原美術館、遠山記念館に現存する。大画面に一場面を大きく展開した図様には、もはや探幽画に固執することなく、数多くの古典絵巻を模写した晴川院の学習効果がふんだんに盛り込まれ、優美な王朝世界が再現されている。これらは華やかで装飾効果も高く、将軍家ゆかりの姫君が婚礼調度として持参するのにいかにもふさわしいものであった。

三　婚礼調度と源氏絵

婚礼との関わりを持つ源氏絵の最たるものとして、絵画でこそないが、蒔絵の調度品である国宝「初音の調度」が挙げられる。寛永十六年（一六三九）九月、徳川三代将軍家光の長女千代姫が数え年三歳という幼さで、尾張家二代光友に嫁した際に持参した婚礼調度の一群である。「初音」の帖を題材とする初音蒔絵調度四十七件、「胡蝶」の帖を意匠化した胡蝶蒔絵調度十件、その他の意匠の調度・長刀・刀剣・染織品など十八件が現存し、千代姫婚礼調度として一括して国宝に指定されている。初音蒔絵調度は、明石の君が実の娘である明石の姫君に宛てた和歌「年月を松にひかれてふる人に今日鶯の初音きかせよ」の歌意を意匠化した調度で、その和歌の文字を葦手書きに散らし、珊瑚や金銀の彫金を交えた精緻な蒔絵であらわす。主要な器面に、梅の花が咲き誇る美しい庭とともに、元旦を迎えた六条院の春の御殿をあらわし、縁先には明石の君から明石の姫君に届けられた贈り物、結び文と鶯がつけられた五葉松の作り物、髭籠二つを置く【図10】。対して胡蝶蒔絵調度は、「初音」に続く「胡蝶」巻を題材とし、桜や山吹が爛漫と咲き乱れる六条院の池苑で繰り広げられた船楽の典雅な風景を意匠とする。いずれも、千代姫誕生と時を隔てずして注文され、三年近くの歳月をかけ、幕府御用蒔絵師・幸阿弥長重が技術の粋を尽くして製作した。[*26]

「初音」は六条の院の栄華をほこる内容で、新春の素晴らしさを叙述する正月の物語として、また「初子」との音通から、おめでたい場にふさわしい巻と受容されてきた。『源氏提要』に記されるように、室町時代には「初音」帖の冒頭「年たちかへる朝の空のけしき…」の部分が「祝言」をあらわす巻と認識され、[*27]三条西実隆は毎年のように正月二日に「初音」を読んだとの記録がある。この吉祥性ゆえに婚礼調度の図様として選ばれたのであろう。[*28]「年月を…」の和歌を葦手絵であらわした調度品には、先行作として「初音蒔絵火取香炉」(東慶寺蔵)があり、絵画では大阪女子大本「源氏物語絵詞」から、この場面が絵画化されたことが推測され、また現存作例に土佐光吉筆「源氏物語画帖」(京都国立博物館蔵)があることから、伝統的な場面選択であった。[*29]

「年月を…」の和歌は、表面的には「初子の日」と「鶯の初音」を掛けて「鶯よ、初鳴きを聞かせてほしい」と正月のめでたさを詠うが、実は「年月をあなたに会える日を待ちわびて過ごす私に、せめて新年最初のお便りだけでもよこしてください」と、我が子と離れて暮らす明石の君の切実な思いを詠んでいる。この和歌を目にした源氏は、「事忌みもえしあへたまはぬ気色」すなわち正月早々に縁起でもなく涙をこぼしそうになり、自ら硯を用意して姫君に返事をかかせつつ、このことを心苦しく思う。しかし、明石の姫君を后がねとするため、皇族出身の紫の上を養母として、出自の低い明石の君の手元から引き離したのは源氏その人であった。家の繁栄のため、幼い頃に親元を引き離された明石の姫君の境遇は、千代姫と相通じるものがある。

千代姫は家光が三十四歳にして誕生した待望の第一子であった。後に世子となる家綱の誕生は寛永十八年で、千代姫婚礼の寛永十六年当時、いまだ嫡男に恵まれなかった家光が光友を後嗣として確保するため、千代姫を御三家の一つ尾張徳川家へ嫁がせたのであり、奇しくも千代姫婚礼時の年齢は明石の姫君が明石の君のもとを離れたのと同じであった。こうした事情に照らし合わすことで、「年月…」の和歌も、別の意味合いをもって見えてくる。つまり、明石の君の和歌は、幼くして嫁いだ千代姫へと宛てたメッセージと解すことができるのである。もちろん、当の千代姫は数え三歳で、婚礼当時はその意味すら理解できなかったではあろうが、その卓抜した絵画的表現や葦手として散らされた言の葉は幼い千代姫の眼を引きつけるに十分であっただろう。千代姫が『源氏物語』を理解できる年齢に達した時、単に物語の筋を理解するだけでなく平安時代の菅原孝標女がその登場人物に憧れたように、明石の姫君に自身を投影し、幼くして別れた母・明石の君を、自らの両親へと読みかえて物語の世界に仮託された愛情・惜別の思いなどを感じ取っただろうことは想像に難くない。ちなみに、徳川美術館には千代姫が後年したためた「源氏物語抜書」【図11】が所蔵されている。その流麗な筆跡を見るとき、千代姫が「初音の調度」に込められたメッセージを理解し、「姫君様」の尊称[*30]に恥じることのない教養と自負を兼ね備えた女性へと成長した姿を思い浮かべることができよう。ここに、後に触れる物語絵の教育的効果をみることもできる。また、「年月…」の和歌に明石の君の美質を示す橘を意匠に加えることで、姫君を思う親心とともに、明石母娘のような子孫繁栄が千代姫にも起こることを祈念したという森戸敦子の指摘もある。[*31]「初音の調度」は、最高峰の技術に裏付けられた精緻な蒔絵表現のみならず、絵画を思わせる卓抜した表現力により、こうした重層的な読みを可能にする、いわば別格の調度品であった。

ほかに調度品に源氏絵が採用された例に、東京国立博物館・大阪市立美術館に分蔵される「源氏物語蒔絵調度」の一群がある。『源氏物語』の各場面が蒔絵であらわされ、家紋とみられる九曜紋[*32]が散らされていることから、もとは婚礼調度として一括して製作されたとみられる。鏡台には「花宴」「胡蝶」、手箱に「夕霧」「紅葉賀」、沈箱に「末摘花」、櫛箱に「篝火」、匂箱に「浮舟」、鏡箱に「桐壺」と、各器物に異なる場面が選ばれており、同一の意匠で揃えられることが前提の婚礼調度の中にあって特異な意匠構成である。当初は膨大であったはずの調度の一部しか伝存しないため、詳細は分からないが、鏡台はいずれも春、手箱は秋、沈箱は冬と、器物単位で季節を統一する意識が看取される。源氏絵を描いた扇面を物語の順序とは関係なく季節でまとめて貼り込んだ浄土寺蔵「源氏物語扇面散らし屏風」の例にみられるように、鎌倉時代以来の四季の源氏絵の影響が見受けられる。

このように優れた遺例がある一方、婚礼調度の意匠として源氏絵が採用された例は意外に少なく、『幸阿弥家伝書』[*33]によれば、秀忠の五女和子（東福門院）の入内調度は「濃梨子地に枝菊」、家光の養女で加賀前田光高に寛永十年に嫁いだ大姫が「濃梨子地仙人歌之文字」、すなわち「仙人の折る袖にほふ菊の露打ち払ふにも千代は経ぬべし」の和歌を葦手に散らした「菊の白露蒔絵調度」（徳川美術館蔵）、同じく家光の養女で一条教輔に嫁した輝姫が「綾杉ニ獅子牡丹」の意匠であった。菊は皇族の紋章に用いられる香気ある花、「仙人歌」の典拠は『新古今集』所収の藤原俊成の文治六年入御入内屏風歌、獅子牡丹の意匠は百獣の王、百花の王を意識したものであり、高い地位と格式を誇る将軍家姫君にふさわしい風格ある意匠が時々に選ばれている。屏風のように婚礼といえば源氏絵というほどの固定化はここにはみられないが、源氏絵が菊花や獅子・牡丹などと同様、将軍家姫君が持参するにふさわしい高い格式を兼ね備えた意匠の一つとして認識されていたことを指摘できよう。

このほか、婚礼と結びついた源氏絵に、貝桶の合貝がある。合貝に用いられる蛤が必ず同じ二枚貝の一片としか合わないことから、貞節

【図10】 初音蒔絵硯箱　蓋表
（徳川美術館所蔵　©徳川美術館イメージアーカイブ／DNPartcom）

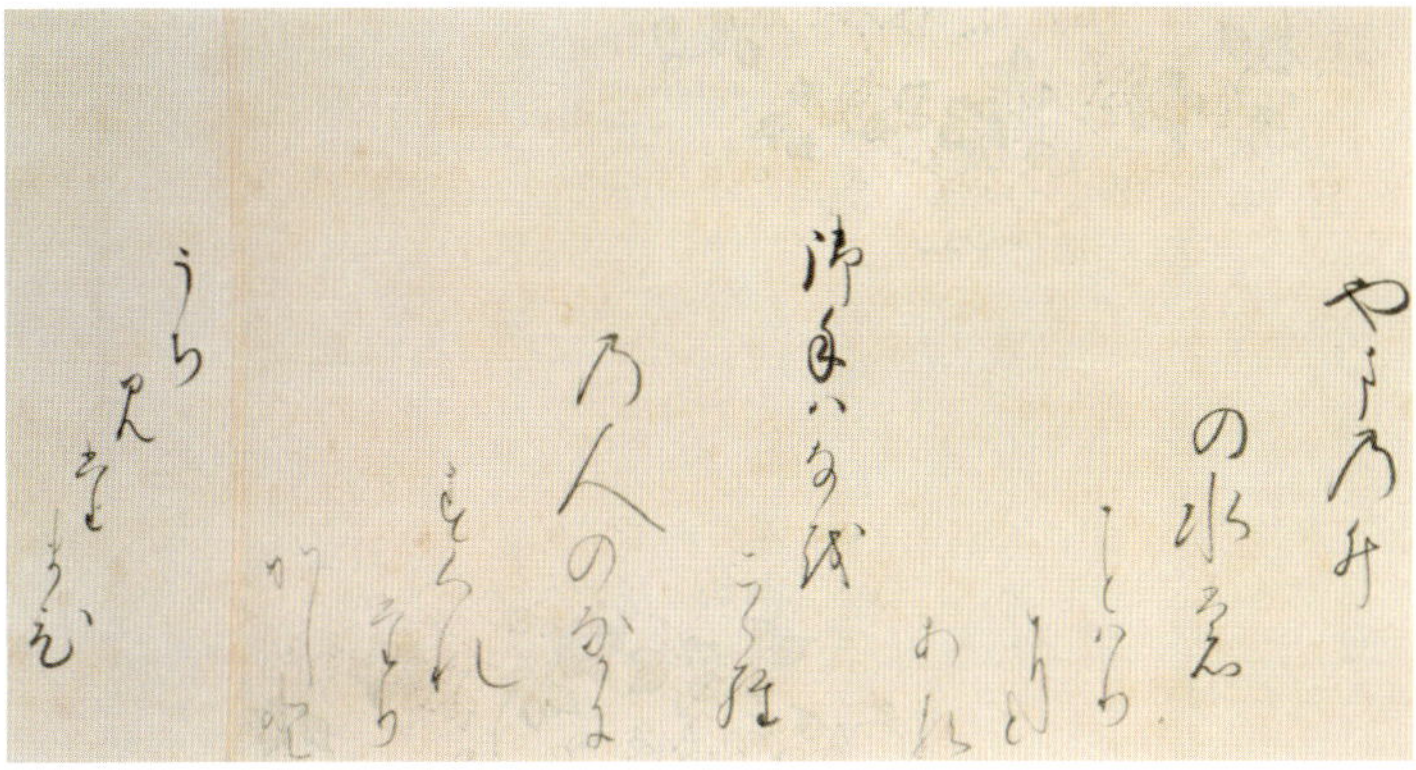

【図11】 源氏物語抜書　千代姫筆
（徳川美術館所蔵　©徳川美術館イメージアーカイブ／DNPartcom）

【図12】 合貝　花散里　松橘蒔絵貝桶附属（徳川美術館所蔵　©徳川美術館イメージアーカイブ／DNPartcom）

の象徴とみなされ、その容器である貝桶は婚礼調度の筆頭道具に位置づけられた。入輿の日、嫁入り行列が婚家に到着するとまず「貝桶渡し」の儀が行われ、その後はじめて新婦の乗る輿を婚家へ渡す「輿渡し」の儀が執り行われる習わしである。合貝の内側には、胡粉を盛り上げた上に豪華に金箔を押して、それぞれ同じ絵を描く。

絵は多くが草花・花鳥・源氏絵で、徳川美術館に所蔵される合貝四組のうち三組がこの図柄である。紀州徳川家から嫁した従姫（よりひめ）（一七五七〜一八〇四）の婚礼調度「松橘蒔絵貝桶」附属の合貝（徳川美術館蔵）はその一つで、一部に「花ちる里」などと帖名を記した貼紙が添付される【図12】。源氏絵の大半が、公家装束の男女の姿をあらわす素朴な筆致の絵で、図様の類型化は否めないものの、それだけ源氏絵が婚礼にふさわしい吉祥画題として定着していた証左ともなろう。室町時代の武家故実書『宮参之次第』の「貝覆之次第」には、「一貝の外をよくみかき。内の金銀の箔をおき。源氏のゑ。四季の草木の繪なとを書也。身と蓋と対のゑからに書へし」とあり、室町時代にはすでに、合貝に描くにふさわしい吉祥画題として源氏絵が認識され、婚礼と深い関わりを持っていたとみられる。

四　女性の教養書としての『源氏物語』

『源氏物語』が婚礼に伴い女性の調度本として制作、享受される例をみてきたが、こうした背景の一つに、『源氏物語』が永く女性の教養書としてみなされていたことを指摘しておきたい。『源氏物語』は道長の娘彰子のために紫式部によって創作され、完成から十年も経たないうちに、受領層の菅原孝標女まで世評が届き、まもなく宮仕えをしていた叔母から、写本全巻が届けられた例にみるように、成立当初から婦女子のための物語であった。鎌倉時代には、和歌を詠む人々の規範とすべき「古典」として神聖視されるようになったが、これと平行して子女の教育書・教訓書としても受容されるようにもなる。藤原俊成の孫・為家の側室で『十六夜日記』の作者である阿仏尼が、宮廷に仕える娘・紀内侍の心得として書いたとされる『乳母のふみ』（『庭の訓』）は、『源氏物語』から引用・影響を受けた表現が多く見られることが指摘され、[*34] 本文中にも次のような記事が見出される。

さるべき物語ども、源氏覚えさせ給はゝ、ざらん、むげなる事にて候。書きあつめて参らせて候へば、ことさら形見とも覚しめして、よくよく御覧じて、源氏をば、なんぎ・もくろくなどまで、こまかに沙汰すべき物にて候へば、おぼめかしからぬ程に御らんじあきらめ候へ。なんぎ・もくろく、同じく小唐櫃に入れて参らせ候。古今・新古今など、上下の歌、空に覚えたき事にて候。

然るべき物語のほか、『源氏物語』の本文の暗誦はもちろん、注釈書の類に至るまで目を通しておくように説きつつ、『古今集』『新古今集』の上句下句も覚えるようにと指示する。さらに同書には末摘花や明石の君といった登場人物の姿や心をみて、日常の振る舞いの参考に教える箇所もみえる。『源氏物語』の女性による享受のありようを示す一方で、ここに示された女子教育の書という位置づけは、以降の女訓書に引き継がれていった。

【図13】 江戸城障壁画下絵
西之丸対面所帳台構
絵合　狩野養信筆
（東京国立博物館蔵
Image : TNM Image
Archives）

【図14】 中色縮緬御所解模様小袖
矩姫着用（徳川美術館所蔵　©徳川美術館
イメージアーカイブ／DNPartcom）

その一つ『めのとのさうし』は室町時代初期成立の武家の女訓書で、『源氏物語』からの引用がさらに増え、紫の上のふるまいを引き合いに出して女の手本として教え諭す教訓的な言説が付加された。[*35] 紫の上のふるまいとは「光源氏のむらさきのうへぞ、御ものねたみのやさしくみえて候。」とあるように、嫉妬の思いを表面に出さず、苦悩に耐える姿であり、後嗣を得るため一夫多妻制度をとっていた武家社会においても有効な教訓であった。また応永年間頃成立の『身のかたみ』は、五十箇条にわたり女子の心得を箇条書きにしたもので、やはり『源氏物語』の登場人物の引用が多い。第廿九条の「さうしなど御覧ずる事」では、物語として『源氏物語』『伊勢物語』を重視すべきこと、『源氏物語』に世間の事で漏れていることはないから、女の進退、立居振舞を学べと直接的な指示がみられる。

これらの女訓書の成立はいずれも室町時代だが、『めのとのさうし』は江戸時代の武家故実書として著名な伊勢貞丈『貞丈雑記』に「その書、女のいましめ、又女房の故実を書きたるものなり。善き書なり」と記される。また『身のかたみ』は同内容の江戸中期の写本が「女房五十箇条」の名で名古屋市蓬左文庫に収蔵されており、室町時代の故実を重視した江戸の武家社会でも引き続き、『源氏物語』が女子教育・教養の書として認識されていた様子がうかがえる。このほか江戸時代に飛躍的に数を増す女訓書にも『源氏物語』の影響が濃厚にみてとれることは、すでに諸先学の指摘がある。[*36]

このように近世武家女性の源氏享受には、女訓書を通じて女性の教養本としての認識が底流にあったとみてよい。これに加え、そもそも物語や絵を伴う絵物語が、古来より女性たちのつれづれを慰める消閑の具として、あるいはその教養や教育に不可欠なものとされてきた背景がある。物語は造形化されることで、より身近なものとなり、楽しみを増し、理解しやすくなる。また現実の生活と重ね合わせることで、人生を学び社会性を養うテキストともなった。[*37] ただ、紫の上や末摘花のふるまいを示した教訓的な場面を描くという直截的な絵画化・造形化が行われたわけではなく、伝統的な図様から、季節感が豊かで華やかな王朝文化を感じさせる視覚効果の高い場面が選択される傾向にあったことは先に見た通りである。ここで想起されるのは、熊沢蕃山の『源氏外伝』にみられる言葉であろう。「さしてかしこき女の書をける物なれば、書ざまのやさしきゆへやらん、又は同じ女ざまの心のかよふにや、よろづのことみるに、心得よく侍ることおほく侍り」と女子の教育・教養書として効用を説くとともに、「いにしへの礼楽文章をみるべき物にて此物語にのみ残れり」と、『源氏物語』を上代の「礼楽」すなわち王朝文化を伝える良書との言説が付加されている。また、『湖月抄』にも『花鳥余情』より引用された「誠に諸芸諸道皆此一篇に縮まる」の言説を見ることができ、[*38]『源氏物語』が和歌のみならず、宮廷で育まれた香や管弦といった諸芸道においても規範とすべき書として受容されていたとわかる。むしろ、『源氏物語』の絵画化・造形化にはこうした言説がより有効であったかと思われる。

五　源氏絵享受の場とその機能

絵画が襖や壁貼付など常設的な大画面として敷設されるとき、その画題や画風はその場所の機能と密接な関係を持っていた。[*39] ここでは徳川将軍家の居城である江戸城を例として、源氏絵の描かれた場とその機能を考察してみたい。狩野晴川院養信による江戸城障壁画の下絵群（東京国立博物館蔵）によれば、隠居後の将軍あるいは世子とその家族が住まう場所である西之丸の大奥対面所上段の帳台構に「絵合」【図13】、西の小壁に「胡蝶」、南の襖に「梅枝」、下段の東側の襖に「紅葉賀」が描かれていた。これらは奥女中の覚書により、焼失前の対面所も源氏絵で、伝統的に源氏絵が踏襲されていたことがわかる。ちなみに、現将軍とその家族が住まう本丸の大奥対面所には『栄華物語』巻第一の月の宴から数場面が選ばれ、対面所よりやや離れた一の御殿と推測される座敷の上段に当たる部屋にも源氏絵が描かれていた。[*40]

対面所の源氏絵は、「絵合」が藤壺の中宮の御前での絵合せ、「胡蝶」は六条院の船楽、「梅枝」は朝顔の前斎院から源氏へ薫物の壺が届けられる場面で、上段はすべて春の景、下段は「紅葉賀」の源氏と頭中将が青海波を舞う秋の景と、上下段に春秋の祝儀が振り分けられた。また、「絵合」は絵画、「胡蝶」「紅葉賀」は舞楽、「梅枝」は香と、琴棋書画図のような芸能尽くし、あるいは王朝文化尽くしの側面も看取される。

将軍あるいは大名の住む御殿は、表・中奥・大奥に居住空間が分かれていた。大奥は、将軍ないしは前将軍や将軍の継嗣、そしてその夫人たちが日常生活を行う場所だが、その主役は大奥の女主人である御台所である。一方、プライベートな大奥に対し、表は将軍が政務を執り行う公式な御殿であり、大奥の対面所に匹敵する本丸の白書院には同じく狩野養信により中国の故事を基とする帝鑑図が描かれていた。白書院は、いわば将軍の表における応接間で、年始や五節供といった公的な行事に将軍への謁見の場として使用される格式の高い居室である。[*41] 帝鑑図は鑑とすべき善政や慎むべき悪行を為政者への鑑戒のため描かれた図で、江戸時代初期にはその鑑戒図的な内容が幕府の儒教的文治政策と一致し、為政者の住む城郭御殿にふさわしい画題として捉えられてきた。これに照らし合わせれば、大奥対面所に描かれた源氏絵や『栄華物語』の絵も、表における帝鑑図のような機能をもっていたとみることができよう。すなわち高位を極めた女性にふさわしい格式の高い画題として大画面に描き出され、『源氏物語』『栄華物語』に象徴されるような古典文学への深い造詣、あるいはこれらの物語に代表される王朝文化的な諸芸、雅な雰囲気、男女の機微を身につけるという教育的効果が意図されていたと思われる。一方、対外的には、大画面に描き出された王朝世界と現実の生活とがあたかも地続きであるかのような錯覚を覚えさせ、これらを背景に対座することで、御殿の主をその理想を体現化した人物と演出する文化装置ともなったことは想像に難くない。こうした帝鑑図や源氏絵といった画題がもつ、内と外におよぼす二面的な機能は、屏風や障壁画など大画面に描かれ、あるいは多くの人々の目に触れることによって、一層効果が発揮された。が、ここで注意しなければならないのは、表に対し、大奥は私的で閉ざされた空間であり、その機能は極めて限定的であったことである。

同様の例としては、先述した婚礼の屏風や調度のほか[42]、高位の武家女性のきものにみられる特有の意匠「御所解模様」が挙げられよう。御所解模様は、風景の中に古典文学や謡曲を暗示するモチーフをあらわしたもので、尾張徳川家十四代慶勝の正室矩姫の準礼装である「中色縮緬地御所解模様小袖」（徳川美術館蔵）には、上半身に咲き誇る桜に三日月と殿舎、腰から下に生い茂る秋草に黒木の鳥居をあらわし、それぞれ『源氏物語』の「花宴」「賢木」を象徴する【図14】。武家女性は、古典文学を典拠とした意匠の着物を身にまとうことで、王朝文化への憧憬を内包するとともに、自らの教養の高さと美意識を顕示したのである。花鳥のモチーフを優雅に散らした公家の小袖と比べれば、武家の古典文学に対する憧れは一層顕著だが、やはり、これらの着用の場も大奥に限られた。

ところで、江戸城御殿障壁画と描かれた場の関係については、武田恒夫から画題や画風が表は唐様であるのに対し、大奥は和様を基調としているという重要な指摘がされている[43]。こうした観点で表の帝鑑図と大奥の源氏絵を眺めれば、両者は鮮やかな対比をみせているといってよい。すなわち、漢と和、表と奥、公と私、男と女であり、それはそのまま唐様（漢）＝表＝公＝男性、和様（和）＝奥＝私＝女性という、文化的性差（ジェンダー）への連想にも結びつく。仲町啓子が、漢画系の画題で占められた安土城天守閣を例として「源氏物語絵はいくら尊重されようとも、彼ら男性為政者が律する公的な儀式空間における絵画として機能することはできなかった」と述べ、源氏絵は「武家社会で女性性の範疇に割り当てられた」と指摘しているように[44]、近世武家における源氏享受は和＝奥＝私＝女性の枠組みで捉えられる。また障壁画にとどまらず、大名家で所持された諸道具いわゆる大名道具は、刀剣・茶道具・唐物の文房具・書画類、能道具などの公的な「表道具」と、絵巻や屏風、婚礼調度などの私的な「奥道具」に二分されるが、これまでに本稿で取り上げてきた源氏絵の屏風絵や画帖、婚礼調度は、私的な性格が強い「奥道具」の範疇に属するものであった。こうした文化的性差が武家でいつ頃から始まったかは明らかにしがたいが、武家故実書等の存在、和様よりも唐様を公式として重視した室町の武家文化のありようから室町時代にはその萌芽があったとみてよいだろう。こうしてみると、家康の中院通村による源氏進講が、「奥」でこそないものの、二条城の数寄屋という私的空間で行われ、女房衆が聴聞に及んだというのも[43]、すでに武家社会における『源氏物語』の位置づけを暗示した出来事だったとみなせよう。

おわりに

『源氏物語』は、江戸時代の将軍や大名といった武家においては、女性との関わりが深く、主に婚礼という慶賀にあたり、色紙形あるいは屏風に描かれた源氏絵が調進、さらには婚礼調度の意匠にも取り入れられて、その生活を華麗に彩ってきた。その要因として、まず『源氏物語』が古典文学第一の書として、永く女性の教養書・教訓書として享受されてきた歴史が底流にあり、これに加えて近世の武家社会で、源氏絵が和様を代表する格の高い画題として認識されたことが背景にあったとみられる。それゆえ、とりわけ格式を重視した江戸時代の武家社会では、最高の身分と格式を誇った女性に似つかわしい画題として、特に徳川家周辺でその享受が目立って行われたのであろう。

また、江戸時代には徳川将軍家・御三家・御三卿を中心に、大名家と公家もしくは宮家との婚姻が盛んに行われた。公家・宮家から大名家へ嫁ぐ女性にとっては、『源氏物語』は公家を代表する文化であり、自らの出自を顕示するものとして、一方、大名家から嫁ぐ女性には、教育的配慮とともに相応の教養を身につけていることを装う上で、これほど格好の画題は他にない。武家と公家との婚姻関係も大きな要因として、武家における源氏絵の享受に一層の拍車をかけたと思われる。これらの源氏絵は近世武家社会では、多くの場合において私的な奥道具として享受されたが、政務を執り行い、武家として体面を保つ場で用いられる表道具に対し、その価値が軽視されたわけでは決してなかった。表と奥、その位相こそ異なるが、源氏絵は女性を主とする奥の世界で、作例の質・量、表現の多様性をもって一つの頂点を示したのであった。

注

＊1 今井源衛「女子教訓書および艶書文学と源氏物語」（『源氏物語の研究』東京大学出版会、一九七四）

＊2 メリッサ・マコーミック「ハーヴァード大学美術館蔵「源氏物語画帖」と『実隆公記』所載の「源氏絵色紙」」（『国華』一二四一号、一九九九）

＊3 三宅秀和「狩野光信様式の展開と歴史的位置付けに関する研究—甲子園学院所蔵「源氏物語絵巻を中心に—」（『鹿島美術研究』年報第二六号別冊、二〇〇九）

＊4 川本桂子「九条家伝来の車争い図をめぐって—その制作事情と解釈を中心に—」（『日本絵画史の研究』吉川弘文館、一九八九）

＊5 宮川葉子『源氏物語の文化史的研究』（風間書房、一九九七）

＊6 三田村雅子「源氏物語絵の神話学—権力者たちの神話学」（『源氏研究』三号、一九九八）、三谷邦明・三田村雅子『源氏物語絵巻の謎を読み解く』（角川書店、一九九八）

＊7 松島仁『徳川将軍権力と狩野派絵画—徳川王権の樹立と王朝絵画の創生』（ブリュッケ、二〇一一）家康の源氏享受もこれだけを抜粋すれば、いかにも源氏物語のみを重視したように捉えられるが、家康は政権を手に入れる以前より学問への興味を深め、藤原惺窩をはじめ多くの学者学僧と交わり、慶長年間後期には幕府施政の基幹を文教政策に定め置いた。大坂の陣前後には、慶長十九年四月五日に林羅山らを総裁として、『群書治要』『貞観政要』『続日本紀』『延喜式』から公武の法制となるべき箇所を五山僧に抜粋・書写させ、同年十月二十五日には五山僧百三十人に院や公家に秘蔵された古記録を新写させている。古典文学では、『古今集』の進講を受け、『伊勢物語』や定家の真蹟にも興味を示した。また同時期に源氏享受をはるかに凌ぐ回数で仏教の御前論義の興行を盛んに行った（曽根原 理『徳川家康神格化への道』吉川弘文館、一九九六）。加えて家康が死後に遺した駿府御譲本は、その大半が漢籍であった。家康の源氏享受はこれらを含めた広範な視野で位置づけることが求められる。

＊8 尾張徳川家は御三家筆頭として高い格式を誇り、将軍家の血筋が絶えた際には「公儀之御備」として紀伊徳川家・水戸徳川家とともに後嗣を出す資格を有したが、幕政への参与は寛政期に至るまでなかった（竹内誠「寛政改革」（『岩波講座日本歴史十二 近世四』岩波書店、一九七六）

＊9 四辻秀紀「国宝『源氏物語絵巻』はなぜ大名家に伝えられたのか」（『読む、見る、遊ぶ 源氏物語の世界—浮世絵から源氏意匠まで—』京都文化

博物館、二〇〇八）

＊10　四辻秀紀「徳川秀忠詞書筆『源氏物語画帖』について」（『金鯱叢書』第十八輯、一九九一・九）

＊11　山根有三「土佐光吉とその関屋・御幸・浮舟図屏風」（『国華』七四九号、七五〇号、一九五四・八、九）、河田昌之「『源氏物語手鑑』考」（『源氏物語手鑑研究』和泉市久保惣記念美術館、一九九二）

＊12　前田利常は、加賀藩二代藩主。慶長六年（一六〇一）に元服して利光と名乗り、家康に松平姓を授かった。寛永六年（一六二九）には名を利常と改めている。

＊13　注11河田前掲論文。

＊14　『徳川実紀』には五代将軍綱吉から七代将軍家継の時代を中心に、徳川将軍家周辺の女性に源氏絵が遺物として贈与される例を見ることができる。元禄十一年十二月二十九日条・正徳二年六月十四日条・正徳三年九月十八日条・正徳五年九月二十八日条・享保元年六月二十四日条。『源氏物語』の古写本を含めれば、さらに数は増す。尾張徳川家では、三条西実隆の天文二年（一五三三）の奥書がある「源氏物語」、天正八年（一五八〇）里村紹巴奥書の「源氏物語」が三代綱誠の側室で四代吉通の生母である本寿院（一六六五～一七三九）の蔵書として伝来したのをはじめ、蒔絵の収納箱を伴って美麗に体裁を調えた調度本の多くが女性の所用品として、名古屋市蓬左文庫に収蔵されている。

＊15　榊原悟「細画の美—土佐・住吉派の画帖」（『江戸名作画帖全集Ｖ　土佐・住吉派』駸々堂出版、一九九三）

＊16　秋山光和「源氏物語図屏風　狩野探幽筆」作品解説（『皇室の至宝２　御物　絵画Ⅱ』毎日新聞社、一九九一）

＊17　富姫の婚礼準備や八条宮家の新御殿の建築、これらにかかる金銭は実家の前田家が担っており、また婚姻に先立ち、祝儀として家光から銀子三百枚・巻物五十が贈られた（見瀬和雄「成巽閣蔵「今枝民部留帳之内」について—前田利常息女富姫の輿入れ—」『市史かなざわ』第七号、二〇〇一・三）。富姫が叔母に当たる東福門院の猶子となったのは、武家との婚姻がいまだ数少ない公家社会で、東福門院を後見人とした意味合いが強いとみられる。将軍家光の養女として加賀前田家に嫁した清泰院大姫の例にみるように、将軍家養女となれば、婚礼一切を将軍家が取り仕切り、葵紋をつけた婚礼調度を持参するが、富姫は実質的には前田家の息女として嫁いでおり、将軍家養女とは一線が引かれる。従って、贈答品としても、富姫の婚礼調度の屏風に葵紋をつける必然性は低いと考えられる。屏風はいわば動産であり、形見分けや拝領・贈与によって移動の可能性が少なくなく、後に桂宮家に入った可能性も考慮に入れる必要がある。因みに「今枝民部留帳之内」に、八条宮家の新御殿の襖絵を描かせるにあたり、探幽・尚信・俵屋宗雪の絵は高いので、採用しないようにと前田家側の指示があるのが注目される。

＊18　岩田美穂「清原雪信筆「源氏物語画帖」について」（『金鯱叢書』第二十三輯、一九九六・九）

＊19　注7松島前掲書。

＊20　「行幸」の下段は、明石の姫君のもとへ鶯の作り物とともに和歌が届けられる「初音」と思われるが、未定としておく。また、この場面につづいて扉の下段に梅・松と殿舎が描かれる。また対する右の扉の下段は「胡蝶」もしくは「紅葉賀」を思わせる雅楽の様子を描く。

＊21　齋藤慎一「徳川将軍家の女乗物」（『珠玉の輿～江戸と乗物』東京都江戸東京博物館、二〇〇八）

＊22　日高真吾『女乗物　その発生経緯と装飾性』（東海大学出版会、二〇〇八）

＊23　松原茂「奥絵師狩野晴川院「公用日記」にみるその活動」（『東京国立博物館紀要』十七号、一九八二・三）、片桐弥生「狩野晴川院の源氏絵屏風—法然寺本を中心に」（『美術史の断面』清文堂出版、一九九五）

＊24　注23片桐前掲論文。

＊25　小林忠「狩野晴川院筆　源氏物語子の日屏風」（『古美術』七一号、一九八四・七）

＊26　小池富雄「初音の調度について」（『新版　徳川美術館蔵品抄⑤　初音の調度』、二〇〇五）

＊27　注5宮川前掲書。

＊28　山本泰一「千代姫婚礼調度における主題選択とその意味」（『新版 徳川美術館蔵品抄⑤ 初音の調度』、二〇〇五）。山本泰一によれば、千代姫婚礼調度に「初音」と「胡蝶」二種の意匠が採用された理由について、「初音」と「胡蝶」はそれぞれ仏教と道教、和と漢を象徴し、両者を備えることで本姓を源氏とする徳川家の繁栄をあらわしたという解釈が呈されている。

＊29　森戸敦子「徳川美術館所蔵《初音の調度》図像の再検討—寛永期における『源氏物語』古注受容を手がかりに—」（『美術史』一六二号、二〇〇七・三）

＊30　「姫君様」の尊称は、江戸時代は将軍家息女（養女も含まれる）、もしくは将軍家正室候補に限定されていた。将軍家息女は大名家へ婚嫁後も将軍家家族の扱いをうけ「姫君様」と呼ばれた。

＊31　注29参照。

＊32　九曜紋は、細川家・伊達家・土屋家などの大名家で採用された家紋で、家紋のみで伝来は特定できない。（「大名家の婚礼—お姫さまの嫁入り道具—」仙台市博物館、二〇〇〇）

＊33　「幸阿弥家伝書」（『美術研究』九八号、一九四〇）

＊34　注1今井前掲論文、清水好子「女子教育と源氏物語」（『むらさき』十八号、一九八一・七）、向井たか枝「『庭の訓』（めのとの文）と『源氏物語』—女子教訓書と遺言—」（『平安文学研究』第七一輯、一九八四・六）、斎藤昭子「ふるまう身体のポリティクス　女訓書における『源氏物語』というカノンの方法」（『テクストへの性愛術—物語分析の理論と実践』森話社、二〇〇〇）、田渕句美子「阿仏尼の『源氏物語』享受—『乳母のふみ』を中心に—」（『国文学　解釈と鑑賞　源氏物語の鑑賞と基礎知識　二八　蜻蛉』、二〇〇三・四）

＊35　注1今井前掲論文。

＊36　ジョシュア・モストウ「『源氏物語』と女訓書」（『源氏物語と江戸文化—可視化される雅俗』森話社、二〇〇八）

＊37　伊井春樹「絵合わせの意義」（『国文学　解釈と鑑賞』九三一号、二〇〇八・一二）

＊38　『花鳥余情』に順徳院御記として記される。同じ言説は、一華堂切臨の『源義弁引抄』にもみられる。なお、「諸芸諸道」の意味するところは、日向一雅によれば、「『河海抄』の「誠に君臣の交、仁義の道、好色の媒、菩提の縁にいたるまで、これをのせすといふことなし」と同内容」とし、「あるいは学問、和歌、管弦、書画や物語論等の芸能表現、芸能論を加えて考えればよい」とされている。日向一雅「『河海抄』の背景—順徳院と後醍醐天皇の源氏物語観を媒介として—」（『明治大学人文科学研究所紀要』第五十二冊、二〇〇三・三）

＊39　大西廣・太田昌子『安土城の中の天下　襖絵を詠む』（朝日百科『日本の歴史　歴史を読み直す』16　朝日新聞社、一九九五）

＊40　東京国立博物館編『調査報告書　江戸城本丸等障壁画絵様』（東京国立博物館、一九八八）

＊41　深井雅海『図解・江戸城を読む』（原書房、一九九七）

＊42　屏風は常設的な障壁画と異なり、不要の際には畳んで収納できる一方、大画面の屏風を立て回すことでその場を一変することができる。江戸後期の将軍家ゆかりの姫君が婚礼に持参した源氏絵屏風が探幽画と異なり、大きく一場面を展開した大画面形式だったのは江戸城障壁画の源氏絵と同様の効果を期待したものと考えられる。

＊43　武田恒夫「江戸城本丸等障壁画絵様について」（東京国立博物館編『調査報告書　江戸城本丸等障壁画絵様』東京国立博物館、一九八八）

＊44　仲町啓子「近世の源氏物語絵—文化的権威と浮世絵化—」（『講座源氏物語研究　第十巻　源氏物語と美術の世界』おうふう、二〇〇八）。ただ、仲町氏がいう「晴」に対して「褻」の表象とする見解は、婚礼という盛儀での享受から考えて、これは当てはまらない。

＊45　注5宮川前掲書。

徳川美術館所蔵「平家物語図扇面」について

❖❖❖ 龍澤彩 りゅうさわ・あや

はじめに

本稿では、徳川美術館所蔵「平家物語図扇面」（以下、本作品および徳川本と呼称）を取り上げる。本作品に関する詳細な個別作品研究はこれまでなされていないが、近年瀬谷愛氏が、ベルリン国立アジア美術館所蔵「扇面平家物語」（以下ベルリン本と呼称）について論じた際に、比較作例として、本作品と根津美術館所蔵「平家物語画冊」（以下根津本と呼称）を取り上げている。[*1*2] 同氏の指摘にもあるように、本作品とベルリン本・根津本には共通する図様が描かれており、祖本を同じくする近しい関係にあると考えられる。また、遠山記念館が所蔵する「源平武者絵」（三十六面・十七世紀）は、「小督」や「忠度都落」などほぼ同構図の扇面画を含んでおり、同じ系譜に連なる作品であると思われる。【挿図1】

本稿では、それらのうち、主に徳川本を紹介したい。

一　徳川本・ベルリン本・根津本の概要

徳川本の概要は次の通りである。

「平家物語図扇面」

扇面画　六十面

紙本著色

寸法　上弦幅　二四・八〜二五・〇cm　下弦幅　十一・一〜十一・三cm　縦八・五〜七cm

古筆手鑑「尾陽」に貼り込み

「尾陽」は尾張徳川家伝来の手鑑で、本作品のほかは古筆が収められている。蓋表には「古筆御手鑑　壱冊　筆者目録添　裏盛衰記画貼込　茶地金入」と墨書され、「天　手鑑（朱書）拾壱號（墨書）」と書かれた貼札がある。表面に、扇面画が一頁に二枚ずつ、合計六十面貼り込まれ、題簽が付されている。反対側の面には七十八葉の古筆切・短冊が押されている。[4]扇面画に落款等はなく、画風からおおよそ十七世紀半ば頃、土佐派による製作と推定されている。[5]現状の形になった時期や、尾張家に入った経緯の詳細は不明である。手鑑の「尾陽」という名称は徳川美術館で付された呼称で、江戸時代十九世紀の尾張徳川家の蔵帳（「東京廻　御側御道具類一巻」）には「古筆御手鑑」と記載されている。同記では扇面については「盛衰記画張込六十枚」と記されている。

次に、参考のため根津本とベルリン本の概要を次に記す。

根津本

「平家物語画冊」伝土佐光成筆　根津美術館所蔵
冊子三帖
表紙　紺地唐花唐草文緞子
寸法　各縦一七・一　横二六・七
題簽（各冊）「平家物語抜書上」「平家物語抜書中」「平家物語抜書下」
詞書　各頁に直書
扇面画　百二十面
紙本着色
寸法　上弦幅　二四・五〜八　下弦幅一一・〇〜二　縦　八・五〜八

各帖の冒頭に題の一覧が書写され、見開きに詞書と扇一面を収めている。【挿図2】上巻には四十枚、中巻には四十一枚、下巻には三十九枚が貼られている。製作年代は十八世紀と考えられている。[6]

ベルリン本

「扇面平家物語」ベルリン国立アジア美術館所蔵
詞書　六十面　絵五十九面
マット装（旧折本画帖）
紙本着色
寸法　上弦幅二四・八　縦八・八
ハンス・ギールケ（東京大学医学部御雇解剖医・ドイツ人）旧蔵品
製作年代は十七世紀と考えられている。

これら三作品全てをあわせると、『平家物語』から合計一二四場面が絵画化されており、『平家物語』の十二巻および「灌頂巻」のすべてから場面が選ばれている。そのうち、三者に共通するのは、三十二の場面である（共通している場面については、後述する徳川本各場面の解説中に記す）。

二　根津本とベルリン本の詞書

根津本とベルリン本で共通する場面は五十八面であり、詞書の底本はいずれもいわゆる流布本に近い。両本の詞書は重複している部分が多く、例えば「鱸」では、流布本の「清盛未だ安芸守たりし時」から「家子、郎等どもにも食はせらる」までを、根津本・ベルリン本詞書とが共通して採用している。[*7][*8]

流布本の語句を用いながら、全体の文章としては改変されている例もある。左に「卒塔婆流」の例を挙げる。傍線部分がベルリン本の詞書、網掛け部分が根津本の詞書に相当している。

又神明仏陀もや送らせ給ひたりけん、千本の卒塔婆の中に、一本安芸国厳島の大明神の御前の渚に打ちあげたり。ここに康頼入道がゆかりありける僧の、若し然るべき便もあらば、かの島へ渡つて、その行方をも尋ねんとて、西国修行に出でたりけるが、先づ厳島へぞ参りける。ここに宮人とおぼしくて、狩衣装束なる俗一人出で来たり。この僧何となう物語をしける程に、「それ神明は、和光同塵の利生、様々なりとは申せども、中にもこの御神は、如何なる因縁を以て、海漫の鱗に縁をば結ばせ給ふらん」と問ひ奉れば、宮人答へて曰く、「それはよな、娑竭羅龍王第三の姫宮、胎蔵界の垂迹なり」この島へ御影向ありし始より、濟度利生の今に至るまで、甚深奇特の事どもをぞ語りける。

ベルリン本がほぼ抜粋になっているのに対し、根津本では途中を省略・改変しながら文章を構成している。同様の例は、他の場面にも見られる。

また、根津本とベルリン本で採用されている箇所が全く違っている例もある。根津本の「高倉宮おんしやうし入御の事」【挿図3】とベルリン本「高倉宮園城寺へ入給」は、徳川本の「たかくらのみや三井てらおち」も含めて、描かれているモチーフ・構図は共通している。絵に描かれている場面は、女性に扮して逃げ延びる高倉宮が幅のある溝を大股で飛び越えてしまい、道行く人から不審に思われるという場面で、その内容に対応するのは、巻第四「信連合戦」の部分である。しかし、ベルリン本では、その次の段に当たる「高倉宮園城寺入御」の冒頭の一節が抜粋されて書写されている。この部分も「昔清見原天皇、大友皇子に襲はれさせ給ひて、吉野山へ入らせ給ひにけるにこそ、少女の姿をば仮らせ給ひけるなれ。今この宮の御有様も、それには少しも違はせ給ふべからず」とあるので、女房装束で逃げる高倉宮を描いた絵に対応しないわけではないが、絵には明確に水流（溝）が描いてあるので、本来絵が表しているのは「信連合戦」の一節の方であろう。

このように、図様と組み合わされるテキストは一様ではなく、扇面画は別途何らかのテキストを参照しながら製作された粉本に基づいて描かれ、詞書は同一系統の本をもとにして、適宜分量を調節しながら書写したのではないかと思われる。

【挿図1】
源平武者絵（小督）
（遠山記念館蔵）

【挿図2】　平家物語画冊（以下、根津本と呼称）
（根津美術館蔵）

【挿図3】　根津本
（根津美術館蔵）

三　徳川本に描かれている内容について

続いて、徳川本の各場面を見ていきたい。各扇面について、徳川本の貼り込み順および題・『平家物語』（流布本）の章段名、同図が根津本・ベルリン本に含まれる場合はその題を記す。

また、徳川本六十面のうち五十五面が重複している根津本の詞書を参照し、該当する流布本の部分の冒頭（始）と末尾（終）を抜粋した（傍線は根津本の一行目と最終行を示す）。根津本における詞書と絵の対応は、徳川本の図様から、どのような物語が読み取られていたかを知る上で参考になる。ただし、先に見た通り、根津本の詞書も流布本の本文に完全に一致するわけではなく、該当部分の中で加筆・省略などの改変がある。本論では紙幅の都合と煩雑を避けるため、引用箇所に関する異同を注で示すにとどめ、校合については稿を改めたい。[*9]

（図版1〜60は97頁〜106頁参照）

（1）ただもりてん上のやみうち（巻第一「殿上闇討」）【図版1】

根津本「殿上の闇討の事」

【流布本部分】

（始）上皇大きに驚かせ給ひて、忠盛を御前へ召して御尋ねあり。

（終）後日の訴訟を存知して、木刀を帯しける用意の程こそ神妙なれ。[*10]

殿上人となった忠盛が他の殿上人達から妬まれ、帯刀したことを非難されるが、上皇に召された忠盛が所持していたのは銀箔を貼った木刀であったという場面。室内には御簾で顔が隠れた姿の上皇、その左右には殿上人達が控え、縁には太刀を傍らに畏まった姿の忠盛が描かれている。

（2）忠もり女はうの方に扇忘れ（巻第一「鱸」）【図版2】

根津本「たゝのりの母の事」

【流布本部分】

（始）忠盛、又仙洞に最愛の女房を持つて、夜々通はれけるが

（終）いとど浅からずぞ思はれける。薩摩守忠度の母これなり。[*11]

忠盛が女房のもとに扇を忘れ、その扇について、女房達が「雲居よりただもり来たる月なれば朧げにてはいはじとぞ思ふ」歌を詠むという場面。扇を囲んで六人の女性が描かれている。

（3）きよもりくまのまうて舟にすゝき入（巻第一「鱸」）【図版3】

根津本「すゝきの事」　ベルリン本「すゝきの事」

【流布本部分】

（始）清盛未だ安芸守たりし時、伊勢国阿濃津より、舟にて熊野へ参られけるに

（終）九代の先蹤を超え給ふこそ目出たけれ。

清盛が熊野より戻る際、舟に鱸が飛び込んだ逸話を描く。周の武王

の舟に白魚が入った故事が引かれ、権現の利生と喜んだ清盛は、一族郎党もろともにその魚を食した。絵では、舟の上に十二人の人物が描かれ、中央に座すのが清盛であろう。傍らではこれから鱸が調理されようとしている。[12]

（4）てんかとすけもりのりあひ（巻第一「殿下乗合」）【図版4】

根津本「殿下ののりあひ」

【流布本部分】

（始）嘉応二年十月十六日に、小松殿の次男、新三位中将資盛

（終）侍共皆馬より取つて引下し、頗る恥辱に及びけり。

重盛の次男の資盛が、鷹狩りの帰りに摂政藤原基房に出会ったが、下馬の例をとらず、馬から引きずり降ろされ、これに激怒した清盛が基房を痛めつけたという場面。画面左手から牛車に乗った基房一行、右から資盛の一行が描かれ、基房の従者が騒然として走り寄る様子が表されている。資盛の姿は輿の中に描かれ、詞書通りに鷹を連れた人物も配されている。徳川本では資盛の輿の担ぎ手二人をのぞく全員が侍烏帽子をつけているのに対し、根津本では資盛一行の全員が未着用である【挿図2】。共通する粉本を用いていたとすれば、どちらかが意図的に改変したものと思われる。なお、（29）かちはらうき嶋にて馬をみる（根津本では「かけすゑ馬しつけんの事」）でも、馬を引く従者は徳川本では烏帽子着用であるのに対し、根津本は烏帽子をつけない姿で描かれている。

（5）さんわう御こしふり（巻第一「御輿振」）【図版5】

根津本「御こしふりの事」

【流布本部分】

（始）安元三年四月十三日辰の一点に

（終）源氏には大内守護の源三位頼政[13]

三台の神輿はテキストにある「十禅寺・客人の宮・八王子権現」の三社の神輿を表しているのだろう。門の内の陣営には赤旗が掲げられているので、東の門を警護する重盛、画面右手の源氏の白旗は、北の門の陣を固めた源頼政を表していると思われる。

（6）しん大なごんいましめ（巻第二「小教訓」）【図版6】

根津本「新大納言の事」ベルリン本「小松けうくん」

【流布本部分】

（始）悪しかりなんとや思ひけん、立ち上がり[14]

（終）阿防羅刹が呵責すらんも、これには過ぎじとぞ見えし。

造反の計画を知った清盛が立腹し、難波次郎経遠と瀬尾太郎兼康に命じて、大納言（成親）を捕らえて、庭へ引きずり落とした場面。本文では、清盛は「とってふせておめかせよ」と命じ、二人が成親に、どのようでも構わないので声を出してくださいと耳打ちした、とある。清盛は立ち上がって太刀の束に手をかけ、腹に据えかねるという

様子で描かれている。根津本の清盛も同様の姿であるが、徳川本では眉間にしわを寄せた怒りの表情が意識的に描出されている。

（7）きよもりへこまつけうくん（巻第二「教訓」）【図版7】

根津本「けうくんの事」

【流布本部分】

（始）入道腹巻を着給ふ上、一門の卿相雲客数十人

（終）頬りに衣の胸を引き違へ引き違へぞし給ひける。[*15]

法皇への怒りのおさまらない清盛が法住寺殿へ押し寄せようとするところを、重盛がなだめる場面。清盛は長刀を持った姿で描かれており、厳島の大明神から賜った小長刀を持って門から出て行った、という本文の内容に対応していると思われる。また、重盛も「烏帽子直衣に指貫」という本文に即した姿で描かれている。

（8）とく大しいつくしまうてそとはなかし（巻第二「卒塔婆流」）

【図版8】

根津本「そとはなかし」　ベルリン本「そとはなかし」

【流布本部分】

（始）ここに康頼入道がゆかりありける僧の[*16]

（終）甚深奇特の事どもをぞ語りける。

千本の卒塔婆を流した康頼入道に縁のある僧が厳島を参詣し、宮人が霊験について語る場面。対応する流布本の箇所では宮人の姿について「狩衣装束」とあり、描かれている宮人は烏帽子をつけ、狩衣に指貫姿である。ただしこの記述は根津本の詞書では省略されており、根津本に関しても、書写された詞書を絵画化しているのではなく、図様は別途、作られていたことがわかる。

（9）とば殿にていたちさはぐ（巻第四「鼬沙汰」）【図版9】

根津本「いたちのさたの事」　ベルリン本「いたちのさた」

【流布本部分】

（始）鳥羽殿には、鼬夥しう走り噪ぐ。

（終）又いかなる御目にか逢ふべきやらんとぞ仰せける。

鳥羽殿で鼬が騒いだので、法皇が安部泰親に判じさせたところ、三日以内に吉事と凶事とがあると述べた、という場面。庭で沢山の鼬が喧嘩をするなど騒々しく走り回っている様子が描かれている。

（10）たかくらのみや三井てらおち（巻第四「信連合戦」）【図版10】

根津本「高倉宮おんしやうし入御の事」

ベルリン本「高倉宮園城寺へ入給」

【流布本部分】

（始）市女笠をぞ召されける。

（終）いとど足早にぞ過ぎさせ[*17]

高倉宮が女性の姿となって逃げる途中、軽々と溝を越えたために、道行く人に不審がられるという場面。本文では女房の姿で市目笠という出で立ちだったと記されており、絵もテキストに即している。また、高倉宮の後ろには、本文に「袋に物入れて戴いたり」とある鶴丸が描かれている。

(11) きおふたきくち三井てらへゆく（巻第四「競」）【図版11】

根津本「きほふ事」

【流布本部分】

(始) 日も漸う暮れければ、妻子どもをばかしこここに立ち忍ばせて[*18]

(終) 屋形に火かけ焼き上げて、三井寺へこそ馳せたりけれ。

頼政配下の武士、競が宗盛を欺き、館に火を放って三井寺へと馬を飛ばす場面。競の姿は、本文で「緋威の鎧」に「星白甲」を被り「滋藤の弓」を持つなどとあり、扇面画もこの描写を意識して描いているようだ。競が乗る馬は、宗盛が与えた煖廷という馬で、本文の該当部分より少し前に「白葦毛なる馬」という託述があり、この描写も本文に即している。

(12) たかくらのみや御さいこ（巻第四「宮御最後」）【図版12】

根津本「宮の御さいこの事」

【流布本部分】

(始) 飛騨守景家は、古兵にてありければ

(終) 御馬より落ちさせ給ひて、御首取られさせ給ひけり。

高倉宮の最期の場面。追われる高倉宮一行と、赤旗を掲げて後を追う平家の軍勢が描かれている。本文の、高倉宮が光明山の鳥居の前で追いつかれ、脇腹に矢を受けて落馬したという部分に対応している。

(13) よりまさぬえをいる（巻第四「鵼」）【図版13】

根津本「ぬえの事」

【流布本部分】

(始) 雲の中に怪しき物の姿あり。[*19]

(終) 鳴く声鵼にぞ似たりける。怖しなども愚なり。

源三位頼政の鵼退治の場面。黒雲が垂れ込める中に現れた鵼に頼政が弓を引こうとする姿が描かれている。鵼の「頭は猿、躯は狸、尾は蛇、手足は虎」という本文はそのまま絵画化されている。

(14) きよもり馬のをにねすみすをくふ（巻第五「物怪」）【図版14】

根津本「同馬のおにねすみすくふ事」　ベルリン本「物け」

【流布本部分】

(始) 又入道相国、一の御厩に立てて、舎人数多つけて

(終) 陰陽頭安倍泰親賜はつてげり。

清盛の馬の尾に鼠が一夜のうちに巣をつくり子を産んだという場

面。厩に繋がれた馬の尾に鼠が描かれている。右手の人物二人は占いを行っているところであろうか。本文では「黒き馬の額の少し白かりければ、名をば望月とぞ謂はれける」とあり、絵の馬も額は白いが、身体全体が白と黒の文様となっている。

(15)なかくにこかうのつほねをたつぬる（巻第六「小督」）【図版15】

根津本「小かうの事」　ベルリン本「こかう」

【流布本部分】

（始）誠や法輪は程近ければ、月の光に誘はれて

（終）楽こそ多けれ、この楽を弾き給ふ事の優しさよ[*20]

清盛の追及を逃れて身を隠していた小督を、帝の命を受けた源仲国が探し当てる場面。馬に乗るのが仲国、室内で琴を弾くのが小督である。画面中央には月が描かれており、本文の「月の光にさそはれて」に対応する。この場面は『平家物語』の中でも有名な場面で、屏風の画題ともなっている。[*21]

(16)たゞもりぎおんにてはけ物とくむ（巻第六「祇園女御」）【図版16】

根津本「きおんのひかりものの事」

【流布本部分】

（始）忠盛走り寄つてむずと組む。組まれて

（終）事の體一々次第に顕はれぬ。[*22]

清盛の父、忠盛が恐れられていた化物を退治しようと襲いかかると、実は老法師だったという場面。忠盛はこれにより白河院から祇園女御を賜ったが、女御はこの時すでに院の子を身ごもっていたという清盛落胤説の逸話である。老法師は右手に手瓶、左手に行灯を持ち、頭に藁を載せた姿で描かれており、これは本文の、雨よけのために小麦の藁を結んでかづいていたのが、手に持っていた明かりで白銀の針のように見えた、という記述に対応している。

(17)よりともしみつのくわんしやにたいめん（巻第七「北国下向」）【図版17】

根津本「よりともよしなかふくわいの事」

ベルリン本「頼朝北国下向」

【流布本部分】

（始）土肥・梶原を先として[*23]

（終）清水冠者を相具して、鎌倉へこそ帰られけれ。

頼朝に心変わりを疑われた木曽義仲が、嫡子の清水冠者義重を人質として差し出したという場面。甲冑を身にまとって馬に乗る人物が頼朝、右手で畏まって迎えるのが義仲、中央の少年が十一才だったという義重であろう。

(18) きそ殿八まんへくわんしよこめらる、（巻第七「木曽願書」）【図版18】

根津本「木曽願書」　ベルリン本「木曽の願書」

【流布本部分】

(始) 新八幡の御宝前に近づき奉つて[*24]

(終) あつぱれ文武二道の達者かなとぞ見えたりける。

木曽義仲の願書を覚明が書き、羽丹生の八幡宮に奉納した場面。硯を脇に筆をとっている覚明が描かれている。覚明は本文では、「褐の直垂に黒糸威の鎧」に「黒漆の太刀」をはき、矢を負い、弓を脇に挟んで、兜を脱いで、小硯と畳紙を取り出したとあり、本図も本文の記述を意識して絵画化されているようだ。

(19) くりからおとし（巻第七「倶利伽羅落」）【図版19】

根津本「くりからおとしの事」

ベルリン本「くりからおとし」

【流布本部分】

(始) 前後より敵は攻め来る「きたなしや、返せや返せや」

(終) さればこの谷の辺には矢の穴、刀の疵残つて今にありとぞ承る。[*25]

木曽義仲による倶利伽羅落の奇襲作戦の場面。画面上方に白旗が描かれ、松明を手にした義仲軍が攻め入る様子が描かれている。谷間に兵や馬が描かれており、前後から攻められて折り重なるように谷へと落ちたという平家軍が表されている。

(20) さねもりてつかくみうち（巻第七「實盛最後」）【図版20】

根津本「さねもりさいこの事」

【流布本部分】

(始) 先づかういふわ殿は誰そ

(終) 手は負うつ、その上老武者ではあり[*26]

老将齊藤別当実盛の最期の場面。手塚太郎が馳せ並び、馬上で組合って首を切ろうとする姿が描かれている。

(21) さねもりくびあらひ（巻第七「實盛最後」）【図版21】

根津本「同くひしつけんの事」

ベルリン本「さね盛さいこ」

【流布本部分】

(始)「樋口召せ」とて召されけり。

(終) 逃げ上って候ひし事、老の後の恥辱[*27]

(20) で打ち取られた実盛の首を見た義仲が、年に合わず鬢髭が黒いことを不思議に思い洗わせてみると、実際は白髪だったという場面。実盛が侮られないように黒く染めていたという逸話である。座っているのが義仲、その前で泣いているのは義仲に事情を説明した樋口次郎である。画面左では実盛の首が洗われる様子が描かれている。

（22）けんはうてんぐにつかまる、（巻第七「玄昉」）【図版22】
根津本「けんはうの事」　ベルリン本「けんはう」

【流布本部分】

（始）法相宗渡したりし人なり。

（終）頭墓と名づけて今にあり。[*28]

天平十九年、興福寺の庭に、玄昉と書かれた髑髏が落ち、虚空に二三百人かと思われる声がしたという場面。物語ではその前年に、大宰府の観世音寺の僧正玄昉が雷にうたれて首を取られ、雲の中に消えるという出来事がおこり、藤原廣嗣の亡霊によるものとされた、とある。絵では庭に一つの髑髏が落ちており、画面右手には雲の中に表れた天狗が描かれている。[*29]該当する本文に「天狗」の記述はないが、巻第五「物怪」では、福原遷都の後、木もない場所で大木が倒れる音がして、虚空に人の笑い声がするという出来事があり、これは天狗の仕業であるとされた。「物怪」ではその後、庭に数多の髑髏が集まった大頭が出現した、という話も含まれており、「天狗」と「髑髏」というモチーフの組み合わせが見られるため、イメージが混在している可能性もある。

（23）これもりみやこおち（巻第七「惟盛都落」）【図版23】
根津本「これ盛みやこ落の事」　ベルリン本「これ盛都落」

【流布本部分】

（始）三位中将馬に打乗つて出でられけるが、又引返し、

（終）二人の者ども力及ばず、涙を押さへて留まりぬ。

維盛が妻子を残し、都落ちをする場面。馬に乗った維盛が右手に弓を持って邸の方に差し出す仕草をしているのは、維盛は馬に乗って出て行ったが引き返し、縁の際に馬を寄せて、弓で御簾をかき上げた、という本文に対応している。縁先に描かれている少年は維盛の息子六代である。六代は（60）「六だい御せんとらはれ」にも描かれており、同じような赤い着物を着ているので、絵師が同一人物であることを意識して描いたのではないかと思われる。

（24）たゝのりしゆんぜいたいめん（巻第七「忠度都落」）【図版24】
根津本「たゝのり都おちの事」

【流布本部分】

（始）日頃詠み置かれたる歌どもの中に、秀歌とおぼしきを

（終）子細に及ばずと云ひながら、恨めしかりし事どもなり。

都落ちをする忠度が俊成を訪ねて、自作の和歌の中から秀歌を選んで書いた巻物を託す場面。屏風の前で巻子を広げるのが俊成である。根津本の詞書では、忠度の詠んだ「さゝ浪やしかのみやこはあれにしを　むかしなからのやまさくらかな」が詠み人知らずとして『千載集』に収められたというくだりまでが書写されている。

(25) せいざんのひわきどく（巻第七「青山沙汰」）【図版25】

根津本「青山のさたの事」　ベルリン本「青山のさた」

【流布本部分】

（始）帝清涼殿にして、玄象をぞ遊ばされける。[*30]

（終）青山とは名づけけれ。

琵琶の名器青山の由来が語られる場面。村上天皇が、唐の琵琶の博士廉妾夫から秘曲を授かるところを描く。本文に「影の如くなる者、御前に参じて」とある通り、琵琶を弾く村上天皇の前に、廉妾夫の姿が影絵のように描かれている。

(26) きよつね身をなけらる、（巻第八「太宰府落」）【図版26】

根津本「きよつねさいこの事」

【流布本部分】

（始）又長門より源氏寄すと聞こえしかば[*31]

（終）男女泣き悲しめども甲斐ぞなき。

大宰府から落ちのびる平家一門の中、清経が入水する場面。本文には月の夜に、舷に出て横笛を吹き朗詠した、とあり、描かれている清経の姿と一致する。また、画面右上の金雲の合間には月も表されている。この逸話は謡曲「清経」ともなって流布した。

(27) きそ殿さんだい（巻第八「猫間」）【図版27】

根津本「摂政都にとどまり給ふ事」

本図は徳川本と根津本で図様は共通するが、付された題が異なっている。徳川本では「きそ殿さんだい」という題がついており、牛車が描かれているので、木曽義仲が参内する際に、牛が暴走、義仲は車の中で仰向けに倒れたという話を表す扇面画として扱われたと考えられる。しかし根津本の詞書には、巻第七「主上都落」の中で、藤原基通が春日明神の化身の童子に諭され、都に留まることを決意した部分が書写されている。基通が牛飼いと目を見合わせたという記述があるため、根津本ではその部分が採られたのではないかと考えられる。本図では牛は後ろ足を蹴り上げている様子で、周囲の人物も疾走する動作を示している。根津本が書写している場面も「飛ぶが如くに仕り」とあるため、本来の扇面画がどちらを意図していたかは断定できないが、「主上都落」であるとすれば、「春日明神の化身」という要素は欠かせないモチーフではないかとも思われる。

(28) つゝみはんくわんはたらき（巻第八「法住寺合戦」）【図版28】

根津本「つゝみ判官事」　ベルリン本「法住寺合戦」

【流布本部分】

（始）軍は十一月十九日の朝なり。院の御所法住寺殿にも

（終）知康には天狗ついたりとぞ笑はれける。

法住寺殿へ押し寄せた木曽義仲軍に対し、「鼓判官」知康が奮戦す

る場面。本文では知康は「赤地の錦の直垂に、甲ばかりぞ着たりける」「片手には鉾を持ち、片手には金剛鈴を持って打ち振りうち振り」と描写されており、絵も対応している。

(29) かちはらうき嶋にて馬をみる（巻第九「宇治川」）【図版29】

根津本「かけすゑ馬しつけんの事」・ベルリン本「宇治川合戦」

【流布本部分】

(始) 梶原源太景季、高き所に打上り、

(終) 佐々木に思し召しかへられける事こそ、遺恨の次第なれ。

駿河国浮島が原で、梶原景季が佐々木高綱の馬「いけずき」を見つけ、鎌倉殿が自分が下賜された「する墨」にも勝る名馬を佐々木に賜ったことを知って激昂、佐々木と差し違えようとする場面。梶原は小高い場所に登って数多いる馬を見渡した、とあり、絵でも、山の上に仁王立ちになって弓を引こうとする姿である。佐々木が乗る「いけずき」には本文にある「金覆輪の鞍」が描かれている。

(30) 佐々木梶原宇治川戦陣（巻第九「宇治川」）【図版30】

根津本「うち川先陣の事」・ベルリン本「宇ち川」

【流布本部分】

(始) 武者二騎引つかけ引つかけ出で来たり。一騎は梶原源太景季

(終) 遥かの下より打上げたり。*32

梶原景季と佐々木高綱の「宇治川の先陣争い」の場面。先を行く梶原に佐々木が腹帯がゆるんでいるのではないかと声をかけ、梶原が直している間に追い抜くという有名な場面である。屏風に描かれた例もあり、*33『平家物語』の中でも単独で描かれる画題の一つである。

(31) はたけ山に大くしなげあげらる丶（巻第九「宇治川」）【図版31】

根津本「同大くしの次郎事」

【流布本部分】

(始) 打上らんとする處に、後より物こそむずと控へたれ。

(終) 敵も御方もこれを聞いて、一度にどつとぞ笑ひける。

畠山重忠の背中に、馬を流された大串重親がしがみつき、重忠がつかんで投げ上げたという場面。根津本では白旗が赤い旗となっている。

(32) よしつねゐんさん（巻第九「三草勢汰」）【図版32】

根津本「のりよりよしつね院参の事」

ベルリン本「よしつね院参」

【流布本部分】

(始) 範頼義経院参して、平家追討の為に、西国へ発向すべき由を奏聞す。*34

（終）両人庭上に畏まり承つて罷り出づ。

範頼・義経が院の御所に参上し、鏡を安置する内侍所・神璽・宝剣という三つの宝物を都へ戻すよう命を受ける場面。物語の順序としては、次の（33）「かねひらさいこ」（「木曽最後」）の後に挿入される話であるが、徳川本の貼り込み順ではこの扇面が先になっている。法皇は御簾で顔を隠した姿で描かれている。

（33）かねひらさいこ（巻第九「木曽最後」）【図版33】

根津本「かねひらさいこの事」　ベルリン本「かね平しかい」

【流布本部分】

（始）今井の四郎は軍しけるが、これを聞いて[*35]

（終）馬より倒に飛び落ち、貫かつてぞ失せにける。

木曽義仲が討ち死にしたことを知った腹心の今井四郎が、自らも後を追って自害した場面。今井四郎は太刀の先を口に含んで馬から飛び降りたとあり、その様子が絵画化されている。

（34）みちもり小さいせう暇乞い（巻第九「老馬」）【図版34】

根津本「みち盛小宰相のあひし事」

【流布本部分】

（始）通盛卿、能登殿の仮屋へ、北の方迎へ寄せ給ひて、

（終）急ぎ物具して、人をば返し給ひけり。

平通盛が出陣を前にして北の方を呼び寄せ、名残を惜しむ場面。大小や兜を傍らに置き、北の方と向かい合っているのが通盛、門の外で弓を握りしめ、今や遅しと邸の方を見ているのが、「ましてさやうに打解けて渡らせ給ひては、何の用に合はせ給ふべき」と通盛を諫めたという教経（能登殿）であろう。

（35）老馬道しるべ（巻第九「老馬」）【図版35】

根津本「らうはの事」　ベルリン本「らうは」

【流布本部分】

（始）同じき六日の日の曙に、大将軍九郎御曹司義経、一万余騎を二手に分けて

（終）未だ知らぬ深山へこそ入り給へ。[*36]

丹波路から搦め手にまわった義経軍が、不慣れな道を進むにあたり、白葦毛の老馬に先を行かせて道案内をさせたという場面。本文に「雪は野を埋めども」とあり、絵でも白い雪が舞う様子が描かれている。陣の先頭を進むのが義経、その後ろに描かれている浅黒い顔の人物は弁慶である。弁慶の姿については本文での叙述はないが、絵では背中に鎌や鉈のようなものを背負っている。これはいわゆる「弁慶の七つ道具」を示していると考えられる。このあとに貼り込まれている「大坂越」や「継信最後」に描かれている弁慶もほぼ同様の姿で描か

れている。

（36）くまかへひら山一二のかけ（巻第九「一二の懸」）【図版36】

根津本「一二のかけの事」

【流布本部分】

（始）武蔵国の住人熊谷次郎直實、子息の小次郎直家

（終）さてこそ熊谷平山が、一二の懸をば争ひけれ。

熊谷直実・直家親子と、平山季重の先陣争いの場面。画面中央で見得をきるような仕草をしているのが熊谷直実、横に控えるのが子の小次郎直家である。本文でも、熊谷直実は赤糸威の鎧に紅の母衣をかけていたとあり、絵も対応している。画面下部、白い母衣をつけて馬に乗り、太刀を片手に向かっていくのが「二引両の母衣をかけ、糟毛という聞ゆる名馬」に乗った平山季重であろうか（ただし本文では平山は「緋威しの鎧」となっている）。

（37）河原兄弟一番乗り（巻第九「二度の懸」）【図版37】

根津本「河原兄弟うちしにの事」

【流布本部分】

（始）武蔵国の住人、河原太郎私市高直

（終）真名辺が下人落ち合わせて、河原兄弟が首を取る。[*37]

生田の森での合戦で河原太郎・次郎兄弟が討ち死にした場面。太郎が真名辺五郎に胸板を射抜かれ、弓を杖に身体を支えたところを、弟が担いで逆茂木を乗り越えようとする姿が描かれている。

（38）梶原二度のかけ（巻第九「二度の懸」）【図版38】

根津本「二度のかけの事」

ベルリン本「かちはら二度のかけ」

【流布本部分】

（始）源太はいづくにあるやらん[*38]

（終）梶原が二度の懸とはこれなり。

梶原父子による「二度の懸け」の場面。一度退いたのちに、息子の源太景季の姿がないことに気づいた父・景時が敵陣に戻って戦ったという物語を描く。本文では、景季が首の後ろに落ちた兜を直せないほど苦しい戦いを続けているところに父が現れ、馬から飛んで下りて助けたとあるので、画面中央の兜のない人物が景季、右手から馬に乗って駆けつけたのが景時であろう。

（39）一の谷坂落とし（巻第九「坂落」）【図版39】

根津本「鹿をいる事」

【流布本部分】

（始）大将軍九郎御曹司義経、その勢三千余騎[*39]

（終）罪作りに矢だうなにとぞ制しける。

一の谷の平家の陣に鹿が落ち、平家方では雄鹿を射て牝鹿は討たずに通したという場面。この後、戦法の着想を得た義経が鵯越の逆落としの奇襲を決行するという逸話へと続く。

（40）一の谷落ち口（巻第九「坂落」）【図版40】

この扇面画は徳川本にのみあり、根津本・ベルリン本には含まれていない。渚に寄せた舟に乗ろうとする者、舟の上から突き落とそうとする者らが描かれているので、「坂落」の「四五百人、千人ばかり込み乗つたらうに、何かはよかるべき。渚より三町許り漕ぎ出でて、目の前にて大船三艘沈みにけり。その後は、好き武者をば乗するとも、雑人ばらを乗すべからずとて、太刀長刀にて打払ひけり」というあたりに対応するかと思われる。

（41）「たゝのりさいこ」（巻第九「忠度最後」）【図版41】
根津本「たゝのりのさいこの事」
ベルリン本「たゝのりさいこ」

【流布本部分】
（始）薩摩守は聞ゆる熊野育ちの大力
（終）忠度と書かれたりける故にこそ薩摩守とは知りてげれ

忠度が岡部六弥太忠純を組み伏せたところを六弥太の従者に襲われ、腕を切り落とされて討たれたという場面。物語ではその後、箙に付けられた忠度の和歌「行き暮れて木の下陰を宿とせば　花や今宵の主ならまし」によって忠度であることがわかり、涙を誘ったとある。

（42）しけひらいけとられ（巻第九「重衡虜」）【図版42】
根津本「しけひらいけ取の事」

【流布本部分】
（始）庄四郎高家、梶原源太景季、好き敵と目を懸け
（終）鎧につけたる赤符どもかなぐり捨てて、只逃げにこそ逃げたりけれ。[*40]

重衡が源氏勢に追われる中、梶原景季が放った矢が重衡の馬に当った。それを見た重衡の乳母子の後藤兵衛盛長は、自分の馬が召されると思い、逃げたという場面。座っている馬の傍らにいるのが重衡、画面左手の馬を走らせているのが盛長である。弓を射ようとしているのが梶原景季、太刀を手に迫るのが梶原高家であろうか。

（43）あつもりさいこ（巻第九「敦盛」）【図版43】
根津本「あつもりさいこの事」

【流布本部分】
（始）一の谷の軍破れにしかば、武蔵の国の住人、熊谷次郎直実
（終）取って押へて首を掻かんとて[*41]

後世に作られた謡曲や浄瑠璃などでも有名な「敦盛の最期」の場

面。本文では、敦盛は萌黄匂の鎧に鍬形を打った兜の緒を締め、黄金造りの太刀をはき、切斑の矢を負い、滋籐の弓を持ち、連銭葦毛の馬に金覆輪の鞍を置いて乗るとあり、描かれた敦盛の甲冑の色や兜、馬の文様、太刀や鞍の金具など一致する点が多く、テキストに即して描こうとする意識が見られる。敦盛を追う熊谷直実も、「一二の懸」で、赤革威の鎧に紅の母衣、ごんだ栗毛という名馬に乗るとあり、本図も「一二の懸」で描かれている直実の出で立ちと共通する。馬上の直実が扇をかざして呼び止め、海の中に進んだ敦盛が振り返るという図様は、『平家物語』から独立した画題として大画面にも描かれており、[*42]源平合戦の中から数場面を選んで描く屏風にも見ることができる。御伽草子絵巻の「小敦盛絵巻」（サントリー美術館所蔵）にも見られ、この扇面画が当時共有されていたイメージを用いつつ描かれていることがわかる。[*43]

（44）くらんとひちや五郎くみうち（巻第九「濱軍」）【図版44】

根津本「はま軍の事」

【流布本部分】

門脇殿の末子、蔵人大夫業盛は、常陸国の住人、土屋五郎重行と組んで討たれ給ひぬ。（根津本全文）

平教盛（門脇殿）の末子の業盛が、土屋五郎重行と戦って討ち死にした場面。

（45）つねまささいご（巻第九「濱軍」）【図版45】

根津本「同公達うちしにの事」

【流布本部分】

皇后宮亮経正は、武蔵国の住人、河越小太郎重房が手に取籠め奉つて、遂に討ち奉る。尾張守清定、淡路守清房、若狭守経俊、三騎つれて敵の中へ破つて入り、散々に戦ひ、分捕数多して、一所で討死してげり。（根津本全文）

経盛の嫡子経正が河原小太郎重房に討たれる場面。根津本は題を「公達うちしに（討ち死に）の事」とし、若狭守経俊・淡路守清房・尾張守清貞らが討ち取られたところまでを詞書としている。

（46）もろもりさいこ（巻第九「落足」）【図版46】

根津本「もろもりのさいこの事」

【流布本部分】

（始）小松殿の末子備中守師盛は、主従七人小舟に乗り落ち給ふ處に

（終）生年十四歳とぞ聞えし。

重盛の末子師盛が舟に乗って逃げようとしたところ、清衛門公長という侍が飛び乗ろうとしたために舟が転覆、追ってきた本田次郎が海に落ちた師盛を熊手で引き上げ、首をとったという場面。転覆した舟と、熊手で引き上げられようとしている師盛の姿が描かれている。

(47) これもりしゆつけ（巻第十「高野巻」）【図版47】

根津本「かうやまきの事」

【流布本部分】

（始）瀧口入道を先達にて、堂塔巡礼して[*44]

（終）瓦に松生ひ苔むして、星霜久しく覚えたり。

維盛が瀧口入道を先達として、堂や塔を巡礼、奥の院へと参る場面。根津本とベルリン本には「これ盛の出家」（根津本）・「これもり出家」（ベルリン本）が含まれているが、絵は維盛が高野から熊野の王子を巡る場面を描いている。本図、徳川本は題は「これもりしゆつけ」となっているが、図様は根津本の「かうやまきの事」と共通する。

(48) 大さかごえ（巻第十一「大坂越」）【図版48】

根津本「大さかこえの事」

【流布本部分】

（始）いざさらば敵の聞かぬ先に寄せんとて、馳せつ控えつ

（終）山中の木に縛りつけさせてこそ通られけれ。

義経の軍勢が大坂越を夜通し行軍する途中、平家方の内情を記した立文を持った男と出会う場面。列の先頭を行くのが義経、山道である事を示すように、一行は土坡に見え隠れするように描かれている。七つ道具を背負った弁慶も描かれている。一行を味方と思い込んでいる男は義経に立文を差し出している。

(49) やしまおちくち（巻第十一「大坂越」）【図版49】

根津本「同火をかけし事」

【流布本部分】

（始）大臣殿の御宿所にて、首どもの実検しておはしける処に

（終）その外の人々は、思ひ思ひに取り乗って[*45]

義経軍が高松の民家に火をかけて、攻め寄せる場面。平家方は火が起こったと聞いて大軍が押し寄せたと思い、逃げまどう。邸に向かって松明を投げる兵士と、子どもを釣連れてあわてて逃げて行く人々が描かれている。画面上部の老女の姿は根津本でもほぼ同じであるが、根津本では右手に杖を持っており、これは徳川本の絵師の描き忘れか。

(50)「やしまのいそいくさ」【図版50】

この場面は、根津本・ベルリン本にはない。「嗣信の最後」の前に収められているため、越中次郎盛嗣と伊勢三郎義盛、金子の十郎家忠の舌戦の末、盛嗣が矢で射られるという場面に該当するか。

(51) つきのふさいこ（巻第十一「嗣信最後」）【図版51】

根津本「つきのふさいこ」

【流布本部分】
（始）佐藤三郎兵衛嗣信は、弓手の肩より馬手の脇へ
（終）敵に首は取られねども、痛手なれば死にけり。[*46]

平家方が義経を狙う中、従者達が奮戦する場面。画面中央に描かれているのは、矢面に立っていた佐藤三郎兵衛が肩から脇を射抜かれて馬から落ちる様子、左下は、その首を取ろうとする能登殿の童の菊王丸を狙う佐藤四郎兵衛、画面右手は四郎兵衛が放った矢に射られた菊王丸と、「左の手には弓を持ちながら、右の手にて菊王丸をつかんで」舟へ投げ入れたという能登殿であると考えられ、いわば「異時同図」のような表現となっている。画面左上には義経と弁慶も描かれている。

（52）なすの与一あふきをいる（巻第十一「那須与一」）【図版52】
根津本「なすの与一」
【流布本部分】
（始）心の中に祈年して、目を見開いたれば[*47]
（終）陸には源氏箙を叩いてどよめきけり。

屋島の戦いの中で、那須の与一が平家方が示した扇の的を見事射落とした場面。『平家物語』の中でもとりわけ有名で、独立した画題としてしばしば絵画化された。版本の挿絵[*48]をはじめとして、ほとんどが美しい五衣を着た女房が乗った平家方の舟と、海の中に馬を乗り入れて矢を放つ与一という構図をとる。本文にある「萌黄威の鎧」・「甲をば脱いで」という与一の姿は、絵でも意識されているようだ。ただし、扇については「皆紅の扇の日出したるを」とあるので、本文通りに描くとすれば赤地に金の日輪ということになる。なお、舟の先端で弓に射られて倒れている男が描かれており、この人物については「那須与一」の文中には該当する表現は見いだせない。ただし、続く「弓流」の冒頭で、この出来事に感じ入った「年の齢五十ばかり」で「黒革威の鎧」を着た男が長刀をついて舞い、これも与一が射倒したという記述があるので、その場面を合わせて異時同図として描いているものと思われる。

（53）よしつねゆみなかし（巻第十一「弓流」）【図版53】
根津本「ゆみなかしの事」
【流布本部分】
（始）馬の太腹つかる程に、打入れ打ち入れ攻め戦ふ。[*49]
（終）命に代へて取つたるぞかしと宣へば、皆又これをぞ感じける。

「那須与一」と並んで屋島の戦いの名場面として有名な「義経弓流し」の場面。中央で馬に乗り、右手に太刀を持って奮戦するのが義経である。背後には長刀を持って応戦する弁慶も描かれている。

（54）よしつねとかちはらさきあらそひ（巻第十一「壇浦合戦」）【図版54】

根津本「判官かち原口論の事」

【流布本部分】

（始）判官「わ殿は日本一の鳴呼の者かな」とて太刀の柄に手を懸け給へば

（終）讒言して終に失ひ奉つたりとぞ、後には聞こえし

赤間の関で、先陣をめぐって義経と梶原景時が口論する場面。画面右手で長刀を握って立つのが景時、周囲に描かれているのは加勢しようと集まる景季や景高らであろうか。義経の傍らにも、弁慶や佐藤忠信らが梶原勢に向かって行こうとする様子が描かれている。義経を押さえようとしているのは、三浦介（三浦義澄）であろうか。

(55) あんとく天わう二ゐ殿身なげ（巻第十一「先帝御入水」）【図版55】

根津本「せんていの御入水の事」　ベルリン本「先帝入水」

【流布本部分】

（始）伊勢大神宮に御暇申させおはしまし、その後西に向はせ給ひて

（終）千尋の底にぞ沈み給ふ。[*50]

壇ノ浦の戦いで、二位殿が安徳天皇を抱き、波の底にも都があると言って入水する場面。幼帝は「山鳩色の御衣」を着ていたとあり、徳川本ではその記述が意識されているように見えるが、根津本では白い衣となっている。

(56) よしつねのと殿た、かい（巻第十一「能登殿最後」）【図版56】

根津本「のと殿判官の舟にのりうつりし事」

ベルリン本「能登殿最期」

【流布本部分】

（始）如何はし給ひたりけん、判官の船に乗りあたり[*51]

（終）甲も脱いで捨てられけり。

壇ノ浦の戦いでの、義経のいわゆる「八艘飛び」の場面。飛んでいるのが義経、長刀を持ってそれを追っているのが教経（能登殿）であろう。

(57) のと殿さいこ（巻第十一「能登殿最後」）【図版57】

根津本「のと殿さいこの事」

【流布本部分】

（始）安藝太郎實光とて、凡そ二三十人が力顕はしたる大力の剛の者

（終）生年二十六にて海へつつとぞ入り給ふ。

(56) に続く、教経が入水する場面。船の先端から、安芸の太郎・次郎の兄弟を両脇に挟んで道連れに身を投げる教経が描かれている。根津本の図様では教経は兜を被っているが、本文では、ざんばら髪になって海へと入水したとあるので、徳川本の描写が本文の記述に近い。

(58) へんけいとさはうをつれゆく（巻第十二「土佐房被斬」）【図版58】

根津本「とさはう事」　ベルリン本「土佐房弁慶」

【対応する流布本部分】

（始）九月二十九日に、土佐房都へ上つたりけれども

（終）謀つて討てと仰せつけられたんなと宣へば*52

頼朝から差し向けられた土佐房昌俊が、都へ着いてから翌日まで義経の元を訪ねなかったため、弁慶に伴われて来る場面。

(59) とも丶もりゆうれいよしつねにあふ（巻第十二「判官都落」）【図版59】

根津本「判官西国けかうの事」　ベルリン本「判官都落」

【対応する流布本部分】

（始）判官の宗と頼まれたりける緒方三郎惟義、

（終）西の風忽ちにはげしう吹きけるは、平家の怨霊とぞ聞えし。

義経が討伐軍に追われる道行きで、西風が激しく吹いて船が打ち上げられ、吉野へ逃げても追われ、さらに北国から奥州へと落ちのびていったという場面。根津本の詞書では西の風が吹いたのは平家の怨霊のためか、という本文に対応する場面であるため、海中の人物は平家の亡霊で、船の上から弁慶が手を合わせている様子であろうか。

(60) 六だい御せんとらはれ（巻第十二「六代」）【図版60】

根津本「六代の事」　ベルリン本「六代」

【流布本部分】

（始）或女房の六波羅に参つて申しけるは

（終）急ぎ走り帰つて、この由申しければ*53

六代の行方を捜していた北条時政が、菖蒲谷で犬を追って走り出てきた六代の姿を見いだす場面。本文でも「白い犬」となっており、絵も対応している。六代の姿は（23）「これもりみやこおち」と共通している。

以上通覧したように、徳川本の扇面画は、いずれも鮮やかな発色の上質な絵具を用いており、人物の顔や着物の柄が細い線描で丹念に描かれている。個別に見た通り、「きほふたきくち三井寺へゆく」の競や、「あつもりさいこ」の敦盛の姿は、甲冑の色や所持品の描写なども本文の記述と一致する点が多く、テキストに基づいて描こうとする意識がうかがえる。一方で、本文の記述を離れて、当時流布していたイメージが用いられた例もある。(29)「かちはらうき嶋にて馬をみる」の図様は徳川本・根津本・ベルリン本に共通するが、根津本にのみ景季の背に白梅が描かれている。【挿図4】【挿図5】これはおそらく謡曲「箙」でも広く知られる景季が箙に梅の枝を指したという「箙の梅」の逸話を引いていると考えられる。ただし、このエピソー

【挿図4】 根津本
（根津美術館蔵）

【挿図5】 徳川本

【挿図6】 版本 『平家物語』
（名古屋市蓬左文庫蔵）

【挿図7】 徳川本

【挿図8】 根津本
（根津美術館蔵）

【挿図9】 徳川本

ドは生田の森の合戦が舞台であり、この扇面画の場面とは異なる。根津本では「景季らしさ」を示すモチーフとして梅が描かれたのだろう。また、弁慶が必ず七つ道具を背負った姿で描かれている点も、当時共有されていた「弁慶らしさ」を表している。なお、弁慶の持ち物については、『義経記』では大刀・刀・鉞・薙鎌・熊手・櫟の木を鉄伏せにした撮棒、幸若舞『高館』では、篦刀・首仰き刀・小反刃などがあげられており、種類は一定していないが[*54]、本作品に描かれている七つ道具の表現は版本の挿図に類似しており[*55]【挿図6】【挿図7】、何らかの影響関係が推察される。その他の図様についても、版本との比較検討は稿を改めて検討したい。

徳川本・根津本・ベルリン本は、構図や描かれているモチーフはほぼ共通するが、樹木や岩、人物の着物の色などの細部には異同が認められる[*56]。根津本には描線を引き重ねるタッチがしばしば見受けられるのに対し、徳川本は人物の顔などに細い描線が用いられており、筆致は異なっている。また、根津本と徳川本を比較すると、例えば「忠盛ばけものと組む」では、徳川本には画面左の階段部分に赤い手すりが描かれているが、根津本では省略されている【挿図8】【挿図9】など、根津本には建築物の一部や人物が省略されているケースが数例見られた[*57]。こうした要素によって成立の前後関係や工房の違いを断定することは難しいが、おおよそ、十七世紀半ばから十八世紀にかけての時期に、同一の粉本をもとにして複数の扇面画が製作されたと仮定しておきたい。

おわりに

本作品は、尾張徳川家の「大名道具」の一つとして伝来した。尾張徳川家には『平家物語』のほか、「酒呑童子」・「羅生門」などの書籍・絵巻が伝来している。それらが「清和源氏の物語」として、自らを清和源氏の血統に位置づけた徳川家で特別な意味をもち、享受されていた可能性については、別稿にて指摘した[*58]。尾張家三代綱誠夫人の瑩珠院の蔵書の中には、『平家物語』・『源平盛衰記』や『太平記』といった軍記物が含まれており、四代吉通生母の本寿院の蔵書にも『太平記』の書名が見られる[*59]。本作品の所用者は未詳ながら、或いは婚礼調度の一部として、尾張家の女性のために求められた可能性も捨てきれない[*60]。大名家における『平家物語』享受、および大名道具としての平家物語絵については、今後さらに考察を深めたい。

注

1 瀬谷愛「ベルリン国立アジア美術館所蔵「扇面平家物語」についての一考察―中近世平家物語扇面画の受容」美術史学会西支部例会研究発表　二〇〇九年一月二十四日

*2 ベルリン本の詳細については次の論考を参照した。
杉野愛「一八八五年収蔵のふたつのやまと絵　《天稚彦草紙絵巻》と《扇面　平家物語》」(『美がむすぶ絆　ベルリン国立アジア美術館所蔵日本美術名品展』図録　郡山市立美術館・岩手県立美術館・山口県立美術館・愛媛県美術館編　ホワイトインターナショナル　二〇〇八年)。

*3 『百華の宴　遠山記念館開館二十五周年名品展』一九九五年　遠山記念館

＊4　『徳川黎明会叢書　古筆手鑑篇一　玉海・尾陽』徳川黎明会編　思文閣出版　一九九〇年

＊5　吉川美穂「平家物語図扇面」解説『桃山・江戸絵画の美　徳川美術館名品集四』徳川美術館　二〇〇八年

＊6　『新青山荘清賞　根津美術館名品聚成　追補編』根津美術館　一九九九年

＊7　流布本のテキストは、高橋貞一校註『平家物語』（上・下）（講談社　一九七二年）を参照した。同書は、元和九年刊行「片仮名交り附訓十二行製版本」を底本としている。

＊8　ベルリン本では「そは権現の御利生とおほし候」「しやうしんけつさいの道なれは」とする。根津本は末尾を「その故にや吉事のみうちつゝひて我身太政大臣にいたり、子孫の官途もこと〳〵くなし九代のせんせうをこゑ給こそめてたけれ」とし、若干の異同があるものの最後の二文も含む。

＊9　流布本のテキストについては、注7前掲書を用いた。

＊10　根津本は冒頭文の「御前へ」を欠く。

＊11　根津本は「薩摩守」を欠く。

＊12　ベルリン本の絵は構図が異なり、瀬谷愛氏は後補としている（注1前掲発表資料）。

＊13　根津本は末尾に「是は山もんより内裏への事也」の一文を加えている。

＊14　根津本は冒頭に「入道大きにいかり奉れば、なんはせのほ（難波瀬尾）」を補う。

＊15　根津本は末尾に「されとも小松殿のけうくんゆへ此たひはおもひとゝまりぬ」の一文を補う。

＊16　根津本は冒頭の文には「（ゆかりある僧）厳島にまいり」の語を補う。

＊17　根津本では冒頭に「たかくらの宮は女房のすかたに出たち」、文末に「給ひて、三井てらへいらせおはします」の文を補う。

＊18　根津本は冒頭文に「競」の語を補う。

＊19　根津本は冒頭に「よりまさあはやと思る所に」を補う。

＊20　根津本は末尾を「やさしけれ」とする。

＊21　「小督図」と「大原御幸図」をそれぞれ一隻に描く、東京富士美術館蔵「平家物語図屏風」など。

＊22　根津本は末尾に「たゝもりにきおん女御を下されしも御しやうとそ聞えかし」と補う。

＊23　根津本は冒頭に「木そよりともに心かはりのよし聞えけれは」を補う。

＊24　根津本は冒頭を「木曽新八幡の御ほうてんにちかつき」とする。

＊25　根津本は冒頭を「木曽殿二万よき時のこゑをあけ給へは　平家の大せいくらさはくらし」、文末を「されは此のたには矢のあたかたなのきす今にあり　此のときにせのおの太郎はいけとられにけり」とする。

＊26　根津本は冒頭を「おちゆくせいのなかにさねもり一きそ行たり　手つかの太郎おちあひて名のらせ給へと云けれは」、文末を「そのうへらうむしやてはあり　つゐにうたれにけり」とする。

＊27　根津本は冒頭を「きそ殿ひ口をめせとて見せらるゝに　涙をなかしやゝありて申やう」、末尾を「にけのほつて候し事おいののちのちしよくたゝ此のたひにうちしにせんとてむねもりに申うけてきるとかや」とし、当該部分全般にわたって異同がある。

＊28　根津本は冒頭に「けんほう僧正は」を補い、末尾を「いまにあると也」とする。

＊29　根津本の天狗は頭巾をつけ、篠懸を掛けている。

＊30　根津本は冒頭を「みかと清涼殿にしてけんしやうをそあそはしける」とする。

＊31　根津本冒頭を「なかとのくにより源氏よす」とする。

＊32　根津本は末尾に「さゝ木一ちん　かちはら二ちんとそしるされたり」と補う。

＊33　「一の谷合戦図屏風」（永青文庫所蔵）ほか。

＊34　根津本は冒頭に「寿永三年」を補う。

＊35　根津本は冒頭を「今井の四郎はいくさしてありけるか　木曽殿うたれさせ給と聞きて」とする。

＊36　根津本は文頭を「同六日の明ほのによしつね一万よきを」、文末を「入り給ふ」とする。

＊37　根津本末尾を「くひをそとりたりける」とする。

＊38　根津本は冒頭に「かち原しやうのうちへかけ入」を補う。

＊39　根津本は冒頭を「大将軍源九郎よしつねそのせい三千よき」とする。

＊40　根津本は末尾を「しやうの四郎いけとりたてまつる。」とする。

＊41　根津本は冒頭を「一の谷のいくさやふれしかは　くまかへは平家のきんたちのふねにのらんとておちさせ給ふらん　あつはれよき大将軍にくまはやと思ひ」、末尾を「とつてをさへてくひをとらんとす」とする。

＊42　海北友雪筆「一の谷合戦図屏風」（埼玉県立歴史と民族の博物館所蔵）ほか。

＊43　この点、瀬谷愛氏も指摘している（注1前掲発表）。

＊44　根津本冒頭部分に「三位中将は」を補う。

＊45　根津本は末尾を「思ひ思ひに取り乗ってとりのり給ふ」とするほか若干の異同がある。

＊46　根津本は冒頭を「さても一はんにすゝんたる佐藤三郎兵衛嗣信は」とする。

＊47　根津本「心中に」とする。

＊48　明暦二年刊本ほか。

＊49　根津本冒頭に「源氏は」を補う。

＊50　根津本は冒頭に「先帝」を補い、末尾を「かたしけなくもきよくたいを一時にほろぼし給ふこそかなしけれ」とする。

＊51　根津本は冒頭に「のと殿」を補う。

＊52　根津本は末尾を「の給ふ」とする。

＊53　根津本は末尾を「申しける」とする。

＊54　山本吉左右「弁慶」（平凡社『世界大百科事典』）。

＊55　天和二年刊本（尾張徳川家旧蔵）。

＊56　「くらんとひちや五郎くみうち」（44）では、徳川本は群青の上に金泥で水流を描くが、根津本は墨線で水流を描く、など。

＊57　根津本で省略されているモチーフの例としては

（1）「殿上闇討」忠盛の左手に見える手すりの交差する先端の一部

（18）「きそ殿八まんへくわんしよこめらるゝ」徳川本の画面右下、馬の左に描かれている後ろ姿の人物・画面左の赤と黒の甲冑の人物

（29）「かちはらうき嶋にて馬をみる」徳川本で景季の後ろに描かれている人物達

などが挙げられる。

＊58　拙稿「尾張徳川家伝来『羅生門絵巻』について」『金鯱叢書』第三十六輯　徳川黎明会　平成二十二年二月

＊59　「馬場御文庫御蔵書目録」（『尾張徳川家蔵書目録　第二巻』一九九九年　ゆまに書房）。

＊60　榊原千鶴氏は、『源平盛衰記』に女訓書としての性格を指摘している（『平家物語　創造と享受』三弥井書店　一九九八年）。

【付記】根津美術館所蔵「平家物語画冊」の調査にあたり、松原茂氏・野口剛氏より御助力を賜りました。記して深謝致します。

【平家物語図扇面　徳川美術館】

【図版1】

【図版2】

【図版3】

【図版4】

【図版5】

【図版6】

図版1～図版60
徳川美術館所蔵　©徳川美術館イメージアーカイブ／DNPartcom

【図版7】

【図版8】

【図版9】

【図版10】

【図版11】

【図版12】

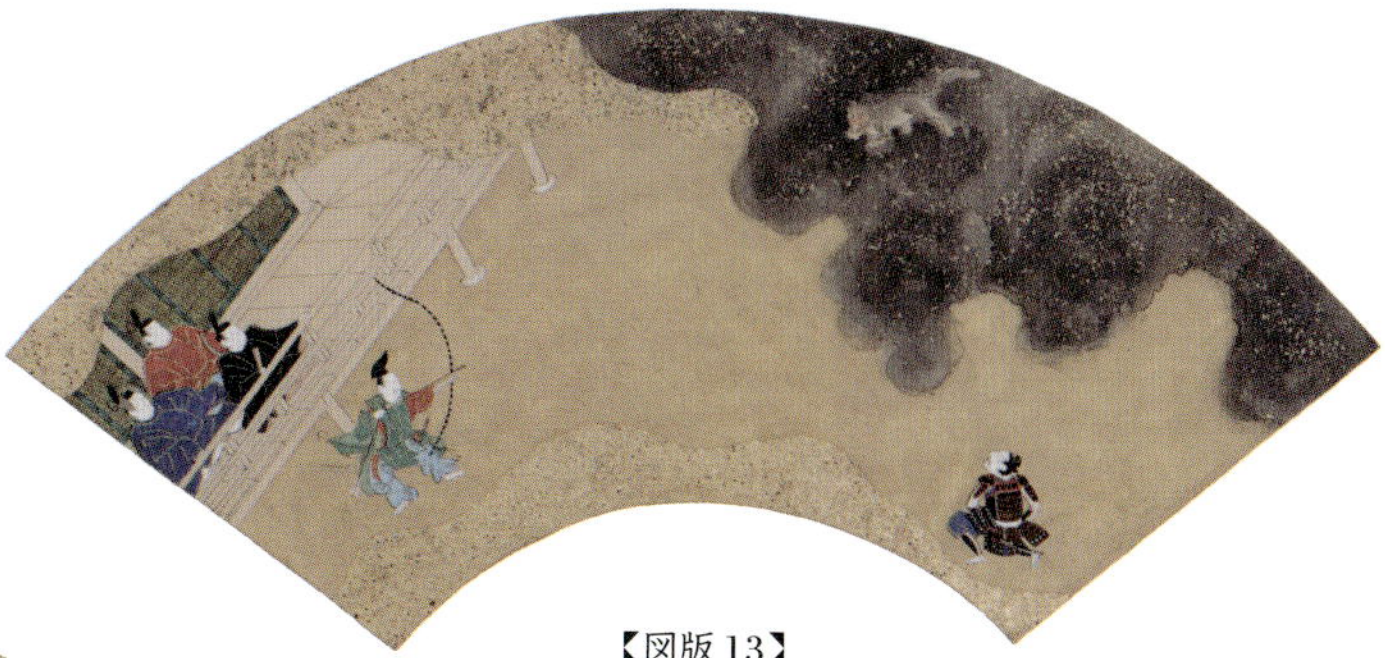

【図版 13】

【図版 14】

【図版 15】

【図版 16】

【図版 17】

【図版 18】

【図版 19】

【図版 20】

【図版 21】

【図版 22】

【図版 23】

【図版 24】

【図版25】

【図版26】

【図版27】

【図版28】

【図版29】

【図版30】

【図版31】

【図版32】

【図版33】

【図版34】

【図版35】

【図版36】

【図版37】

【図版38】

【図版39】

【図版40】

【図版41】

【図版42】

【図版43】

【図版44】

【図版45】

【図版46】

【図版47】

【図版48】

【図版49】

【図版50】

【図版51】

【図版52】

【図版53】

【図版54】

【図版55】

【図版56】

【図版57】

【図版58】

【図版59】

【図版60】

河内本源氏物語の本文成立事情
―手習巻再説―

加藤洋介
かとう・ようすけ

はじめに

河内本源氏物語に関する研究は、尾州家本を中心とした書誌学的考察と、定家本（青表紙本）との比較から河内本本文の質や特徴を明らかにするという、主としてこの二つの方法が採られてきたと言ってよいであろう。これまでに相当の研究史上の蓄積を有しているが、なお解明されていない諸問題も多く、今後も継続して考察してゆく必要のあることは言うまでもない。[*1]

またこうした研究と関わる場合も少なくないが、鳳来寺本や御物各筆源氏の奥書に言うように、河内本という本文が源親行のもとで成立した事実を認めたうえで、その成立事情すなわち親行の本文校訂の実態とはいかなるものであったのか、という問題がある。「而披廿一部之本、殆散千万端之蒙」という親行が、当時閲することが可能であった源氏物語伝本により校訂作業に従事したことは間違いなかろうが、現存する源氏物語の諸伝本から具体的にその実態を窺うことは容易ではない。親行と同時代以前に書写された源氏物語ということになると、現存するものは定家本と別本が数本あればよい方であり、巻によっては別本がない場合もある。そうした限られた条件下ではあるが、以前蜻蛉・手習巻について、親行の校訂作業の実態を解明してみようとしたことがある（以下「旧稿」と略称）。[*2] そこで指摘したことは、大きく次の三点に集約できる。

①定家本・河内本・別本の諸本において、『源氏物語大成』（以下『大成』と略称）底本の大島本のみが孤立して独自異文となっている事例が多数ある。

②手習巻では、定家本のうち「榊一二三」（いずれも『大成』諸本略号）が、親行が河内本を成すにあたって底本とした本文であった。

③この底本を他本によって校訂したものが河内本となり、手習巻で校訂に使用された伝本の一つは、現存する別本の保坂本に近い本

文を有していた。
以上については、大筋では見解を改める必要はないと思われるが、定家本系統の伝本については『大成』所収のものしか参照しておらず、またその後紹介された新出資料もある。それらを加えることによって、再度手習巻を対象として、河内本源氏物語の本文成立事情について考えてみたい。

一　大島本孤立の背景

「旧稿」において、①『大成』底本の大島本が、定家本のみならず河内本・別本を含めてもなお孤立状態にあることは指摘したものの、その理由については追究することができなかった。『大成』手習巻所収の定家本系統の伝本は、次のとおりである。

1 大島本（古代学協会蔵）・略号**大**
2 榊原家本・略号**榊**
3 伝二条為氏筆本（静嘉堂文庫蔵）・略号**二**
4 肖柏本（天理図書館蔵）・略号**肖**
5 三条西家本（日本大学蔵）・略号**三**

この範囲で異同状況を見る限りでは、たしかに大島本が孤立しているのだが、『大成』が青表紙本校異に採用した伝本のうち、室町期書写本はおおむね「肖三」の二本のみである。そこでこれらに『大成』未収の伝本を加えてみると、諸本の異同状況はかなり異なって見えてくるのである。今回加えたのは、穂久邇文庫本（略号**穂**）・正徹本（宮内庁書陵部蔵・略号**徹**）・書陵部蔵三条西家本（略号**証**）・大正大学蔵本（略号**正**）の四本である。

『大成』の青表紙本校異の範囲で大島本が孤立する―すなわち「榊二肖三」が一致して異文となる―事例は二〇三箇所であり、その大部分は河内本や多数の別本を含めての孤立状況にあった。これに「穂徹証正」の四本を加えると、大島本が孤立する例はおおよそ半減する。また「榊二肖三」のうちの三本が一致して大島本と異同を見せる場合―そのほとんどは「榊二三」であり、大肖と対立する―では一一二箇所の異同があり、やはり河内本を含めても「大肖」が孤立する状況にあった。そのうちの約半数は音便に関わる異同であったが、「大肖」のみの孤立は六割以上の事例において解消されてしまうのである。

なぜこのように「大」あるいは「大肖」の孤立状況が大きく解消されることになるかと言うと、それは今回加えた伝本のうちの「証正」の二本の動向によるところが大きい。「大証正―榊二肖三穂徹」あるいは「大肖証正―榊二三穂徹」という伝本グループに分類できる異同が、それぞれ五〇箇所・七〇箇所ほど発生しているのである。このことは書陵部蔵三条西家本と大正大学蔵本とが、定家本系統の伝本群において大島本に一致する本文を持つところの多い伝本であることを示している。さらに注目されるのは、これらには漢字の宛て方においても共通するところを多く見出すことができることである。まずは手習巻後半の和歌二首から見てみる。

［大］　はかなくて世にふる河のうきせには尋もゆかし二もとの杉　（2020–07）

［肖］はかなくて世にふるかはのうきせにはたつねもゆかし二本の杉
［証］はかなくて世にふる河のうきせには尋もゆかし二もとの杉
［正］はかなくて世にふる河のうき瀬には尋もゆかし二もとの杉
［二］はかなくて世にふるかはのうきせにはたつねもゆかしふたもとのすき
［三］はかなくてよにふるかはのうきせにはたつねもゆかしふたもとのすき
［穂］はかなくて世にふる川のうきせにはたつねもゆかしふたもとのすき
［徹］はかなくてよをふる川のうきせには尋ねもゆかしふたもとの杉

［大］待人もあらしとおもふ山里の梢を見つゝ猶そ過うき　（20 38-01）
［肖］待人もあらしとおもふ山里のこすゑをみつゝ猶そすきうき
［証］待人もあらしとおもふ山さとの梢をみつゝ猶そすきうき
［正］待人もあらしと思ふ山里の梢を見つゝなをそすきうき
［二］まつ人もあらしと思やまさとのこすゑをみつゝなをそすきうき
［三］まつ人もあらしとおもふやまさとのこすゑを見つゝなをそすきうき
［穂］まつひともあらしと思ふ山さとにこすゑをみつゝなをそすきうき
［徹］まつ人もあらしと思ふ山さとの梢をみつゝなをそすきうき

それぞれ前者の「大肖証正」には、ある一定の近似性を見出すことができるであろう（「榊」は未見）。「大肖証正」の四本はいずれも室町期書写本であるが、同じ室町期書写本であっても「三」や「徹」とは様相を異にした近さがある。

　そこで今度は『大成』手習巻本文の末尾五頁分から、「御」や「給」などのように一般的に漢字が宛てられることの多いものを除いて、大島本で漢字表記となっている語を掲げ、それらが他の伝本でどのように表記されているのかを一覧にして見てみよう。

　○は大島本と同一の漢字の宛て方となっているもの、×は大島本とは異なり仮名表記となっているもの、△は漢字を宛てるものの大島本とは異なるもの（それぞれ「山さと」「年比」「聖のすみか」「かの人」「忍て」「大かたの」「忍ふる」「この人」「その人」「すゑの世」「とり帰し」「忍ひて」「尋ねよらむ」「この事・此こと」「薬師仏」「中堂」「よ川・横河」「ゆめの心ち・夢のこゝち」となる）という分類とした。

　この一覧においても、書陵部蔵三条西家本と大正大学蔵本とが群を抜いて大島本に近く、肖柏本がそれに続くという様相を確認できるであろう。同じ室町期写本であり、ともに三条西実隆がその書写に関与している日本大学蔵本と書陵部蔵本とで、これほどまでに表記のあり

大島本	大成頁行	二	肖	三	穂	徹	証	正
雨	20-46-04	×	○	×	×	○	○	○
山里	20-46-05	△	○	△	△	△	○	○
年ころ	20-46-05	×	△	×	×	×	○	○
よる方	20-46-06	×	×	×	×	×	○	○
猶	20-46-07	×	○	×	×	○	○	○
所の	20-46-07	×	○	×	○	○	○	○
後は	20-46-08	×	○	×	×	○	○	○
道も	20-46-08	×	×	×	×	○	○	○
さいつ比	20-46-08	×	○	×	×	○	○	○
とり重て	20-46-09	×	×	×	×	×	○	○
道心	20-46-09	×	○	×	×	○	○	○
聖の栖	20-46-10	×	○	×	×	△	○	○
彼人	20-46-11	△	○	△	△	△	○	○
猶	20-46-14	×	○	×	×	○	○	○
その比	20-47-01	×	○	×	×	○	○	○
忍ひて	20-47-03	×	△	×	×	△	△	○
大方の	20-47-06	×	△	×	×	△	○	○
立よりて	20-47-09	×	×	×	×	×	×	×
猶	20-47-13	×	○	×	×	×	×	×
外には	20-47-14	×	×	×	×	×	×	×
忍る	20-47-14	×	×	×	×	△	×	×
此人	20-48-01	△	△	△	△	△	△	△
猶	20-48-01	×	○	×	×	×	○	○

ようが異なることも注目されるところである。

また巻末部分に注目したのにも理由がある。書写に際して親本を忠実に写していったものが、徐々に書写者の個性が発揮され、漢字と仮名の相違についても、後半部分ほど親本の影響が薄れていくことがまずは予想される。ところが実際にはそれとは逆に、巻の後半になるほど表記上の顕著な一致傾向が出てくることが珍しくないのである。これは巻頭よりもむしろ後半部分になるほどに書写の速度が上がり、そのためには自己の個性を優先するよりも、漢字と仮名の相違といった点までも親本の通りに書写した方が、より速く写すことができるという事情があったためではなかろうか。

こうした漢字と仮名の表記の様相を前提とすれば、次に掲げるような微細な表記の一致ぶりも重い意味を持つことになろう。

むもれても大肖証正―うもれても榊二三穂徹（20-24-03）

物くるはしき大穂証正―ものくるをしき榊二肖三徹（20-38-13）

本文の異同ということからすれば、無視してもかまわないような微細な事例ではあるが、先に指摘したような表記の一致ぶりを勘案するならば、若菜下巻の状況から推測したように、[*3] 手習巻の場合においても、大島本は定家自筆本から直接写されたのではなく、肖柏本や書陵部三条西家本・大正大学本といった室町期に流通していた本文に、定家自筆本が校合されてできあがったものと見てよいことになろう。本文の異同のみが校合の対象となり、表記の違いはそのまま放置されたということである。ただし手習巻と若菜下巻とで異なっているのは、大量に発生している音便校異の存在である。

猶	20 48-02	×	×	×	ナシ	○	○	○
其人	20 48-03	△	△	△	×	△	△	△
猶	20 48-03	×	○	×	×	×	○	○
程にも	20 48-04	×	×	×	×	×	○	○
尋いて	20 48-06	×	×	×	たとりいて	×	×	×
尋ありかん	20 48-07	×	×	×	たつねきかん	○	×	×
道も	20 48-09	×	×	×	×	×	○	○
末の世	20 48-12	×	○	×	△	△	○	○
風の	20 48-13	×	○	×	○	○	×	×
とり返し	20 48-14	○	○	×	△	○	○	○
猶	20 48-14	×	○	×	×	×	○	○
更に	20 49-08	×	×	×	×	×	○	○
耳も	20 49-09	×	○	×	×	×	○	みゝに
忍て	20 49-13	×	×	×	×	△	△	△
山里	20 49-14	△	○	×	△	△	△	○
尋よらむ	20 50-01	×	×	×	×	△	×	×
僧都	20 50-01	×	×	×	○	○	×	○
有さま	20 50-01	×	×	×	×	○	×	×
此事	20 50-02	×	×	△	△	△	×	×
やくし仏	20 50-03	×	○	×	○	△	○	○
中たう	20 50-04	○	○	○	×	△	○	○
横川	20 50-04	×	△	×	×	○	○	△
有さま	20 50-05	×	○	×	×	○	×	×
夢の心ち	20 50-06	△	○	△	△	○	○	○

　手習巻の定家本系統の諸本において、異同の約半数を占めるのが音便に関わるものであることは、「旧稿」においても指摘したところである。そのほとんどは形容詞ウ音便によるもので、大島本（肖柏本も加わる）の側が音便化している事例であった。『大成』校異の範囲で「大―榊二肖三［河内本］」あるいは「大肖―榊二三［河内本］」となっていた異同のパターンは、「穂徹証正」の四本を加えることで、「大―榊二肖三穂徹証正［河内本］」「大肖証正―榊二三穂徹［河内本］」「大証正―榊二肖三穂徹［河内本にも若干の揺れ］」の三類型となって現れる。

　このうちの「大肖証正―榊二三穂徹［河内本］」の型には、

さて其ちこはしにやしにしといへはいきて侍り―ナシ榊二三穂徹（19 92-06）

　このような目移りによる脱文や語句の異同も含まれるものの、かなりのものを「大肖証正」が音便形となる異同が占める。また「大―榊二肖三穂徹証正［河内本］」という大島本孤立の状態が解消されない事例は一〇〇箇所程度残るのだが、その三分の一ほどは大島本の音便形である。しかもそれらは巻後半に集中して現れる。手習巻は『大成』本文の一九八九～二〇五〇頁の部分に相当するが、音便に関わる異同は二〇二九頁あたりから集中的に見られるようになる。その一方で、先の「大肖証正―榊二三穂徹［河内本］」に見られる音便校異は、手習巻前半部分に集中している。そして「証正」によって大島本の孤立が解消される「大証正―榊二肖三穂徹［河内本にも若干の揺れ］」の型には、音便校異はまったく発生していないという顕著な違いがある。

これらの現象を総合すると、手習巻大島本は巻全体に音便形が多く、「肖証正」の三本は巻前半のみ大島本に一致して音便形をとるものの、巻後半では大島本のみの事象となっているということになる。また「証正」の二本は、先に確認したように表記上でも大島本に近い上に、語句の異同においても一致するところを多く持つ。手習巻には定家自筆本やそれを補う明融本が現存しない。よってなお少なからず孤立する大島本の本文が、定家自筆本に由来するものなのか、あるいは大島本の側に問題があるのか、弁別することは難しいと言わざるをえない。定家自筆本との校合段階に問題があった可能性もあり、今後も考究すべき課題である。

二　尾州家本と鳳来寺本

河内本系統の代表的な伝本としては、尾州家本（名古屋市蓬左文庫蔵）がよく知られている。正嘉二（一二五八）年に源親行本をもって書写したという北条（金沢）実時の奥書と花押をもつ尾州家本は、早くより複製本が刊行され[*4]、また新たにカラー版複製の刊行も開始されている。[*5]ただし実時の奥書と花押については、自筆か否かで見解の分かれるところであり、また岡嶌偉久子氏により尾州家本が親行稿本である可能性が提起されたことも注目されるところである。[*6]

他方で建長七（一二五五）年の親行奥書と花押を備える伝本として鳳来寺本がある。尾州家本と同様、奥書と花押については親行自筆か否か議論の分かれるところであるが、近年池田利夫氏が親行自筆の可能性を追尋している。[*7]現在閲覧することが難しいこの本については、池田亀鑑氏のもとで作成された東海大学図書館桃園文庫現蔵の模本によるしかなく、池田利夫氏の調査もこれに基づくものである。この模本には池田亀鑑氏によるメモが付されており、池田利夫氏もこれによって鳳来寺本の書誌的事項の整理を行っているが、手習巻には注目すべき内容のメモが残されている。

一、他本トノ校合アリ。按ズルニコノ巻ハ尾州本ト同一系統ナルベシ、補入校合ノ箇所ハ両本同様ナリ、補入ナキ所ハ青表紙ノ本文ト等シキ所多ク、河内本ニテ校合セル所多シ

先に触れたように尾州家本・鳳来寺本ともに、それぞれ実時と親行の奥書と花押を有するものの、自筆なのか移写であるのか問題を残す。また尾州家本については早くに、河内本による修正が施された巻があり、訂正前の本文は河内本の本文ではないことが指摘されている。[*8]この指摘と相俟って、鳳来寺本手習巻が「尾州本ト同一系統」であって「補入校合ノ箇所ハ両本同様」であり、「補入ナキ所ハ青表紙ノ本文ト等シキ所多ク、河内本ニテ校合セル所多シ」とはどのようなことであるのか、はなはだ興味深いものがある。鳳来寺本の本文については『大成』校異篇にも略号「鳳」として採用されているものの、こうした補入校合の箇所については省略されているため、拙著ではこれらを東海大学桃園文庫蔵の模本によって補ってある。[*9]ただし鳳来寺本は大正三年の火災によって一部焼失しており、模本作成の際にも読み解けなかったと思われる箇所が散見するなど、十分でないところが

含まれていることをお断りしておく。

まず手習巻の尾州家本と鳳来寺本とで「補入校合ノ箇所ハ両本同様ナリ」との指摘がされたのは、次のように本文の同一箇所でまったく同一の本文修正が施されていることによると思われる（視認性を上げるため、河内本諸本の略号は【　】を、河内本に一致する別本諸本の略号は《　》をもって掲げた）。

20 00-11はか〳〵しうもいはす―はか〳〵しく物もいはす【河】―はか〳〵しく〈物〉もいはす［鳳無点補入］［墨］【尾鳳】

20 00-14思いつれと―思いつれとも穂―わつかに思いつれと【河】―〈わつかに〉思いつれと［墨］【尾鳳】

20 04-06あてはかなり―あてやかなり【御七尾平前大鳳吉】―あては〈や〉かなり［墨］【尾鳳】

20 09-09みせたらは―見給たらは【河】―みせ〈給〉たらは［墨］【尾鳳】

20 15-13御らんしさしつる―御覧しすてつる【御七尾平前大鳳吉】―御覧しさし〈すて〉つる［墨］【尾鳳】

20 26-14こまかに―こまやかに【河】《桃》―こま〈や〉かに［鳳無点補入］［墨］【尾鳳】

20 33-13おりに―おりにおほ宮も肖【河】《高国》―おりに〈大宮〉穂―おりに〈大宮も〉［鳳もミエズ、焼失カ］［墨］【尾鳳】

20 40-11はかなく―はかなき【御七尾平前大鳳吉】《高保池国桃歴》―はかなく〈き〉［墨］【尾鳳】

20 41-12けらうの―けらうなる【河】《保》―けらうの〈なる〉［墨］【尾鳳】

20 44-14うちき―こうちき【河】《高国桃》―〈こ〉うちき［鳳無点補入］［墨］【尾鳳】

20 47-04それにも―それにしも【御七尾平前大鳳吉】《保歴》―それに〈し〉も［鳳無点補入］［墨］【尾鳳】

20 49-13うちとけ―うちとけぬ【河】《高保国桃》―うちとけ〈ぬ〉［鳳無点補入］［墨］【尾鳳】

尾州家本・鳳来寺本には見せ消ちや補入による本文修正が施されており、修正前が定家本の本文であったものが、両本ともにこれらの修正によってはじめて河内本の本文たりえている。「補入ナキ所ハ青表紙ノ本文ト等シキ所多ク、河内本ニテ校合セル所多シ」との指摘は、これらの事例によったものであろう。こうした例は手習巻全体にわたって散見されるものであり、26例ほどを数える。ただしこの中には、

19 93-03人のかたち―人〈の〉かた〈ち〉［墨］【尾鳳】

このように定家本・河内本といった本文系統に関わらないものもある。また修正前本文が定家本に一致するものが大部分を占めているのはたしかであるが、一例だけ別本に一致するものもある。

20 40-12さら也―さらなる事にて（り）［墨］【尾鳳】―さらなることにて《保歴》―さ〈らな〉ることにて《保》

「歴」としたのは『大成』校異篇に未収の、国立歴史民俗博物館蔵本である。[*10] この本は『大成』所収の保坂本に近いところを持つ伝本であり、定家本でも河内本でもない別本であるが、尾州家本・鳳来寺本の修正前本文は、この二本とのみ一致する。「補入ナキ所ハ青表紙ノ

本文ト等シキ所多ク」というのは正しい指摘であるが、修正前本文が定家本そのものに完全に一致するものではないところも注意されるところである。

　こうした顕著な校合跡は鳳来寺本では手習巻のみに見られるものだが、鳳来寺本夢浮橋巻に見られる親行の奥書と花押が自筆であるならば、これらは何らかの事情で留められた親行の校合作業そのものであるということになろうし、たとえ奥書と花押が移写であっても、親行本の姿を忠実に写し留めたという可能性を有する。一方の尾州家本では手習巻のみならず、多くの巻にこうした校合跡が残されている。手習巻から確認できる鳳来寺本との一致ぶり、とりわけその修正前本文までが一致するという事実は、尾州家本が親行本によった校合本であること以上の可能性を持つということでもある。

　しかしながら鳳来寺本の校合の跡を追っていくと、ほかにもさまざまな事例があり、右記のような単純な見取り図を描くことが困難であることが了解されよう。

19 93-01こゑ―こゑを［墨］【尾】―こゑを【鳳】

20 01-10なりぬると―なりぬと【御七尾平大吉】《保》―なりぬると［墨］【尾】―なりぬると【前鳳岩】―成ぬるに（とイ）【兼】

20 08-07われは我と―われ〈はわれ〉と［墨］【尾】―われと【鳳】

20 09-12えたてまつり給て―み（え）たてまつり給て［墨］【尾】―見たてまつり給て【鳳】《池桃》―えたてまつらせ給て【吉】

20 10-12おほしなりぬらめ―おほしなし（り）ぬらめ［墨］【尾】―おほしなしぬらめ【鳳兼岩】

　これらの事例では、尾州家本では本文に加えられた修正により、河内本（結果として定家本に一致する場合もある）の本文となっているが、鳳来寺本は尾州家本の修正前本文のままである。ここでも尾州家本の修正前本文は鳳来寺本と一致している。しかしながら鳳来寺本には校合の跡が見られないのである。ここで使用している鳳来寺本は、池田亀鑑氏のもとで作成された模本であるから、模本作成の際に校合書入を脱したものと見ることもできよう。ただしこの中には他の河内本諸本のうち鳳来寺本を支持している伝本がある場合もあり、単純に模本作成の際の過誤として処理することもためらわれる。鳳来寺本が親行による校訂作業の中途段階を留めている可能性も皆無ではないのである。

19 99-03人の―人【鳳】

20 03-03いかて―いかてか【鳳】―ナシ【吉】

20 10-10後よりは―よりのちは【鳳】

20 34-11大将の―大将【鳳】

これらもやはり鳳来寺本単独の異文であり、まずは模本に問題があったと想定すべきところであろう。だがこれらを鳳来寺本の独自異文として認めることができるならば、逆に夢浮橋巻の奥書ならびに花押について、親行自筆を疑わねばならないこともつながってくる。

20 26-03つかまつらせ―つかうまつらせ三穂［兼リヲら二判読］【御七前鳳吉兼】

20 30‐02なんと―など榊穂【七鳳吉】
20 45‐06かやうなる―かうやうなる榊二【御尾前大】

尾州家本・鳳来寺本ともに本文修正が施されていない箇所であるが、微細な異同ではあるとは言え、両本の本文が割れている。河内本諸本間ではこうした場合にも異同が生じていることは少なく、安定した状況にあることが多いのだが、ここでは河内本諸本間にも揺れがあり、尾州家本の側にも校合漏れがある可能性は否定できない。そうだとすれば尾州家本は校合本であったということになり、親行稿本の可能性を弱める事例となろう。

河内本源氏物語の成立を窺う上で、尾州家本・鳳来寺本が大きな検討材料であることはたしかである。しかしながらその検討のための諸条件にはいまだ整わないところがある。また今回は手習巻の状況のみを示したが、これほど顕著ではなくとも、尾州家本と鳳来寺本との間にはなお注目すべき共通点があり、今後の課題としたい。

注

＊1　書誌学的研究については、佐々木孝浩「尾州家本源氏物語の書誌学的再考察」(『文学・語学』第一九八号、二〇一〇年十一月)に、近年までの研究史の概括および再考察があり有益である。また定家本との比較論については、吉岡曠『源氏物語の本文批判』(笠間書院、一九九四年)や中川正美『平安文学の言語表現』(和泉書院、二〇一一年)所収の諸論考が挙げられよう。

＊2　加藤洋介「河内本の成立とその本文―源親行の源氏物語本文校訂―」『源氏物語研究集成　第十三巻　源氏物語の本文』風間書房、二〇〇〇年五月。そのほか、「角屋保存会蔵　源氏物語末摘花巻―解題と影印・翻刻―」(『角屋研究』第十八号、二〇〇九年二月)、「失われた定家本源氏物語―飯島本桐壺巻の場合―」(『詞林』第五十号、二〇一一年十月)においても、一部河内本の本文のありように触れたところがある。

＊3　加藤洋介「大島本源氏物語の本文成立事情―若菜下巻の場合―」『大島本源氏物語の再検討』中古文学会関西部会編、和泉書院、二〇〇九年十月。

＊4　尾張徳川黎明会より一九三四年に刊行、さらに日本古典文学会より一九七七年に再刊。

＊5　『尾州家河内本源氏物語』全十巻、八木書店、二〇一〇年十二月から刊行中。

＊6　岡嶌偉久子『源氏物語写本の書誌学的研究』おうふう、二〇一〇年。

＊7　「鳳来寺本源氏物語の親行識語と書誌―桃園文庫蔵模本を通して―」『創立三十周年記念　鶴見大学文学部論集』一九九三年三月、『源氏物語回廊』(笠間書院、二〇〇九年)所収。

＊8　堀部正二「源氏物語雑々私記」、『国語国文』一九四〇年四月、『中古日本文学の研究』(教育図書、一九四三年)所収。

＊9　加藤洋介編『河内本源氏物語校異集成』風間書房、二〇〇一年。

＊10　『国立歴史民俗博物館蔵　貴重典籍叢書　文学篇　第十八巻』臨川書店、二〇〇二年。

蓬左文庫所蔵駿河御譲本朝鮮本の「御払」について

藤本幸夫
ふじもと・ゆきお

一　前言

尾州藩旧蔵駿河御譲本はその豊饒を以って、江戸時代初期から今日に至るまで天下にその名を轟かせている。この駿河御譲本研究の先鞭を付けられたのは川瀬一馬博士で、「駿河御譲本の研究」[*1]なる論文で、その実態を初めて明らかにされた。なおこの論文は後に『日本書誌学之研究』[*2]に再録されているが、若干の言辞の差異があり、本稿では後者によることにする。

徳川家康は慶長十二年（一六〇七）駿府城を修築し、秀忠に将軍職を譲って江戸から駿府に移ったが、ここにも江戸の富士見亭文庫同様駿河文庫を創設し、書籍の蒐集に努めた。駿河文庫の創設時は明らかでないが、小野則秋『日本文庫史』[*3]によれば、『羅山年譜』慶長十三年（一六〇八）条に、林羅山が「駿府に赴き、日夜御前に侍して論語、三略等を読む、宅地並土木の料及び年俸を賜はり、且御書庫の管鑰を掌り、官本を見る「訳文」」とあり、この頃には文庫が成立していたと推量しておられる。家康は老来ますます蒐書に励み、許多の書が収蔵された。その量は明らかではないが、元和二年（一六一六）四月十七日家康薨去後の尾州・水戸・紀州家への御譲本の分割率等を根拠にして、川瀬博士は約一千余部約一万余冊と算出しておられる。

家康薨去の後、駿府御書庫の預りであった林羅山は元和二年十月、二代将軍秀忠の命を受けて駿府に赴き、遺書の分配処分を行った。その時期は川瀬博士の考証によれば、同年十月下旬の約十日間位に限定されるという。御譲本の御三家への分配については、『羅山外集』に、

大相国よろづのことをすてましまさず、ことに書籍をもこのませたまひければ、余にあづけさせ給ふも、経史子集八百余部におよべり。又殿中にも、草子倉にも、御前にも、おほかりき。此度府内の御物共、いかがあるべきとありしに、こと〲く尾張宰相殿、駿河の中将殿、水戸少将殿へつかはさるべし、すでに天下のゆづりをうけさせたまふなれば、何かはいらせたまふべき、千金

の器より、破釜瓦盆底にいたるまでも、仮令、宰相殿・中将殿へ、五つ充つかはし、少将殿は、三つぞ分てとらせらるべきなど聞えければ、余があづかりし書目類をも、土井大炊助迄申たりしに、やがて御前へ申されければ、是も同くわけてまいらすべきよし仰ける。余も江戸より駿河へまかりて、三人のかたへ渡し侍りぬ。殿中・草子倉にありし本どもも、見つけ侍りしに、歌書などもおほかりけり。されど世にまれなる物をば、少々江戸へさゝげらるべきとて、のけをき侍りし。称名院自筆の史記も其中にあり。其外日本の記録三十余箱は、何も三通うつし、内裏に一通、江戸に一通、駿河に一通をかせたまふべきと、大相国仰をかせたまふなれば、これは江戸へまいるべきとて、そのまゝをき侍りぬ。又新刊の群書治要、大蔵一覧も、国々へたまはり、後の世の宝となるべしとありしによりて、そのまゝあり。これも尾張、駿河、水戸へ一部つゝまいりぬ。

とある如く、九男尾州義直卿（一六〇〇―一六五〇）に五、十男紀州頼宣卿（一六〇二―一六七一）に五、十一男水戸頼房卿（一六〇三―一六六一）に三の割合で分譲された。元和二年家康薨去時、それぞれ十七歳、十五歳、十四歳であった。義直卿がその内最年長であるのみならず、元和元年七月大阪夏の陣より凱旋の帰途京都で少なからざる書籍を求めるなど最も好学であり、それは終生続いた。『日本文庫史』によれば、義直卿（諡　敬公）没の翌慶安四年（一六五一）三月の『書籍引継簿』の巻末には、「本数都合一万五千百四十四冊但折冊共」とあると云う。尾州家御譲本が単に量的にのみならず、質的にも他二家に勝っているのは、義直卿の年長・好学のためだけでなく、林羅山と特に懇意であったからという言い伝えは、単なる伝説ではあるまいと、川瀬博士は述べられる。

　家康遺物の駿河御分物は御譲本と称される書籍のみならず、金銀道具類をも含む。御譲本に就いては尾州家にのみ記録が伝存する。もっとも原簿ではなく、その写しではあるが、『御書籍目録』（元和・寛永）二冊に収録されている。それによれば、第一至四十四箱及び長櫃分の後に、

右
部数　合三百六十三部
冊数　合弐千八百二十六冊
已上駿府御分物之御書籍也
元和三丁巳年正月七日請取之了
横田三郎兵衛
石原十左衛門
清閑

とあり、横田を始めとする上記三名が元和三年丁巳（一六一七）正月七日に、三六三部二八二六冊を駿府で受け取ったことが判る。ただ川瀬博士は上記御譲本の集計に見落としがあり、また駿府の長持ちから出た書籍十部が勘定に入れられていないとして、それらを加え、駿河御譲本の総数を三七七部二八三九冊としておられる。その内筆者が本稿で取り上げる朝鮮本は、現存書として古活字版四五部・整版七一部・写本六部の計一二二部、払本として古活字版六部・整版三三部の

計三九部、不明一部の総計一六二部が含まれている。

因みに御譲本以外の金銀道具類は、川瀬博士によれば肥田孫三郎・横田三郎兵衛等諸人が、元和二年十一月二十一日より同四年十一月一日までかかって受け取っているが、大部分は元和三年三月以降のことに属するので、書籍は駿府御分物の中では早く到着したことになる。また水戸家でも同じ頃に受け取られたと思われるが、御分物に関する資料は欠けている。紀州家は当時駿府に封ぜられていたので、受け取りについて格別の手数も要しなかったのではないかと、川瀬博士は述べられる。水戸家所蔵御譲本中の朝鮮本については、註①論文で戦前目睹された刊本十五部を挙げておられる。紀州家御譲本に関しては、筆者はそれと覚しきものを嘗て調査したことがあり、後日改めて述べたい。

御譲本朝鮮本については、国書や中国書ほど多くの研究者たちが研究に携わったとは言えないであろうが、蓬左文庫に朝鮮古本ありと、夙に名高く、朝鮮学研究者の関心を引いて来た。朝鮮本研究者にとっては、名古屋市蓬左文庫編『名古屋市蓬左文庫漢籍分類目録』（名古屋市蓬左文庫、一九七五）は有難い津梁であり、また杉浦豊治『蓬左文庫典籍叢録　駿河御譲本』（采華書林、一九七五）は上記目録を補うものとして、極めて有益である。昭和二十五年（一九五〇）発足の朝鮮学会は、昭和三十二年（一九五七）十月五・六日の両日に亙ってその第八回大会を名古屋市徳川美術館で開催するに際し、同月五日（土）至七日（月）の間、蓬左文庫の格別のご厚意で朝鮮本の展観が行われた。展示品は三部一〇一点で、第一部は朝鮮撰述書（第一至四八）、第二部は中国書の重版（第四九至九七）、第三部は日鮮交隣史料（第九八至一〇一）で、実に多くの朝鮮本が展観に供されている。その他に「蓬左文庫書籍目録」（寛永―慶安目録三冊、天明目録六冊）、「徳川義直蔵書印」（陶印、「御本」印三種の中の一つ）、「豊国祭屏風」（慶長九年（一六〇四）八月の臨時祭、朝鮮人が描かれている）も出品された。

その際に名古屋大学中村栄孝教授の解説を付した『蓬左文庫朝鮮本展観目録』（朝鮮学会、一九五七）なる小冊子が出刊されており、冊首に書影が収録されている。またこれは『朝鮮学報』第一三輯（朝鮮学会、一九五八・九）にも収録されているが、同冊子の前表紙裏に、

> **蓬左文庫**（名古屋市所管）の朝鮮本は、一四一部一三九一冊あって、徳川家康の駿府文庫旧蔵本が中核になっている。家康の遺言によって、徳川義直がもらった「御譲本」三七七部二八三九冊の中に、朝鮮本が一六三部一四九二冊あった。その後、四〇部が失われ、別に一八部が加わって、現在の数になった。そのうち、写本五部のほかは、すべて刊本、活字版が五二部（鋳字五〇部、木活字二部）、整版が八四部、印刷の年代は、一八部が一五世紀、一～二部が一七世紀、そのほかは、すべて一六世紀、ことに三〇年から八〇年代に集中していると考えられる。内賜本も二三部（二部だけは内賜記を失った）あり、地方版で刊行地のはっきりした三二部の中には、『攷事撮要』の冊版目録に符合するものも一〇部をこえ、他に類を見ない孤本、または稀少本も多く、内賜記や印記などによって、由来がたどれるものも少なくない。（以

下略）

とある。文末に「昭和三二年一〇月　朝鮮学会」とあるが、実際の執筆者は解説者中村栄孝教授である。部数冊数が上記川瀬博士の所論と若干の相違がある。

蓬左文庫御譲本は、韓国の学者間でもよく知られており、日本伝存朝鮮本を精力的に踏査された沈隅俊博士の『日本伝存韓国逸書研究』（韓国、一志社、一九八五）、『日本訪書志』（韓国、韓国精神文化研究院、一九八八）、『内賜本版式・古文書套式研究』（韓国、一志社、一九九〇）に収録されており、また千恵鳳博士の『日本蓬左文庫韓国典籍』（韓国、知識産業社、二〇〇三）は、蓬左文庫朝鮮本を対象とした専門書である。筆者は四〇年余日本に現存する朝鮮本の調査に当たって来、『日本現存朝鮮本研究　集部』（京都大学学術出版会、二〇〇六）を刊行した。この書には蓬左文庫御譲本の集部書のみを著録しており、他の経・史・子の三部については、今後続刊の予定である。

筆者は昭和五十年代初に蓬左文庫所蔵朝鮮本の調査を行ったが、その過程で御払本の存在を知り、それについては細野要斎の著述に言及のあることを文庫主事織茂三郎先生からお教えいただいた。また本稿引用の川瀬博士論文にも述べられている。その後日本各地の朝鮮本を調査する過程において、御払朝鮮本に逢着することもあった。以下に御払朝鮮本について川瀬博士及び杉浦教授の記録によって述べ、更に要斎の著述からその実際を確認する。蓬左文庫なる呼称は明治・大正期に生じたが、拙稿では便宜上総称として用いる。

二　御払朝鮮本について

御譲本中の御払本については、杉浦豊治氏の上述書によれば『天保目録』中の当該書に、明治初期の払い出しを証する、円の中に「払」字を配した検印が鈐されていると云う。川瀬博士論文と杉浦氏上記書によって、御譲本中の御払朝鮮本を下記に挙げる。漢数字は箱番である。書名が正式のものはそのまま、他に正式書名のあるものは、推量して括弧内に示した。また杉浦氏によれば、『天保目録』には「朝鮮板」「朝鮮活字板」の註記があるが、下記では木版の場合は註記せず、活字版の場合にのみ「活字板」と書名後に註記した。

四　番　『事文類聚』（新編古今事文類聚）六十一冊

九　番　『左伝』（音註全文春秋括例始末左伝句読直解）二十九冊

十四番　『魯斎全集』（魯斎全書）一冊・『呂氏郷約』（活字板）一冊・『入学図説』一冊・『読書要語』（薛文清公読書要語）一冊

十六番　『儀礼注疏』十七冊・『論語或問』（活字板）四冊

十七番　『梅先生集』（宛陵梅先生詩選）一冊・『草書韻会』二冊・『欧蘇手簡』一冊

十八番　『樊川集』（樊川文集夾注）四冊・『簡斎』（須渓先生評点簡斎詩集）五冊・『酉陽雑俎』二冊・『靖節集』（箋註靖節先生集）一冊・『詠史詩』一冊

十九番　『魏鄭公諫録』二冊・『家礼』（家礼大全）一冊

二十一番　『列子』（活字板）一冊
二十二番　『文章軌範』二冊
二十五番　『二程全書』（活字板）十五冊・『大学衍義』（活字板）（真西山読書記乙集上大学衍義）十三冊・『近思録』四冊・『延平答問』（延平李先生師弟子答問）二冊
三十一番　『昌黎集』（朱文公校昌黎先生文集）十五冊・『紫陽文集』十冊・『杜子美文類』（纂註分類杜詩）二十五冊
三十三番　『太白集』（活字板）（分類補註李太白詩）十冊
三十四番　『山谷』（山谷詩註）八冊
三十五番　『小学』（活字板）（諸儒標題注疏小学集成）六冊・『論語大全』（論語集註大全）七冊・『孟子大全』（孟子集註大全）七冊・『孟子大文』二冊・『大学大全』（大学章句大全）一冊・『孔子家語』一冊
三十六番　『通鑑続篇』（増修附註資治通鑑続篇）十六冊
四十一番　『和剤方』（増註太平恵民和剤局方）九冊
四十四番　『三韻通考』一冊
（駿府雑本長持ちより出来分）『大学補註』（大学章句補註）一冊

以上御払朝鮮本は、駿府雑本長持ちより出来分の一部一冊を入れれば、三九部二九一冊となる。第十七番箱に『梅先生集』一冊、第十九箱に『宛陵詩』一冊とあり、杉浦氏・川瀬博士は共に『天保目録』に據りながらも、杉浦氏は『梅先生集』を、川瀬博士は『宛陵詩』をそれぞれ御払本としておられる。『天保目録』には両者を共に「集　『宛陵梅先生詩選』　朝鮮板一冊　五十八丁」と著録しており、張数まで一致するので、両書は現存する『宛陵梅先生詩選』と同版と認定してよかろう。従って同版重複本が払われたのであるが、杉浦氏は川瀬博士論文を参考の上で書いておられるので、今杉浦氏に従って『梅先生集』を御払本としておく。『山谷詩註』は、内集二〇巻外集一七巻別集二巻より成るので、八冊には収まらない。御払本は内集二〇巻目録一巻、或はそれに別集の加わった八冊か。

「駿河御譲本目録」の末には、「部数　合三百六十三部　冊数　合弐千八百二十六冊」とあるが、川瀬博士によれば、実際には長持ちより出来分などを併せ考えると、三七七部二八三九冊になるという。その内御払本は、筆者の計算によれば、和書二一部、唐本三三部、国籍未詳六部、それに上記朝鮮本三九部で、朝鮮本が最も多い。御払本の基準は、必ずしも重複本に限られておらず、明確ではない。川瀬博士は「駿河御譲本」の現状について、下記の如く述べておられる。

> 敬公以来江戸末期に至るまでは、敬公の遺物として近親に分ち、又は火災に罹る等特別なる事情に據って極めて僅少部数の減少を見たに過ぎず、殆ど全部が伝へられて来たが、明治極初年（明治十五年に払本の残部の整理を行へるを以て、其れ以前なるは明らかなり。）に何故か、蓬左文庫の蔵書全般に亙って一部分を払った事があって、其の折に御譲本も亦多数を失ってしまったのである。其の時の払ひ方には、関係者の私心が著しく加はってゐるのではあるまいかと思はれるが、払ったものは、国書を主として、漢籍は四書五経等、大体通俗的なるもの、及び医書・仏書の全部である。又払ったものは必ずしも重複本ではなく、重複の分は反

って善本の方を払ってゐる場合が多い。仏書は全部払ったのであるが、明治維新前に敬公の廟所定光寺へ、善本のみを寄附してあったものが、甚しく虫損を蒙った侭となってゐたのを、明治中期に再び取戻したので、幸に現存してゐる。故に駿河御譲本中の仏書も虫損で残欠となったものが若干あるが、殆ど無事に残存してゐるのである。

博士は御払本に確乎たる基準を見出しえず、関係者の私心を疑っておられるが、先生を存じ上げている筆者としては、何等の根拠もなしにおっしゃったとは思えず、お心当りがあったのではなかろうか。又筆者は川瀬先生から、御譲本調査時御文庫片隅の屑籠の中からくしゃくしゃと丸めて捨ててあった御譲本目録を見出し、これを救い出された旨承ったことがある。

三　細野要斎随筆中に見られる御払朝鮮本について

（一）細野要斎に就いて

前述の如く筆者は昭和五十年代初に蓬左文庫の調査を行ったが、その折織茂三郎先生から細野要斎随筆中に御払朝鮮本に関する記述のあることを御教示いただいた。その随筆とは「葎の滴」と称される一大随筆集成で、「渉猟雑鈔・感興漫筆・蕉窓余録・見聞雑剳・好古雑纂・師友雑録・有得漫録・仏家雑纂・家事雑記・詩歌雑集・諸家雑談・辺患・要斎録稿・碑叢」より成り、要斎二十六歳の天保八年（一八三七）に始まり、卒年の明治十一年（一八七八）九月七日に終わっている。但し巻頭に天保四年（一八三三）に草した夢の記の一文があるので、同年からの起筆と看做す向きもあるという。

細野要斎の随筆は名古屋市叢書[*4]として、名古屋市教育委員会から刊行されている。その解題を見るに、現在散在するものを蒐め、草行書を混えて書き散らすと言うような状態の部分をも含む要斎書を解読の上、翻刻上梓された由である。要斎書を含む名古屋関係の一連の書を刊行された名古屋市や関係各位の英断とご努力に、深い敬意を覚えざるを得ない。上記書に収載の杉浦豊治・山田秋衛氏などの解題や市橋鐸氏の『細野要斎年譜』等によって、細野要斎の為人を窺がってみよう。

細野氏の祖は伊勢細野の城主であったが、世々八条流の馬術を以って鳴った。数代後の成定が慶長十一年（一六〇六）義直公に仕官し、大阪冬・夏の陣に戦功を挙げ、馬術では天下一の名を恣にしたと云う。その後成住・定昌・忠勝・忠次・忠明と八条流の馬術を以って仕えたが、忠明男が要斎である。忠明は老いて子なき故を以ってであろうと推量されているが、妻の縁家である山岡只左衛門の三男忠如、幼名竹三郎を養子としていた。忠明は文化五年（一八〇八）十月九日隠居して、忠如に家督を譲った。

さて、要斎細野忠陳（ただつら）、字子高、小字寿三郎、俗称為蔵・仙之右衛門は、文化八年（一八一一）三月十五日に名古屋に生まれた。後妻で生母山高氏はその年の四月二十四日十九歳で没している。要斎は十歳で尾頭広居の許で文字を習い、十二歳間島恭斎に素読、更に中村直斎から経学を学んだ。長じて近藤浩斎から崎門学を受け、中年以降は深田香実に易学と垂加神道を修め、ここにほぼ学問的輪郭が成ったと云う。武士としての武術や家学としての馬術は、武士としての嗜み程度とし、儒学攻習に邁進し、嘉永六年（一八五三）には藩校明倫堂の典籍に任ぜられた。慶応四年（一八六八）二月既に隠居に安んじていた要斎は明倫堂教授に、また十月には藩主義宜の侍講に任ぜられ、更にその後明倫堂の督学に補せられた。しかしいずれも短期間で、要斎が学問を以って厚く遇されたとは言い難いようである。尾張は山崎闇斎の高足浅見絅斎・三宅尚斎により崎門学が伝えられたが、要斎は三宅尚斎・蟹養斎・中村習斎の学統を承け、尾張崎門学派の最後の明星といわれる。

尾張の学風には非朱子学派の学者による、和漢兼修の風があると云う。古くは天野信景『塩尻』を始めとして、松平秀雲・岡田挺之・河村秀頴・河村秀根兄弟・鈴木朖・秦鼎などが挙げられる。彼らの著述の特徴として、雑鈔或いは雑纂と云うべきものがある。細野要斎は歴とした朱子学であると共に、まさしく雑鈔家といえる。名古屋の学者は博識を尊び、博識をもって自己を標榜するというが、要斎はそれに相応しく厖大な雑鈔を著している。かれは趣向の異なる様様な人々との交流があり、稗史野乗から古書画・古器、仏教、郷土史、故事古跡、また趣味も広かった。彼は歩行に支障のあるほどの宿痾痔疾に悩まされたが、その好奇心はそれを越えて余りあるものであった。外出して社寺・古跡を巡り、古書肆や骨董店に立ち寄り、古書・古文書・骨董を漁った。それらについて詳細な記録を残し、種々の伝聞についてもその根拠を記すなど、広く尾張の文化を知るに実に貴重な資料群である。そこまで必要かと思われるほど、徹底していることもあり、その綿密な為人が偲ばれる。これらの筆録に費やされた時間は膨大なものであったに相違ない。筆者が関心を有する書籍や文書についての言及も多く、また名古屋のみならず、上方の書肆にも触れている。次々と珍奇な展開があり、巻をおくことができない。

要斎の執筆は、心友小寺玉晁が明治十一年（一八七八）九月二十六日死去する時まで続くが（別説に九月七日と云う）、その後はその衝撃のためか筆を絶ち、十二月二十三日六十八歳を一期に尼ヶ崎の自宅に没した。

（二）御払本について

要斎はその随筆の中で書籍についてしばしば言及している。本稿では『感興漫筆』を主として用いる。『諸家雑談』にも言及はあるが、前者と重複が多い上に、詳細ではないからである。以下特に言及のない限り、『感興漫筆』による。

嘉永二年（一八四九）八月に

香実先生陳に命じて官庫所蔵諸書の大意を鈔写せしむ。陳これを秘書一覧と題名す。今年己酉秋に至て、駿府遺典の過半、草藁成る。先生その一二葉を浄書して、御用人滝川又左衛門に見せんと欲せらる。陳、命を奉じて経書の部少許を清書し、凡例を作て先生に呈す。その草藁をこゝに綴入す。

とあり、次に「秘書一覧凡例」を記す。これは要斎忠陳がその師深田香実の命を受け、尾張藩庫の蔵書の大意を著述した書で、「駿府遺典の過半、草藁成る」とあるように、駿河御譲本を閲覧したことが判る。従って藩庫所蔵の、朝鮮本を含む諸本についてかなり詳しく把握していたことと思われる。それは嘉永五年（一八五二）十月に

忠陳、今春松花堂にて購得たる朝鮮板の三韻通考は、駿河御譲御書物の三韻通考と同板なり。

とあることからも判る。また安政元年（一八五四）六月十六日と閏七月二十一日の間に

朝鮮版　三韻通考一冊　白表紙和題白紙、処々に鮮人の書加入あり
右は駿河御譲、向御屋敷御文庫中にあり、陳、先年、此御本と同板なるを購得たり、此御本より竪横とも少し大なり。
右往年一片紙に記し置所なり、今こゝに写し入。
書肆藤屋宗斎は書籍の品目に精しき者也、年七十有余、予が所蔵の古書を多く見せし時、最この書を鑑賞せり。
要斎識

と、上述の私蔵『三韻通考』について、名古屋の書肆藤屋宗斎が鑑賞したと述べている。翌二年（一八五五）には

九月廿三日、書肆永楽屋惣助、韓本小学集説（六巻四冊）を携来る。未嘗見の書也。後に聞、此本、浅井氏医学館の蔵なるを売りしと云。此冊、竪壱尺壱寸横七寸、界竪七寸六分横五寸八分、十行十八字、代壱分壱朱にて購之。

とあり、九月廿三日書肆永楽屋惣助から朝鮮本『小学集説』六巻四冊を壱分壱朱で購入したが、初見の書で、後に本書が浅井氏（多紀氏か）医学館旧蔵書であることを知ったと云う。また同三年（一八五六）に、

五月廿二日朝、書肆藤屋宗斎来りて曰、頃日携来て観覧に備ふる書、（今月十四日、宗斎書籍数品を携来て曰、今春上京し、頃日帰郷す、京師天王寺屋市郎兵衛が家奴を率来れり、書籍も種々携来れりと云、天王寺屋の家隷と共に来る）意に適ふや否、天王寺屋の奚奴、近日帰京せんと欲す、ゆえに来請ふと。乃ち一部を返して二部を買ふ。
朝鮮板古文真宝前集三冊
周張全書十三冊　天王寺屋板
右二部は買之。
心経附説四冊
右はこれを返す。

とあり、朝鮮板古文真宝前集三冊を購入している。名古屋の書肆藤屋が京師に書籍の仕入れに行き、また京師の書肆天王寺屋が使用人を引き連れて名古屋に売りに来るなど、書肆の交流が窺える。『諸家雑談』五の文久二年（一八六二）には

朝鮮本礼記に深草元政書入ある本、草山瑞光蘭若の印を捺したるありて、往年（二字空白）屋へ二両に売たり。今ならば五両にても売るべきなり。

とあり、深草元政の書き入れがあり、その蔵書印「草山瑞光蘭若」を鈐した『礼記』を嘗て所蔵していたが、往年二両で売却したと云う。明治三年（一八七〇）には、

三月十七日、定価買之、如左。
韓文　十五冊　巻首目録一冊闕　国初の活字板

柳文　廿二冊　嘉慶板　前に巻末の記を摹す
礼記集説　朝鮮本　十冊元十二冊（二冊闕旦弓王制）
石川丈山翁蔵本、巻首に頑仙子の朱印あり、もと熊田休菴所
蔵と云。
右、静観堂美濃屋伊六売。

韓本礼記集説十冊（本十二冊、檀弓王制二冊闕）巻首有頑仙子之印、是石川丈山翁之
遺物、而表題亦蓋翁手筆也、最可珍焉、頃書林静観堂売之、（旧熊田休菴純之所蔵嗣子某、遍売之云）予買得之、乃造匣蔵之。

と、ほぼ同一内容の記事が続いて記されている。このように和書に混じって、唐本や朝鮮本が市場に流通していたことが判る。江戸時代の文人の蔵書に朝鮮本が散見されるのは、このように入手されたのであり、また嘗て朝鮮通信使が大阪で朝鮮本が売買されているのを目睹している。石川丈山（一五八三―一六七二）は、諱重之、字丈山、号六六山人・凹凸窩・頑仙子等。徳川家康に仕えて大阪夏の陣に軍功を立てたが、軍令違反で致仕。妙心寺で禅、藤原惺窩について朱子学を修めた。広島浅野家に仕官したが五十四歳で再び致仕、寛永十八年（一六四一）洛北に詩仙堂を設けて隠棲した。漢詩人として知られる。休菴熊田皡（或純之）（一七九四―一八五九）は、字嘉叟、号休菴・樫陰・憒翁・絜矩学舎・嘉石濃陰書屋、通称能野屋嘉平治、名古屋の売油商。

　さて、御譲本の御払についてであるが、『諸家雑談』の明治五年壬申（一八七二）末頃に

御書籍類、ことし六月頃より、書林併道具屋、其外望之者に入札せしめ、追々御払下げ。十月已に四度目御払あり。
二度目迄は誰によらず拝見を許されしが、三度目よりは入札の者ばかり拝見を許さる。四度目は商人に非ずとも、入札する者は拝見を許さる。

御書物御払、壬申六月より十一月迄、凡四度にて終れり。事を司るは市野靖なり。（旧通称俊蔵）右御払済て後、御蔵書目を改定浄書し、（市野靖校正浄写す。）御書物は、新御屋敷の御文庫に納むと云。御器物御払も、十一月頃にて終る。

と、二度に亙って御払に関する記事がある。ここには毎回の具体的な記述はなく、全体についての言及がある。先ず御払いは明治五年六月から始まった。終了の時期は、前者には十月、後者には十一月と記す。後に引用する『感興漫筆』の第四回目の御払については、「壬申十月廿日入札、同廿八日開札、十一月二日請取」とあるので、後者の十一月というのは、要斎が落札書籍を受け取った日を入れてであり、十月二十八日には御払いは終わっていると考えてよかろう。御払いの場所は、要斎が入札に参加しているのであるから名古屋であり、後述の如く旧君新屋敷に落札書籍代を支払いに行き、また書籍を受け取っているので、旧君の新屋敷が御払いの場所であろう。これら四回の御払を統括したのは市野靖、通称俊蔵で、御払後はこの市野が蔵書目録を改定浄書し、書籍は新御屋敷の書庫に納めたと云う。これによれば新しく目録が作成されたことになる。『天保目録』に「払」印を鈐し

たのも彼であろうか。市野靖は旧藩士であろう。

また御道具類に就いては、上記六月の御払に書林に併せて道具屋も呼んだとあるので、同時に御道具類も払い出したのかも知れない。ただ骨董品屋が書籍をも取り扱っているので、道具屋も書籍扱いとして招いたのかも知れない。『諸家雑談』の上二記事の前に「旧君内庫の薬石類を御払になりたり。　七月八日頃。」「御道具文房具類、伊藤関戸両家に附して売しめらるといふ。」とあるので、或いは別途に払われたのかも知れないが、時期的にはほぼ同じであろう。

以上『諸家雑談』の二ヶ所を引用したが、実際の具体的な事柄は『感興漫筆』に四回に亙ってかなり詳細に記されているので、以下明治五年壬申（一八七二）六月から十月にかけて行われた御払の実態を各回について見てゆく。但し、『感興漫筆』では書名ごとに改行されているのを本稿では連ねて書き写し、誤字と思われるものは、括弧内に正字を入れた。また書名が続く時、翻刻本では「、」を用いているが甚だ不統一であるので、判りやすくするために統一する等、多少手を入れている。書名の下に「朝鮮本」と註記されている場合もあれば、註記の無いこともある。書名のみでは朝鮮本・唐本・日本刊本の識別は甚だ困難ではあるが、『天保目録』に基づいた上記御払朝鮮本を勘案して書名の下に［朝鮮本］と記して、筆者なりの推量を示した。

（1）第一回

六月、旧君御蔵書重複等之分、御下売に付、書估入札、併諸家望之者申請、外より申請は弐割増。書估定価之右之内

朱子語類　六十冊　桐箱入、　朱子文集　八十冊

林品美を介として買之。

定価三両三分壱匁　二割加通四両弐分一匁　六月廿六日価ヲ出ス。

これが御払全四回の第一回目六月である。旧君とは第十六代藩主徳川義宜（一八五八―一八七五）で、元治元年（一八六四）七歳で藩主の座に就き、明治四年（一八七一）最後の藩主としての座を下りて、その四年後に十八歳で夭折している。書估が書価を定め、また入札している。この書估とは名古屋のそれで、例えば松花堂・胡月堂（大野屋）・竹林堂・永楽屋惣助・慶雲堂・藤屋宗斎・静観堂美濃屋伊六・秋田屋源助・書画商美濃屋太兵衛・林品美・高取六太郎などを指すのであろう。「諸家望之者申請」とあるので、藩士やその他書籍に関心を有するものは、観覧及び購入申請を許されている。購入条件として「外より申請は弐割増」とある。旧藩士である要斎は林品美を介して、『朱子語類』と『朱子文集』を購入しているが、上記の如く二割増しの代金を支払っている。第四回では「添銀一割」或いは「添銀なし」であるが、第二・三回も二割増しの代金を支払っているので、かれは「外より申請」に該当することになる。旧藩士が「外」であれば、それに対する「内」とは誰を指すのであろうか。すべて書估が仕切っているので、「内」とは書估を言うのであろうか。要斎は六月二十六日に林品美に「二割加通四両弐分一匁」を支払っているが、その際に上記二部を受け取ったのであろう。

（2）第二回

壬申七月廿八日、旧君新御屋敷にて御払書籍之内代金差出、書籍請取、如左。取扱市野俊蔵。

番附ハ今度御払ニ付キ改メ貼シタルナリ

七拾壱番　拾五匁八分（弐割添十八匁九分六厘）　医書類（十八部三十八冊）

七十八番　五匁（弐割添六匁）　年中行事故実考十冊

百三拾壱番　廿五匁八分（弐割添三拾匁九分五厘）

小学集成［朝鮮本］六冊、家礼大全［朝鮮本］一冊、小学全書　一冊　、近思録［朝鮮本］四冊、呂氏郷約［朝鮮本］一冊、入学図説［朝鮮本］一冊、延平問答［朝鮮本］一冊、伊洛淵源録［朝鮮本］四冊

百四拾番　五匁（弐割添六匁）

文章軌範［朝鮮本］二冊、居家必用　三冊、靖節集［朝鮮本］一冊、魯斎全書［朝鮮本］一冊

百七拾壱番　三拾三匁（同三拾八匁六分）

四書大全　廿冊

百九拾四番　十五匁一分（同十八匁弐厘）

博古図　十冊、貞観政要　六冊、帝範　一冊、臣軌　一冊

二百八番十一匁（同十三匁弐分）

君臣図像　二冊、同　零本　一冊、孔子聖蹟図　二冊

二百十八番　廿五匁八分（同三十匁九分六厘）

三才図会　六十冊

二百四十二番　十五匁八分（同十八匁九分六厘）

大明一統誌　廿五冊

○〆百五拾弐匁三分

弐割添　百八拾弐匁三分

百六十五番（五匁五分△弐割添六匁六分）　菅家文草　五冊

○△

二〆百五拾七匁八分

弐割添

百八拾九匁三分六厘

此金三両弐朱ト壱匁八分六厘

内弐両　忠陳出

内壱両　得一出

弐朱ト一匁八分六厘

右ハ元向御屋敷御文庫ニ蔵ラレタル書ナリ、旧目録ヲ按ズルニ如左。

駿河御譲

東照宮駿府ニ在時、御文庫ニ蔵シタマヘル書也、薨後コレヲ四分シテ将軍家ト尾紀水ノ三藩ニ頒タレタル書ニテ、最モ宝重スベキモノ也、朝鮮本ノ如キハ文禄慶長年間征伐ノ時、取来リタル也ト云。

東四十二番　家礼大全　朝鮮板一冊（嘉靖癸亥開刊）　小学集成　同活字板

六冊　巻扉ニ隆慶三年内賜ノ記アリ　巻首ニ朱印アリ
東四十三番　小学全冊（書カ）　唐本　二冊、入学図説　朝鮮板
一冊、伊洛淵源録　同　四冊　表題松平君山、近思録　同
四冊　正徳十四年刊、同　同上、呂氏郷約　同　一冊　朝鮮
カナ入　巻扉万暦二年内賜ノ記アリ　巻首ニ朱印アリ、延平
問答　同　二冊　表題松平君山
東六十九番　文章軌範　朝鮮版　二冊　表題松平君山
東七十一番　靖節集　同　一冊
東七十二番　魯斎全書　同　一冊　全七巻ノ内、三巻迄、四巻以
下欠。
東七十六番　居家必用　唐本　三冊

敬公御代御所蔵
東百二十三番　菅家文草　写本　五冊
東百九十八番　帝範　写本　一冊、臣軌　同　一冊、貞観政要
活字和板　六冊　表題松平君山、博古図　唐本　十冊
東二百四十九番　孔子聖蹟図　和板　二冊
東二百五十番　君臣図像　活字板　二冊、同零本下　同　一冊
朱裱
東三百一番　三才図画（会）　唐本　六冊
東百三十八番百四十番　未詳、四書大全　唐本　廿冊

戴公御代
西二百四十二番　年中行事故実考　写本　十冊　松平君山編序自
筆　表題自筆

内庫御所蔵
箋云唐拾弐番　大明一統志　唐本　廿五冊
三才図会　近世新渡ノ書ハ板行明鮮ナレドモ、世俗ノコノ
ム像ナドヲ入、古ノ語ヲ抜去ルコト不少、古本ヨリ遙ニ劣
レリ、世人不知シテ新渡ヲ貴、可考験。
不器随筆

西御文庫之内
円覚公御代所蔵
梅花無尽蔵　写本　三冊、同同　八冊、同同　三冊、弁
証配剤　慶長古本　同　三冊、丹溪心法　日夜朝暮　同　四冊、管蠡
備急方　同　三冊、備急配剤渇井要法　同　二冊、玄朔療治集
同　一冊、脉諸説集　同　一冊、診脉提要　板本　一冊、
十二経絡臓腑大成薬性賦　写本　一冊、回春要標　同　一冊、
救急易方　同　一冊、呉球用薬玄機　同　二冊、生々論　同
一冊、鶴皐山人脉語　同　一冊、易簡方論　同　一冊、試験
良方　唐本　一冊
陳、往年、向御屋敷の御文庫に出役して、御晒書の事を勤めし時

は、御書物奉行・調役・手代・雑使（御中間）等ありて、御晒書は年々六月に始り十一月に終るを例とし、御譲の御書物に於て、別して恭敬奉持して出納せしが、忽然世移り時変りて、これを商人の手に附せらる丶事、実に痛哭に堪ざる也。貧究もとより力なければ、其内少しばかりを申請て敬重珍襲するのみ。
このたび売下し給へるは
元向御屋敷御文庫
奥御文庫の書
市谷御文庫之書
右三ヶ所の書を合せて重複或は当時に遠き書を売下し給ふといふ。（市谷の書は、此御屋敷引渡の時、不残尾に収めらる丶也）

　第二回は、要斎が百八拾九匁三分六厘、即ち三両弐朱と壱匁八分六厘で上記書を購入している。上記の如くその内二両は要斎が出し、男得一が一両を出している。その余の弐朱と壱匁八分六厘は、要斎が出したのであろうか。細野一得は要斎長子で、通称得一 号栗斎、天保七年（一八三六）生、明治三十年（一八九七）に卒している。要斎父細野仙之右衛門忠明は老いて子無きを憂え、文化五年（一八〇八）十月九日隠居に際し、妻山岡氏の縁家山岡只左衛門の第三子竹三郎（後に忠如）十五歳を養子として迎え、家督を譲った。その後妻山岡氏が没し、忠明は三十歳以上の年齢差のある山高氏を再娶した。山高氏は文化八年（一八一一）三月十五日要斎を生んだが、産後の肥立ちが悪く四月二十四日十九歳で卒した。要斎は忠明嫡子でありながらも部屋住みの身となり、嘉永二年（一八四九）八月二十八日忠如が五十二歳で没し、三十九歳にして始めて家督を継いだ。要斎は安政四年（一八五七）十一月明倫堂典籍を以って四十七歳で致仕に及んだが、家督を長子得一に譲らず、竹三郎忠如男勇吉三十二歳を養子として迎えた上で、家督を譲っている。長子得一に譲らなかったのは、忠如が養子として細野家に入り、同家を安堵してくれた恩に報いるものとして、要斎の道学者としての義理堅さを物語るものとされる。要斎致仕の理由は、生涯それで苦しんだ痔疾かと推量されている。

　第二回の記事冒頭の明治五年壬申七月二十八日は、代金を支払って書籍を受け取った日である。下記の第四回では十月二十日に入札、同二十八日に開札、十一月二日に受け取っているので、第二回は七月十五日頃に入札、二十三、四日頃に開札、そして二十八日に受け取りと言うような運びであったと思われる。冒頭に「番附ハ今度御払ニ付キ改メ貼シタルナリ」とあり、箱番号は此の度の御払に際して付したという。支払い金額の後に「旧目録ヲ按ズルニ如左」とあり、諸書の箱番号が記されている。この番号は前述の如く、要斎が師深田香実の命を承けて官庫を閲覧し、『秘書一覧』を編した時に確認したものであろう。

　ただこの箱番号は御譲本時のそれとも異なり、ある時期に蔵書の整理が行われ、箱番号の移動が行われたと思われる。この御払時に付された箱番号は四回を通じてみると、一番から二四二番に及んでいる。御払が一箱につき一部一冊から十八部三十八冊に及ぶこともあるが、すべての箱につき払い出されている訳ではない。

　上記の中で要斎は駿河御譲本について、家康が駿府御文庫に蔵せし書で、薨りし後は四分して江戸の将軍家と尾張・紀州・水戸の三藩の頒たれ、朝鮮本は文禄慶長年間朝鮮から取り来たったものと云う。また往年向御屋敷御文庫の毎年六月に始まり十一月に終わる晒書に携わった時には、御書物奉行・調役・手代・雑使などがおり、特に御譲本は恭敬奉持したものであったが、俄に世移り時変りて商人の手に付されることを痛哭に堪えずと慨嘆している。また貧究にして力は無いが、幾許かを買い受けて敬重珍襲すると述べている。

此の度の御払本は、元向御屋敷御文庫蔵書・奥御文庫蔵書・市谷御文庫蔵書であり、向御屋敷は既に無く、市谷御文庫は江戸市谷にあった御文庫と思われるが、同屋敷引渡しの際に書籍は残らず尾張に移し収めたと云う。上記によれば、三文庫以外にも「内庫御文庫・西御文庫」本があり、蒐書の時期についても「敬公（初代義直公）・戴公（八代宗勝公）・円覚公（四代吉通公の生母、お福の方）」所蒐本が混在する。又御払本は上記三文庫の重複本或いは文明開化の当時に不要な書を払い出されたものと云う。

（3）第三回

壬申九月十三日、三度目御払書籍申請。

七番　廿八匁 二割添 三拾三匁六分

周易大全　唐本　八冊、礼記大全　唐本　八冊、大学或問

写本　一冊、中庸或問　同　二冊、孟子大文　朝鮮板　二冊

八番　廿三匁 同 廿七匁六分

魏鄭公諫録　朝鮮板　二冊、李太白集　同　十冊、欧蘇手簡

同　一冊、古文真宝抄　永正写本　二冊

六十四番　弐百四拾五匁 同 弐百九拾四匁

白紙官本

通鑑綱目 唐本 二箱 百八冊

百四拾一番　二十八匁五分 同 三十四匁二分

大学衍義　和板　二十冊、四書序考　同　四冊

弐百九番　十五匁 同 十八匁

旧神村源助蔵本　十炷香記已下　雑書図類多数

別記詳之

弐百廿八番　五十匁 同 六十匁

旧神村源助蔵本

図類多数

諸国図類、古戦場図、諸国城図、巻物類

別記詳之

通計六両壱分十四匁五分

弐割添七両三分弐匁四分

(附箋)

御小納戸留帳　抄写

天明元年丑十二月

一神村源助遺書、仍御用御引揚、町医師

堀俊蔵へ銀三拾枚被下候事

○右旧記号、如左。

駿河御譲

東十九番之内　周易大全　唐本　八冊

同二十一番ノ内
礼記大全　唐本　八冊、大学或問　写本　一冊、孟子大文
朝鮮本　二冊、中庸或問　写本　一冊
東三十八番ノ内
魏鄭公諫録　朝鮮本　二冊、欧蘇手簡　同　一冊、李太白集
同　十冊、古文真宝抄　永正写本　二冊
御時代不知
西百七十五番上下
官本白紙通鑑綱目　官本百八冊二箱
同庫
大学衍義　和板廿冊、四書序考　同　四冊、十炷香記已下
旧神村蔵書　図類多品　同上

第三回では、要斎は同上年九月十三日に書代通計六両壱分十四匁五分に仲介人の手数料二割を乗せて七両三分弐匁四分を支払い、書籍を受領している。今回は恐らく八月末か九月初に入札が行われたのであろう。今回は書代が嵩んでいるが、それは唐本白紙官本『資治通鑑綱目』二箱一〇八冊が高値だったからである。白綿紙の上乗品であろう。仲介書估名は記されていない。

（4）第四回
壬申十月廿日入札、同廿八日開札、十一月二日請取、四度目御払書籍。
一　三十四番　百匁　漢書評林　唐本　四十冊箱入
一　四十五番　十二匁　伝習録　唐本　三冊、子史　同　十冊
一　六十四番　十五匁　廿二史言行略　同　四十二冊
〆百廿七匁　入札当り　添銀なし
一　壱番　四十匁八分　読書録要話　朝鮮本　一冊、昌黎文集
同　十五冊　箱入
壱割添四十四匁八分四厘
一　七十九番　十五匁五分　乾隆四庫総目　和版　六冊、世統
新語補　同　九冊　三一冊欠
壱割添十七匁五厘
一　弐百六番　八匁五分　草山集　松平君山　写本　三冊、海
国兵談　写本　四冊
壱割添九匁三分五厘
視聴実記　同　六冊、燃犀録　同　一冊、孤峯茗話
同　一冊
右価金　市野清へ交附
一　百四十七番　拾六匁　壱割添拾八匁弐分六厘
諸生規矩　蟹先生献本　一冊、諸生階級　一冊、梅松論
写本　三冊、
天工開物　同　六冊、本朝無題詩　同　四冊、姫陽陰語
同　一冊、兼好法師伝考　同　一冊、二川分流　同
二冊、赤松記　同　一冊、蠡海雑記　同　二一冊、時
刻考　小本写　一冊
右は林品美より伝買

一五夊　唐帝御筆孝経　和板　三冊
右は某々へ売たるを高取六太郎を介として伝買之

右ヲ官庫書目旧本ニ依テ次序ヲナス、如左。

駿河御譲
東二十八番　漢書評林　唐本　四十冊　箱入蓋題書名朱漆
同
東四十三番　読書録要話　朝鮮活字版　一冊
同
東五十七番　昌徳（黎）文集外集附　朝鮮板　十五冊　箱入
敬公
東二百八十一番　伝習録　唐本　三冊
同
東二百八十二番　子史　唐本　十冊
内庫
唐本五十二番ノ内　二十二史言行略　唐本　四十二冊
坤十七番　海国兵談　松平君山　手写　四冊、草山集　同　手写　三冊、視聴実記　写本　六冊、孤峯茗話　乾同　一冊、燃犀録　同　一冊
六十八番之内　乾隆四庫総目　官蔵和板　六冊、世説新語補和板　九冊　三欠

右壬申十一月二日買之。

内庫
諸生規矩　養斎先生自筆　一冊、諸生階級　同上　一冊、梅松論　写本　三冊、天工開物　唐本　写本　六冊、本朝無題詩　写本　四冊
三十九番之内　姫陽隠語　同　一冊、兼好法師伝考　同　一冊、二川分流　同　二冊、赤松記　同　二冊
三十九番之内　蠡海雑録　同　半紙　二冊、時刻考　同　小本一冊

右介林品美而買

唐帝御筆孝経　和板　三冊

右介高取直温而買

追加甲戌春買之於書肆松花堂
瑞龍公
西七十五番　六家文選　唐本　三十二冊

第四回は同年十月二十日入札、二十八日開札、十一月二日に書代を支払って上記書を受け取っている。これまでは仲介人を通じて「添銀」、つまり仲介人への手数料二割を支払っているが、今回は全て一割であり、これはよいお得意先であるために一割に割り引いてもらったのであろうか。また「入札当り　添銀なし」とあるのは、何の謂であろうか。購買希望者が幾人もある場合には、仲介人がその按配をするため二割の手数料が要り、他に希望者がない場合には「入札当り」となって、添銀が不要であったのではなかろうか。上記には御払本の

直接購入のみならず、「林品美より伝買」、つまり一旦林の手に落ちた御払本を再び買い入れたものや、某人の所有に帰した書を高取六太郎を通じて購入したものをも著録する。御払本の仲介者は市野清（上記では靖）である。更にその後に林品美・高取直温（上記高取六太郎と同一人物か）や書肆松花堂からの買い入れた書も追録している。

御払は以上の四回で終わっている。その後に日を改めてと思われるが、以下のごとき記述がある。

記駿城遺書後

此往昔東照公蔵于駿河城之書、而薨後頒吾先君敬公者也、此時、分遺書為四、一蔵之大府、余分諸尾紀水三藩云 如其韓本則豊公征韓之役所収云、今茲壬申夏冬之際、使家従下売其複本、余乃呈価而獲之、子々孫々須敬重保護也、至嘱々々。

明治五年壬申十一月　細野忠陳謹識

ここには第二回条にあったように、御譲本は家康薨去後江戸・尾張・紀州・水戸に四分割され、朝鮮本は秀吉征韓時の将来本であると述べた後、明治五年の夏から冬にかけて家従、この場合は男得一と思われるが、得一に重複本を売却せしめ、その価をも得て上記書を購入したのである。嘗て崇尊する師深田香実の命を奉じて官庫を詳査し、秘書の大意を鈔写して『秘書一覧』を撰し、また主君尊崇の念の人一倍厚かった要斎にとって、官庫秘書の散逸は身の切られる様な思いであったに違いない。子孫に購入書の敬重保護を嘱しているが、それも結局は報いられなかったようである。

四　御払の後

御払後の翌明治六年三月には、要斎にとって更に痛ましいことが起こっている。即ち、

明治六年三月、旧君邸焚棄先公遺書数匣、林品美与其事、収燼而獲数十幅、因竊頌之余如左。三月十三日夜携来

敬公（義直）親墨　二幅

至聖文宣王　先師兗国公

瑞龍公（二代光友）親墨

消息文　布目紙金模様　四幀

泰心公（三代綱誠）親墨

呈瑞龍公書三通　大奉書二つ折

水戸綱條卿親墨

贈瑞龍公書　一通　同上

山桜画　帛地横幅　一幅

自画自詠　好□子（一字難読）

これもたれかへさわすれん山ざくら

花をあるじと春はとひきて

弾正大弼勝当高須侯奉賀明公四十寿誕五律一首　朱紙（勝当第七子、明公弟戴公也、嗣高須侯）

此一幅　三月十八日正盈携来　正盈、品美之子

とあり、藩祖義直公以下の親筆数匣が義宜公の旧邸で焚棄されてい

る。幸いその事に林品美が与っていたため数十幅を救い出し、三月十三日の夜要斎宅に持ち来たっている。世の有為転変の無常さに要斎の胸中如何ばかりであったであろうか。十八日品美男正盈の携え来たった詩幅ともども購入したのであろう。

また明治十年（一八七七）六月の記事に、

書估秋田屋源助、伊勢の某所にて一庫の書を尽く買ふ。已に尾に運輸し、自己の宅と、長者町の内紅葉屋某の隠宅（紅葉屋本町也、某背の宅、長者町に口あり）を借りてこれを置、六月三日、同業の書估を集めて分売す。（セリと通称す）

其前日（六月二日）書を点検する時、山口俊一より告るにより、得一をして往て一観せしむ。得一、其中に就て聊か撰み出して、奇書とおもふを買て携帰る。（多数の書、席上に堆く積みて観る事能はず、猶珍奇の書あるべし、遺憾なりという）其目如左。

中庸集略　朝鮮本二冊（横六寸二分弱　竪一尺一分）　殻面ニ

白紙

津西荘文庫　……朱印

コレヲ貼ス

巻扉ニ

嘉靖二十七年十二月　日

内賜漢城府右尹羅世纘、中庸集略一件命除謝

恩　　左副承旨臣元花押

爾雅注疏　朝鮮本（横七寸一分強　竪一尺八分）　四冊　殻面　西荘文庫の貼紙同前。

表題及表紙に目録あり、皆鮮人の書。

心経附注　朝鮮本二冊　此紙、中国紙なり。（殻面貼紙無し）（横三寸三分弱、竪一尺一寸七分弱。）

自省録　一冊　和紙に搨たり、板は明版なるかと疑ふ、殻面、西荘文庫の貼紙同前。（横七寸一分、竪一尺五分。）　巻尾に　万暦十三年乙酉冬羅州牧開刊。

百丈清規　和板四冊（横七寸六分弱　竪一尺九分）　宋版を翻刻したるか。但、元人跋の前に我朝文和丙申王春真如明千の小跋、法橋永尊雕開と刻す。此小跋、白字に刻す。

巻尾　惟時寛永第六己巳孟夏甲子

於二条玉屋町村上平楽寺雕開　　殻面貼紙同前。

雲門録　和板三冊渋表紙（横七寸弱　竪九寸八分）

巻首に即宗院の朱印を捺す、殻面貼紙同前。

巻尾　慶長癸丑歳仲春月洛陽　宗鉄重刊。

李白文集　朝鮮本一冊　殻面貼紙同前、殻面は渋表紙に換えたる也。此本、詩集と合刻、先年官庫売却の内にありて買得たると同本也。

小学句読　和版　梓行年月なし、極上紙、寛永・正保頃の板なるべし、殻面貼紙同。

日本風土記　写本四冊　巻尾に年月写手の記等なし、全浙兵制の附録也、全浙兵制は除て日本風土記のみを写したる也。

幡州赤穂忠臣無二大石記細書始末　一冊

表紙に題すること如右、巻中には武家明鏡大石物語と題し、一巻毎に目録を附く、凡そ五巻なり、一冊とす。巻尾に

右此本は秘書たりと申せども、大忠臣末世に至て、武士たるもの、手本にも成可申、為書写置者也。

于時元禄十六癸未歳三月上旬　鍬山氏

とある。名古屋の書估秋田屋源助が伊勢某所から一庫の書を買い来て、六月三日同業者を集めて競りにかけるに際し、前日群書を点検すると山口俊一（同じく書估か）から連絡があり、得一を観覧に遣った。得一は山積する群書を総て見ることができなかったが、奇書と思われるものを買い来った。それが上記書で、朝鮮本をも含み、流石に要斎の趣向をよく体していると思われる。朝鮮本としては『中庸集略』『爾雅注疏』『心経附注』『李白文集』があり、いずれも十五・十六世紀刊本と思われる。『自省録』には版種が記されず、朝鮮本或いは羅州刊本を覆した和刻本のいずれかであろう。上記書の内三部に「西荘文庫」印が押されているが、これは伊勢松阪の豪商で蒐書家であった小津桂窓（一八〇四―一八五八）の旧蔵書で、この時に小津家から手放されたことが判る。

五　結語

以上御譲本を含む蓬左文庫本の御払は、明治五年壬申（一八七二）六月から十月末にかけて四回行われた。その実態に就いては未詳であったが、幸いにも細野要斎の『感興漫筆』等に、具体的な日時・購入書・書価・仲介人等が記されている。忠臣要斎にとっては、歴代蒐集と御書物奉行をおいての保存に心を砕いてきた御文庫の書籍が一朝にして書估の手に委ねられ、剰え旧藩主諸公の親筆が焚棄されるに至り、その心中は察するに余りある。御払に際しては、要斎自身所有の重複本を売却して元手を捻出し、その散逸を止めようとする意図があったと思われるが、購入に努めた。従来朝鮮本に関心があったが、その際も朝鮮本を積極的に求めている。

要斎が手に入れた御譲本中の朝鮮本は、『魯斎全集』（魯斎全書）一冊・『呂氏郷約』（活字板）一冊・『入学図説』一冊・『読書要語』（薛文清公読書要語）一冊・『欧蘇手簡』一冊・『靖節集』（箋註靖節先生集）一冊・『魏鄭公諫録』二冊・『家礼』（家礼大全）一冊・『文章軌範』二冊・『近思録』四冊・『延平答問』（延平李先生師弟子答問）二冊・『昌黎集』（朱文公校昌黎先生文集）十五冊・『太白集』（活字板）（分類補註李太白詩）十冊・『小学』（活字板）（諸儒標題注疏小学集成）六冊・『孟子大文』二冊の十五部五十冊である。『天保目録』には御払とないが、第二回で『伊洛淵源録』二冊を購入している。それ以外にも『感興漫筆』によれば上記の如く、『三韻通考』一冊（御譲本と同版）・『小学集説』四冊・『古文真宝』三冊・『礼記集説』十冊（闕二冊）・『中庸集略』二冊・『爾雅注疏』四冊・『心経附注』二冊・『李白文集』一冊（御譲本と同版、十冊の誤謬か）を購入している。

御文庫本御払の理由であるが、『感興漫筆』には「重複或いは当時に遠き書」故としている。しかし上記御払朝鮮本や唐本を考察するに、唯一本の場合がかなり見受けられ、重複といっても和刻本を残し

ていることが多い。従ってこの重複本というのは、厳密な意味での同版ではないのである。また「当時に遠き書」、即ち時流に合わないというのは、全てについて言い得るであろう。川瀬博士が不審を抱かれるのは、首肯される。御払朝鮮本の行方については、筆者は四十年余に亙る調査で発見したものもあるが、今回は紙数の都合で言及できず、機会を改めたい。

筆者は昭和五十年代初、蓬左文庫が東区図書館二階にあった頃に調査に伺った。その頃は文庫主事、やがて退職して嘱託になられた織茂三郎先生がいらっしゃり、何かと御教示に与った。平生は筒型の肘当てをした事務服を召し、机に向かって黙々と調査や事務に励んでおられた。寡黙でいらっしゃり、判らぬことをお伺いすると、ぼそぼそと小声でお分かりのこととそうでないことを区別してお教えくださった。三時にお茶をふるまわれる時にもお言葉は少なかったが、研究者に対する暖かいお気持ちはひしひしと感じられた。故金城学院大学杉浦豊治教授には文庫で一度だけお目にかかったことがある。太り気味で小柄、赤いチェック柄のシャツに吊りズボン、いかにもダンディで、快活なお方であった。懐かしい思い出である。蟹江和子氏や山本裕子氏にもお世話になった。『感興漫筆』は嘗て過眼したが、新たに白井順氏から拝借し、疎漏を補うことができた。拙稿を草するに際して、蓬左文庫桐原千文文庫長から御譲本目録の写真焼付けを戴いた。また平成二十二年十一月愛知県立大学遠山一郎教授から本書への寄稿をお誘い頂いた。このような機会を賜ったことを大層光栄に存じている。以上の方々に謹んで深謝申し上げる。

注

＊1　川瀬一馬「駿河御譲本の研究」(『書誌学』通巻第一六号、一九三四・一〇)

＊2　川瀬一馬『日本書誌学之研究』(講談社、一九七一)

＊3　小野則秋『日本文庫史』(教育図書株式会社、一九四二)

＊4　名古屋市教育委員会編『感興漫筆上・中・下ノ一至二』(名古屋市教育委員会、名古屋叢書第一九至二一巻、随筆篇(二至五)、一九六〇—一九六二)、名古屋市教育委員会編『律の滴　諸家雑談・家事雑識』(名古屋市教育委員会、名古屋叢書三編第一二巻、一九八二)、市橋鐸『細野要斎年譜』(名古屋市文化財調査保存委員会、文化財叢書第三三号、一九六三)

This research was supported by an Academy of Korean Studies Grant funded by the Korean Government (MEST) (AKS-2011-AAA-2101)

尾張徳川家の能楽
―式楽定型化の実相―

林　和利
はやし・かずとし

はじめに

尾張徳川家において能楽が盛んであったことはよく知られている。その象徴は徳川美術館に所蔵されている能面・狂言面・能装束・狂言装束に見られる名品の数々である。それらは尾張徳川家に伝来した逸品であり、江戸時代に藩主自身や家臣、召し抱えの役者たちが実際に着用したはずの物なのである。

尾張徳川家伝来の能面は百二十六面、狂言面は三十面が所蔵されているが、その中には、伝説的な能面作者、日光や越智吉舟の作と伝えられる室町時代の面や、是閑吉満、友閑満庸、河内大掾家重など名人の作品も含まれており、質の高さが注目される。

また、尾張徳川家において召し抱えのシテ方が四流並存という状況は他藩に例を見ないことであり、いかに能楽が重視されていたかを示してあまりあると言えよう。

最初に召し抱えられたのは金春流大夫分家筋にあたる金春八左衛門家だった。以来、同家は尾張藩のシテ方筆頭として後代まで尾張徳川家に仕えている。

宝生流の召し抱えは、本来金春流だった田中半平が、藩主吉通の命によって宝生流に転向させられたのが契機である。将軍綱吉の宝生流贔屓に合わせたものと言われるが、以来、尾張藩では金春流と宝生流が同格となった。

さらに、江戸中期に金剛流の寺田左門治が召し抱えられ、文政十一年（一八二八）には観世流木下正三郎も抱えられて、尾張藩には四流が揃う形になった。

シテ方以外の諸役も複数の流儀が仕えている。ワキ方は進藤・高安・春藤の三流、笛は藤田・平岩の二流、小鼓は幸清・観世の二流、大鼓は大倉・石井・観世の三流、太鼓は金春・観世の二流が存在していたというのが尾張藩の実態である。

能楽は江戸時代、武家の式楽すなわち儀式芸能であったが、それは江戸城で毎年正月に謡初が催されたことに始まるとするのが通説である。また、将軍が大名の屋敷を訪問するいわゆる「御成り」に際して「後宴能」が催されたことも、各藩に式楽として能楽が定着する契機になったらしい。

　しかし、各藩における能楽式楽定型化の具体的な過程は、いまだ充分に解明されているとは言いがたい。その実相の一端を、尾張徳川家を例にとって垣間見るというのが本稿のねらいである。

一　上演曲数の実態

　式楽としての能楽の典型的上演形態として念頭に浮かぶのが「翁付き五番立て」という形式である。すなわち、儀式的な翁を最初において能五番を上演するという形態であり、それが本来の正式な演能形態と考えられている。江戸の式楽に由来するものとしてほぼ常識化していると言ってよい。

　しかし、それが江戸時代の最初からそういう形だったわけではなく、常にその形式だったわけでもない。それが尾張徳川家ではどうであったのかという実態を解明してみたい。

　まず、本題に入る前提として、能楽界の一般的通念を確認しておく。『演劇百科大事典』（平凡社、一九六〇）の「五番立」の項では次のように説明されている。


　能の正式の演奏形式。神・男・女・狂・鬼、すなわち初番目に脇能（神能）、二番目に修羅能、三番目に鬘能、四番目に雑能、五番目に鬼畜能の順序に五番の能を演奏するのを五番立という。序・破・急の演出理念にもとづく配列である。特別な催能には最初に「翁」をおき、最後に祝言能を添えて七番とする。普通の能では祝言能のかわりに祝言小謡を地謡がうたって終ることがあり、これを付祝言という。五番立は世阿弥時代からの慣例で、江戸時代の初期に確立し、明治ごろまで行われていたが、今日は時間その他の関係で、特別な催のほかに（ママ）二番立・三番立が通例となっている。

（佐藤鉄弥）


　五番の能に「翁」と祝言能を加えると七番になるといい、五番立ては江戸初期に確立したが、その慣例は世阿弥時代からあったという。

　また、『能・狂言事典』（平凡社、一九八七）の「能」の項には、次のような説明がある。


　一日の公演に演ずる能の数は、南北朝時代までは四〜五演目にすぎなかったが、その後増加の道をたどり、室町時代中期から桃山時代にかけては七番から一二番ぐらいの例が多く、一日一七番という例さえ見られる。それが江戸時代になると、式楽として四座一流に平等に割りふるという理由もあってか、一日五番の五番立が正式の番組となった。この五番立の番組編成のために、各演目は脇能物（初番目物）から五番目物までの五曲籍に配された。

（横道萬里雄）


　五番立ては曲籍成立の前提になっているという説明である。

　五番立ての成立に関して、『徳川実記』に記された番組記録からその実態を解明したのは、長尾晃雄「五番立の成立―主として演能記録から―」(『芸能史研究』十三、一九六六・四)である。その結論は、次のようにまとめられている。

…要するに、寛永末年に公式の演能から生まれた翁祝言付四番立は当時標準型と考えられ、幕府の公式能においては幕末まで踏襲されてきた。また祝言を含めて五番と考えられ、非公式の演能においては祝言のかわりにいま一番あって附祝言になることもあった。その性格は極めて儀式性、祝言性が濃いものであり、後述するように、現在の五番立成立の母胎としての意味をもっていたのである。

祝言能を含めて五番(「翁」を加えると六番)という解釈は、『演劇百科大事典』の「翁」を加えて「七番」という説明と食い違うが、五番立て成立期の事情としては長尾氏の判断が正しいようである。

五番立て成立の問題を継承し、「古之御能組」(宮城県立図書館蔵)などを含めてさらに多くの番組記録を集計し、しかも上演曲数の経年推移を見ることによって詳しく分析したのが、池田晃一「江戸初期の狂言界―演能記録よりみて―」(『能―研究と評論』七、一九七七・八)である。その池田氏も、

長尾氏が指摘される通り、その後幕末まで踏襲される翁付五番立が寛永末年を境に確立される。

と同じ結論に達している。寛永の末年とは一六四二~四年のことである。

では尾張徳川家においてもそうであったのかどうかという問題であるが、結論から言うと、そうとは言いがたい実態が浮かび上がった。

尾張徳川家の演能記録のよく整ったものは、尾張藩笛方能楽師だった藤田家の記録「御能御囃子留」(藤田六郎兵衛氏蔵)と、同じく大鼓方だった大倉七左衛門家の「能囃子組」(大倉三忠氏蔵)である。これらの記録を丹念に読解整理して一覧にしたのが、山川暁氏の諸論考、すなわち次の三点である。

「尾張徳川家演能の研究(一)藤田家蔵「御能御囃子留」について」(金鯱叢書二十二、平成七・十)

「尾張徳川家演能の研究(二)大倉七左衛門家蔵「能囃子組」にみる尾張徳川家の演能―二代光友・三代綱誠の時代―」(金鯱叢書二十四、平成十・一)

「尾張徳川家演能の研究(三)大倉七左衛門家蔵「能囃子組」にみる尾張徳川家の演能―四代吉通・五代五郎太の時代―」(金鯱叢書二十六、平成十一・八)

以下は、その一覧に基づいた分析である。

寛永期の記録はないが、それより約四十年~百二十年後にあたる天和元年(一六八一)~明和五年(一七六八)の番組のうち、「翁付き」の三十七例に絞って集計した結果は、次のようになった。ただし、番数は、「翁」を除き祝言能を加えた数字である。

翁付き十一番……一回
同　九番……一回
同　七番……八回
同　六番……四回
同　五番…十六回

同　　三番……七回

確かに五番立てが圧倒的に多く、それが典型的な形であることは疑いない。幕府の例に倣う傾向が見て取れる。しかし、七番や三番がけっして少ないとは言えない回数であり、六番という事例も複数あれば、十一番や九番さえ皆無ではないのである。

池田氏前掲稿によれば、慶長年間から確実に番数が減少していく傾向の中で、すでに寛永末年（一六四二〜四四）の時点で十一番や九番という上演形態は皆無に近い状況になっている（一回だけ十一番の例がある）。また、七番は五番の半数でほぼ同じ結果だが、六番や三番は池田稿集計では極端に少なく、どちらも五番立ての十五分の一程度である。明らかに幕府周辺の演能状況とは異なった結果となった。

とりわけ注目すべきは、元禄三年（一六九〇）八月十八日、名古屋城表舞台において光友の権大納言任官を祝って催された「御家中惣拝見」の「祝儀能」である。このとき上演されたのは、「翁」に続いて「高砂」「箙」「野々宮」「鐘馗」「三井寺」「三輪」「自然居士」「鞍馬天狗」「猩々乱」の能九番と、「麻生」「粟田口」「才宝」「釣狐」「千切木」の狂言五番だった。藩主の任官祝賀の演能という典型的な式楽上演においても、この番組立てなのである。

ちなみに、同じ趣旨で「御役人方御組衆不残拝見」として催された二日目の演能は能九番狂言五番で「翁」は付いていない。三日目同趣旨の「二の御丸様女中方拝見」は能十番狂言五番でやはり「翁」は付いていない。

以上の結果から、江戸時代の武家式楽の正式な上演形態は必ず「翁」を付けて五番上演されたとする固定観念は改めなくてはならないことが判明した。

また狂言の曲数は次のような結果であった。

六番……二回
五番……五回
四番……四回
三番…十二回
二番……七回
一番……七回

三番が最も多いとは言え、それが定番とも言えず、むしろ時に応じて変化すると考えたほうがよい。

『徳川実記』の集計に基づく長尾氏の分析結果によれば、「狂言は当初三番であったが、天和元年の演能からは二番になる」という。元和元年は一六一五年である。以来幕末まで「翁付き五番立て」における狂言の番数は二番だったとするのが常識のようだが、尾張藩においてはそれとは全く異なる状況であることが判明した。

では、逆に、なぜ江戸城では狂言二番という形が早くに成立したのか。一つの仮説として、幕府召し抱えの流儀が大蔵と鷺の二流だったからという考え方が可能であろう。両流に一番ずつ演じさせるという便宜的な配曲意識によるとする推定である。

実は、幕府主催の能が五番立てで定着したのも、シテ方が五流であったことによるとする説がある。前掲『能・狂言事典』でも「式楽として四座一流に平等に割りふるという理由もあってか……」と述べられていたが、この説の早い例は、『謡曲名作集』新註国文学叢書（講談社、一九五〇〜五一）における川瀬一馬氏の解説である。

五番立というのは幕府に於ける正式能が四座一流の太夫五人で各一番宛の所演が五番である点から、慣習的に五番組織を規定するに至ったものと推定せられるのであって……。

尾張藩では元禄期になっても狂言が二番に定着していないのに、幕府周辺では江戸初期に二番に定着したのは、この説の裏づけになるのではないか。少なくとも再考したくなる結果である。

二　曲目別上演頻度

上演頻度の多い曲、すなわち尾張徳川家の武家式楽として好まれた演目も気になるところである。

これに関しては、前掲山川稿に基づき、式楽形成期になるべく近い天和元年（一六八一）〜元禄五年（一六九二）の記録に限定して集計した。また、能として上演されたもののみならず、その略式演奏形態である「囃子」（仕舞・舞囃子）も含め、曲名の判明するものはすべて集計の対象とした。

その結果、上位は次のとおりとなった。

七十七回……猩々（乱を含む）
四十七回……高砂
四十二回……龍田
四十一回……東北・三輪
二十九回……采女
二十三回……芭蕉・芦刈（笠ノ段を含む）
二十回　……江口・老松
十九回　……箙
十六回　……杜若・熊坂

現代の演能における頻出曲、人気曲とはおよそ異なる結果である。

このうち「猩々」と「高砂」が多いのは、式楽における祝言性重視の反映と思われ、いかにもという結果である。「猩々」は不老不死、百薬の長である酒の効用を讃えるのが主題であり、「高砂」は長寿と夫婦愛を賛美し、松のめでたさを説く曲だからである。それにしても、番組の最後に上演される「祝言」に「猩々」をあてるのが圧倒的に多いという事実は、現代の同曲に対する認識評価からはやや意外であった。

これ以外の曲が多い理由については、少し分析的解釈が必要であろう。

全体を通じて言えるのは、神仏に関わる曲が目立つことである。「龍田」は後シテが龍田姫の神であり、神楽を見せる。「三輪」も後シテが三輪明神であり、天照大神岩戸隠れの神話を語って神楽を舞う。「東北」は和泉式部が歌舞の菩薩であるとする。「采女」は春日明神の縁起を語り、法華経の徳を讃える。「芭蕉」も法華経の功徳を説き、草木が成仏するのは「杜若」も同様。「江口」のシテは普賢菩薩の化現であり、「老松」は北野天満宮のお告げを受ける。

というわけで、神仏に対する信仰心の強かった時代の反映であるとともに、やはり幸福を願う一種の祝言性が含まれていると言えよう。

また、和歌が主題に関わるのが「龍田」「三輪」「東北」「江口」「芦刈」「杜若」である。文芸の主軸として和歌が重視された時代の価値観がよく出ている。

また、「箙」はいわゆる勝ち修羅三番の一つであり、いかにも武家好みの曲である。ちなみに、勝ち修羅の他の二つ、「田村」は十二番で、「屋島」は九番である。特別多いというほどではないものの、そこそこの上演回数を示している。

「熊坂」は義経の武勇譚が好まれたのであろう。

「杜若」は三河八橋が舞台なので、地元がらみの選曲意識が働いた可能性もあろう。

また、現代ではまず上演されない稀曲「稲荷」と「関原与市」が一回ずつ出ていたり、「泉郎」なる由緒不明の曲が四回も上演されている。「泉郎」は、廃曲も含めあらゆる古今の謡曲を収めた丸岡桂『古今謡曲解題』（古今謡曲解題刊行会、一九八四）にも見当たらない演目である。

では狂言はどうであろうか。記された曲目数が能に比べて圧倒的に少ないので、大きな回数にはならなかったが、いちおう上位曲は次のとおり。

六回……いぐい
五回……麻生・朝比奈・釣狐
四回……粟田口・飛越・福の神

「いぐい」と「釣狐」は内容の面白さによるものであって、現代でも人気曲であり、納得できるが、それ以外は現代の頻出曲とは異なるものが並んでいる。

やはり、祝言性ゆえに好まれたかと思われるのは「麻生」と「福の神」である。

「麻生」は、訴訟が有利に落着した麻生の何某は出仕のための服装を調える。烏帽子を受け取りに出かけた下六が帰ってこないので藤六が迎えに行くが、注連縄を飾った家並みに迷わされて、二人とも主人の宿が見分けられない。二人が囃子物で探し始めると、主人も囃子物で答え、めでたく迎え入れるというもので、いかにもめでたさ本位の脇狂言である。しかし、それなら、それこそ脇狂言の代表と言える「末広かり」も多くてよさそうなものなのに、こちらは三回で意外な結果である。

「福の神」は、出雲大社へ年篭りした二人の参詣人の前に福の神が出現し、幸せになる方法を説いて聞かせ、笑って納めるというもの。祝言そのものである。

「朝比奈」は、閻魔よりも強い朝比奈三郎義秀という武士の豪胆さが好まれたのであろう。

「粟田口」は刀にまつわるので好まれたのであろう。粟田口が刀のことだと知らない無知な大名がシテであるが、藩主に対する無礼にはあたらないらしい。

「飛越」が好まれた理由は不審。茶の湯や相撲が出てくるからであろうか。単純で面白みに欠け、現代ではおよそ上演されない曲である。

というわけで、現代人の好みとは大きく乖離した現象が明らかとなった。

三　上演環境

前掲山川稿の（二）と（三）には、それぞれ集計の対象となった期間の演能分類表があって、上演目的の種別統計が示されている。すなわち、次の通りである。

（二）の二代光友と三代綱誠時代の天和元年（一六八一）～元禄十二年（一六九九）の十九年間は、

年中行事……十六回
招請………百十四回
身内………百三回
稽古・披露…百二十九回

また、（三）の四代吉通・五代五郎太時代にあたる元禄十二年～正徳三年（一七一三）の十四年間は、

年中行事……十七回
招請………六十三回
身内………百二十八回
稽古・披露…四十二回

である。これを総合すると、

年中行事……三十三回
招請………百七十七回
身内………二百三十一回
稽古・披露…百七十一回

山川氏の種別基準は次のように説明されている。「年中行事」とは正月三日の謡初を初めとして五節句に伴う演能、「招請」は客人を招いたときのもてなしのための演能、「身内」は親子・夫婦・兄弟間の招請能、あるいは家臣とともに楽しむ気のおけない演能、「稽古・披露」は藩主などが自ら能を演じたもの。

どうやら儀式性の強いものから順に並べられているらしい。式楽を前提に考えると、「年中行事」が少ないのは一見意外に思えるが、能を演じるほどの年中行事はさほど多くないのだから、当然の結果と言える。

それよりも、むしろ「身内」が圧倒的に多いという結果に注目すべきであろう。つまり、頻繁に能を身内で楽しんでいたことを示しており、通常想像される以上に、武家の日常に密着した需要状況だったことがわかるのである。

四　徳川美術館所蔵品からうかがえる実態

徳川美術館の能楽関係所蔵品の主なものは、『徳川美術館蔵品抄9能面・能装束』（徳川美術館、一九九四）と、昭和六十三年に開催された「尾張徳川家　能面・能装束展」の図録によって一覧できる。前者には、能・狂言面百六点、能装束百二十五点。「唐人相撲」の装

【図1】　枝垂桜図鎮扇
（徳川美術館所蔵　©徳川美術館
イメージアーカイブ／DNPartcom）

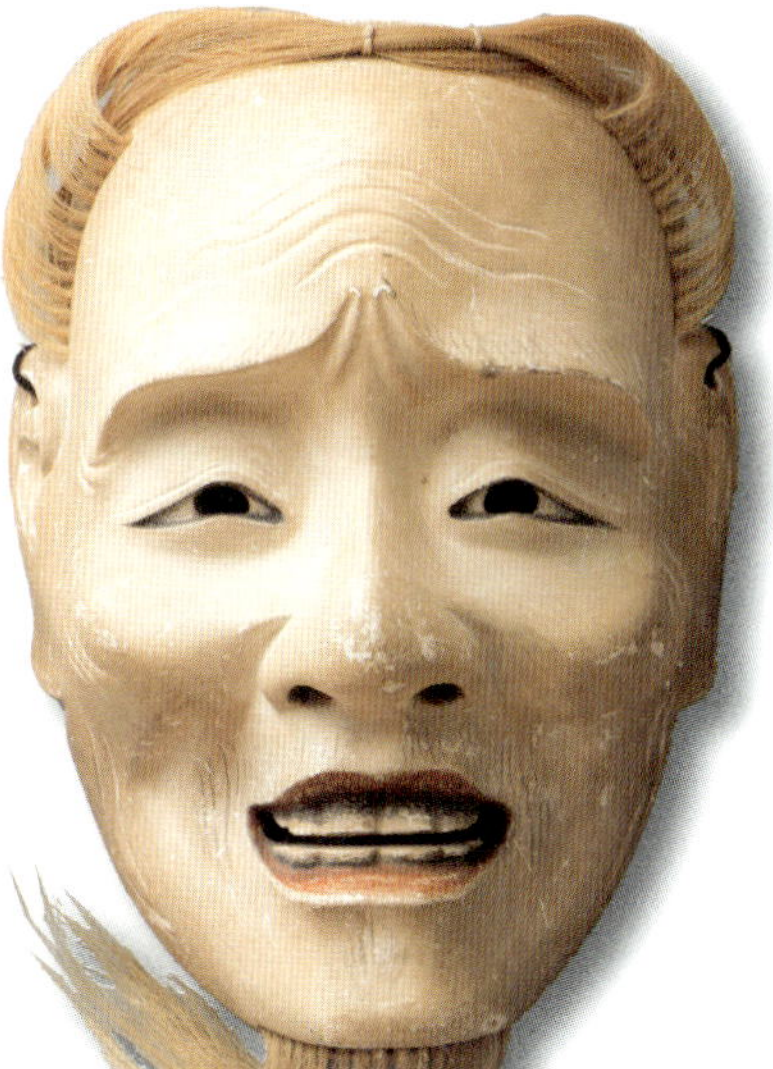

【図2】　能面　舞尉
（徳川美術館所蔵　©徳川美術館
イメージアーカイブ／DNPartcom）

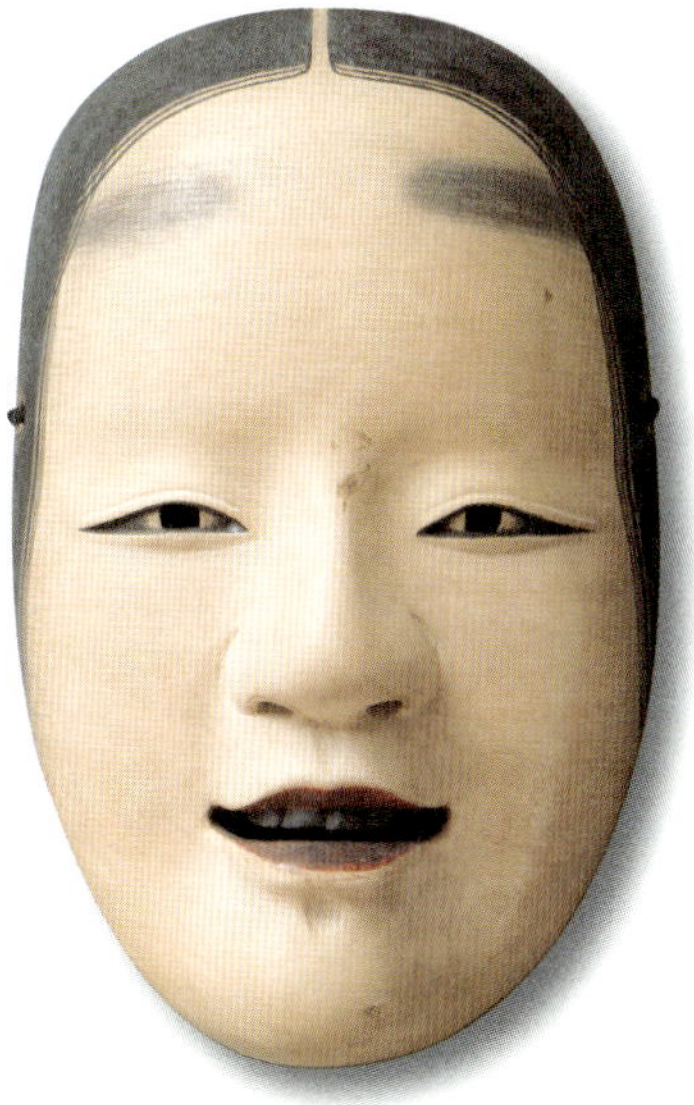

【図3】　能面　節木増
（徳川美術館所蔵　©徳川美術館
イメージアーカイブ／DNPartcom）

束・道具二十八点、能道具その他三十九点、楽器十三点が収録されており、後者には、能面が三十点、能装束と道具が八十七点、狂言「唐人相撲」の装束が三点、合計百二十点が収録されている。

後者の巻末に増田正造氏による「出品解説」がある。それによってうかがえる実態を考察してみたい。

何よりも特徴的なのは、宝生流の主張を示す品が目立つことである。たとえば、「5　舞尉」【図2】は「特に宝生流の主張で、同じ役柄に、観世流は皺尉を、金春・金剛・喜多の三流は石王尉をもちいるのが普通である」という。

また、古元利栄満作「6　小悪尉」は「宝生流の好む能面」であるといい、金剛鑑定「吉成赤鶴一透斎作」の「12　獅子口」は「宝生型」だという。

さらに、伝出目元休作「15　増」【図3】は「宝生流が女面の代表として用いる節木増」であり、弟子出目家二代寿満作「25　般若」は「宝生流が赤鶴の写しとして「道成寺」に使う」面だといい、金剛鑑定「児玉近江満昌」作の「30　怪士」は宝生流の名物面「木汁怪士」を模したものであるという。

また、出品された六枚の仕舞扇にはすべて宝生流の象徴である五雲のデザインが施されている【図1】。

これらのことはいったい何を意味するのであろうか。まさか、この展観において宝生流の物を特に選び出したわけではあるまい。

尾張藩は四流の能役者を召し抱え、その筆頭家柄が金春八左衛門家であったことは前述のとおりである。それにもかかわらず宝生流が重用されたということであろうか。それもあろう。しかし、さらに可能性が高いのは、藩主を初めとする尾張徳川家の要人が習得していたのが宝生流だったことである。

他藩の例だが、薩摩藩の場合、召し抱えの役者は金春系の中西家であったが、藩主島津家が身に付けていたのは宝生流の芸だった。

ただし、藩祖義直は観世新九郎に習っているし、二代光友は金春八左衛門に習っており、三代綱誠も金春流の役者を重用している。問題は四代吉通である。金春流の役者を宝生流に転流させたほどの人である。自身も宝生流を習ったに違いあるまい。以来、尾張徳川の藩主は宝生流の型を身につけていた可能性があり、徳川美術館収蔵品はその実態を反映しているのであろう。

五　むすび

私の当初の目論見は、徳川美術館収蔵品をつぶさに調査して尾張徳川家の能楽の実態解明するという大がかりなものであった。しかし、工芸品が私の専門ではない上に、およそ調査の時間も取れないままにうち過ぎて、結局、先行文献によって実相の一端を垣間見たにすぎない結果となった。

それでも、従来明らかでなかったことが、少しは解きほぐれたかと思う。本稿が尾張徳川家能楽の全容解明の一助になるなら幸甚である。

愛知県立大学蔵『源氏物語絵色紙』紹介と解題

久富木原玲（くふきはら・れい）
高橋　亨（たかはし・とおる）

書誌・解題

【形態】……断簡二七枚
【分類】……源氏物語絵
【寸法】……縦三一糎、横二七・八糎
【料紙】……雁皮
【奥書】……なし
【解題】……『源氏物語』のうち、二十七場面を選んで絵画化したものである。二七枚の色紙は布に包まれて木箱に収められている。木箱には題簽等は貼られていない。これらの色紙はすべて裏打ちが施されていない料紙であることから、本来は貼交屏風に貼られていたものと推測される。二十七枚という数は五十四帖のちょうど半分の数にあたるので、六曲一双のうちの一隻である可能性もある。しかし二十七帖の巻々からそれぞれ一場面が選ばれたというわけではなく、場面選択にはかなりの偏りが見られる。この偏りについて、少々述べておきたい。

文末に掲げた簡単な分布表によれば、次のようなことが指摘できようか。選択場面は第一部から第三部まで全体にわたるものの、第一部の須磨巻に至るまでの源氏の青春時代が帚木巻と須磨流離直前のわずか二場面（1・2）と少なく、さらに第三部の宇治十帖においても、掉尾を飾るヒロイン浮舟が全く描かれていないことが注目される。なお玉鬘十帖が第一部十五場面のうち七場面半分近くを占めることも挙げておきたい。

ところで最もよく知られており絵としても映える「かいま見」場面は二例（11野分・16若菜上）にとどまり、若紫巻、空蝉巻、橋姫巻などの場面は描かれていない。『源氏物語』の中でも繰り返し絵画化されてきた浮舟・

匂宮が小舟に乗る場面も採られていない。なお第三部の宇治十帖は五場面が絵画化されているが、うち三例が総角巻で、大君・薫と中の君・匂宮のそれぞれのカップルが朝を迎える場面（24・25）、及び26で匂宮が紅葉を葺いた舟で宇治川を航行する場面である。ほか二例は、23紅梅巻で紅梅の枝を手折る場面、27夢浮橋巻における薫と横川僧都との対面場面で、合計五つとなる。やはり浮舟が全く描かれないのは大きな偏りかと思われる。

なお光源氏が最も多く描かれている（十六場面）のは当然のこととしても、たびたび絵画化されてきた夕顔や朧月夜との出逢いの場面が採られていないのも気になるところである。朧月夜との出逢いは須磨流離への直接的な原因となる事件でもあり、夕顔物語と共に源氏の青春時代の重要なエピソードだからである。

真木柱巻・鈴虫巻・夕霧巻は二場面ずつ選択されている。真木柱巻は髭黒北の方が灰を投げつける場面と真木柱が柱に歌を挟み込む場面なので、それぞれの人物の心情と行動に動きがあり選択された理由はわかりやすい。これに対して、18・19鈴虫、20・21夕霧は、それぞれの巻の冒頭部分とそれに続く場面を連続して描く点に特色がある。非常に接近した場面なので、いずれか一場面でもよかったようにも思われる。

結局のところ、二十七点の色紙がどのような意識で、あるいはどのような基準に基づいて場面選択が行われたのかという点については明らかな理由は見出し難い。選択画面の多くは石山寺蔵『石山寺四百画面』に重なるものが多いことを付け加えておきたい。

場面の分布状況

【第一部】 15場面14巻

1　第二帖　帚木　紀伊守邸での夕涼み
2　第十二帖　須磨　鏡に向かう源氏、紫上との別離を嘆く。
3　第十三帖　明石　明石君の許へ向かう源氏
4　第十五帖　蓬生　末摘花邸を通りかかる。
5　第十六帖　関屋　空蟬、源氏の一行と出会う。
6　第十七帖　絵合　冷泉帝の御前での絵合わせ
7　第十八帖　松風　大堰に明石母子を訪ねる。
8　第十九帖　薄雲　大堰へ行く源氏に明石姫君がまつわりつく。
9　第二十五帖　蛍　玉鬘の許に蛍宮から文が届く。
10　第二十七帖　篝火　源氏と玉鬘、篝火の歌を詠み交わす。
11　第二十八帖　野分　夕霧、紫上をかいま見る。
12　第二十九帖　行幸　冷泉帝、大原野に行幸し、源氏に使者を遣わす。
13　第三十一帖　真木柱　髭黒北の方、火取りの灰を投げつける。
14　第三十一帖　真木柱　真木柱、嘆きの歌を柱に残す。
15　第三十二帖　梅枝　源氏と紫上、明石君入内の薫物を選ぶ。

【第二部】 7場面5巻

16　第三十四帖　若菜上　柏木、女三の宮をかいま見する。
17　第三十五帖　若菜下　源氏、柏木の文を発見して、何度も読み返す。
18　第三十八帖　鈴虫　源氏、女三の宮と和歌を贈答
19　第三十八帖　鈴虫　源氏、十五夜に女三の宮を訪ねて琴を弾く。
20　第三十九帖　夕霧　夕霧、小野の落葉の宮を訪ねる。
21　第三十九帖　夕霧　夕霧の訴えに落葉の宮、心を閉ざす。
22　第四十帖　御法　紫上、陵王の舞を見る。

【第三部】 5場面3巻

23　第四十三帖　紅梅　大納言、紅梅に託して匂宮に意中を伝える。
24　第四十七帖　総角　薫、大君に迫るが、事なく朝を迎える。
25　第四十七帖　総角　匂宮、結婚後に中の君と宇治川を見る。
26　第四十七帖　総角　匂宮、紅葉狩りを口実に宇治訪問を図る。
27　第五十四帖　夢浮橋　薫、横川に僧都が訪れ、浮舟の話を聞く。

第二帖 帚木巻

【二】

紀伊守邸で涼みながら飲食をする。

品定めの翌日、宮中より退出した源氏は、暗くなってから紀伊守邸へ方違えに行く。紀伊守邸は遣水を趣深く造ってあり、風も涼しくて虫の声が聞こえ、蛍が飛び交っている。画面は、その湧き水を引いた遣水に面した渡殿で涼を楽しみ、酒を酌み交わす様子を描く。左上方に出ているのは、下弦の月か。炎暑の頃、源氏が夕霧らと共に釣殿で納涼する場面を描く常夏巻の可能性もある。その場合には「日のどかに曇りなき西日」とあるので、太陽だということになる。但し、この色紙の場合、月も太陽も同じような群青色で描かれているので、いずれとも断定し難い。ちなみに第十六帖関屋巻および十九帖薄雲巻は群青色の太陽が描かれている。

なお第二十七帖篝火巻の月、第三十九帖夕霧巻の月、第十三帖明石巻の月は銀が変色したかのような色にも見え、第二十八帖野分巻では、「暮れゆくままに」風が強くなり、「夜もすがら」吹き荒れて「暁方」に少し止んだとあるので、やはり月を描くのであろう。

第十二帖　須磨巻

【二】

二条院で鏡に向かう源氏、紫上との別離を嘆く

源氏が鏡台に向かって髪を整えようとしている。その自分のやつれた面輪を見て嘆き、紫上と和歌を贈答する。源氏が「遠くへ流浪しても、傍を離れない鏡みたいに、あなたの傍を離れることはない」と詠みかけると、紫上は「離ればなれになってもせめて影だけでも鏡にとどまるのだったら、それを見て心を慰めることができるのに」と応じる。

第十三帖　明石巻

【三】

八月十三夜に明石君の許に向かう源氏

須磨から明石に移り、海辺の入道の家に滞在していた源氏は、八月十二、三夜の月がはなやかに照らす中を明石君の住む岡辺の家に向かう。左上方に銀色に変色した月が描かれている。家は松の木に囲まれるように描かれ、「三昧堂近くて、鐘の声松風に響きあひてもの悲しう、巌に生ひたる松の根ざしも心ばへあるさまなり。」という物語本文と合致する。

第十五帖　蓬生巻

【四】

須磨・明石から帰京した源氏は末摘花邸を通りかかり、庭に入る

絵は右方に傘を差し掛けられた源氏と伴人が荒れ果てた邸内に入って行く場面を描く。前方の、惟光と思われる伴人が指し示す家は左側の屋根が破れており、縁の床にも穴が空いている。また伴人と家の間には蓬が茂っている。『源氏物語』によれば、卯月に源氏が荒れ果てた邸を通りかかって末摘花の邸であることを思い出し、対面して和歌を唱和する。この時、何日か雨が続いて、その名残の雨がぱらついていたのに加えて、蓬にも露がかなり降りていたので惟光は「御さきの露を馬の鞭して払ひつつ入れたてまつる」。絵は、物語本文の通り、「馬の鞭」を使って源氏を案内している。

第十六帖　関屋巻

【五】

常陸より帰京する空蟬、逢坂関で源氏と再会

画面中央にあるのが逢坂関、ちょうど、ここに到着した空蟬は石山寺に願果たしに来た源氏の一行が来ていることを知る。源氏の行列が盛大で道が混んでいるため、空蟬たちは皆、車を降りて関所周辺の山地に車を止め、木陰に隠れるように座ってかしこまってひかえている。関所の向こう側が空蟬一行、こちら側に源氏の車が止まっている。源氏は車の中から空蟬の弟、右衛門佐（昔の小君）を召して空蟬に消息を送り和歌を贈答する。物語本文に「九月晦日なれば、紅葉のいろいろこきまぜ」とあるように、関所の内外に赤く色づいた紅葉の木が描かれている。また「日たけぬ」とあるから、画面左上方の隅に青く描かれているのが高く上った太陽であろう。

第十七帖　絵合巻

【六】

冷泉帝の御前での絵合せ

絵合せは右方と左方に分かれて行われた。帝と源氏が並んで座り、その前に左は紫檀の箱、右は沈の箱が置かれている。一般的には帝を御簾の内に描く例が多い。画面には女房たちがずらりと控えているが、この外にも権中納言や蛍兵部卿宮も臨席した。宮はこの絵合せの判者である。

第十八帖　松風巻

【七】

源氏、上京して大堰に居を構えた明石母子を訪ねる

下段の屋内には源氏と明石の君が対座し、明石の君の傍らに明石姫君が座っている。左側上方には大井川が流れ、筏造りの舟が浮かんでいる。源氏が我が子明石姫君と初めて対面する場面であるが、物語本文にはこの場面はなく大井川や舟の風景も書かれていないが、この巻の明石君の歌に「うき木に乗りて」とあり、また次の薄雲巻の歌にも「浮舟」が詠まれているので、この絵はこれらの表現を意識して描かれたのであろう。三歳になった明石姫君は、薄雲巻における二条院での袴着の場面に「この春より生ほす御髪、尼のほどにてゆらゆらとめでたく、つらつき、まみのかをれるほどなど言へばさらなり」とあるように、愛らしいことこの上ない。

第十九帖　薄雲巻

【八】

大堰へ行く源氏に明石姫君がまつわりつく

冬、明石姫君を二条院に迎えた源氏は、年が明けて大堰の明石君を訪問するために、いつもよりめかしこんで支度する。隈無く差し込んでくる夕日が源氏の美しさを際立たせている。その源氏の指貫の裾にまつわりついて後を慕う明石姫君が愛らしい。夕日は左上方に描かれている。紫上は穏やかならぬ気持ちでいるが、繧繝縁の畳に座すのは不審。

第二十五帖　蛍巻

【九】

玉鬘の許に蛍宮から文が届く

五月五日、蛍宮から玉鬘に菖蒲の根に結びつけた文が届く。絵はこれを玉鬘が源氏に見せる場面。源氏は返事を書くように勧める。蛍宮の歌は「今日さへやひく人もなき水隠れに生ふるあやめのねのみなかれん」とあり、玉鬘は「あらはれていとど浅くも見ゆるかなあやめもわかずなかれけるねの」と返歌する。

蛍宮は「あなたに相手にしてもらえない私は人目に隠れて声を挙げて泣いていなければならないのでしょう」と訴えたのに対して玉鬘の方は、「分別もなく声を挙げて泣かずにはいられないというあなたのお気持ちの浅いことがますますよくわかりました」と切り返して応じた。

第二十七帖　篝火巻

【十】

初秋、源氏と玉鬘、篝火の歌を詠み交わす

左方の屋内にいるのが源氏で、庭に篝火を持つ右近大夫が立っている。『源氏物語』では琴を枕にして源氏と玉鬘が一緒に寄り臥しているのだが、ここでは源氏だけが座っており、玉鬘が描かれていないのは珍しい。原文には「夕月夜はとく入りて」とあるが、絵には右上の山の端に入ろうとする月が描かれる。なお、遣水の辺りには大きく枝を広げる檀の木があると書かれているが、絵では松の木のように見える。篝火に焚くのが「打松」（松の割木）なので、松の木になったか。源氏はこの篝火の明かりに照らし出された玉鬘のほのかな姿を眺め、その魅力をあらためて賞賛するのである。

第二十八帖　野分巻

【十二】

夕霧、野分見舞いに行き、紫上をかいま見る

台風の風で几帳が乱れるのを何とかして防ごうと、女房たちは懸命である。

特に一番奥の几帳は風で大きくふくらんでいる。中央の妻戸の手前に夕霧が居て、中の様子を窺っている。左方の庭には松の木の下に「もとあらの小萩はしたなく」とあるように萩が植わっている。夕霧は「妻戸の開きたる隙」から紫上の姿をはっきりと見たことが記されるが、珍しくこの絵には紫上は描かれていない。

第二十九帖　行幸巻

【十二】

冷泉帝、鷹狩りに行幸し不参の源氏に雉を贈る

帝が大原野に行幸した折、源氏は物忌みのため、不参、酒やお菓子などを献上した。そこで帝は蔵人左衛門尉を遣わして「雉一枝」を源氏に贈った。この時、帝は源氏の不参加を恨む歌を送り、源氏は今回は今までになく盛大な行幸であると褒め称える歌を返す。なお「雉一枝」とは、雌雄の雉を雄を上に、雌を下にして一本の枝につけたものという。この絵では一羽のみ描かれている。

繧繝縁の畳で顔が描かれないのは、使いが帝から雉を賜わる場面か。この後、源氏に届けに行くのであろう。

第三十一帖　真木柱巻

【十三】

髭黒の北の方、火取の灰を投げかける

玉鬘に熱中する髭黒が雪模様の中を出かけようとするので、北の方は香炉を取り寄せてかぐわしくたきしめさせ支度を調えている。北の方は思いを鎮めていじらしく脇息に寄り伏していたが、突然、大きな伏籠の下にあった火取を取り出して髭黒の背後に回って浴びせかけた。髭黒は細かい灰が目や鼻に入って、何も見えず、払いのけてもあたりに立ちこめているので、せっかく着替えたお召し物を何枚も脱ぎ捨てて着替えをするが、鬢も灰だらけでとても外出などできない。物の怪のせいだとは思うものの、髭黒は気味悪く愛想が尽きる思いであった。

第三十一帖　真木柱巻

【十四】

真木柱、嘆きの歌を柱に残す

真木柱の父、髭黒大将が玉鬘を迎えて後、北の方との関係は悪化。真木柱は北の方に連れられて、母方の実家に行くことになった。真木柱は生まれ育った邸を離れることを悲しんで歌に詠み、その紙を柱のひび割れの隙間に笄（こうがい・髪を整える用具）の先を使って差し入れる。

第三十二帖 梅枝巻

【十五】

明石姫君入内の薫物を源氏と紫上が選び整える

明石姫君の入内を間近に控えて、源氏は姫君の裳着の儀の準備に余念がない。公事もなく閑暇な正月末、源氏は薫物合わせを思い立ち、六条院の女君たちはもちろん、朝顔姫君にも名香を配って調合を依頼する。源氏自身もひとりだけ寝殿に離れ、一心に秘伝の二種類の調合をする。明石姫君を前に源氏と紫上がふたりで選ぶ場面は物語本文には具体的には書かれていないが、同様の絵柄はほかにも見受けられる。

第三十四帖　若菜上巻

【十六】

柏木、女三の宮を垣間見する

六条院で蹴鞠が催された折、柏木が女三の宮を垣間見る有名な場面である。「三月ばかりの空うららかなる日」、春の町の庭には桜が今を盛りと咲き誇っている。絵の右半分には、桜の木が大きく枝を広げている。その木の下にふたりの貴公子が立っていて、ふたりとも女三の宮の方へ視線を向けている。『源氏物語』でも柏木と共に、夕霧も女三の宮の立ち姿を見ている。ふたりは首に紐を付けた猫が外へ飛び出して来て、御簾が巻き上げられた隙に垣間見した。平安時代、唐猫は宮廷や上流貴族に愛玩された。この絵では、猫は赤い首輪を付けているが紐は見えない。なお、『源氏物語』では猫は二匹登場するが、この絵では一匹だけ描かれている。また絵全体が外からの視線によって描かれ、女三の宮は御簾の外へ身を乗り出しているような姿勢で立っている。

第三十五帖　若菜下巻

【十七】

源氏、柏木の文を発見して、何度も読み返す。

柏木の手紙を手に入れた源氏は密通の事実を知る。物語本文には、「大殿は、この文のなほあやしく思さるれば、人見ぬ方にて、うち返しつつ見たまふ。さぶらふ人々の中に、かの中納言の手に似たる手して書きたるかとまで思しよれど、言葉づかひきらきらと紛ふべくもあらぬことどもあり。」とある。絵は遣り水に面した御簾を高く上げている。蜩の鳴く季節なので、夏の終わりの情景にふさわしい。

この絵は　第三十六帖の柏木巻で柏木が女三の宮からの文を読む場面という可能性もあるが、柏木の場面は正月である。もしそうだとしても柏木と女三の宮との間に立って文のやりとりをした侍従が描かれていないのは珍しい。

第三十八帖　鈴虫巻

【十八】

源氏、女三の宮と歌を詠み交わす

夏、源氏は出家した女三の宮のために持仏開眼供養を盛大に催す。準備が整ったので源氏は宮を訪ね、「香染なる御扇」に「はちす葉をおなじ台と契りおきて露のわかるる今日ぞ悲しき」という歌を書き付ける。宮は、「へだてなくはちすの宿を契りても君が心やすまじとすらむ」と応じた。源氏が来世も共にと思っていたのに、出家したあなたとこの世で離ればなれに暮らすことが悲しいと詠むのに対して、宮は許して下さる気はないはず、と返した。鈴虫巻の冒頭に「蓮の花の盛りに」とあり右の贈答歌にも詠まれているように、絵には右上方に蓮の花が盛んに咲いている様子が描かれ、扇に歌を書き付けている源氏に、尼そぎ姿の宮が対座している。

第三十八帖　鈴虫巻

【十九】

源氏、十五夜に女三の宮を訪ねて琴を弾く

女三の宮は「中秋十五夜の夕暮に、仏の御前に」座って、端近く物思いにふけりながら念仏を唱えている。そこへ源氏がやって来て話しかけると、宮は「おほかたの秋をばうしと知りにしをふり棄てがたき鈴虫の声」と詠みかけた。源氏は「心もて草のやどりをいとへどもなほ鈴虫の声ぞふりせぬ」と応じる。宮が「厭わしいこの世だが、鈴虫を聞くと、振り捨て難い」と言うのに対して、源氏は「自ら出家されたけれど、鈴虫の音のように相変わらず美しい」と答えたのである。そして源氏は「琴の御琴召して、めづらしく弾きたまふ」のだった。すると宮は数珠を繰る手を思わず止めて、琴の音に耳を傾ける。「月さし出でていとはなやかなるほど」とあるが、名月は描かれていない。

第三十九帖　夕霧巻

【二十】

夕霧、小野の落葉宮を訪ねる

中秋の頃、夕霧は小野の山里の風情もゆかしくて、親しい者ばかり五―六人を伴って狩衣姿で出かける。画面には左下の透垣の周りに萩の花や薄が乱れ咲き、秋の情趣を醸し出している。「日入り方になりゆくに、空のけしきもあはれに」とあるように、左上方に雲に隠れようとする夕日が描かれている。但し、物語には「はかなき小柴垣」に「撫子」が咲きかかっているとあるが、描かれているのは撫子ではなく萩と薄である。また「小柴垣」ではなく「透垣」が描かれている。その内側に車を引き入れてあるので、都の寝殿造りの邸宅ではなく山荘のような簡素な造りの家だと知られる。落葉の宮の母御息所を見舞うのために小野の山荘を訪ねた夕霧が、沈みゆく夕日の空と庭の風情を眺めている場面であろう。

第三十九帖　夕霧巻

【二十一】

夕霧の訴えに落葉の宮、心を閉ざす

八月中頃、夕霧は小野の山荘に移った落葉宮を訪ね、立ちこめる霧を口実にして宮の傍らで一夜を明かす。脅迫じみた求愛であった。画面は「風いと心細う更けゆく夜のけしき、虫の音も、滝の音も、ひとつに乱れて艶なるほどなれば、……入り方の月の山の端の近きほど」という情景のうち、左上に月を左脇の中程に滝を配している。夕霧は月の明るい方へと宮を誘い出す。月影が簡素に造った庇から霧にも紛れず差し込んできて、落葉宮は自分の顔が照らされて「月の顔に向かひたるやう」にきまり悪い思いをする。画面は夕霧が月を眺めやる体を描く。

第四十帖　御法巻

【三十二】

紫上、陵王の舞を見る

死期が近づいているのを悟った紫上は二条院で法華千部供養を行った。「三月の十日」、桜の花は満開で、絵も右方、左方共に盛りの桜が描かれている。紫上は「仏のおはする所」はこのような景色かとの思いを抱く。中央で陵王の舞が舞われ、右方にはふたりの貴公子、手前にもうひとりの男性貴族がいる。ふたり並んでいる貴公子は源氏及びこの日の法会を取り仕切った夕霧であろうか。左方下段に、御簾の中から舞を見る女性三人が描かれるが、全員が御簾のすぐ近くに並んでいるので、紫上付きの女房たちと思われる。紫上は端近な場所ではなく、この女房たちの後方に座っているのであろう。なお、陵王の舞は面を着けて舞うのだが、この絵では素顔のままのように見え、頭に被っているものも側面は兜のような形に見える。

第四十三帖　紅梅巻

【二十三】

大納言、紅梅に託して匂宮に意中を伝える

画面左方に見事に咲き誇る紅梅が描かれる。大納言は次女・中の君の夫に匂宮をと望んでおり、息子の大夫の君に一枝折らせて紅の紙に和歌を書きつけ、匂宮に届けさせる。大納言は柏木の弟。大夫の君は殿上童であるが、宮中へ参るというので宿直姿である。

第四十七帖 総角巻

【二十四】

薫、大君に迫るが、事なく朝を迎える

八月、八の宮の一周忌が近づいて、その準備に宇治を訪れた薫は、夜、大君に意中を訴えるが、懸命に拒む大君をいたわって朝を迎える。夜明け、薫は光が差してくる方の障子を開けて大君と一緒に情趣深い空を眺める。画面は、ちょうど障子を押し開けたところを描く。この時、大君も少し「ゐざり出で」て、朝露の光を見ており、庭には萩などの秋草が配されている。なお、大君はまだ喪中のため、物語においては喪服姿である。また喪が明けた後も、薫は大君の許に二度忍び込んでいる。初めは姫君たちの寝所に入るが、大君はすぐに気づいて隠れてしまい、薫は中の君と朝まで語り明かす。二回目は障子の向こうにいる大君の袖を捉えて意中を訴えるも、拒否されたため、暗いうちに帰って行く。朝の情景を最も情感ゆたかに描くのは、やはり喪中に迫る場面である。

第四十七帖　総角巻

【二十五】

匂宮、中の君と結婚後、初めて宇治を訪れ、共に宇治川を眺める

左方下にひと組の男女が向かい合っている。右方に中洲を伴う大きな川が描かれており、右上に橋が架かっている。その下を三艘の舟が行き交う。『源氏物語』に「明けゆくほどの空に、妻戸おし開けたまひて、もろともに誘ひ出でて見たまへば」とある通り、妻戸が開け放たれている。ふたりはそこから「柴積む舟」の行き交うさまや「宇治橋」の古めかしい様子、川岸の荒涼たる風景を眺めている。匂宮は中の君の容姿のすばらしさに感嘆しつつ、中の君が今までこんな寂しい所で暮らして来たのかと、その境遇を思いやって涙ぐむ。

第四十七帖　総角巻

【二十六】

匂宮、紅葉狩りを口実に宇治訪問を図る

十月一日頃、薫は匂宮に宇治の紅葉狩りを勧める。宇治川を紅葉で飾り立てた舟で上り下りするので、その飾りはまるで「錦」のように見える。画面には管楽器を演奏するところまでは描かれていない。ごく内輪でという心積もりであったが、おのずと事が大げさになり、匂宮は中の君に逢うという本来の目的を達することができずに帰京することになる。

第五十四帖 夢浮橋巻

【二十七】

薫、横川に僧都を訪れ、浮舟の話を聞く

浮舟が生存していることを聞き知った薫は、驚いて横川の僧都を訪ねた。僧都は浮舟発見以来のことを詳しく語った。画面には「三方」がみえる。僧都は薫の来訪に驚いて、「御湯漬」（飯に湯を注いだもの）を供してもてなしたとあるから、その食器を載せた台を描いたのであろう。『源氏物語』の時代には、まだ「三方」はなく、「折敷」（おしき）の下に「衝重」（ついがさね）を重ねて台にしていた。その脚の部分に透かしが施されることもあり、三方向の面に透かしがあるのが、後の「三方」である。

愛知県立大学所蔵『ことさの図』（住吉物語絵）紹介と解題

久富木原玲（くふきはら・れい）　名倉ミサ子（なぐら・みさこ）

『ことさの図』書誌

［形態］……画帖　帖装の折帖仕立一帖　絵二十四枚
［分類］……住吉物語絵
［寸法］……外寸法　縦一九・八糎×横二七・〇糎
　内寸法（絵）縦一六・四糎×横二三・四糎
［表紙］……藍地に金糸の動植物の織模様
［題簽］……『ことさの図』縦一〇・六糎×横四・五糎
［内題］……なし
［仕様］……台紙に絵を貼り、絵の周囲を布目金紙で額縁様に包む。
［奥書］……なし
［複製］……なし
［翻刻］……なし（詞書なし）
［内容］……継子いじめの物語

女君は、幼くして母を亡くした。父中納言邸に引き取られるが、継母は女君の縁談をさまざま妨害する。乳母亡き後、女君は住吉の尼君を頼って乳母子の侍従と邸を出奔。女君に思いを寄せる男君は霊夢に導かれて住吉に向かい、女君と再会する。男君と帰京した女君は男女の子宝に恵まれ、二人の袴着に招いた父親と再会する。

［注］……『ことさの図』画帖における絵の並びは、物語の展開に準じるものではなく、次のようになっている。
八・十三・十五・一・十一・二十一・十八・二十四・四・三・二十・二・五・六・二十三・十六・十四・十二・九・七・二十二・十・十九・十七（203頁参照）

なお『ことさの図』の図像には、新大系（『落窪物語　住吉物語』新日本古典文学大系18　岩波書店　一九八九）の本文が合致すると思われるので、絵の解説中にこれを引用し、頁を付した。

『ことさの図』（住吉物語）梗概

一　乳母の愛育

皇女である中納言の妻は、女君を残して死去。継母を憚る中納言の思惑から、幼い女君は乳母のもとで大切に育てられる。

二　男君の依頼

右大臣の子で少将の男君は、中納言が西の対に引き取った美しい女君の事を知り、自邸の侍女筑前に仲立ちを頼む。

三　継母の謀略（1）

男君が女君に文を送っていると知った継母は、筑前をとりこんで自分の実子三の君との縁談を画策する。

四　三の君の返事

母と筑前の謀略だと知らない三の君は、男君の文を自分宛と信じ、母に促されて文を返す。

五　男君と三の君

だまされたと気づかない男君は、相手を宮腹の女君と思い込んで、三の君と文をやりとりする。

六　婚礼（1）

継母と筑前の謀略がついに成功して、男君は三の君の婿となった。

七　婚礼（2）

八　雪の日の文

西の対から聞こえる琴の音により、真相を知った男君は、女君に宛てた文を女君の乳母子、侍従に手渡す。

九　嵯峨野の垣間見（1）

中納言の三人姉妹は嵯峨野に遊び、垣間見した男君は女君にすっかり魅せられる。四人は歌を交わす。

十　嵯峨野の垣間見（2）

十一　男君の訴え

女君への思慕を抑えかねる男君は、文を送っては侍従に募る思いを訴え、女君の返事を請う。

十二　乳母の死

乳母が亡くなり、女君が頼りにできるのは乳母子の侍従だけとなる。

十三　佇む男君

乳母の弔問に訪れた男君は、女君が書き置いた歌を侍従に貰って喜ぶ。一方で何も知らない三の君を見捨てることができない。

十四　継母の謀略（2）

女君の宮仕えの話を妬む継母は、法師が女君の所へ通っていると偽り、中納言に宮仕えの計画をあきらめさせる。

十五　さりげない別れ

継母の次なる悪巧みを知った女君と侍従は、邸を出る決意をし、中納言や中の君、三の君にそれとなく別れを告げる。

十六　尼君の上京

侍従からの手紙で事情を知った故母宮の乳母、住吉の尼君が上京。女君と侍従は邸を出奔して、尼君と住吉に向かう。

十七　女君失踪

女君失踪に、中納言をはじめ二人の姉妹や男君は嘆き悲しむ。継母は、姫君が男の許に走ったと讒言する。

十八　男君の住吉下り

翌年、男君は少将から中将に昇進。長谷寺に参籠した男君は夢のお告げに導かれ、住吉を訪れる。

十九　再会

女君の弾く琴の音を頼りに男君は女君を探し当て、尼君の計らいで再会する。

二十　管弦

男君を迎えに来た人々が、住吉で管弦の遊びをする。

二十一　船で帰京

男君は女君を連れて帰京。父関白邸に作った対の屋に住まわせるが、継母を警戒して、女君と父中納言の再会を止める。

二十二　若君誕生（出産場面）

男君と女君の間に若君が誕生、次いで姫君も生まれた。男君は中将から右大臣に昇る。

二十三　袴着（1）

男君は大納言となった女君の父に、二人の子供、若君と姫君の袴着の腰結い役を依頼する。

二十四　袴着（2）

几帳の隙間から大納言をのぞき見た女君と侍従は、その老いて変わり果てた姿に悲しむ。

一

乳母の愛育

女君が七歳の時に、母はその将来を父中納言に託して亡くなった。父中納言は継母を憚って、女君を乳母のもとに置く。女君は年を重ねるごとに美しく成長していくが、母を亡くした嘆きは増すばかりである。

この姫君、幼き御心にも故宮の御事のみ悲しみ給ひぬれば、いとどつれ〳〵限りなく、双葉の小萩の露おもげなれば、御乳母とかく慰めまいらせて過侍りける程に（296頁）

几帳の前で顔を袖で覆っているのが女君、盆をはさんで簀子に座るのが乳母であろう。盆の上には男雛女雛らしき人形二組が見える。傍らに置かれるのは張子の犬か。母を亡くして悲しむ女君を、乳母らが慰めている図である。座の中心に置かれた雛は少女用の玩具であるが、女君の髪の長さは成人女性として描かれている。

張子の犬は犬を型どった置物で犬筥（いぬばこ）とも称された。子供の御守として身近に置かれたり、婚礼の調度にも加えられたようで、同様のものが徳川美術館には何種類か収蔵されている。（『雛ひゐな』徳川美術館蔵品抄5　一九八九）

岩瀬文庫所蔵『住吉物語』にも、女性たちが人形と犬の玩具を囲む類似の図がある。

二　男君の依頼

乳母や乳母子の侍従と共に中納言邸に移り、継母の二人の娘、中の君・三の君とむつまじく暮らしていた。その噂を立ち聞きした男君が、筑前を部屋に呼んで確かめているところであろうか。

我が曹司に筑前を呼びて、「見るらん様に、さもとある人あまたあれども、物憂くのみして過す。中納言の宮腹の姫君は、見しか」と尋給ひければ、（299頁）

あるいは男君が筑前を介して再三文を送るが、一向に返事がなく、報告する筑前に男君が「見込みがなければ生きる甲斐もない」と歎いている場面とも考えられる。

こまぐ〳〵と語り聞こゆれば、少将、「さこそあらめ。たゞ猶々も聞こえさせよ。いかなるべきにか、此事、末なくは、世にありふべき心ちもせねば」とて、打ながめがちにておはするを見るにも、（302頁）

蔀の陰の男君と簀子近くで男君に向き合う筑前の二人がうつむき加減で描かれているので、後者の場面を描いているものかもしれない。

これらの一連の出来事は十月に入ってから起こる。屏風は下の部分しか見えないが、描かれているのは山水画か。庭木には大輪の白い花が咲き誇っている。

三

継母の謀略（1）

男君と三の君との結婚を望む継母は縁談がうまくまとまったなら恩に着ると言って頼むので、筑前は断りきれず三の君を女君とすり替えることに同意する。

「誠、たびく聞え侍れども、御返も給ねば、少将殿、筑前をのみ責めさせ給ふも、わりなく侍。さりとも、後まで申えん事、かたげに見ゆも心ぐるし。さらば、さもこそは」と言へば、喜びて、白き袿一かさね、「是は三の君の」とて、出し給ひければ、喜びて、「さらば、少将殿には、もとの御心ざしの人也と知らせ奉らん」と申ければ、「よくの給ひたり。其よしにてこそは」とて、喜び給けり。（302頁〜303頁）

女君から返事がない事を男君に責められて困り果てた筑前と、男君を婿としたい継母の、双方の利害が一致したのである。

座敷の中央に置かれたのが、贈り物の袿であろう。右手奥が継母、簀子近く、袿が載せられた漆の台を前にしているのが筑前である。継母の衣装は、四図・七図に出てくる三の君のものとほぼ変わりがない。同じ衣装が十九図では女君に使用されているが、『ことさの図』の場合、衣装は必ずしも人物を特定させるものではない。

四

三の君の返事

筑前は今一度、少将に文を書かせて今度は継母に届ける。

筑前取りて、「少将殿御文」とて、まゝ母に奉れば、喜び、「うつくしくも書き給へる物かな。此御返事し給へ」と、の給ひければ、三の君、たばかれる事をば知らず、恥ぢしらひたる姿、いとめやすく、いとおしき様也。硯、紙取り出して、「それ〳〵」と責められて、顔打あかめて、富士の嶺の煙と聞けば頼まれずうはの空にや立ちのぼるらんと書きて（３０３頁）

だまされているとも知らず、三の君は返事を書く。筆をとって手紙を書いているのが三の君である。左手奥でその手元を見守っているのが三の君にとっては実母である継母、手紙の書き方を「それ〳〵」と指南している図である。三の君の衣装は三図の場面の継母のそれと酷似する。

襖には牡丹の花や蔦を思わせる大きな葉などが描かれるが、他の場面の襖にはこのような明るい色彩の大振りな花はない。継母の左の袖に半分隠れている青海波の青い布の包み様のものは、夜具の衾である。一図、三図にも見えるが、他にも室内の場面の多くで几帳の端に描かれている。

五

男君と二の君

三の君が書いた返事を、筑前が女君からのものとして届ける。

少将殿のもとに行て、「御返」とて聞れば、少将、たばかられぬるも知らず、急ぎあけて見給へば、手など幼びれて見えけれ共、喜び給事、かぎりなし。
（303頁）

男君は、筑前と同じ簀子の上で手紙を読んでいる。待ちかねていた返事を部屋で待つのももどかしく受け取って、急いであけて見ている様子を表現しようとしたのだろうか。

二図の依頼の場面では白い花が咲いていたが、ここで咲いているのは、つつじのように見える赤い花である。文をやりとりする当の男君と女君は真相を知らないままに、表面上は縁談が進んでいる。

同じく、男君と筑前の二人が向かい合う二図に比べると、右側に庭の空間を大きく取っており、奥行きのある場面となっている。

六　婚礼（1）

右の部屋には三人の男たちが座っている。立烏帽子の男の膝元にはまな板があり、上に包丁と捌きかけの魚が置かれている。侍烏帽子をかぶった男二人のうち、右側の男は調理を補佐する役目か。もう一人左側の男の視線は六図の座敷の方向へ注がれている。座敷の様子を窺いながら料理を運ぶ頃合を計っている体である。盆を捧げ持った稚児は出来上がった料理を運び、立烏帽子の調理人は一品作り終えて次に備えるのか、手を休めている。

烏帽子は元々貴族の日常的なかぶりものであったが、武家においては威儀を正す際は立烏帽子が良しとされた。侍烏帽子は武士のかぶりものとされた折烏帽子が変化したものである。戦国時代以降、烏帽子は儀式など、晴の場でのみ用いられるようになっていった（増田美子編『日本衣服史』吉川弘文館　二〇一〇）。烏帽子の描き分けは『ことさの図』が制作された時代の風習を反映するものか。

筑前にたばかられ、三の君を自分が思いを寄せる女君だと信じ込んだ男君は、三の君のもとに通う。

> かくしつゝ、日数もへずして、通ひ給ひける。少将、何心もなくぞ過し給ひける。幼き様も、ことはりと思ひつゝ、昼もとゞまりて見給へば、聞きし程はあらね共、なべての人には侍らざりければ、通ひ給ひけり。（303～304頁）

図は、二人の結婚が成立したことを祝って、座敷で執り行われる儀式の舞台裏を描いたものであろう。

（204頁「補論Ⅰ　六図・七図の婚礼場面について」参照）

七

婚礼（2）

男君と女君の前には三方が置かれ、中央には盃のようなものが配されている。立ち姿の女性が捧げ持つ器に盛られているのは三日夜餅か。『住吉物語』が書かれた当時、新郎が通う三日目の夜には餅を食べる風習があった。

簀子に座る二人の女性は祝いの席の介添え役か。『ことさの図』では、同じ衣装が必ずしも同一人物を表すと限らないが、三図・十七図で継母と思われる女性の衣装と、右側の女性の衣装は同じものである。しかし端近にいることから筑前ではないかと考えられる。

六図の左端と七図の右端は、霞・手すり・庭木などが繋がっており、連続した場面であることが分かる。餅を持つ女性は後ろの二人を振りかえる姿で、六図の二人の女性と呼応している。これとは逆に、六図では男が七図の方へと視線を向けている。住居の構造や庭木ばかりでなく人物の関係性においても、二つの画面に連続性を持たせる工夫がなされている。

六図では男性たちが婚礼のための調理をする様子を描き、七図の方は女性たちの華やかな場面が描かれて対照的な場面となっている。晴の婚礼を調理するところから運ぶ様子まで描くことによって広がりと動きのある場面として、祝儀性を演出している。

（２０５頁『鼠草子絵巻』・『藤袋草子』参照）

八　雪の日の文

男君は三の君と結婚した後、琴の音がきっかけで西の対に住むのが本来自分が望んだ女君だと知って、一目会いたいという思いが募る。

「いかでか見奉らん」など思ひわたる程に、冬にも成にけり。「侍従に、いかで物言はん」と思ひて、思ふほどの事共、書き給て、直衣の腰に、さしはさみて、雪のいみじう降りたる日、たゝ住ありきて、蔀のもとに立寄りて聞ば、端近く、いざり出給て、「おかしき四方の梢かな。いづれを梅と分がたくこそ」と言て、打笑ふ中に、今少、忍たる声にて、琴かき鳴らして、「甲斐の白峰を思ひこそやれ」と言ひてけり。「是なん、姫君か」と、胸うち騒ぎて、忍かねつゝ、蔀をうち叩けば、「あやし、たれならん」と見れば、少将立ち給へり。（３０５頁）

庭木にうっすらと白い雪が積もり、男君が侍従に文を差し出している。室内の右手、笑う仕草の女性は乳母であろうか、几帳の前にいる女君は七図の三の君と同じ衣装である。またここでの乳母の衣装は十一図で女君が着ている。

『住吉物語』では琴が物語に欠かせない重要な役割を担っているが、『ことさの図』では琴が全く描かれていない。これは男君が琴の音を聞きつけて女君ではないかと蔀を叩く場面なので、琴が描かれるべきところである。

九

嵯峨野の垣間見（1）

次の十図と連続する場面である。中納言の娘たちが揃って嵯峨野にでかけた日、これを聞き知った男君は先回りして女君たちを垣間見る。

> 少将、ほの聞て、嵯峨野へ先に行きて、松原に隠居て見れば、此車ども近くやり寄せて、立並べたり。雑色、牛飼などをば遠く退けて、侍、二、三人ばかり近く寄せて、女房、端物など、車よりおりて、松引遊びけり。（306頁）

男君は従者一人を脇に控えさせ、扇をかざして松原に佇んでいる。松を隔てた車の傍にいる人々は女君一行の従者であろう。五人のうち四人までの衣装に女性たちと同じ模様が用いられており、模様は型紙を使用したものと思われる。

松の木の間に紅葉した木が一本混ざっていて、左端にはりんどうのような草花が咲いている。この場面は正月余りの頃で、松を引いて長寿を祝う初春の子の日の風習だが、初春の季節のはずであるのに秋の草木が描かれており、それは次の十図においても同様である。

十　嵯峨野の垣間見（２）

男君が隠れているとも知らず、中の君に続いて三の君、女君も車を降りて、野の風景を楽しんでいる様子である。

少将、よく隠れ見るをも知らず、女房共、「いとおかしき物のけしき、御覧ぜよかし」「見ぐるしくも侍らず」など聞こゆれば中の君、おり給へり。（３０６頁～３０７頁）

車の近くで、乳母らしき人が女君たちの方を指し示す風で、従者に何事か話しかけている。従者は衣服の色こそ違うものの、十図の男君の従者とそっくりである。

残る四人の女性たちは、三人の姉妹と乳母子の侍従であろう。女君は他の人々と少し離れて、左端で後姿を見せている人物かと思われる。

野にはりんどうや菊に似た花が咲き乱れ、その向こうには大堰川であろうか、水辺の風景が広がっている。

十一　男君の訴え

嵯峨野で垣間見してから男君は女君への思いを募らせ、侍従に会っては手紙を託して此の世の思い出に返事をと頼むが、女君は全く会う気がないので侍従は伝えることができない。

日数ふるまゝに思ひ乱れ、「いかにせん」とのみ、悲しみ給て、例の対の御方に、たゞ住寄り、侍従に会ひて、―中略―三の君のもとへも行かまうけれども、思ひあまりては、侍従に会ひてこそ、心を慰むれ、西の対のけしきをたゞ見ず成なむ事の心憂くて、常は通ひければ、（310頁〜311頁）

奥の部屋で几帳の側にいるのが女君、右にいるのが乳母である。御簾を隔ててこちらの部屋で少将と向き合うのが侍従であろう。男君はせめて侍従に会うことで心を慰めている。

庭に咲くのは一図の故母君の屋敷に咲いていたのと同じ草花である。女君が背にする几帳は、四図で三の君が返事をしたためる部屋のものと同じ模様であるが、几帳の端からのぞく衾は異なっている。襖に描かれるのは雁の渡りであろうか。あるいはねぐらに帰る鳥たちか。二つの部屋では共に人々がうつむきがちに描かれている。

十二　乳母の死

自分の命が長くないことを感じた乳母は、姫君に会いに来てもらう。

忍びつゝ、おはしたりければ、乳母、起き出、泣く〳〵聞ゆる様、に、これを見置き奉らで、死出の山を迷はん事の悲しさよ。はか――中略――「ともかくも定まり給はんを見奉りて後こそ」と思ひしなく成なん後は、侍従をこそは、ゆかりとて御覧ぜさせ侍らんずらめ」など言ひて、御髪をかき撫でて、さめ〳〵と泣きければ、姫君も侍従も、袖を顔に押し当てて、「我も共に具し給へ」と、声も忍ばず泣きあひければ、（311頁）

乳母の住まいであろう。几帳の前が女君で、右にいるのが乳母、手前は侍従とみえる。女君が訪れると乳母が起き出してきて、共に袖に顔を押し当てて泣いている。

庭木に紅葉があるが、「五月のつごもり比に、はかなくなりにけり」とする物語の季節とは合わない。しかしこの図で最も目を引くのは松である。手前に大きく、吹きぬきの部屋の上にかぶさるように描かれているが、部屋の仕切りが右下角へと続いているために、松が部屋の中に取り込まれてしまい、屋内に生えているように見える。

襖は、山の端に落ちんとする太陽を描く。乳母の死を暗示するか。左側山中から落ちる滝の水は、滝つぼで飛沫となって、さらに激しく流れ下っていく。

十三　佇む男君

乳母の弔問に訪れた男君は、侍従の計らいで女君の返歌を手にする。西の対を訪れようとすれば、三の君を無視することはできない。男君は何も知らない三の君を見捨て難く思うけれども、自邸に帰れば女君に宛てた文を書く。しかし女君からは、一向に返事がない。

…かく申給へ共、又、人目にもつゝましさにや、御返事もなし。暮れば、対の御方におはしまして、見給へば、おろし籠て、人もなし。

（314頁～315頁）

画面中央、部屋の外に男君が立っている。庭には草花もなく、画面下に木々の緑が描かれるのみである。

一方、女君の部屋は左側に寄せられており、乳母を亡くしてひっそりした部屋のたたずまいが伝わってくるようである。

几帳と女君の衣装は、七図「婚礼（2）」の図で三の君に用いられたものと同じである。右手奥の襖には、雉のような鳥が描かれているが、『ことさの図』ではこの他にも多くの部屋の間仕切りに、様々な鳥の絵が見られる。

十四

継母の謀略（2）

秋になり父中納言は女君を五節の舞姫にしようと懸命になる。これを妬んだ継母は、三の君の乳母のむくつけ女と謀って、六角堂の法師が女君のところに通っているように見せかける。

あやしき法師を語らひ、中納言に聞こゆるやうは、「偽とぞおぼしたりしに。只今、かの法師、出るなり」と聞こゆれば、見給ひける時に、出にける。（317頁）

右端が三の君、法師を指差しているのが継母で、手前の簀子にいるのがむくつけ女か。法師を認めて立ち尽くすのは中納言であるが、男君の着衣と全く変りが無い。女性たちの衣装の場合も個々の描き分けはなされていない。

「九月」「霜月」と物語にあることから庭木の紅葉は、季節に合致したものである。

十五

さりげない別れ

女君と侍従は、継母が女君を七十歳程の翁の後妻にしようと企んでいるのを伝え聞いた。二人は邸を出る決意をしてまわりの人々にそれとなく別れを告げる。

　中の君、三の君、渡りて、「いかに、常に、うつぶしがちには」など聞こゆれば、「此程は、いかなるべきにか、世中もあぢきなくて、消えも失せまほしき程になん。もし、さもあらんには、おぼし出なんや」と袖も所狭く、のたまへば、（323頁）

死んでしまいたいという女君の言葉に、侍従は「御たはぶれ」と言いつくろうが涙を禁じ得ない。別れとも知らずに姉妹は世のはかなさを思う。

　命あらばめぐりやあふと津の国のあはれ生田の森に住まばや

と口ずさみて、人目あやしき程にぞありける。中の君、物の哀を知給へばその事となく涙をのごひあひ給ひけり。（323頁）

右手の几帳の向こうに女君、奥が中の君、左が三の君と見られる。侍従の歌に、中の君が涙をぬぐっている場面であろう。

　庭には植栽がなく、滝が流れ落ちている。また襖には鳥が二羽描かれている。

十六　尼君の上京

女君と侍従、住吉の尼君が対の屋で対面している。

さても〳〵、人づてならで申合すべき事なん侍、万を捨て、夜を昼に、参り給へ。あなかしこ、なべてならん事には。（321頁）

住吉の尼君は、女君の母の乳母子である。「直接会って申し上げたいことがあります、今すぐ」という侍従の手紙を読み、使いの女から事情を聞いた尼君は急いで上京する。

尼君の描写は、住吉に着いた後の十九図・二十図・二十一図に描かれたものと比べると大きな違いが認められるが、この場面における服装は旅装を意味するか。胸に手をあてる仕草と表情は、

暮る程に、忍びたる車奉り給へ（324頁）

という、侍従の言葉に対する反応か。密かに車を用意し、二人を邸から連れ出すことを請合って、安心させている図と見られる。

岩瀬文庫所蔵『住吉物語』の一冊では、これとよく似た尼君の姿が、邸を出て後に尼君にこまごまと語るという本文と、尼君がそれを聞いて嘆き三人ともに淀へ着くという本文の間に挿入されている。あるいはそのような場面が想定されているのかもしれない。また、この岩瀬文庫本と何らかの関連があることも考えられる。

十七　女君の失踪

女君が住吉に向けて邸から抜け出した夜、男君は西の対の異状に気づく。

夜も明けぬれば、常におはせし所を見れば、傍なる夜の衾もなくて、取りしたゝめたるけしきなれば、（326頁）

右は翌朝の女君の部屋の描写である。だが「衾もなくて」という物語の記述に反して几帳の傍らに衾が描かれている。

中納言に「しかしか」と聞れば、呆れ騒ぎて、声をさゝげて泣き悲しみ給事、たとへんかたなし。中の君、三の君、「あやしく、この程、心憂き物に思ひ給へりしかば」、「かくまでとは思ざりし物を」と、をの〳〵悲しみ給ひけり。まゝ母、呆れたる様して、「侍従が里にか、尋奉れ」とて、中納言殿の傍に、泣くよしにて、にがみ居たり。（326頁）

衣装では判断し難いが、中納言と二人の娘が女君の失踪を悲しんでいるところであろう。右に居るのが、泣くそぶりをしている継母か。襖の太陽、滝、波打つ川などの絵柄は、十二図の乳母の死を悲しむ場面と似通っている。

十八

住吉の浜辺

女君失踪の翌年、男君は三位の中将に昇進する。秋、長谷寺参籠の折に霊夢で女君の居場所を告げられ、そのまま住吉を目指す。

はる〳〵と並み立てる松の一むらに、芦屋ところ所に有て、海見えたる所に行きつき給ひぬれ共、いづく共知ず、思ひわづらひて、松の下に休み給ひけるに、十余りなる童、松の落葉拾ひけるを呼び給て、「をのれは、いづくに住ぞ。此わたりをば、いづくと言ぞ」と問へば、「住吉となん申、やがて是に侍なり」と言へば、「いと嬉しき事」と聞て、（334頁）

住吉を象徴する松を背景に、浜辺の子供から女君に繋がる手がかりを得ようとしている男君を描く。海浜の描き方は二十一図の海上の場面と同様で、広々とした海浜の風景を伝えようとしている。

男君は精進のついでなので、本文には「浄衣のなへらかなるに」とあるが、ここでは従前と変らない衣装である。服装は、物語の状況や本文から距離をおいた、一つの型として描かれていることがわかる。

また子供たちの服装は、たとえば二十一図の船頭の姿にあるような、海辺に暮らす庶民の子のようには見えず、貴族の童のように色とりどりに美しく描かれている。

子供の前にある緑色の籠は、拾った松の落葉を入れるものであろう。

十九　住吉での再会

男君は捜しあぐねるが、日暮れになって女君の奏でる琴の音に導かれて、ようやく尼君の住居を尋ね当てる。

絵は再会を喜ぶ四人、男君、女君、尼君、侍従である。これまでのいきさつを語り合っているのであろうか。尼君の衣装は上京したときのものと違っている。

八図「雪の日の文」で述べたように琴は『住吉物語』にとって女君や物語の進行と切り離せないものであるが、ここでも全く描かれない。

> かや屋の板びさしなるが、所〻あらしたるに、海さし入りたるに作りかけたれば、簀の子の下に魚などの遊ぶも見えて、南は一むらの里ほのかに見えて、苫屋どもに海松布かり干し、芦の屋に心細く煙たちのぼるけしき、薄墨に描ける絵に似たり。東には籬に伝ふ朝顔などか〻りて、岸にはいろ〳〵の花紅葉、植へ並べたり。（３２８頁〜３２９頁）

右は尼君の住いの描写である。「海さし入りたるに作りかけた」という釣殿らしき様は描かれないが、萱を葺いた屋根や籬の垣根、桔梗や菊が縁先に咲き乱れるところなど、詞書に対応する部分が見える。なお、本文に「朝顔」とあるのは、桔梗の古名である。

二十　管弦

やがて、京都から男君の父関白が遣わした迎えの人々が、住吉を訪れた。

人〳〵、住の江にて遊び戯れ給へり。三位の中将、琴、蔵人の少将、笛、兵衛の佐、笙の笛、左衛門の佐、歌うたひ給けり。姫君、侍従、尼君など、是を聞て、はるゝ心ちぞし給ふ。（339頁）

集った人々が管弦を楽しんでいる。「三位の中将、琴」とされる物語の叙述に対して、絵の男君は琵琶を弾いている。この場面においては、楽器が何であろうと物語の展開に影響を及ぼすものではないが、徹底して琴を描かない『ことさの図』の特徴がここでも確認できる。住吉での管弦の模様を描いた絵は他にもあるが、それらでは男君は琴を弾いており、琵琶を奏でるのは珍しい。

場所は明らかではないが、人々が一室に集って管弦を楽しむ様子が描かれている。几帳の下に申し合わせたように衾が置かれているのが興味深い。

襖は田舎の風景を表現したものか、自然の中に家々が点在している。

二十一　船で帰京

男君は女君を伴って、船で京へ向かう。

> 姫君をば、尼君、心安く見奉りながら、此程の名残、申すばかりなし。尼君には、和泉なる所、預けられければ、「行末の事は思はず、たゞ、あの姫君の御事のみぞ思ひ侍つる程に、今は黄泉路やすく」とて、送りて、嬉しき物から、離れ行くも、さすがに哀也。（339頁）

二艘の船の屋形の下には男君と女君、尼君の姿がある。舳先にいるのが侍従か。尼君は住吉に残ることになっているはずだが、ここでは女君と共に船に乗っている。

> 姫君も、何となく、二年まで住し所、離れて行こそあはれなれ。―中略―やう〳〵遠くなり行程に、一むらの雲の絶間より、松の梢、遥かに見えければ、
>
> 　住吉の松の梢はいかなれば遠ざかるにも袖の露けき
>
> と、うちながめければ、（339〜340頁）

左下に松の梢ばかりを集めたのは、右のように住吉を離れていく情景を表現したものであろう。船を挟んでこれと対角線上にある山々は霞で隔てられて遠く、目ざす都を示すものと思われる。伴走する船では人々が談笑している。船頭の一人は諸肌脱ぎ、もう一人は裾をからげている。各々の立場や心情が、それぞれの姿や表情から窺われる。

似たような屋形船の作りや二艘が並走する図柄は、広島大学蔵本（新大系）、石川透氏蔵本（『住吉物語』三弥井書店　二〇〇三）にも見られる。

二十二　若君誕生（出産場面）

「田舎人の娘」として帰京した女君は、父に対面することも叶わないままに若君を出産する。障壁画には一対の鶴が描かれ、若君の誕生を寿いでいる。

明し暮し給ふ程に、姫君、過にし年の十月より、御けしきありて、又の年の七月に、いとうつくしき若君いで来給へり。中将、おぼしかしづき給ふ事、限りなし。（341頁）

奥の部屋の一段高いところに座っているのが出産を終えた女君で、ほとんど白色といっていい袿を膝にかけている。女君の周りは模様のある白い布が張り巡らされ、右脇にみえる衾も白色である。平安時代には出産の際に、産婦の衣服及び産室の調度類などまで白一色に整えたとされる。女君がもたれているのは「椅褥（いじょく）」といわれるものであろう。産後に椅褥が使われるのは、江戸時代に入ってからのことと思われる。『ことさの図』はこの江戸時代の習俗をとり入れて描いているのであろう。（204頁「補論Ⅱ　二十二図の出産場面について」及び207頁『紅白源氏物語』・『婦人ことふき草』参照）

ちなみに江戸時代の女性のお産などについて記した書物には椅褥に関して次のように記されている。

産婦をやすんする所三尺四方ほとにたかさ一尺四五寸ほとにして、曲彔のことくこしらへ三方は板を以かこみ、一方は口にして其内に綿帛を敷て貯蓄置産後此所に産婦をやすんすへしこれを椅褥といふと女科準縄に載たりあるいは葛籠のるいの上に衣類を打かけて三方よりさしあはせたるもよし。（『婦人ことふき草』）

二十三 袴着（1）

男君は中将から中納言に昇進した上に右大将になり、女君との間には姫君も授かった。やがて成長した二人の子の袴着の儀式に、今は大納言となった女君の父を袴の腰結い役として真相を明かさぬまま招待する。

其日にも成て、ゆかりある上達部、天上人など参りあへり。大納言も、少し日暮る程に参り給へり。万に、あるめかしくて、蔵人司の物など、参りあひて、いとこと〳〵しき様也。（343頁）

襖の前に男君、若君、姫君が並んでいる。姫君に最も近いのが大納言であろう。お祝いの人々が次々に訪れる様子が、簀子に並んで挨拶の順番を待つらしい人の姿から推し量られる。

二十四 袴着（2）

女君と侍従が大納言の老い衰えた姿を垣間見て泣いている。

時にも成ぬれば、大将、大納言の直衣の袖をひかへて、内へ引入給ぬ。母屋の御簾の前に、褥敷て据へきこえたり。姫君、侍従、近く寄りて、几帳のほころびより、のぞけば、いかばかり悲しかりけん、若く盛りにおはせし姿の、あらぬ様に衰へて、髪は雪をいたゞき、額には四海の波を畳み、眼は涙に洗はれて光り少く見え給へり。「あなあさまし〳〵」と、ふしまろび給ひけり。（３４３頁）

若君、姫君が並んでいる部屋の隣で二人の女性が泣いている。「几帳のほころびより、のぞけば」となっているが、この絵では襖の陰から見ている。この日は八月十六日で、庭には遣水が流れ、撫子と紫陽花に似た花が咲いている。

この後『住吉物語』では、女君が自分の娘だと知った大納言は男君の邸に引き返し、父娘は再会を果たす。事の真相が明らかになって、大納言は継母の元を去って男君の叔母と再婚し、中の君と三の君は女君のところに迎えられる。男君は関白となり、二人の子はそれぞれ三位の中将、女御となった。また侍従は内侍となり、女君は北の政所と呼ばれ一家繁栄するが、『ことさの図』の絵はこの袴着の場面で終わっている。

『ことさの図』について

『ことさの図』は二十四枚の絵からなる画帖である。江戸時代の制作だと推測されるが、これらの絵は室町時代後期から江戸時代にかけて流行した奈良絵に似ている。物語本文はなく絵だけなので、巻物を切って画帖にした可能性もないわけではない。奈良絵本には大型本・半紙本・横本の三種があるが最も多く残っているのは横本であり、この絵も横本の形態に近い。表紙の布は擦れているが、題簽は比較的新しい。後になって貼付されたものか。このような型・形状から『ことさの図』とは「古土佐の図」の意で土佐派の絵としてを権威づけるためにつけられたものと思われる。絵は『住吉物語』から二十四の場面をとりだして描かれているが、画帖の並びは物語の進行と一致するものではなく、物語の筋立てに頓着なく配列されている。（２０３頁参照）

この画帖は物語の筋に沿って配列されているわけではないが、何かしら共通する場面良く似た構図の場面を並べる傾向がある。

例えば画帖の八図は部屋の外に男君が立っている場面だが、部屋と庭の位置などの構図が次の頁の十三図と共通する。あるいは海のある場面の二十一図・十八図が見開きで並んでいる。同様に二図・五図は、男君と筑前の男女二人が対面する場面が描かれている。

また、これとは異なる場面の組合せもある。その一例、六図「婚礼（1）」は、二十三図袴着の場面と組み合わされている。料理を用意する場と人々が集う宴席とが一連の場面として描かれている。そして七図「婚礼（2）」は、二十二図「若君誕生（出産場面）」と続いているのが注目されるが、これは言うまでもなく、婚礼から出産への流れを意識したものと思われる。

『ことさの図』は『住吉物語』を絵画化したものだが、どういう事情からか絵だけが切り離されて詞書が失われ、物語を詳しくは理解できない状況で画帖として制作されたことがうかがわれる。また主人公を特定し難いほど登場人物たちの衣装や部屋の調度類は正確に描き分けられていない。

人物の描写は引目鉤鼻ではなく、主人公をはじめ表情豊かに表現されており、几帳の模様や草木などの描写は様式化されている。もう一つの大きな特徴としては、絵に金泥が使われ、さらに装丁にも金や銀が使用されて豪華な作りになっている点が挙げられる。

二十四図の中でも、女性達の華やかな衣装を立ち姿で描く九図・十図「垣間見」と六図・七図「婚礼」が、一続きの場面として合計四図取り上げられていることや、出産の場面が描かれていることなどを勘案すると、画帖に仕立てる以前の『ことさの図』は結婚前の女性を対象に制作されたか。絵と装丁のきらびやかさとも相俟って婚礼道具の一つとして用いられた可能性も考えられる。いずれにしても裕福な依頼主が想像される。（出産の場面（二十二図）については、次頁・補論Ⅱ「二

「ことさの図」画帖の並び

1【八図】

2【十三図】

3【十五図】

4【一図】

5【十一図】

6【二十一図】

7【十八図】

8【二十四図】

9【四図】

10【三図】

11【二十図】

12【二図】

13【五図】

14【六図】

15【二十三図】

16【十六図】

17【十四図】

18【十二図】

19【九図】

20【七図】

21【二十二図】

22【十図】

23【十九図】

24【十七図】

十二図の出産場面について」を参照されたい。）

なお『ことさの図』は宴席だけでなくその祝いの料理をするなど舞台裏まで含めて婚礼の場面を描く、いわば婚礼の一部始終をパノラマ的に展開させることで場面の祝祭空間を印象付けて描いている。同様の絵は、『鼠草紙』（サントリー美術館蔵）や『藤袋草紙』（同美術館蔵）に見ることができる。（２０５頁参照）

また出産の絵についても奈良絵本にも描かれており、たとえば楊暁捷氏が『絵入り本研究集会　資料集』（名古屋大学文学研究科　二〇一一）の中で、『しほやきぶんしょう』（京都大学蔵）・『毘沙門の本地』（慶応義塾大学蔵）・『いはや』（駒沢大学蔵）・『平家物語』（明星大学蔵）・『きふね』（フォッグ美術館蔵）・『義経記』（慶応大学蔵）・『宇津保物語』（京都大学蔵）・『花世姫』（広島大学蔵）の八点の図像を紹介されている。

補論Ⅰ　六図・七図の婚礼場面について

『ことさの図』では、婚礼の舞台裏である調理の場面やこれを運ぶ場面などを含めて宴をパノラマ風に描く。ちなみに絵巻にも同様の表現方法が見られ、その例として『鼠草子絵巻』と『藤袋草子』などが挙げられる（左頁参照）。これらは共に室町時代の作品で、人間と動物が結婚する異類婚姻譚を描いたものである。『鼠草子絵巻』は、鼠の権頭が人間の姫君と結婚するものの正体が露見して出家する物語を、一方の『藤袋草子』は猿にさらわれてこれと結婚した娘が、助けてくれた狩人と結ばれる物語を描く。『ことさの図』と同じく新郎新婦がいる晴の場に続いて、動物たちが調理する様子がパノラマのように展開している。

補論Ⅱ　「二十二図の出産場面について」

二十二図は若君が誕生する場面であるが、これは江戸時代の富裕層のお産のあり方を背景に描かれているものと考えられる。

【図1】は奥村正信筆『紅白源氏物語』「紅葉賀」巻における藤壺出産の場面である（宝永六年（一七〇九）国立国会図書館蔵）。

嬰児に産湯を使わせているところから出産後に産婦が養生している図と推測できる。屏風で囲った空間に一段と高くしつらえた椅褥（いじょく）があり、産婦はそこに座っている。椅褥とは産前産後の休息に使用するものであり、『婦人ことふき草』に次のように記されている。

> 産婦時にのそんて腰臍腹いたみ甚つよく坐臥するにたえかたく椅褥に坐する事も堪えかたき時をうかゝひ褥をさりて―中略―凡婦人産しおはらは目を閉て坐し須臾にして椅褥に坐せしめあるひは仰臥すへし

江戸時代には、この図のように部屋にしつらえる椅褥の他に、産椅と呼ばれる椅子の形状をした台座があり、折りたたみ式のものもあった。富裕層の間では漆塗りの産椅を婚礼の調度品として持参させることもあったという。京都の洛東文化館はその現物を所蔵している（杉立義一『お産の歴史』集英社新書　二〇〇二）。

鼠草子絵巻　巻三（サントリー美術館蔵）

藤袋草子（サントリー美術館蔵）

【図2】から【図5】の四枚は、いずれも『婦人ことふき草』(国立国会図書館蔵)に掲載されている図である。

『婦人ことふき草』とは、医学者香月牛山(一六五六～一七四〇)による書物で、妊娠から産後の養生に及ぶ様々な注意事項を記した医学書である。主に中国医書を引用してその内容を紹介し、日本の民間に伝わる俗説にも触れながら著者の見解を交えて解説している。お産に関する三十六の説を記す中に、これらの図が挿入されている(【図2】から【図5】の掲載順は上掲書の通り)。

【図2】では、産婦が厚い布団様の椅繻に休んでいる。御簾があることや服装などから【図1】同様、裕福な女性の出産を描くものと思われる。『婦人ことふき草』によれば、この場面は薬石を焼いて米酢にひたし、部屋を薫じて産後の疲れを癒している。

【図3】では、天井から吊した力綱の下で産婦と女性が手を取り合って出産に臨み、お産の直後に産婆が赤子に産湯を使わせている異なるふたつの時間を同図に描いている。産婦がもたれかかる椅褥は、薄い布団を幾重にも重ねた上に大きな布をかけたようにみえる。

赤子を取り上げる人物は、【図1】が王朝風の衣装や髪型であるのに比べて、【図3】は単衣の袖を腕まくりした老婆である。また【図1】の藤壺図では塗物様の盥で赤子に産湯を使わせているが、この老婆が使っているのは板組の桶のような仕上げの盥である。『ことさの図』に盥は描かれていないが、屏風に囲まれた椅褥様のもので休養する構図は【図1】・【図2】と共通する。

【図4】では、産婦が座った椅子の後ろの方に屏風がすけて見えている。この産椅は板を組み合わせた形状をしているので、組み立て式のものか。

ちなみに『婦人ことふき草』は、椅褥に坐すのは産後一両日だけで、数日後には布団に休ませるのが望ましいが、「本朝富貴の家」は産婦を大切にする余りに長く椅褥において、心身ともに疲労させてしまうと注意を促している。

【図5】は屏風の後ろに産婦が椅褥で休養している。その前で男性が滋養強壮のために魚を調理している。

以上五つの椅褥の図には、『ことさの図』二十二図によく似たものが認められる。『婦人ことふき草』の椅褥に関する記述には、「曲彔のごとくこしらへ三方は板をかこみ一方は口にして」とあり、二十二図にも肘かけ椅子様のものが描かれており、【図1】にも同様の椅褥が描かれている。(左頁参照)

以上のように、二十二図は江戸時代の富裕層における出産、産後の養生の習俗が背景にあると考えられる。

【図1】 奥村政信　版本『紅白源氏物語』紅葉賀
宝永６(1709)年（国立国会図書館）

【図2】 版本『婦人ことぶき草』
下六ノ二（国立国会図書館）

【図3】 版本『婦人ことぶき草』
下六ノ五（国立国会図書館）

【図4】 版本『婦人ことぶき草』
下六ノ十一（国立国会図書館）

【図5】 版本『婦人ことぶき草』
下六ノ二十（国立国会図書館）

付　愛知県立大学蔵『ことさ』伝来物語

小谷成子
こたに・しげこ

愛知県立大学蔵『ことさ』（『住吉物語』貼込画帖二十四図）の函には、松永安左エ門の手紙が添えられている。その函には以前の函の一部と思われる木片も残されていて、かつての持ち主の心が偲ばれる。

手紙の筆者安左エ門（一八七五〜一九七一）は、長崎県壱岐の生まれ。慶應義塾で学んだ後、日本銀行行員・石炭商を経て、福博電気軌道の設立・東邦電力などの電力事業を経営し、戦後の民間電力体制のもとをつくるなど「電力の鬼」と呼ばれた。

安左エ門は、三井財閥の統帥、鈍翁益田孝（一八四八〜一九三八）、生糸の貿易商・三渓原富三郎（一八六八〜一九三九）等との交流も深かった数寄人でもあり、論語の「耳順」からとって「耳庵」と号した。彼の収集した大名物有楽井戸茶碗をはじめとする古美術品類は、戦後間もなく国に寄贈した。三渓から贈られた茶室春草廬は、江戸時代の豪商河村瑞軒（一六一八〜一六九九）のものであり、現在は東京国立博物館の庭園内にある。戦後収集した美術品類も国やゆかりの美術館等に寄贈された。その最たるものは、平安時代の仏画『釈迦金棺出現図』である（現在は京都国立博物館蔵）。

手紙は二通あり、内容は次のようである。

①

啓

松永一子儀

国立東京病院入院養生中之処薬石効無く去る十月八日逝去仕
候右ニ付同人ニ深き縁故有る御方様ニ対シ本人の遺志に基き
乍軽少遺品贈呈致度候何卒御笑留願上候　敬具

昭和卅三年十一月八日　松永安左エ門

□様

②

逝く水の留めもあゑず行く人のよべど帰らず梓弓老ひの身の
五十五とせ永き歳月を共に暮らせし其人の親しき人江亡き人
の記念の品をわかたむとうすき目をもてつとむるも悲しきな
かの喜びにぞあるらむ

亡き嬬のかたみのしなをさだめむとおひの目うすき秋の笥かも

昭和卅三年十一月八日　松永耳庵

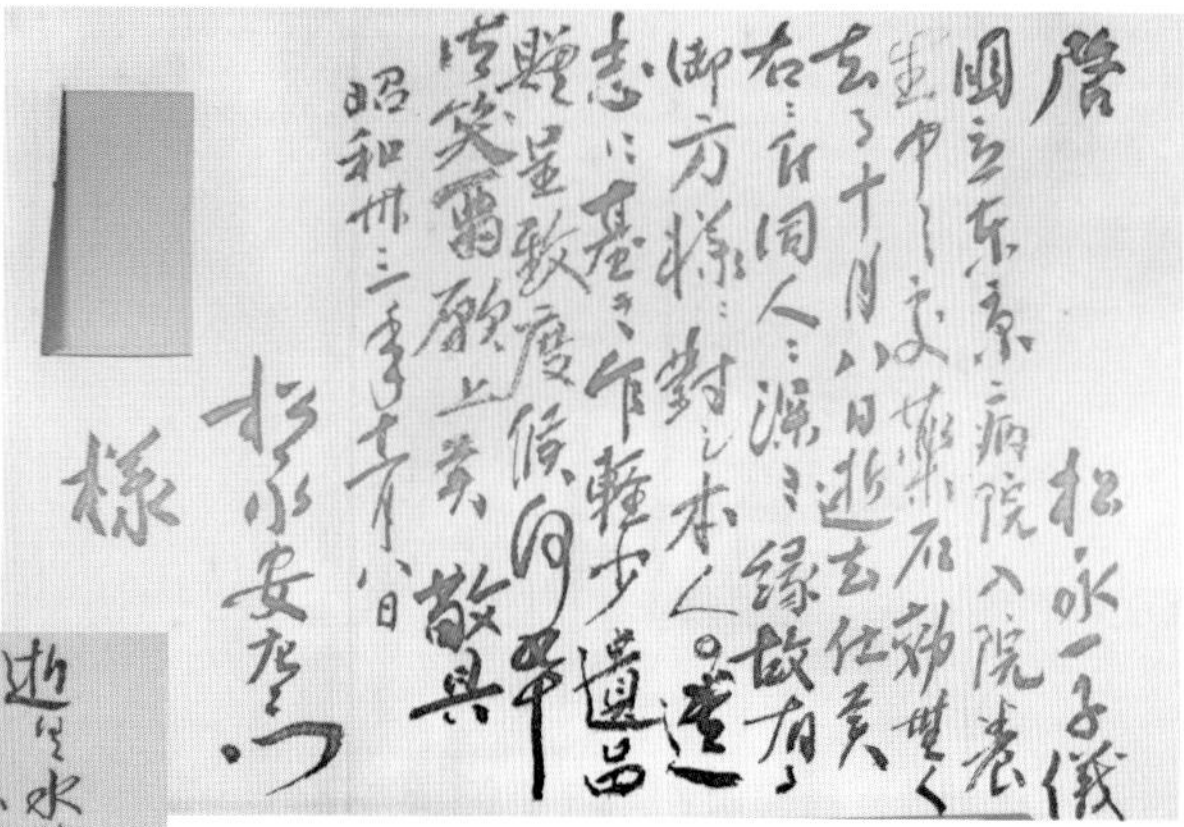

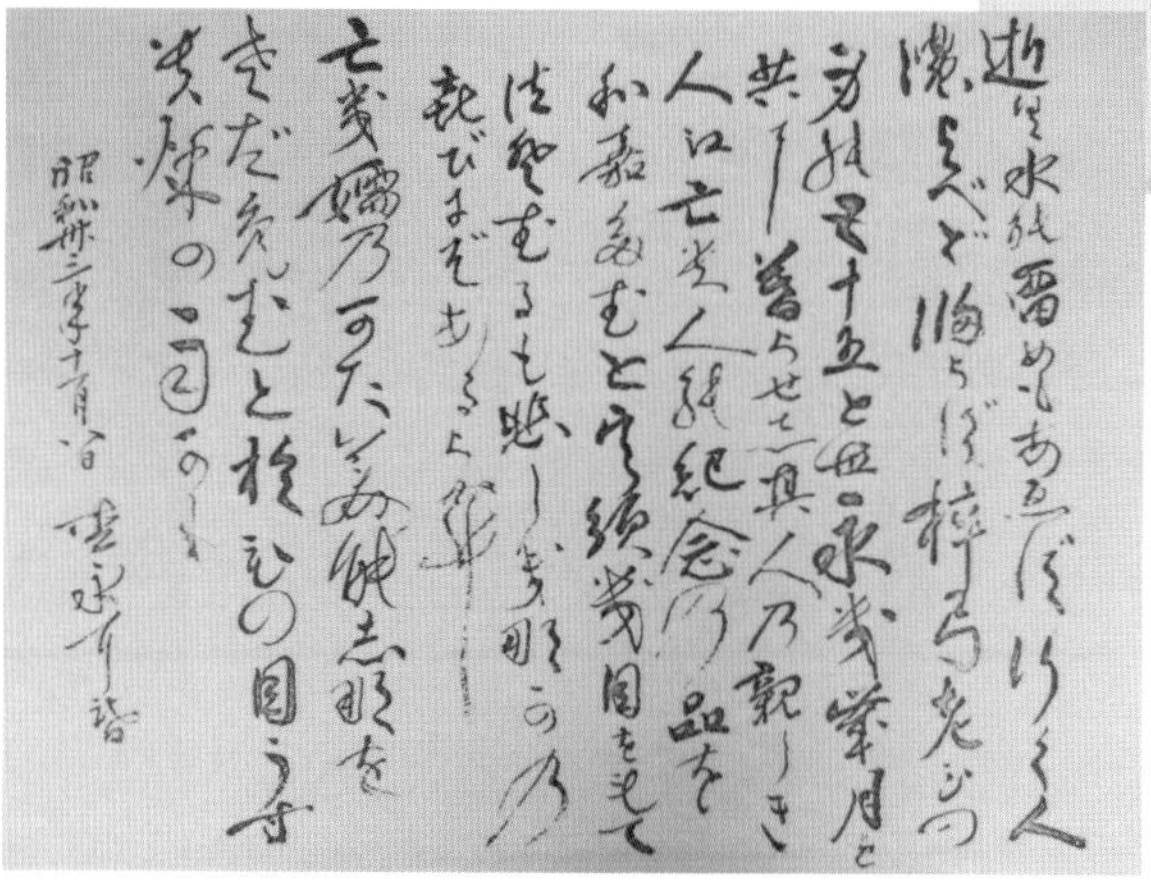

安左エ門の妻一子の形見分けの品に添えられた状である。本人の遺志を基にしたものであった。手紙は安左エ門自筆の文をコロタイプ印刷したものである。封筒の表には「名古屋市」とあり、宛名部分は手紙と同様に切りとられ、その下に「様」とある。裏には「小田原市板橋五一七　松永安左エ門」の朱印がある。

　妻のこと、その死のことについては、安左エ門自身が『可笑しけりゃ笑え』[*1]の中で、「私一人での家内の葬式」と題して「私たちは見合いで結婚した。家柄がいいという理由で中津の竹岡という旧家の娘をもらったのだ」（一四三）と書いている。続けて次のようにある。

　「松永さんは奥さんが亡くなったので裏の山に穴を掘ってうめてしらん顔をしているそうだ」といううわさが立ったそうだが、めんどくさいから通知もやめていたが、それでも三百人ばかりの人々には何とかかんとか記念品を贈ったり何かして通知にかえた。（一四五）

添状がコロタイプ印刷となったことも肯けよう。ついでながら、夫妻の墓は、埼玉県の平林寺にある。

　力強く独特の味わいのある筆跡の手紙からは、ながく連れ添った妻への思いがにじむ。割烹吉兆社長の湯木貞一が妻を亡くした時に送られたくやみ状からもうかがえる。『松永安左エ門著作集　第五巻』の月報の湯木貞一「心のよりどころ」から引いておく。

　何んと永らくの御連れ合が此二三日前御亡くなられの由承り驚入

り。私も三年前の経験有之、此位一生ニ深き悲を感じる事は有りません。御察しします併せて遥か御冥福を祈り上げます。私の事を思い出しますとアレカラ慰メとして朝夕独楽の茶を伴侶とし、又研究所の仕事に精根を傾け一切妻の事ヲ忘レル事に骨折りマシタ。老妻が死ンダ翌月富山に出掛け丁度十一月三日のお昼有峯のダム視察ニ心を紛ラシ、鉄兜を被って向フニ薬師山ヲ拝シテ自然と亡妻ノ冥福ヲ此霊山ニ祈リ、一服ノ茶ヲ拝服シマシタ。尊厳神聖慈愛清浄限リ無く仏徳ヲ満身ニ浴ビマシタ。

安左エ門の件の手紙には、亡き妻への長歌と反歌があり、そこには万葉調が感じられる。これは『桑楡録』[*2]に「根をおろした茶道」と題した文章にひびきあうものであろう。簡素正直な美を北欧に見い出して、「ここに日本万葉初期の和歌にも通じ、紹鷗、利休の茶道美に通ずる静寂の美が生まれる」（一二五）と述べている。

また「古土佐」については、『茶道春秋』[*3]（二五九）に「古美術はなぜ好いか」と題した文章中に「古土佐の雅秀な絵巻物」と表現していることがおもいあわされる。

名古屋は安左エ門が東邦電力（今の中部電力）時代に活躍した土地であり、彼の号一州（壱岐に因む）からとった一州町は、かつて火力発電所を設けた所であった。それにもまして、名古屋は彼のお茶につながる人々の多い所であった。

『ことさ』は名古屋と深くかかわった安左エ門から、妻の遺品として名古屋の人に贈られた。

今後、この『ことさ』が、名古屋の地を終いの栖とすることをおもうと、何か因縁めいたものを感ずる。

以上は、『ことさ』が安左エ門ゆかりの品であるならばの伝来である。その確証は見つけていない。

注

＊1　松永安左エ門『松永安左エ門著作集　第四巻』（五月書房、一九八三）所収。
＊2　松永安左エ門『松永安左エ門著作集　第五巻』（五月書房、一九八三）所収。
＊3　注2に同。

愛知県立大学所蔵　版本『古今著聞集』の挿し絵

中根千絵（なかね・ちえ）

しかしながら、これまでの研究では、その挿し絵について言及されたことはなかった。その挿し絵そのものは、特に建物の描き方が稚拙であり、専門の絵師によるものとも思いがたく、その芸術的な価値からすれば、論じるに足らないものといえるかもしれない。ただ、『古今著聞集』が人口に膾炙するのに版本は大きく寄与したものと考えられ、その中でどのような話に絵が付けられたか考えることは、江戸時代の『古今著聞集』の受容を考えるうえで重要なことと考える。

そこで、挿し絵がどの話に付されたのか一覧してみたい。この版本で不思議なのは、その絵を現すと思われる内容の箇所に絵が挿まれていない場合が多く、前後の文章の内容とは必ずしも一致していないことである。従って、まずは、裏表一丁の形で二枚の絵がさしはさまれているその絵が各巻ごとにどの話と対応しているのかを考えてみる必要がある。

はじめに

『古今著聞集』は、鎌倉時代成立の説話集であるが、それが江戸時代になると挿し絵を伴って出版されることになる。版本には、元禄三年版と明和七年版のものがあるが、その内容に関していえば、明和七年版のものは、元禄三年版の版木を使ったものと思われ、同じ挿し絵と文章である。出版元の本屋は異なり、元禄三年版は京都の寺町通りで仏書を主として扱っていた本屋と江戸の本屋の手になるが、明和七年版は大坂の本屋の手により出版されたものである。その本文については、すでに永積安明氏によって論じられている。[*1] それによれば、本文は諸本のうち、最も誤脱の甚だしい本であり、各所に一行から数行を脱落し、巻四文学篇の徳大寺左大臣の話と巻十六興言利口篇の七条院の権大夫の話と巻十六興言利口篇の「或ひらあしだ名僧ありけり」の三つの話を欠いていることが指摘されている。

一　挿し絵の分析

挿し絵は各巻ごとに四から六の場面が挿まれており、全部で一〇〇枚ある。まず、挿し絵の話柄を特定するにあたって、全体を通して手がかりとなることとして次のことが挙げられる。それは、宮中や宮中の儀式の場面や身分の高い邸宅には松の木があること、宮中の天皇近くの場面には何かの幕が右側に張られていること、天皇は御簾ごしに表現されていること、川や岩の場面は意識的に同じような形で描いていること、身分や場所によって立烏帽子と張烏帽子と冠が描き分けられていることなどである。全体を通してそのような特徴が見られることから、描かれた人物を見ていただけではわかりにくい場面もそうした約束された絵のコードから読み解くことが可能となる。また、基本的に話の順番に描かれており、挿し絵の順番はランダムではない。従って、わかりにくい巻の場面もそのルールに則って考えることでどの話か特定できる。また、二つの挿し絵が同じ話を現す場合、特に、人物が描かれていない場合には、建物の類似性で判断することができる。以上のような全体的な特徴に加えて、絵のさし示す特徴的なアイテム、モチーフ、人物の表情などから一つずつ挿し絵に検討を加えていく作業を行った。

その分析結果を以下に表の形で示しておく。

＊絵に対応する話一覧（左記の上の番号は巻数を示し、下の番号は新潮日本古典文学集成『古今著聞集』に付された説話ごとの番号に従ってつけたものである。以下、番号で示す際はすべて同じ。（　）に入れた番号は絵の前後の文章の番号を参考までに付したものである。）

1—1篇全体（1—1）
1—8（1—1）
1—19（1—6）
1—19（1—6）
2—35（2—36）
2—35（2—36）
2—42（2—46）
2—50（2—46）
3—76（3—81）
3—92（3—82）
3—105（3—99）
3—105（3—100）
4—109（4—115）
4—127（4—115）
4—137（4—136）
4—137（4—146）
5—143（5—153）
5—153（5—153）
5—167（5—167）
5—177（5—167）
7—286（7—290）
7—286（7—290）
8—323（8—313）
8—323（8—313）
8—331（8—329）
8—331（8—329）
9—339（9—340）
9—339（9—340）
9—346（9—347）
10—355（10—355）
10—355（10—355）
10—368（10—367）
10—368（10—367）
10—376（10—377）
10—376（10—377）
10—381（10—382）
10—381（10—382）
11—385（11—385）
11—393（11—385）
11—405（11—396）
12—425（12—423）
12—432（12—423）
12—436（12—436）
12—441（12—436）
13—450（13—451）
13—464（13—451）
13—466（13—466）
13—466（13—466）
14—478（14—477）
14—478（14—477）
15—482（15—482）
15—486（15—482）
15—498（15—489）
15—498（15—489）
15—504（15—504）
15—504（15—504）
16—512（16—512）
16—520（16—512）
16—531（16—520）
16—543（16—520）

5—186（5—177）
5—201（5—177）
6—242（6—244）
6—244（6—244）
6—250（6—251）
6—250（6—251）
6—258（6—264）
6—260（6—264）
6—272（6—266）
6—265（6—266）

11—405（11—396）
11—410（11—412）
11—410（11—412）
12—422（12—423）
12—422（12—423）

17—582（17—596）
17—596（17—596）
17—604（17—610）
17—609（17—610）
18—613（18—629）
18—619（18—629）
18—644（18—634）
18—644（18—634）
19—656（19—649）
19—656（19—649）
19—657（19—655）
19—657（19—655）
19—658（19—662）
19—668（19—662）
20—676（20—678）
20—676（20—678）
20—678（20—680）
20—678（20—680）
20—682（20—682）
20—682（20—682）
20—684（20—684）
20—684（20—684）
20—718（20—718）

跋

このように、最初と最後の挿し絵以外は、一つの話に一つの絵が対応するように描かれている。次節では、そうした結論にいたった過程を示しておきたい。

二　挿し絵を特定する過程

まずは、各挿し絵の描写されるものとその絵を読み解いた結果、特定し得た人物や建物などを概観しておきたい。

1—1　神社の建物　篇全体

1—8　貴族・僧兵　戦い　貴族の屋敷前
　関白の屋敷前　延暦寺の僧兵の強訴

1—19　高僧・拝礼する立烏帽子の貴族　神社
　熊野本宮（証誠殿）　徳大寺実能　高僧による
　夢のお告げ

1—19　仕える者、二人。刀。神社の建物の続き
　人夫（垢離の水を汲んだ人夫か。）

2—35　木の上の武者・鉾の上の四天王　戦い
　聖徳太子と榎木の上の守屋

2—35　逐う武者一人対逃げる武者二人
　続き

2―42　龍と祈る僧　渓谷
　　　　　　　元興寺の童子の生まれ変わりの
　　　龍と龍の苦を救おうと祈る観海法師
2―50　座産の女性・僧・赤子を抱いた者　松
　　　胡国の僧が自分の胎内に宿った夢を見た后。
　　　（性信二品親王の母）
3―76　御簾ごしの天皇　張烏帽子の髭の男　松
　　　幕　村上天皇に直接政道のことを尋ねられた役
　　　所の下働きの老人
3―92　屋敷内の冠の貴族・仕える者・庭の馬
　　　隆国・公武・頼通からの馬
3―105　冠の貴族　庭の異国の姿の二人
　　　「蕃客のたはぶれ」蕃客の儀礼を模した遊び。
3―105　御簾と対面する冠の貴族・幕・松
　　　後鳥羽院の天皇への使い（賭弓の行事の真似を
　　　とがめる使い。）
4―109　文章を読む二人の冠の貴族　松
　　　白紙文集から優れた漢詩を選ぶことを命じられ
　　　た大江朝綱・菅原文時
4―127　文机に多くの書物を置き、向かいあう冠の貴族三人
　　　大学寮の教授の選考
4―137　文机前の冠の貴族、振り返って掛けてある衣を見る
　　　恩賜の衣を見る菅原道真
4―137　建物の続き。松　　　　続き
5―143　僧・冠の貴族、手に紙を挿んだ枝
　　　玄賓僧都、位記を樹枝にはさみ逐電。
5―153　異国の二人　寺　　　唐人二人の連歌
5―167　大きな弓をもった仕える者
　　　蒔絵の弓を友人に返す
5―177　祈る女・馬に乗る男　象の木鼻の神社
　　　小大進の女房・北面の者・北野天満宮（御宝
　　　殿）
5―186　琴を弾く女と扇子と鉢をもつ物乞い法師
　　　琴の音を寄進した女の話
5―201　女性・手紙をさしだす大柄な童子　松
　　　和泉式部・「大きやかなる童の文もちてたたず
　　　みければ」
6―242　童舞。山形の冠・バチ　船の上
　　　天冠をして納蘇利
6―244　管弦。　川のほとり　　式部卿の宮　河陽離宮　船から
　　　信義の笛の音
6―250　笛を奏す立烏帽子の貴族と龍
　　　篳篥吹遠理　雨乞い　洪水
6―250　建物の続き。　　　　続き
6―258　冠の貴族と楽人　　　大江匡房と狛光季
6―260　天皇と冠の貴族たち　管弦
　　　堀川天皇（笛）・白河院（簾中）

6―272	鉾をもった舞　楽所幕　松	散手
6―265	箏を弾く立烏帽子の貴族・犬を追い払う張烏帽子の男　松	福天神の憑いた病者・馬の助
7―286	冠の貴族二人と文机の前の僧	空海
7―286	冠の貴族二人	続き
8―323	僧　稚児二人（一人は若衆姿）	仁和寺覚性法親王　寵童の千手・三河
8―323	景色のみ	続き
8―331	冠の貴族四人　鞠	なよ竹物語の蹴鞠の場面
8―331	男と女性　几帳・烏帽子の男　松	なよ竹物語
9―339	張烏帽子の武士と女　刀をもつ僧　碁盤	源義家、法師の妻と密会。僧、碁盤を楯にする。
9―339	牛車	続き
9―346	侍烏帽子の二人　弓矢　的	滝口の武士、大極殿で賭弓
9―346	建物の続き	続き
10―355	烏帽子の男　市井の見物人三人	二条大路での競馬
10―355	競馬の二人　烏帽子の男　前と同じ構図	続き
10―368	仕える者、馬にぶらさがる男（頭に冠などなし）侍烏帽子の男	「馬副ひ、引きまろばかされ」（競馬の折なら冠をしている。）
10―368	風景の続き	続き
10―376	馬が引く車　侍烏帽子の男	「馬車ひしとたてたる」おこまの権の守
10―376	黒駒・白駒　立烏帽子の男	続き。おこまの権の守が宮仕えした主人か。
10―381	高い足駄の女にさし綱を踏まれて振り返る馬	遊女金
10―381	風景の続き	続き
11―385	寺と僧・田と馬	仁和寺御室の絵からぬけでた馬
11―393	文机の前の姫三人	絵合わせ　相模・伊勢大輔・左衛門の命婦
11―405	侍烏帽子の二人と絵を見せる僧	絵師賢慶の弟子の法師　訴訟　両国司納得
11―405	侍烏帽子の二人　建物の続き	続き
11―410	冠の貴族・侍烏帽子、烏帽子の男・僧	鞠　成通の鞠の不思議。侍七、八人（その中に法師一人）

11—410　烏帽子、侍烏帽子の男　建物の続き
　　　続き
12—422　碁盤を囲む冠の貴族三人・冠の貴族一人
　　　朝隆、師能、成隆、能忠　列見で囲碁。朝所に
　　　て。
12—422　冠の貴族二人　建物の続き
　　　続き
12—425　仕える者五人　双六　鎌倉の修理の大夫時房の前で九
　　　郎三・三河房・信濃七郎など双六の勝負
12—432　門上の女性　下に棒、長刀の男二人
　　　朱雀門になまやかなる女房（盗賊）
12—436　左に棒を振り上げる男、右に男を捕まえる男
　　　西面の者、強盗交野八郎　今津の宿
12—441　刀を振り上げて旅人を追いかける二人
　　　大殿・小殿の盗人時代
13—450　舞人二人　笛　太鼓　楽所幕
　　　試楽
13—464　壊れた家と冠の貴族　後京極良経、故中宮権大夫家房
　　　の旧宅を過ぎ独吟
13—466　屋敷内の冠の貴族・庭先の立烏帽子の二人
　　　大納言基家・慈円・定家
13—466　建物の続き　続き
14—478　冠の貴族三人、馬に乗る
　　　九条道家、直衣で騎馬し、雪中の鷹狩りを見
　　　る。
14—478　風景の続き　続き
15—482　競馬の装束の二人がそれぞれ落馬
　　　秦近重と下野助友
15—486　冠の正装の貴族、御簾に拝礼
　　　白河院に召された時資、再三辞す。
15—498　僧　中央に磬　琴を弾く冠の貴族
　　　全舜法橋（臨終に磬を打つ）
　　　孝道朝臣（万秋楽を琵琶で弾く）
15—498　建物の続き　続き
15—504　男の上に刀をもって斬りかかる若武者
　　　小冠者と大力の大男の闘諍
15—504　建物の続き　続き
16—512　男を搦める男　馬　馬の上で寝ぼけ、人夫を搦める
　　　男
16—520　僧同士の相撲と見物の僧
　　　寛快と文覚の相撲
16—531　御簾ごしの天皇　僧　稚児　大きな数個の物
　　　後鳥羽天皇　歌を詠む泰覚　風流棚
16—543　輿に乗る僧　振り返る僧
　　　輿をかつぐ者　聖覚　供の力者法師
17—582　海辺に三人の男　海中に四基の塔

氷塔

17—596　僧と化け物　　五の宮の御室と水餓鬼

17—604　屋敷内の僧と縁側の下に隠れる天狗達

唯蓮房　天狗（縁のつかばしらのかくれ）

17—609　僧二人　刀をくわえる猫

観教法印　守り刀をとって逃げた唐猫

18—613　牛車に向かい合わせに乗る三人の冠の貴族

道隆「御車のうちに酒饌をまうけ」

18—619　杯をもつ冠の貴族、冠の貴族二人、烏帽子の貴族一人

宗輔、知足院・道良、政長・国信

18—644　多くの飯を食べる烏帽子の貴族　男

三条中納言某（大食）　医者

18—644　建物の続き　　続き

19—656　岩の上で笛を吹く冠の貴族

八月十五夜外で琵琶を弾く経信

19—656　景色の続き　　続き

19—657　手紙を読む冠の貴族　冠の貴族と女性

匡房の状を案じて読む師頼

19—657　屋敷の続き　　続き

19—658　冠の貴族二人　秋の前栽

前栽合わせ（萩・女郎花・薄・菊）

19—668　梅の木に和歌　立烏帽子の貴族

「梅の木にむすびつけさせられける御歌」

20—676　大仏・狐三匹・男二人　狐数百頭、東大寺大仏を礼拝

20—676　建物のみ　　続き

20—678　馬に乗る冠の貴族と鷹を手にする侍烏帽子の男

京上りの田舎侍と鷹飼い

20—678　鷹飼いと男　山道　天皇のもとへむかう鷹飼いと見張り

20—682　観音・女性・龍　一尺の観音現ず。むすめ・蛇

20—682　横になる若い男と驚く男　五位の姿をした男とむすめの父

20—684　女性・虫籠をもつ女性　「虫の籠を中宮の御方へ参らす」

20—684　建物の続き　　続き

20—718　龍と鷹の戦い　　耳のある大蛇と鷹の戦い

跋　河に橋、岩の風景（19—1と同じ構図）

以上が絵の構図とそれを読み解いた結果である。

次に、具体的にどのように読み解いたのかその方法の一端を示しておきたい。まず、巻一の二つ目の絵の右の文章は序文であるが、それは戦いの様子を現した絵とはあわない。この絵の構図は『平家物語』の版本に載る鼓判官（知康）が法住寺殿（後白河上皇の宮廷）の西門で木曽義仲の軍勢と闘う場面の挿し絵の構図に似ている。このことから、この絵は都の豪邸の門の前で闘う二つのグループを描いていると考えられ、そう考えると、巻一—八の関白に強訴する僧兵の話ではないかと推測される。

また、巻一の三つ目の絵は右にある文章の巻一第六話の文章には符

合しない。立烏帽子を被った身分の高い貴族と僧の構図から話として符合するのは巻一―一九である。巻一―一九は徳大寺実能が熊野に参詣して証誠殿（熊野の本宮・本地は阿弥陀如来）に通夜すると夢に高僧が顕れてお告げをするという話である。四つ目の絵は建物の構図から前の場面の続きを描いたものと思われ、そこには何も頭に被っていない男が二人、刀をそれぞれ前において座っている。この本の挿し絵全体から想定できることとして、頭に何も被らない男は貴族でもなく宮中にあがれるような身分の者でもなく、また、武士でもない。身分の高い貴族は、立烏帽子か冠を被り、身分の低い者でも宮中に出入りできるような身分の者は張烏帽子を被っている。また、武士は、侍烏帽子を被っている。これらのことから、この二人の男の身分は相当に低い身分の者ということになる。そこで、巻一―一九の話の内容にたちかえってみると、この話の内容の主軸は前の場面の徳大寺実能に告げられたお告げの内容にあることに思い至る。その内容とは、実能の熊野詣でに報酬なしでもいいとつき従った人夫が一人で垢離の水を汲んでいたことを讃ずるというものであった。内容に照らし合わせてみると、この絵はその人夫を描いたのではないかと推測される。ただし、その男の姿は人夫の姿というよりは江戸時代の髷を結った姿で描かれている。

巻二の最初の絵は右側に鉾の上に何かが乗っている状態で闘う者がおり、左側には大きな木があり、そこに闘う者が乗っている。この絵を分析すると、その鉾の先に乗るのが仏教を守護する四天王と解され、その鉾を持つのは聖徳太子であり、左の大きな木は榎木であり、そこに乗るのは氏神に祈りを捧げる守屋であると解される。その絵の裏にある絵は、武者二人を一人の槍をもった武者が追いかける絵である。この絵に直接該当するような文章は見あたらないものの、巻二は仏教の話柄がまとめられた巻であり、聖徳太子と守屋の話以外に闘いの場面を含む話がない。それ故、この絵は巻二―三五と結論することができる。三つめの絵は渓谷の風景の中に左に龍、右に祈る僧が描かれている。特徴的なのは、龍の姿であるから、巻二に龍が現れる話を探してみると、四二と六〇の二つに龍の話がある。六〇の方は澄憲が宮中で祈り、龍神に雨を降らせる話であり、場面は渓谷ではない。そうすると、四二が残る。四二は元興寺の童子阿古が師の僧に怨みを抱いて身を投げ、龍の身を得、それ以後、その身を投げた金峯山の渓谷を阿古谷と呼んだが、そこに龍の苦を救う為に観海法師が祈りを捧げたという話が書かれている。龍と対峙する落ち着いた雰囲気の高僧の姿は同話の前場面に描かれる龍の怒りに翻弄される阿古の師の僧の姿とは異なったものであるように思われる。本書の挿し絵は全体として、建築物の表現に稚拙な部分は見られるものの、人物の表情にはそれぞれの場面に応じた表情を付与しており、そうした観点からもこの絵は観海法師と龍の対峙の場面と推定される。

巻二の四番目の絵は左に赤ん坊を抱いた者がおり、真ん中に座産の姿とおぼしき女性がおり、右に僧の拝む姿が見られる。この絵は出産が主となる絵と考えられ、高僧の母の懐妊が描かれる五〇か五二ということになる。五〇は大御室性信の母后の懐妊、五二は平等院僧正行尊の母の懐妊の話である。ここで、注目すべきは、絵の左に描かれる松の木である。描かれる建物そのものは茬屋とみえて、さして豪勢な邸宅ではないが、本書の挿し絵を順番に見てみると、よく整えられた松の木が描かれる場合、そこに現される邸宅は、宮中か貴族の家であるという絵のコードが存在する。それゆえ、この絵に描かれる女人は身分の高い女性であると判断できる。また、この話そのものが懐妊に重点を置いた話となっている。性信二品親王が産まれる時に胡僧が后の夢の中に現れて「あなたの胎内に入ろう」と言った逸話は仏教の話柄が続く巻二の中で目をひく話柄であったかもしれない。

巻三の最初の挿し絵は、御簾ごしの天皇、その前に座るあごひげを生やした張烏帽子の男、左手に整えられた松の木、右の建物と外との境界には障子（絵だけでは、幕ともみえるが、天皇に近い空間ということを考えて障子と判断しておきたい）が見える。この障子は、年中行事絵巻の「内宴の段」に描かれている賢聖障子（内裏紫宸殿九間の間に立てられた九枚の障子）に似ている。あるいは、別の障子かもしれないが、ともかく話の場面が宮中という場であることを示したいとき、本書の挿し絵にはこの唐草模様の障子が描かれる。さて、巻三は政道・忠臣の巻であるので、天皇と臣という絵の読みとりだけでは、話を特定できない。ここで、注目されるのは、男の風貌である。男は、やや身分の低い者の被る張烏帽子を被っており、また、年齢的に年かさなのを示すあごひげを生やしている。これらの条件に合致する話は三―七六である。七六は、役所の下働きの老人が村上天皇から「今の政道を世間はなんといっているか」と尋ねられる話である。巻三の二つ目の絵は、屋敷内に冠を被った貴族とその屋敷の板敷きで何かを話す身分の低い者（頭に何も被っていない）と庭先の馬と馬の世話をする男が二人描かれている。ここでは馬が登場する話を探してみると三―九二のみが該当する。九二は、隆国が公武を通して頼通から馬を賜り、不満ながら陪従の役を務めたという話であり、この場面は、人物の表情と馬が登場していることから隆国が公武を通して馬を賜っているところだと判断される。巻三の三番目の挿し絵は、板敷きに冠を被った貴族が座り、庭先に異国風の姿の者が二人描かれている。ここでは、異国風の姿の者が注目される。異国の姿の者が登場するのは「蕃客のたはぶれ」、すなわち、外国からの客を宮中で正式にもてなす儀礼を真似て楽しんだという三―一〇五話である。巻三の最後の挿し絵は、冠を被った貴族が御簾の前に座っており、左手に松、右手に障子があるというものである。この絵は、松と障子という二つのものが、場面を宮中に限定しており、そう考えると、一〇五話の続きの、賭弓の行事の真似ごとをして遊んだことを咎めるために後鳥羽院の使いが天皇のもとに遣わされたという話を示したものかと推測される。

以上のように、先に示した表は本書に共通して見られる様々な絵の約束事に従って、それぞれの絵を読み解いていったものである。

三　挿し絵の付された話

ここまで、挿し絵をどう読み解いたかを記してきたが、ここで、少し触れておきたいことは、挿し絵を描いた人のことである。元禄三年に出版された本は京都寺町通りの永田調兵衛という本屋と江戸の武藤与惣兵衛、河崎七郎兵衛、高嶋弥兵衛の本屋から出版されている。永田調兵衛は仏書を多く出版した本屋として知られている。そうした環境を理解したうえで、挿し絵を眺めてみると全体として建築物は稚拙な描かれようなのだが、北野天満宮だけは象の木鼻という細かい部分が描かれ、建築物の描かれ方も正確である。このことから推測するに絵を描いた人は京都在住の人であったのかもしれない。

さて、そのような絵を描く人物が選んだ話とはどのようなものであったのか、最後にその選択の在り方を論じておきたい。まず、一つ注目されるのは、龍の絵の多さである。二―四二、六―二五〇、二〇―六八二、二〇―七一八の四つの話の挿し絵に龍が描かれている。そのうち、二―四二は阿古が転生した龍の話であり、その選択には特に違和感はないが、六―二五〇は雨乞いをして洪水が起こった話であり、文章そのものに龍が登場することはない。そもそも、この話の挿し絵としては篳篥を吹く遠理の絵でなくてはならないものが笛を吹く男の姿が描かれており、それ自体、不自然ともいえるのだが、巻六には他に龍の姿が現れてもよいような話が見あたらない。また、楽器の誤描写については、一五―四九八のように琵琶を弾く絵のはずが、琴を弾く絵になっており、一九―六五六のように琵琶を弾く絵のはずが、笛を吹く絵になっている。どうやら本書の挿し絵を描いた人物は楽器の種類を正確に描き分けるという気はなかったようである。二〇―六八二は蛇が娘のもとへと通う、いわゆる神婚譚であり、本来、描かれるべきは蛇である。また、二〇―七一八は耳のついた大蛇と鷹が闘う話であり、本来、描かれるべきは大蛇である。しかしながら、この四話にはいずれも同じ形の龍が描かれている。このようなことから、挿し絵を描いた人物は、話に龍そのものが登場しなくとも、龍の絵に関わると思われる話があれば、それを意図的に選んで、絵を付したのではないかと考えられる。

また、他に馬の描かれる場面が多いように感じられる。三―九二、五―一七七、一〇―三五五、一〇―三六八、一〇―三七六（二枚）、一〇―三八一、一一―三八五、一四―四七八、一五―四八二、一六―五一二、二〇―六七八といった具合である。この中でも、一〇―三七六の白駒と黒駒は馬車を引く馬たちなのだろうが、描かれる必然性はあまりないように思われる。また、江戸時代に人気を博し、大力の女の絵としてよく描かれた大井子、遊女金の話のうち、大井子の話に絵が付されず、一〇―三八一の大力の女、遊女金の話が選ばれたのは、もしかしたら、馬が中心となる話であったせいではなかっただろうか。その後の一一―三八五も画図の巻で絵から馬が抜ける話が選択されている。また、巻一四は遊覧の話柄を集めた巻で、その中で直衣で騎乗して雪の中、鷹狩りを見に行くという珍しい場面を選択している。巻一六は興言利口の巻であるが、馬の上で寝ぼけた者の話を選択している。このように、『古今著聞集』の話を通して読んだ際にはさして目立つことのない馬の登場する話が極立って多く採られているように思われる。

また、同様に全体に読んだ時には印象に残りにくい異国の姿の人が登場する話が二話とも選ばれていることは興味深い。三―一〇五の

「蕃客のたはぶれ」と五―一五三の唐人二人の連歌の話は、それぞれ公事の巻と和歌の巻の話であり、『古今著聞集』の内容に即してみた際には、特段、二つの話が選ばれる必然性はないように思われる。ただ、本書が出版されたのは元禄三年（一六九〇）のことであり、その少し前の天和二年（一六八二）、将軍綱吉の襲職を賀する朝鮮通信使が来ている。異国の人への興味関心が高まった時期であると察せられる。絵の中の異国の人の姿は大きな帽子をかぶっており、朝鮮通信使の一行の姿に類似する。岩瀬文庫所蔵「名古屋祭礼行列図」（江戸時代末刊）[*2]には、朝鮮通信使をモデルにした唐人の扮装をした人々の祭礼の様子が描かれており、まさに三―一〇五の「蕃客のたはぶれ」が江戸時代に行われていたことが知られる。そのような時代的状況の中で、挿し絵を描くにあたって、異国の人を映した話をことさら選択したものであったのかもしれない。

以上、挿し絵を中心に版本『古今著聞集』の分析を行ってきたが、描かれた絵の構図やモチーフが同時期の他の本の絵柄や流行とどのように関わるのかということについては明らかにし得なかった。それについては今後の課題としたい。

注

＊1　永積安明「古今著聞集傳本考（上）（下）」（『国語と国文学』一一―七、九　一九三四・七、一九三四・九

＊2　企画展「岩瀬文庫資料から見る！江戸時代の「異国」」西尾市岩瀬文庫の林知左子氏よりご教示いただいた。

【付記】本論は"Dimitrie Cantemir" Christian University での日本研究学会での発表を基にしている。当日、ご意見をいただいた方々に感謝申しあげる。また、絵の描写の仕方などについてご意見をくださった山下茜氏にお礼申し上げる。

1-19

1-8

1-1

2-35

2-35

1-19

3-76

2-50

2-42

3-105

3-105

3-92

4-137

4-127

4-109

5-153

5-143

4-137

5-186

5-177

5-167

6-244

6-242

5-201

6-258

6-250

6-250

6-265

6-272

6-260

8-323

7-286

7-286

8-331

8-331

8-323

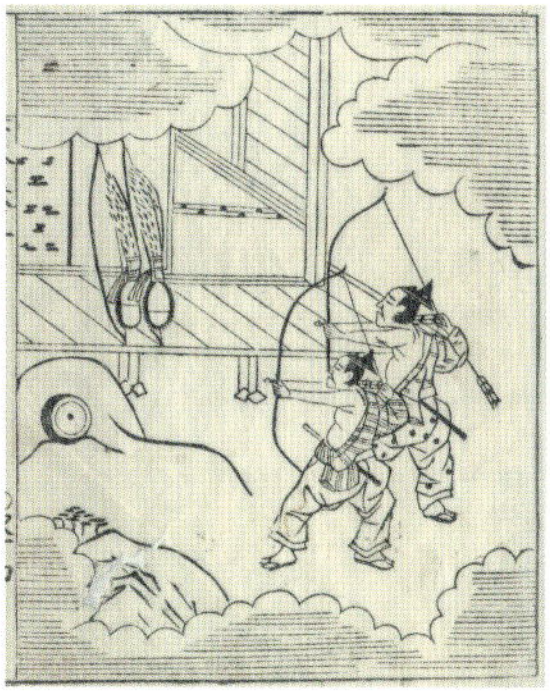

9-346

9-339

9-339

10-355

10-355

9-346

10-376

10-368

10-368

10-381

10-381

10-376

11-405

11-393

11-385

11-410

11-410

11-405

12-425

12-422

12-422

12-441

12-436

12-432

13-466

13-464

13-450

14-478

14-478

13-466

15-498

15-486

15-482

15-504

15-504

15-498

16-531

16-520

16-512

17-596

17-582

16-543

18-613

17-609

17-604

18-644

18-644

18-619

19-657

19-656

19-656

19-668

19-658

19-657

20-678

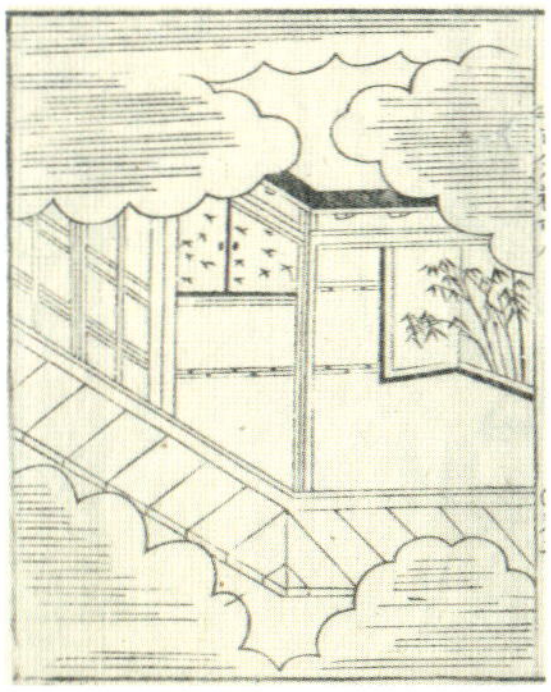

20-676

20-676

20-682

20-682

20-678

20-718

20-684

20-684

跋

愛知県立大学蔵 奈良絵本『しんきよく』と『太平記』絵入り本

長谷川 端（はせがわ・ただし）

一 書誌

奈良絵本『しんきよく』三冊

表紙　紺色草花表紙　や、厚手　14・5×17・7㎝
　表紙裏は横雲の模様

本文

字面高さ　14㎝

一面　13行　各行18・19字

本文用紙　間似合紙

題簽　中央に紅色短冊（11・9×2・8㎝）
「しんきよく　上」（中・下）

墨付　上巻13丁　中巻12丁　下巻11丁

絵　上巻3面　中巻4面　下巻3面　計10面

書写年代　元禄頃

太平記版本

一　寛文頃刊大本（西荘文庫旧蔵本）

表紙　褐色原表紙　26・5×20・0㎝

題簽　中央に書題簽　17・7×3・1㎝「太平記　十七　十八」

絵　巻十八「春宮還御（とうぐうくはんぎょ）の事付一の宮御息所（みやみやすどころ）の事」の該当部分に16面

刊記　里兵衛画之

二　元禄十年刊横本

表紙　紺色原表紙　13・7×19・4㎝

題簽　中央に「太平記　十七之（欠）」12・3×3・2㎝

絵　該当箇所に二面

刊記　元禄十丁丑歳十一月吉日
　摂城大坂心齊橋筋
　書肆　保武多伊右衛門梓

三　元禄十一年刊本

表紙　褐色原表紙　12・8×18・4cm
題簽　左に「入（ゑ）太平記　十七之二十」子持ち枠14・5×2・2cm
絵　該当箇所に三面
刊記　元禄拾壱年
　　戊寅正月十一日
　　　洛陽書林等開板

二

愛知県大本奈良絵本『しんきよく』の第一図は、「くわさんのそうしやうへんせうを／つらゆきか／うたのさまは／えたれとも／まことすくなし／（中略）古今（こきん）の／しうにも／かきたり／かし」とあり、4オに第一図を置く。この絵は一宮が、縁に座す右衛門府生秦武文らしき男の手前に、衣裳かと考えられる物を置いている点が注目される。左側に蔵人かと思われる男が頭を下げて座っている。庭に松が描れている点は版本一も同じである。縁に座す男が烏帽子姿であるのは当然だと思われるが、版本一では親王と同じく冠姿なのは、ちぐはぐな感じを与える。

絵本『しんきよく』の第二図は、何とも奇妙な絵である。庭先に置かれた円座に座って扇を開く一宮の視線は室内に向いているけれども、そこには琵琶を弾じている女性の姿はなく、琵琶と琴が描かれているに過ぎない。一方、版本一では、「いのるとも神やはうけんかけをのみたらし川のふかきおもひを」の次丁（又32オ）に、牛車を下りて邸内をのぞく一宮、「見る人ありともしらざる躰にて」御簾を高く巻きあげて、「としのほど二八ばかりなる女房の、いふはかりなく」（この部分『しんきよく』は欠く）「あてやかなる」人が、外から扇越しにのぞく公卿に気づいて恥じらう姿を描いている。部屋には先き程まで手にしていた琵琶が描かれ、二人の女房が縁に侍している姿もある。本文に忠実な絵だといえよう。

版本一では続いて、一宮が今出河右大臣公顕女あての恋文を秦武文に托す絵（又32ウ）、言い寄る宮に対して、つれない公顕女を描く絵（又36オ）があり、更に儒者式部少輔英房が『貞観政要』を読んで、唐の太宗の事蹟を語る部分が『太平記』本文に則して描かれている（又36ウ）。奈良絵本ではこれら三つの絵を全て欠いている。

二人が出会って十月（とつき）余りになった時に天下の動乱が起り、一宮は土佐の畑へ流され、御息所である公顕女は、「ひとりみやこにと丶まりて／あけくれ／なけきしつませ／たまふ」（12ウ）。ここで上巻は終るのであるが、12オに第三図があり、御息所の前に侍女と童とが座っている。童は本文に見えず、理解に苦しむ。

三

絵本『しんきよく』中巻の冒頭は、

せめてなきよのわかれなりせはうきに
たえぬいのちにてむまれあはんのちの
ちきりをもたのむへきにこれはまた

『しんきよく』上巻　第１図

『しんきよく』上巻　第２図

『しんきよく』上巻　第３図

『太平記』又 32 オ
版本一

『太平記』又 32 ウ
版本一

『太平記』又 36 オ
版本一

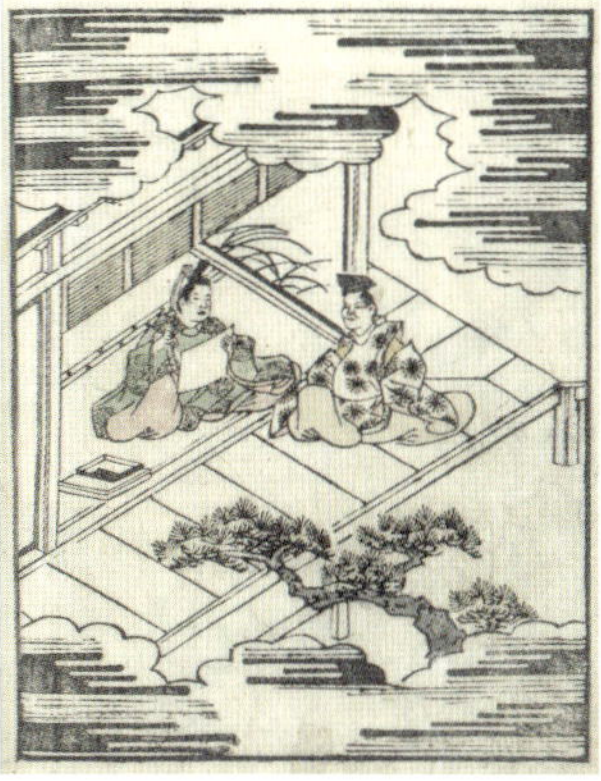

『太平記』又 36 ウ
版本一

おなし世なからうみ山をへたて、た
かひに風のたよりのをとつれをもき
かせたまはす

と『太平記』にほゞ同文である。土佐の畑へ流された一宮は警固の有井庄司の勧めで、御息所を都から喚び寄せようと、「たゞ一人召つかはれける右衛門府生秦の武文と申随身」を送り出す。版本一では、「一条ほり川の御所へ参りたれば、むぐらしげりて門をとぢ、松の葉つもりて道もな」く、「かなたこなたの御ゆくすゑをたづねゆ」き、「ふかくさの里に松のそてがきひまあらはなるに、つたはいかゝりて、いけのすがたもさひしくみぎはの松のあらしも秋すさまじくふきしほりて」（39オ）「たれすみぬらんと見るものうげなるやどのうちにびわをたんずるをとしけり」と『平家物語』巻六「小督」の再話となっている。版本一では又39の表で、一宮からの文箱を持った武文が枝折戸の前にたゞずみ、部屋の中では御息所が琵琶をかき鳴らしている図柄（又39オ）を描き、一続きの又39のウでは、武文から一宮の手紙を渡された御息所が涙ぐみ、顔の描かれている侍女は憂い顔、庭に伺候する武文も涙をこらえている姿が描かれている。更に築地塀には大きな穴があき、蔦まで描く入念さである。

この部分絵本（4オ）では、武文は縁に座り、御息所は部屋の奥、屏風の前に座り、侍女が武文に応待している。庭に松が描かれているのは約束事といえる。一宮の手紙に感動した御息所は、「よしやいかなるひなのすまゐなり共其うきにこそせめてはたえめ」と決心して、都の住居を後にする。ここから武文の活躍は実に頼もしく、話は武文物語の体をなしてゆく。

御息所を「まづあまがさきまて下しまいらせ」た武文が「渡海の順風」を待っていた時に、「つくし人に、松浦五郎といひけるぶし」が御息所に目をつけ、武文の下部に酒を飲ませ引出物を与えて、この女性の正体を聞き出す。松浦は悦んで、「此ころいかなるみやにてもおはせよ、むほん人にてながされ玉へる人のもとへ、しのんで下り給はんずる女ばうをうばひ取たり共、さしての罪科はよもあらじ」と略奪を決意する。『太平記』中でも、高師直による塩冶判官高貞の妻、「先帝の御外戚早田宮の御女」に対する横恋慕が、面白おかしく描かれている。

松浦五郎は郎等たちに御息所の宿所を昼のうちによく見せておき、夜に入って三十余人の郎等が侵入し放火する。武文は御息所を背負い海岸に出て便船を探す。漁の船を招いて御息所を乗せ、自分は宿に置いてある御息所の御所持品を取り、御供の女房達をつれに戻る。我が船に御息所が乗せられたことを奇貨とした松浦は、「これまでぞいまはみなふねにのれ」と命令し、「郎等けんぞく百よ人とるものもとりあへず、みな此ふねにとりのつてはるかのおきにぞこぎいだしたる」と語られる。

版本一の、又42オは武文が、宿に押入ろうとする松浦の郎等に立ち向う図柄、又42ウは燃える宿所から御息所を背負って侍女と共に外へ出た武文が松浦の郎等を睨みつける図となっている。県大本では中巻第二図に武文が御息所を背負って、松浦の船に乗せようとする場面、第三図は、順風を得て海上を走る大船を追って、海へと漕ぎ出す武文

『しんきよく』中巻　第1図

『しんきよく』中巻　第2図

『しんきよく』中巻　第3図

『しんきよく』中巻　第4図

『太平記』又 39 オ
版本一

『太平記』又 39 ウ
版本一

『太平記』又 42 オ
版本一

『太平記』又 42 ウ
版本一

を描いている。この中巻第三図に接続するような図柄で描かれているのが版本一の又44オと又44ウの二図である。前者は大船を小船で追いかけてきた武文が船上で腹を切る場面（又44オ）、後者は悲壮な武文とは逆に、御息所を得て安堵した松浦の武士たちがくつろいでいる様子（又44ウ・とても海賊風の図柄ではなく、遊山見物の都の武士風である）が描かれ、奥に御息所が横たわっている。

絵本『しんきよく』の中巻第二図は御息所を背負った武文が海岸近くまで寄せている松浦の船に近付いていく所であり、同第三図は松浦の大船を小舟を漕いで追いかける武文を描いている。

四

絵本『しんきよく』下巻は、船中で苦しむ御息所の描写から始まる。

みやすところはさらてたにいきた
るこゝちもなきうへに此なみのさは
き（太平記なを御肝消て、更に）に〇人こゝちもましまさす

御息所が悲しみと船中での苦しみのため、頭を上げることさへ出来ずにいる時に、一人の梶取が船底から這い出して、「この難所の鳴戸は竜宮城の東門に当っているので、何でもよいから龍神の欲しがるものを海に沈めないからこの苦難にあうのだ」と言う。龍神はこの上臈に思いをかけたのだ。大勢の者共が犠牲になるのは気の毒だから、「この上らうをうみへ入まいらせて百よ人の命をたすけさせ給へ」と提案する。そこで松浦は屋形の内に横たわる御息所を引き出して、海へ投げ入れようとする。版本一の又46オ・ウがこれに当る。その時、松浦の船に乗り合わせていた一人の僧が、「いきながら人をたちまちに海中にしづめられれば、いよ〳〵りうじんいかつて、一人もたすくるものや候へきたゞ経をよみ、だらにをみて、法楽にそなへられ候はんするこそ然るべくおぼえ候へ」と言って、松浦を「かたく制止なだめ」たので、松浦は理に折れて、御息所を苫屋の中に放り投げる。こうして異口同音に観音の名号を唱えるうちに、海上に「ふしぎの者共」が波の上に浮かび出る。版本一の又48オ・ウの絵がそれに当る。又48ウは、『太平記』本文の「まず一ばんにこきくれなゐ着たる仕丁が長持をかきてとをると見えてうちうせぬ」をそのまゝ絵画化したものである。絵本『しんきよく』下巻の第七図では水主が海の上を指さしている。これは恐らく渦のある所を指さし、次に御息所の衣を海に投げて龍神の意を迎えんとした所を描いているのであろう。6オの第九図は、版本一の挿絵に接続する図柄である。即ち、本文では「まず一ばんに……」に続いて、「其づき（マヽ）に白あしげの馬に、しろくらをきたるを舎人八人して引てとをると見えてうちうけ（マヽ）ぬ其次に大もつのうらにてはらきつて死たりし、右衛門府生秦のたけふんあかいとをどしのよろひおなじけの五まいかぶとのをしめ、きつきげなる馬にのつて、ゆんづえにすがり、みなくれなゐのあふぎをあげ、松らが船にむかつて、其ふねとまれとまねく様に見えて、なみのそとにぞ入にける、かんどりこれをみて、なだを走る船にふしぎのみゆる事は、つねの事にて候へ共、これはいかさまたけふんがをんりやうとおぼえ候、

『しんきよく』下巻　第1図

『しんきよく』下巻　第2図

『しんきよく』下巻　第3図

『太平記』又44オ
版本一

『太平記』又44ウ
版本一

『太平記』又48オ
版本一

『太平記』又48ウ
版本一

其しるしを御覧ぜんために、小ぶねを一そうをろして、此上らうをのせまいらせ、なみのうへにつきながして、りうじんの心をいかゞと御覧候へかしと申せば、此義にもとて小舟一そう引おろして、水主一人とみやす所とをのせたてまつりて、うづのなみにみなぎつて、まきかへるなみの上にぞうかへける」とある前半部分を絵画化したといえようか。この武文の怨霊を絵数の多い版本一が描かなかったのは何故であろうか。横本元禄十年版本では、この場面に出てくる全てのもの、即ち船の篷屋の内に投げ入れられる御息所、祈る僧と水主たち、波の上に長持を舁く仕丁、その後ろに馬を牽く舎人五人（八人は画面に描けなかったか）、馬に乗り扇を挙げている武文が描かれている。

大形版本の挿絵の特徴は下巻の二図にもはっきりと表われている。瀬戸内海の荒い波風に翻弄された御息所は、波風が穏やかになった後、阿波の鳴戸を過ぎ淡路の武嶋に着く。それは彼女を乗せた小舟の水主たちの努力の結果であった。「此しまのていたらく、まはり一里にたらぬ所にて、つりするあまの家ならでは、すむ人もなきしまなれば、ひまあらはなるあしの屋の、うきふししげきすみかに入まいらせたるに、此四五日のなみ風に御きもきえ御心よはりて、やがてたえいらせ給ひけり、心なきあまの子どもまでも、これはいかにしたてまつらんと、なきかなしみ、御かほに水をそゝき、櫓床をあらふて御口に入なんどしければ、半時ばかりしていき出させ給へり」。島人たちは、一宮のいる土佐の畑へ御息所を送ってあげようという議論もあったが、御息所の美しさ故に、途中で奪われる危険があるからそれは出来ないとして、その年はこの島で過された。一方、一宮は、ある夜、宮の警護に当る武士たちが宿直中の話の中で、去年九月、阿波の鳴渡を過ぎて土佐に渡って来た時に、船の梶に引っ懸かった衣を取りあげて見た所、世間並みの女性の装束ではなかった云々と語るのを垣根越しに耳にした。そこで、「其きぬいまだあらばもちてまいれ」と言い、取り寄せたところ、それは「みやす所の御むかひに、たけふんを京へ上せられし時、有井の庄司がしたてまいらせたりし御きぬ」であった。裁ちあました布地を取り寄せた所、模様が一致したので、一宮は感激のあまり、涙する。御息所はもうこの世の人ではないと思い、その衣が梶にかかった日を御息所の命日と定めた。

版本一では、御息所を蘇生させようと努力する子供を含めた島の人々の動きが鮮やかであり（又50オ・ウ）、御息所蘇生後の姿が漁村の生活（塩焼き小屋、潮汲み、小舟など）と共に描かれている。元禄十年刊本、同十一年刊本には見られない図柄である。同書の又52オには警固に当る武士から召し出させた衣を手に感激の面持の一宮が描かれている。ただし、衣を持参した男は武士というより漁民風である。

一方、県大本『しんきよく』にあっては、一宮の許に御息所の御衣を持参して、廊に座しているのは女性である。絵の筆者は『しんきよく』の本文を読まず、一宮が取り寄せた御衣を手にしている所、というような註文で、この絵を描いたのであろうか。

参考文献

＊1　村上學「一宮御息所事」・『新曲』・『中書王物語』（国語と国文学　昭55・5）

＊2　服部幸造「新曲」（『幸若舞曲研究』第十巻〈注釈編〉三弥井書店刊、平成10・2）

『太平記』26オ
版本二

『太平記』又50ウ
版本一

『太平記』又50オ
版本一

『太平記』又52オ
版本一

愛知県立大学蔵
奈良絵本『しんきよく』翻刻

狩野一三

上

【一丁オ】

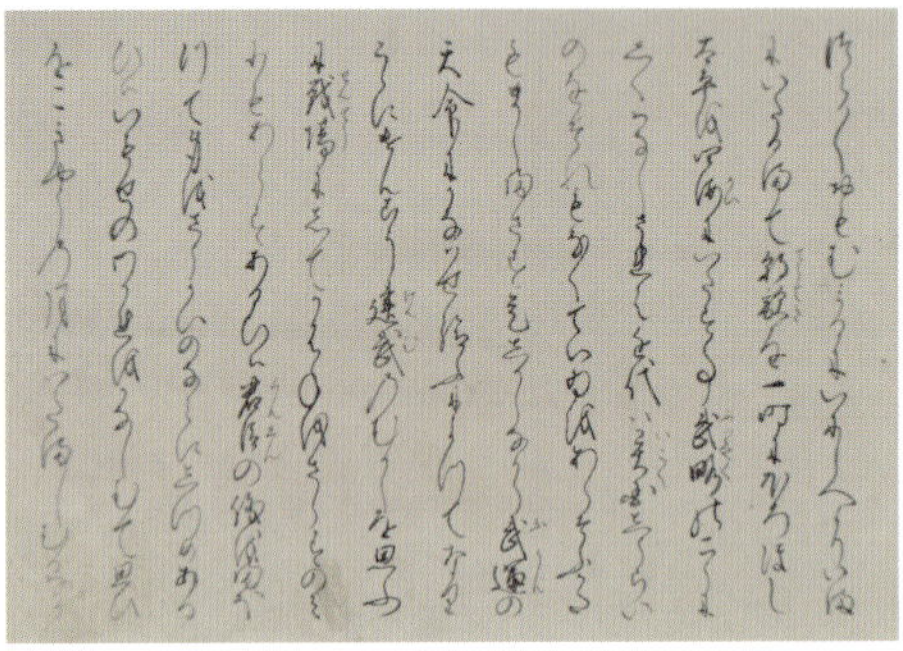

つらく〳〵おもむミるにいにしへよりいま
にいたるまで朝敵を一時にほろほし
太平を四海にいたす事武略のこうに
しくハなしされは近代ハ異国しうらい
のをそれもなくていゐをあらそふかた
もましまさす是しかしなから武運の
天命にかなハせ給ふによつてなり
こゝにけんこう建武のむかしを思ふ
に戦場にしてかはねをさらすのミ
にもあらすあるひハ君臣の儀をまほ
つて身をさうかいのなミにしつめある
ひハいもせのわかれをかなしむて思ひ
をこきやうの月にいたましむるなか

【一丁ウ】

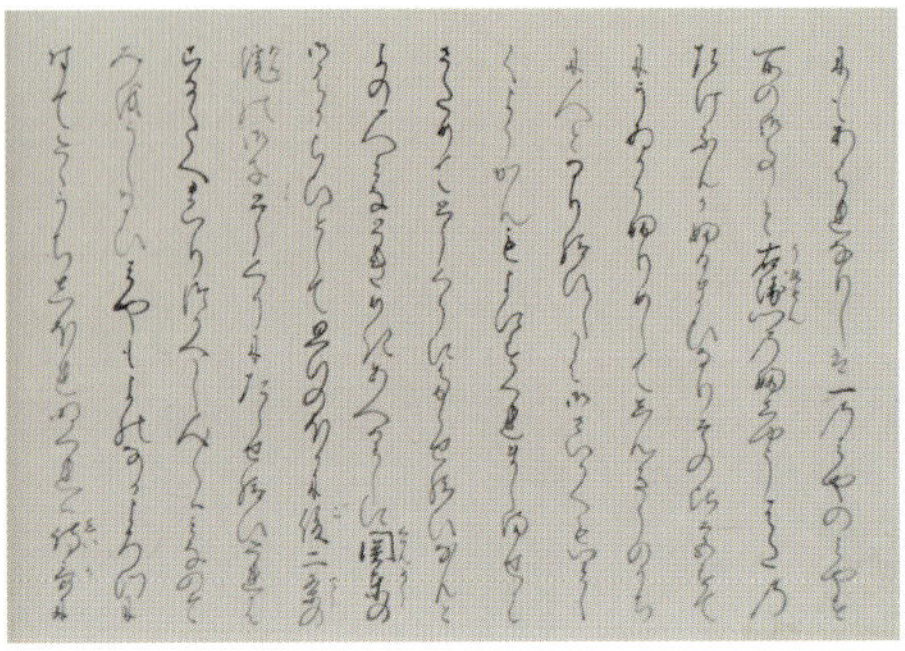

にもあはれなりしは一のミやのミやす
所の御事と右衛門のふしやうはたの
たけふんかふるまひなりその比宮すて
にうゐかうふりめしてしんきうのうち
に人となり給ひしかは御さいかくもいミし
くようかんもよにすくれましませは
さためてとうくうにたゝせ給ひなんと
よの人ミなときめきあへりしに関東の
御はからひとして思ひのほか後二条の
院の御子とうくうにたゝせ給ひたれは
こなたへまいりつかへし人〳〵ハミなのそ
みをうしなひミやもよのなかよろつに
付てたゝうちしほれ明けくれハ詩哥に

【二丁オ】

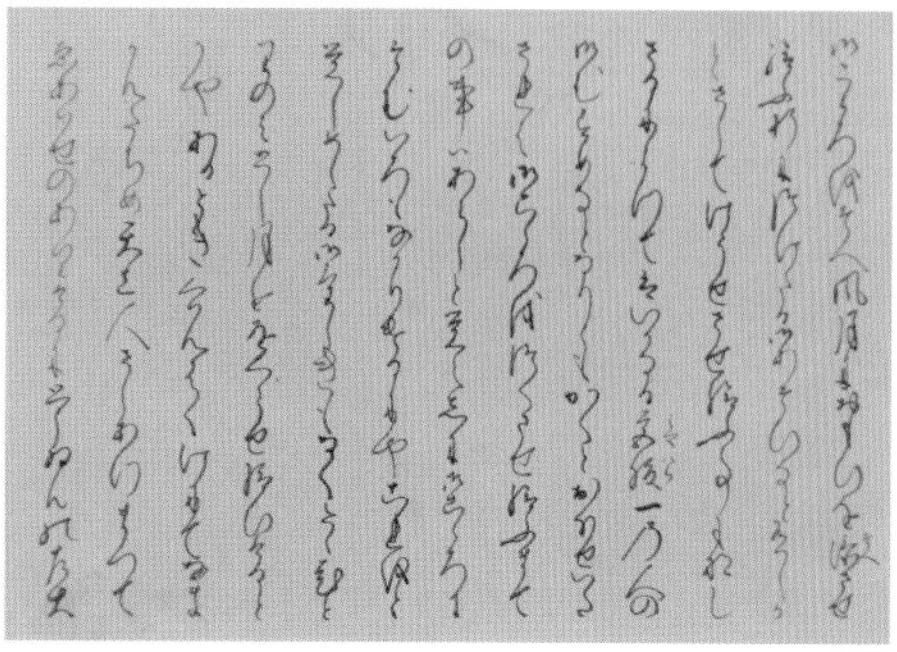

御こゝろをそへ風月におもひを添(そへ)させ
給ふ折につけたる御あそひなと有しか
とさしてけうせさせ給ふ事もなし
さるによつてはいかなる宮腹(みやはら)一の人の
御むすめなとなりともかくとおほせいた
されは御こゝろをつくさせ給ふまて
の事ハあらしと覚えしに御こゝろに
そむいろもなかりけるにやこれをと
覚しめしたる御けしきもなくたゝひと
りのミとし月をくらせ給ひけると
かやあるときくハんはくけにてなま
かんたちめ天上人さしあつまつて
ゑあハせのありけるにとうゐんの左大

【二丁ウ】

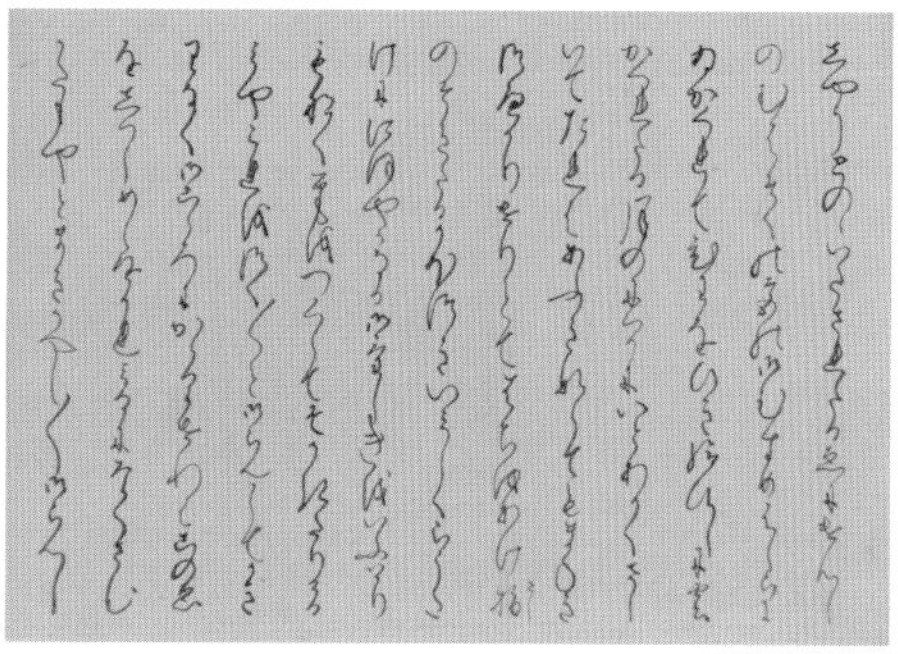

しやうとのゝいたされたるゑにけんし
のむはそくの宮の御むすめはしらに
ゐかくれてひわをひき給ひしに雲
かくれたる月のにハかにいとあかくさし
いてたれはあふきならてもまねき
つへかりけりとてはちをあけ指(さし)
のそきたるかほつきいミしくらうた
けにゝほやかなる御けしきをいふハかり
もなく筆をつくしてそかきたりける
ミやこれをつく〳〵と御らんしてかき
りなく御こゝろにかゝりけれはこのゑ
をしハしめしをかれミるになくさむ
かたもやとまきかへし〳〵御らんし

【三丁オ】

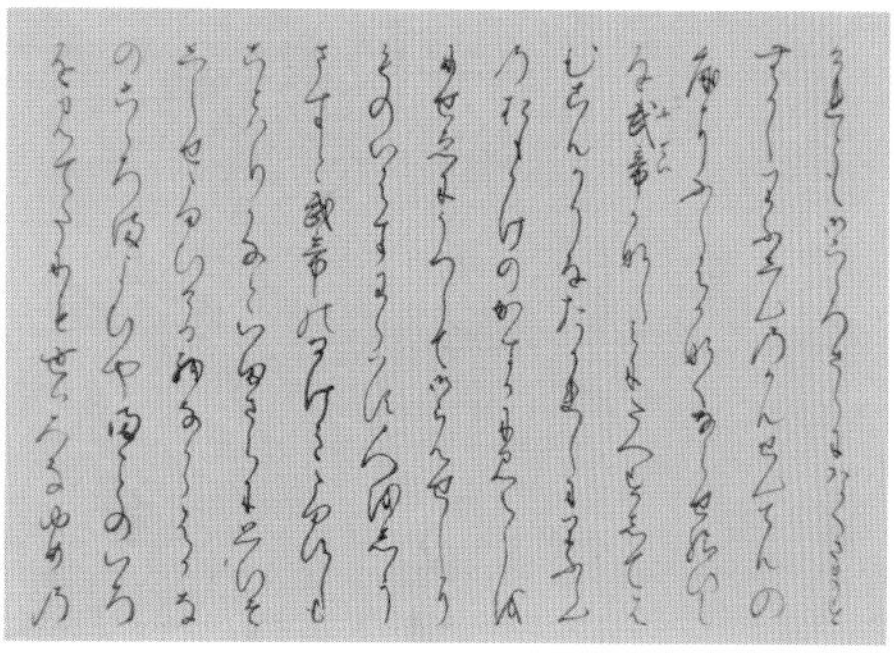

けれとも御こゝろさらになくさます
むかしりふしんのかんせんてんの
床にふしはかなくならせ給ひし
を武帝(ぶてい)かなしミにたへすしては
むこんかうをたかれしにりふしん
のおもかけのかすかに見えしを
にせゑにうつして御らんせしに
ものいはすわらハす人をしう
さすと武帝のなけきたまひしも
ことハりかなといまさらに思ひそ
しらせたまひける我なからはかな
のこゝろまよひやまことのいろ
を見てたにも世ハみなゆめの

【三丁ウ】

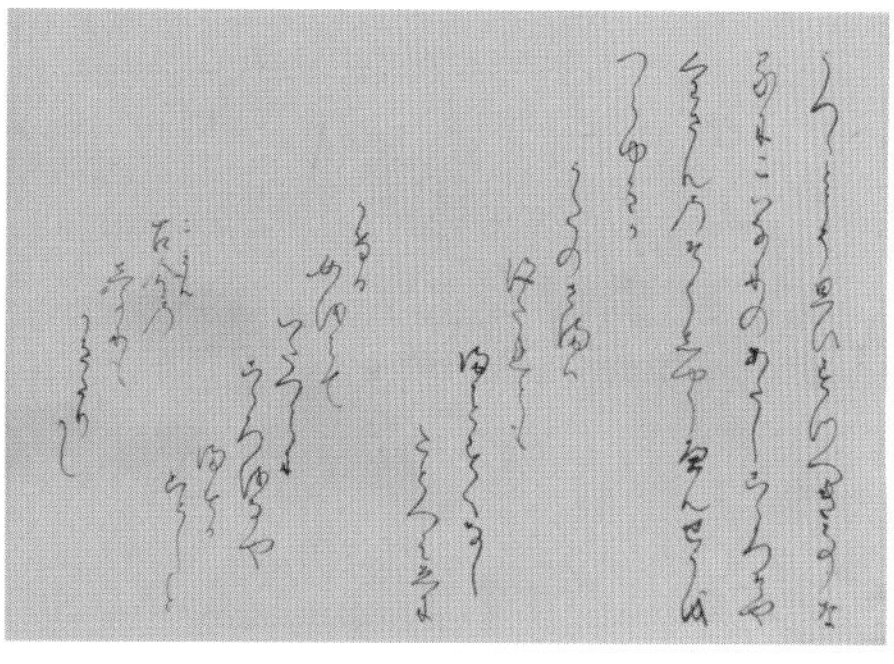

うつゝとこそ思ひすつへき事な
るにこハなにのあたしこゝろそや
くわさんのそうしやうへんせうを
つらゆきか
うたのさまハ
得たれとも
まことすくなし
たとへはゑに
かける
女をミて
いたつらに
こゝろをなや
ますか
ことしと
古今(こきん)の
しよにも
かきたり
し

【四丁オ】

【四丁ウ】

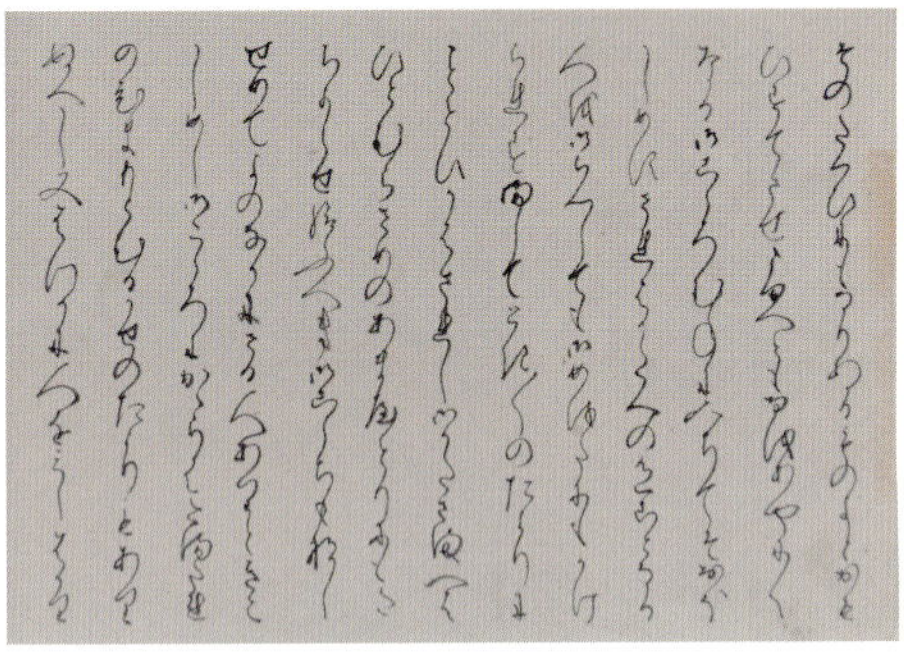

そのたくひにもなりぬるものよとおも
ひすてさせたまへともなをあやにく
なる御こゝろむねにみちてそおほ
しめすされはかたへの色ことなる
人を御らんしても御めをたにもかけ
られすましてとき〳〵のたよりに
こととひかはされし御かたさまへは
ひとむらさめのあまやとりにもた
ちよらせ給ふへき御こゝちもなし
せめてよのなかにさる人ありときこ
しめし御こゝろにかゝらはたまたれ
のひまもとむるかせのたよりもあり
ぬへし又はつかに人をミしはかり

【五丁オ】

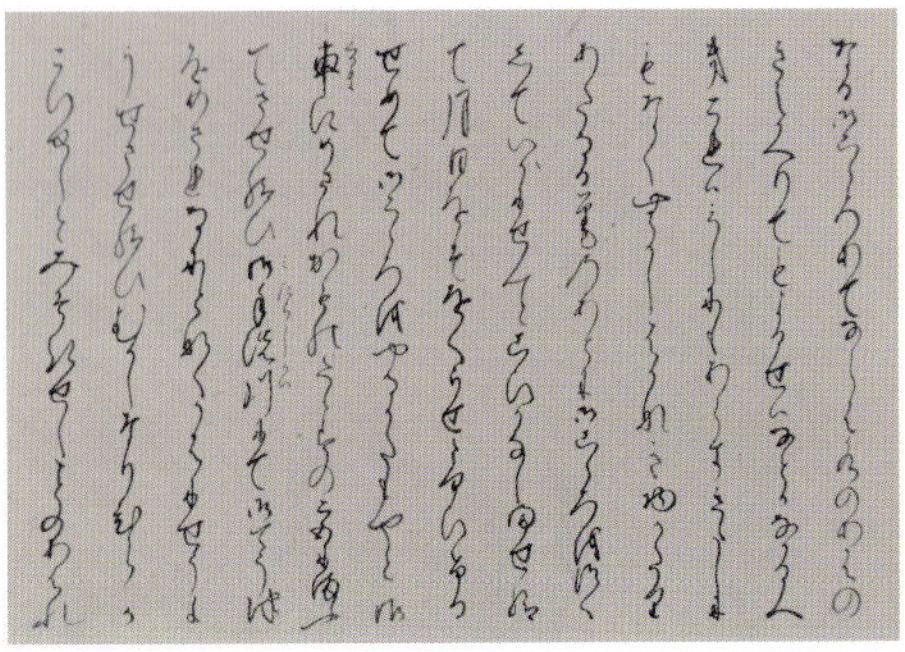

なる御こゝろあてならは水のあはの
きえかへりてもよるせハなとかなかるへ
きこれハミしにもあらすきゝしに
もなくむかしはかなき物かたり
あたなる筆のあとに御こゝろをつく
していかにせんとこひかなしませ給
て月日をそをくらせたまひける
せめて御こゝろをやるかたもやと御
車（くるま）にめされかものたゝすの宮にまふ
てさせ給ひ御手洗川（みたらしかハ）にて御てうつ
をめされなにとなくかはにせうよ
うせさせ給ひむかしなりひらか
こひせしとみそきせしことのあはれ

【五丁ウ】

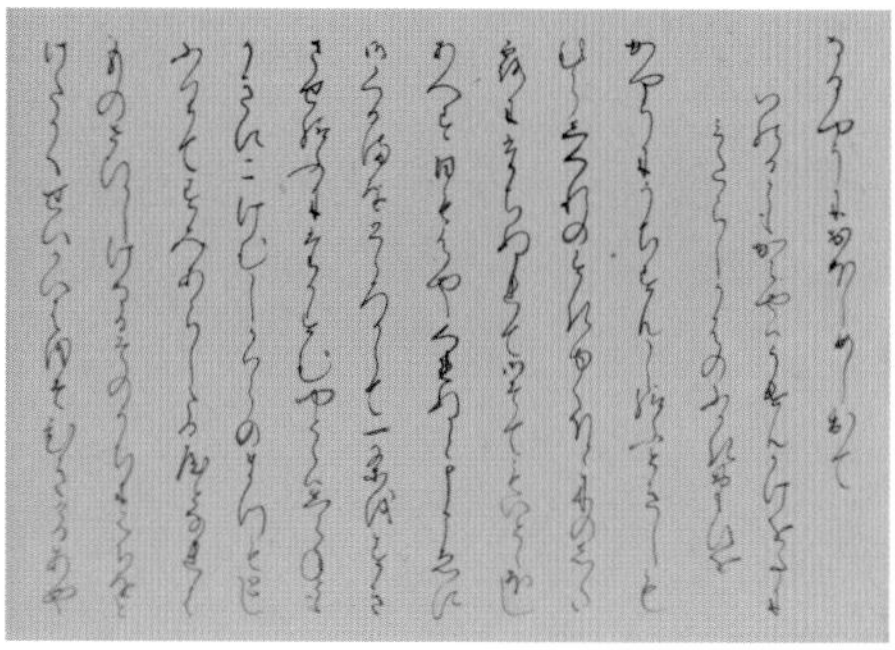

なるやうにおほしめし出て
　いのるともかミやハうけんかけをたに
　　ミたらしかはのふかきおもひを
かやうにうちすんし給ふときしも
むらしくれのすきゆくほと木のした
露にたちぬれて御そてもいとゝほし
あへす日もはやくれぬと申こゑに
御くるまをとゝろかして一条をすき
させ給ふにたかすむやとゝハしらねとも
うきにこけむしかハらのまつもとし
ふりてすみあらしたるやとなれは
ものさひしけなるそのうちにはちをと
けたかくせいかいはをそひきけるあや

【六丁オ】

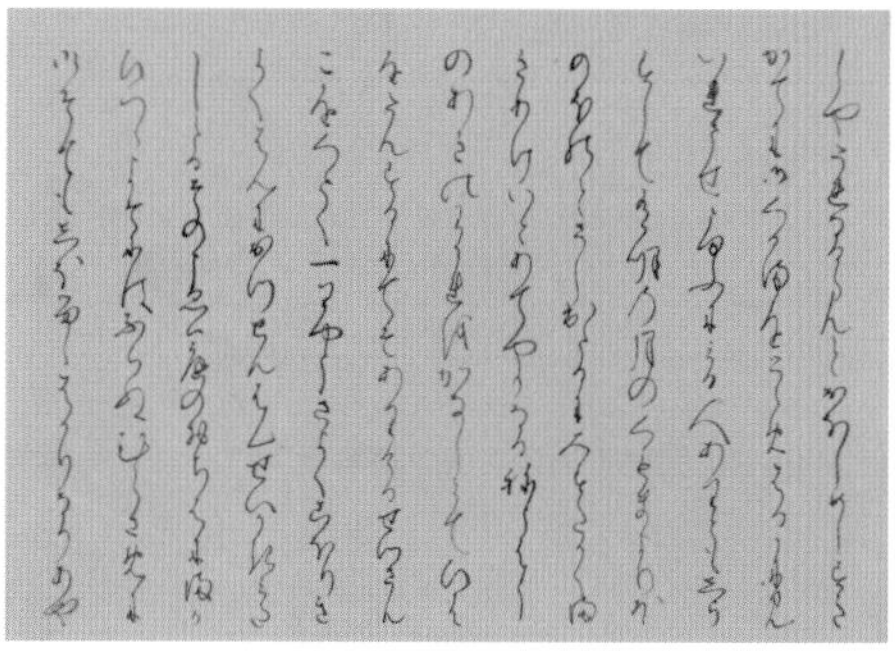

しやたれなるらんとおほしめしすき
かてに御くるまをとゝめはるかに見
いれさせたまふにミる人ありともしら
すして有明の月のくもまよりほ
のほのとさし出たるにみすたかくま
きあけいとあてやかなるねうはう
のあきのわかれをかなしミてひは
をたんするにてそありけるせつさん
こをくたく一りやうきよくこほりき
よくはんにおつせんはんせいかきミた
したるそのこゑハ庭のおちはにまか
ひつゝよそにはふらぬむらさめに
御そてもしほるゝはかりなりあや

【六丁ウ】

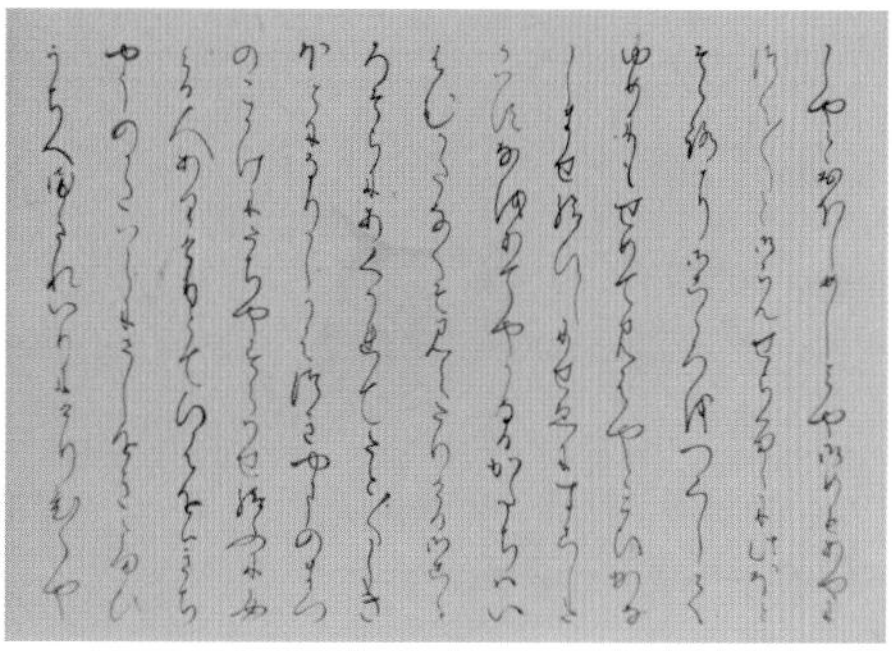

しやとおほしめしミや御めもあやに
つく〱と御らんせらるゝに此ほと
そゝろに御こゝろをつくして
ゆめにもせめて見はやとこひかな
しませ給ひしにせゑにすこした
かハすなをあてやかなるかたちハい
はむかたなくそ見えたりける御こゝ
ろそらにあくかれてたと〱しき
ほとになりしかはつきやまのまつ
のこかけにたちやすらハせ給ふに女
ミる人ありけりとてひはをハきち
やうのかたハらにさしをきたまひ
うちへまきれいりにけりひくや

【七丁オ】

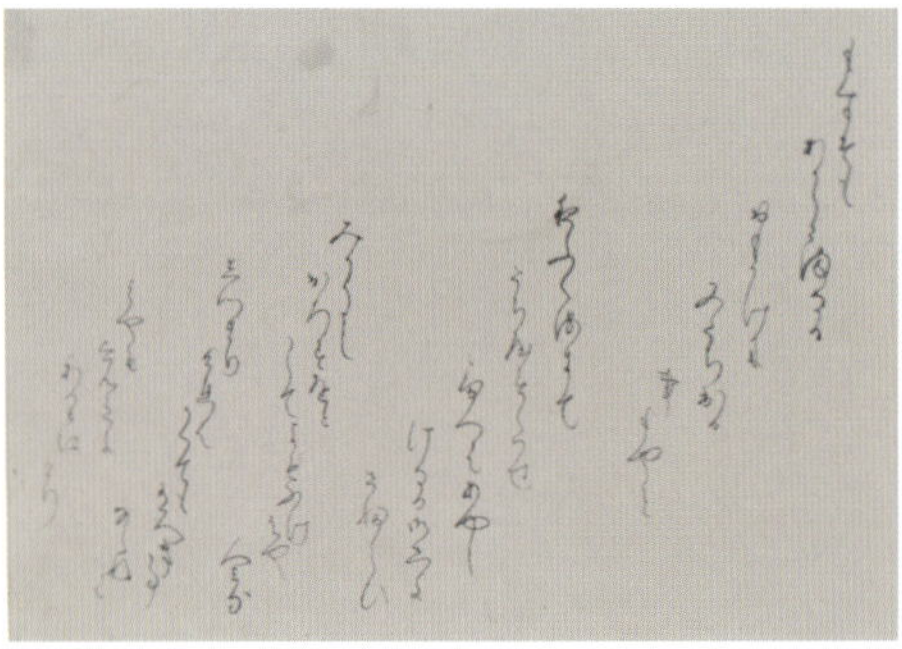

もすそも
あからさまなる
おもかけに
又たち出る
事
もやと
夜ふくるまて
たちやすらハせ
たまへはあやし
けなる御しよ
さふらひ
みかうし
おろすをと
してよもふけ
はや
人ミな
しつまり
けれは
かくても
有へき
事
ならね
は
ミやも
くハんきよ
ありに
けり

【七丁ウ】

【八丁オ】

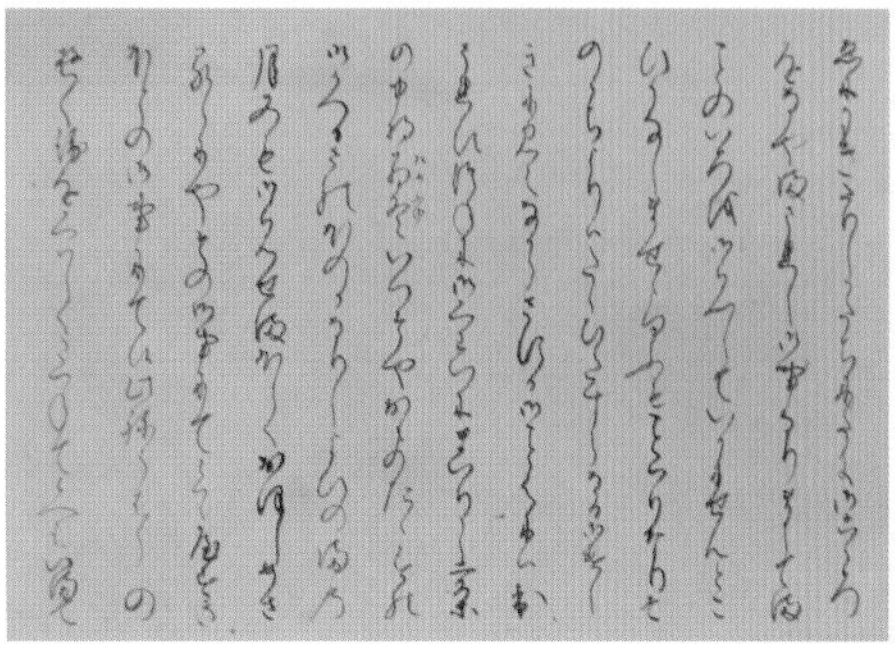

ゑにかきたりしかたちにたに御こゝろ
をなやまされし御事なりましてま
ことのいろを御らんしていかにせんとこ
ひかなしませたまふもことハりなりそ
のうちよりハたゝひたすらなる御けし
きに見えなからさすか御ことはにハ出
されすつねに御くわいにまいりし二条
の中将為冬（ためふゆ）いつそやかものたゝすの
御かへりさのほのかなりしよひのまの
月又も御らんせまほしくおほしめさ
るゝにやその御事にて候ハゝやすき
ほとの御事にて候此ねうはうの
ゆくゑをくハしくたつねて候へはいまて

【八丁ウ】

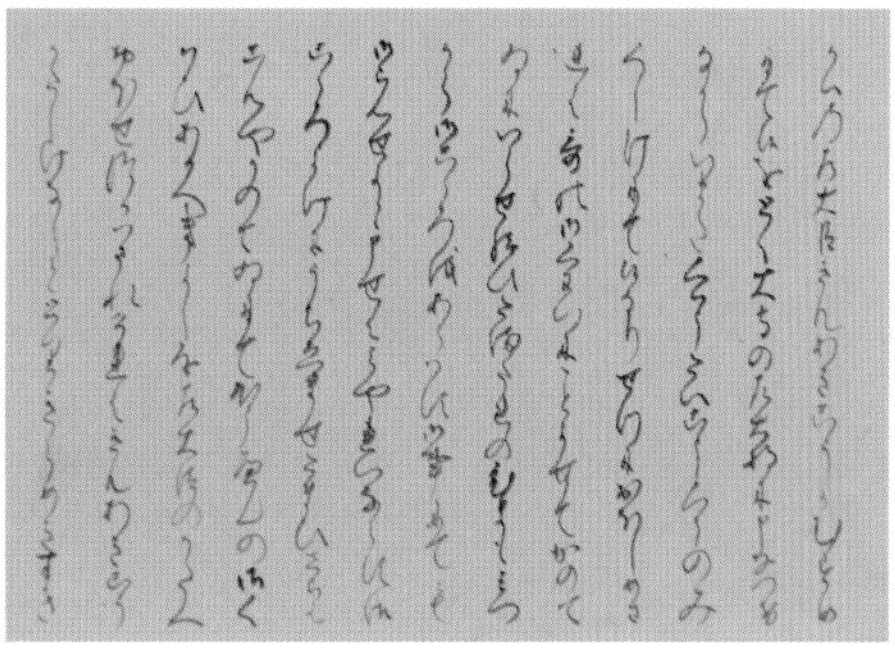

かハの左大臣きんあきこうかむすめ
にて候をとく大寺の左大将に申なつけ
なからいまたくハうたいこうくうのみ
くしけにて候なりせつにおほしめさ
れは哥の御くわいにことよせてかのて
ゐにいらせ給ひたまたれのひまもミつ
から御こゝろをあらハす御事にても
御らんせよと申せはミやれいならす御
こゝろよけにうちゑませたまひさらは
こんやかのてゐにてほうへんの御く
ハひあるへきよしを左大臣のかたへ
おほせつかハされけれはきんあきこう
かたしけなしととりきらめきすき

【九丁オ】

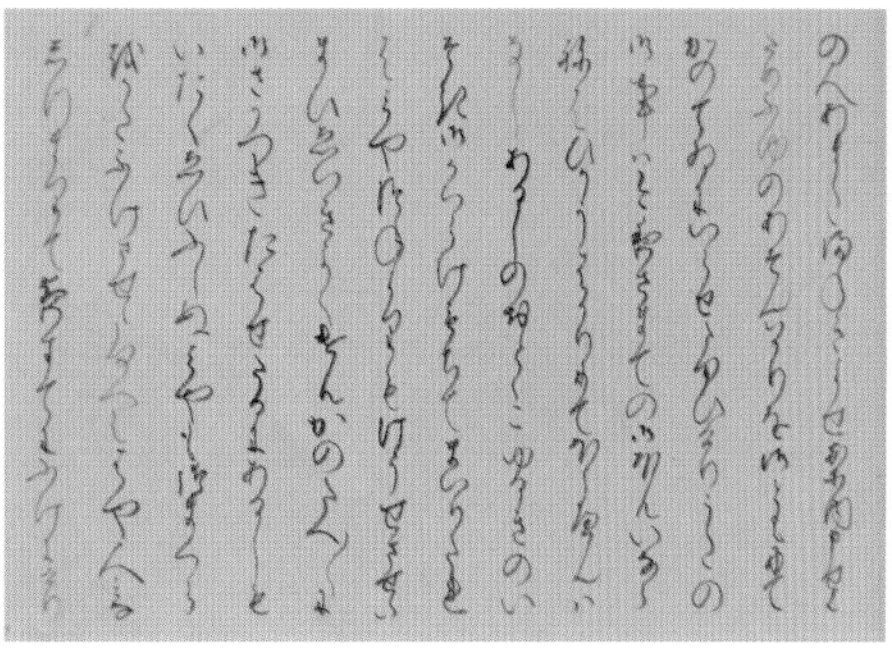

の人あまたまねきよせ案内申せは
ためふゆのあそんハかりを御ともにて
かのてゐにいらせたまひけりうたの
御事ハ今夜さまての御ほんいなら
ねはひかうはかりにてほうへんハ
なしあるしのおとゝこゆるきのい
そき御かハらけもちてまいりたれ
はミやつねよりもけうせさせ
まひゑいきよくけんかのたへ〳〵に
御さかつきたはせたるにあるしも
いたくゑひふしぬミやも御まくら
をかたふけさせたまへはや人ミな
しつまりて夜すてにふけにけり

【九丁ウ】

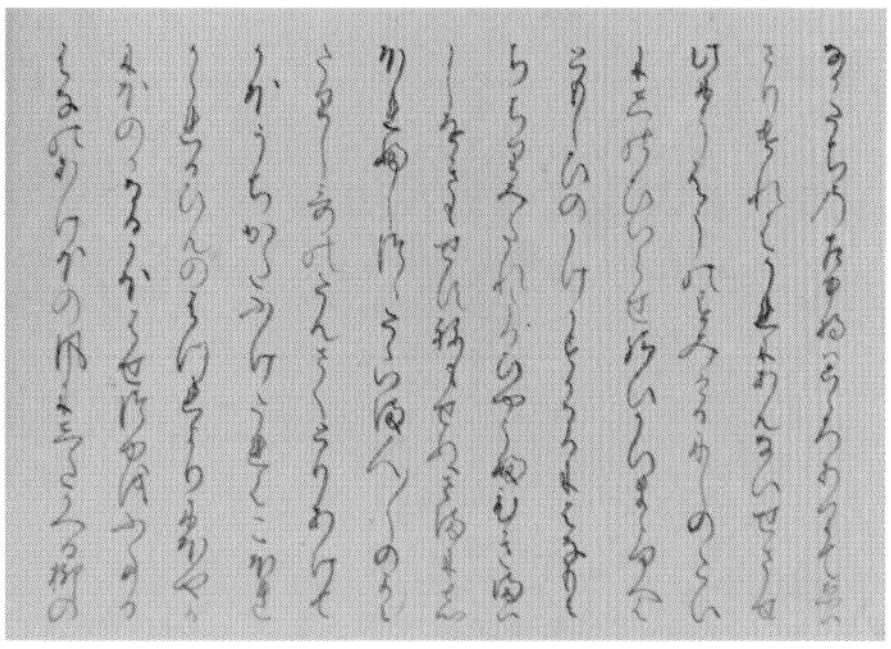

なかたちの左大将ハこゝろありてゑハ
さりけれはかれにあんないせさせ
此にうはうのすみけるにしのたい
にしのひいらせ給ひかひまたまへは
ともしひのかけかすかなるにはなもミ
ちちりみたれたるひやうふひきまハ
しをきもせすねもせぬさまにし
ほれふしつゝたゝいま人〳〵のよミ
たりし哥のたんさくとりあけて
かほうちかたふけたれはこほれ
かゝれるひんのはつれよりにほやか
にほのかなるかほはせつゆをふくめる
はなのあけほの風にしたかへる柳の

【十丁オ】

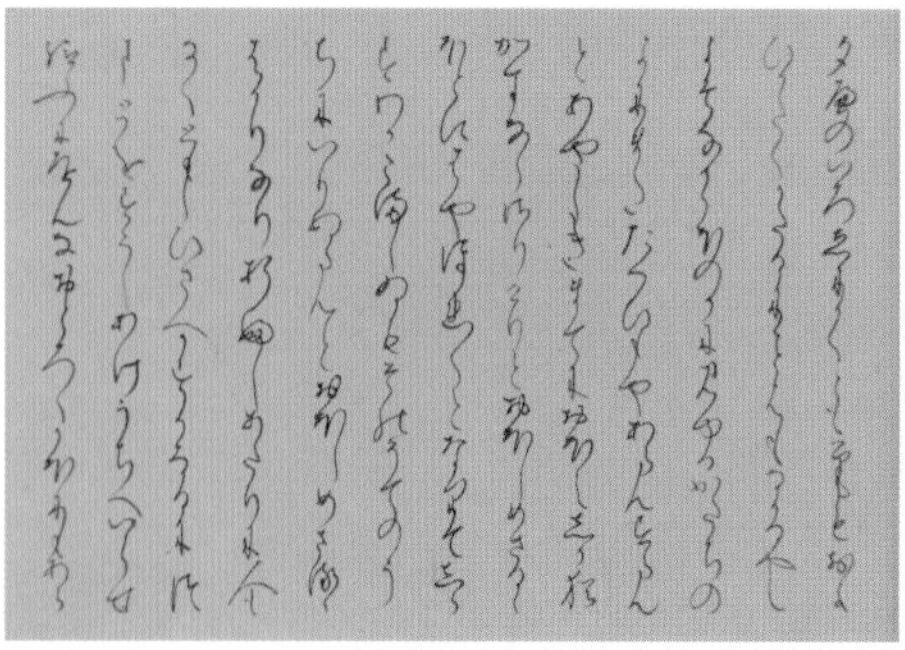

夕へのいろゑにかくとも筆もおよ
ひかたくかたるにことはもなかるへし
よそなからほのかに見ゆるかたちの
よにまたたくひもやあらんすらん
とあやしきまてにおほえしか猶
かすならさりけりとおほしめさるゝ
ほとにはやほれ〳〵となりてしら
すわかたましゐもそのそてのう
ちにいりぬらんとおほしめさるゝ
はかりなり折ふしあたりに人も
なくともしひさへかすかなるにつ
まとをすこしあけうちへいらせ
給ふにをんなおとろくかほにもあら

【十丁ウ】

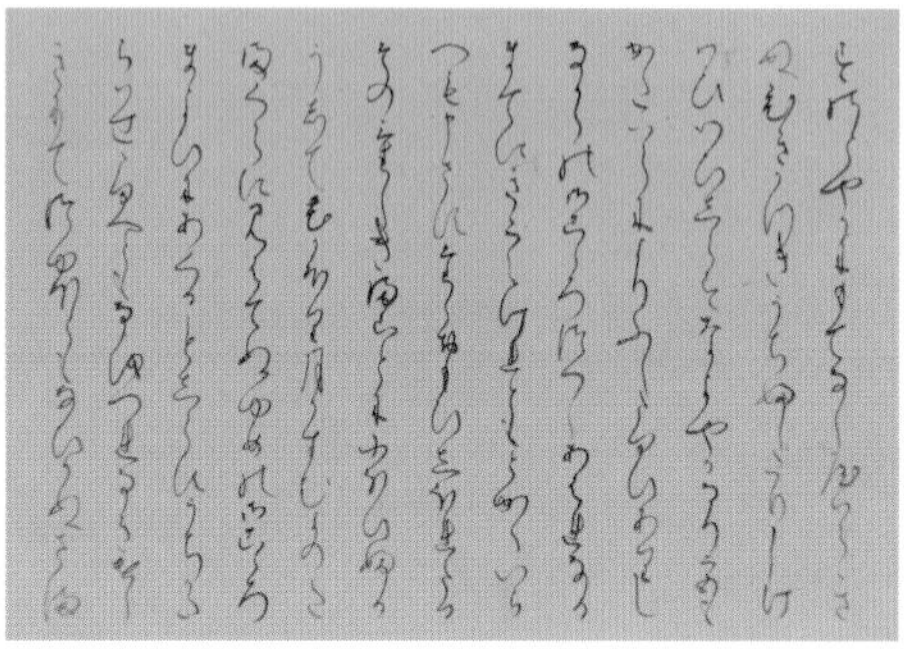

すのとやかにもてなしやハらき
ぬひきかつきうちふしたりしけ
ハひいひしらすなよやかなり宮も
かたハらによりふしたまひありし
なからの御こゝろつくしあはれなる
まてにきこえけれともとかくいら
へも申さすたゝおもひしほれたる
そのけしきまことにほひふか
うして花かほり月かすむよのた
まくらに見はてぬゆめの御こゝろ
まよひにあくるもしらすうちかた
らハせたまへともなをつれなきけし
きにてつゆほともなひかぬさま

【十一丁オ】

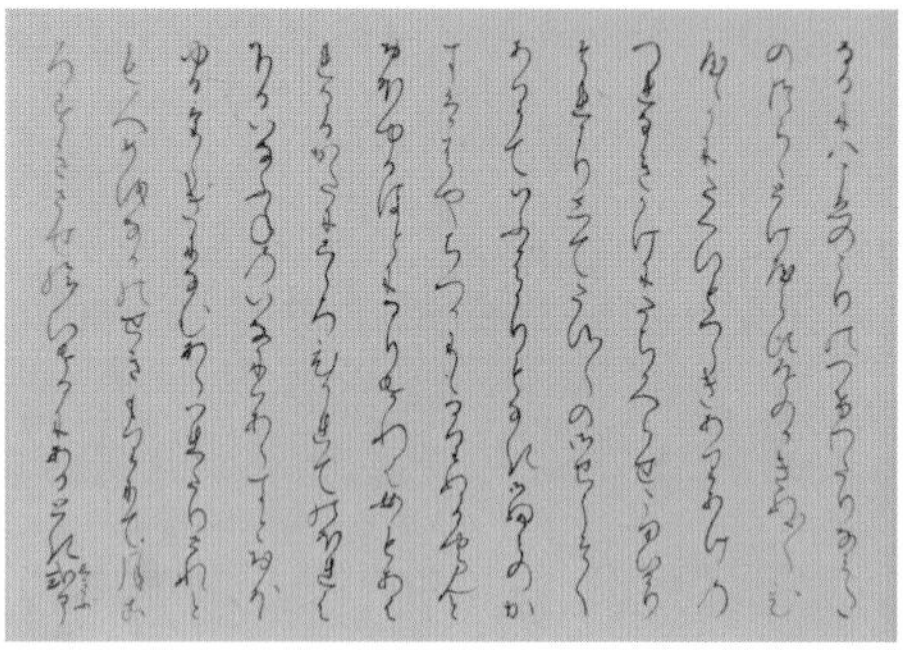

なるに八こゑのとりのつけわたりなミた
のつらゝとけやらすをのかきぬ〳〵ひ
やゝかにたくひもつらきありあけの
つれなきかけにたちかへらせたまひけり
それよりしてたひ〳〵の御せうそく
ありていふはかりもなき御ふミのか
すはやちつかにもなりぬるやらんと
おほゆるほとになりけれは女もあは
れなるかたにこゝろひかれてのほれは
下るいなふねのいなにハあらすとおほ
ゆるけしきになむあらハれたりされと
も人めをなかのせきもりにて月こ
ろすきさせ給ひけるにあるとき式部（しきぶ）

【十一丁ウ】

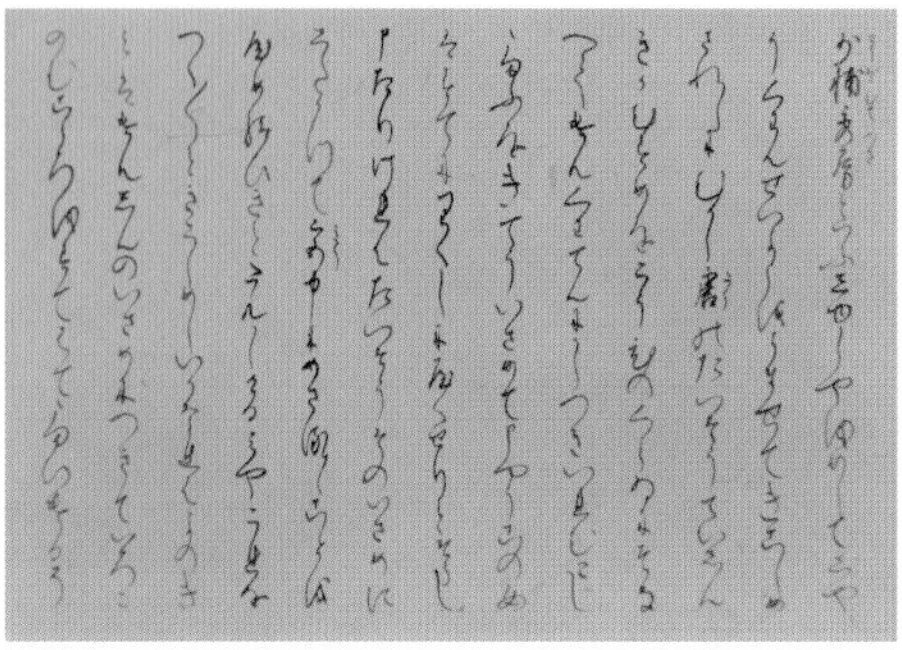

少輔（せうほ）秀房（ひでふさ）といふしゆしやをめしてじや
うくわんせいようをよませてきこしめ
されしにむかし唐（たう）のたいそうていしん
きかむすめをこうひのくらゐにそな
へてけんくわてんにかしつきいれむとし
たまふをきてうゐさめて申やうこの女
はすてにりくしにやくせりとそうし
申たりけれはたいそうそのいさめに
したかつて宮（きう）中にめさるゝことを
やめ給ひきとたんしけるミやこれを
つく〳〵ときこしめしいかなれはよのき
ミはけんしんのいさめにつきていろこ
のむこゝろをすてはてたまひけるそ

【十二丁オ】

【十二丁ウ】

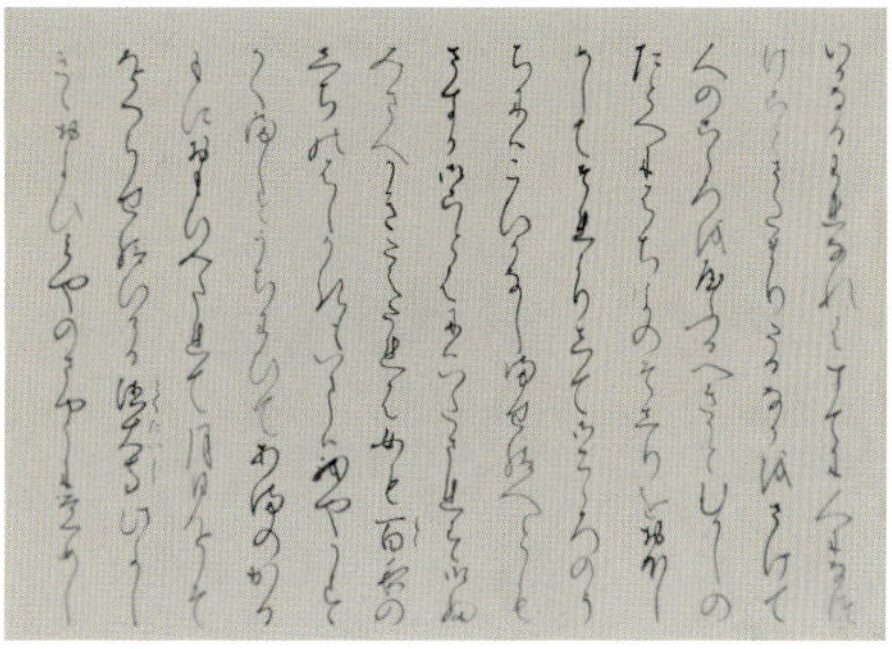

いかなるわれなれはすてに人になつ
けことさたまりたるなかをさけて
人のこゝろをやふるへきかとむかしの
たとへにはちよのそしりをおほし
めしてそれよりして御こゝろのう
ちにハこひかなしませ給へとも
さすか御ことはにハいたされす御ふ
みさへかきたえたれは女も百夜(もゝ)の
しちのはしかきもいまハ我やかす
かくましとうちわひてあまのかる
もにおもひみたれて月日をそ
をくらせ給ひける徳大寺(とくだいじ)此よし
きゝおよひミやのさやうに覚めし

【十三丁オ】

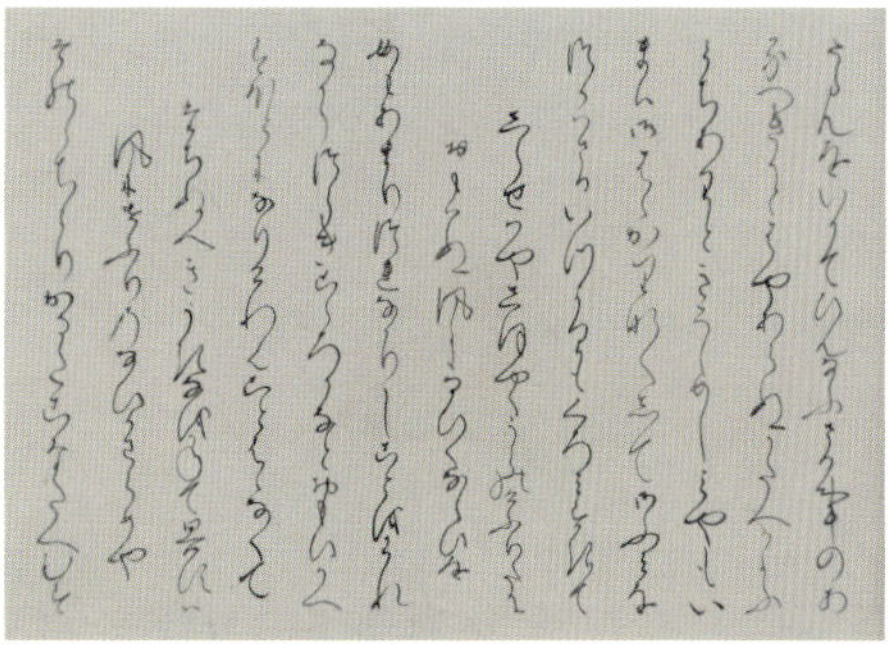

たらんをいかてひんなふさる事のあ
るへきかとはやあらぬかたへかよふ
ミちありときこしめしミやもい
まハ御はゝかりなくして御ふミを
つかハさるいつよりもくろミすきて
　しらせハやしほやくうらのけふりたに
　おもハぬ風になひくならひを
女もあまりつれなかりしことをわれ
なからつらきこゝろかなとおもひかへ
すほとになりけれはことはゝなくて
　たちぬへきうきなをかねて思ハすハ
　風にけふりのなひかさらめや
そのゝちよりかなたこなたへむす

【十三丁ウ】

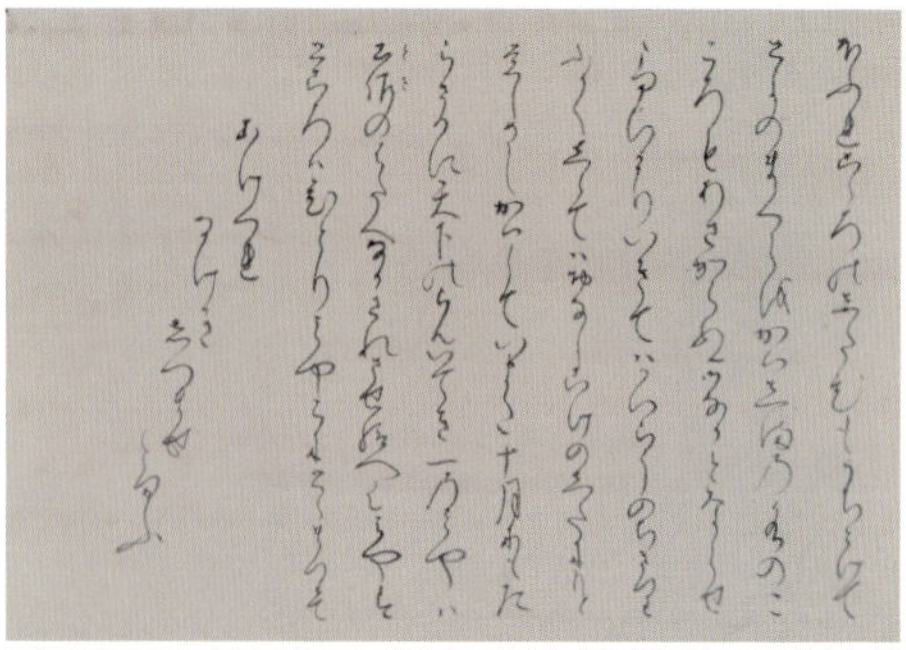

ほふれこゝろのしたひもうちとけて
さよのまくらをかハしまの水のこ
ころもあさからぬ御なかとならせ
たまひけりいきてハかいらうのちきり
ふかくしゝてハおなしこけのしたにもと
覚しめしかハしていまた十月にもた
らさるに天下のらんいてき一のミやハ
土佐のはたへなかされさせ給へはミやす
ところハひとりミやこにとゝまりて
あけくれ
なけき
しつませ
たまふ

中

【一丁オ】

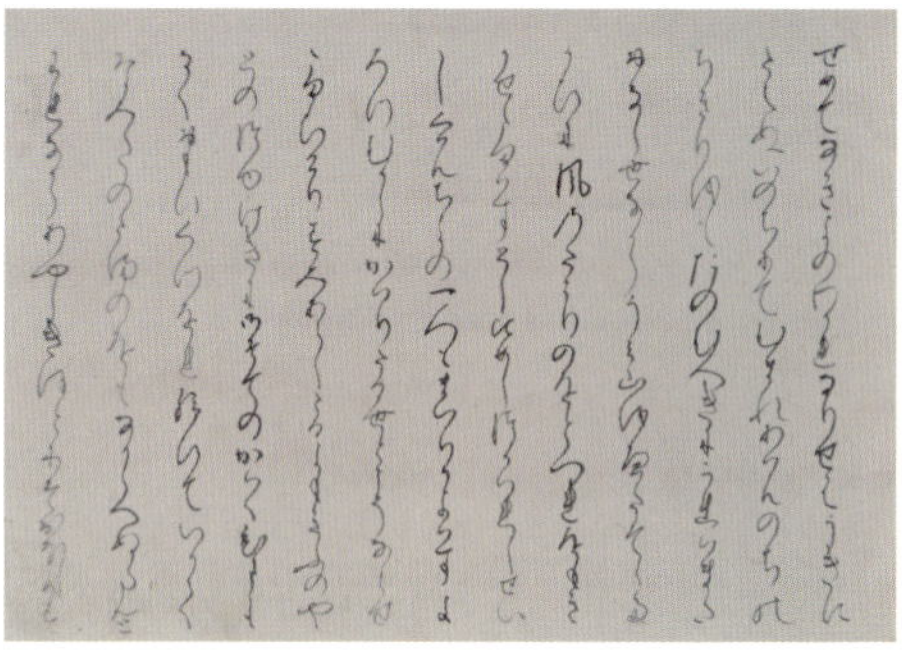

せめてなきよのわかれなりせはうきに
たえぬいのちにてむまれあハんのちの
ちきりをもたのむへきにこれハまた
おなし世なからうミ山をへたてゝた
かひに風のたよりのをとつれをもき
かせたまハすとし比めしつかハれしせい
しくハんちよの一人もまいりかよハすよ
ろつむかしにかハりたる世とこそならせ
たまひけりすみあらしたるよもきふのや
とのつゆけきに御そてのかハくひまも
なくおもひくつをれ給ひていかて
なみたのたまのをもなからへぬらんと
われなからあやしきほとにそおほしめす

【一丁ウ】

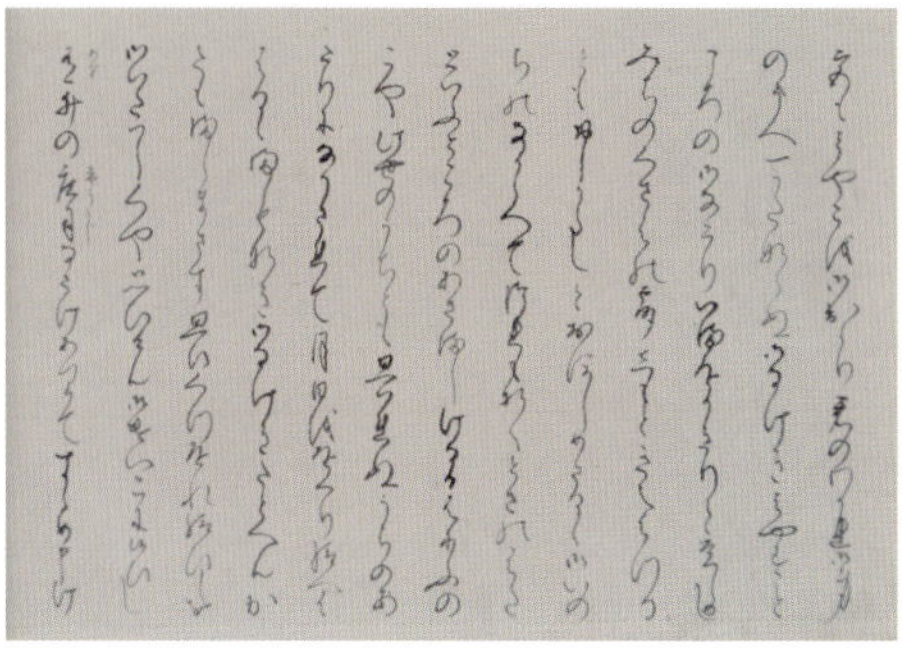

宮もミやこを御出より君のわかれ御身
のうへ一かたならぬ御なけきミやすと
ころの御なこりいまをかきりと覚しめし
みちのくさはの露しもときえはつる
ともおしからしとおほしめさるゝ御いの
ちのなからへてつれもなくとさのはた
といふところのあさましけなるはにふの
こや此世のうちとも思ハれぬうらのあ
たりになかされて月日をゝくり給へは
はるゝまもなき御なけきたとへんか
たもましまさす思ひくつをれ給ひしを
御いたハしくや思ひけん御けいこに候ひし
有井の庄司なさけありてすゝめ申け

【二丁オ】

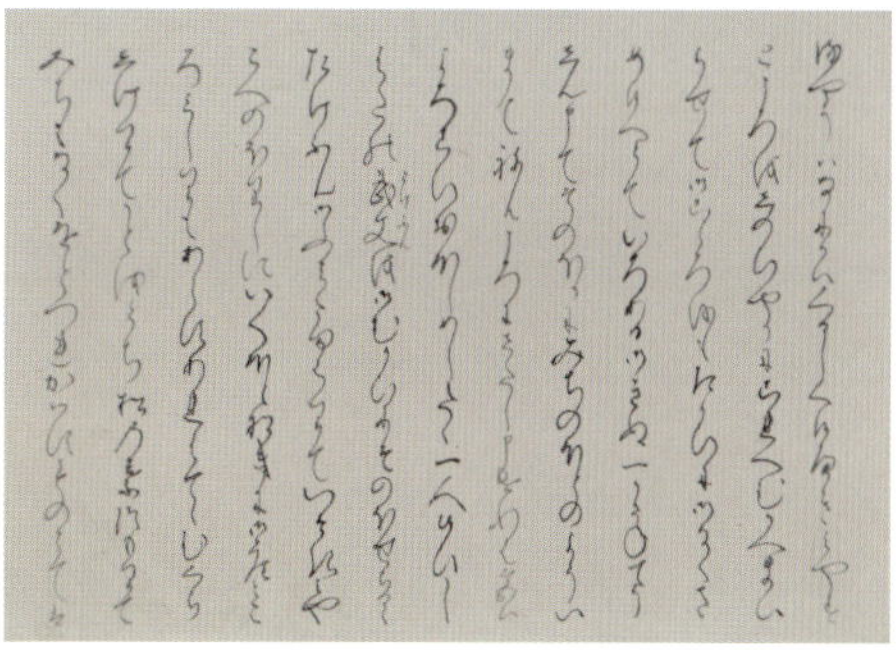

るやうハなにかハくるしく候へきミやすところをしのひやかにこれへむかへまいらせて御こゝろをもたかひに御なくさめ候へとていろある御きぬ一かさねてうしん申てそのほかにみちのほとのよういまてねんころにさたし申けれは宮ハよろこひおほしめしたゝ一人候ひしはたの武文(たけふん)を御むかひにそのほせらるゝたけふん御ふミたまはりていそきミやこへのほりしにいくほとなきに御座ところミしりもあらすあれはてゝむくらしけりてかとをとち松の葉つもりてみちもなくをとつれかハすものとては

【二丁ウ】

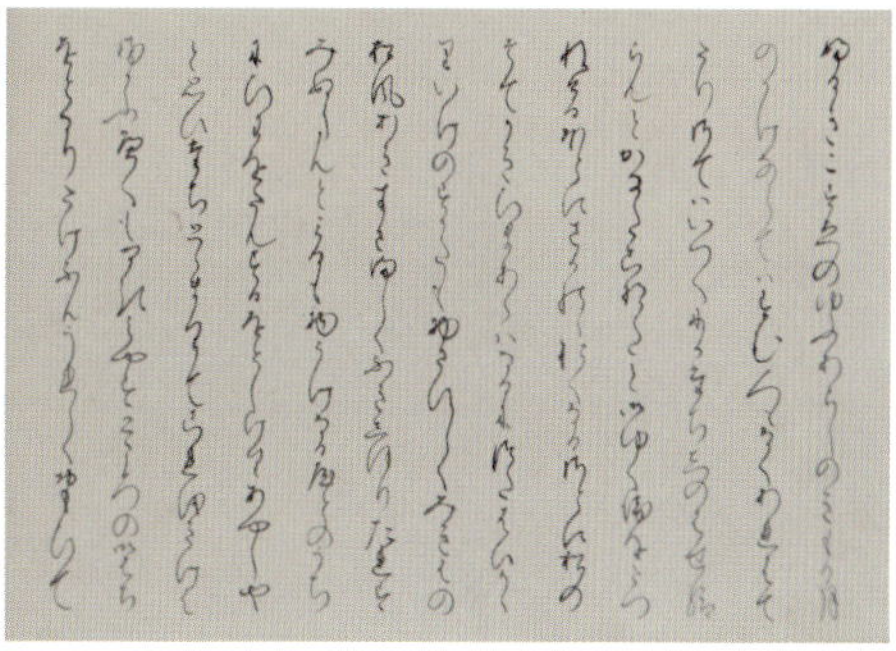

ふるきこすゑのゆふあらしのきもる月のかけならてハすむ人もなくあれはてたりさてハいつくにかたちしのはせ給らんとかなたこなたと御ゆくゑをたつねけるほとにさかのゝおくなるさとに松のそてかきひまあらハなるにつたはひかゝりいけのすかたも物さひしくみきはの松風あきすさましくふきしほりたれすみぬらんとミるも物うけなるやとのうちにひわをたんするをとしけりあやしやと思ひたちとゝまりてこれをきけはまかふへくもなきミやすところの御はちをとなりたけふんうれしくおもひて

【三丁オ】

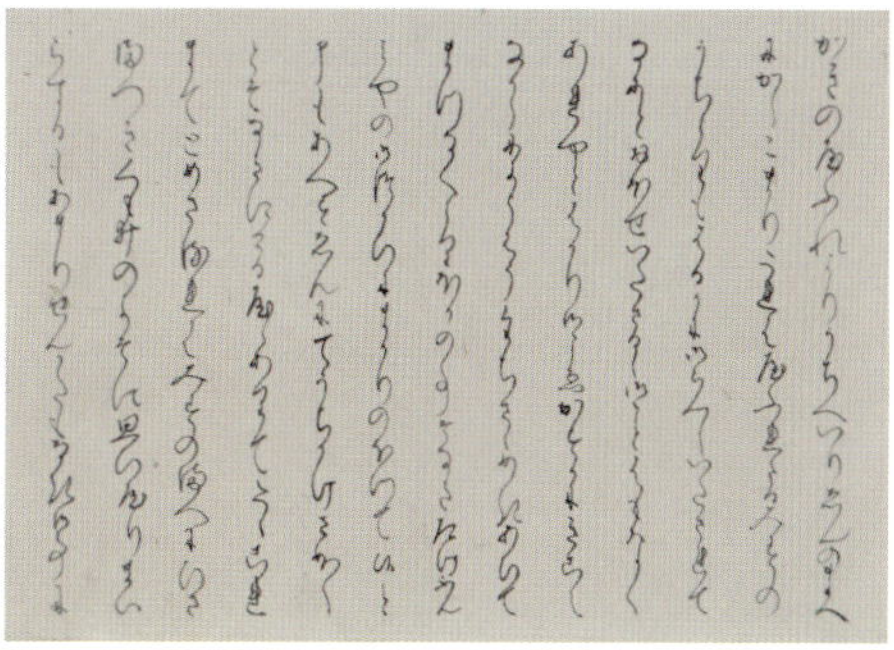

かきのやふれよりうちへいりゑんのまへにかしこまりたれはやふれたるみすのうちよりもはるかに御らんしいたされてなにとおほせいたさるゝ御ことはもなくあれやとはかり御こゑかすかにきこえなからにようはうたちさゝめきあひてまつなくよりほかの事そなきたけふんミやの御つかひにまかりのほつて候と申もあへすゑんにてうちかけさめ〳〵とそなきにけるやゝありてたゝこれまてとめさるれはみすのまへにひさまつきくもゐのよそに思ひやりまいらするもあまりせんかたもなき御事に

【三丁ウ】

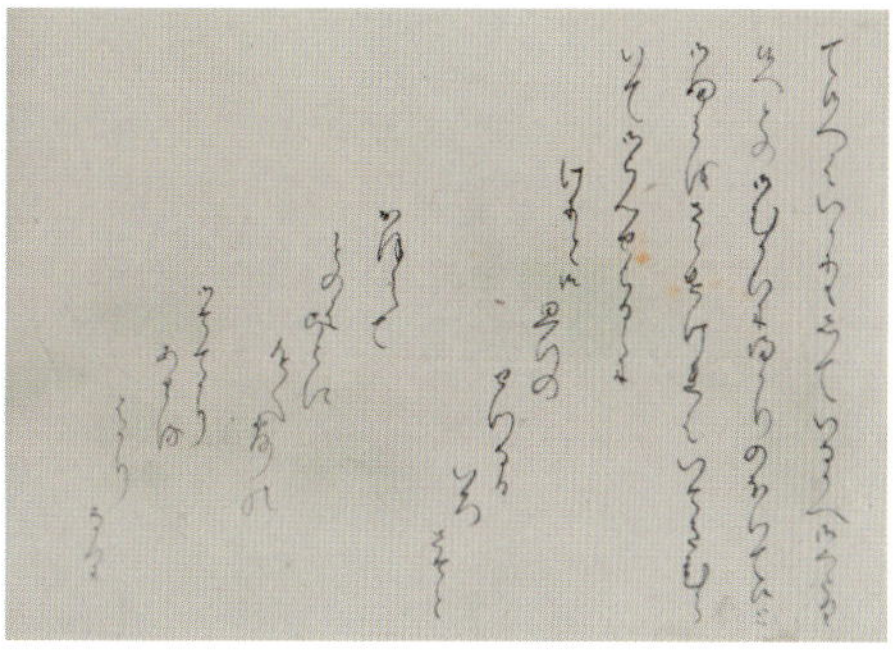

て候へはいかにもしていなかへ御くたり候へとの御むかひにまかりのほつて候と御ふミをさゝけけれはいそきひらいて御らんせらるゝに

けにと候

思ひの
せつなる
いろ
おほえて
さそと
ことのは
ことに
をく
露の
御そてに
あまる
はかり
なり

【四丁オ】

【四丁ウ】

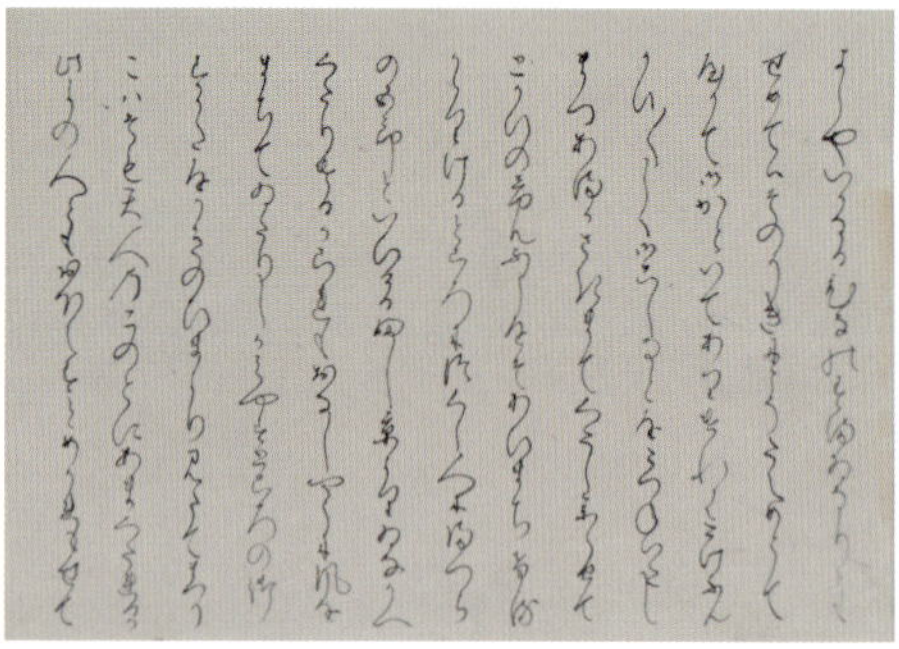

よしやいかなるひなのすまゐなりとも
せめてハそのうきにこそたえめとて
やかて御かといてありけれハたけふん
かひ〳〵しく御こしなとをたつねいたし
まつあまかさきまてくたし参らせて
とかひのしゆんぷうをそあひまちける
かゝりけるところにつくし人にまつら
の五郎といひけるふし京よりゐなかへ
くたりけるかこれもおなしやうに風を
まちてゐたりしかミやすところの御
すかたをかきのひまより見たてまつり
こハそも天人のこのとにあまくたれるか
此よの人ともおほえすとめかれもせて

【五丁オ】

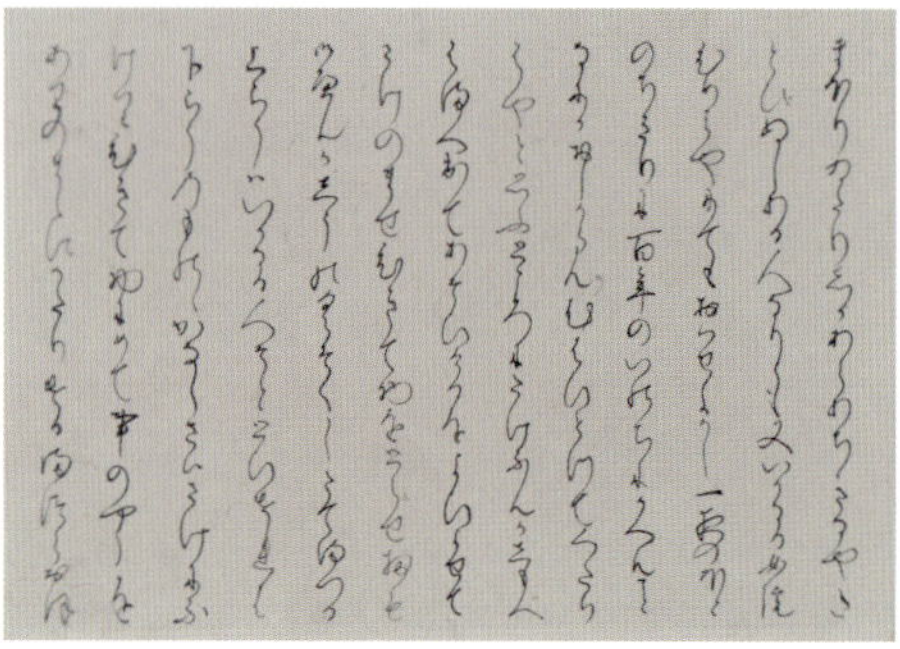

まほりゐたりしかあらあちきなやた
とひぬしある人なりとも又いかなる女院
ひめミやにてもおハせよかし一夜のほと
のちきりに百年のいのちにかへんこと
なにかおしからんむはひとつてくたら
はやと思ふところにたけふんかしもべ
はまへ出てあそひけるをよひよせて
さけのませひきて物をとらせ扨も
御へんかしうのくそくしたてまつる
上らうハいかなる人そととひけれは
下らうのものゝかなしさハさけにふ
けりひきて物にめて事のやうを
ありのまゝにかたりけるまつらおほ

【五丁ウ】

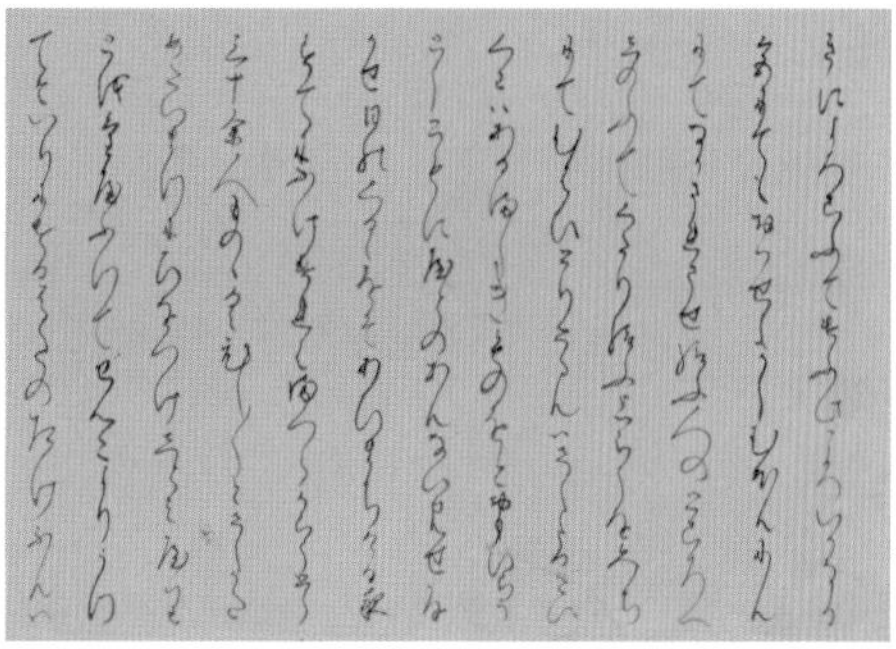

きによろこふてけふ此ころいかなる
宮にてもおハせよかしむほんにん
にてなかされさせ給ふ人のところへ
しのふてくたり給ふ上らうをみち
にてむはひとりたらんハさしたるざい
くわハあるましきものをとおもひらう
とうともにやとのあんない見せを
かせ日のくるゝをそあひまちける夜
すてにふけけれはまつらからうとう
三十余人ものゝくひし〳〵とさしかた
めたいまつにひをつけしとミやり
とをけやふつてぜんこよりうつ
てそいりにけるはたのたけふんハ

【六丁オ】

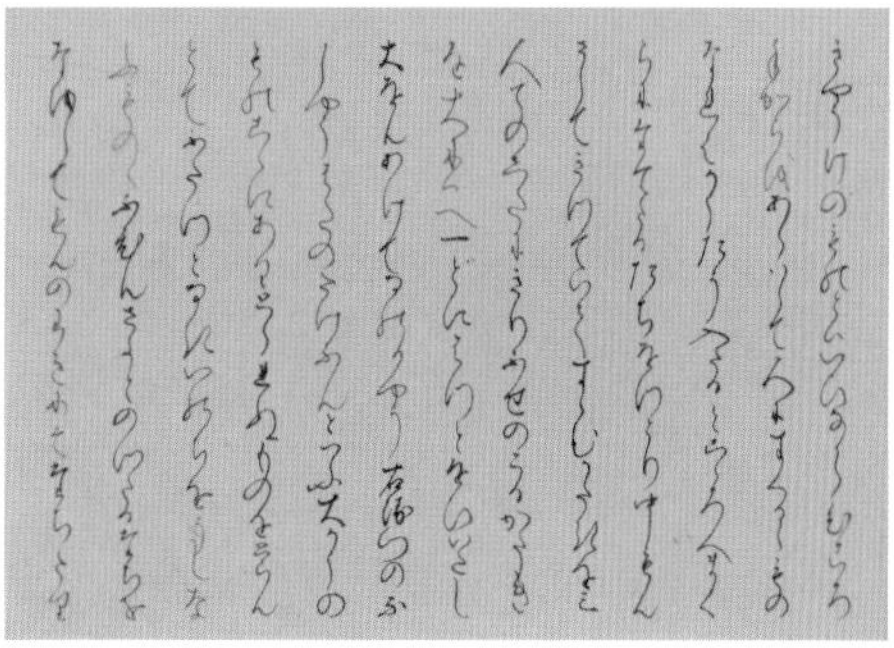

きやうけのものとハいひなからひころ
手からをあらハして人にすくるゝもの
なれはかうたう入たりとこゝろへまく
らにたてたるたちをつとり中もん
さしてきつていてすゝむかたきを三
人てのしたにきりふせのこるかたき
を大にハへ一どにはつとをひいたし
大をんあけてなのるやう右衛門のふ
しやうはたのたけふんといふ大かうの
ものこゝにありとられぬものをとらん
とてふたつとなきいのちをうしな
ふものゝふひんさよとのつたるたちを
なをしてもんのわきにそたちたり

【六丁ウ】

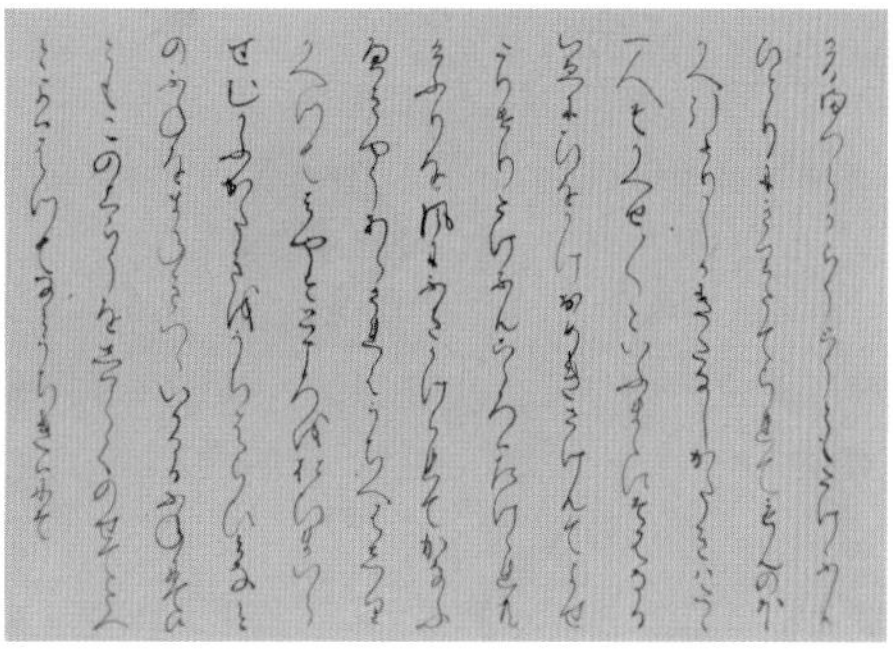

けるまつらからうともたけふん
ひとりにきりたてられてもんのほ
かへ引たりしかきたなしかたきハたゝ
一人そかへせ〳〵といふまゝにそはなる
いゑにひをかけおめきさけんてよせ
たりけりたけふんこゝろハたけれ共
けふりを風にふきかけられてかなふ
へきやうあらされはうちへはしり
かへつてミやすところをおひまいら
せむかふかたきをうちはらひミなと
のふねをまねきつゝいかなるふねにて候
ともこの上らうをしハらくのせてたへ
とよハはつてなミうちきハにて

【七丁オ】

【七丁ウ】

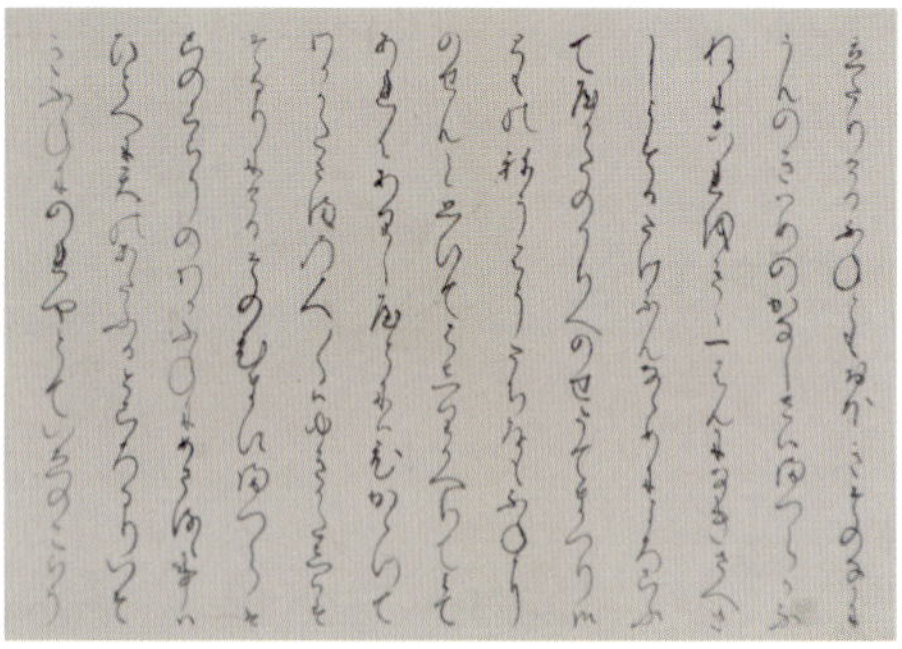

立たりけるふねともおほきそのなかに
うんのきハめのかなしさハまつらかふ
ねにこれをき丶一はんになきさへさ
しよするたけふんな丶めによろこふ
てやかたのうちへのせたてまつり御
とものねうはうたちをもふねに
のせんと思ひてはしりかへつてミて
あれはありしやとにハひか丶つて
わかかたさまの人〱ハゆきかたしらす
そなりにけるそのひまにまつらは
この上らうのわかふねにめさる丶事ハ
ひとへに天のあたふるところなりいそ
きふねにのれやとてい忝のこらう

【八丁オ】

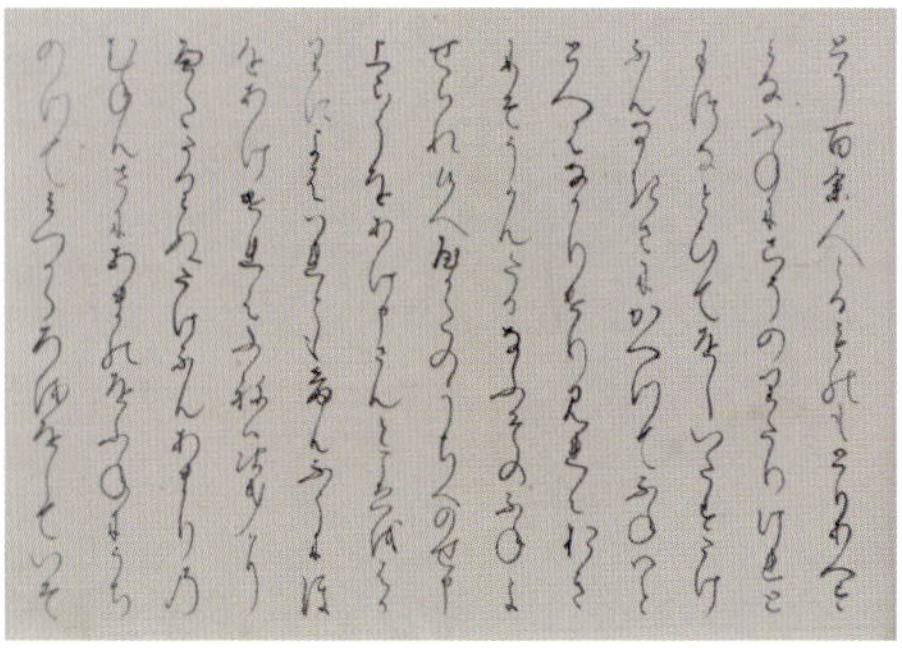

とう百余人とるものもとりあへす
ミなふねにこそのりたりけれと
もつなとひてをしいたすたけ
ふんなきさにかへつてふねハと
とへはなかりけり見れはおき
にそうかんたるなふそのふねよ
せられ候へやかたのうちへのせ申
上らうをあけ申さんとこ忝をはか
りによはハれともしゆんふうにほ
をあけけれはふねハ次第に
へたたりぬたけふんあまりの
むねんさにあまのをふねにうち
のつてミつからろをしていそ

【八丁ウ】

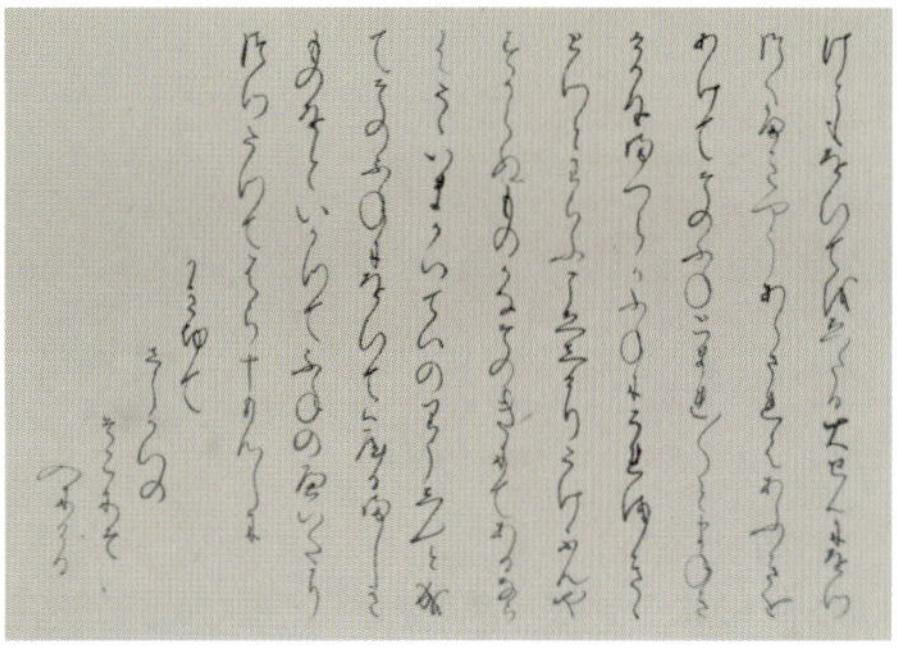

けともをひてをゑたる大せんにをつ
つくへきやうあらされはあふきを
あけてそのふねとまれ〳〵とまねき
けるをまつらハふねにこれをきゝ
とつとわらふこゑしけりたけふんや
すからぬものかなそのきにてあるなら
はたゝいまかいていのりうしんと成
てそのふねにをひてハやるましき
ものをといかつてふねのへいたに
つつたつてはら十もんしに
かき切て
さうかいの
そこにそ
入にける

【九丁オ】

【九丁ウ】

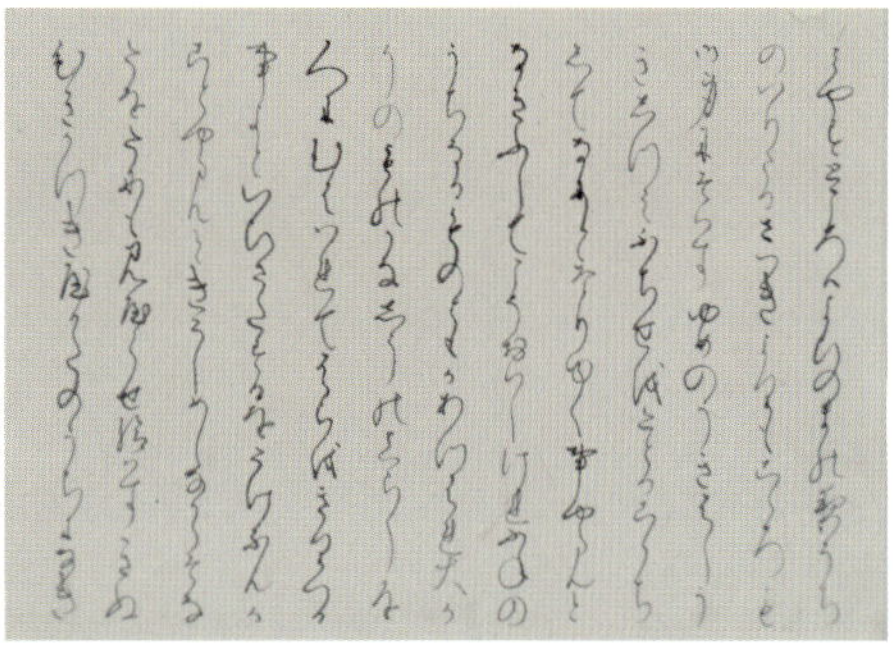

ミやすところハよひのまの夜うち
のいりたるさハきよりもこゝろも
御身にそハすゆめのうきはしう
きしつミふちせをたとるこゝち
してなにとなりゆく事やらんと
なきふしてこそおハしけれふねの
うちなるものともかあつはれ大か
うのものかなしうの上らうを
人にむはハれてはらをきりつる
事よといひさたするをたけふんか
ことやらんときこしめしなからそな
たをたにも見やらせ給ハすきぬ
ひきかつきやかたのうちになき

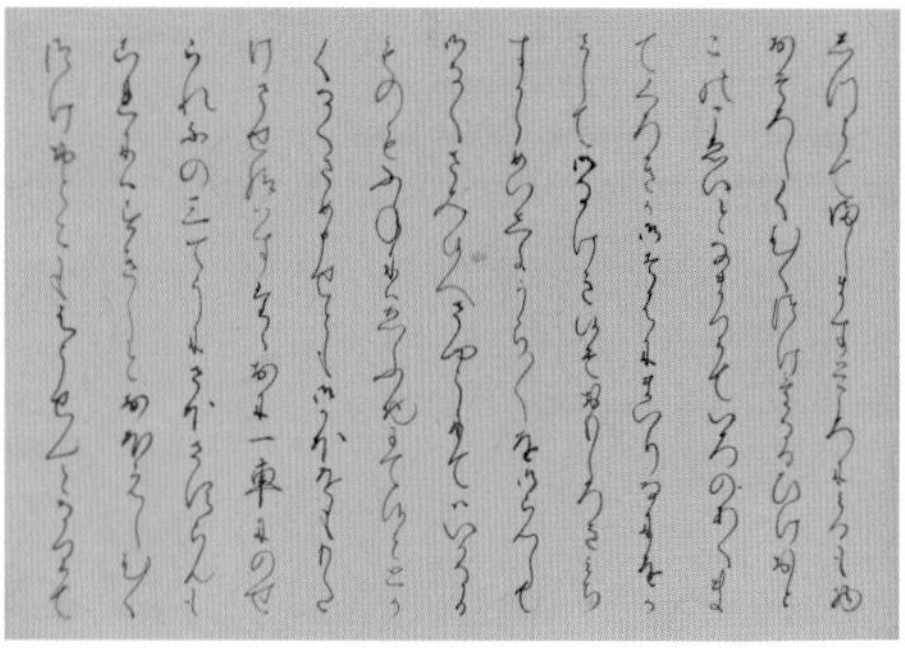

【十丁オ】

しつミてましますところにミるも物
おそろしくむくつけけなるひけおと
このこゑいとなまりていろのあくま
てくろきか御そはにまいりなにをか
さして御なけき候そおもしろきミち
すからめいしようらく〱を御らんして
御なくさみ候へさやうにてハいかなる
ものもふねにハゑふ物にて候とか
くなくさめ申せとも御かほをももた
けさせ給ハすたゝおに一車にのせ
られふの三てうにさほさすらんも
これにハすきしとおほえしむく
つけおとこもはうせんとなりて

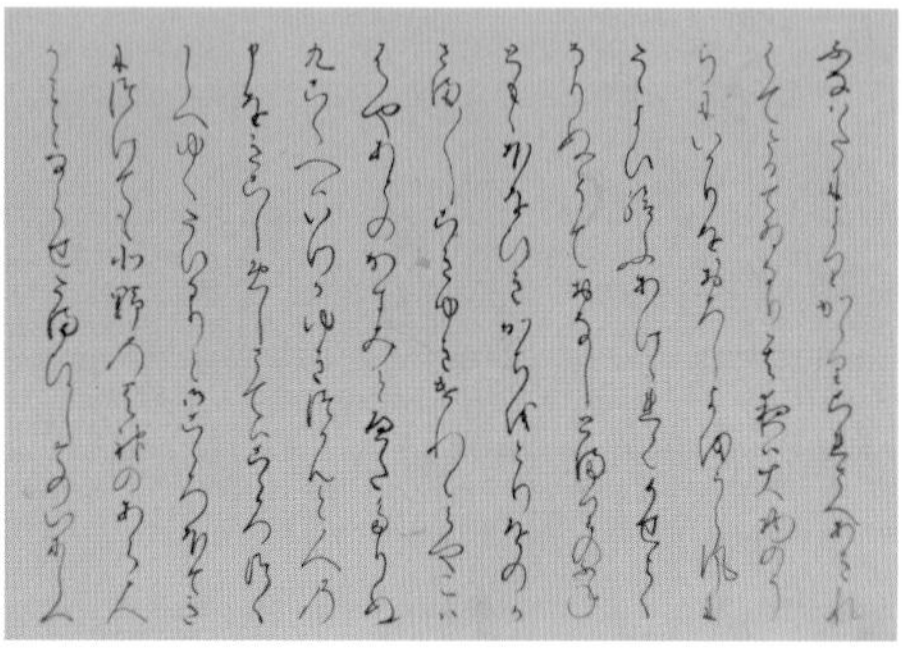

【十丁ウ】

ふなハたによりかゝりこれさへあきれ
はてたるてゐなり其夜ハ大物のう
らにいかりをおろしよをうら風に
たゝよひ給ふあけゝれはかせよく
なりぬとておなしとまりのふね
ともゝほをひきかちをとりをのか
さま〱こきゆきけれはミやこハ
はやあとのかすみとへたたりぬ
九こくへハいつかゆきつかんと人の
申をきこしめしさてハこゝろつく
しへゆくたひなりと御こゝろほそき
につけても北野の天神のあら人
かミとならせたまひかしそのいにしへ

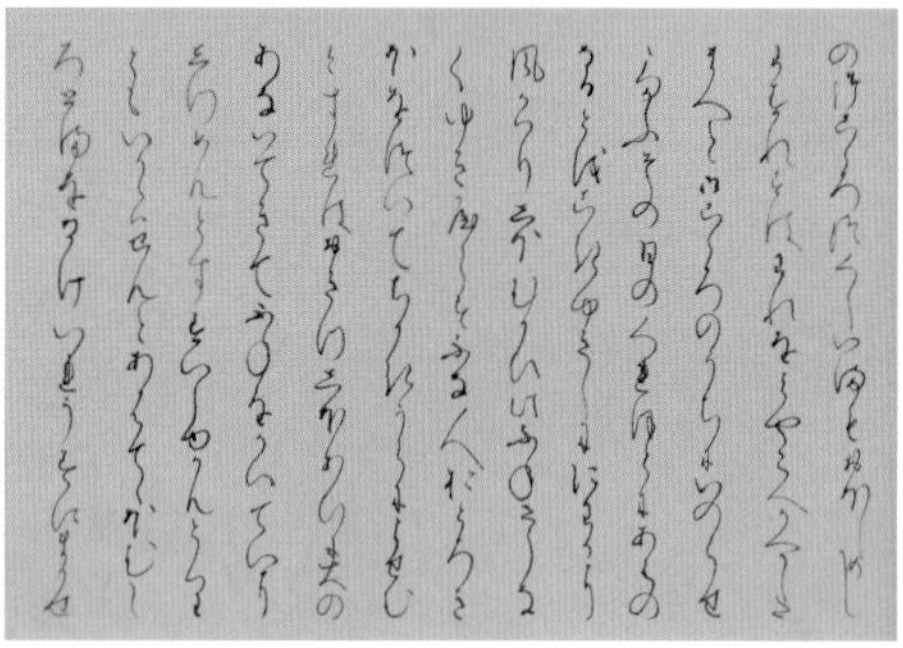

【十一丁オ】

の御こゝろつくしいまもおほしめし
わすれすはわれをミやこへかへした
まへと御こゝろのうちにいのらせ
たまふその日のくれほとにあはの
なるとをこきゆきしににわかに
風かハりしほむかひ此ふねさうな
くゆきやらすふな人おとろき
ほをついてちかきうらによせむ
とすれはおきつしほあひに大の
あないてきてふねをかいていに
しつめんとすすいしゆかんとり
ともいかゝハせんとあはてゝほむし
ろとまをなけいれうすにまかせ

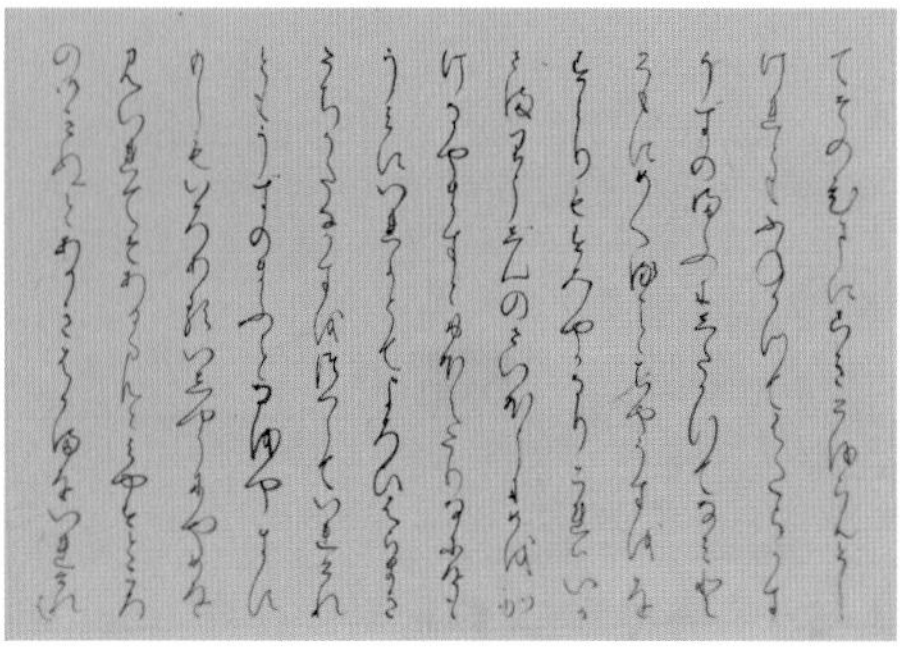

【十一丁ウ】

てそのひまにこきとをらんとし
けれともふねかつてはたらかす
うずのまふにしたかつてなミと
ともにめくることちやうすをを
すよりもすみやかなりこれハいか
さまりうじんのさいほうにめをか
けなやますとおほえたりなにをも
うミにいれよとてよろひはらまき
たちかたなかすをつくしていれけれ
ともうずのまふことなをやます
もしもいろあるいしやうにやめを
見いれてそあるらんとミやすところ
の御きぬとあかきはかまをいれけれは

【十二丁オ】

【十二丁ウ】

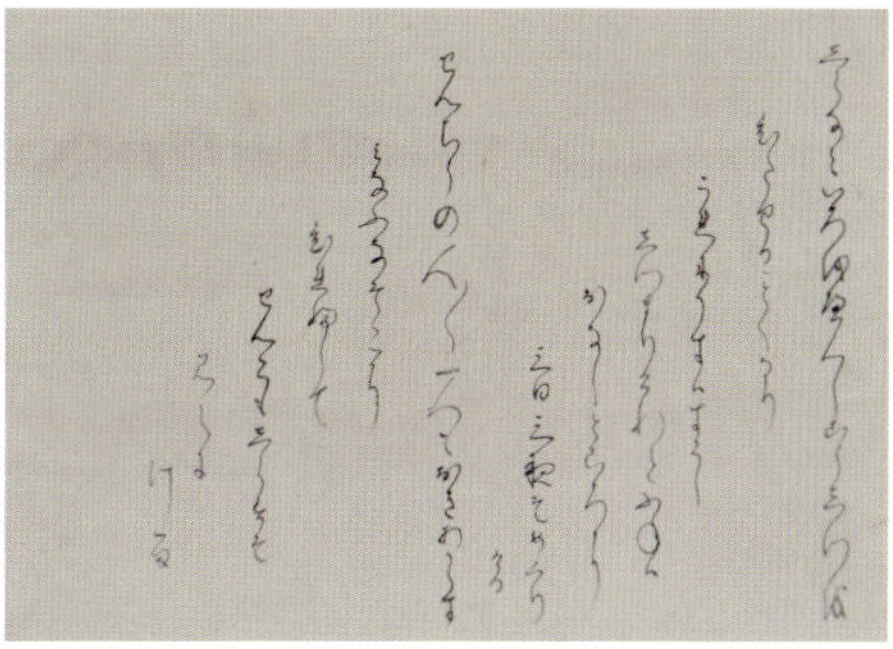

しらなミいろをへんしこうしつを
ひたすることくなり
これにうすハすこし
しつまりけれとふねハ
おなしところに
三日三夜そめくり
ける
せんちうの人〳〵一人もおきあからす
ミなふなそこに
ひれふして
せんこもしらすそ
見えに
ける

下

【一丁オ】

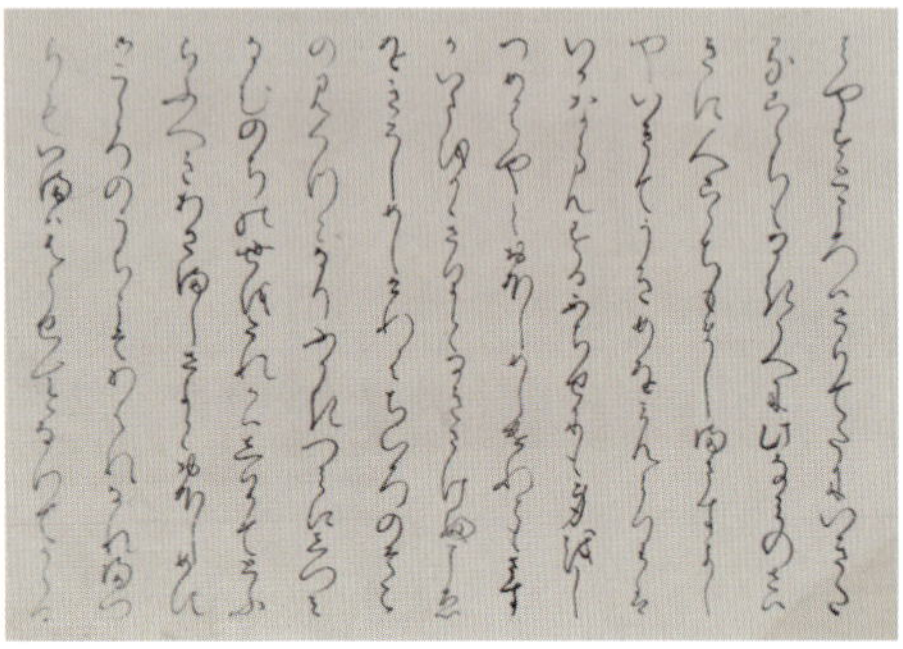

ミやすところハさらてたにいきた
るこゝちもなきうへに此なミのさハ
きに人こゝちもましまさすよし
やいきてうきめをミんよりは
いかならんするふちせにも身をし
つめはやとおほしめしけれともさす
かいまをかきりとなきさけふこゑ
をきこしめしけれはちいろのそこ
のみくつとなりふかきつミにしつミ
なむのちの世をたれかハしりてとふ
らふへきあさましさよとおほしめす
御こゝろのうちこそあはれなれまつ
らもいまハはうせんとなつてかゝる

【一丁ウ】

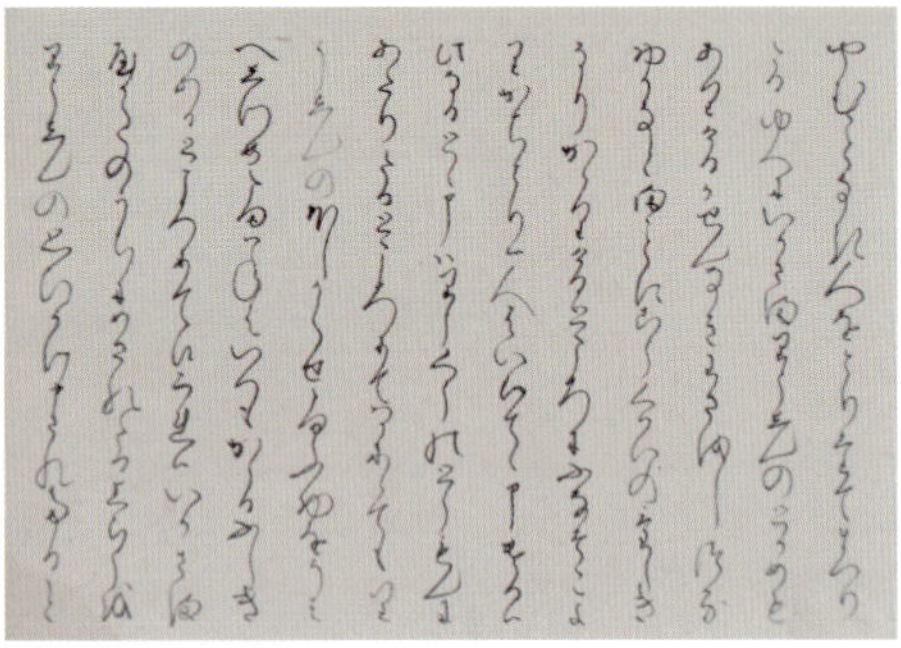

やむことなき人をとりたてまつり
たるゆへにいかさまりうしんのとかめも
ありけるかせんなきわさをしつる
物かなとまことにこうくハいのけしき
なりかゝりけるところにふなそこよ
りかちとり一人はいいてゝ申けるハ
此なるとゝ申ハりうくうのとうもんに
あたりたるところにてなにゝてもり
うしんのほしからせたまふ物をうミ
へしつめたまハねはいつもかゝるふしき
のあるところにて候これハいかさま
やかたのうちにめされたる上らうを
りうしんの思ひかけ申たれたると

【二丁オ】

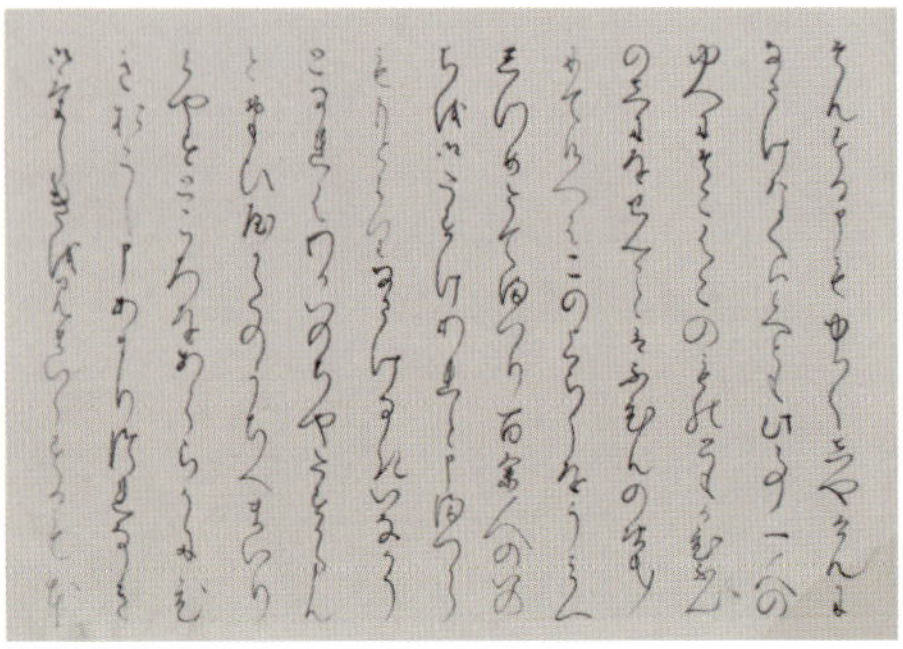

そんする申も中〱しやけんに
なさけなくハ候へとも此事一人の
ゆへにそこはこのものともかひふん
のしにをせんことはふひんの次第
にて候へはこの上らうをうミへ
しつめたてまつり百余人のいの
ちを御たすけあれと申まつら
ももとよりなさけなきいなかう
となれはわかいのちやたすからん
とおもひやかたのうちへまいり
ミやすところをあらゝかにひ
きおこし申あまりつれなき
御けしきを見まいらするも本

【二丁ウ】

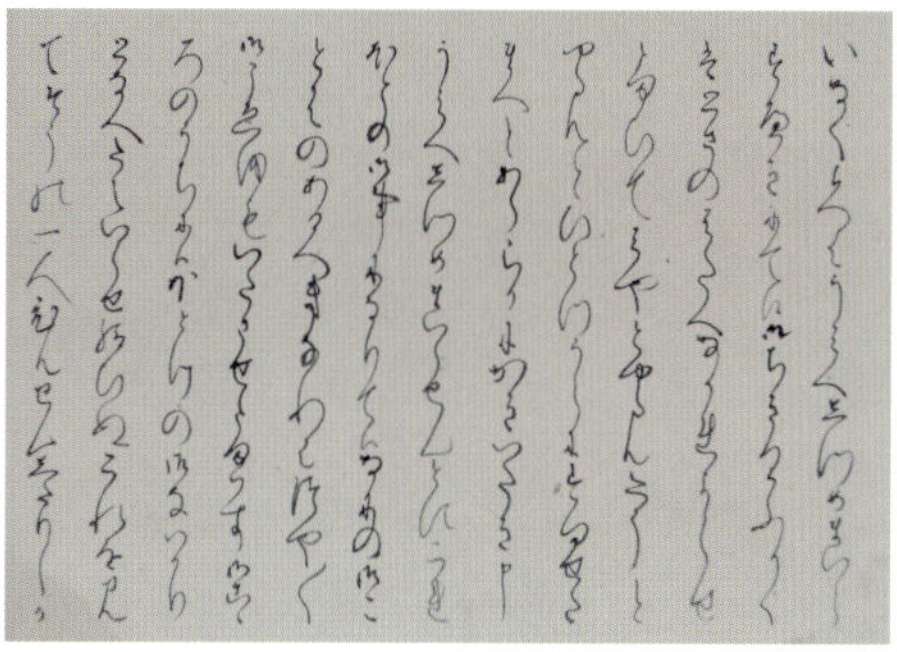

いなく候へはうミへしつめまいら
すへきにて候御ちきりふかく
はとさのはたへなかれよらせ
たまひてミやとやらんたうと
やらんとひとつうらにすませた
まへとあらゝかにかきいたき申
うミへしつめまいらせんときこれ
ほとの御事になりてハなにの御こ
とはのあるへきなれはつや〳〵
御こゑをもいたさせたまハす御こゝ
ろのうちにハほとけの御なハかり
となへたえいらせ給ひぬこれを見
てそうの一人ひんせんしたりしか

【三丁オ】

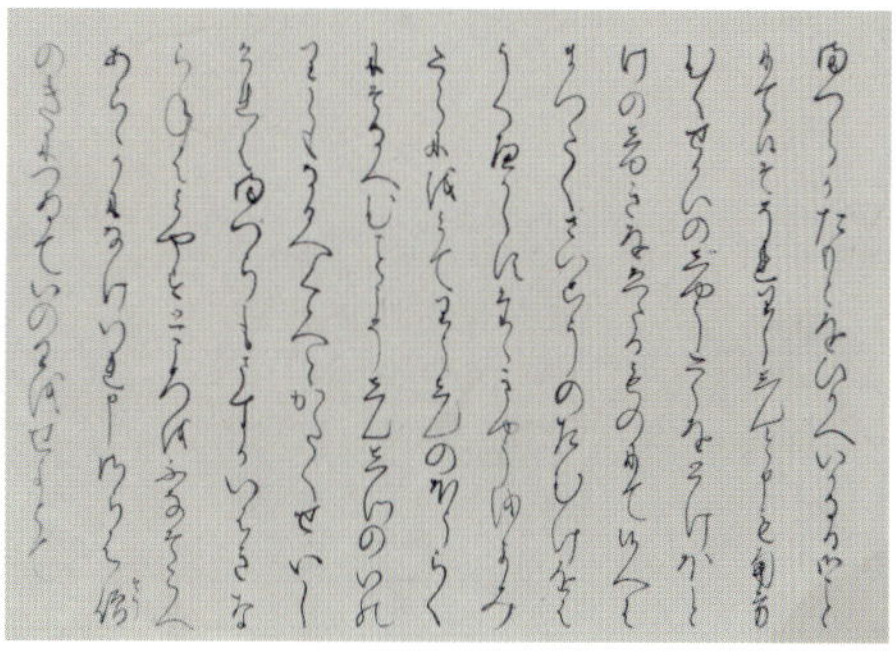

まつらかたもとをひかへいかなる御こと
にて候そそれりうしんと申も南方
むくせかいのじやうたうをとけほと
けのしゆきをゑたるものにて候へは
まつたくさいこうのたむけをは
うくへからすたゝきやうをよみ
たらにをミてりうしんのほうらく
にそなへむことこそしんしつのいの
りともなるへく候へとかたくせいし
けれはまつらもさすかいはきな
らねはミやすところをふなそこへ
あらゝかになけいれ申さらは僧（そう）
のきにつゐていのりをせよとて

【三丁ウ】

【四丁オ】

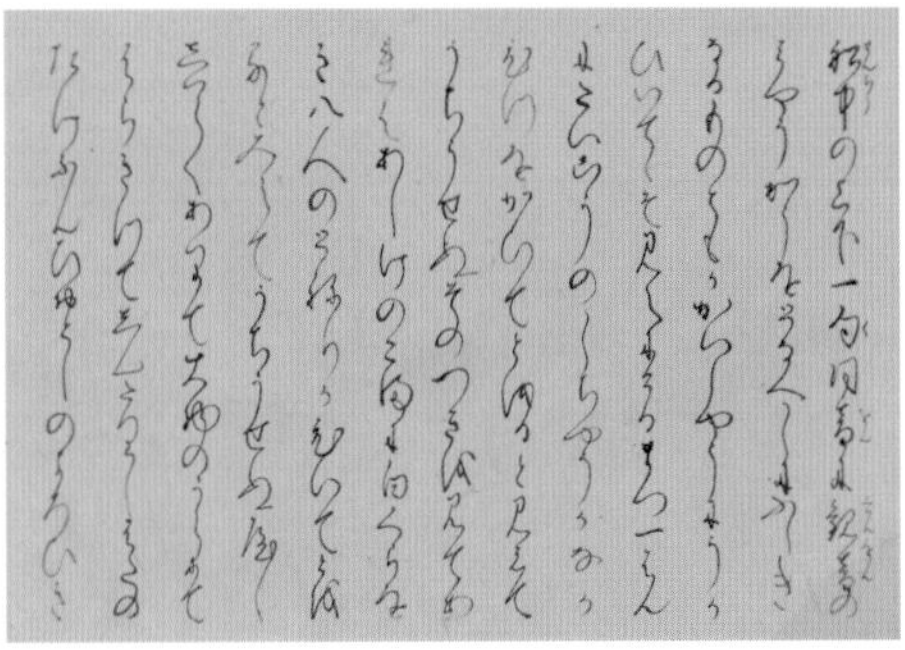

船中（せんちう）の上下一句同音（くをん）に観音（くハんをん）の
ミやうかうをとなへしにふしき
なるものともかかいしやうにうか
ひいて丶そ見えにけるまつ一はん
にたいこうのしちやうかなか
ひつをかひてとをると見えて
うちうせぬそのつきを見てあ
れはあしけのこまに白くらを
き八人のとねりかひいてとを
るとみえてうちうせぬや〱
しハらくありて大物のうらにて
はらきつてしんたりしはたの
たけふんひおとしのよろひき

【四丁ウ】

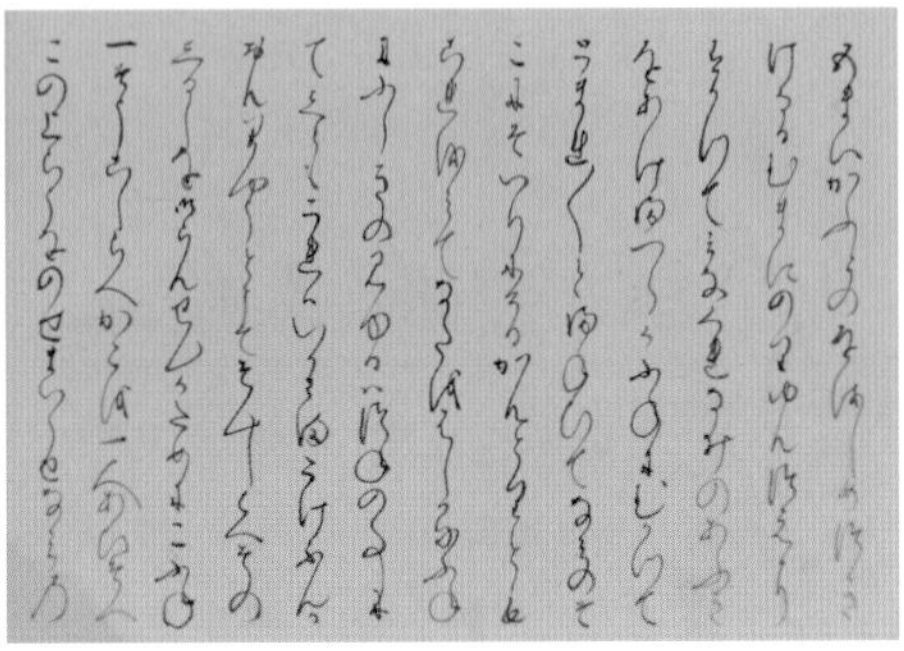

五まいかふとのをしめつき
けなるむまにのりゆんつえに
すかつてミなくれなゐのあふき
をあけまつらかふねにむかつて
とまれ〱とまねひてなミのそ
こにそいりにけるかんとりとも
これをミてなたをはしるふね
にふしきの見ゆるハつねの事に
て候へともこれハいかさまたけふんか
おんりやうとこそそんし候へその
しるしを御らんせんかためにこふね
一そうこしらへかこを一人あひそへ
この上らうをのせまいらせなミの

【五丁オ】

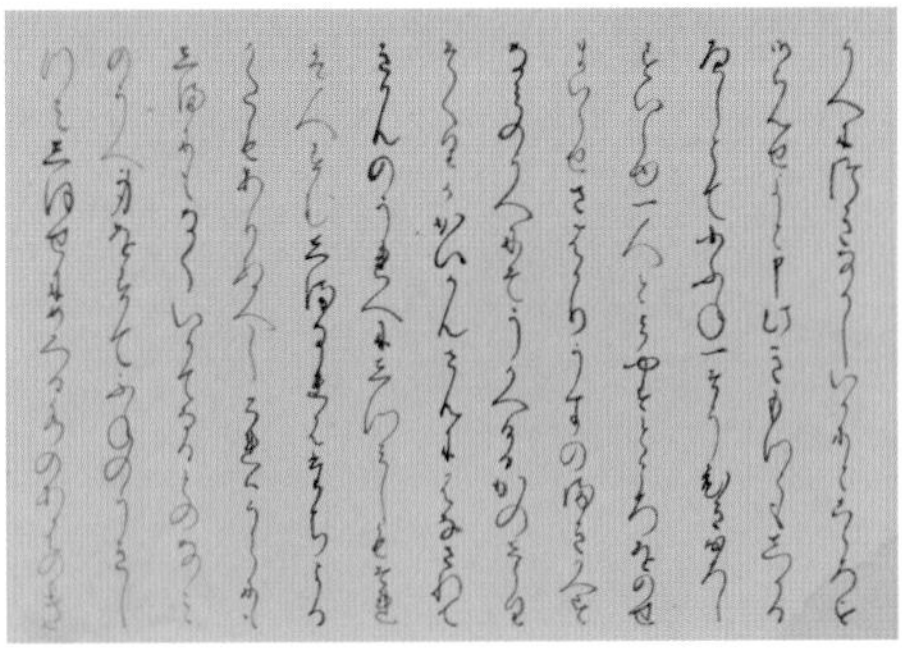

うへにつきなかしいかにとこ丶ろを
御らんせよと申此きもつともしかる
へしとて小ふね一そうひきおろし
すいしゆ一人とミやすところをのせ
まいらせさはかりうすのまきかへす
なミのうへにそうかへるかかのさうり
そくりかかいかんさんにはなされて
きかんのうれへにしつミしもそれ
は人すむしまなれはたちよる
かたもありぬへしこれハうらにも
しまにもなくいかてなるとのなミ
のうへ身をすてふねのうきし
つミしほせにめくる水のあはのき

【五丁ウ】

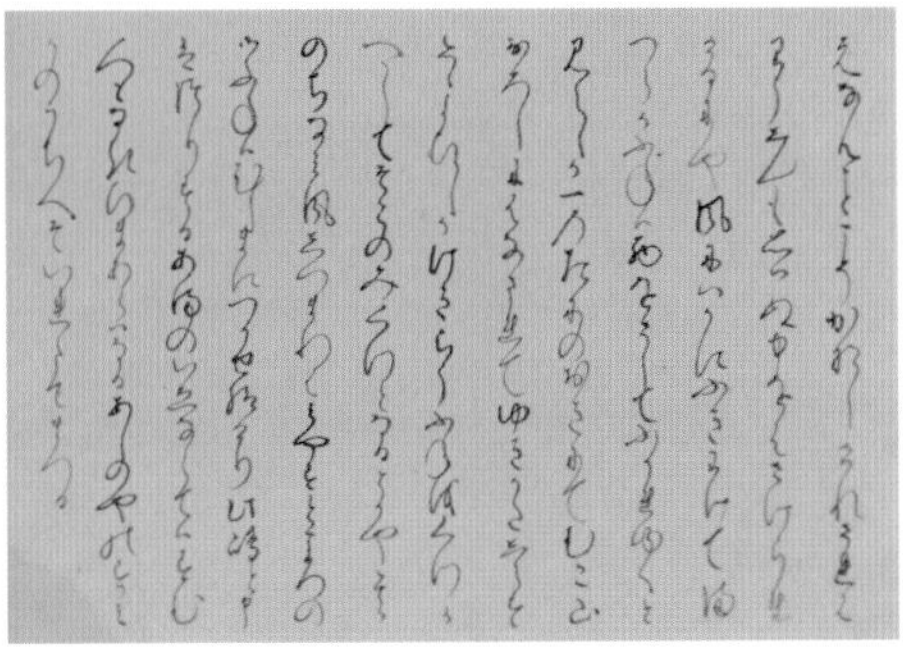

えなんことこそかなしけれされは
りうしんも思ハぬ中をはさけられ
けるにや風にいかにふきわけてま
つらかふねハ西をさしてふかれゆくと
見えしか一のたにのおきにてむこ山
おろしにはなされてゆきかたしらす
た丶よひしかけきらうふねをくつか
へしてそこのみくつとなるとかや其
のちなミ風しつまれはミやすところの
御ふねハむしまにつかせ給けり此嶋と申
はつりするあまのいゑならてハすむ
人もなきひまあらハなるあしのやのすミ
かのうちへそいれたてまつる

【六丁オ】

【六丁ウ】

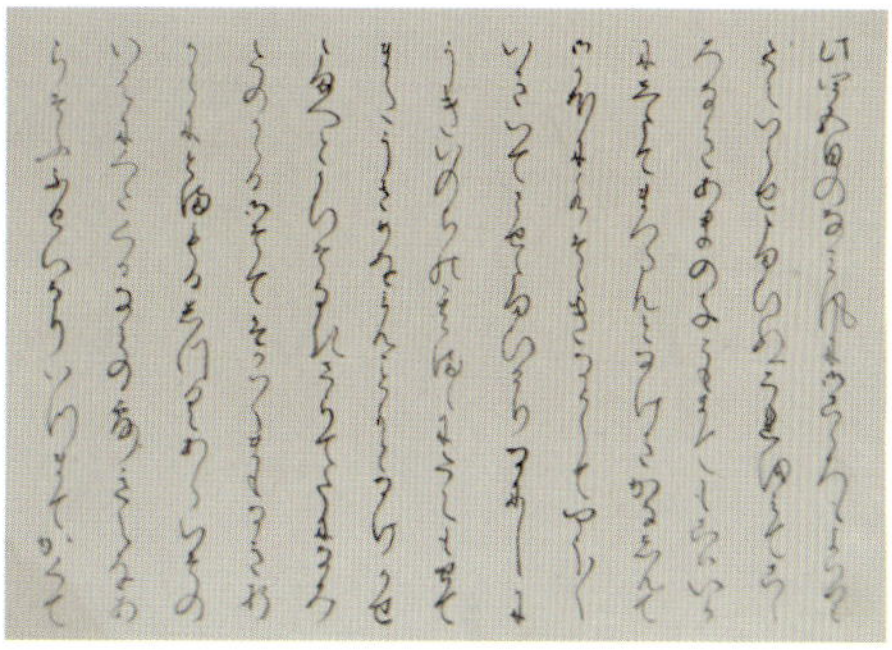

此四五日のなミ風に御こゝろもよハり
たえいらせたまひぬこれをミてこゝ
ろなきあまの子ともまてもこハいか
にしたてまつらんとなけきかなしんて
御かほに水そゝきなとしてやう〳〵
いきいてさせたまひけりなにしに
うきいのちの其まゝにたえもせて
またうきめをミんことよとなけかせ
たまへとかひそなきさらてなみ
たのかゝる御そてはかハくまもなき折
からにとまもるしつくあらいその
いはにくたくるなミの露きえをあ
らそふふせいなりいつまてかくて

【七丁オ】

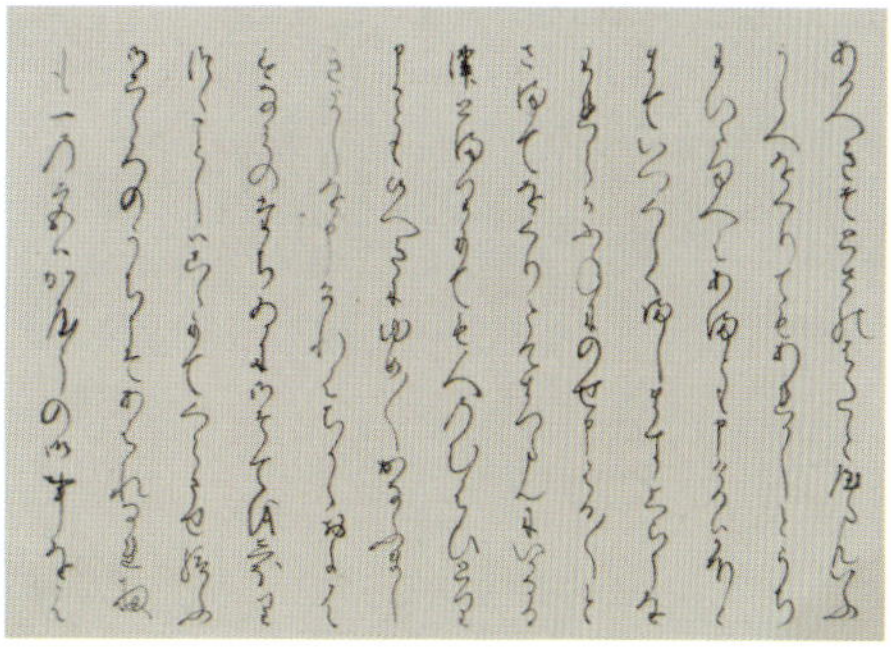

あるへきそとさのはたとやらんいふ
うらへをくりてもあれかしとうち
わひたまへはあまとも申けるハかほと
まていつくしくましますト上らうを
われらかふねにのせ申はる〳〵と
さまてをくりたてまつらんにいかなる
津とまりにても人のむはひとり
申ことも候へきにゆめ〳〵かなふまし
きよしを申けれはちからおよは
すなミのたちゐに御そてをしほり
つゝことしハこゝにてくらさせ給ふ
御こゝろのうちこそあはれなれ扨
も一の宮ハかやうの御事をは

【七丁ウ】

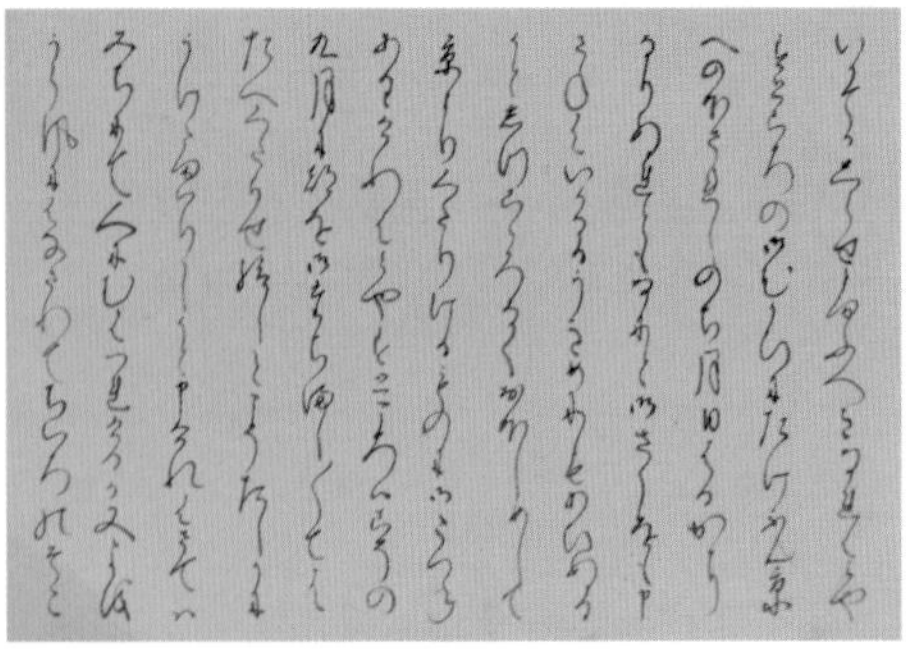

いかてかしらせたまふへきなれはミや
すところの御むかひにたけふん京
へのほされしのち月日はるかに
なりぬれともなにと御さうをも申
さねはいかなるうきめにもあひある
かとしつこゝろなくおほしめして
京よりくたりけるものに御こハね
ありけれはミやすところハこその
九月に都を御たちまし〳〵ては
たへくたらせ給しとこそたしかに
うけたまハりしかと申けれはさてハ
みちにて人にむはハれけるか又よを
うら風にはなされてちいろのそこ

【八丁オ】

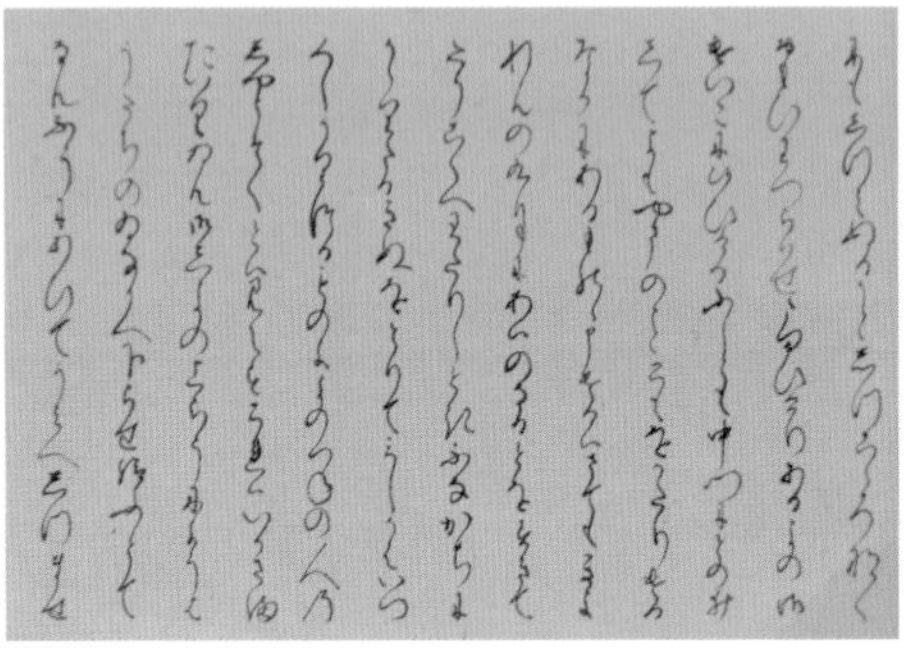

にもしつミぬるかとしつこゝろなく
おもひわつらハせたまひけりあるよの御
けいこに候ひけるふしとも中門にとのゐ
してよもやまのことともをかたりける
なかにあるもの、申けるハさてもきよ
ねんの九月にあハのなるとをすきて
たうこくへわたりしときふなかちに
かゝりたるきぬをとりてミしかはいつ
くしかりつるものよのつねの人の
しやうそくとハ見えすこれハいかさま
たいりゐん御しよの上らうにようは
うたちのゐなかへ下らせ給ふとて
なんふうにあひてうミへしつませ

【八丁ウ】

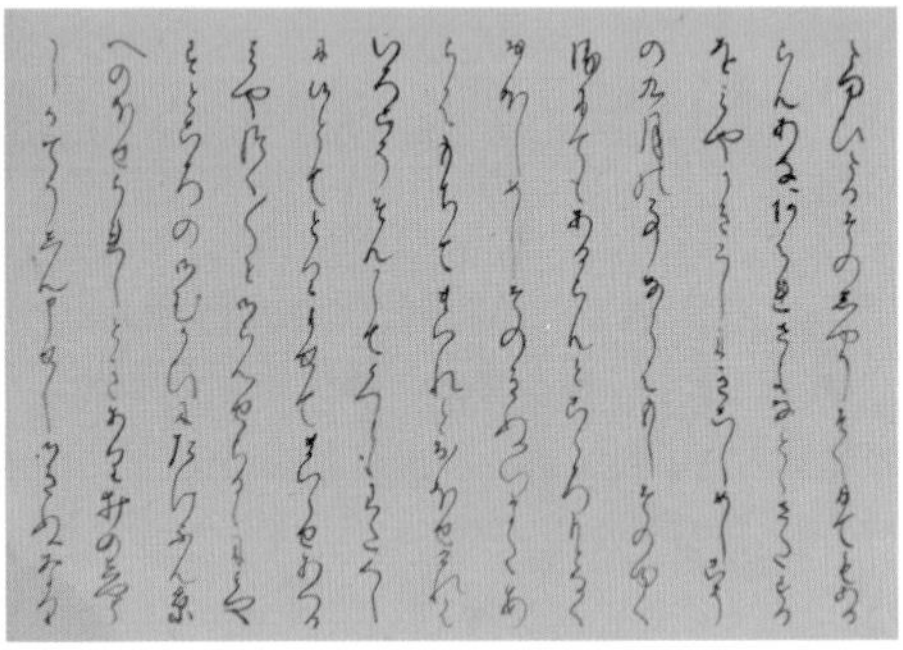

たまひたるそのしやうそくにてもある
らんあなあはれさよなとゝさたする
をミやかきこしにきこしめしこそ
の九月の事ならはもしそのゆく
ゑにてもあるらんとこゝろもとなく
おほしめしそのきぬいまたあ
らはもちてまいれとおほせけれは
いろこそそんして候へともわたくし
に候とてとりよせてまいらせあくる
ミやつく〳〵と御らんせらるゝにミや
すところの御むかひにたけふん京
へのほせられしときありゐのしやう
しかてうしん申せし御きぬなり

【九丁オ】

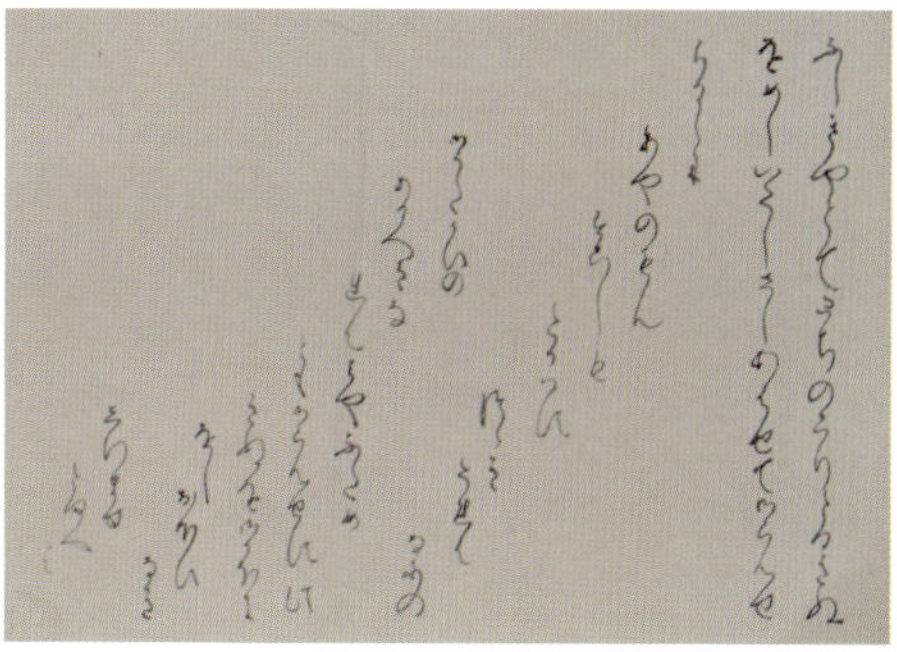

ふしきやとてたちのこりたるきぬ
をめしいたしさしあはせて御らんせ
らるゝに
あやのもん
すこしも
たかハす
つゝき
たれは
なにの
御うたかひの
あるへきな
れはミやふため
とも御らんせす此
きぬを御かほに
をし
おほひ
なき
しつませ
たまへ
は

【九丁ウ】

【十丁オ】

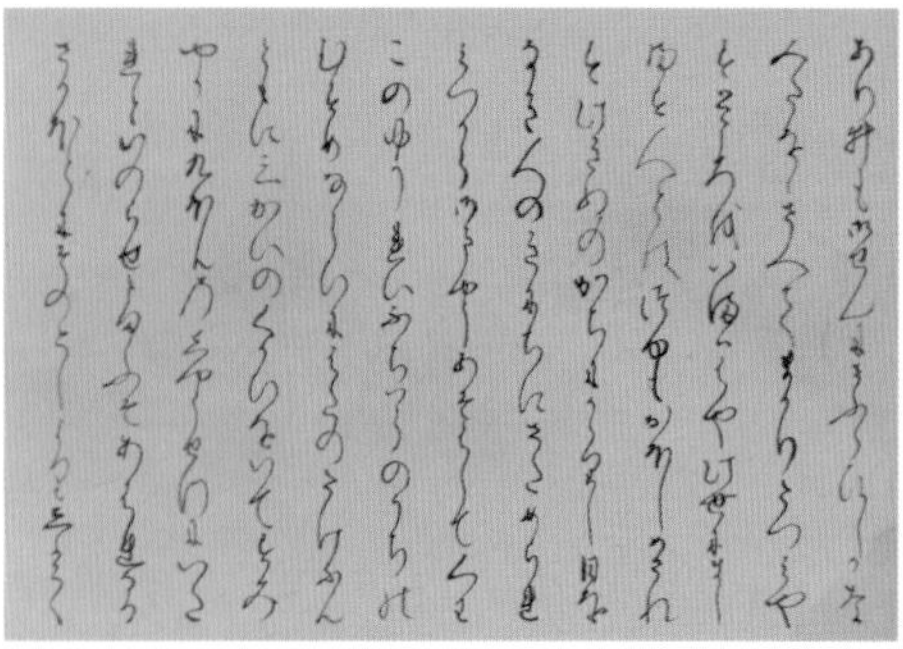

ありゐも御せんにさふらひしかな
みたを、さへてまかりたつミや
すところをいまハはや此世にまし
ます人とはつゆもおほしめされ
す此きぬのかちにか、りし日を
なき人のきにちにさためられ
ミつから御きやうあそはしてくわ
このゆうれいふちハらのうちの
むすめならひにはたのたけふん
ともに三かいのくかひをいてすみ
やかに九ほんのしやうせつにいた
れといのらせたまふそあはれなる
さるほとにそのとしよりしよこく

【十丁ウ】

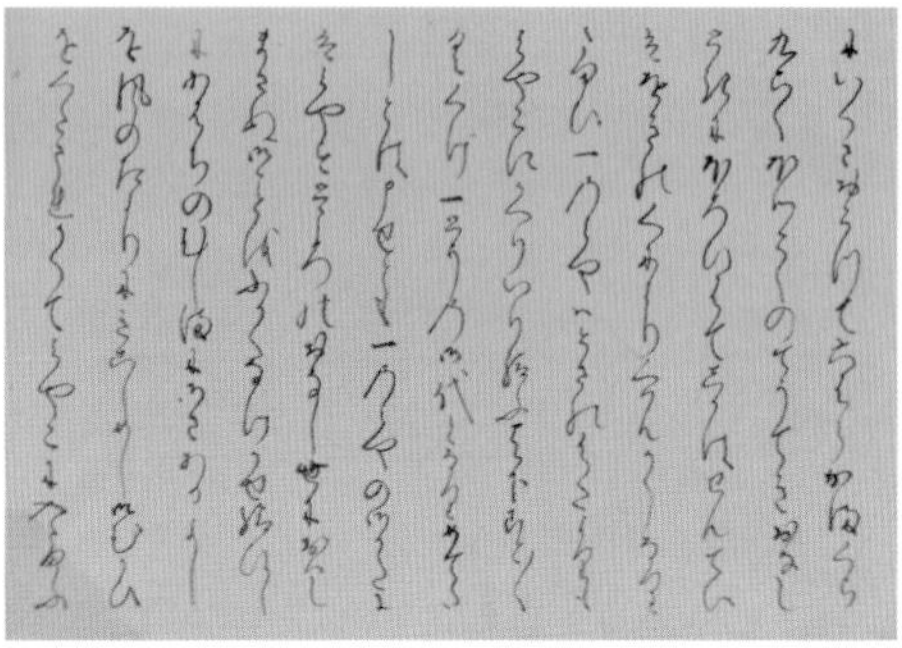

にいくさおこつて六はらかまくら
九こくほつこくのてうてきおなし
ときにほろひはてしかはせんてい
もをきのくによりくハんかうなり
たまひ一のミやハとさのはたよりも
ミやこにかへりいり給ふ天下こと〳〵
くくげ一とうの御代となりめてた
しとは申せとも一のミやの御かたに
はミやすところのおなし世におハし
まさぬ御ことをふかくなけかせ給ひし
にあはちのむしまに御さあるよし
を風のたよりにきこしめし御むかひ
をくたされかくてミやこに入たまふ

【十一丁オ】

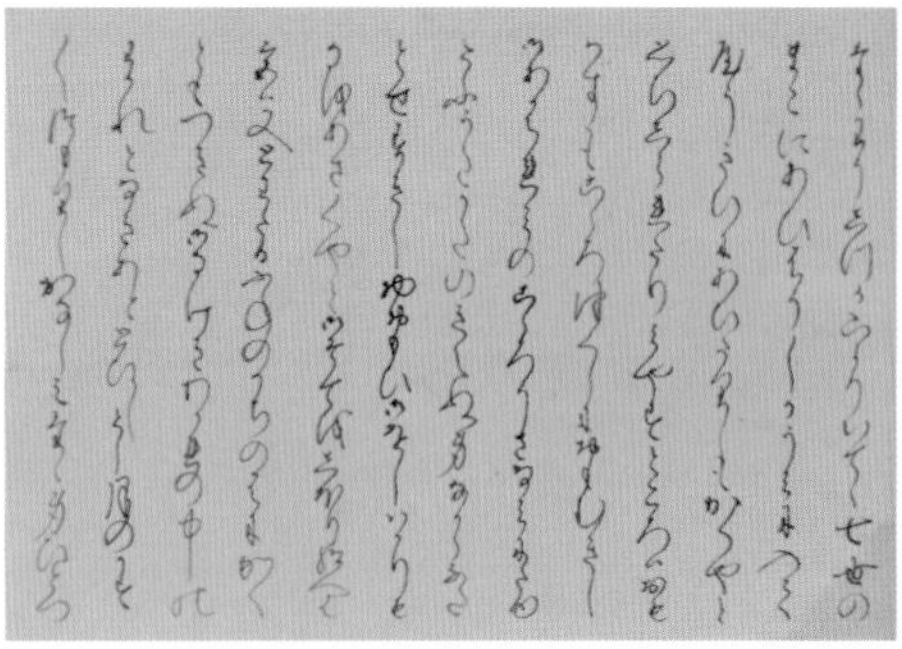

た、わうしつか山よりいて、七世の
まこにあひはうしかうミに入て
やうきひにあひたりしもかくやと
思ひしられたりミやすところハおも
ハすもこ、ろつくしにおもむきし
御あはれミのこ、ろうさなミにたゆ
たふうたかたのきえぬ身なからふた
とせすきし物おもひ御をしハかりも
なをあさくやと御そてをしほり給へは
宮ハ又とわたるふねのかちのはにかく
ともつきぬ御なけきわかれの中の
わかれとなきあとひしとし月のかす
〳〵つもりしかなしミた、身ひとつ

【十一丁ウ】

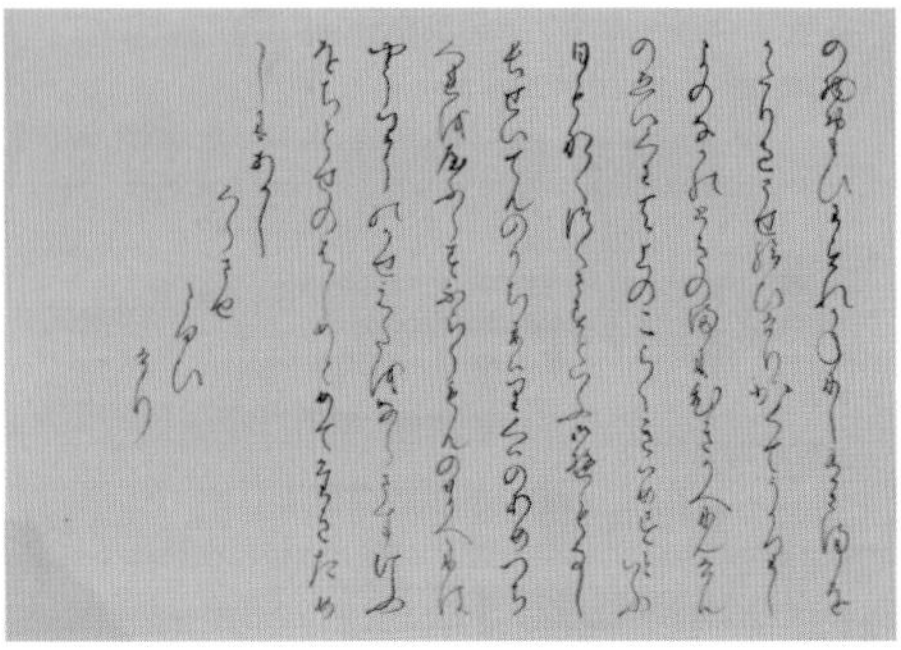

の物おもひわすれかねにし有さまを
かたり過させ給ひけりかくてうかりし
よのなかのときのまにひきかへにんけん
のゑいくわ天上のこらくきハめすといふ
日もなくつくさすといふ御遊もなし
長せいてんのうちにハりくハのあめつち
くれをやふらすふらうもんのまへには
やうりうのかせえたをならさすけふ
をちとせのはしめとめてたきため
しにあかし
くらさせ
たまひ
けり

愛知県立大学所蔵『本朝月鑑』の翻刻と紹介

中根千絵（なかね・ちえ）

はじめに

本稿で紹介する『本朝月鑑』は、他に類を見ないものであり、孤本といえるものである。その題目に一致するものは管見の限りなく、また、本文も今のところ、類似のものが見つからない。形態は、右に著名な歴史的人物の一人の事跡と評が様々な書体で書かれ、左にその人物の絵が色彩を施されて描かれている紙が、折本形式のもの（縦36㎝×横29・5㎝）に貼られている。その装丁は四隅に金箔がちりばめられた大変見事なものである。絵には一枚一枚「狩」の方朱印が押されている。その貼られた一枚の紙の大きさ（縦29・5㎝×横25・7㎝）からそもそも書物として読む目的に作成されたというより屏風のようなものに貼って使用するようなインテリアとして作成されたものではないかと考えられるものである。

一　『本朝月鑑』の本文の翻刻

まずは、本文の翻刻を示してその内容を概観しておきたい。そこに選ばれた人物は、天皇、家臣、武将、歌詠みと男女を問わず、実に様々であり、総勢三六人についてのエピソードが描かれている。但し、源義家が再出として二回登場するので、その枚数とエピソードは総計三七である。以下にその本文の翻刻を掲げる。（句読点と「」は私に付した。）

仁徳天皇

仁徳天皇為帝室胄而重先皇遺命讓位於皇弟兎道雅郎子。皇弟亦不受之。相互辞遜。及皇弟自裁、遂践大位。以臨四海、誠是天意之所助、人望之所係也。

天皇倹而不奢。五穀豊饒百姓繁富、登高屋則悦炊煙之贍、修皇居則成不日之功而盛徳彰聞宝祚長久。伝曰、「能以礼譲為国乎何有。」者。仁徳天皇之謂乎。

天智天皇

天智天皇龍潛。有在天之勢、然未得良位。

中臣鎌子側微抱憂国之病。然未遇英主。

天哉、時哉。法興寺之遊如雲従龍、似風従虎。

彼入鹿之強梁滔天之罪、不可逃焉。然倉山田読表流汗。子麻呂執劔不進。惟天皇之雄偉、自誅元凶鎌子之善謀固守宮門。然功成、不自取推譲皇太叔而歴大化、白雉之朝再奉皇太后重祚。身在東宮摂政、憐百済之滅護送質子、以復其国。遭斉時之崩、居諒闇、以竭袞礼及除服而登極、為本朝中興之主。

書曰、「天賜王智勇、表正、万邦、克寛、克仁、彰信、兆民。」者。

天智天皇其庶幾乎。

忠仁公

忠仁公以外戚之親奉幼主而攝。公於機政任相国、以居百僚之公、人服其成民。懐其仁。

此時源信藤良相為老者之僕射。伴善男為亜相公。是有任槐之望、欲逐源信而以願昇進。潜焼応天門、奏源信之所為也。朝議之欲断其罪、公察源信之正直悟其為寃。奏曰、「信君遭刑則老臣先死。」故信免其難。其後、善男奸謀発覚、以伏其罪。挙此称公為長者。易曰、「積善之家有余慶。」者。於公之子孫繁栄見之。

平重盛

重盛登内相高官。為平家棟梁威望仁恵兼備。有忠、有孝、能抑父之暴而使朝廷暫安。所謂「有争子則身不滔於不義。」者也。嘗欲観賀茂祭。予遣空車五両置於某地及期而往焉。先行観者如堵墻。望内相之車欲辟易而避之。既而公至、使空車牽帰而在其隙地観之。故街衢之際、更無一人之避。其富而不驕、威而不猛。推小可以知大也。

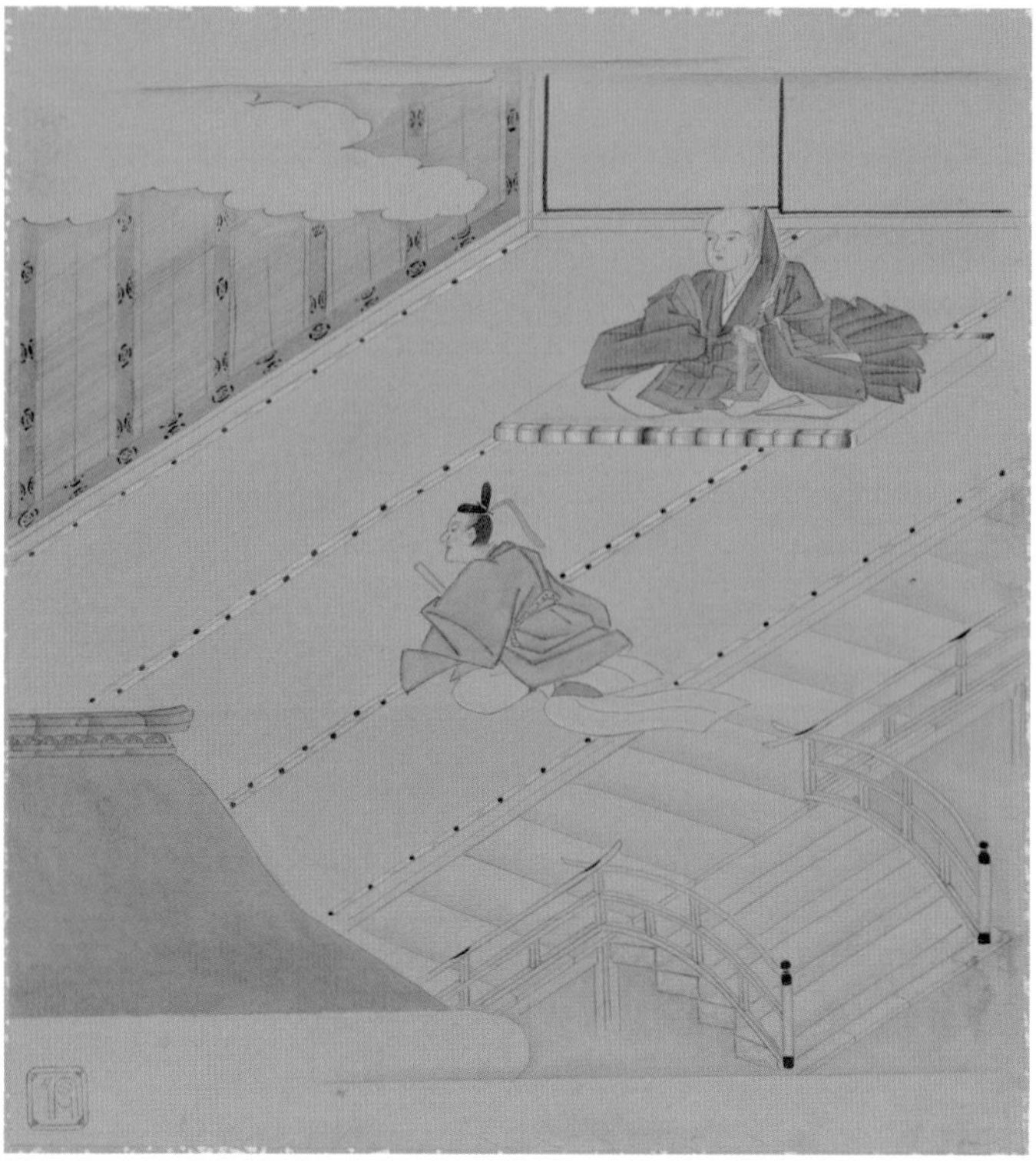

和気清麻呂

清麻呂仕孝謙女主之朝。
会道鏡法師欲侵帝座而
奉使宇佐大神。当此時諂彼権。
服其威則富貴可得者必矣。
然剛健忠直、不顧刑戮、謹聞神託復奏。
不可使妖僧盗大宝。
若微清麻呂則天日嗣、其危乎。
孔子曰、「歳寒、然後、知松柏之後
凋也。」清麻呂在焉。

藤原百川

百川以密策斥道鏡奉。
光仁安社稷、其功既大。及光仁立嗣、百川奏
山部皇子。年長。然群議紛々。帝心未決。
　百川堅守不変。絶粒四旬倍簁令胥。
乞師之功、遂奏曰、「事不定則不肯
退朝由。」是山部御為太子。即是
　　　　　　　桓武帝也。
剛忠者此雖「周昌、不奉詔、史丹伏」者、庸
　仍以加焉。
易曰、「介于石。」又曰、「確乎、不令抜。」者。此之謂乎。

藤原藤房

藤房為元弘帝之近臣。従艱難於笠置、被貶謫於遠邦。及帝復辟而改元建武。憂其政道不正往々諫之不聴。会雲州貢龍馬、大臣面諛、以為上端。藤房諫曰、「賞罰不正、漫耽遊玩、是禍乱之端。何以為祥。」既而知其不可諫而遯世而去、不知其所在。蓋欲使帝感悟也。忠経所謂「諫於未形者。」乎。易曰、「君子見幾而作。」者乎。羅山子曰、「藤房去之。正成従之。建武有二忠。」向陽子曰、「三仁去而殷墟。藤房遯而建武乱。」

楠正成

正成応徴承詔。堅守孤城、遂摧大敵。成恢復之功而奉迎龍駁。詩曰、「赳々武夫、公候干城。」是也。逮建武乱又逐強寇於西海。戦勝如韓白、籌策如良平、忠義如孔明、諫争如王魏、可謂本朝無双良将也。皇綱解、終賊軍再競。其言不聴、其諫不用而奔命於湊川。志在必死、召其子正行於桜井舎而遺言以再挙報国之事。孔子曰、「志士殺身成仁」者。正成其近焉。正行能守其言而揚其名。所謂父為忠臣。子為孝子。何必晋卞氏云乎哉。

村上義光

義光従護良王子於熊野之厄、険阻艱難備嘗。得入吉野城、逮寇兵。庶士至而城攻陥。義光知事不制而自称護良王子、代其命死焉。所謂「泰山一擲軽鴻毛。」雖如父紀信亦不愧焉。思其子義隆亦死于難。使護良逃去。眉山曰、「嵇紹似康為有子。」具有為村上父子言之。

児島高徳

高徳当元弘之乱、有勤王之志。其事不挙
　而笠置城陥。日帝将隠州而欲要
　　于是刼賊兵、以奉迎皇輿。潜詣行在
　　　所、庭樹書之曰、
「天莫空勾践時非無范蠡」
賊首不知其旨、帝見而悟之。
感其忠、亦其後高徳従
藤忠顕、攻六波羅之。戦功、
自建武以来、群国武夫。
扁有武心、唯高徳、始終
労王事、
而励寸。亦
中庸之「国無
道至死、不変
強哉矯」者。高徳之
忠勇乎。

上杉憲春

憲春在鎌倉為源氏満。伝氏満窺京洛之志。源義満公聞之、親筆教書、以与憲春使都鄙無事。憲春承之。或諭之、或諫之、氏満不聴。憲春憂骨肉相争国家不平而自殺、以示其忠義。氏満驚悔而与京洛和睦。人皆憐憲春志。

忠経曰、「諫始於順辞、中於抗議、終於死節、以成君休、以安社稷」者。憲春知之否呼。

大伴古麻呂

古麻呂仕孝謙朝為遣唐使到長安。与諸国使者共拝朝賀正旦。礼部定坐位曰、「吐蕃為西班一座、日本次之、新羅為東班一座、大食国次之」云々。古麻呂正色大言曰、「新羅是為我藩。何使我在彼下哉。」

唐将呉懐宝聞其言、見其色、乃改其座位。以我使為東一座置大食上、使新羅置吐蕃次、為西二座。

　嗚呼如古麻呂者「使於四方不辱君命可謂士矣」壮哉。

藤原保昌

保昌以勇名聞。一夜独歩、乗月吹笛。有曰、「偸盗袴垂者、人知其強暴。」遇保昌於途、欲剥其衣。保昌吹笛自若。袴垂進而劫之。不顧而行如是者数回。然不敢驚。袴垂怪之抜刀向之。保昌顧曰、「汝何者哉。」袴垂畏而不言。又問曰、「汝何者哉。想夫袴垂乎。」曰、「然。」保昌曰、「希遇、汝随我而来。」吹笛而行、袴垂従其後。及入其家始知為保昌也。乃呼袴垂、与綿衣一領、曰、「他後、無衣則来乞。無妄劫人以亡其命。」袴垂幸免而去。

法曰、「知彼知己百戦不殆。」保昌知偸児其衆寡。雖異、其揆一也。

源義家

義家平奥羽之乱而威名勇功冠于闔国。当宿衛京師白河上皇夜々驚悸而醒。人皆謂、妖魅之所為也。宜置兵器於御枕上。以鎮之。義家奉詔、献黒塗檀弓一張。明夜上皇無驚。乃感義家之雄武通神而良之曰、「此弓其十二年軍中所持乎。」義家奏曰、「臣既忘之。」上皇歎其不誇勇也。所謂労而不伐者乎。

　三略曰、「人臣深暁則能全功、保身。」者。義家得之。

源頼朝

頼朝僅脱石橋之厄間、行入房州。連総州之兵欲赴武州。到隅田川気勢猶未振。上総介平広常率兵二万人来会。其意謂、「見我大兵則必喜。」就察其時勢而或其従之、或其可襲而取之。既而相見。頼朝怒其遅来、有不平之色。令曰、「在後軍可也。」広常驚歎曰、「大哉。度量実是吾君也。」変其弐心、抽軍功也。

三略曰、「人主深暁則能御将統衆。」如頼朝則可謂将将者也。宜哉。武人而為大君也。

阿新

藤原国光小名阿新、幼而其父資朝為武臣、被錮流于佐渡国。使本間某護之。阿新不遠長途而往訪其存没。既至。雖欲相見、本間不肯許之。未幾、資朝遭害。阿新憤彼無憐情而夜窃徂刺殺本間。忽復其讎。礼曰、「父之讎弗与共戴天。」然雖武夫之子難之、如阿新生於紳笏之家、以幼童而能為之。誠是雄偉而不常者也。

源義貞

義貞用兵如神、載於口碑。嘗在播州油幕。令軍中曰、「莫掠民屋。勿刈田租。」時小山田高家刈青麦、駄鞍馬而帰舎。有司捕之、当誅。義貞慮彼糧乏犯法。使人見其舎。則兵器備而無糧。義貞曰、「士卒疲者、将之恥也。彼為戦忘法。不可妄殺之。然法亦不可乱。」与衣服二襲於田主、償之。授糧十石高家。以励其勇。高家感其恩、戦死於湊河、使義貞脱去。三略曰、「贍以財、励以義則士死之。」義貞知之。

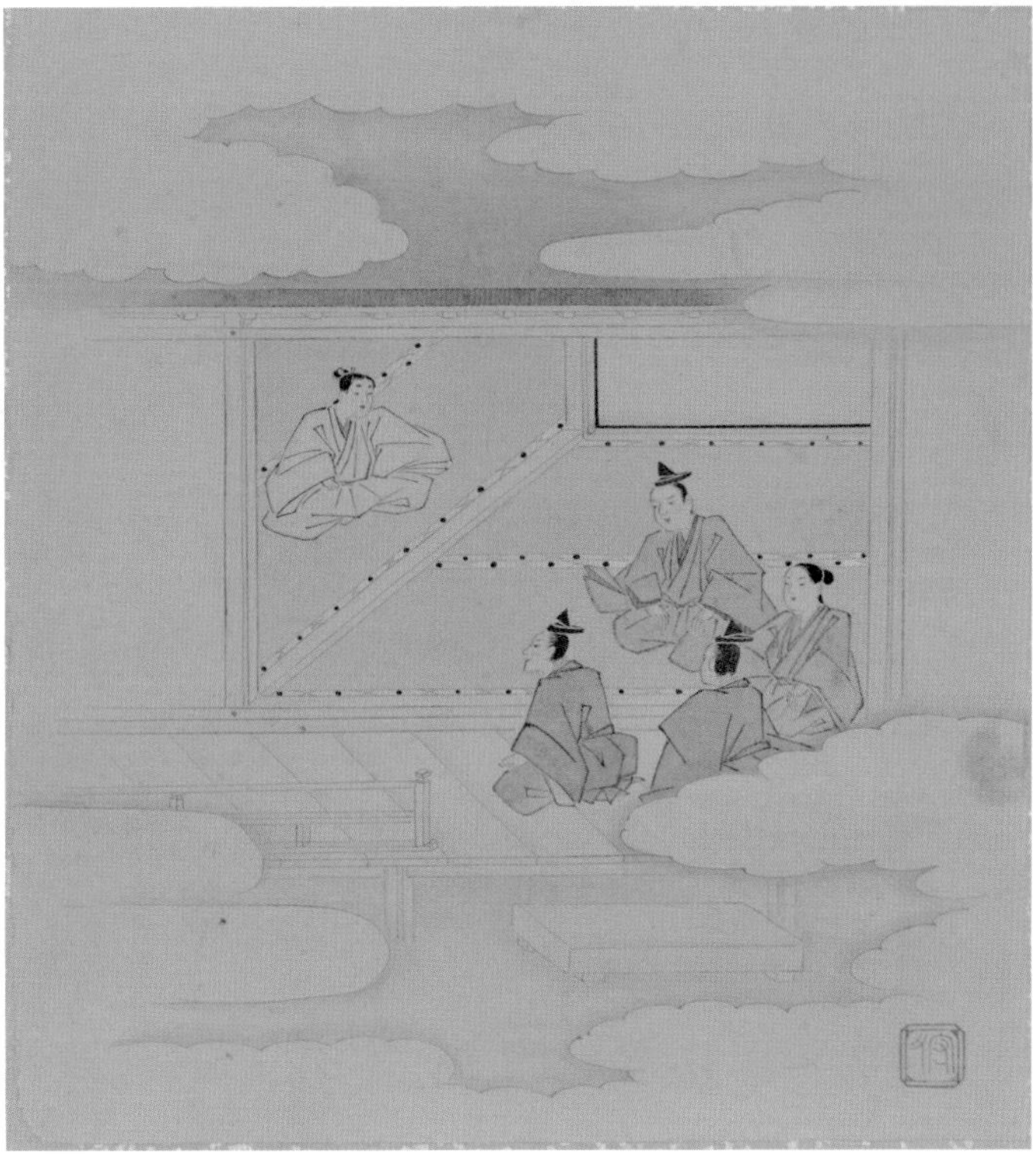

毛利元就

元就者芸陽之豪雄也。十二歳、詣厳島社。従者或祈其寿、或祈其福。有一人。為元就祈曰、「願使此幼君領山陽山陰南道。」元就曰、「不可也。宣祈日本国主。」僉曰得此近隣而可望他方。」元就曰、「不然。有得日本之志則可得近邦乎。僅率遠邦則近邦亦難得而已。」衆皆感其大胆。日成長而杲并呑山陰山陽。所謂渥洼麒麟児随地志千里者乎。

加藤清正

清正抜於行伍為梁瀬先鋒、登庸。平肥後之乱。督軍、入朝鮮、追国王、擒二王子。観兵於兀良哈、馳名於大明国。據蔚山孤城而解漢南百万之囲。

其深入、得首級者、霍驃騎之流亜乎。立功於異域者、定遠候再再生乎。全城不陥者、韋孝寛之善守乎。受降、不妄殺者、曹国華之仁恵乎。

匪啻膾炙我国之人口而已、垂勇名於中華之竹帛。誠是一世之雄也。

王辰爾

王辰爾蓋韓国投化在也、或其王仁之後乎。奉仕渟中舎太珠敷天皇、高麗上表使諸史読之。不能解。辰爾能読之。天皇讃美之。近侍殿中、高麗又上表書于鳥羽。辰爾乃蒸於飯気、以帛印羽悉写其字。朝廷奇之。雖斎后解環、実舒秤象、不能及焉。天皇好文史焉。敏達之謚故、其臣敏捷如此。所謂物以類裂在乎。

菅丞相

菅丞相幼而穎敏。十一歳時椿府是善試問曰、「児若作詩、可賦寒夜。」即事乃応声曰、「月耀如晴雪、梅花似照星。可憐、金鏡転、庭上玉芳馨。」是善喜之。「所謂「青々一寸松中有棟梁。」容他後、攀桂林之枝。以為文苑之宗、開槐門之府而極儒家之栄。」者。既見於此時。

藤原秀郷

秀郷在東州。時平将門僭号跋扈。秀郷往窺之。将門喜之来而倉卒出迎之。秀郷悟其無大度。挙兵討之。遂得其首。其滅亡之兆既動乎。四体不能逃於秀郷之眼。

所謂「子陽井底蛙耳。」秀郷有馬援之先見乎。

赤染衛門

赤染在平兼盛娘也。嫁大江匡衡。其父為歌仙、其夫為文人。赤染亦以彤管、与清紫為伯仲也。藤公任辞亜相、使紀斎名江以言作表。然皆不協其心。召匡衡曰、「卿能成我志者也。」匡衡帰家、未得其趣。赤染教之曰、「彼人驕慢也。良人、宜述彼父祖権貴而其身不登台位、則的当乎。」匡衡頷之。仍表呈之。公任曰、「善哉。」所謂閨房之秀、称女博士亦不愧焉。

大江匡房

匡房幼而頴悟。藤公頼通建宇治平等院。一日耳、監臨使匡房為侍童而候車後。有司啓曰、「大門宜南西、然不北嚮則不便於地形。」公黙然。匡房在傍曰、「天竺竹林精舎、震旦那蘭陀寺、我朝六波羅密寺皆北向也。其余猶可有之乎。」公喜而従之。其営構之大也。決童子之一言、不亦奇乎。嘗観自語曰、「八歳通漢史。世称神童者。知其、不誇説也。」与波識瑯耶之稲在不並称焉。

源義家　再出

義家嘗学兵法於江匡房。其後奥羽之役、与清原武衡相挑。行軍之際、見雁行群散曰、「我聞、伏兵在野、飛雁乱行。乃其敵兵潜藏乎杲。」捜、得伏兵三十余人於藪沢之中、鏖之。

法曰、「鳥起者伏也。」又曰、不知沮沢之形者、不能行軍。」如義家則驍将也、智将也。其大捷良有以也。

北条早雲

早雲称伊勢新九郎。来駿州、取豆州。入相州、改号北条、剃髪、号宗瑞、又称早雲。嘗使人読三略。聴、「主将之法務攬英雄之心。」曰、「此一言而罷。与石勒聴漢書張良借箸之策知高祖所以取天下。」者。吻合亦是匪直也。人其開家、闢地、職此之由。

紀有常女

有常女者在五中将妻也。中将外淫河内国高安某氏。態妻不妬之。安其豈行、不変容子、以遣之。中将怪疑其有他志而一夕詐為行河内而偵庭墻窺之。妻弾琴詠曰、「風吹波於幾津白浪龍田山夜和尓也君加独行良牟。」詠罷而寝。中将愧而不他適。凡婦之不妬者幾希。得此女所詠則与為致吟去行語詞。為異日之償、不亦貞乎。

源渡妻

源渡妻不幸、為藤盛遠、被眄却其母逼之、使為媒径。婦念、「不聴則殺母、聴則棄夫。不孝不義而生不如死。」乃佯諾約。「使彼殺夫而後従之。」及期而与夫相易其寝処而為盛遠被刎首而死。盛遠感悔、為僧。所謂文覚是也。其事偏在児童之言。礼曰「婦尚専一者。」此之謂乎。羅山子論之曰、「嗚呼、婦孝于母義于夫節于其身雖丈夫、不過此也。」

楠正行母

正行受正成遺訓而帰河内。既而正成戦死于湊河。尊氏送其首於其家。正行僅十一歳。不堪想慕而欲自殺。其母泣而曰、「汝父欲使汝同死則可携而行。其訓而帰之者在欲吾挙恢復而報君恩也。汝雖幼仍不守遺誨哉。」正行拳々服膺不肯忘之。後興大事以揚義旗。嗚呼有斯夫而有此妻、有斯母而有此子。一門忠孝之美談母之力亦居多。

瓜生保女

瓜生氏名保。援越前杣山城。建武之役、挟源義治、以為金崎之援。義治使其族、里見氏与保兄弟五人率兵、救金崎。為敵被邀撃而里見没。保及一弟亦死之。三弟以散卒、帰杣山。保老母謂義治曰、「里見独死而我子背帰則有何面目以見君哉。二子従師死事、三子為君存命於老妾則悲歟。計会、既挙大事子姪、悉役亦不悔焉。」更無戚容乎。自勧酒以慰労之。一軍皆励勇気也。雖陵母、伏剱之勇不過之而与王孫賈之母励忠成功、可無優劣乎。

久米仙

伝称久米仙和州人也。
学仙、得道、飛行空中。
偶見浣衣婦女脛白。
忽生染心、即時飛落。
嗚呼、無過人欲険。
戒哉。戒哉。

菅家老嫗

菅三品没後歴年。少年豪客追慕。昔遊乗月過其旧跡。吟月。「升百尺楼」一句、有一考。嫗出自蓬蒿之間曰、「今夕之遊、其楽哉。唯恨、所吟之句、与三品所曽唱、其訓点不同。此句意非月之升楼而人之乗月升楼也。」

菅家異之而云、「汝者。」為謹答云、「妾是三品家之　者老婢也。」有者報然而去。抑其吾婦一径勝予之謂乎。世諺云、「勧学院雀囀蒙求之類乎。」是夫秤句之是兆則始舎是。

源斉頼

斉頼者清和源族仕為出羽守。性好飼鷹。極其方、得其妙。放之則無不捕鳥。遂為鷹師之宗老而遁世。拈念珠、以礼仏。一日野遊。見鶉起脚下、其心不覚而投念珠則懸其首。旧習之染如此。蓋昔日精於勤之余。

良秀

画工良秀宅罹火災、逃在其過若眼望見焉。相知者来而云、「良秀恐歟。不去。」曰、「我有所得而莞尓而喜。」人以為狂問其故。則曰、「今偶見火升而知所以尽不動仏之火炎、不大幸乎。雖焚百千家、不可換焉。雖小芸之業、亦事其之事在乎。

西行

佐藤憲清豈行奥州。
士林入京、奉仕鳥羽上皇。
遁世、号圓位、又称西行。
最嗜和歌、曽返録舎而謁頼朝。
談歌道并弓馬之事。明日告暇。
留之、不肯。授之銀描。西行受之。
豈与営外戯児
而去赴奥州。
其人歟
蘇子曰、「苟非吾之所有、雖一毫而莫取。」者。西行

又

西行在京、遊歴、徘徊、吟嘯、消日。
高雄文覚嘲曰、「彼出処隠顕、其心不一。不僧、不俗、可憎、可嫉。我若遇彼則可打破其首。
一日西行偶遊高雄。夕訪文覚云々。謂所待杜。茲快然迎之。既而終夜聞談翌朝斉了而帰。
徒弟謂文覚曰、「何違平日之言哉。」覚曰、「奸汝等。我非可打於彼者。彼却可打我者也。」

柳子云、「貙畏虎々畏羆。」雖文覚強暴、為西行屈伏。

藤原家隆

家隆与定家以倭歌斉名世称一双。当時以此芸自負者多。然未能差肩也。一日家隆謁藤公良経。公問曰、「今世歌人誰其為優。」対曰、「非其所可弁也。」再問太切。家隆落懐中帖紙而退去。公展視之則有一首曰、

阿計波又秋乃半毛過奴辺志傾久月乃惜幾能美加和

是定家中秋之詠也。公知其意趣。先儒曰、「比方人物而較其短長則心施於外而所以自治。」者。疎矣。家隆之不出言、不亦賀乎。

青砥左衛門仕平貞時致聞庁事。或不憚権威、以決利不利。或不受銭而斥私報。或買松炬以捜随汀之銭而弁彼此之得失。或不信夢而返書賞。可謂廉平也。御所之人雖飲貪泉、豈可易心哉。

以上が『本朝月鑑』に書かれた人々のエピソードと評である。これらと類似の漢文体の文章は見つけられなかったものの、その話のおおもとは中世の説話文学や軍記物語に見出すことができる。また、最後の評に引かれる漢文はその引用元を確認することができ、正確に文章を引用していることが看守できる。

二　『本朝月鑑』の原話と故事引用

『本朝月鑑』に書かれる者の多くは、『太平記』に登場する人物であり、そのエピソードも『太平記』からとられていることが多い。それは、藤原藤房、楠正成、村上義光、児島高徳、上杉憲春、阿新、源（新田）義貞、楠正行母、瓜生保女（実際は母の話）、青砥左衛門といった人物である。江戸時代以降、史書が編まれる際には、『太平記』が引用されることは普通であったので[*1]、そのことそのものについては、さして驚くべき事柄ではないかもしれない。『本朝月鑑』でむしろ面白いと思われるのは、説話集からの引用である。たとえば、藤原百川の逸話は『十訓抄』の説話と一致する。他に、赤染衛門の逸話、大江匡房の逸話、菅家老嫗の逸話、藤原家隆の逸話が『十訓抄』の説話と一致する。それ以外に、平重盛は『平家物語』において人柄優れた人物として描かれているが、『本朝月鑑』に採られたエピソードは、『十訓抄』一・二十七に載る逸話としてはささやかなエピソードである。話の内容は、賀茂祭りの時に重盛が後からやってきても混乱がおきないように、重盛があらかじめ人の乗っていない空車五台をおいて場所とりをしていたという内容である。その評には、「富みて驕らず、威して猛からず。」とあり、その後に、小さなことから大きなことが知られると書かれている。『本朝月鑑』の本文を書いた当人も、このエピソードが決して大仰なエピソードではないことを知ったうえで、この逸話を選んだことが知られる。

『十訓抄』との関連ではこうした逸話の類似性のみでなく、最初の天皇の配列の類似性が指摘できる。最初に記された仁徳天皇、天智天皇という二天皇を並記する史書は管見では見いだせなかった。しかし、説話集である『十訓抄』では、一ノ一に仁徳天皇のことが書かれ、一ノ二に天智天皇のことが書かれている。このように、『十訓抄』と『本朝月鑑』の関係性は近しいように思われる。江戸時代以降に書かれた多くの史伝が六国史などの歴史書や『太平記』のような軍記物から引用するのに対して、『十訓抄』のようないわゆる説話集にその範を仰いでいることは興味深いことである。『本朝月鑑』の成立時代はわからないものの江戸時代から明治時代にかけての『十訓抄』の受容の一つの在り方がここでは垣間見られ、『十訓抄』かそれに類したものがなんらかのイデオロギー的な規範となっていたことがうかがわれる。

次に、『本朝月鑑』がどのような書物を直接的に引用しているか概観しておきたい。『本朝月鑑』には「……曰」という形での引用と引用文献を明記しない形で様々な漢籍の文章や逸話を引用する方法とが見られる。後者は、例えば、加藤清正の項の「定遠候再再生乎。全城不陥者、韋孝寛之善守乎。受降、不妄殺者、曹国華之仁恵乎。」のような漢籍史書の人物名の引用を行う形のものと瓜生保女の項の「陵母、伏剱之勇」のような文献名を明記はしないものの、『蒙求』の話を想起させる表現を組み込んでいる場合とがある。『本朝月鑑』ではそうした様々な文献を引用しつつ、自らの意見を最後に述べるという傾向がある。そこで引用されている書物を挙げてみると、『春秋左氏伝』、『易経』、『論語』、『羅山文集』、『説郛』、『孫子』、『三略』、『礼記』、『隋書』、『蒙求』、『晋書』、『蘇東坡詩』、『後漢書』、『十八史略』、『世俗諺文』、『柳子』などがある。引用文は正確であり、意味を正確に把握して縦横無尽に漢籍の表現を用いながら、自らの意見を述べている印象である。

三　『本朝月鑑』の成立

『本朝月鑑』は奥書をもたない為、その成立年代は書かれた内容から推測するほかない。そこで、記された内容のうち、まずは、人物に焦点を当ててみると、記された人物の中で最も新しい人物は加藤清正（一五六二〜一六一一）である。次に引用される書物を見てみると藤原藤房の項で引用される林羅山とその息子の向陽子、すなわち鵞峰（一六一八〜一六八〇）の文章がある。そこからすると、『本朝月鑑』は一七世紀以降の成立ということは確実である。

ここまで見てきた引用書目からすると儒学の影響が強いようであるが、『本朝月鑑』は実際、どのような思想に則して作られたのであろうか。『本朝月鑑』にはそれぞれの人物の行動に対して評が付されるので、そこから何らかのヒントは得られないであろうか。まずは、その評の最初と最後を見てみたい。最初の仁徳天皇の評は『論語』の語を引いて、「能以礼譲為国乎何有。」とし、礼譲をもって国を治めた天皇こそ仁徳天皇だとし、そのエピソードには、皇弟と位を譲りあったこと、天皇自身は、贅沢をせずに民を富ませたことを挙げている。最後の青砥藤綱は『太平記』にその活躍が描かれる鎌倉中期の武士である。彼の評は「可謂廉平也。」とあり、正直で依怙贔屓のないことが賞賛されている。エピソードも権威を憚らずに利・不利を決し、袖の下は受け取らなかったことなどが記されている。絵と本文の順番が元からこの形であったかどうかはわからないが、ともかく、現在の形での最初と最後を見る限り、公平無私で礼節に即して政治を行っている人物を評価しているようである。

児島高徳の項と上杉憲春の項では上の者に憶せず意見を述べるような諫める者としての評価が行われている。この二人は、『本朝月鑑』において並記されてそのエピソードが記されているが、他の人物についてもこうした共通項が見いだされて並べられているようである。例えば、源義家の功を誇らない臣下としての在り方と源頼朝の臣下の気持ちをうまく酌み取る将としての在り方が『三略』の引用を通じて対照的に記されている。他にも赤染衛門を女博士として評した次に大江匡房の博士としての知識を披瀝した話を配している。また、それとは別に、忠孝の話として、楠正行母と瓜生保女（実際には母の話）が並べて配列されている。時系列で見れば、その並びは脈絡ないものにみえるが、実は説話集の配列にも似た二話一類形式で共通のモチーフごとに考えて並べられていることが見てとれる。

他に、『本朝月鑑』に特徴的に表現されていることとして、異国との関係性がある。天智天皇については、本朝中興の主として、百済との関係が語られている。また、大伴古麻呂については遣唐使として諸国の使者の中での日本の位置を正したことが評価されている。また、加藤清正についてはその勇名を日本にとどまらず、中国にまでとどろかせたことが評価されている。『本朝月鑑』は少なからず、異国を意識して書き記されたもののようである。

以上、『本朝月鑑』について、粗々、述べてきたが、今の段階では『本朝月鑑』がどのような人々の間で書かれたものか明らかにすることはできなかった。それについては今後の課題としておきたい。

注

＊1　兵藤裕己『太平記〈よみ〉の可能性　歴史という物語』講談社選書メチエ　一九九五年

＊『本朝月鑑』の精読は愛知県立大学の二〇一一年の講義「国文学各論」にて行った。私の草稿時の翻刻の誤りの指摘や引用文献の指摘など様々にご教示いただいた学生の皆様に感謝申しあげる。その折に丁寧に読み解いた成果については、また別の形で公表したいと考えている。

第二章

源氏物語をめぐる文物の諸相

『源氏物語』の女たちの〈いくさ〉
――勝ち組・藤壺の宮と負け組・弘徽殿の女御――

鈴木裕子
すずき・ひろこ

はじめに

平安時代は、近隣の国々との戦争もなく、大きな内乱なども少なく、概して平和な時代だったと言われている。もちろん、桓武天皇は、東北の蝦夷との戦にかなり苦慮をし、平安時代中期には、承平・天慶の乱と呼ばれる内乱、また後期には前九年の役、後三年の役と呼ばれる戦役があったことが知られている。とは言え、『源氏物語』が書かれた時代の都の人々は、そのような激しい戦乱とは直接的には縁のない人生を過ごしたと言えよう。そういう意味では、都世界は平和で平穏だったと思われる。ただし、他国への侵略行為や、他国からの侵略の脅威がなかったというだけで、本当に平穏な時代だったと言えるかどうかはわからない。

例えば、貴族社会では熾烈な権力争いが繰り広げられていたことは、『栄花物語』や『大鏡』のような歴史物語その他から窺うことができる。[*1]男たちだけではなく、女たちもまた、そのような社会の競争原理に否応なく組み込まれ、翻弄された模様が、女性の筆による『蜻蛉日記』のような日記文学の端々からも読み取れよう。このような貴族たちの戦いもまた戦〈いくさ〉であるという視点で、ここでは、『源氏物語』の世界で繰り広げられる、主に後宮を舞台にした物語の中の女たちの〈いくさ〉を取り上げたい。

『源氏物語』において、実際に登場している帝は、桐壺、朱雀、冷泉、そして今上の四人であるが、桐壺帝の皇妃たちの中でも藤壺の宮と弘徽殿の女御の人生模様にスポットを当てることにする。

一　桐壺帝の後宮

まず、桐壺帝の後宮について確認しておこう。『源氏物語』の冒頭には、「女御更衣あまたさぶらひたまひける」と、桐壺帝の後宮に多くの女御・更衣がいたことが語られている。まだ中宮が定まっていない状態で、後宮の女性たちの〈いくさ〉がますます激化しそうな雰囲気が察せられよう。中でも、弘徽殿の女御こそは、右大臣家の姫君で、最初に入内した女御であり、また第一皇子の生母でもあって、後宮第一の実力者である。確かに、帝も、「この御方の諫めをのみぞなほわづらはしう、心苦しう」（桐壺・六頁）[*2]思っていたという。「諫め」とは、誤りや良くないことを指摘し、改めるように意見する言葉である。帝に対して、それはよろしくない、こうするべきだというように、自分が正しいと信じることを強い心で主張し、忠告できる女御だったのである。帝は、女御の諫めだけは、聞き捨てるわけにはいかなかったようだ。

後ろ盾を持たぬ身で寵愛される桐壺の更衣は、客観的には、宮中の秩序を乱すけしからぬ存在であろう。それを実際に行動に移して排除しようとしたのは、弘徽殿の女御が黒幕だというふうに、一般に広く理解されている。「あやしきわざ」[*3]つまり汚物を床にまき散らして、桐壺の更衣が帝のもとに行くときに嫌がらせをしたのも、弘徽殿の女御が具体的に指示したとは思えないが、女御の意向を酌んだ後宮の下々の者たちのしわざであろうと考えられている。ただし、具体的に物語本文に名指してあるわけではない。弘徽殿の女御を黒幕と想定したとしても、「諫める」女御としての役割を重視する立場で出来事を見るならば、必ずしも、弘徽殿の女御の私恨に拠る「いじめ」であるとは言えまい。秩序を乱す者を排除しようとするのには、弘徽殿の女御なりの「正義」や「道理」があるはずなのだが、それはこの物語世界では、肯定的には描かれない。そもそも桐壺の巻の語り手自身が、弘徽殿の女御サイドには身を置いていないのであるから、敵役の内面が詳しく語られることはないのである。どんな戦であっても、戦というものを客観的に意味づけ、公平に評価することなどできるものではなかろう。ともかく、語り手は、桐壺帝の後宮で桐壺の更衣がいかに陰湿にいじめられたかという事実を描き出していく。桐壺帝が更衣を守ることができなかったのは、後宮という女性の戦いの場では、帝であっても、手出しができなかったということかもしれない。結局、桐壺の更衣は、自らの死と引き替えに、物語世界の一角に悲劇のヒロインの座を獲得したということになろう。

語り手のまなざしは、弘徽殿の女御には寄り添わない。それは、弘徽殿の女御が極めて政治的な志向性のある女性として設定されていることとも関わりがあろう。『源氏物語』では、語り手は、基本的に政治向きのことには深入りしないスタンスをとっているが、物語の進行につれて、桐壺帝が天皇親政を理想としているらしいことが、読み取れるような仕組みにもなっている。[*4]それに対して、弘徽殿の女御は、藤原氏の娘であり、どうやら摂関政治を目指すのであるらしい父右大臣の考えに協調する存在なのである。桐壺帝が、摂関家の後ろ盾を持たぬ更衣を偏愛したことも、既に指摘されているように、摂関政治への動きを封殺するもくろみがあったのかもしれないのである。

そうであればなおさらのこと、桐壺の更衣の死後も、帝の心が弘徽殿の女御に向かうはずもなかったのである。更衣を偲ぶ帝の要請によって後宮に迎えられ、寵愛を欲しいままにしたのは、先の帝の四の宮・藤壺である。藤壺は、皇女という身分の高さ故、帝からどんなに寵愛されても「うけばりて飽かぬことなし」、他にはばかることなくふるまって何一つ不満はない様子だという。そういう藤壺を光源氏が母の面影を求めて慕うようになると、「（光源氏が藤壺に）こよなう心寄せきこえたまへれば、弘徽殿の女御、また、この宮とも御仲そばそばしきゆゑ、うち添へて、もとよりの憎さも立ち出でて、（光源氏を）ものしと思したり」（桐壺・二三頁）――当然、弘徽殿の女御は藤壺と光源氏を同じチームとみなして、敵視するようになるわけである。

やがて、周知のごとく、藤壺は、帝の妻でありながらも光源氏の思いを受け止めてしまい、秘密の子（実父は光源氏）を、表向きは桐壺帝の皇子として出産した。帝は、光源氏そっくりの若宮を大喜びで可愛がり、未来の春宮にと思う。そのための準備として、帝は、今の春宮の生母である弘徽殿の女御を差し置いて、若宮の生母・藤壺を中宮に据え、光源氏も宰相にして、若宮の後見にする計画を立てた。こうして、弘徽殿の女御・春宮（未来の朱雀帝）・右大臣の連合軍に対して、藤壺の中宮・若宮（未来の春宮）・光源氏・左大臣の連合軍という〈いくさ〉の陣営が完成したことになる。

二　藤壺の宮の〈いくさ〉

1　秘密の子の出産から出家まで

藤壺が秘密の子を出産したときの様子は、次のように描かれている。

御物の気にやと、世人も聞こえ騒ぐを、宮、いとわびしう、このことにより、身のいたづらになりぬべきことと思し嘆くに、御心地もいと苦しくて悩みたまふ。……中略……二月十余日のほどに、男御子生まれたまひぬれば、名残なく、内裏にも宮人も喜びきこえたまふ。命長くもと思ほすは心憂けれど、弘徽殿などのうけはしげにのたまふと聞きしを、むなしく聞きなしたまはましは、人笑はれにやと思し強りてなむ、やうやう少しづつさはやいたまひける。（紅葉賀・二五〇頁）

たいへんな産みの苦しみを味わい、やっとのことで男子を出産したのだが、そこには母になった喜びは記されていない。それどころか、これから長く生きなければならないと思うことがつらいという。そんな彼女を奮い立たせたのは、弘徽殿の女御方の言葉なのであった。「うけはしげにのたまふ」つまり、神に祈って不幸を与えようという呪いの言葉を、弘徽殿の女御などが口にしたとの噂を耳にして、生きなくては、と心を強くもったというのである。当時、お産で死ぬのは罪深いこととされていたから、そんな死に方をしたと弘徽殿の女御たちが聞いたら、さぞ物笑いの種になっていたことだろう、と藤壺は思い、頑張って生きようと心を奮い立たせたのだ。戦う気力が出たので、体力も回復した。ここでは、藤壺にとって、わが子への愛おしみというよりも、弘徽殿の女御への負けられない思い、言わば誇り高き皇女の意地が、生きる力になっていることに注意したい。

そのような藤壺が、わが子への思いを詠んだ和歌がある。それは、初めて若宮を目にした光源氏が、王命婦に託して藤壺に贈った和歌に対する返歌である。いつものように、光源氏が藤壺の所で管弦の遊びをしていたところに、桐壺帝が若宮を抱いて連れてきた。それで、光源氏は、若宮を初めて目にすることができたのだが、心から若宮を愛おしむ父帝の前に、顔色も変わり、恐ろしくも、かたじけなくも、嬉しくも、「あはれ」にも移ろう心を抑えて、やっとのことでその場を退いたのであった。そして、抑えきれない思いを、藤壺に書き送らずにはいられなかった。藤壺もまた、そのとき、あらためて源氏との逃れがたい運命を噛みしめていた。さればこそ、源氏の歌を無視することができずに、きちんとした返歌ではないようにして、歌をしたためたのだった。

「よそへつつ見るに心は慰まで露けさまさる撫子の花

花に咲かなむと思ひたまへしも、効なき世にはべりければ」とあり。さりぬべき隙にやありけむ、御覧ぜさせて、「ただ塵ばかり、この花びらに」と聞こゆるを、わが御心にも、物いとあはれに思し知らるるほどにて、

「袖濡るる露のゆかりと思ふにもなほ疎まれぬ大和撫子」

とばかり、ほのかに書きさしたるやうなるを、喜びながら奉れる、例のことなれば、しるしあらじかしと、くづほれて眺め臥したまへるに、胸うち騒ぎて、いみじくうれしきにも、涙落ちぬ。

（紅葉賀・二五四頁）

光源氏の歌に込められたメッセージは、次のような内容である。

撫子という名を持つこの花にことよせて、若宮をしのぼうとしましたが、心は慰まず、露を宿した花の上に私の涙が加わって、ますます濡れる撫子の花です（御覧下さい、若宮を拝見して私が流した涙の露に濡れるこの撫子の花を）。古歌に「花に咲かなむ」というように、若宮の誕生を待ち望んでいましたが、わが子として抱くことはできないのですから、かいのないことです。

それに対する藤壺の歌は、たいそうわかりにくい歌で、これまでにもさまざまな解釈が試みられてきた。まず、涙で濡れる袖は源氏の袖なのか、藤壺の袖なのか。何よりも、「疎まれぬ」の助動詞「ぬ」は、完了なのか、打消なのかが大きな問題とされてきた。「ぬ」を完了の助動詞とすれば、「袖が濡れる涙の露のゆかりの花と思うにつけても、やはり撫子（この子）を疎ましく思います」ということになり、打消の助動詞とすれば、「袖が濡れる涙の露のゆかりの花と思うにつけても、それでも撫子（この子）を疎む気にはなりません」ということになるので、わが子への思いの表現が異なってしまう。どちらの意味か、はっきりわかるような表現方法もあるのにそう言わないのはなぜか。例えば、「思へども」とすれば、疎ましくはないという否定の心が明確になろうし、「疎まるる」と言ってしまえば、疎む意が明確になろう。そうした表現を用いずに、「どちらだろう」と迷わせる言い方になっている。そこで、両義的な歌とする解釈も出て来るのは当然だろう。この場面での藤壺の揺れる心がとらせた表現かもしれない。同時代の和歌表現をいくら調査しても、なかなかすっきりとは説明しがたいように思う。この助動詞「ぬ」をめぐる解釈については、既に多くの研究論文が提出されている[*5]が、今なお決着がついたとは言えない。この問題は、これからも決着はつかないのではないかとすら思われる。

ここでは、紙幅の都合もあり、藤壺が源氏に発信したメッセージは、結局のところどういうことだと推察できるか、以下のように大摑みにとらえておくにとどめたい。

藤壺の歌で最も重要なメッセージは、藤壺自身のわが子への思いの親疎というよりも、歌の上句で撫子を露のゆかりの花と表現したところに込められている。それは、撫子の花が、あなたの涙のゆかりであるということであり、つまりは若宮があなたの子だと暗示していることになる。そのメッセージを受け取ったならば、続けて下句をどう読み取ったとしても、光源氏は、感涙にむせぶことになろう。

源氏が、「疎まれぬ」を「この子が疎ましい」と読んだとしても、それは、単純な拒絶の心ではなく、源氏との縁をあらためて思い知った藤壺が、源氏にその宿命の苦しみを忍びきれずに伝えようとする心がしのばれよう。宿命であるからには、秘密の子を、これから二人で守らなくてはなるまい。わが子を「拒絶」するもの言いにこめられた藤壺の深い嘆きと、源氏に〈父〉を自覚させようというメッセージを読み取ることになる。

一方、打ち消しに読み取ったとしたらどうなるか。源氏は、撫子と若宮を重ね合わせて涙にくれている。「花に咲かなむ」と言うが、この撫子は自分の庭に咲かせられない、つまり自分の子として抱くことはできないのだら「かいがない」ということになるわけで、源氏は涙をさそう撫子の花と、ネガティブな表現で切なさを表明したのだ。それに対して、藤壺は、それでもなお私はこの子を疎ましいとは思いません、と切り返したことになろう。宿命の秘密の子を守らなくてはならない藤壺は、「疎ましい」などと言っていられない、ということで、強い〈母〉として生きようとする心が示されると読み取れるのではないか。そういうことであれば、源氏にも〈父〉としての自覚が促されよう。

初めて若宮の顔を見て、衝撃を受けた源氏の思いが託された和歌、その言葉に寄り添いたいという心も、その時の藤壺にはあったかもしれない。しかし、一方で、源氏はちょっと危険な状態で、優しいことを言って思い挙がらせてはならない、若い源氏の危険な情熱をさまさないといけないという理性もあろう。藤壺にしてみれば、源氏が、「疎まれぬ」を、どちらの意味に読んでもかまわなかったのではないのか、とも思われる。わが子が疎ましいということであろうと、わが子を疎ましいとは思わないということであろうと、どちらにせよ、源氏に秘密の子の〈父〉としての自覚を促し、絶対に露見してはならない秘密を共有して、戦い抜かなくてはならないと覚悟を固める、そういうメッセージが伝わることが重要なのではないか。[*6]

さて、桐壺院死後、にわかに藤壺・光源氏方の身辺は物寂しくなった。桐壺院は、朱雀帝に、源氏を東宮の後見として重んじるよう遺言したのだが、右大臣・弘徽殿の大后（女御改め）の勢力はあまりにも強く、優しすぎる朱雀帝は思うようにふるまうことができなくなっていた。藤壺は、現在の春宮・冷泉の生母であっても、「内裏に参りたまはむことは、初々しく所狭く思しなりて、春宮を見たてまつりたまはぬをおぼつかなく思ほえたまふ。」（紅葉賀・三五九頁）と、自由に宮中へ参内することすらできない状態である。頼みの綱であるはずの後見・光源氏は、相変わらず藤壺への恋慕を募らせるばかりでまったく頼りにならない。藤壺の苦悩と不安は絶えない。冷泉誕生にまつわる秘密を何も知らずに亡くなった桐壺院のことを思うだけでも、裏切った罪の意識に「いと恐ろし」と苛まれる。その上、また源氏とのことが噂になったら、春宮のためによからぬことが起きるに違いない……つまり、春宮は廃されるに違いない。そう思うと、なお「いと恐ろし」と心が震える。廃太子などということが起きたら、それは弘徽殿の大后への完全敗北になるだけではなく、桐壺院の遺志に背くことになってしまう。藤壺は、『伊勢物語』六十五段の「昔男」よろしく、光源氏の恋心がなくなりますように、とひたすら祈っている。しかし、全く効果がない。それどころか、どうしたことか、源氏は藤壺のもとに忍び込んだのである。次は、源氏が藤壺をかきくどく場面である。

「逢ふことの難きを今日に限らずはいま幾世をか嘆きつつ経む
御絆にもこそ」と聞こえたまへば、さすがにうち嘆きたまひて、
　長き世の恨みを人に残してもかつは心をあだと知らなむ
はかなく言ひなさせたまへるさまの、言ふよしなき心地すれど、人の思さむ所もわが御ためも苦しければ、我にもあらで出でたまひぬ。（賢木・三六三頁）

源氏は、「あなたに逢えないことがずっと続くなら、幾世にもわたって生まれ変わりあなたを慕って嘆き続けるでしょう。あなたの往生の妨げにならないとよいのですけれど」などと言う。あなたに執心する私は、きっと執着の罪を犯すだろう、それはあなたの罪障にもなるのだ、と、ほとんど脅しているような物言いである。それは、裏返せば、藤壺にもっと逢いたい、と甘えて無理を言っていることになろう。

　それに対して、藤壺は、古歌（「心こそ心をはかる心なれ心の仇は心なりけり」・古今六帖・二七三三）の表現を用いて、「あなたは、長い世々に渡る恨みを私に遺す、と言うけれど、それは私のせいだけではなく、一方ではあなた自身の心が恨みの種なのだと知って欲しい。あなた自身の問題なのですよ」と、厳しくたしなめたのだ。その厳しい言葉は、おそらく、滅多に逢えない恋しい人にやっと逢えたことで甘美な喜びに酔いしれた源氏の心に強い衝撃を与えたことだろう。光源氏は、その後、参内もせずに邸に閉じこもり、挙げ句には、雲林院に長く籠もってしまうということになる。どうやら、ここでは、藤壺の戦う相手は、弘徽殿の大后方だけではなく、恋人であり、守らなくてはならないわが子春宮の父・源氏その人だったということになる。

　藤壺たちは、桐壺院の遺言に守られているはずだった。けれども、このままでは、源氏も春宮も将来が危うくなってしまいそうな情勢である。右大臣・弘徽殿の大后の勢いは強大であるのに、肝心の源氏は、厳しい現実から逃避しているかのようだ。しかし、春宮には、源氏の後見が絶対に必要である。藤壺は、源氏の目を覚まさせ、危険な恋を諦めさせ、後見としての自覚を促すためには、自分自身が俗世と縁を切る、つまり出家することしかないと思い至った。桐壺院の一周忌、法華八講の果ての日、藤壺は出家することになる。こうして、后の恋は封じられ、政敵右大臣・弘徽殿の大后方から春宮を守る〈母〉

（＝桐壺院の遺志を遵守する后）としての〈いくさ〉を戦い抜くことになる。

2　冷泉帝の後宮で

藤壺出家のかいもなく、源氏は須磨に退居して一時沈淪する。けれども、春宮は守られたのであった（後に、橋姫の巻で、実際に廃太子の陰謀があったことがわかる）。やがて、光源氏の召還、朱雀帝の退位・冷泉帝即位によって、弘徽殿の大后方は表舞台から退き、政治状況は一変した。この女御の母は、弘徽殿の大后の妹である。後宮の殿舎は、同じた。この女御の母は、権中納言は、娘を父左大臣の養女にした上で入内させ藤原一族の次のホープとも言うべき左大臣方の姫君に譲り渡されて、その女御も弘徽殿の女御と呼ばれることになる。

権中納言の御娘は、弘徽殿の女御と聞こゆ。大殿の御子にて、いと装ほしうもてかしづきたまふ。上も、よき御遊びがたきに思いたり。……中略……（藤壺は）いと篤しくのみおはしませば、参りなどしたまひても、心やすく候ひたまふことも難きを、少しおとなびて添ひ候はむ御後見は、必ずあるべきことなりけり。

（澪標・一二六頁）

冷泉帝の後宮で、新しい弘徽殿の女御は、冷泉帝の寵愛を受けていた。そこへ、冷泉帝よりも九歳年上の前斎宮の入内が決定される。前斎宮は、亡き六条御息所の娘であり、梅壺の女御と呼ばれることになる。こうして、新しい〈いくさ〉のチームが結成された。前斎宮（梅壺の女御）を擁する光源氏対弘徽殿の女御を擁する権中納言・旧左大臣方という図式である。

このような新しい局面で〈いくさ〉において、光源氏に力添えする藤壺の政治的に長けた一面を、次のような発言から確認しておきたい。六条御息所の娘である前斎宮の処遇をめぐって、藤壺が光源氏に発言した言葉である。

いとよう思し寄りけるを、院にも思さむことは、げに、かたじけなういとほしかるべけれど、かの御遺言をかこちて、知らず顔に参らせたてまつりたまへかし。今はた、さやうのことわざとも思しとどめず、御行ひがちになりたまひて、かう聞こえたまふを、深うしも思し咎めじと思ひたまふる。

（澪標・一二五頁）

藤壺は、朱雀院が前斎宮に思いを寄せていることを知りつつ、冷泉帝に入内させようという光源氏の意向に賛成して、「たいへんよいことをよく思いつきましたね」と言う。朱雀院の恋を邪魔することになるのは気の毒だけれども、それは六条御息所の遺言だということで、朱雀院の意向には知らん顔して、入内させてしまいなさい、朱雀院は最近仏道修行に熱心だから、斎宮のことは諦めてたいして気にしないでしょう、と言ってのけた。

確かに、藤壺自身が体調不良となっていて十分な後見ができなくなっているので、冷泉帝には大人びた女御が必要なのだと、さりげなく説明されている。しかしながら、前斎宮の冷泉帝への入内の真意は、政治的な配慮に拠るものである。六条御息所の娘が光源氏の養女ということで冷泉後宮に入内すれば、確実に冷泉王朝における光源氏の地位を保障することになる。藤壺も、冷泉帝と源氏の表向きの関係もより緊密になると、考えたのだろう。こうして前斎宮は、冷泉後宮に源氏の後見を得て入内し、やがて中宮となるのである。

光源氏は、前斎宮を養女にして、前斎宮が六条御息所から伝領した六条京極あたりの邸を含めた四町を占めて六条院を造営する。六条御息所の娘は、光源氏の栄華の物語においてきわめて重要な働きをすることになる。もしも、朱雀院のもとに参院していたら、光源氏の栄華の地図はまったく異なるものとなったはずだ。

藤壺の発言は、光源氏の栄華の実現のために強力な後押しをしたことになる。冷泉帝と光源氏の緊密な関係性を維持するためになるなら、私情をはさまず、遺言にかこつけてでも速やかに事を運んでしまうのがよい、とは、きわめて政治的な判断力を発揮したことになろう。この政治的な〈母〉の意向を、息子・冷泉帝はどのように受け止めたのか。

　上は、めづらしき人参りたまふと聞こし召しければ、いとうつくしう御心遣ひしておはします。ほどよりはいみじうされおとなびたまへり。宮も、「かく恥づかしき人参りたまふを、御心遣ひして見えたてまつらせたまへ」と聞こえたまひけり。人知れず、大人は恥づかしうやあらむと思しけるを、いたう夜更けて参上りたまへり。いと慎ましげにおほどかにて、ささやかにあえかなるけはひのしたまへれば、いとをかしと思しけり。弘徽殿には、御覧じつきたれば、むつましうあはれに心やすく思ほし、これは、人ざまもいたうしめり恥づかしげに、大臣の御もてなしもやむごとなく装ほしければ、侮りにくく思されて、御宿直などは等しくしたまへど、うち解けたる御童遊びに、昼など渡らせたまふことは、あなたがちにおはします。

（絵合・一七一頁）

冷泉帝はまだ十三歳。「大人の女性が妻として来るなんて、そんな人に会うのは恥ずかしくないかな、きまりがわるくないかな」と思っていたという。政治的な〈母〉としての藤壺が妻として迎えてくれた梅壺の女御に、息子としての冷泉帝はかすかな違和感を持っているようだ。しかし、藤壺や源氏の手前、無視できず、また実際に年齢を感じさせない可愛らしさだったので大切にはするが、それでも、やはり同年齢の弘徽殿の女御の方が本当は気に入っているという状況である。この事態を切り開いたのは、梅壺の女御の趣味であった。偶然なのか、あるいは戦略的なのか、わからないけれども、梅壺の女御は、絵を描くのがたいそう上手だったというのだ。絵が大好きな帝の趣味にぴったりだったので、たちまち帝は梅壺の女御方に惹き付けられていった。

絵合巻で繰り広げられる物語合は、梅壺の女御対弘徽殿の女御という左右の組み合わせで戦われるが、もちろん、源氏対権中納言・旧左大臣方の代理戦争である。当然、最後は源氏方が勝利する。こうして後宮の勢力図が塗り替えられていくわけである。この絵合の戦いの場でも、藤壺が源氏方に有利な発言をしているなど、光源氏と藤壺の紐帯のありようが見られるが、ここでは言及しない。

藤壺は、わが子が帝位に就くというめでたい「宿世」の実現のために、生き抜き戦い抜く道を選び取ったのだったが、それは、桐壺帝の遺言を守り抜くことでもある。それこそ、帝を裏切った自分が唯一果たせる罪滅ぼしでもあろう。そのために、自らの「出家」すら手段にしたし、わが子の結婚問題に関しても冷徹とも言える判断力と実行力を見せるのであった。このように、女の〈いくさ〉の勝者に見える藤壺だが、本当に幸せだったのかというと、どうだろうか。藤壺の出家生活は、祈りに包まれた静かな穏やかなものではなかっただろう。

3　藤壺の宮の最期

藤壺は、死の床にある藤壺を見舞った源氏に、命を振り絞るようにして心のうちを語っている。

「院の御遺言にかなひて、内裏の御後見仕うまつりたまふこと、年ごろ思ひ知りはべること多かれど、何につけてかは、その心寄せことなるさまをも漏らしきこえむとのみ、のどかに思ひはべりけるを、今なむあはれにくちをしく」と、ほのかにのたまはするも、ほのぼの聞こゆるに、御いらへも聞こえやりたまはず泣きたまふさま、いといみじ。（薄雲・二三〇頁）

桐壺院の遺言を守って、冷泉帝を後見してくれることへの感謝、そして、これまでそうした感謝の気持を伝えられないでいたことへの無念を表す言葉である。二人の秘密の子・冷泉帝に触れることで、源氏への思いを伝えたことになるのだと思われる。源氏も涙にくれながら応じた。

「はかばかしからぬ身ながらも、昔より御後見仕うまつるべきことを、心の至る限りおろかならず思ひたまふるに、太政大臣の隠れたまひぬるをだに、世の中心慌たたしく思ひたまへらるるに、またかくおはしませば、よろづに心乱れはべりて、世に侍らむことも残りなき心地なむしはべる」など聞こえたまふほどに、灯火などの消え入るやうにて果てたまひぬれば、言ふ効なくかなしきことを思し嘆く。（薄雲・二三一頁）

涙ながらの源氏の言葉、それは臣下としての領分を超えるものではありえず、後見をしっかりつとめてきたこと、世の重しであった太政大臣（昔の左大臣）の死に続いて今また藤壺が重篤であることで、心乱れる思いであり、自分も先がないような気がするという心細さを伝えるものである。そうした源氏の言葉を耳にしながら、藤壺は、燈火が消え入るように亡くなった。よく言われるように、この表現自体は、『法華経』（安楽行品）の釈迦の入滅を言う表現に通じるので、この場では、源氏への執着から解き放たれて彼岸へと去っていったように思われる。

しかし、私は、この最期を少し残念に思わずにはいられない。なぜ作者は、藤壺の最期に和歌を詠ませなかったのだろう。后の恋が封じられた後の藤壺の歌は、緊張感を欠き、わりと平凡な歌になっていくように思われる。そして、物語の途中で、藤壺は和歌を詠まなくなってしまい、最期のときにも、心の表現である和歌は詠まれないのである。桐壺の更衣が命を削るようにして桐壺帝に残した歌の場面の哀切さや、紫の上が源氏や明石の中宮と交わした最期の歌の場面の美しさといった印象的な場面と比較すると、藤壺の最期が少し寂しいもののように感じられてしまう。のみならず、釈迦の入滅に喩えた表現で飾られていようと、藤壺が本当に恋の執着から解き放たれたものか、疑問が残るような出来事が後に描かれることになる。朝顔の巻の当該の場面を引用する。亡き藤壺を慕う光源氏の夢に、往生できずにさまよう藤壺の魂があらわれて、恨み言を言うのである。

入りたまひても、宮の御ことを思ひつつ大殿籠れるに、夢ともなくほのかに見たてまつる、いみじく恨みたまへる御気色にて、「『漏らさじ』とのたまひしかど、憂き名の隠れなかりければ、恥づかしう。苦しき目を見るにつけても、つらくなむ」とのたまふ。御いらへ聞こゆと思すに、襲はるる心地して、女君の、「こは。など、かくは」とのたまふに驚きて、いみじくくちをしく、胸の置き所なく騒げば、押さへて、涙も流れ出でにけり。

解けて寝ぬ寝覚め寂しき冬の夜に結ぼほれつる夢の短さ

（朝顔・二七一頁）

光源氏は、紫の上と語らううちに、つい藤壺との関係をほのめかしてしまうのだが、その後の源氏の夢に藤壺が現れて、「つらし」と言ってひどく恨むのである。源氏の藤壺への思いの強さが読み取れる場面でもある。源氏自身は、この夢を見ることで、やがて藤壺幻想から解き放たれることになるのだと思う。それにしても、源氏の想いの中で成仏していなかったという藤壺の姿は、読者にとっても衝撃的であろう。

夢は、この世と異界をつなぐ回路である。神仏の諭しの場合もあり、夢の通い路を通って魂が往還することもある。ここは、源氏の言葉に引き寄せられて、さまよう藤壺の魂が冥界から飛んで来たと解釈するべきだろう。

このような場面が展開されるとなると、藤壺が一人の人間として本当に幸せな人生を送れたのかということに、改めて疑問がわく。藤壺は、女の〈いくさ〉の勝者であることは疑いない。しかし、心のうちに飽かぬ思いの火種を持っていたようだ。人生の勝者でありつつ、むしろそれだからこそ慕る憂愁を抱え続けていた。藤壺の〈いくさ〉の敵は、まずは、弘徽殿の女御であった。あるときは、恋する相手・光源氏でもあった。しかし、本当に戦っていたのは自分自身の心だったようである。

三　弘徽殿の女御（大后）の〈いくさ〉

1　弘徽殿の女御の悲しみ

では、敗者・弘徽殿の女御は、どのような人生を過ごしたのだろう。

桐壺帝が弘徽殿の女御を第一皇子の生母として尊重していたことは窺える。しかし、夫婦として親しみのこもった言葉を交わし合うような場面は描かれず、右大臣家をバックグラウンドとする政治的な存在としての印象が強烈である。

一の御子は、右大臣の女御の御腹にて、寄せ重く、疑ひなき儲けの君と、世にもてかしづききこゆれど、この御匂ひには並びたまふべくもあらざりければ、おほかたのやむごとなき御思ひにて、この君をば、私物に思ほしかしづきたまふこと限りなし。

（桐壺・五頁）

光源氏は、帝の「私物」秘蔵っ子として愛されている。それに対して、わが子は、文句なしのバックグラウンドをもって誕生したので、それなりの扱いは受けているものの、個人としては、バックグラウンドのない光源氏に適わないというのである。母としてこんなに情けなく、悲しく、口惜しいことはなかろう。

むろん、帝には、天皇親政を目指そうとする思惑があるらしく、重々しい後見のない桐壺の更衣を偏愛したり、その死後は先帝の皇女藤壺を重く待遇したりしたのも、政治的な思惑もあってのことだろう。光源氏への異例な待遇の厚さを隠さないのも、その延長線上にあるのかもしれない。

そうすると、弘徽殿の女御と帝との齟齬は、人間関係に起因する愛情問題というよりも、政治的な問題ということになる。弘徽殿の女御は、物語世界の必然として、「敵役」という、剥がしようのないレッテルを貼られているのだ。そういう弘徽殿の女御であるが、どれほど理不尽で、底意地の悪い人だったのか、ということになると疑問も生じよう。

風の音、虫の音につけて、物のみかなしう思さるるに、弘徽殿には、久しく上の御局にも参上りたまはず、月のおもしろきに、夜更くるまで遊びをぞしたまふなる、いとすさまじうものしと聞こし召す。このころの御気色を見たてまつる上人、女房などは、傍らいたしと聞きけり。いと押し立ちかどかどしきところものしたまふ御方にて、事にもあらず思し消ちてもてなしたまふなるべし。

（桐壺・一七頁）

引用場面は、弘徽殿の女御の情け心のなさが、帝に同情的な人々や語り手自身によって批判されているところである。ただし、それは、「諫め」の行為であった可能性が既に指摘されている。[*7] 確かに、視点を換えて見れば、更衣の死後、食事も摂らず、政も怠りがちな帝への諫めを込めての管弦の遊びであった可能性はある。桐壺帝のふるまいじたいも、桐壺の更衣の死を導いた勢力への無言の抗議をも含んでいたかもしれない。そうであれば、そのような帝に、弘徽殿の女御が寄り添うことなど不可能なことであろう。ともあれ、弘徽殿の女御が、諫める女御であったことは、前にも触れたとおりである。一連のふるまいは、一更衣の死など歯牙にもかけないというデモンストレーションだとか、女御の遊びに参集する顔ぶれを確認してチームの結束を固めようとしたとかいうような、非情な女御の人柄や政治的な意図（否定はしないが）ばかりからではないのかもしれない。また、例えば『伊勢物語』四十五段に死んだ娘への鎮魂の遊びが行われているように、音楽には、死者の魂を沈める力もあるので、弘徽殿の女御なりの死者・桐壺更衣への哀悼も込められていたと解せなくもない。何にせよ、桐壺帝サイドの語り手のまなざしは、弘徽殿の女御の心の内には及びようがないのである。

次は、源氏を権力の座から追い落とし、都から退居させて、政治的な〈戦い〉の勝者となった弘徽殿の女御（大后）が、他ならぬ息子・朱雀帝の判断によって、あっけなく勝者の座を源氏に明け渡してしまうという一連の場面である。

① 内裏に御薬のことありて、世の中さまざまにののしる。……

中略……春宮にこそは譲りきこえたまはめ、朝廷の御後見をし、世をまつりごつべき人を思し巡らすに、この源氏のかく沈みたまふこと、いとあたらしうあるまじきことなれば、つひに后の御諫めを背きて、許されたまふべき定め出で来ぬ。

（明石・八〇頁）

② 御国譲りのことにはかなれば、大后思し慌てたり。「効なきさまながらも、心のどかに御覧ぜらるべきことを思ふなり」とぞ聞こえ慰めたまひける。坊には、承香殿の　御子居たまひぬ。

（澪標・九八頁）

③ 院は、のどやかに思しなりて、時々につけて、をかしき御遊びなど、好ましげにておはします。

（澪標・一一一頁）

④ この大臣の御宿直所は、昔の淑景舎なり。梨壺に春宮はおはしませば、近隣の御心寄せに、何ごとも聞こえ通ひて、宮をも後見たてまつりたまふ。入道后の宮、御位をまた改めたまふべきならねば、太上天皇になずらへて、御封賜はらせたまふ。……中略……年ごろ、世に憚りて出で入りも難く、見たてまつりたまはぬ嘆きを、いぶせく思しけるに、思すさまにて参りまかでたまふも、いとめでたければ、大后は、憂きものは世なりけりと思し嘆く。大臣は、事に触れて、いと恥づかしげに仕まつり、心寄せきこえたまふも、なかなかいとほしげなるを、人もやすからず聞こえけり。

（澪標・一一一頁）

①は、朱雀帝が男御子を春宮にし、現在の春宮・冷泉を帝にしようと、決意するところであるが、もちろん、そんなことを弘徽殿の大后が許すはずもない。この当時都は、天変地異に見舞われ、騒ぎになっている。朱雀帝も亡き父桐壺院が夢に立って、源氏を迫害したことで怒りを受け、病気がちになっている。亡き父の霊に怒られたことは、優しい朱雀帝にとってはショックだったらしい。もちろん、弘徽殿の大后はそんなことは信じない人である。もののけやら亡き人の魂やら、そんなものは見た人の気の迷いであって、信じるに価しないものだという、胸がすくような合理的な考えを持っている。源氏を許して都に召還しようという朱雀帝に対して、一度出した勅命はそう簡単にすぐに撤回してはならないこと、帝の言葉は重い物であることを言って諌める。これは、弘徽殿の大后が拠って立つ正義であり、道理なのである。けれども朱雀帝は諌めに背いて、源氏を都に呼び戻してしまう。

そして、②のように、弘徽殿の大后に内緒で、朱雀帝は引退してしまう。慌てた弘徽殿の大后を、息子は慰めた。かつて、中宮になれなかった弘徽殿の大后は、桐壺帝から、第一皇子が帝位に就くのだからと慰められたことがある。今度は、息子から慰められ、「心穏やかに余生を過ごす方がだいじですよ」と、言われたのである。どうにも思い通りにはならない人生の展開に、今度も悔しがったことだろう。

退位して政争の場から離れ、朱雀院となった息子の方は、③のように、肩の荷を下ろして穏やかな生活を送っていると描かれている。

④には、内大臣となった光源氏が淑景舎（桐壺）を宿直所として、

南隣の梨壺にいる春宮と親しくしていることが描かれている。弘徽殿の大后が排斥できなかった光源氏は、今や春宮・朱雀院の皇子への接近を欲しいままにしている。また、藤壺は、太上天皇に準じて御封を頂戴し、何不自由することもない。思うように宮中へも出入りできるようになった。そのようなかつての〈いくさ〉の相手方の栄光を見るにつけ、弘徽殿の大后は、「憂きものは世なりけり」と、思うに任せない運命というものを噛みしめている。しかも、「勝者」の余裕で、光源氏は、弘徽殿の大后をたいそう重々しく、鄭重に扱う。弘徽殿の大后が恥ずかしく思うほど、気が引けるほどにお仕えするというのである。それがまた、かえって気の毒だと世間は噂している。そんな噂を耳にしたら、弘徽殿の大后はさらにつらく悔しく思ったことだろう。このあたりは、継子いじめの物語のパターンを思わせる展開になっている。継子・源氏が、自分を迫害した継母・弘徽殿の女御に報復を遂げた後、孝養を尽くすという展開である。

やがて、光源氏の養女・斎宮の女御（梅壺の女御）が冷泉帝の中宮（秋好中宮）となる。藤原氏出身の弘徽殿の大后が、政権交代の際に新しい後宮での〈いくさ〉を託したことになる、同門の新・弘徽殿の女御は、またもや中宮になれなかった。こうして世の中は光源氏方の完全勝利ということになった。

2　弘徽殿の大后の老後

さて、「敗者」弘徽殿の大后の老後はどうなったのだろう。少し長いが、該当箇所を引用する。

①　夜更けぬれど、かかるついでに、大后の宮おはします方を避きて訪ひきこえさせたまはざらむも情けなければ、帰さに渡らせたまふ。大臣もろともに候ひたまふ。后待ち喜びたまひて、御対面あり。……中略……「今は、かく古りぬる齢に、よろづのこと忘られはべりにけるを、いとかたじけなく渡りおはしまいたるになむ、さらに昔の御代のこと思ひ出でられはべる」とうち泣きたまふ。「さるべき御蔭どもに後れはべりて後、春のけぢめも思ひたまへ分れぬを、今日なむ慰めはべりぬる。またまたも」と聞こえたまふ。大臣も、さるべきさまに聞こえて、「ことさらに候ひてなむ」と聞こえたまふ。のどやかならで帰らせたまふ響きにも、后は、なほ胸うち騒ぎて、いかに思し出づらむ、世を保ちたまふべき御宿世は消たれぬものにこそと、いにしへを悔い思す。（少女・三二〇頁）

②　后は、朝廷に奏せさせたまふことある時々ぞ、御賜ばりの年官年爵、何くれのことに触れつつ、御心にかなはぬ時ぞ、命長くて、かかる世の末を見ることと、取り返さまほしう、よろづ思しむつかりける。老いもておはするままに、さがなさもまさりて、院も、比べ苦しうたとへがたくぞ思ひきこえたまひける。（同）

①には、すっかり年老いた弘徽殿の大后が、冷泉帝や源氏の訪問を受けて喜んだ様子が描かれている。「后、待ち喜びたまひて」と書か

れているのに注目したい。表舞台を退いた後は、もう光源氏に敵対する必要がなくなったのだろう。藤壺も今は亡く、圧倒的な勝者の光源氏・冷泉帝の様子を見て、これが運命なのだと悟るところがあるらしく、意外にも「「世を保ちたまふべき御宿世は消たれぬものにこそ」と古へを悔い思す」とある。昔の自分のふるまいについて、それは宿世に抗っていたのだ、宿世とは人知を超えたもので、浅はかな人間がどうこうできるようなものではなかったのに、と後悔している。このようなありようもまた、弘徽殿の大后らしさが窺えるところではなかろうか。

弘徽殿の大后は、利己的な、底意地の悪い人なのではなく、自我をもった女性で、正義や道理のために、藤原家という家を担って、そのために政治的な意思をもって戦ってきた人だったのではないだろうか。物語には、弘徽殿の大后の和歌が一首も記されていないことはよく知られている。和歌を詠み交わすような情緒的な生き方とはほど遠い人生のように描かれているのである。*8

②は、物語世界に記された最後の弘徽殿の大后である。どうも、本人の目下の関心は、暮らし向きのことのようである。経済面の要求がうまく通らないとき、不満を言い、「さがなさ」つまり意地の悪さも昔にまさって、息子に煙たがられているという。少し困ったことがあった方が、元気で過ごせるものらしい。物語世界では、完全に敗者となってしまったようだが、ライバル藤壺死後も長く生き続け、時々わがままを言っては息子に煙たがられ、もてあまされつつ天寿を全うしたようである。

四　さいごに

ところで、『源氏物語』正編においては、冷泉帝には、子どもは産まれなかった。光源氏が後見した冷泉帝に跡継ぎの皇子が生まれなかったので、朱雀院の皇子である春宮が帝位に就いた後は、皇位はその血統によって繋がっていくことになる。つまり、皇統は、桐壺帝―朱雀帝直系にもどるわけである。藤壺と光源氏の秘密の子をめぐる物語は、結局のところ、傍流の皇子をめぐる物語ということになろう。端的に言えば、わが子を帝位に就けるために争った女たちの〈いくさ〉で、最後に本当に勝ったのは誰なのだろうか。これではわからなくなってしまいそうだ。〈いくさ〉の勝者である藤壺が、勝利と引き替えに失ったものは何か、その失ったものの重さを思うと、なんと無意味な戦いに、藤壺は命を削ったのか、と溜息がでるような気もする。本当に幸せな人生とはどういう人生なのか、単純には答えられないことこそ、この物語が読者に投げかけている重い問題意識を表わすのだろうと思われる。

一方、敗者となった弘徽殿の大后は、確かに悔しく、屈辱的な思いをしたことは想像に難くない。とは言うものの、じつのところ、政治の表舞台から退いた後は、言いたいことを言って朱雀院を辟易させつつ、それなりの気楽さで余生を過ごして天寿を全うしたのではなかろうか。『源氏物語』では、敵役とは言え、弘徽殿の大后は、最後まできちんと描かれている。物語作者が、大事に扱った登場人物の一人なのではなかったかと思われる。
藤壺と弘徽殿の女御（大后）の二人の戦いぶりに焦点を当てて、その様相をたどってみた。歴史の戦いの記録とは、常に勝者の側からのものである。しかし、『源氏物語』の女たちの〈いくさ〉の記録は、敗者の人生にまで目配りをしていると言えよう。また、藤壺にせよ、光源氏にせよ、栄光と憂愁とを抱え込んでしまった人の最後の姿を、『源氏物語』は描ききって、単純な勝者の栄光の記録にはなっていない。むしろ、政治的な戦いを戦い抜き、栄花を獲得した勝者・藤壺や光源氏を描いていながら、積み重ねられてきた栄花が、最後の最後には相対化されてしまうような描き方もされているのである。勝者が獲得した栄光とは何なのか、戦いの最終勝者とは誰だというのか、戦いに何の意味があったのか……答を探すのは私たち読者に引き継がれるのである。

注

＊1　安和二年（九六九）に勃発した安和の変は、都の人々に大きな衝撃を与えたし、花山天皇の出家・退位事件に絡む藤原兼家一派の暗躍や、道隆死後の関白の座をめぐる道長と伊周・隆家兄弟の激しい政権争いなどは、紫式部の時代の人々にとって記憶に生々しいものであったはずだ。さらに、藤原貴族と武門源氏の関係に視点を据えれば、『源氏物語』世界では描かれなかった〈いくさ〉が繰り広げられていたことが浮かび上がってもこよう。ただし、本稿では、現実社会での〈いくさ〉いついては言及しない。

＊2　『源氏物語』本文の引用は、新日本古典文学大系（岩波書店）に拠り、私に表記を改めた。

＊3　「あやしきわざ」の具体的な内容は、物語には書かれていないが、『花鳥余情』に「不浄をまきちらし」とあって、古くから「汚物」の解釈がなされてきた。沼尻利通「「あやしきわざ」と弘徽殿大后」（『人物で読む源氏物語　朱雀院・弘徽殿大后・右大臣』勉誠出版・二〇〇六年）に詳しい。

＊4　日向一雅「桐壺帝と桐壺更衣―親政の理想と「家」の遺志、そして「長恨」の主題―」「文芸研究」一九九六年二月→『源氏物語の準拠と話型』至文堂、一九九九年二月）など。

＊5　比較的最近の論攷の主なものに限っても、吉見健夫「紅葉賀の藤壺―贈答歌の解釈から―」（「中古文学論攷」一九九六年・十二月）、徳岡涼「紅葉賀の藤壺詠について」（「国語国文学研究」二〇〇三年三月）、柏木由夫「「紅葉賀」の藤壺の和歌「袖ぬるる……」の解釈について」（『王朝女流文学の新展望』竹林舎・二〇〇三年）、鈴木宏子「藤壺の流儀―「袖ぬるる露のゆかりと思ふにも」―」（「日本文学」二〇〇四年十二月）、工藤重矩「源氏物語の和歌の読み方―夕顔「心あてに」と藤壺「袖ぬるる」の和歌解釈―」（『源氏物語の展望　第一輯』三弥井書店・二〇〇七年）、加藤睦「『源氏物語』の和歌を読む（二）」（「立教大学大学院　日本文学論叢」第九号・二〇〇九年八月）など多数。

＊6　実は、私はこれまで完了説の立場で解釈してきた。「あなたの子だと思うと愛することはできません」と源氏に言う。そういう拒絶の表現で「あなたの子だ」と言われた源氏が、だからこそ感涙にむせぶ、という構図がとても文学的に思えるからだ。それともう一つ、母がわが子を疎ましく思うはずがない、そんなことがあってはならないというような考えを先入観として作品を解釈するのを避けたいという気持を強くもっているからでもある。何時の時代でも、女は、子を産めばそれだけで母になるわけではない。親子関係は、子どもの成長と共に作られていくもので、母も（父も）子どもの成長とともに育つのだ、と思いたい気持ちがある。しかし、そういう気持が強すぎて、かえってテキストの理解をゆがめているのではないか、ということを最近思うようになった。古典を読むということは、現在の自分を読み込むことだ。私自身、成長し続けたいと思う読者の一人として、読み方が替わっていくことも受け入れたいと思う。それで、虚心に読めば、もしかしたら、和歌の構造からは、ここは打ち消しなのかもしれない、と

思い始めてもいるのだが、やはり、今にいたるまで、読みの決着をつけることができないでいる。

＊7　沼尻利通「弘徽殿大后の「諫め」」（「野州国文学」六六号・二〇〇〇年一〇月）

＊8　桐壺帝との和歌贈答がない、ということならば、弘徽殿の大后のみならず、藤壺についても、桐壺帝との歌のやりとりはない。藤壺の和歌は、絵合巻で源氏が擁する梅壺女御の左方に力添えするための一首も含めて、すべてが源氏との関わりで詠まれたものである。このことは、源氏物語における藤壺の人生が、いかに源氏との関係性に集約されて描かれているかを端的に表している。その藤壺の和歌が、物語の途中でなくなることは、源氏との関係のありようが大きく変化・変質したことを意味していよう。

【付記】本稿は、二〇一〇年一二月一一日、愛知県立大学・蓬左文庫・徳川美術館主催の公開講座「源氏物語の世界」での講演を、紙幅の都合により一部省略するなどして、まとめ直したものです。『源氏物語』を「戦」の視点からお話しするという、滅多にない機会を頂戴しました。愛知県立大学の遠山一郎先生、久富木原玲先生はじめ関係の先生方、当日、私の拙い話に耳を傾けてくださった方々に心から感謝の意を表します。

「平城太上天皇の変（薬子の変）」の波紋としての歴史語り・文学・伝承

――第二次世界大戦下から中世・古代へと遡る――

❖❖❖ 久富木原玲（くふきはら・れい）

はじめに――源氏物語と平城太上天皇の変

『源氏物語』の桐壺巻は冒頭から宮廷の不穏な空気から語り始める。帝が更衣を異常に寵愛するため、後宮の妃たちだけでなく男性上流貴族たちまでが世が乱れることを危惧し批判的な態度を示す様子を描く。さらにそこには実在の人物である楊貴妃の名が記されて、安禄山の乱のような大乱が起こりかねないという不安を煽る書きぶりになっている。『源氏物語』はいわば「いくさ」の予感から始まっているのである。[*1]

更衣の死によって実際の乱（いくさ）は起こらずに済んだ。その代わりとして物語は源氏の密通による皇統の「乱れ」を描いていくのであるが、当時の人々は楊貴妃の名を「どこかの国の王さまとお后さまとのおはなし」[*2]として享受したわけではないだろう。もっと具体的なイメージを喚起する事件、即ち日本国内で起こった「平城太上天皇の変」という大事件を重ねながら読んだ可能性がある。それは『源氏物語』が書かれる約二〇〇年前、平安初期に起こった事件であるが、その波紋は文学や伝承として後世に伝えられた。またこの事件を契機として、平安時代の政治・制度・文化が大きく転換したことは歴史学においては周知の事実としてある。[*3]

平安時代初期、桓武天皇の後に即位した平城天皇はわずか四年足らずで退位して奈良に移り住んだが、ここからしばしば詔勅を出し、京都の嵯峨天皇との間に二所朝廷の状況を招来し不安定な政治状況を招いた。そして弘仁元（八一〇）年、平城上皇によって平城遷都の詔が出されるに及んで、遂に上皇方と天皇方とが軍事的に対峙するという事態に至った。この時は嵯峨天皇側が機先を制したため実際の戦闘には至らぬままに上皇側が敗れるという結果になったが、この乱が政治や貴族社会、あるいはその文化・文学に与えた影響には計り知れぬものがある。

賀茂神社にはこの「いくさ」の勝利を祈って斎院制度が設けられた

と伝えられており、[*4]平安時代最大の祭である葵祭も平安京を守るこの神社のものであり、平安京はこの変以降、「万代の宮」と称されることとなった。「平城太上天皇の変」という「いくさ」を制した結果、さらなる遷都の可能性は封じ込められたのである。そして嵯峨天皇の内親王有智子が京都の地主神・賀茂神社に斎院として仕え、そうすることによって賀茂神に守られる形で平安京は安定を得て繁栄し、葵祭などの神事および斎院にかかわる文学や文化が花開いていくことになった。またこの変を契機として令外の官としての蔵人所が設けられたこともよく知られている。平安時代はこのようにして、「平城太上天皇の変」の後にあらたな時代としての出発をしたのである。

平安遷都から一七年後の平城遷都の議は人心に深刻な動揺を与えたが、この変の後は遷都の議は全く影をひそめ、嵯峨朝廷によって「万代の宮」と宣言されたのであった。歴史研究者によれば嵯峨朝廷は政治や文化全般にわたって「平城的なもの」を払拭し「平安的なもの」を育んでいき、[*5]嵯峨・淳和から都市的な文化と奢侈に取り囲まれた貴族文化が誕生した。[*6]「平城太上天皇の変」は平安遷都後、平安京が平安京になるための一大転換期であり、この変を境に歴史意識も大きく変化したのである。[*7]

そして「平城太上天皇の変」の約一〇〇年後に成立した『古今集』「仮名序」において平城天皇は「奈良の帝」と称され君臣相和す時代の理想的な帝として登場している。そこでの平城天皇は「平城太上天皇の変」を起こして、剃髪出家し奈良の地にこもり、そこで生涯を終えた敗者としての天皇、あるいは「悲劇の天皇」というイメージは払拭されているように見受けられる。[*8]

しかし『伊勢物語』初段は、この変が平城天皇の子孫にもたらした暗い影を背景に置きつつ描かれている。初冠した平城天皇の孫業平が奈良・春日野を訪れ、美しい姉妹をかいま見して「いちはやきみやび」をする話だが、華々しい未来が約束されている貴公子であれば、人生の出発点としてことさらに旧都奈良を選ぶ必要などなかったはずである。[*9]

業平の父は「平城太上天皇の変」によって太宰府に流された平城天皇皇子阿保親王で、親王は父天皇が崩御してようやく都に帰ることができた。いわば業平は祖父天皇の崩御によって初めてこの世に生を享けることができたのである。このような形で出生した業平だからこそ、その人生の始発を奈良の地にする必然性があった。奈良は偉大な祖父平城天皇ゆかりの地であると同時に、一族が皇統から疎外される原因をなした、いわば蹉跌の地という両義性を持つ土地でもあった。初冠した業平は華やかな平安京ではなく、父祖の挫折の記憶が刻まれたこの地から人生を始めなければならなかったのであり、『伊勢物語』の始発には「平城太上天皇の変」の影が色濃く影を落としている。[*10]

しかし『伊勢物語』は、実際の「いくさ」には一切、言及しない。これに対して『源氏物語』は、冒頭から歴史上の「いくさ」について語り始める。桐壺帝の異常なほどの寵愛が世の乱れを引き起こすのではないかという人々の不安を描き、さらに楊貴妃に言及することによって歴史上の安史の乱という唐代最大の「いくさ」を想起させるのである。

この楊貴妃への言及は、単に異国で起こった大乱というにとどまらず、当時の読者は、ずっと身近な国内の「いくさ」を思い浮かべつつ読んだのではないかと考えられる。当時において、「平城太上天皇の変」はおよそ二〇〇年前の出来事であるが、人々にとっては、時代を画するほどの大事件であった。しかも平城天皇は平安時代の貴族たちの規範となる『古今集』「仮名序」に特別な天皇として記され、その孫の業平は歌人として、また『伊勢物語』のモデルとして名を馳せた。さらに平城天皇が寵愛した薬子は実は天皇の皇太子時代に入内した妃の母であったことも周知の事実であったであろう。そして楊貴妃もまた、玄宗皇帝の息子の妃であったのを父皇帝が寵愛したのであった。天皇も皇帝も妃の母あるいは息子の妃を異常に寵愛して、その親族を重用し、その結果乱が起こる。さらに天皇・皇帝は生きながらえ、これに対して寵愛された女性たちとその親族は殺されるという点でも状況が酷似するのである。当時の『源氏物語』の読者はこのようなことなども重ね併せつつ読んだのではなかろうか。[*11]

しかし『源氏物語』は実際の「いくさ」ではなく、皇統の乱れを語っていく。歴史上の唐の大乱に言及しつつ国内に大きな変化をもたらした乱を想起させるという手法を用いて、冒頭から緊迫感に満ちた語り口を用いるのだが、更衣の死によって戦乱としての「いくさ」の可能性は閉じられ、その後は光源氏が皇統の乱れを実現するという意味における「いくさ」の物語へと引き継がれ転換されていくのである。[*12]

『源氏物語』の後、平城天皇一族に関する話は中世初期の説話集等で語られるが、これらには「いくさ」との直接的な関連性は認められない。[*13]また近世・近代には、この一族が特に話題にされた形跡はないようだ。[*14]ところが、第二次世界大戦下において、突然、「いくさ」にかかわって記憶の彼方からよみがえり歴史の表舞台に登場した人物があった。本稿ではまず、その人物をめぐる言説を採り上げて中世・古代へと遡り「平城太上天皇の変」の波紋としての歴史語り・文学・伝承」について考えていく。

一　第二次世界大戦下における波紋
―高丘（真如）親王の登場

第二次大戦下の歴史叙述に、「平城太上天皇の変」の関係者が一〇〇〇年以上の遙かな過去から呼び戻された。それは、平城天皇の皇子高丘親王（のちの真如親王）である。昭和一八（一九四三）年、その親王の事績が国定教科書『初等科國史』に採択され、全国の小学校で教科書として用いられることとなったのである。[*15]高丘親王は「平城太上天皇の変」（八一〇年）当時、嵯峨天皇の皇太子であったため廃太子となり出家した。そして真如親王と号して空海に師事し、研鑽を積んでその十大弟子のひとりとなった。しかしそれで満足することなく入唐し、さらにインドを目指したが現在のマレー半島あたりで客死した。この希有な経験をした親王については、渋澤龍彦が『高丘親王航海記』[*16]という書物を著したため、現代では平城天皇よりも比較的よく知られているのではないかと思われる。[*17]

さて、昭和一八年二月一七日に発行された国定教科書『初等科國史上』目録には第一から第七までの目次があるが、その第四に、

第四　京都と地方
一　平安京
二　太宰府
三　鳳凰堂

とあり、高丘親王は、この「一　平安京」に登場する。[*18]そこには、平安遷都した桓武天皇の事績を記し、この天皇と共に孝明天皇が平安神宮に祀られていることを述べる。孝明天皇は平安京に住んだ最後の天皇であるから、初代の桓武と共に祀られているのである。そして桓武天皇の命によって坂上田村麻呂が蝦夷を征討し、蝦夷の経営がうまくいったこと、さらに桓武天皇が空海と最澄を重用し、両人は地方の開発に力を尽くしたことが記されている。そして最後に、高丘親王について次のように記している。

支那では、このころ唐がおとろへ始めたので、大陸との交通も、前ほど盛んでなくなつて来ましたが、しかも尊い御身を以て、支那ばかりか、遠くマライ方面までおでかけになつたお方があります。それは桓武天皇の御孫眞如親王で、親王は、はじめ空海から仏教をおまなびになり、第五十六代清和天皇の御代には唐へ渡つて、その研究をお深めになりました。
その後、さらに、唐からインドへおいでにならうとして、廣東を御出発になりました。御よはひも、すでに高くいらせらせながら、遠く異郷にお出ましになつた御心、思へばまことに尊くかしこききはみでありますが、不幸にも途中でおなくなりになりました。土地の人々は日本の尊いお方であると知つて、てあつく御とむらひ申しあげたと伝へてゐます。

ここには桓武天皇の孫という尊い身分でありながらマレー半島にまで出かけたことを「尊くかしこききはみ」であると賞揚し、客死した親王を土地の人々は日本の尊貴な人であると知って手厚く弔ったことなどが紹介されている。

引き続き同年六月には、師範学校用の国定教科書『師範歴史』（本科用巻一）が出され、その第五章第五節「外交と貿易」に「遣唐使の廃止」「真如親王」という見出しが付されて、さらに詳しい内容が記される。そこには、

多くの留学生・学問僧が同行して彼の地に赴き、艱難辛苦を嘗めて修学求法に努め、彼我文化の交流に大なる功績を遺したが、その中で特に銘記すべきは、真如親王の御事績である。

として、親王が客死した時、七〇歳に近い年齢であったこと、「単身」でこの「壮挙を決行」したこと、その気魄にはまことに感激するほかなく、「真に懦夫をして起たしめるの概あり」と記されている。そして二二四頁には、「平家納経」と共に親王の画像まで載せている。

佐伯有清は国定教科書に真如親王を掲載した理由として、前年の二月に、日本がシンガポールを攻略、占領したこととかかわっていると指摘する。昭和一七（一九四二）年二月のシンガポール陥落直後から研究者や軍人などが真如親王を顕彰する活動が活発になっているからである。[*19]

これら二冊の国定教科書は小学校の教科書と師範学校の生徒用の歴史教科書であるから、当然のことながら歴史的事実に基づいて書かれ

るべきものであった。しかしながら、『初等科國史上』では親王を「桓武天皇の御孫」として記すのみで、親王の父が平城天皇であることや「平城太上天皇の変」に関する記述はなく、廃太子であることにも言及していない。

ただ師範学校教科書の『師範歴史』では、「真如親王」という小見出しを設けて、

親王は、平城天皇の皇子高丘親王であらせられるが、弘仁十三年（一四二八）年仏門に帰依し給ひ名を真如と改め、—以下略—[20]

とあり、平城天皇の名を記してはいる。だが、やはり皇太子であったことにはひとこともふれず、また天皇の親王がなぜ「仏門に帰依し」たのか、その原因についても全くふれられていない。ひとえに「求法の御志厚く」入唐し、インド行には「単身この壮挙を決行し給」うたことのみを取り上げて賞賛している。

前述のごとく『師範歴史』では親王はインド行を「単身」で「決行」したことになっており、『初等科國史』の記述よりもさらに英雄的に描いている。すでに橋本進吉の研究に明らかなように、インド行の際の伴人はその名前まで知られているから[21]、「単身」で「決行」したとするのは、歴史の記述を歪曲し親王を実像よりも偉大な人物として脚色するものだと考えざるを得ない。また前掲の『初等科國史』には、「土地の人々は、日本の尊いお方であると知ってあつく御とむらい申しあげたと伝へてゐます」などとも記されていた。

佐伯有清が指摘するように、この記述は何ら根拠のないものであり、「土地の人々」は親王に対するのと同様に、現在でも日本人を尊敬する態度をとっていると児童に認識させ、その地の占領を正当化する意図が秘められていたのだと考えられる。これは矢野暢が説くように、この戦争の最中に日本の南方関与の歴史が歪曲され[22]、「過去の歴史の美化＝ロマン化の必要に迫られたあげく、高岳親王や山田長政など、いくにんかの「南進」日本人を発掘してスターとして祭り上げ[23]」たことがその背景にある。さらに佐伯は親王が寧波に着いてから二年間滞在したという記述についても、親王に随伴した伊勢興房の入唐記録『頭陀親王入唐略記』によれば三ヶ月ほどで浙江省紹興へ移ったとあるから『師範歴史』の記述は正確ではなく、また「貞観七年長安に赴き」とあるのも、正確には「貞観六年」とすべきだとする。また田中卓は『初等科國史』における和気清麻呂に関する記述を検討して「この教科書には、明らかに史実を秘匿したり、故意に省略したりして、国体賛美の目的のために筆を曲げたと、批判されても仕方のないところがある」とするが[24]、高丘親王についても同様の指摘ができるのである。

佐伯はさらに『師範歴史』における親王の記事の締めくくりに「その御気魄はまことに感激のほかなく、真に懦夫をして起たしめるの概あり」と置かれている点に着目する。なぜならこの表現は当時の歴史学の権威である黒板勝美、辻善之助、志田不動麿、宮崎市定らの叙述[25]に影響されたものであり、特に辻善之助のそれをそのまま引き写したのに違いないと考えられるからだ。

ところで、この『初等科國史』は国定教科書としては第六期にあたり、昭和一八年二月に発行されたものだが、敗戦までのわずか二年間

しか使用されなかった。戦争の末期には本土までも戦場となって学童疎開が行われたりしたために、これを学習した児童の数は第一期から第五期までの教科書に比べて最も少なかった。だが、家永三郎によれば、その体裁・内容はそれまでのものと一線を画する飛躍的変化を示している。[*26] それは「国家が全日本人に学習させようとした日本歴史像としては、もっとも極限的な内容をそなえていて、大日本帝国憲法＝教育勅語体制下の国家権力の歴史観の行きついたはてのすがたを赤裸々に露呈するという意味」で、「大日本帝国の国定歴史観の極限状態を認識する絶好の史料として役立つ」のであり、「戦時下の特殊な内容を示すものというよりは、戦時に入る以前の国定国史観を最も鮮明に表現した文献として見る」ことができるのである。

　家永はさらに次のように説く。そもそもこの第六期の国定教科書『初等科國史』においては第五期まで書き継がれてきた憲法発布の歴史的前提としての人民の動きが完全に消し去られ軍国主義・好戦主義が全編にわたり横溢している。それは明治以後の近代的国際戦争の記述だけにとどまらず、防人・元寇などの記述も五期までにない熱気をはらんでおり、表現も極度に美文調になって知識よりも児童の感性を動かすことの方に全力が注がれた文章になっている。これは一五年戦争の末期、特に一九四一（昭和一六）年一二月八日の対米英開戦後に編修されたものであるから、戦争の相手国に対する敵愾心が過去に向かって投射された結果として考えることができる。[*27]

　第六期の国定教科書に高丘親王の事跡が突如として書き加えられたのには、このような背景があった。それは歴史教科書でありながら、上皇と天皇とが軍事的対立にまで及ぶという大事件「平成太上天皇の変」を隠蔽し、廃太子であることにも言及せず、しかも親王が単独でインドへ向かったなどという歴史の記録に反する記述を盛り込んでその英雄性を強調し、さらに「日本の尊いお方であると知つて、てあつく御とむらひ申しあげた」として、あたかも現地の人々が千年以上にわたって日本の皇子に共感を抱き続けてきたかのように結ぶのである。大東亜共栄圏を謳う戦時下の国家にとって、親王が一一〇〇年も前からマレー半島付近の人々によって「日本の尊いお方」として受け容れられてきたとするのは、実に都合のよい話であった。これは戦時下の国家が侵略という行為を情緒的なレベルに組み替える目的で「歴史」としてすり替えたものなのである。親王の場合、軍事的な目的ではなく、仏法を学ぶためインドへ赴くという宗教的文化的なものであったため、教科書を編修する側にとっては、一層、効果的だと考えられたであろう。しかも純粋な仏法精神を持った天皇の皇子が目的を達成できないままにその途上で客死する話は貴種流離譚の最たるもので、古くからある日本の物語の根幹をなす話のパターンとして共感され受け容れられやすかったことであろう。典型的な貴種流離譚の主人公である日本の皇子が南方で客死して共感を集め好意的に受け容れられてきたと語ることは、戦時下において現在進行形で侵略している相手国と、あたかも千年以上前から友好的な関係が築かれていたかのような印象を与える意図があったのだと考えられる。

　「平成太上天皇の変」に際会して嵯峨朝廷によって廃太子とされた高丘親王は、その無念の事実は隠蔽されたまま、一一〇〇年も前に南方へ進出した大先達として国定教科書『初等科國史』『師範歴史』に登場させられ、侵略戦争のプロパガンダを担わせられることとなったのである。

二　高丘親王と中世説話――『閑居友』をめぐって

高丘親王の事跡は中世においては、どのように伝えられていたのであろうか。親王は空海の十大弟子のひとりとして空海と和歌を交わしたことが知られており、院政期の歌論説話集『俊頼髄脳』（一一一四年成立）には次のようにみえる。

　また、高丘の親王、弘法大師に詠ませ給ふ歌、

　　いふならく奈落の底にいりぬれば刹利も修陀もかはらざりけり

　御返し、大師、

　　かくばかり達磨の知れる君なれば多陀謁多までは到るなりけり

　もとの歌に、奈落の底と詠まれたるは、地獄を言ふなり。刹利もといへるは、帝后もといへるなり。修陀も　といへるは、あやしの乞丐もといへるなり。地獄に落ちぬれば、よき人もあやしの人も、同じ様なりと詠まれたるなり。返しは、かかる世の道理を、よくしろし召したる人なれば、かく、めでたき身にてはおはしますなりと、詠まれたるなり。

（新編日本古典文学全集　四二一―四二二頁）

仏の道においては、最高の身分の者でも最下層の者でも身分などは全く関係ないと詠むのは、皇太子という天皇に最も近い身分から一転して廃太子となり出家した親王であってこそ説得力をもつ。[28] 果たして親王自身の歌かどうかはわからないが、少なくともそのような人生の変転を経た親王に共感し、その心中を推し量った歌であることは間違いない。

　このように、親王は師空海と歌を交わし、師から達磨（人生の理法）を知っているあなたなればこそ、いつかは仏の境涯に至ることができると称えられるほどの人物として伝えられているのである。

　だが、それから約一〇〇年後に成った仏教説話集『閑居友』（一二二二）には、親王が仏の境涯に至るどころか文殊菩薩に試されてこれに応えることができず、その後、虎の害に遭って死んだという話が記されている。

「真如親王、天竺に渡り給ふ事」と題されるその説話は、『閑居友』の冒頭に置かれている。新日本古典文学大系には一一の段落が設けられているが、インド行の途中で死ぬ話を載せた第三段落から第八段落までを、一部省略しつつ掲げる。文頭の③などの数字は段落を示す。第一、第二段落は、奈良帝の第三皇子である親王が日本で修行を積んだが納得できないことが多いとして唐に渡ったので、帝が感動して法味和尚に仰せになって学問を続けたけれども、やはり満足できずついに天竺に向かったという話の概略を記し、親王の事績は「玄奘、法顕」と並び称されるものとしている。

　真如親王、天竺に渡り給ふ事

③「錫杖お突きても脚にまかせて(ア)ひとり行く。理にも過ぎて煩ひ多し」など侍るお見るにも、悲しみの涙かきやりがたし。(イ)玄

奘、法顕などの昔の跡に思ひ合はするにも、さこそは険しく危く侍りけめと、あはれなり。―④は省略―

⑤渡り給ひける道の用意に、大柑子お三持ち給ひたりけるを、(ウ)飢れたる姿したる人出で来て、乞ひければ、取り出でて、中にも小さきを与へ給けり。この人、「同じくは、大きなるを与らばや」といひければ、「我は、これにて末もかぎらぬ道お行くべし。汝は、こゝのもと人也。さしあたりたる飢おふせきては、足りぬべし」とありければ、(エ)この人、「菩薩の行は、さる事なし。汝、心小さし。心小さき人の施す物おば受くべからず」とて、かき消ち失せにけり。(オ)親王、あやしくて、「化人の出来て、我が心をはかり給ひけるにこそ」と悔しくあぢきなし。

⑥さて、やう〱進み行くほどに、つひに虎に行き遇ひて、むなしく命終りぬとなん。―⑦は省略―

⑧さても、親王の身ははるかの境にうつり給けれども、貢物は猶あとにそなへられけんこそ、情深く聞こえ侍れ。

まず③の傍線部に注目したい。親王が「ひとり行く」とあるが、前述の『師範歴史』にも同様の記述があった。親王が客死した原因は不明であると言わざるを得ないが、[*29]虎に襲われて亡くなったという伝説は現代でも歴史研究書あるいは歴史概説書によってかなり普及しており、[*30]その基になった説話がこの説話なのである。[*31]もっとも国定教科書には『初等科國史』『師範歴史』のいずれにも虎害説話は記されなかった。虎に食われたことなど少しも英雄的でなく、少国民を鼓舞する目的から外れると判断されたのであろう。

一方、国定教科書が「単身」でと記したのは、この説話③「ひとり行く」という表現に拠った可能性がある。だとすれば、説話の記事を任意に取捨選択して歴史的事実として記していることになる。

次に⑤であるが、『閑居友』は親王を「玄奘、法顕」と並び称しながら、意外な話を記している。餓えた人が食物を乞うたところ、親王は三個持っていた蜜柑の、一番小さいものを与えた。すると餓え人は親王を非難し「心の小さい人の施しは受けない」と言って姿を消す。親王はそうなって初めて、文殊菩薩が自分を試したのだと悟るのである（傍線部(オ)）。

この話は、空海の十大弟子として空海と歌を交わし、「仏の境涯」に至る人物であると讃えられた親王の像とあまりにもかけ離れている。ここには、ごくわずかな食物で命をつなぐ修行の厳しさがあらわれているのだと考えられる。[*32]だがそれにしても『閑居友』は親王を「玄奘、法顕」と同列に扱うほど高く評価しながらなぜこのような「心小さい」親王を描くのであろうか。

小島孝之は、日本にも中国にも満足させられる学僧はいないというほど大変な学識の持ち主であった親王が「はかり知れぬ辛苦を重ねて天竺に向かったにもかかわらず、虎に食われてしまったとは、はたして真如親王を顕彰する説話になるのであろうか」と疑問を投げかけるものの、作者が真如親王渡天説話を巻頭に据えたのは、「慶政（作者）

にとって、真如親王はたとえ目的地に到達できなくても、渇仰尊敬の的であることに変わりはな」く、「仰ぎ見る存在だったからに違いな」く、さらに作者の釈迦信仰にとっても重要な話だったからだとしている。[*33]

しかし、ここには虎に食べられた話をどのように理解して「渇仰尊敬」して冒頭に置いたか、さらにこのように「小さい」人間をなぜ「渇仰尊敬」しなければならないのかという理由は示されていない。

そこで想起されるのは聖徳太子が餓えた人に出会い、慈悲を示す話である。

聖徳太子、高岡山辺道人の家におはしけるに、餓えたる人、道のほとりに臥せり。太子の乗り給へる馬、とどまりて行かず。鞭を上げて打ち給へど、後へ退きてとどまる。太子すなはち馬より下りて、餓へたる人のもとに歩み進み給ひて、紫の上の御衣を脱ぎて、餓人の上に覆ひ給ふ。歌を詠みて、のたまはく、

しなてるや片岡山に飯に餓へて臥せる旅人あはれ親なし
になれ〳〵けめや、さす竹のきねはやなき、飯に餓へて、臥せる旅人あはれ〳〵といふ歌也

餓人頭をもたげて、御返しを奉る

いかるがや富緒河の絶えばこそ我が大君の御名を忘れめ
（拾遺集巻二〇哀傷　一三五〇・一三五一）

この問答歌は『日本書紀』『三宝絵詞』（中）、『日本霊異記』上（飢え人の歌のみ）、『日本往生極楽記』、『今昔物語集』一一、『沙石集』五などに見え、『俊頼髄脳』『袋草紙』などには太子を救世観音、飢え人を文殊菩薩の化身した達磨とする。聖徳太子は餓え人に慈愛深く対することによって徳を示し、これに応えて菩薩も姿を現す。ところが親王の方は自分が試されていることに気づかず、餓え人に非難され、その姿がかき消えて初めて真相を悟って悔しがるのである。[*34]

道の途中で餓え人に会うというこの聖徳太子の話は有名で、空海の十大弟子に飽きたらず入唐し、さらにインドまで赴こうとする親王ほどの人物が知らなかったはずはない。[*35]しかも親王は聖徳太子と同じく皇太子の地位にあったことを考え併せると、親王が餓え人に会う話は聖徳太子の話を反転させたものとして捉えることができる。即ち聖徳太子は太子のままですべてを悟ることができたが、高丘親王は廃太子の憂き目に遭って出家し、修行に励んでインドまでも目指そうとするが、その途次に高徳の人にあるまじき誤りを犯してしまうのである。これは空海が歌によって予言したような「仏の境涯」にはほど遠い姿であった。さらに、この記事に引き続いて⑥の虎害説話が記されるため、親王が虎に食われて死ぬのは、あたかも文殊菩薩を見抜けなかった罰が下された結果のように読めるのである。[*36]

また虎に食べられるという話からは、誰しも釈迦の「捨身飼虎」の故事を思い浮かべることであろう。[*37]釈迦が悟りを開けるなら我が身を虎に与えてもいいとして身を投げようとしたところ、菩薩が助けるという話である。ここでも釈迦と親王は全く対照的な語られ方をしている。悟りをひらこうとした釈迦は自身を虎に与えようとして菩薩に救われ、逆に菩薩に試されてこれに応えられなかった親王は虎に食べられてしまうからである。

こうしてみると、『閑居友』の冒頭を飾る高丘（真如）親王の話は、聖徳太子や釈迦の事績の陰画としての相貌を帯びて立ち上がってくる。では、なぜこのような話を冒頭に置くのか。親王は廃太子などの憂き目に遭いながらも出家して人生を生き直し、修行を積んでいく。にもかかわらず彼の人生の集大成としてのインド行の時になって蜜柑の大小を比べて小さい方をやるなど、目先のことにとらわれてしまう、実に「小さい」人間として描かれる。『閑居友』の著者慶政は高丘親王に格別な親近感を持っていたとされるのに、なぜこのように卑小な人間として描いたのであろうか。[*38]

実はこの話は親王がきわめて人間的であり、そうであるがゆえに信仰や修行を成し遂げることがいかに難しいかを語っているのではないか。食物は人間の命を繋ぐための切実な必要最小限の要素である。[*39]聖徳太子は飢え人に自分の衣を着せてやっているが、それは聖徳太子の慈悲深さを示す態度ではあるものの、現実的には観念的な行為だと言わざるを得ない。餓え人に必要なのは衣ではなく食物の方だからだ。[*40]聖徳太子の慈悲には現実味がなく、きわめて抽象的に語られている。これに対して三個の蜜柑を比べて小さい方を与える高丘親王の行為は、同じ状況に置かれた人間なら誰もが選択するであろう切実さがあり、血の通った生身の人間の姿が描かれているといえる。三個という数、蜜柑という具体的な食物を例示するのは、人生の変転を経験しながらなお信仰を深め、遂にインド行まで決行してしまうような、圧倒的な意思を持つスケールの大きい親王を、英雄としてではなくインドを目指すからこそ最後の最後まで自分の命と食物への切実な欲望を捨てきれなかった親王の、あまりにも人間的なあり方をこそ語っているのではあるまいか。「自分はまだまだ道のりが遠い。お前は地元の人間だから、さしあたってはこの小さい蜜柑で餓えを満たせるだろう」という親王の言葉は、読者が自分の身に置き換えてみる時、きわめて身近な人間として感じ、共感することができるであろう。親王の、廃太子という境遇やインド行という日本人として前人未踏の行動は、凡人には全く想像の及ばないものであるが、しかしそうであるからこそ『閑居友』は釈迦や聖徳太子といった信仰の対象としての、いわば偶像的な存在ではなく、親王を自分たちと同じ欲望を持つ生身の人間として、修行する側の生身の人間の目線で描こうとしたのではないか。親王の行動力の凄さの中にきわめて人間的な面が共存する、その矛盾と落差の大きさをこそ描いたのではないか。こんなにすぐれた人間でも釈迦や聖徳太子のようにはいかず、あくまでも自分の命にこだわっている。しかもそれは信仰を達成するためなのであって、矛盾している。だが、現実の生身の人間はそのような矛盾をこそ生きている。親王の大きさと小ささは信仰を貫こうとする生身の人間の二律背反するありかたをリアリティを持って浮かび上がらせる。『閑居友』がこの話を冒頭に置いたのは、このような矛盾にこそ意義を見いだしたからではないかと考えられる。

なお、原田行造は『閑居友』の冒頭に置かれたこの説話は特別な意味を持つとして、次の三つの点を挙げる。[*41]ひとつは著者慶政は虎害を中心とする新鮮な話材を強調しようとしたこと、二つ目は異国を舞台としており、実際に宋に渡った慶政の目的に最高に合致すること、三つ目は親王が薬子の乱のため廃太子となり不遇な運命を甘受した悲境が身体不自由のため貴位と無縁な遁世僧として生きざるを得なかった自身の境遇と似ているため、いたく同情したこと、としている。このような著者にとって親王は聖徳太子や釈迦のような信仰の対象とは異なり、高貴な身分に生まれながらその世界で活躍する道を閉ざされ、遠く異国の地まで出かけて修行するという、まさに修行主体としての自己を投影し、共感する存在だったのではなかろうか。それゆえに冒頭に置かれたのだと考えられる。その根本には、「平城太上天皇の変」のために廃太子となって唐から東南アジアを流離し、その上、虎に食べられてしまうという悲劇的な結末に対する哀惜の念があったのではないかと思われる。作者の境涯や信仰心の深さに類似する親王への共感と共に、望みが達せられることなく客死した悲劇の親王への限りない心寄せを示したものと考えられる。虎害説話は、「平城太上天皇の変」の被害者としての親王の悲劇をさらに劇的に象るものであった。

国定教科書『師範歴史』「第五章第五節」「外交と貿易」における「真如親王」の項における「単身この壮挙を決行し給ひ」という表現は、この『閑居友』の、

③「錫杖お突きても脚にまかせてアひとり行く

という条に拠っているものと考えられる。「単身」という点に、「勇猛果敢」な親王の姿を見、さらに「真に懦夫をして起たしめるの概あり」と結ぶのは、このような親王の悲劇には全く顧慮せず、虎害にも触れず（これは事実ではないとするのが通説だが）、親王の英雄性を称揚する箇所だけを説話から取り上げていることがわかる。

なお最後の⑧には親王の死後の話として、「貢物は猶あとにそなへられけんこそ、情深く聞こえ侍れ」とある。これは親王の死後も朝廷からの封邑がずっと続けられたことをいうのだが（三代実録・新編日本古典文学全集）、『初等科國史』にみえる結びの一文「日本の尊いお方であると知つて、てあつく御とむらひ申しあげたと伝へてゐます」というのは、その主語を朝廷ではなく土地の人々として「御とむらひ」したと解釈して記したものと考えられる。もしそうだとすれば、平安時代の朝廷が親王の遺族に対して示した温情を、東南アジアの人々が親王に対して示した共感であるかのように書き換えていることになる。

三　平安時代における波紋

高丘親王の話は貴種流離譚をまさしく地で行くものであり、しかも遠く東南アジアまで流離して客死したという点で、平安時代の人々の耳目を集めたことであろう。たとえば久松潜一は『うつほ物語』における俊蔭の波斯国漂流とそれからの記述について、次のように述べている。[*42]

> 宇津保物語の波斯国漂流とそれからの記述は法華経の普門品にある大海に入って黒風にあったら観世音菩薩の名号を称えれば羅刹の難を免れるというような記述の影響もあるかと思われる。――中略――更に平安初期に入唐され南方に向かわれる途中で世を去られた真如親王の御事績をとり入れたかも知れない。橋本博士の「真

如親王と共に渡天の途に上った入唐僧円覚[*43]」によると、真如親王が貞観四年（西暦八六二年）七月太宰府を発して渡唐の途に上られた時にはこれに随うもの僧侶すべて六十人の多きに上ったが、それより四年の後、支那から天竺に向って出発せられた時には、その御供をしたものは極めて小数でその名の伝わっているもの、安展、円覚、丈部秋丸の三人であるという。親王は長安から広州に赴きそこから船で印度に向われ、馬来半島の一部の羅越国で薨ぜられたと伝えられているが、真如親王の御事はこういう漂流譚に影響することが多かったと思う。

高丘親王の事績は、このように平安時代の物語に大きな影響を与えた可能性がある。では、「平城太上天皇の変」の最高責任者である平城天皇の場合はどのようであったか。すでにふれたように『伊勢物語』の背景には平城天皇が存在しており、『大和物語』には天皇自身が「奈良の帝」として登場する。後者においては、天皇は和歌を詠む。「ふるさと奈良」を思いやる歌や実弟嵯峨天皇（当時、皇太子）と歌を贈答する話があり、また采女に慕われその死を悼んだ和歌を詠む理想的な天皇として描かれる。このような平城天皇像は、『大和物語』に限らず、『古今集』「仮名序」にも認められる。

> 古より、かく伝はる内にも、平城の御時よりぞ、広まりにける。かの御世や、歌の心を、知ろし召したりけむ。かの御時に、正三位、柿本人麿なむ、歌の仙なりける。これは、君も人も、身を合せたりと言ふなるべし。秋の夕べ、竜田河に流るゝ紅葉をば、帝の御目に、錦と見給ひ、春の朝、吉野の桜は、人麿が心には、雲かとのみなむ覚えける。―中略―平城帝の御歌、竜田河紅葉流れて乱るめり渡らば錦中や絶えなむ―中略―この人々を置きて、又、優れたる人も、呉竹の、世々に聞え、片糸の、より〱に絶えずぞ有りける。これより前の歌を集めてなむ、万葉集と名付けられたりける。―中略―
> かの御時よりこの方、年は百年あまり、世は十継になむ、成りにける。古の事をも、歌をも知れる人、詠む人多からず。（新大系）
> ―以下略―

右の「平城の御時」は一般的には「奈良に都があった時代」の意[*44]、あるいは「元明・元正・聖武・孝謙・淳仁・称徳・光仁・平城天皇の御世御世[*45]」などとされるが、以下に述べるようにこれは平城天皇以外には考えられない。

右の文章に続く、

> かの御時よりこのかた、年は百年あまり、世は十継になむなりにけり。

という一文は、「その天皇の御代」とは、具体的には「年は百年余り…」から逆に数えると平城天皇の時代となり、「世は十継」とあるから、平城天皇即位の年から醍醐天皇の延喜（九〇五）年まででちょうど百年、天皇は十代であり、「真名序」の、

> 昔平城天子。詔侍臣。令撰万葉集。自爾以来。時暦十代。数過百年。

という記述とも照応している（新全集・新大系『古今集』も「平成天皇に当る」とする）。仮名序の執筆者が「時代を知らなかった[*46]」わけ

ではない。

熊谷直春は「―御時」という表現を検証してこれが特定の天皇を指すものであり、「ならの御時」は平城天皇を指すという見解を示している。[*47]また片桐洋一は中世歌学者たちの間で、聖武説（清輔・俊成）、平城説（顕昭）、文武説（定家）、など諸説あることを紹介して、これらは歴史的事実から逆に類推して「仮名序」の本文を無理に読んでいるのであって、そのまま読めば「平城天皇」とせざるを得ないとする。それは伝承を基盤としているのであり、当時の人々はそれを真実だと思っていて、貫之はあるいは事実を知っていたけれどもいわば虚実皮膜として書いたのではないか、とする。[*48]藤岡忠美は『大和物語』には「奈良の帝」の話が四段分もあって、そのうち人麻呂と結びついたものがふたつあることに着目して、「奈良の帝」と人麻呂はすでにもう歌語り化されて結びついており、それを前提にして話が進められていると指摘する。[*49]さらに谷戸美穂子は、人麻呂と同時代という矛盾を犯してでも「なら」に託さなければならない何かがあったとして、それは「君も人も身を合はせたり」とした君臣唱和の理念を体現させたものであるとして、人麻呂を「歌のひじり」として位置づけ、「ならの帝」の臣下におくことで、歌の心を理解し、これを広めたとする理想的な時代を描き出すと説き、この場合の「なら」は必ずしも実際の平城（平城天皇の時代）ではなく、平安期になってから平安京がイメージした旧都平城としての「なら」なのだと論じている。[*50]

「仮名序」の「なら」については谷戸の説く通りであると考える。しかし、「仮名序」はあえて矛盾を犯して、平城帝を引き合いに出しているのだろうか。そうではなくて、片桐や藤岡の説くように、平城帝はすでに歌語りとして伝承された帝、人麻呂と対にして語られる帝として「仮名序」に登場しているのではなかろうか。それは矛盾を犯すことではなく、この帝こそが人麻呂という歌の「聖」と対比されるべき存在、君臣唱和の理念を体現する存在として捉えられていたのだと考えられる。

すでに述べたように、歴史研究では「平城太上天皇の変」以降の嵯峨朝から、「万代の宮」としての平安時代が意識化されたことが明らかにされている。平安時代の人々の意識においては、真の平安時代というのは嵯峨朝後の時代なのである。[*51]だからこそ、前時代の代表的な歌人としての人麻呂を挙げ、これに『万葉集』が広まった平城帝を前代を代表する帝として番えるのは少しも不自然ではない。時代的錯誤なのではなく、またあえて矛盾を犯したのでもなく、人麻呂と並んで前代の和歌を体現した帝として、積極的に平城天皇と人麻呂を対にして示し、併せてそれぞれの和歌をも載せたのだと考えられる。平城天皇は桓武天皇の第一皇子であり、弟の嵯峨天皇は平城天皇の皇太弟だったのだから、桓武・平城・嵯峨と続く父及び兄弟の天皇に関して「仮名序」が人麿の時代と混同することなどあり得ない。

だが、それにしても、なぜ平城帝なのであろうか。そして『万葉集』がこの帝の時に撰集され広まったと言い伝えられてきたのはなぜか。[*52]「仮名序」が、この帝を前代を代表する帝、「国風文化に傾倒した天皇」[*53]として受け止めたのはなぜなのであろうか。薬子兄妹に責任のすべてが押しつけられた形にされた[*54]とはいえ、「平城太上天皇の変」

はやはり嵯峨天皇側からいえば歴史の汚点であり、平城天皇の子孫は皇統から未来永劫にわたり排除されたにもかかわらず、この帝はなぜ前代を代表し「君臣相和す」天皇として称揚されるのであろうか。勅撰集という、天皇と国家が撰ぶ和歌集に、なぜこの天皇がただひとり選ばれてその名と和歌を記しとどめられるのか。

ちなみに『大和物語』における「ならの帝」についてみると、一般的には「奈良朝のある天皇ということか」(新全集、頭注)とされるが、

百五十段　ならの帝
百五十一段　おなじ帝
百五十二段　同じ帝
百五十三段　ならの帝(平城天皇)

という配列を見れば、当時の人々はこの四つの話を平城天皇の物語として受け止めていたと考えるのが自然であろう。四つの話の初めと終わりに「ならの帝」と記し、途中は「同じ帝」としている。「古今仮名序」における「ならの帝」も『大和物語』のそれも、平城天皇を指すのであり、「真名序」もまた同様であった。『万葉集』は「平城朝的なるもの」を象徴するものであり、聖帝で和歌に秀でた平城天皇によって「撰集」されたのである。歴史家たちの一致した見解である、「平城太上天皇の変」を境とする「平城的なるもの」と「平安的なるもの」において、前者は文化・文学の分野において「平安的なるもの」に対置される往古の時代として認識されているのだと考えられる。[55]

しかしながら、『古今集』という国家を代表する、しかも初めての勅撰集において、「平城太上天皇の変」に敗れ、剃髪して奈良にひきこもった平城がなぜほかの並み居る天皇たちの中から唯一選ばれて「仮名序」にも「真名序」にも記しとどめられるべき存在として認識されたのであろうか。平城御製として知られているものは「仮名序」に一首、『大和物語』に三首(「仮名序」所載の歌を除く)でごくわずかであり、家集なども残っていない。また『万葉集』にかかわった奈良時代の天皇ならばほかにも挙げることはできたはずである。人麻呂と同時代であれば、持統天皇などでもよかったはずである。敢えて平城天皇を記す理由は何処にあるのであろうか。

たとえば藤岡忠美が「仮名序から見た『古今集』撰集の意図」において、人麻呂と同じく平城天皇もやはり伝承的・説話的なものがあるはずで、薬子との関係や、平城京が廃都の「ふるさと」になっていることから、かなり悲劇的なヒーローになっている」という可能性を指摘していたことはすでに見たところであるが、[56]このことと「仮名序」の記述には関連性があるのであろうか。結論的に述べれば、政治的に挫折した天皇だからこそ、平城天皇が特別に伝承される帝として文学化され、選ばれたのではないかと考えられる。

これより前の条で「仮名序」は次のように述べている。

あらかねの地にしては、素盞烏尊よりぞ、起りける。ちはやぶる神世には、歌の文字も定まらず、素直にして、事の心分き難かりけらし。人の世と成りて、素盞烏尊よりぞ、三十一文字あまり一文字は、詠みける。(以下、「八雲立つ」の歌を記す)

三十一文字の歌の創始は、スサノヲが出雲の国に「女と住み給はむ

として」宮造りした時に詠んだ「八雲立つ」の歌だとするのである。スサノヲは出雲でヤマタノオロチを退治して英雄になったが、高天原で罪を犯して追い払われた身であった。ところが「人の世」に降りて来て、英雄となり定型の和歌を創始した。山岡敬和によれば、スサノヲは出雲で「正統な王」の印として草薙剣を得るが、本来ならアマテラス打倒へと向かうべきなのに、そうせずに不完全に終わっていくのであって、その無念さや恨みが「短歌」となって表れたのであり、その「正統な王」として敵を討つはずの力が新しい文学形態を生み出したのだと説く。それは連歌を生み出したヤマトタケルの場合も同様で、草薙剣を手に初めて東国に足を踏み入れる「始原の王」の姿を示しながらも父を倒すことなく死んでいく、その無念さが片歌の問答、即ち連歌を生み出したのだとする。[*57] ヤマトタケルは実の兄を急襲して、その手足をちぎり取るという残忍なやり方で殺害し、その乱暴な性格のために父景行天皇に疎まれて熊襲や東国征伐に派遣される。スサノヲと同じく罪を犯したために征討という名目の下に追放されるわけだが、追放された地で英雄的な存在になり、連歌という新しい歌の形を創始する。和歌も連歌も罪を得て流離する貴種から生まれるという創始神話があるのである。この構図は「平城太上天皇の変」を起こして平安時代とそれ以前の時代との画期をなした帝である平城天皇とも軌を一にする。

中世の古今注である『三流抄』は『万葉集』には四人の天皇がかかわっているとしながらも、「平城天皇ヲ以テ万葉ノ主トスル歟」とする。[*58] 聖武、孝謙、桓武、平城の四人の天皇を挙げながら、なぜ平城を選ぶのであろうか。そこには『万葉集』を広めたという理由が付されているけれども、「発起ヲ云ヘバ聖武天皇ナルベシ」とされているから聖武でもよかったのではないか。聖武なら、れっきとした奈良時代の帝である。だが、やはり平城こそが「万葉ノ主」なのである。それは「仮名序」の「かの御時よりこの方、年は百年あまり、世は十継になむ、成りにける。」という記述によれば、平城でなくてはならないのではあるが、ここにはただ単に『万葉集』が広まった時の天皇という以上の理由が潜んでいるように思われる。

『古今集』が前代の和歌集に言及する時、『万葉集』は勅撰集ではないものの、天皇がかかわった最初の和歌集としての意義を担っている。和歌集の創始としての『万葉集』を位置づける場合、聖武や孝謙や桓武ではその意義を担うことはできなかったのではないか。「平城」という名を負っていることも「奈良」を代表する帝としてふさわしいと考えられたことは容易に推測できるが、[*59] これに加えて『万葉集』という最初の和歌集を位置づける場合、和歌や連歌といった韻文を創始したスサノヲやヤマトタケルと同じく罪を犯し貴種流離の陰影を帯びた天皇でなくてはならなかったのではないか。

それは『万葉集』の巻頭が「オオカミ」と呼ばれ「非道」「悪行の王」と記された、いわば王たるべき資格の欠落した天皇の歌によって飾られていることともどこかで繋がっているように思われる。『万葉集』の巻頭歌は自信に満ちあふれた求婚の歌で瑞々しい魅力の作品だが、『日本書紀』という「歴史」の世界ではどのように描かれていたかというと、そこでの雄略は残忍な天皇として「オオカミ」に喩えられている（雄略紀五年春二月）。イノシシが雄略に向かって突進してきた時、舎人が怖がって木の上に上って逃げたので、雄略がこれを殺そうとしたところ、皇后がそのような行為は「オオカミ」と異なるところはないと諌めている。また鳥官の禽が犬に食われて死んだ時、怒った雄略はこの鳥官の顔に入れ墨をしてその身分を落として鳥養部としたところ、宿直していた信濃と武蔵の直丁（よほろ）が「天皇は一羽のために人の顔に入れ墨をした。はなはだ非道である。悪行の王である」（新全集の訳による）と言ったので、天皇は彼らをも（罰として）鳥養部とした（雄略紀十一年冬十月）。このように、雄略天皇は、残忍なオオカミに喩えられ、さらには非道で悪道の王と評されているのである。*60

和歌の初源には、このような罪の世界、日常を逸脱する世界が横たわっている。罪深いと同時に英雄であるという両義的な人物から詠み出された和歌が、『万葉集』という初めての和歌集の巻頭を飾るのである。

しかし、このように非道な天皇だからこそ、それとは正反対の明るく伸びやかな和歌が巻頭に配される必然性があるのではないか。一方、平城天皇は「平城太上天皇の変」を起こし、その一族は二度と皇統に復帰できず、廃太子となった高丘親王は遠くマレー半島まで流離して客死、阿保親王は太宰府に流され、その子行平は須磨に流された伝承を持ち、同じく業平は東下りした人物としてその名を馳せた。業平の場合、貴種流離だけでなく、斎宮との密通や二条后との関係など反社会的な要素が『伊勢物語』の核となっているが、平城天皇はこのような反社会性および貴種流離譚の歴史と文学・伝承の結節点であり、その創始をなす存在である。このような歴史的事実や文学・伝承を負っているからこそ「仮名序」は、この天皇を『万葉集』という我が国最初の和歌集を撰び広めた象徴的存在として必要としたのではなかったろうか。

『古今集』は勅撰集である。だが、その『古今集』の捉えた和歌の歴史を遡ると、スサノヲに逢着する。罪を犯して追放された神が「人の世」に降りて初めて和歌を詠んだ。そして「仮名序」はこれと対比させるかのように、罪を犯して奈良にこもった平城天皇によって初めての和歌集『万葉集』は世に広まったとする。さらに「真名序」は平城天皇が『万葉集』を撰集したと記す。これが『古今集』の構想する和歌史なのであり、「仮名序」「真名序」は和歌をそのような文学として位置づけているのである。『古今集』はスサノヲや平城のように、「秩序からはみ出し、反乱していく存在を含み込みつつ統合するもの」*61として最初の勅撰集を成立させ、新しい王権の象徴としたのである。

注

＊1　拙稿「薬子の変と平安文学—歴史意識をめぐって」（『愛知県立大学文学部論集』第56号　二〇〇八・三）。本稿では、「薬子の変」を「平城太上天皇の変」という呼称に変更した。北山茂夫「平城太上天皇の変についての一試論」（『続万葉の世紀』東大出版会、一九七五）以来、この呼称に従う論文は多いが、この呼称が近年、教科書にも採用されたことを上原作和氏のご教示によって知ったからである。ちなみに、『詳説日本史　改訂版』（石井進也ほか著、山川出版社　二〇一一）では、「平城太上天皇の変、薬子の変ともいう」と併記する。

＊2　藤井貞和「光源氏物語の端緒の成立」『源氏物語の始原と現在』（定本冬樹社、一九八〇・五）。藤井はもちろん、「異国物語」をそのままに受け止めているのではなく、「異国」によって「物語世界」が確保され表現構造そのものが現実から底上げされるための不可欠な要素だと位置づけている。

＊3　橋本義彦「〝薬子の変〟私考」（『平安貴族』平凡社選書97、一九八六）及び大塚徳郎「平城朝の政治」（『平安初期政治史研究』一九六九、吉川弘文館）など、及び注1の拙稿参照。

＊4　『賀茂皇大神記』は、この変の折に、「賀茂皇大神へ勅使をたてられし御事也、御祈ねがはくは官軍に神力をそへられ、天下ぶいに帰せしめ給へ、しからば皇女を奉りて、御宮づかへ申さすべしとぞ勅願ふかく仰せられける、—以下略—」と記す。

＊5　注3参照。

＊6　保立道久『平安王朝』岩波新書、一九九六

＊7　注1の拙稿参照。

＊8　藤岡忠美・片桐洋一・増田繁夫・小町谷照彦・藤平春男。対談『シンポジウム　日本文学2　古今集』（学生社、一九七六）における座談会で、藤岡は（古今集撰者たちは）平城天皇を「悲劇の天皇」とする意識を持っていたのではないかとする。

＊9　春名宏昭は天長元（八二四）年、平城天皇が歿した翌年、政府は平城旧宮を平城太上天皇の遺領として、その親王たちに与えたことにふれ、「平安京の人々にとって平城京はもう何の価値もない土地だったのだろう」とする（「第四　薬子の変」『平城天皇』吉川弘文館、二〇〇九）。なお、春名は上掲書において「薬子の変」の中心は橋本義彦の説くように（＊3参照）、平城太上天皇であることを認めた上で、実際のところは嵯峨天皇が平城太上天皇の専制的な国政運営を押しとどめるために起こしたクーデターだとする新しい見解を示す。春名が指摘するように、この変の時、薬子の兄仲成が平安京にいて捉えられたことを見れば、平城側が周到に準備して仕掛けた乱だとは考えにくい。もしクーデターであったとするならば、平城天皇の悲劇性はさらに強まることになろう。

＊10　多田一臣は平城天皇は文学史の側で興味深い事実がいくつか出てくるとして、『万葉集』の成立がこの天皇と結びつけられていることを挙げ、「それ以上に重要なのは『伊勢物語』との関係である」とする。それは主人公の反俗性や反体制的な生き方を浮かび上がらせ業平の卒伝に「放縦拘ラズ」とあるのも、平城の血を受け継ぐものといえるかも知れない」と説く（「藤原薬子—悪女譚の始原—」（『額田王論—万葉論集』若草書房、二〇〇一）。なお、＊9春名前掲書は平城崩御の翌年、政府は平城旧宮を遺領として、その親王たちに与えたことを紹介する。『伊勢物語』初段の「しるところありて」は、かなりリアリティをもった表現だということになる。

＊11　多田一臣は「平城と薬子の関係は、唐の玄宗皇帝と楊貴妃の関係にも類似する。しかし、これを文学的な素材として取り上げた例はほとんどない」とする（＊10論文参照）。筆者は、『源氏物語』がその希有な例だと考える。

＊12　拙稿「藤壺造形の位相—逆流する『伊勢物語』前史—」（『源氏物語研究集成』第五巻、風間書房、二〇〇〇）。

＊13　院政期に大江親通『七大寺巡礼私記』（一一四〇）があり、「世人伝云」として、平城天皇と淳和天皇との「合戦」の時、平城天皇の后が猿沢池に身を投げたという伝承が記されているが、「合戦」という表現はあるものの、焦点は后の入水譚にある。なお、石川透氏紹介の奈良絵本に、『四十二の物あらそひ』があり、その内容は平城の帝の時、帝が春宮の御所へ行って春秋争いから四二の物争いをするもの（石川透編『奈良絵本・絵巻の魅力　展示解説』丸善名古屋栄店、二〇〇七、八）で、「和歌による物合わせ」の一作品とされる。帝と東宮（のちの嵯峨天皇）との歌のやりとりは『大和物語』一五三段の贈答を連想させる。「あらそひ」の話になっている点は、「平城太上天皇の変」における両者の「いくさ」の記憶が伝承された可能性もあろう。

＊14　廣田収「奈良猿沢池伝説」（『奈良市民間説話調査報告書』金壽堂出版、二〇〇四）は、江戸期における平城天皇伝説（『奈良名所八重桜』）などを紹介しているが、これは采女の入水説話に焦点を当てたもので「いくさ」との関連性はない。なお平城即ち奈良帝は『大和物語』以来、采女説話と共

に語られることが多いが、それはひとつには、平城天皇が采女制度を廃止したという歴史的事実が逆に奈良帝と采女とを結びつけるものとして記憶に刻まれて伝承された可能性もあるのではないかと考える。

＊15　佐伯有清（『高丘親王入唐記—廃太子と虎害伝説の真相—』吉川弘文館、二〇〇二）が指摘する。

＊16　渋澤龍彦『高丘親王航海記』文藝春秋、一九六七（初出『文学界』一九六五—一九六七年連載）

＊17　春名宏昭は前掲書（＊9）の「はしがき」で、「平城天皇を知っている人は一体どれくらいいるだろうか。—中略—無名の天皇が「人物叢書」の一冊として企画されたのか、いぶかしく思う人があるのはむしろ当然だと思う。」と記している。

＊18　ちなみに、昭和九年度版『尋常小學國史』上巻では、この時期に相当する記事は「第一一桓武天皇・第一二最澄と空海・第一三菅原道真・第一四藤原氏の専横・第一五後三条天皇」となっている。

＊19　佐伯有清は＊15前掲書で、シンガポール陥落の昭和一七年以降、新村出が「真如親王奉讃」（新村出全集第一〇巻）を発表したことに加えて、放送、講演、執筆に幾多の真如親王論を発表し、讃えたこと、翌一八（一九四三）年には久野芳隆『真如親王』（照文閣）も上梓され、その巻頭の序は真如親王奉賛会会長細川護立によって、この年から国定教科書に載るから、「少国民」は「悉く真如親王に就て知識を有つ様になると思ふ」とされていること、さらに同会理事長で陸軍少将の松室孝良の「序」では「今や大東亜戦争を遂行するに当て前途幾多の障害のあることを覚悟せねばならぬ。それには親王の泰然とした動ぜざる御勇猛心を我々は学ばなければならぬ」と記していることを紹介している。松室は昭和一九年に刊行された志賀白鷹『南進の先学　真如親王』にも同様の「序」を寄せている。なお、昭和一七年九月に、細川護立を会長として高丘親王奉賛会が発足し、翌年三月真如親王奉賛会と改称された。同じ月の三〇日付の「序」で細川会長が本年四月から真如親王のことが『初等科國史』に記載されることになったと述べている（＊15の佐伯前掲書）。佐伯が指摘するように教科書掲載にこの会が関与したことがうかがわれる。

＊20　「一四八二年」は誤りであり、正しくは八一二年である。

＊21　橋本進吉「真如親王と共に渡天の途に上った入唐僧円覚」『伝記・典籍研究』岩波書店、一九七一（『橋本進吉著作集』第一二冊・初出は『高野山時報』第二七一号、大正十一年八月）には、「支那から天竺に向つて出発せられた時には、其の御共に渡つたものは極めて少数であつたらしく、其の名の今に伝はつて居るのは、安展、円覚、及び丈部秋丸の三人に過ぎない。（頭陀親王入唐略記所載の事実に拠る）」とある。なお、氏は親王が虎害に遭ったというのは後世の俗説で信じるに足りないことは既に定説になっており、熱病に罹ったか、高齢のため病に罹患したか、あるいは暴風に遭って難破したか賊に遭つて殺害されたのかも知れないが、いずれも断定すべき根拠はない、とする。

＊22　矢野暢『「南進」の系譜』中公新書412、一九七五

＊23　同　『日本の南洋史観』中公新書549、一九七九

＊24　田中卓「四、戦時中、皇国美化史観の国定教科書—曇らされた和気清麻呂の忠義—」『平泉史学と皇国史観』（田中卓論集2）青々企画、二〇〇〇

＊25　辻善之助増訂『海外交通史話』昭和五（一九三〇初版。昭和一七（一九四二）年には五版が発行されている。内外書籍株式会社）。辻は上代から近世末期までの歴史を「一—三九」項に分けて祖述するが、「六遣唐使と国民元気の萎縮」の次に、特に「七　高岳親王」という項目を立て、平城太上天皇の乱から客死するに到るまで虎害説話を載せた『撰集抄』なども紹介しつつ詳しく記す。当該箇所には「その大勇猛心に至つては、全く懦夫をして起たしめるの概ありと云はねばならぬ。」とある。この後、昭和一五（一九四〇）年の志田不動麿『東洋史上の日本』（四海書房）、及び昭和一八（一九四三）年の宮崎市定『日出づる國と日暮るる處』（星野書店・著者は当時、京都帝国大学助教授）など、いずれも「懦夫をして起たしめるの概あり」という辻の文言に倣った表現になっている。ただし、佐伯前掲書は黒板勝美『国史の研究』（文會堂書店、明治四一（一九〇八））も挙げるが、ここにはそのような記述は認められない。

*26　家永三郎「国史―所収教科書の解説」『復刻　国定教科書（国民学校期）解説』、ほるぷ出版、一九八二。

*27　*26に同じ。

*28　杉本直治郎は空海と親王の歌が入れ替わって記載されている例を挙げ（「真如親王『弘法大師行状記』（『大師状集記』）、親王の歌は、「いふならく」の方が親王にふさわしいとする（『真如親王伝研究』吉川弘文館、一九六五）。なお『宝物集』でも歌の作者が入れ替わっている。この外、親王の歌は『西方寺縁起』に二首みえる。冬に坂上田村麻呂が親王の山居を訪れて歌を詠み交わした話である。年代が合わないのでむろん事実ではなく伝承だが、山居を訪ねて雪の歌を詠むというのは、『伊勢物語』八三段における小野の惟喬親王の話を想起させる。

*29　*21橋本進吉論文参照。

*30　たとえば藤木邦彦『日本全史』（3古代Ⅱ、東京大学出版会、一九五九）には、「単身海路インドに向かった。その後消息を絶ったが、―中略―親王が羅越国（マレー半島）で虎害によって歿せられたことが知られた。」と記す。（傍線は私）

*31　『閑居友』の著者は慶政と考えられる（永井義憲「閑居友の作者成立及び素材について」『大正大学研究紀要』四〇編　一九五五・三）が、上巻の第一話から第五話において、筆録した説話が先行文献にはない新事実であることを執拗に確認しており、浅見和彦が言うように新事実を後世に伝達しようとする強烈な意識が認められる（「慶政の思想とその文学」『国語と国文学』一九七三・四）。慶政が「隠れた新しい事実」の採録に努めたことについては、すでに小林保治「女性のための著述と文体」（『古典遺産』一三号・一九六四・五）に指摘されている。

*32　木下資一「閑居の友―説話と説話配列をめぐる覚書―」『説話の講座』第五巻（説話集の世界Ⅱ―中世―）勉誠社、一九九三

*33　小島孝之「閑居友　解説『閑居友』の構成と思想」（『新日本古典文学大系』『宝物集　閑居友　比良山古人霊託』岩波書店、一九九三）

*34　ここには聖徳太子と廃太子高丘親王の対比が認められるのだが、聖徳太子が飢え人に遭うのが「高岡山」という地であることと、同じくかつては「太子」であった高丘親王との連想上の結び付きはなかったであろうか。

*35　佐伯が紹介するように、文殊菩薩が貧女に化身する話は宋の『広清涼伝』巻中の「菩薩化身為貧女八」にみえる。貧しい母親が子どもふたりの分三人分の食べ物とさらに犬の分まで要求するので、僧が与えたところ女は腹の中の子どものための食べ物を要求したので僧は怒った。すると、貧女はたちまちに文殊菩薩になったので、僧は女が真の聖であることを見極められなかったことを悔やみ、刀で目を抉ろうとしたのを傍らにいた人々が止めたという話である。五台山の巡礼をした慈覚大師円仁（七九四―八六四）もこの話を『入唐求法巡礼行記』（八四〇年七月四日条）に書き留めている。高丘親王が入唐したのは、八六二年であるから、当時、このような文殊菩薩の話が唐で語られていたことがわかる。『閑居友』の著者慶政も食物を乞う貧女の話を知っていた可能性は高い。しかし彼は聖徳太子に傾倒したことでも知られている。浅見和彦が指摘するように、慶政は太子ゆかりの法隆寺や上宮王院に関する記述が多く、法隆寺の舎利堂、夢殿、塔下石壇、塔下北方涅槃像、上宮王院の正堂の石壇、礼堂、廻廊などの造立、あるいは修補の中心人物になっている（*31浅見論文参照）ことを勘案すれば、後述するように聖徳太子と皇太子であった高丘親王を対比させる意図で書かれたものと考えて差しつかえないように思われる。

*36　佐伯も「虎害伝説と飢人布施説話とは連続している」（*15前掲書二二五頁）とし、求法のためとはいえ、自己の命を守ることにこだわって慈悲の実践をしなかったことの「悪の報い」という話ではないかとする。

*37　これはひとつの有力な見解としてあり、たとえば辻善之助は「親王の御行蹟を壮んにせんが為に、古来仏本生譚に伝へられた餓虎投身の伝説を附会したものであらう」とし（*25の辻前掲書）、鷲尾順敬「高岳親王の御出家及び御入竺の壮挙」『日本仏教文化史研究』（冨山房、一九三八）も早くからこの伝説の「縁飾」だと指摘している。だが、佐伯有清は高丘親王の話と捨身飼虎の、飢えて瀕死の虎の親子を我が身を投げ出して救ったのとは大きくかけ離れていて、「縁飾」であったとしても捨身飼虎の物語の影響

を受けたものとは到底考えられないばかりか、のちの『撰集抄』では、錫杖で虎を追い払おうとしており、捨身飼虎どころではなく、全く相反する話であることに注意すべきだとしてこれを否定する（＊15前掲書、二二六―七頁）。私見では後述するように、このように相反するところにこそ『閑居友』の企図するものがあったと考える。なお佐伯には中国古代の高僧たちが虎を馴伏させて立ち去らせたり、「虎災」を終息させた話、あるいは捨身飼虎の話をめぐる所伝について記した「中国古代の高僧と虎の説話―高丘親王「虎害」伝説に寄せて」（『東方』二五九、二〇〇二・九、東方書店）があり、氏は高丘親王の話はこのような高僧たちの崇高な話とは全く異なっており、虎に食べられてしまう話は、やはり三つの柑子のすべてを施さなかった説話と一連のもの、即ち悪報を得る縁として捉える必要があるとする。

＊38 小島孝之＊33前掲書では、この疑問に対して、結局、「渇仰尊敬」していたからだとしているが、その理由は明確には述べられていない。

＊39 ＊32木下前掲書は、修行者は食物をぎりぎりまで切り詰めて修行したことが『閑居友』の節食説話群に反映しており、冒頭の親王の説話もこれに連動すると説く。

＊40 『撰集抄』巻三―第七話には、雲居寺の瞻西上人が寒い日に異様な女から衣を恵んでほしいと頼まれて与えた。女は翌日また貰いに来たので、三度目には断ったところ、女は「汝は極めてこころ小さかりけり。こころ小さき人の施をば、我は受けず」と言って消えた話を載せている。上人は「化人の来りて、我心をはかり給へるにこそ」と自分の度量の狭さを後悔し嘆いたので、説話の作者は、しみじみと有り難く思われると結んでいる。この説話の典拠は明らかではないが、「化人」に試されてなじられるというパターンの話は仏典などにあったのではないかと推測される。

＊41 原田行造「真如親王虎害説話形成の謎」『中世説話文学の研究』（第二章、第一節）、桜楓社、一九八二。慶政は九条良経の息として生を享けたが、幼少の頃に不慮の事故で身体に障害を持ったとされている。なお、氏はこの論文において、九条家と醍醐寺との関係が密接であったところから、この説話の入手経路として、醍醐寺三宝院を想定している。

＊42 久松潜一「宇津保物語と波斯国など」『日本古典文学大系』月報32一九五九・三（日本古典文学大系第10巻附録）

＊43 注21橋本進吉論文参照。（筆者注）

＊44 新日本古典文学全集頭注。

＊45 新日本古典文学大系脚注は、「平城の御時」とは「初めに元明天皇を想定し、記述の進行に従って元正天皇から桓武天皇までを想起し、終りに平城天皇を想定して理解すればよい」とするが、これでは説明になっていない。

＊46 目崎徳衛「平城朝の政治史的考察」『平安文化史論』桜楓社、一九六八

＊47 熊谷直春「古今集両序の「ならの帝」と山柿」『国文学研究』五八、一九七六

＊48 片桐洋一発言。＊8参照

＊49 藤岡忠美発言。同右

＊50 谷戸美穂子「『古今和歌集』仮名序と「ならの帝」」『日本文学』二〇〇五、四

＊51 多田一臣は、「『歌経標式』から『古今集』へ」（『文学』岩波書店、二〇〇八、一―二）において、次のように述べている。「平安時代の始まりを桓武天皇の平安遷都に置くのが一般的な常識だが、おそらくそれは誤っている。平城天皇が嵯峨天皇に譲位した後、薬子の変が起こる。それを鎮めた後の嵯峨朝からが、本当の平安時代の始まりと考えるべきである。平城天皇と嵯峨天皇との間には大きな断絶がある。ここで注目したいのは、『古今集』において、平城天皇の存在がきわめて重視されていることである。とくに「仮名序」において、その像は歴史的な存在以上に肥大化されている。そこでの平城天皇には、あきらかに旧時代の象徴としての意味が与えられている。」

＊52 中世においても、たとえば世阿弥など謡曲作者が拠ったことが知られ権威を持っていた古今注の『三流抄』によれば、「古ノヨ、ノ帝」「四代の帝」に聖武、孝謙、桓武、平城を充てるが、『三流抄』上巻には、『万葉集』撰集に「古ノヨ、ノ帝」がかかわり、平城天皇の時に世に広まったとし、下

巻には「問、万葉ノ主ニ奈良ノ帝ト書ケルハ何ノ御帝ゾヤ　答云、発起ヲ云ヘバ聖武天皇ナルベシ。雖然、奈良帝ヨリ已来十代と書ルニ知リヌ平城天皇ヲ以テ万葉ノ主トスル歟」とする。（片桐洋一によれば『三流抄』は鎌倉時代成立。書名も同氏による。「古今和歌集聞書三流抄―解題と本文―」『女子大国文』第二三号、一九七一・二）・傍線部は稿者

＊53　多田一臣は「仮名序が平城の時代を「平城の御時」と呼び、人麻呂・赤人が活躍し、『万葉集』が編纂された時代と捉えているのは、平城が「和歌を含む国風文化に傾倒した天皇であったことを裏側から証し立てる意味をもっている。」とする（『歌経標式』から『古今集』へ」『文学』二〇〇八、一―二

＊54　北山茂夫「平城太上天皇の変についての一試論」（『続万葉の世紀』東大出版会、一九七五）は、「平城太上天皇の変」の中心には平城太上天皇がいたことを説く。

＊55　＊1拙稿参照

＊56　＊8藤岡発言参照

＊57　山岡敬和「「貴種流離譚」とは何か」『国文学』学燈社、二〇〇九、三

＊58　＊52『三流抄』に関する記述参照。

＊59　廣田収は平城天皇という名そのものが都人による伝承であり、平城天皇伝説の成立そのものであって、上皇でありながら、さすらいの果ての悲劇的な運命をもつところに伝説の主人公としての強烈な像を結ぶと説く（「平城天皇伝説」南都文化組織研究発表資料、二〇〇七・七・二二）

＊60　『万葉集』巻頭歌と『日本書紀』の雄略天皇像とが対照的であることについては遠山一郎氏からご教示を得た。（同氏は本科学研究費の代表者。）

＊61　三田村雅子氏のご教示による。なお、同氏からは漢詩文は大津皇子から始まるとされているように、追放された王統がその始祖だとしてこだわること、また雄略天皇の歌が『万葉集』の巻頭に置かれていることについては、雄略の統御されない色好み（赤猪子の話など）、過剰な性との関連性があるのではないかとの意見も頂戴した。

「絵入源氏物語」の出版と普及

清水婦久子　しみず・ふくこ

一　古活字本から整版本へ―堂上から地下へ―

伊勢物語の最初の出版は、本阿弥光悦が本文版下を書き角倉（吉田）素庵が出した絵入り古活字版「嵯峨本」（複数の版がある）で、初版の慶長十三年（一六〇八）の嵯峨本第一種は中院通勝（也足叟）校訂本を基にしている。「嵯峨本」は、堂上のために作られた限定版であったが、嵯峨本がひとたび世に出ると覆刻整版本が作られ、伊勢物語の絵入り本は一気に庶民に普及し、後に江戸に広まる絵入り整版本も嵯峨本を基にして作られた。[*1]通勝による『岷江入楚』は、古来の源氏物語の注釈を集成した書物だが、その著作を薦め援助したのは、戦乱の世を生き抜いた細川玄旨幽斎（藤孝）である。[*2]

幽斎は九条稙通から源氏物語を学んだが、それより早く稙通から源氏物語を伝授された地下（ちげ）の文化人がいた。後に貞門俳諧の祖とされる松永貞徳である。源氏物語の出版と普及を促すきっかけとなったのは貞徳であったと思う。貞徳は、天正十年（一五八二）に十二才の若さで稙通から源氏物語を伝授された。幽斎は、天正十六年（一五八八）に伝授を受け、貞徳は稙通の『孟津抄』を幽斎に届けたという。以後、稙通が没する文禄三年（一五九四）まで三人の師弟・交友関係は続いた。また、貞徳が幽斎を通じて通勝と出会ったのは慶長四年（一五九九）頃で、その関係も幽斎・通勝が相次いで没する慶長十五年（一六一〇）まで続いた。[*3]

源氏物語の最初の版本は「古活字十行本」で、次に、嵯峨本に準ずる「伝嵯峨本」（「角倉本」とも）が出された。挿絵はなく成立事情も不明ながら、幽斎や通勝が関与した可能性もある。以後、元和九年（一六二三）版や寛永版など複数の古活字版が作られたが、連綿体の木活字という性格もあって増刷されるものではなかった。それに対して整版本は、一枚板に版画の形で作られるので「板本」とも表記され、簡単に増刷できるため、本屋（専門書肆）によって市販され、地下人に広く普及した。以下の版本はすべて整版本で、うち①〜⑩は京都で作られた。[*4]

①寛永正保（一六四〇頃）刊、無跋無刊記整版本「源氏物語」「素源氏」とも。

②a慶安三年（一六五〇）山本春正跋、絵入版本「源氏物語」通称「絵入源氏物語」

b万治三年（一六六〇）絵入版本「源氏物語」（横本）aの異版

c寛文（一六七〇頃）無刊記、絵入版本「源氏物語」（小本）aの異版

③承応元年（一六五二）松永貞徳跋、版本『万水一露』

本文は①

④寛文十三年（一六七三）刊、一竿斎跋『首書源氏物語』

本文は②b

⑤延宝元年（一六七三）刊、北村季吟跋『湖月抄』

本文は②a

源氏物語における最初の整版本は、①の無跋無刊記（跋文も刊記もない）整版本である（図1）。本自体に成立事情を示す情報はなく、挿絵はもちろん注釈も句読点・濁点もないため「素源氏」などと呼ばれるが、柱刻のないことや余裕のある版面、本文系統と本文表記などが、近世初期の版本の特徴を示すことから、寛永正保年間（一六二四～四八）の刊行と推定される。粗末な並製の本がある一方、嵯峨本のような型押し文様艶出し表紙の装訂の本が伝わることから、上製本は祖本の持ち主や製作の出資者などに贈呈され、並製本は私塾のテキストとして配布（頒布）されたのだろう。[*5] 本文は、三条西家で「証本」とされた日本大学蔵三条西家本に近い。[*6] この本文は、承応元年（一六五二）に松永貞徳が跋文を加えた③版本『万水一露』の本文として採用された。

貞徳は、季吟を含む多くの弟子達に、室町時代の連歌師・能登栄閑の『万水一露』を何度も書写させていた。[*7] 河野記念館蔵『万水一露』がその一つであった可能性もあり、写本系の『万水一露』[*8] の諸本に大きな異文が見られないのは、多くの門人たちが同じ本文を書写した結果であろう。貞徳の門人は、その写本に本文を加えて出版しようと、承応元年（一六五二）、師匠貞徳に跋文を依頼し「この抄あれば諸抄はなくともくるしからず」というお墨付きを得た。①の無刊記本が出された正保年間、貞徳の年齢はまだ七十代で、季吟の入門もこの時期である。貞徳は貞門の共通テキストとして無刊記本を製作し、弟子たちはそれを師匠の本として版本『万水一露』③の底本にしたのであろう。[*9] テキストなら編者の署名も跋文も不要である。貞徳の初期の門人であった野々口立圃も、無刊記本①を基に⑦の『十帖源氏』を著す（後述）から、無刊記本①こそが貞門のテキストとされていたのであろう。

寛永頃に入門した山本春正は貞徳の指導によって②絵入り版本『源氏物語』（「絵入源氏」とする）を編集し、晩年の弟子である北村季吟は⑤『湖月抄』を成した。それらの本文は、伝嵯峨本に近似するが、[*10] 従来の版本になかった読点、濁点、傍注が初めて付けられた。堂上と地下の隔てが厳格であった時代に生きた貞徳は、稙通から伝授された源氏物語注釈の公開や自らの源氏物語研究を公刊することは控えた

が、より自由な時代の弟子達によって、源氏物語は読みやすいテキストとして広く普及するのである。

二　「絵入源氏物語」諸版の成立と出版

②の「絵入源氏」には、a大本・b横本・c小本という三種類の型の異版がある。慶安本は元禄頃まで同板で増刷され、海賊版である万治本と小本が十年ごとに形を変えて出版された。三種の「絵入源氏」すべてに共通することは、次の三点である。

○源氏物語本文五十四巻すべてに挿絵（二二六図、うち見開き十二図）が入れられたこと。

○源氏物語五十四巻と別巻の本文に、読点・濁点・振り仮名・傍注が施されていること。

○別冊付録として、『源氏目案』三巻・『源氏引歌』・『源氏系図』・『山路の露』が添えられたこと。

それぞれの本には刊記などの異なる複数の版がある。以下、諸本の相違点を示す。

a〈大本〉慶安本

二六・五～二七・五×一八・二～一九・三センチの美濃版。

本文版面　平均二〇・五×一五・〇センチ。

挿絵匡郭　一九×一四・五センチ。

本文識語　夢浮橋巻末に、永正七年（一五〇四）の本文識語。

跋文　山本春正による慶安三年（一六五〇）の跋文。

版式（二種）Ⅰ折り目に巻名（漢字表記）と丁数。

例「若紫　一」「若紫　二」

Ⅱノドに巻名記号（カタカナ）と丁数。

例「ワカムラサキ一」「ホ二」

刊記（三種）無刊記・承応三年八尾勘兵衛版・出雲寺和泉掾版

諸本（五種）版式Ⅰ（無刊記・八尾版）・版式Ⅱ（無刊記・八尾版・出雲寺和泉掾版）

b〈横本〉万治本

一四・五～一五・〇×二一・〇～二一・五センチの横本。

本文版面・挿絵匡郭ともに、平均一二・〇×一八・〇センチ。

本文識語　夢浮橋巻末に、永正七年の本文識語あり。

跋文　慶安三年山本春正の跋文なし。万治三年（一六六〇）の跋文。

版式　ノドの奥に巻数記号（漢数字）と丁数。

例「五ノ一」「二十五ノ三」

刊記（二種）かしは屋渡辺忠左衛門版・林和泉掾版

c〈小本〉無刊記小本

一一・三～一二・〇センチ×一四・七～一五・〇センチの袖珍本。

本文・挿絵ともに匡郭あり。

匡郭の大きさ、平均八・八センチ×一一・九センチ。

本文識語　なし

跋文　なし　『源氏引歌』巻末に、引歌についての一文を添える。

版式　折り目に柱刻を設け、巻名（漢字）と丁数。

例「ワカムラサキ　〇一」

刊記なし。寛文頃（一六七〇年頃）の刊行と推定される。

②「絵入源氏」のうち、大本のａには、巻末に編集の事情を詳細に記した山本春正の跋文がある。承応三年の刊記のある版によって「承応版本」と呼ばれることも多いが、「諸本」で示した通り、この本には八尾版の他に複数の版がある。版本の名称を刊記によって称することは簡便だが、無刊記本や他の刊記の本をも含んだ同じ版本の総称とはならない。この本は、跋文の慶安三年（成立時期）によって「慶安本」とするのが妥当である。

これら三種の本は、単に本の形態（版型）が異なるだけではない。万治本の場合には『源氏表白』が加わり、無刊記小本の場合には『源氏目案』が『源氏爪印』と改題されている。また、巻末の跋文や識語はそれぞれ異なり、山本春正編と認められるのは慶安本のみである。しかし本文・傍注そして挿絵などの内容は一致しているから、これらを一括して「絵入源氏物語」あるいは「絵入源氏」とする。

吉田幸一氏は『絵入本源氏物語考』[*11]において、「絵入源氏」の諸本を分類し、その特徴と書誌を詳しく解説したが、その成立に関する説には従いがたい。上の表に、吉田説と私見の違いを示した。

		吉田説	清水説
ア	慶安本の初版	承応三年八尾勘兵衛版	無刊記本（慶安三年頃刊）
イ	初刷りと後刷り	版式Ⅱが初版 版式Ⅰが後刷り	版式Ⅰが初版 版式Ⅱが後刷り
ウ	万治本・無刊記小本	いずれも山本春正自身が改刻した	それぞれ慶安本を模して別人が編集した

アの説は、慶安本の初版、つまり「絵入源氏」の成立時期を明らかにするものである。吉田氏は、跋文から四年後の承応三年に出版された八尾勘兵衛版を初版としたが、氏が初版と推定した東京大学総合図書館本（吉田氏分類［甲］）が、実は①の無跋無刊記本との取り合わせ本で、承応三年版は初版の要件を満たしていない。そこで諸版を調査した結果、アとイの結論に至った。[*12] イは、慶安本の二種類の版式の先後関係である。八尾版にも二種ある（図３・４）。版式Ⅰは初版（図２）と同じく折り目に巻名と丁数があり、版式Ⅱは明らかな後刷りである出雲寺版と同じく、ノドの所に巻名記号と丁数がある（図４）。前者は承応三年に八尾勘兵衛から初めて市販された時の初刷り、後者は何年か後に版式を変えて出された後刷りである。今なお「絵入源氏」を「承応三年版」と称する研究者が多いのは、この時期の版本に無刊記本や複数の刊記の本の多いことを知らないからであろう。この時代、本屋や版元はまだ商売になっていないので、図２の初版無刊記本は、春正自身の私家版として作ったものであろう。八尾勘兵衛の刊記は、埋木（入れ木）によって加えられたものであり、末尾の「開板」とは、公刊され市販されたことを示す。

最もよく出回ったのが、この承応三年版だが、ある時期に版式が変えられた。承応三年に八尾勘兵衛が出版した後、版式Ⅰが時代に合わなくなったのだろう、折り目の巻名と丁数が、版木から削られた。そして錯簡を避けるため、ノドの綴じ目に記号と番号を振った版式Ⅱに変更され、後刷りになると全てこの版式Ⅱになっていく。

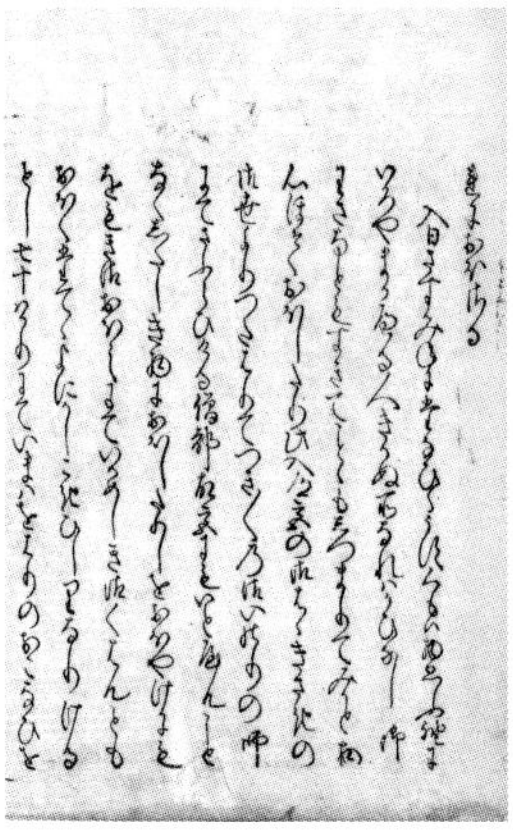

【図1】 無跋無刊記本・薄雲巻

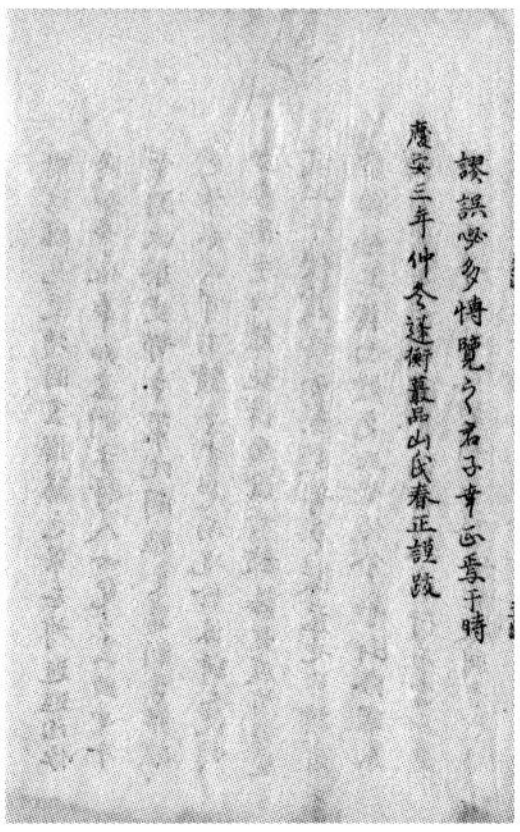

課誤少多惜覧之君子幸正焉于時
慶安三年仲冬逢衡叢品山氏春正謹跋

【図2】 慶安本初版・巻末

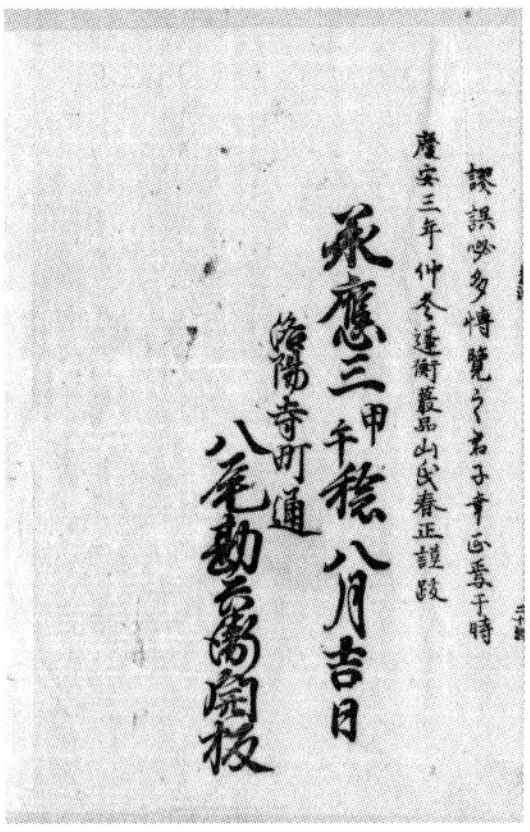

課誤少多惜覧之君子幸正焉于時
慶安三年仲冬逢衡叢品山氏春正謹跋
承應三甲午稔八月吉日
洛陽寺町通
八尾勘兵衛開板

【図3】 慶安本再版初刷・巻末

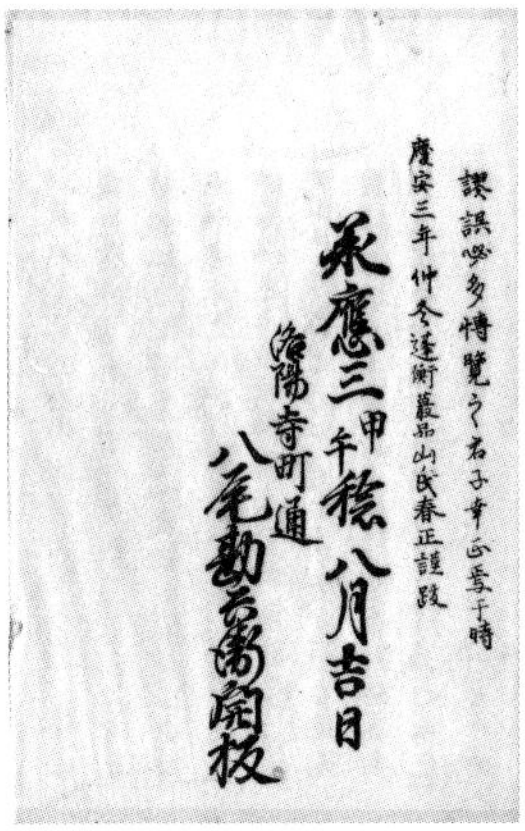

課誤少多惜覧之君子幸正焉于時
慶安三年仲冬逢衡叢品山氏春正謹跋
承應三甲午稔八月吉日
洛陽寺町通
八尾勘兵衛開板

【図4】 慶安本再版後刷・巻末

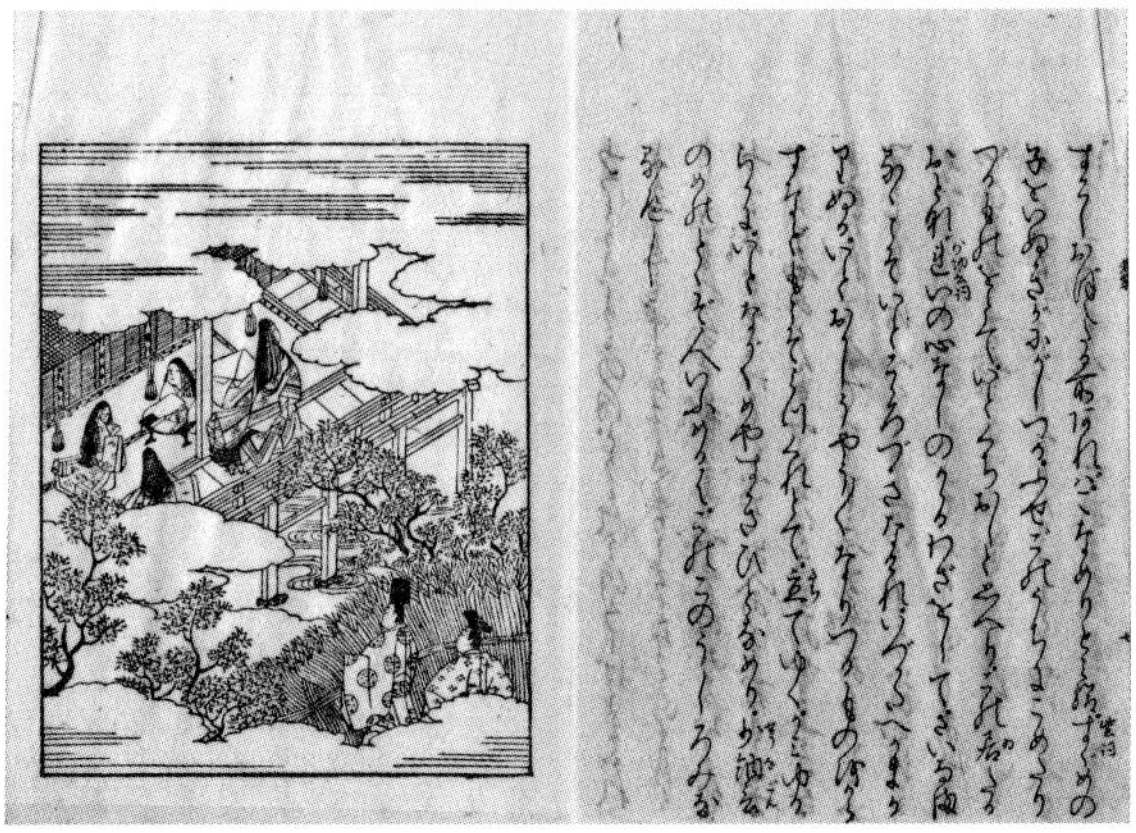

【図5】 慶安本・若紫巻

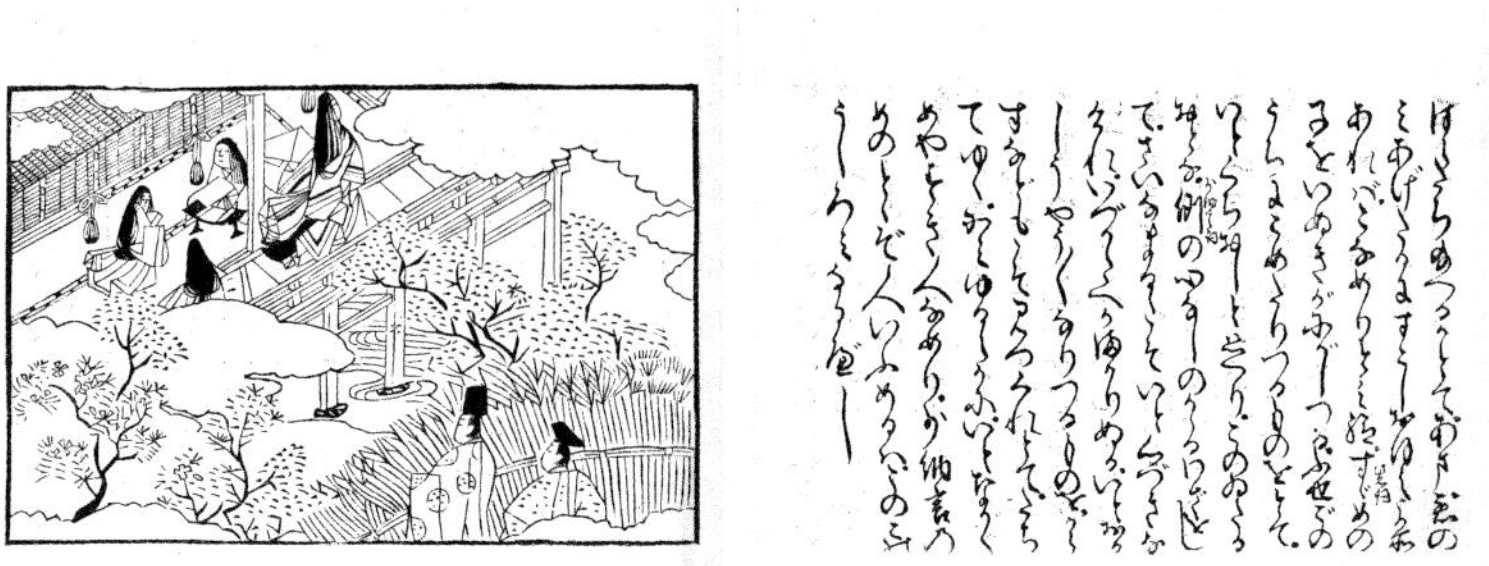

【図6】 無刊記小本・若紫巻

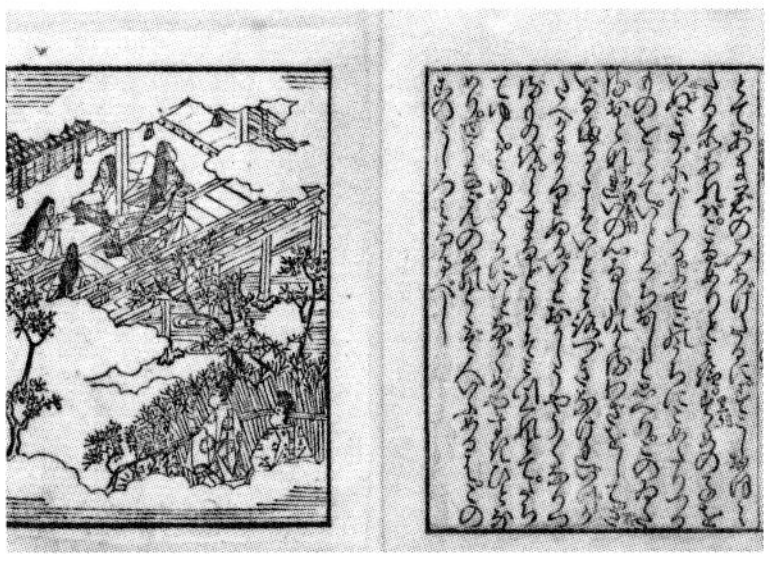

【図7】 万治本・若紫巻

ウの説は、万治本・小本に山本春正の跋文がなく、本の内容が大本の編集方針と明らかに異なることによる。[*13]初版から十年後に刊行された万治本（図6）は、慶安本の挿絵（図5）に対して縦が七センチ小さく、横が三・五センチ大きい。慶安本の挿絵には上下に「源氏雲」と呼ばれる雲霞が描かれているから、この雲の部分を省けば無駄のない挿絵ができると、万治本の編者は考えたのだろう。しかし慶安本では、挿絵の上方に、月や山など、その場面に重要な景物を描く例があり、万治本は、その意図を考慮せず上部を機械的に省いてしまった。万治本の編者は、はみ出した両側に不自然な絵を加筆している。何の木か判別できない木や、極端な例では浮世草子の挿絵から写した江戸風俗の人物を加筆した例すら見られる。慶安本では、桜の花びらなども丁寧に描かれている（図5）が、万治本では、近景の桜の木も点で描かれる（図6）など杜撰な図が目立つ。本文にも明らかな誤植があることから、教養のない者が慶安本を基にして万治本を作ったことがわかる。[*14]

文庫本サイズの小本c（図7）では、挿絵も小さく稚拙だが図様を忠実に写し、本文にも誤植が少ないが、慶安本とは異なる考えによって編集されていることがわかる。[*15]bcの二書は、山本春正が作り直したものではなく、別の人物や本屋が無断で作って出版した異版である。[*16]「絵入源氏」を紹介する書物や論文において、万治本や小本の挿絵で代用する例が見られるが、これらは春正編「絵入源氏」[*17]ではない。慶安本は原本の所蔵機関も多くCD-ROMもあるのだから、それらを使用していただきたい。

三　「絵入源氏物語」の成立事情と編集方針

「絵入源氏」の編者山本春正は、著名な蒔絵師で歌人である。また、木下長嘯子の歌集『挙白集』や、江戸時代の歌句索引『古今類句』を編纂した人でもあった。その見識と技術は、「絵入源氏」全体の内容に表れている。慶安本の夢浮橋巻末には、二ページに渡る跋文がある。簡潔な口語訳を示す。

源氏物語は、諸家の本によって異同があり清濁もわかりにくいので読みづらくなっていることは非常に残念である。私は、若い頃から和歌の道を志していたので、俊成卿の詞（筆者注「源氏見ざる歌よみは遺恨のことなり」）に従って源氏物語に心をそめた。解釈できない所は、（松永貞徳）先生から直接講義を受け、朋友に疑問箇所を教わり、ほぼ梗概を会得した。数本を集め、諸抄（注釈書）を参照して校訂し、清濁と句読点を付け、また誰の会話か誰の記事か等について傍注を施した。古来からある絵図は物語の歌や詞の最も印象的な箇所を描いているが、臆見によって更に図を増した。僭越の罪は逃れ難いが、図で事柄を知り、事柄で意味を理解できるなら、婦女子の助けぐらいにはなるだろうか。源氏物語は和歌を志す人の必読書である。今、ここに山路露、系図、目案等を添えて上梓し、広く世に伝えたい。これは利益のためではなく、志を同じくする人を得たいからである。なお誤謬は多いかと思うが、博識の人々よ、正して下されば幸いである。

慶安三年仲冬、山氏（山本）春正謹跋。
（跋文・大意）

春正（しゅんしょう）は、貞徳から指導を受け、源氏物語の本を集め、注釈書を参考にして丁寧に読み解き、読点・濁点・傍注を付けたと言うのである。その読解と表記の苦労は、本文全体と挿絵の関係によく表れている。傍注には、主語や誰の台詞かを記してあるので意味も取りやすい。師匠の指導や注釈書がなくても、独学で源氏物語を読むことができるようになった画期的な書物である。どの部分にどのような挿絵を入れるのが効果的かという工夫も成され、次のように六十巻六十冊揃いで出版した。

物語本文五十四冊……挿絵二二六図、濁点・読点・振り仮名・傍注・引歌合点（ひきうたがってん）を初めて刻した。

『源氏目案（めやす）』三冊……いろは順の辞書的注釈書。九条稙通『孟津抄』を多く引用。

『源氏引歌（ひきうた）』……古注釈書に示された「引歌」（本歌）を、出典・作者名とともに巻毎に一覧。

『源氏系図』……登場人物の説明と血縁関係を示す。『首書源氏物語』『湖月抄』の系図より簡潔。

『山路の露』……後人の作った源氏物語の続編。振り仮名や引歌合点表記は絵入り本文と同じ。

「絵入源氏」の本文には、濁点・読点・振り仮名・傍注の他に、引歌の合点まで付けられている。引歌とは、源氏物語の中に引用された古歌を言うが、別冊『源氏引歌』において、桐壺巻から順に、引歌の本歌を一覧にしてある（図8）。古い注釈書に示された引歌を挙げただけでなく、古注釈書に記されていなかった出典表記や作者名もすべて加えたところが、大きな特色である。

従来説では、『源氏引歌』は既にあった写本を印刷したものとされていたが、[*18]『源氏引歌』の編者は山本春正と判断できる。その根拠の第一は、山本春正が寛文六年（一六六六）に出版する歌句索引『古今類句』と、本文・出典表記とも一致することである。春正自身が所持していた『古今類句』の原稿を基にして『源氏引歌』を作ったことがうかがえる。例えば古注釈書では「後撰」「古今」としか書いていないのに、『源氏引歌』では、「後撰、雑二」「古今、恋二」「哀傷」などと部立まで明記してある。これは従来の古注釈書には見られなかった出典表記である。この表記と和歌本文がすべて『古今類句』と一致しているのである。第二の根拠は、「絵入源氏」本文に記された合点と一致することである。例えば桐壺巻（図9の7行目）の「はしたなきこと」に付けられた合点「〵」が、『源氏引歌』（図8）の最初の歌、

　さもこそは夜半のあらしのさむからめあなはしたなやのまきの板戸や

を基にしているという意味で、合点と引歌とが対応しているのである。[*19]本文にある合点の位置も、古注釈書に示された見出し本文と異なる独自の箇所も見られる。春正は本文を読み解きながら自分の判断で合点をつけたのであろう。

第三、四の根拠は、「絵入源氏」の他の別冊付録との密接な関係である。『山路の露』は源氏物語の続編として後の人が作った作品だが、「絵入源氏」付録の『山路の露』では、本編と同じく読点・濁点・傍

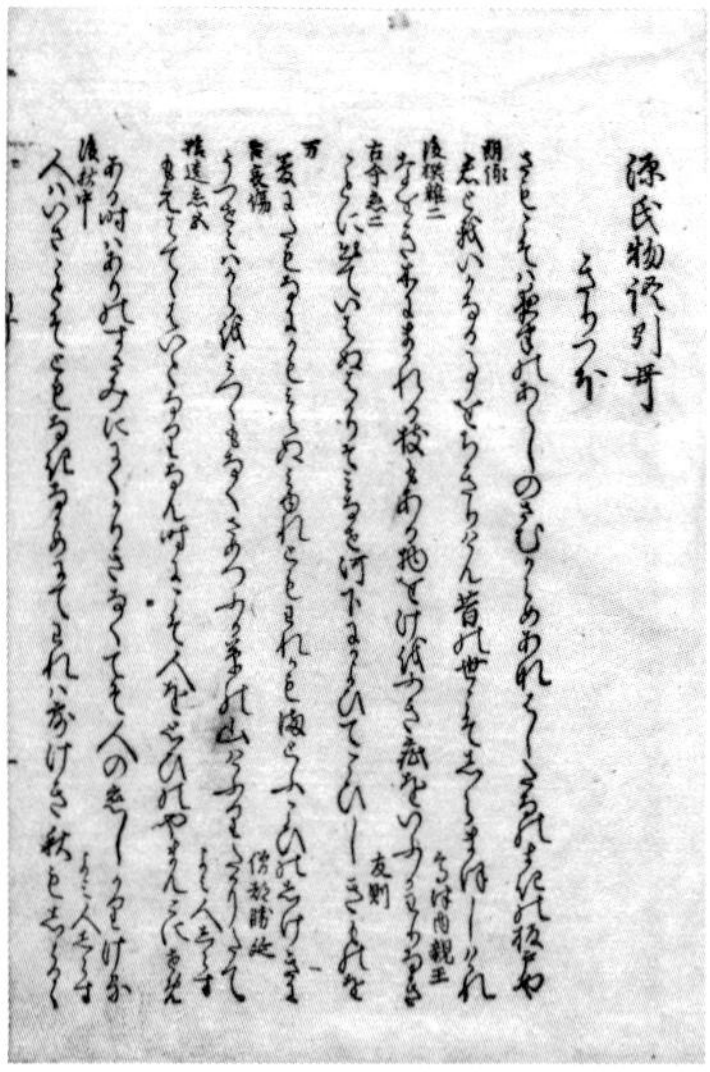

【図8】『源氏引歌』巻頭

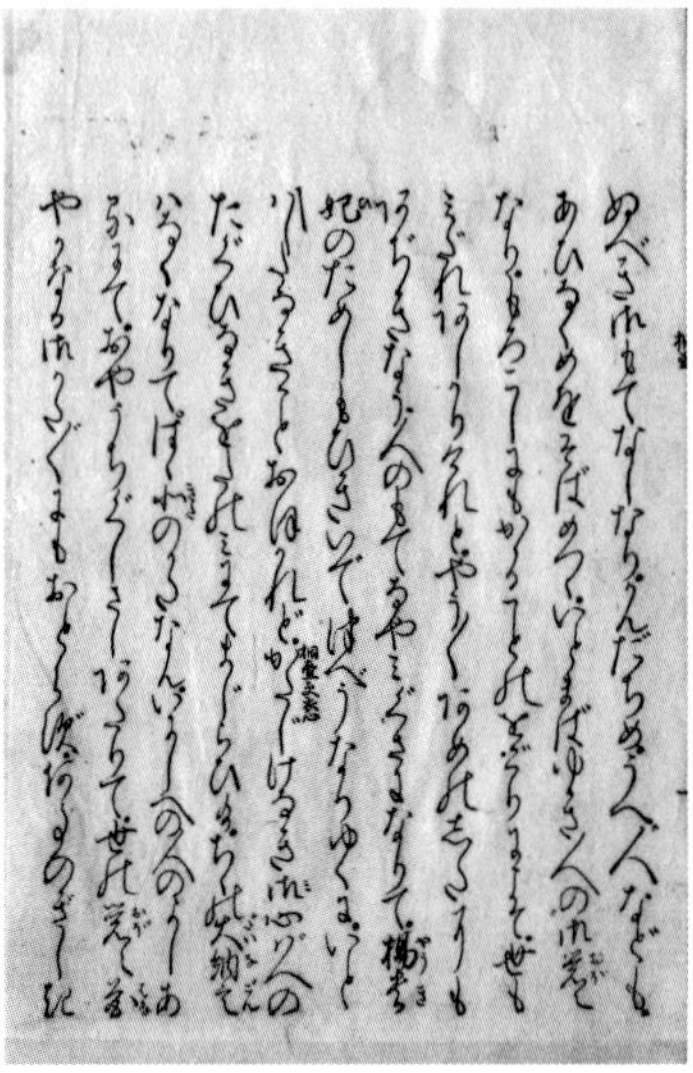

【図9】慶安本・桐壺巻

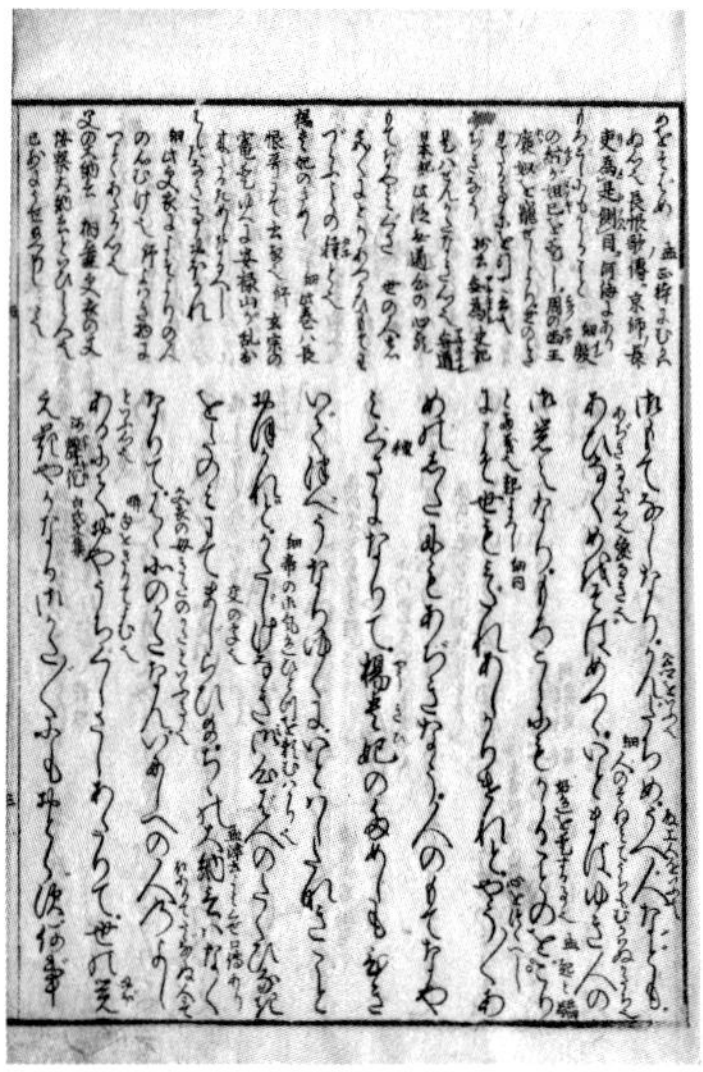

【図10】『湖月抄』桐壺巻

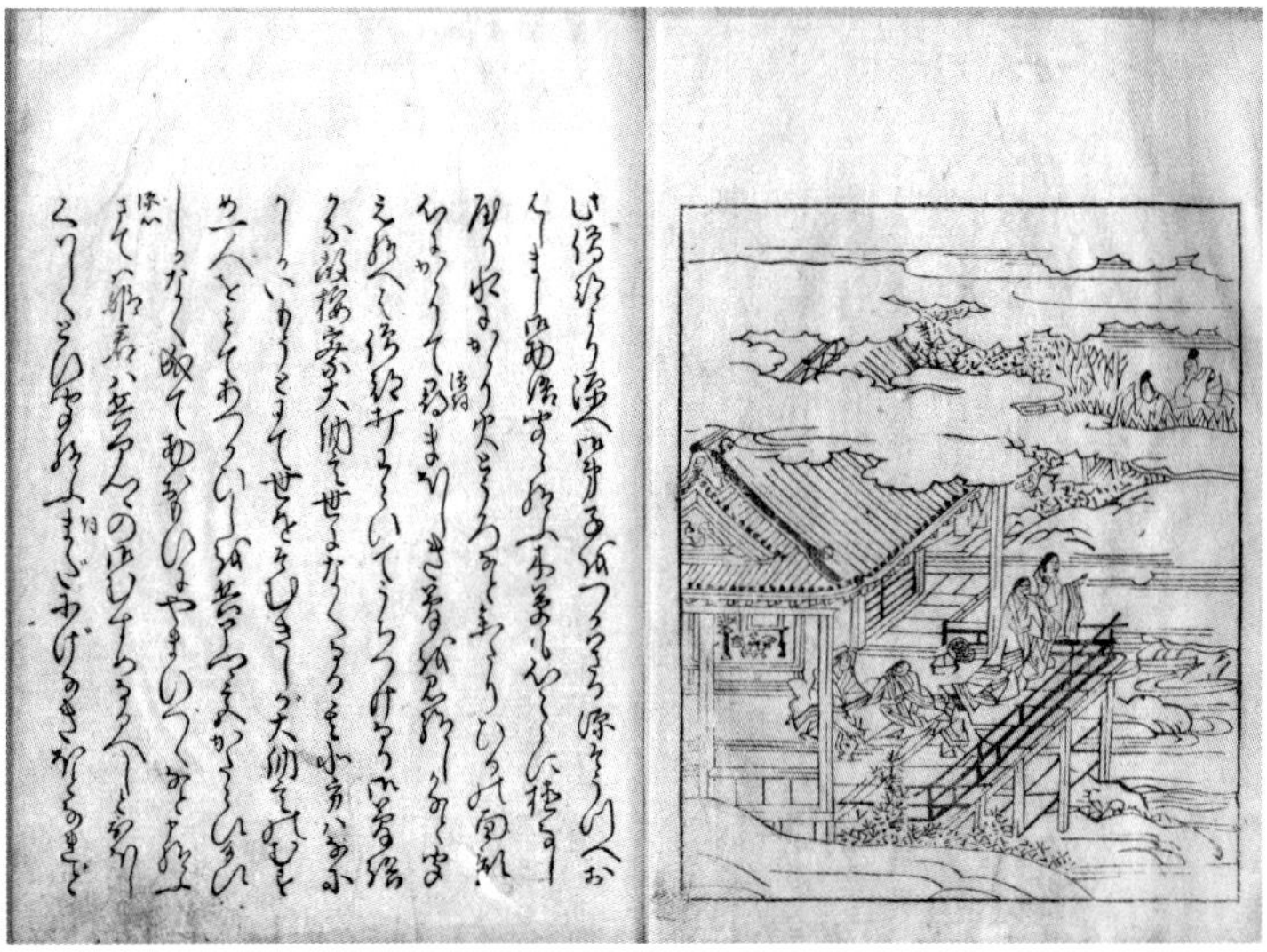

【図11】『十帖源氏』若紫巻

注・合点が付けられ、その合点がもう一つの付録『源氏引歌』の中の歌を指示している。[20] さらに、『源氏目案』『源氏引歌』『源氏系図』に記載された内容は、それぞれ、古注釈書に示された言葉や事柄の注釈・引歌・人物説明を分担し重複することがない。以上のことから、源氏物語本編・別冊ともに、春正が古注釈や貞徳の指導を基にして総合的に編集したものと見なすのが妥当である。[21]

春正は、寛永年間、古今集や源氏物語の講義を貞徳から直接受けている。「絵入源氏」編集もこの頃からの企画と思われる。また正保三年（一六四六）には、幽斎相伝の古今集秘伝書の書写を貞徳から許されている。ところが、春正は先輩の打它公軌とともに木下長嘯子に入門し、公軌は、長嘯子の家集『挙白集』や『古今類句』の編纂を春正に託して亡くなった。慶安元年（一六四八）に長嘯子が没し、翌二年三月、春正は『挙白集』を発刊したが、慶安三年二月、その仕事を痛烈に批判する『難挙白集』が「尋旧坊」と称する者によって出された。[22]「尋旧坊」は、貞門を離れた春正や公軌に反感を持つ者と思われるが、だからこそ春正は「絵入源氏」の刊行を急いだのだろう。「絵入源氏」の長い跋文には、貞徳はもちろん貞門の人々への思いが綴られているように思う。長嘯子の家集を出しても貞門での恩を忘れたわけではないという『難挙白集』への答えとも言うべきものである。春正は、慶安本の跋文を記した慶安三年の翌年十月に京都を離れて飛騨に赴くので、その前に、慶安本の出版を行ったのだろう。貞徳の死は、承応二年十一月、春正が京都を出発して薩摩へ行ったのは、翌年正月のことである。貞徳の忌が明けるのを待って出かけ、この時は約一年間薩摩に滞在したと言う。八尾版の版行された承応三年八月は、京都を留守にしていた時期に当たるから、八尾勘兵衛が京を離れる春正から版木を譲り受け、承応三年八月に再版したのだろう。そしてその時点から、慶安本「絵入源氏」は、編者春正の手を離れて一人歩きを始めたと考えられる。

四　近世流布本の成立

寛文十三年には④『首書（かしらがき）源氏物語』[23] が出版される。この本には、寛永十七年（一六四〇）一竿斎の跋文があるので、三十年も前の成立とする研究者もある。しかし、その版式や本文から、寛文十三年の刊記は初版に近いものと判断できる。本文には傍注・句読点・濁点が記されているので最善本と評価された時期もあるが、[24] 他の古活字版や整版本と校合した結果、②b万治本「絵入源氏」の本文を使っていることが判明した。[25] 行数は異なるが横型で、万治本の誤植とも一致している。版本『首書源氏』は、寛永年間の一竿斎の注釈（「首書」とは称していない）を頭注にして、万治本「絵入源氏」によって本文を仕立てたものだったのである。[26] この作り方は、能登永閑の注釈書に①無刊記本の本文を加えて編集した③版本『万水一露』と同様である。

近世・近代に広く出回ったのが、年号が変わった後に出版された⑤北村季吟の『湖月抄』である（図10）。この本文もまた、②a慶安本（図9）を基にしている。若干の表記と本文は変えてあるが、読点・濁点を忠実に写している。[27] ①や②など初期の版本では、版面の上の余白が広く、そこに注を書き入れた本も多く見られる。季吟もそうした形で、「絵入源氏」の本文上部に『細流抄』や『岷江入楚』などの注釈を書き入れて『湖月抄』を作ったのであろう。以上の版本の本文の関係を示したのが左の図である。①の無刊記本の系列と、②の「絵入源氏」の系列とが二通りに分かれて、最終的に⑤『湖月抄』へ合流し、源氏物語が広く普及した。そして近代以後、『湖月抄』は活字化されることによって主流となった。[*28]

「絵入源氏」は絵入り版本の流行にも大きく関係している。年代順に挙げると次のようになる。[*29]

⑥承応三年、一華堂切臨跋『源氏綱目』
⑦承応三年、野々口立圃『十帖源氏』
⑧明暦三年、絵入り『源氏小鏡』
⑨万治三年、小島宗賢・鈴村信房『源氏鬢鏡』
⑩寛文元年、野々口立圃『おさな源氏』
⑪松會版『おさな源氏』……⑩の異版（江戸版）
⑫鶴屋版『源氏小鏡』……⑧の異版（江戸版）
⑬鱗形屋版『源氏鬢鏡』……⑨の異版（江戸版）
⑭須原屋版『源氏小鏡』……⑪挿絵を転用（江戸版）
⑮『十二源氏袖鏡』[*30]……②aの挿絵を盗用

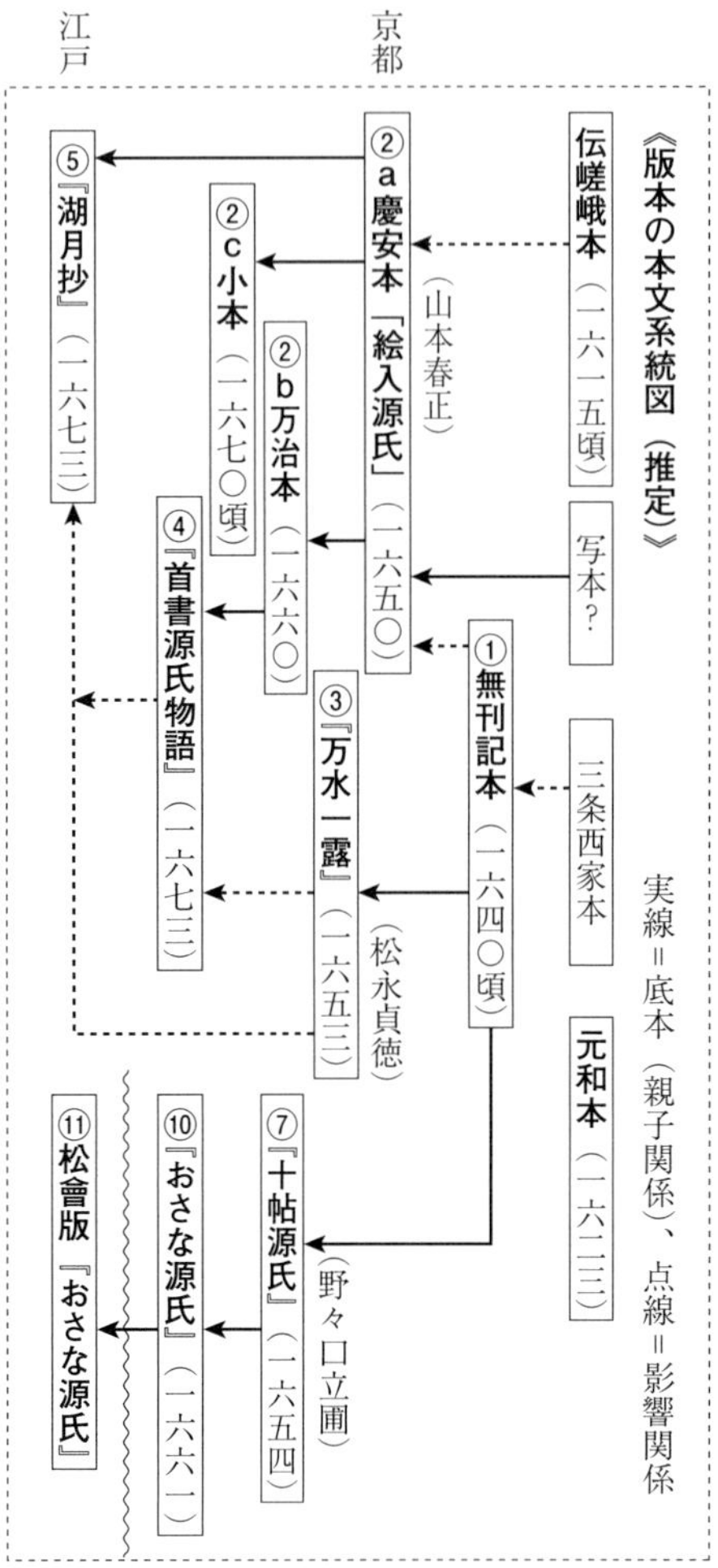

⑥の『源氏綱目』は、『源義弁引抄』という大部の注釈書を書いた一華堂切臨の著作で、「絵入源氏」が出版・市販された頃に作られる。土佐光吉などの彩色画や「絵入源氏」の挿絵の誤りを指摘し、独自の絵を描いた珍しい書物である。[*31]

その同じ年に、⑦の『十帖源氏』（図11）が出される。五十四帖を十帖に縮めたダイジェスト版である。基にした本文は、①の無跋無刊記本である。『万水一露』と『十帖源氏』の本文に「絵入源氏」の影響は見られないので、『万水一露』の編者（貞徳の門人）と野々口立圃はそれぞれ、「絵入源氏」刊行以前に作業を開始したのだろう。立圃は、自身が所持していた①無跋無刊記本から不要な箇所や複雑な部分を削除して十帖の源氏物語を完成させた。[*32]が、②a「絵入源氏」が出版されたのを機に、挿絵を添えることにしたのだろう。彼は狩野探幽に入門して絵を学んだと自筆跋文に言う通り[*33]、『十帖源氏』の挿絵には、狩野派の絵と同じ図様が見られる一方、立圃独自と思われる俳画風の挿絵もある。「絵入源氏」挿絵の過半数に当たる百三十一図という挿絵は、立圃が同門の春正を意識していた表れだろう。立圃はその後、五巻に縮約した⑩『おさな源氏』を出した。これは江戸で異版⑪が出されて広く普及する。なお、『十帖源氏』『おさな源氏』は単なる要約版ではなく、源氏物語中の全歌を引用し、歌の詠まれた場面を中心とした「歌書」として作られた書物である[*34]。

また、貞門の俳諧師による⑨『源氏鬢鏡』は、源氏物語の巻名を詠んだ俳諧の発句（桐壺巻は貞徳作）を掲載した書で、「絵入源氏」の挿絵のうち、特に巻名に関わる図様を模倣している[*35]。

このように、近世の源氏物語版本には、それぞれ基になった版本があり、それを受け継ぐ形で新しい版本と絵本が作られ、江戸でその異版が作られてさらに普及する[*36]。「絵入源氏」が市販された承応三年（一六五四）が、源氏物語が広く流布する転換期と言えるだろう。

五　「絵入源氏物語」の挿絵と注釈

慶安本「絵入源氏」の挿絵が本文および注釈に対応している例を見てみよう。図12は薄雲巻の挿絵で、藤壺が亡くなった時の光景を表わした場面である。

(源)二條院の御前(おまへ)の桜を御らんじても、花のえんのおりなどおぼしいづ．＼ことしばかりはとひとりごち給て．人の見とがめつべければ．御ねんずだうにこもりゐ給て．日々とひなきくらしたまふ．夕(地)ひはなやかにさして．やまぎはの木ずゑあらはなるに．雲のうすくわたれるが．にび色なるを．なにごとも御めとゞまらぬころなれど．いと物哀におぼさる

(源)入日さす峰(みね)にたなびくうす雲は物思ふ袖にいろやまがへる

（「絵入源氏」薄雲巻）

本文には読点と濁点がつけられ、「ことしばかりは」という合点も付けられている。そして別冊『源氏引歌』には、その合点に対応する本歌として、次の古今集歌が書いてある。

(古今 哀傷)深草の野べのさくらしこゝろあらはことしはかりはすみそめにさけ (上野岑雄)

このように付録の『源氏引歌』と本文とが対応すること、本文に傍注があること、それらがすべて挿絵画面とも一致していることが、「絵入源氏」の大きな特徴である。山本春正が歌人として源氏物語に興味を持った、と跋文に言うとおり、挿絵には、歌の場面や歌を導き出すための風景を丁寧に表わしている。「入日さす」という夕日や「やまぎはの木ずゑ」も描く。それに対して万治本では、挿絵上部の山と夕日が削除されている。横型なので、大きさをそのままに敷き写しにしたらしく、機械的に上の図が削除されたのである。いかに理解しないで作ったかがわかる。

図13は、薫が宇治の大君を亡くし、浮舟が行方不明になった後、蜻蛉を見て歌を詠んだ場面である。

つく〴〵と思つゞけながめ給夕暮．かげろふの物はかなげにとび

ちがふ

（薫）ありとみて手にはとられずみれば又行ゑもしらずきえしかげろふ。へあるかなきかの．と……　（「絵入源氏」蜻蛉巻）

この「蜻蛉（かげろう）」は、本来は陽炎（かげろう）を指していたが、「絵入源氏」では虫の蜻蛉を描いている。本文の「かげろふのものはかななげにとびちがふ」から虫の蜻蛉と判断できるが、歌はどちらとも取れる。それについて、「へあるかなきかの」と合点がついている。その合点に対応するのが『源氏引歌』の、

たとへてもはかなき物はかけろふのあるかなきかの世にこそ有けれ

である。さらに、言葉がいろは順に並べられた注釈『源氏目案』には、

一ありとみて　かけろふは　蜻蛉（せいれい）也　（『源氏目案』下）

と書いてある。「絵入源氏」の挿絵は、こうした読解の上に成り立っているのである。

賢木巻には、源氏が雲林院を去る場面で「しはふる人」という言葉がある。

あるべきかぎりかみしものそうども．そのわたりの山がつまでものたび．たうときことのかぎりをつくしていで給．みたてまつりをくるとて．このもかのもにあやしき．しばふる人どもあつまりゐて．涙をおとしつゝみたてまつる　（「絵入源氏」賢木巻）

これについて「柴振る人（しばふるひと）」か「皺古人（しわふるひと）」かという複数の説があったが、『源氏目案』（図14）は「柴振る人」の説を採る。

一しはふる人（しはふるひ）　年よりてしはよりたる人と也．又しはふるび人と．定本（ていほん）に有．柴振人（しはふるひ）歟．木の葉などかきあつむる．賤（しづ）のめしづのお也　（『源氏目案』下）

そして本文には濁点をつけて「しばふる人」としている。挿絵（図15）でも、左側に柴を背負った木こり「山がつ」を描いている。これは、貞徳の師匠・九条稙通の注釈書『孟津抄』と同じ説である。

このもかのもにあやしきしはふるい人とも　此面彼面柴振人木の葉なとかきあつむるいやしきしつのめしつのを也　（『孟津抄』）

「絵入源氏」独自と思われるのが、紅葉賀巻の青海波の絵である。狩野派や土佐派の絵のように、地面に立って舞っている周りで、物見の人が描かれている絵が広く知られている。それぞれに様々な理解ができるが、「絵入源氏」の挿絵（図16）では、舞台を描いているだけではなく、周りに弓矢を背負った武官が立ち並んでいる。[*37]

こだかき紅葉（もみぢ）のかげに．四十人のかいしろ．いひしらず吹（ふき）たてたる物の音（ね）どもにあひたる松風．まことのみやまをろしときこえて吹（ふき）まよひ．色々（いろいろ）にちりかふ木のはのなかより．青海波（せいがいは）のかゝやき出たるさま．いとおそろしきまでみゆ．かざしの紅葉（もみぢ）いたうちりすぎてかほのにほひにけをされたるこゝちすれば．おまへなるきくをおりて．左大将（さだいしやう）さしかへ給ふ　（「絵入源氏」紅葉賀巻）

この挿絵は、本文の「四十人のかいしろ」を描いたものと思われる。一般的に「垣代（かいしろ）」は舞人の周りを囲むようにした楽人とされるが、この時代には諸説あり、「かいしろ」を武官の事とする説もある。『源氏目案』（図17）には、「警固」「舞台の上」とある。

【図12】
慶安本・薄雲巻

【図13】
慶安本・蜻蛉巻

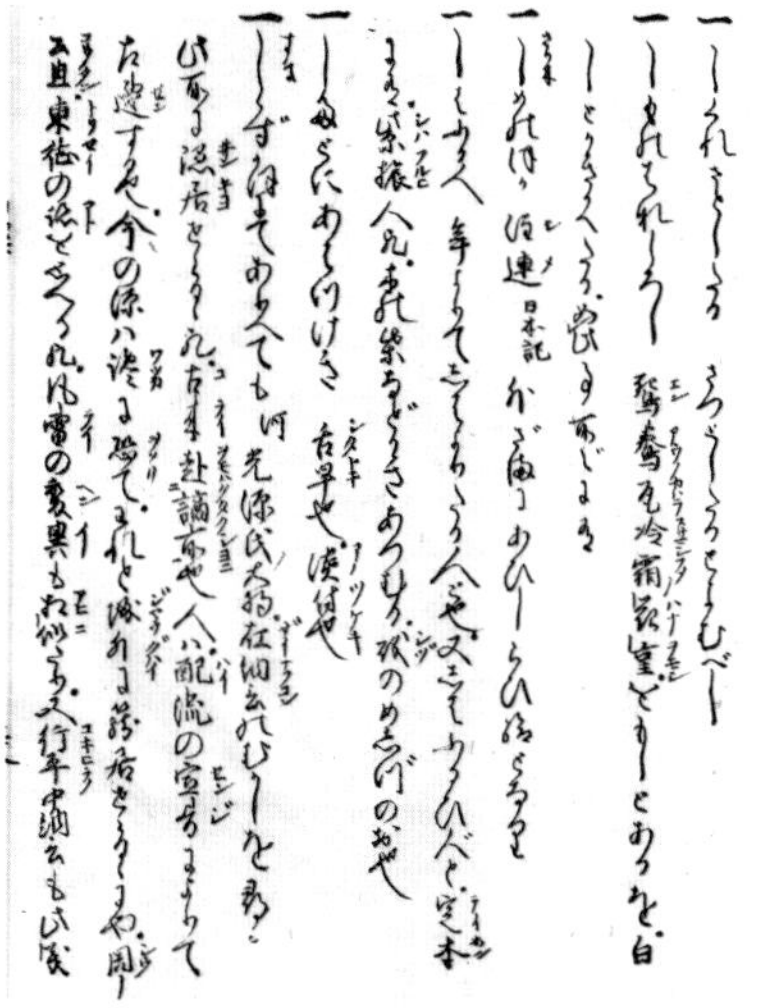

【図14】
『源氏目案』下

【図15】
慶安本・賢木巻

【図16】
慶安本・紅葉賀巻

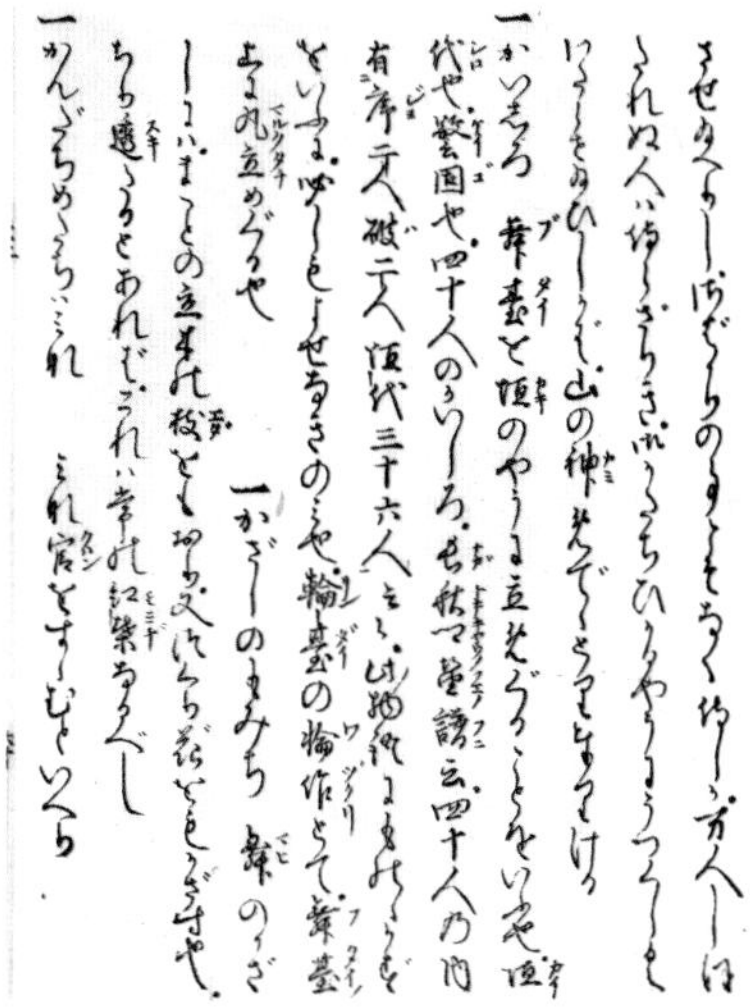

【図17】
『源氏目案』上

一かいしろ　舞台(ブタイ)を垣(カキ)のやうに立めぐることをいふ也．垣代(カイシロ)也．
警固(ケイゴ)也……輪台(リンダイ)の輪作(ワヅクリ)とて．舞台(フタイノ)の上に丸立(マルクタチ)めぐる也

（『源氏目案』上）

舞台があり、その周りを垣根のように丸く立ちめぐるものと説明してある。「絵入源氏」の挿絵はこの説によって描かれたものだろう。この説は、やはり『孟津抄』の説と一致する。

垣代也　警固也　垣に立て此内にて装束を着する也……舞人の立そひ也輪台の輪作とて舞台上に丸立めくる也

（『孟津抄』）

『源氏目案』は、序文はじめ、たびたび『孟津抄』の注と一致する。挿絵も、稙通や貞徳の注釈に基づいているのだろう。挿絵の独自性については、他の書物で同じ場面を描いた絵が少ないので簡単には言えないが、絵だけを見て判断するのではなく、本文および注釈とともに理解すべきである。

このように丁寧に作られた絵入り版本だからこそ、「絵入源氏」は後世の版本の規範となり、さらには、美術的な作品にも影響した。「絵入源氏」諸本の中には彩色された本も伝わるが、「絵入源氏」を模写した写本に彩色したものや、奈良絵本の形に仕立てたものなどもある。*38「丹緑本(たんろくぼん)」といった粗末な彩色ではなく、上質の絵具で彩色された美術品で、嫁入り道具などのために作られたのだろう。

以上のように、山本春正編「絵入源氏物語」は、源氏物語の本文、注釈、絵本、美術といった、あらゆる方面に大きな影響を与えた画期的な本である。その成立の背景には、九条稙通や細川幽斎から受け継いだ松永貞徳の学問と、乱世を生き抜いた人々の新しい精神があったことも付言しておきたい。

【付記】本稿は、二〇一〇年十二月十二日に徳川美術館で行った講演「『絵入源氏物語』の出版と普及」を基にした。また、拙稿「『絵入源氏物語』の挿絵と本文・和歌・注釈」（二〇〇九年、「中古文学」84、平成二十一年度中古文学会春季大会シンポジウム「源氏物語の絵と注釈」基調報告）および「源氏物語の絵入り版本と注釈」（二〇一〇年、竹林舎『王朝文学と物語絵』）と重なるところもある。合わせて参照いただきたい。

注

＊1　片桐洋一『伊勢物語　慶長十三年刊嵯峨本第一種』（一九八一年、和泉書院）解説に詳しい。

＊2　幽斎の伝や文事については、森正人・鈴木元編『細川幽斎　戦塵の中の学芸』（二〇一〇年、笠間書院）に詳しい。

＊3　小高敏郎『松永貞徳の研究』（一九五三年、至文堂）・『松永貞徳の研究続編』（一九五六年、至文堂）

＊4　拙著『源氏物語版本の研究』（二〇〇三年、和泉書院）に詳述。また、『源氏物語千年紀展』（二〇〇八年、京都文化博物館）図録には、古活字版3種と整版本①〜⑮の図版を掲載し解説（拙稿）を加え、拙稿「源氏物語の千年」「版本の本文と挿絵」でも版本の歴史的意義について述べた。『読む、見る、遊ぶ　源氏物語の世界』図録（二〇〇八年、京都文化博物館）にも多数の版本を掲載、拙稿「近世における源氏物語」において版本の系譜について述べた。

＊5　本が市販されるのは十七世紀後半で、それまでに京都で出版された本の多くは、専門書肆ではない私家版として作られたもの。ただし、古活字版が貴重書であり続けたのと異なり、寛文年間以降に刊行された各種『書籍目録』に、この本と思われる「五十四冊　源氏物語」の記載があるから、古書として市販され出回ったと推定される。慶應義塾大学附属研究所編

『江戸時代書林出版書籍目録集成』（一九六二年、井上書房）参照。

＊6　拙稿「源氏物語版本の本文」（二〇〇〇年、風間書房『源氏物語研究集成13』）、拙稿「版本『万水一露』の本文と無刊記本『源氏物語』」（一九九七年、「青須我波良」51　『源氏物語版本の研究』第三章第三節）

＊7　注3の『松永貞徳の研究　続編』に詳しい。

＊8　伊井春樹編『万水一露』（一九八八年、桜楓社源氏物語古注集成）で紹介された本。

＊9　注6の「版本『万水一露』の本文と無刊記本『源氏物語』」

＊10　拙著『絵入源氏』桐壺・夕顔・若紫（一九九三・九五・二〇〇二年、おうふう）の脚注に、「絵入源氏」と版本諸本との校合結果を示し、「絵入源氏」の本文は、無跋無刊記本よりも伝嵯峨本に近似し、それが『首書源氏物語』と『湖月抄』に影響していたことを明らかにした。拙稿「『湖月抄』の底本」（一九九一年、「青須我波良」41）、注6の「源氏物語版本の本文」、『源氏物語版本の研究』第三章でも詳述。

＊11　吉田幸一『絵入本源氏物語考』（一九八七年、青裳堂書店　日本書誌学大系53）

＊12　拙稿「版本『絵入源氏物語』の諸本（上）」（一九八九年、「青須我波良」38『源氏物語版本の研究』第一章第一節）

＊13　拙稿「版本『絵入源氏物語』の諸本（下）」（一九九〇年、「青須我波良」39『源氏物語版本の研究』第一章第二節）

＊14　注13の「版本『絵入源氏物語』の諸本（下）」で詳述。

＊15　無刊記小本には、本文傍注や引歌に、慶安本とは明らかに異なる例がある。

＊16　著作権も版権もまだなかった時代なので、別人が無断で海賊版を作り販売できた。万治本は、かぶせ彫りなどの巧妙な方法ではなく慶安本の挿絵を敷き写して作られていたが、無刊記小本はあらためて絵を画き起こしたと推測される。

＊17　国文学研究資料館原本テキストデータベース『源氏物語（絵入）［承応版本］ＣＤ-ＲＯＭ』（一九九九年、岩波書店）

＊18　『源氏物語事典　下』（一九六〇年、東京堂出版）「注釈書解題」（大津有一）では、その根拠として九州大学蔵『源氏引歌』が紹介されているが、九大本は②cの小本の『源氏引歌』から写したものである。

＊19　注10の拙著『絵入源氏』三巻では『源氏目案』『源氏引歌』の本文を脚注として掲載した。注17の『源氏物語（絵入）［承応版本］ＣＤ-ＲＯＭ』では、「絵入源氏」本文と『源氏引歌』『源氏目案』がリンクするように作られている。

＊20　拙著『源氏物語版本の研究』第二章第四節「版本『山路の露』」で詳述。小川陽子『『源氏物語』享受史の研究』（二〇〇九年、笠間書院）は、版本『山路の露』に先立つ第一類系統の写本のあることを明らかにした。

＊21　拙著『源氏物語版本の研究』第二章「版本『絵入源氏物語』の別冊付録」に詳述。

＊22　春正の伝は、小高敏郎『近世初期文壇の研究』（一九六四年、明治書院）によるが、『挙白集』の出版については野村貴次『季吟本への道のり』（一九八三年、新典社）を参照し、「絵入源氏」の出版との関係については、注12の拙稿で論じた。

＊23　片桐洋一『首書源氏物語　総論・桐壺』（一九八〇年、和泉書院）はじめ和泉影印叢刊『首書源氏物語』（一九八〇〜九四年、十六冊刊行）の各解説に詳しい。「首書」は「頭書」とも表記されるので「かしらがき」が正しい。

＊24　岩波文庫（旧版）『源氏物語』（一九二七年）および有朋堂文庫『源氏物語』（一九三〇年）は『首書源氏物語』を底本とする。今泉忠義は『首書源氏物語』を「最善本」と評価して『首書源氏物語本文』（一九四四年、東京図書出版）・『源氏物語　全』（一九七七年、桜楓社）で忠実に活字翻刻した。

＊25　拙稿「『首書源氏物語』の本文」（一九九一年、和泉書院『王朝の文学とその系譜』『源氏物語版本の研究』第三章第一節）

＊26　拙稿「版本『首書源氏物語』の成立と出版（上）（中）（下）」（一九九九〜二〇〇二年、「青須我波良」55・56・57　拙著『源氏物語版本の研究』第四章）。一竿斎を北野の僧・能貨が「撰述源氏首書」とする説が伝わる（天保十二年刊、学堂蔵版『北野拾遺』）が、版式・本文・注釈・人物の伝か

ら、跋文の一竿斎と版本の編者は別人と判断した。その上で、鳳林承章の日記『隔蓂記』から、寛永年間に後水尾院や承章に講義していた能円を「一竿斎」と想定、執筆を務めていた息子の能貨が、万治本を底本に能円の注釈を「首書」にして編集し寛文年間に刊行したと推測した。

＊27　拙稿「『湖月抄』の底本」（一九九一年、「青須我波良」41『源氏物語版本の研究』第三章第二節）

＊28　後世の注を加えて活字化された『増註源氏物語湖月抄』（一九二七年、有川武彦校訂）は、一九七九年に名著普及会から復刻、講談社学術文庫にもなって近現代で広く普及する。一般に『源氏物語湖月抄』として知られるのも『増註源氏物語湖月抄』だが、本文が改変され忠実ではない。吉沢義則・宮田一郎『湖月抄』（一九二六年、文献書院　一九三六年、平楽寺書店）は忠実な活字翻刻である。原本影印は、北村季吟古注釈集成（一九八〇～八三年、新典社）があり、『湖月抄』の出版については、その別巻である注22の『季吟本への道のり』に詳述。

＊29　⑥を除く諸本の書誌と挿絵については、注11の『絵入本源氏物語考』に詳述。

＊30　伊井春樹『源氏綱目　付源氏絵詞』（一九八四年、桜楓社　源氏物語古注集成）で紹介された。

＊31　伊井氏は注30の『源氏綱目』解説で、この本の成立が「絵入源氏」に先立つと説明されたが、拙稿「近世源氏物語版本の挿絵」（一九九二年、風間書房『講座平安文学論究8』『源氏物語版本の研究』第五章第一節）では、土佐派の彩色画や「絵入源氏」を批判し、「絵入源氏」から直接影響を受けたと論証した。

＊32　「『十帖源氏』『おさな源氏』と無刊記本『源氏物語』」（二〇〇三年、「青須我波良」58）。

＊33　『十帖源氏』『おさな源氏』の成立と出版の事情については、注11の『絵入本源氏物語考』に詳しい。

＊34　拙稿「『十帖源氏』『おさな源氏』の本文―「歌書」としての版本―」（二〇〇三年、岩波書店「文学」隔月刊第4巻第4号）。『十帖源氏』『おさな源氏』では、源氏物語七九五首のうち玉鬘巻の一首が脱落しているが、これは単純な誤り。

＊35　注31の拙稿「近世源氏物語版本の挿絵」で詳述。

＊36　江戸で新たに源氏物語本文を有した本が作られることはなく、京都で出た本を模倣した異版やダイジェスト版が作られ、江戸の大衆に普及した。注11の『絵入本源氏物語考』に詳しいが、拙稿「模倣、転用の文化」注4の『読む、見る、遊ぶ　源氏物語の世界』展示図録）でも具体例を挙げて示した。

＊37　この場面はじめ、宝鏡寺蔵『源氏物語図屏風』の絵の多くが「絵入源氏」独自の絵と一致する。

＊38　片桐洋一氏は、チェスター・ビーティ図書館蔵「奈良絵本五十四巻（挿絵二百数十図）」二種について、本文・挿絵ともに「絵入源氏」をサンプルに延宝頃に工房で作られたと推定された（二〇〇一年、笠間書院『源氏物語以前』）。国際聚蔵館蔵「絵入源氏挿絵貼屏風」も、「絵入源氏」を基にした奈良絵105枚を屏風に貼り付けたもの。宝鏡寺蔵『源氏物語図屏風』の筆者・後桃園天皇はこれらを基にして描いたのだろう。「源氏物語草稿」とされる実践女子大学蔵の図巻は「絵入源氏」の挿絵と一致する肉筆画だが、図の解説に誤りがあるので「草稿」ではなく「絵入源氏」から挿絵だけを抜き出したものだろう。京都大学附属図書館蔵（大惣本）「絵入源氏」は、版本「絵入源氏」に彩色された本である。

源氏絵の江戸初期—コード化と浮世絵化

仲町啓子
なかまち・けいこ

今ご紹介を賜りました仲町でございます。

清水先生の非常に緻密かつ、面白いお話の後に、しかも非常に流暢なお話のあとに登場するのはやや荷が重い感じがいたしますが、暫くの間、私の話にも耳を傾けください。

それで題名としてあげましたのは「源氏絵の江戸初期、コード化と浮世絵化」ということなのですけれども、「コード化」とは一体何かということで「紐付き」なのかというみたいな感じなのか。

そうではなくて、源氏絵の図像が固定化していくという意味で漠然ととらえていまして実は私の軸足といいますかスタンスは「浮世絵化」でありまして、「浮世絵化」という前提としまして、図柄が記憶されていく、つまり「浮世絵化」というのは単に浮世絵風に描くとかいうことではなくて、図柄がみなさまの記憶の中に蓄積されていったなかで、浮世絵化っという作業がでてくるのだ、という意味です。

「浮世絵化」の前に小さく「コード化」が入っているとお考えになっていただけると良いかと思います。

それで、そうした図柄の固定化と浮世絵化の例としてですね、一番初めに引きますのは菱川師宣、この人は浮世絵の創始者といわれる人です。

菱川師宣の描いた、二つの「若菜上」の浮世絵、というか源氏絵【図1】・【図2】があります。実はこちらの浮世絵【図2】のほうが先なのですけれども、図1のようにですね、非常に、当時のいろんな、清水先生が発表されましたような、いろんな十七世紀に出版された版本類の図柄に近い絵柄をとったものが一度、同時にといいますか、一方で出版されまして、それと併行してやや浮世絵風な図柄というものがでてまいります。

【図2】はいかにも、ちょっと怪しげな雰囲気がありまして、なにやら浮世絵風な感じがするのですけれども。どこが浮世絵風かというのは、後ほどお話することといたしまして。

【図1】・【図2】にでてくるものとしますと、まずこの蹴鞠をしている人々、【図2】では二人は省略されていますが、後ろを振り返って見る柏木、それから御簾からちょっと顔を出す女三宮、たぶん女三宮と考えていいと思いますが。そして彼女は紐をつけた猫をもっています。前に桜ではなく、ちょっと枯れた木ありまして、これが付け加えられております。

こういうように一応この【図1】にでてくるモチーフといいますか、そういうものが再度ここで（【図2】）組み合わされて、そしてこういうようなやや上品な雅な雰囲気とは違った、一種の独特の男女の雰囲気というのが醸し出されてきます。

これが「浮世絵化」の最初の大きなもとなのです。いってみれば図1のなかのモチーフが再構成されて、浮世絵風に考案された源氏絵（【図2】）が登場します。ですから最初から本文から、本文をよんで、それを浮世絵風にというように図解するということではなくて、絵の記憶、絵をよく知っていて、その構図をもとに浮世絵風がでてくるのです。

浮世絵風の源氏といいますと、今の漫画日本史みたいに、歴史を簡単に絵解きするものというように、誤解されがちなんですが、実はそうではないのです。つまり、源氏絵のより普及版というのは、むしろ図1のほうであって、その普及版の図柄をもとに、ちょっと、一ひねりいれる、それが浮世絵風の翻案（【図2】）でです。ややむしろ知的、知的というとちょっと言い過ぎかもしれませんが、そこにやや一ひねりがあるのです。ですから単純な初心者向けとか、多くの女こどものために優しくしたとか、そういうものではないだろうと思います。そこに浮世絵風の翻案の意味というのがあろうかと思われるわけです。

いま丁度、「若菜上」のところの場面をとりあげましたので、少し、「若菜上」の場面がどういうふうにして定型化してくるか、そして江戸初期の若菜上の場面の特色と、浮世絵風の特色を探るためにやや古い若菜上の場面をとりあげていきたいと思います。

これ（土佐光信筆「源氏物語絵色紙」『國華』１２２２号〈一九九七年〉掲載）は現代知られている若菜の上の場面の、とくに若菜上のなかで柏木たちが蹴鞠をしていて、偶然に女三宮を垣間見るという、その場面をとりあげた、もっとも古いとされているものです。一五〇九年頃、一五〇九年ないしは一五一〇年に制作されたことがわかっています。現在ハーバード大学の美術館のほうに所蔵されている、源氏絵色紙セットのなかの一つです。

これは画面を大きく半分、対角線上に半分に区切って、こちらのほうに柏木達が蹴鞠をしています。ここに蹴鞠の鞠がみえます。いわゆる、「ふきぬき屋台」という、古い徳川美術館やその他に所蔵されております、古い源氏絵にもみられる屋内を描写する、屋根をとった描写です。

その「ふきぬき屋台」で屋内が描写されまして、ここに女三宮、それと侍女たちが描写されているわけです。ほとんど半分づつに描写されております。

ここで、唐猫、中国わたりの猫がとびだしておりまして、これは紐がついていたために、御簾があいて、あいたすきからこっちに振り返っている柏木が女三宮を見るという構図です。それが決定的瞬間にな

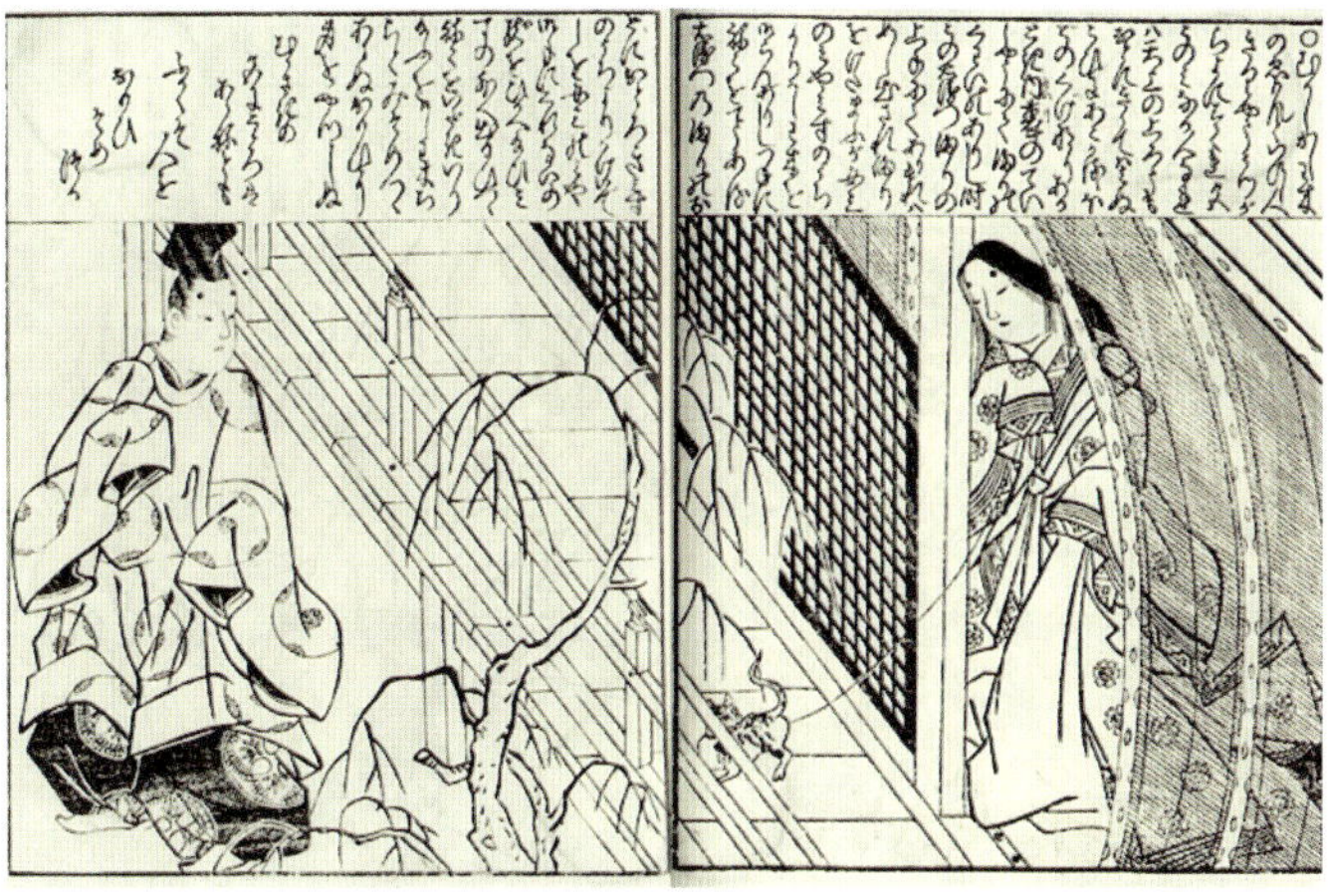

【図2】『美人絵つくし』（1683年、天理図書館）

【図1】『源氏大和絵鑑』（1685年）

【図4】『源氏小鏡』1657年

【図3】『十帖源氏』1654年頃

【図5】 絵入源氏物語

るわけです。同時に女性の空間がかなり描写されています。女性のなかのひとつである侍女が御簾ごしに、ブラインドなんですけれども、多少みえるでしょうか、御簾ごしに男性達を見ています。単に向こうから垣間見られているのではなく女のほうもみているという構図が示されています。

同じく土佐派の十七世紀初頭の作品（土佐光吉筆「源氏物語色紙」『國華』996号〈一九七六年〉掲載）では、構図はやや違っております。約半分のスペースがやはり女性側にあたえられて、しかも女性がわが手前にあって、見る人が女性の方から男性を見るような視点が提示されているわけです。

画面約半分を占める女性たちの空間、つまり室内空間の中においては、やはり女三宮が立って、紐が付けられた唐猫がいて、侍女が後ろ向きに描写されています。この侍女も御簾ごしに男性を見ているわけです。

男性達はここで、蹴鞠をしていますが、柏木はこのように振り返っておりませんで、この二人の間の出会いの瞬間をずらしたときの描写になっております。

同じく土佐光吉様式の作品（伝土佐光吉筆「源氏物語図屏風」〈出光美術館〉）では、御簾ごしにちょっと女性がみえて、男性達が蹴鞠をしています。

ここでは先程の視点とは別になりまして、画面はほとんど男性の蹴鞠の場面になりまして、その庭の男性の視点で私たちも女性を見るという、先程とは逆に男性側の視点になっているわけです。女性側がみているかはよく見えません。

これはまた十七世紀後半くらいの、はっきりした年代はわかりませんが、その頃のやはり土佐派の後継者のひとり、土佐光起のとされる源氏絵物語図屏風（米・フリアギャラリー）です。これは源氏物語大きい画面に全面にやはり同じ場面（若菜上）を描いておりまして、先程以来の古い源氏絵の視点、つまり女性のいる室内をかなり大きく描写して、室内から女性が見ている図がはっきり描かれています。

こちらは立って、たぶん柏木なのでしょうか、振り返った柏木と目が合うという、出逢う瞬間が描かれているのです。一連のそのような作品にたいして、江戸初期に出される版本類では、女性側の視点、室内から外を見る視点、乃至は女性のいる室内を大きく描写する構図は見られません。図3では外で、蹴鞠をする人がいて、振り返る柏木がいて、中から顔を覗かせる女三宮がいる。ですから私たちの心境からすると柏木に近い視線から、御簾の間から顔をだした女三宮を見るという視点になっています。

ちょっと変わっているのは、『源氏小鏡』【図4】で、こちらのほうは先程の視点です。女君がなかにいて、彼女たちもみている。そして振り返って見る柏木を女の視線で見るという視点になっているわけです。いろいろな伝統が、版本の中にも受け継がれているのだろうと思います。

絵入源氏、これは先程いった後版のほうを使っておりますが、清水先生の御指摘があった初版本ではないのですが、こちらのほうだと、柏木たちが蹴鞠をしているところがますます大きな割合になって、先ほどの伝土佐光吉筆「源氏物語図屛風」〈出光美術館〉と同じような構図で、こちらから顔を覗かせた女三宮を見るという視点になっているわけです。

実践女子大には『源氏物語絵図』の草稿がありまして、ずっと前から所蔵されているものなのですが、どうも私には手に負えるものではなくて、どなたかしっかり研究されてくださる方がいらっしゃれば、是非お願いしたいところなのですけれども、この『源氏物語草稿』というのは、この絵入源氏の構図と全くといっていいほどそっくりなものです。細かいところをいうと違うのですけれども、模様の書き入れとかは省略していて、構図的にはそっくりなもので、かつ書き入れがたくさんあるものです。とくにこの書き入れが、私どもには手に負えない難物なのですけれども。しかも固有名詞のところには人名がかかれておりまして、この人名が正しいかどうかというのも検証しなくてはならないものです。

こういうような絵入源氏に匹敵するような図柄が、これは、小さい形でも普及していく、大きくいろんな人達に共有されていった現状があったのだろうと思います。

『源氏物語草稿』について少し紹介して欲しいというご要望があったので、ちょっとそちらのほうを、論の主旨からは少しはずれますが紹介させていただきます。

『源氏物語草稿』はだいたい天地14センチくらいのもので、三巻からなっています。一巻は「桐壺」から「澪標」。二巻が「蓬生」から「夕霧」。三巻が「御法」から、最後のは実は欠損しておりまして、「手習」の第一場面しかありません。で、ずっとこういうふうにして書き連ねているものです。

白描といいますか、草稿本のような形態になっております。若菜上だけでみますと、こういうように、ほとんど、こちらが絵入り源氏【図5】361頁)、こちらが実践本【図6-3】365頁)ですが非常に似ております。ただこういうような細かい模様の書き入れとか、人々の書き入れとかですね、具体的な細かいところは省略しておりますが、ただ上にこういう注釈といいますか、文字情報があって、この場面の説明をしております。画面には絵師への指示のような物もありますが、画面上部に書かれているような注釈は絵師への指示というよりも、場面自体を説明するといいますか、そういうようなものであろうと思います。

若菜上の場面、先程は柏木の蹴鞠の場面をとりあげましたけれども、あの場面ばかりではなくて、たくさんの場面が実は絵画の対象とはなっていたと思います。

そうした場面の一つとして、夕霧が源氏の使いとして朱雀院と遇う場面【図6-1】の右)があります。

二番目【図6-1】の左)は、秋好の中宮より装束などがとどく場面です。これもこういうふうに、なんといいますか、屛風の模様とか、衣装模様とか全部省略されていますけれども、それぞれの襖であるとか絵師への指示と、そして女三宮朱雀院というようなですね、人物の比定、そしてこれのそれぞれの場面の説明が加わっております。これは場面の説明であって、本文の書写ではないのです。

若菜上という非常に長い、源氏物語のなかでも非常に長い若菜の上ですが、そのなかでもたくさんの場面が絵画化されていきますが、たくさんの場面のひとつとして、江戸時代には柏木の蹴鞠の場面が中心となっていくわけですけれども、それでも、江戸時代でも柏木の蹴鞠の場面ばかりではなくて、たとえば、土佐光吉の色紙絵（大阪・和泉市久保惣記念美術館）のように別の場面もとりあげられているものもあります。

【図6-2】は源氏の四十の賀の場面で、たくさんのいろんな注がありますが、四十の賀の場面これもこのとおり、土佐光吉のとは、構図は非常にそっくりですが、人物の描写や形態感覚なんかはかなり違って、土佐光吉のはごろっとした丸いわりと恰幅のいいかんじなのですけれども、実践本のほうは、どちらかというと細身で、形態が細い感じで、ちょっと私は狩野系の人の修行した形跡があるのではないかとおもうのです。それからこの建物の角度ですね、割とゆるやかになって、全体的に、急角度の屋台の描写というのが少なくなっておりまます。

こういうような華やかな儀式の場面は桃山期のこうした色紙等にも特に好んで取り上げられることが多かったようです。それは当然のことで、古い場面とは違って桃山期の場合、ちょっと違って、めでたい場面ですとか、あるいは儀式の場面とかが比較的とりあげられがちです。

これは四番目の場面（【図6-2】の左）です。これは江戸時代の色紙等にもとりあげられております。これは雪の朝源氏が帰ってきた、でもなかなか戸をあけてくれない。これで立ち往生したという場面ですが、こちらのほうの土佐光則の色紙（米・バークコレクション）では、かなり急角度の「ふきぬき屋台」の構図ができてておりますけれども、源氏物語図草稿では場面に平行に近いかたちでこういうような急角度の屋台描写がすくなくなってきてまいります。

若菜上のなかには歌の場面、これは室町期、私はかってに十六世紀と書いておりますが、学者によっては十五世紀と唱えておりますが、歌を中心に、和歌を中心とした図柄、そういう場面をとりあげたものもみられます（扇面貼交屏風〈広島・浄土寺〉）。これは藤の枝が非常に綺麗だったのでそれをとらせたというショットです。おそらく桃山期のような色紙の晴れやかな儀式とかそういう場面とは文脈が異なった場面選択というのがここには働いているのだろうと思います。

これは源氏物語絵詞の、やはりその場面の少し直後にある、藤の枝をとって、朧月夜にさしあげるというところです。（住吉具慶筆源氏物語絵巻）このようにたくさんの場面が源氏物語の若菜の上の場面からとりあげられ、絵画化されています。そして色紙や、その他の一品製作、これは絵巻ですけれどもそういう場合には、ある種の特殊な選択のもとに、それぞれの場面選択が展開されていったと考えられます。

それに対して、版本、とくにおさな源氏等で限定された部分が絵画化されていくと、それが非常に普及化していき、普及化にともなって浮世絵化というのがでてきます。

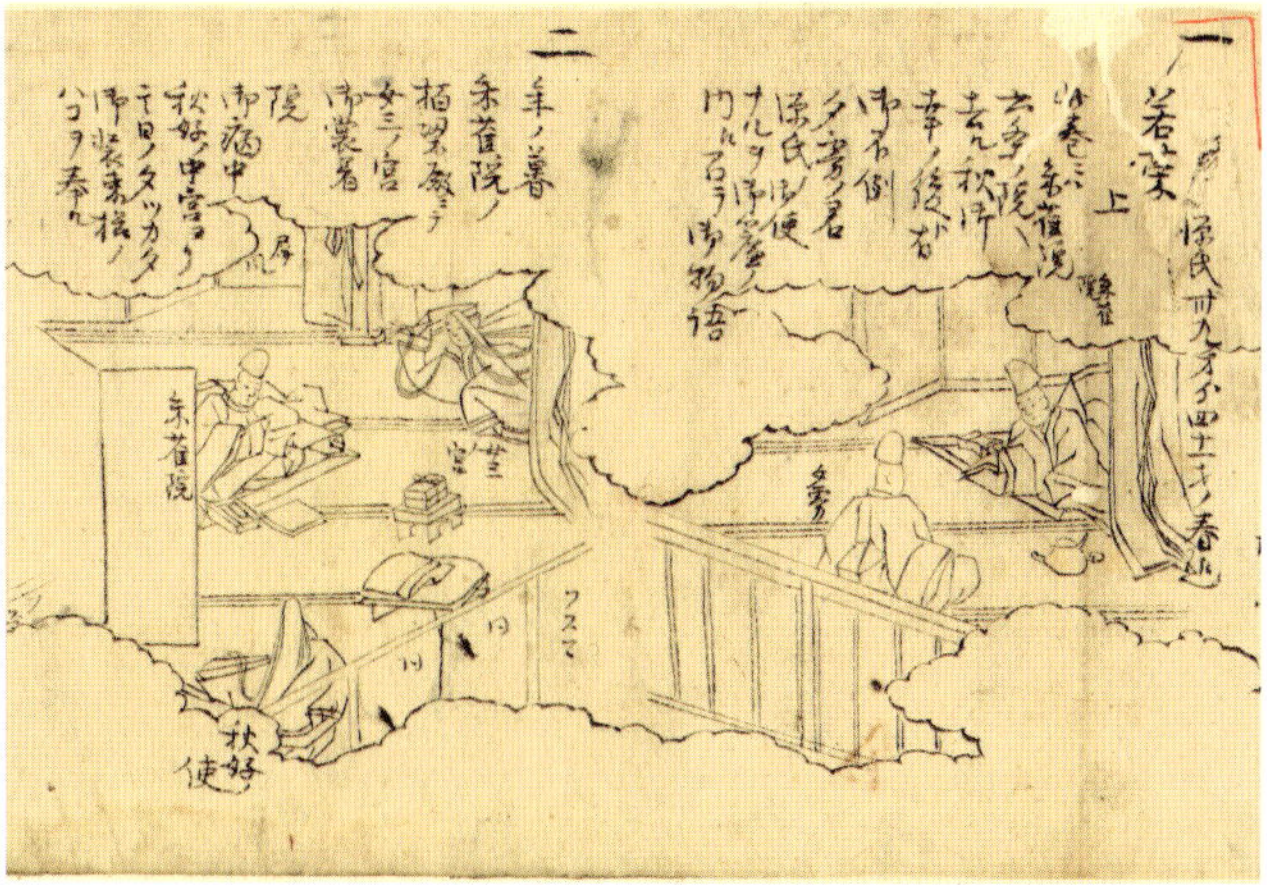

【図6】-1　源氏物語図草稿（実践女子大学）

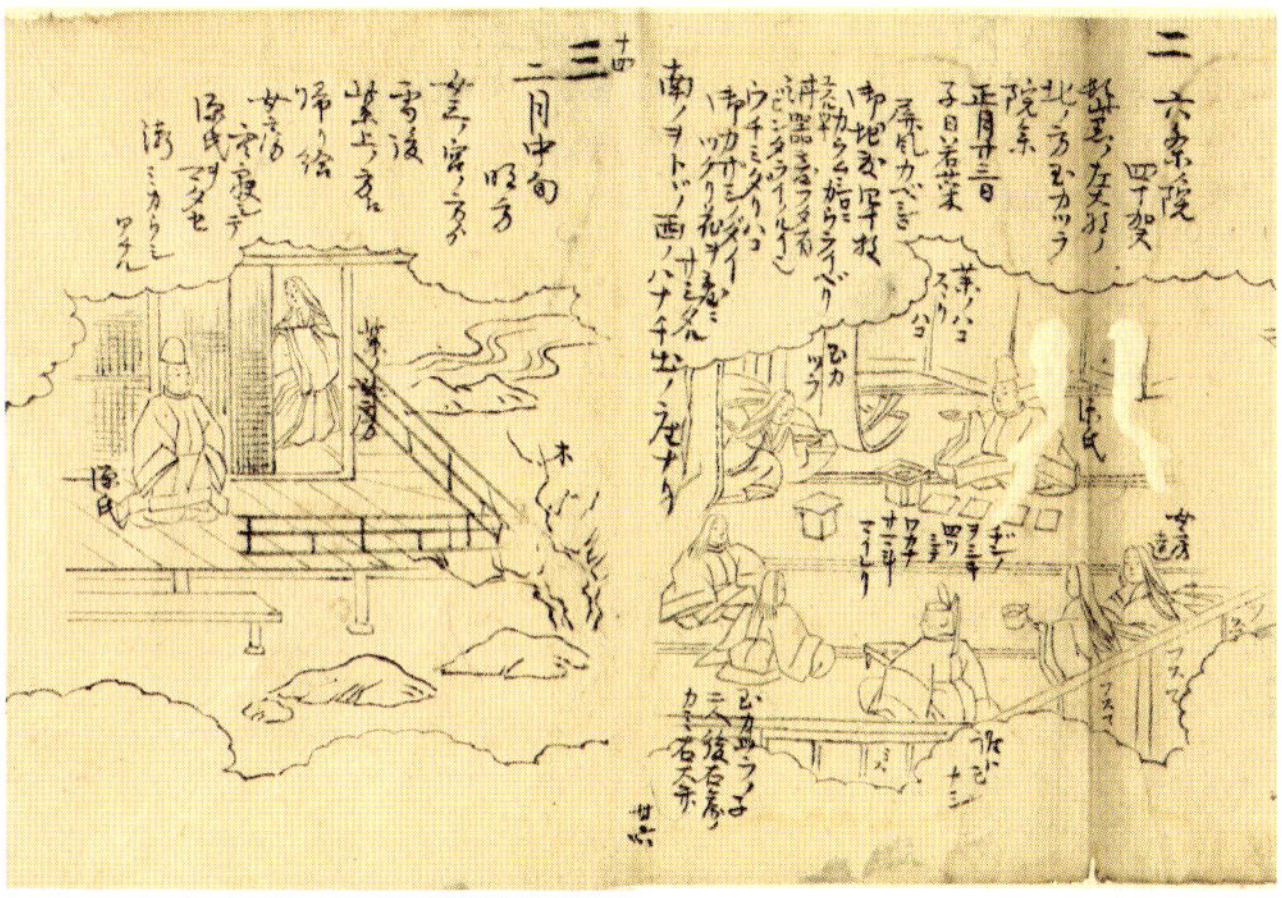

【図6】-2　源氏物語図草稿（実践女子大学）

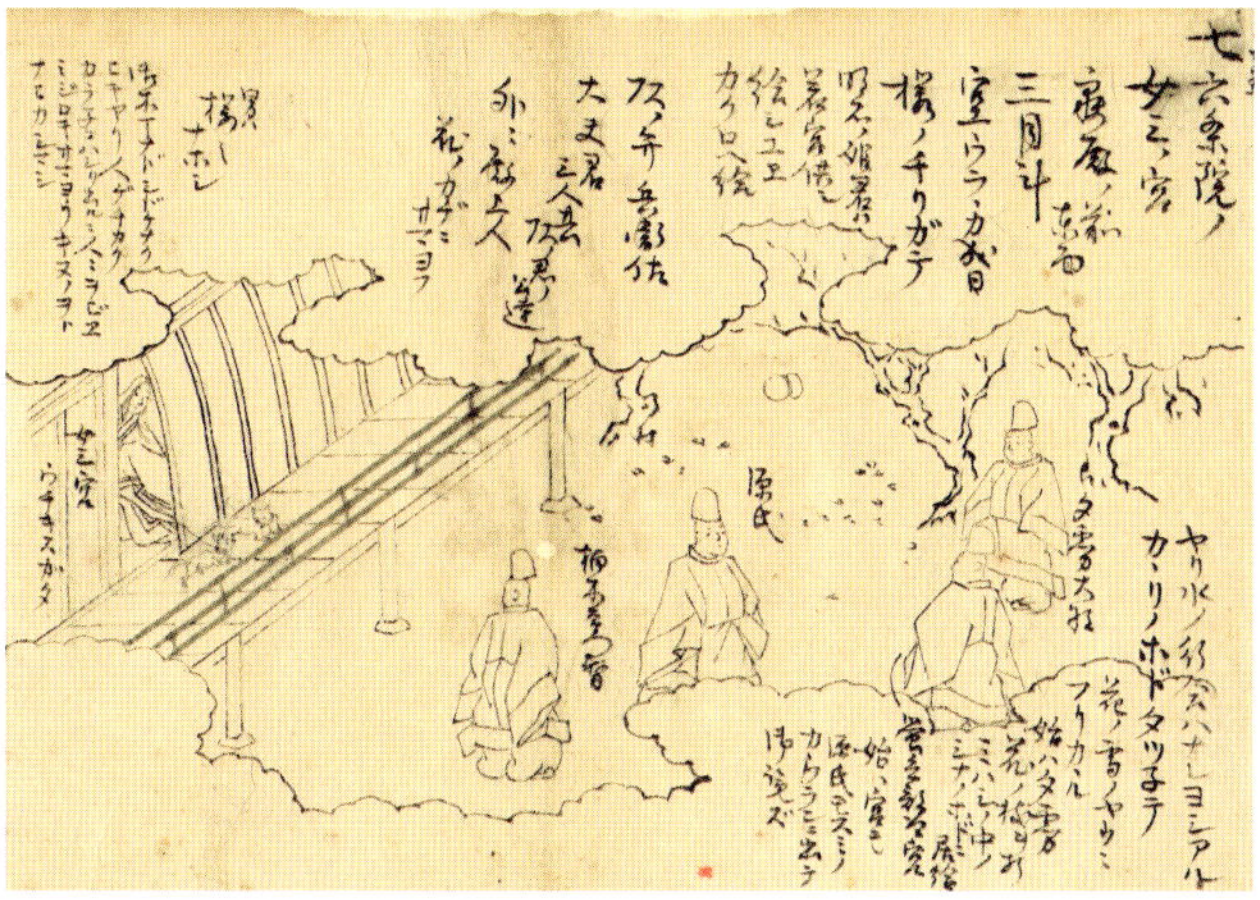

【図6】-3　源氏物語図草稿（実践女子大学）

源氏物語絵巻の若菜の上だけでも、ご紹介したものはごくごく一部で、もう少しあると思うのですけれども、源氏絵詞などでは、もうすこし場面が選択されていますから、これよりもさらに長い長い本文ですから、様々な場面が選択されたはずであり、さらに選択される可能性があった場面で、事実江戸時代においても絵巻や色紙という特殊な製作の場合には、そういうような場面の選択が行われていた、一品的な場面の選択がおこなわれていたと思われます。

これ（土佐光吉　源氏物語図色紙〈大阪・和泉市久保惣記念美術館〉）も源氏物語若菜の中の一つで、明石の姫君が若宮を誕生させる場面です。こういうようなやや桃山期以降の場面になると、わりとおめでたい場面とか儀式の場面とかこういうものが非常に多いように思われます。若菜上の一番最後にでてくるのが例の柏木の場面なのです。柏木が蹴鞠をしていて、女三宮を垣間見る場面。ただこれが絵入り源氏をはじめ、もっとも絵入り源氏の場合は非常にたくさんの場面が絵画化されていますが、他の版本類の中でかなり限定的に繰り返し登場したために、浮世絵の場合はこれがこの場面が、若菜上の決定的な場面、若菜上というとこれといいますか。これをもとにして浮世絵化というのが生じてまいります。

一番最初にもどりますが、若菜の上でみられたような蹴鞠の場面のあの記憶、振り返る男、猫を手に持った女、猫の紐を手にもった女、御簾から顔をだした女になってくるわけです。

ただ先程も何度かお見せいたしました、こちらの場面【図3】のこの人物をそれぞれとりだしてきて、御簾から飛び出してくる猫とか振り返る男とか、あるいは御簾から顔を出す女とか3つの要素を中心に新しい場面（【図2】）を組み立てているわけです。

【図3】との大きな違いは、人物が非常にクローズアップされていること、それから顔の表情がよくみえるようになっていること等々ですね。そのような特色があると同時に、さっきも申しあげたとおり、【図2】は蹴鞠をしている人々がかなり大きくかかれていて、蹴鞠をしている人びとの視点で、女性をみているのです。これもどちらかというと男の視点、室内の女は描写されていませんから、男の視点に近いのです。ただ、【図3】のように受け身的に室内にいて、ひっそりとこう顔をだした、しかたなく顔をだしたというより、【図2】ではなんか積極的に自分から顔をだしてきたような迫力のある感じになっているのですね。

そういうような、ちょっと曰くありげな雰囲気、これが浮世絵化だと思います。女性の紫式部の物語自体、女性が書いた文学として、女性がこの御簾から垣間見るという【図4】のような視点は、紫式部の視点に、近いものを継承しているように思えてならないのです。また【図3】は男の視点になったとはいえ、このちょっと淑やかに何かものをひっそり顔を出す視点があったと思うのですけれども、【図2】ではそういうものをかなり打ち消してきています。この新しい感覚、それが「浮世絵化」なんです。

ここ（パワーポイント上）に男と女の怪しい場面と書いていますが、そういうような雅やかな世界であった源氏絵を俗っぽい世界に男女の生々しい出会いのようなものにかえていく、浮世絵の構図を使ってそこに変える、そこに浮世絵化の視点があるとおもいます。

これは徳川美術館に所蔵されている江戸初期の名品の一つ遊楽風俗図屏風です。これはここに女性がいて、葵の紋を付けているために、千姫に仮託されているわけですが、それはともかく、たぶん遊女だと思いますが、女性とこの男性との出会いの場面ですね、ここに禿がいて、彼女の手に実は、結び文が握られておりまして、文というのは直接言葉をかわせばいいのですけれども、文を通して、相手の意志を確認しあう、今でいうメールみたいなものかもしれませんが、そうした場面なのです。男は振り返り、女はややたじろぎながらも、しかし、しっかりした、しっかりと大地を足でふんでおります。

まさにこのような男女の出会いの場面に近い雰囲気を源氏絵の構図で作りだしているわけです。そうした遊楽的な雰囲気を感じさせる構図の創出、それが源氏絵に使いながら、遊楽的雰囲気を感じさせるところに、雅やかなものを卑俗化さしていくことの楽しさ、その落差を楽しむというか、そこに笑いを見出そうとしている、それこそ浮世絵化だと思っております。さっきもいいましたとおり、単に源氏絵の構図を浮世絵風に当世風な雰囲気をもりこんだものにして、わかりやすくしたものではなくて、むしろこの趣向といいますか、このように描いたんだよという翻案自体をみせるところがあって、それが浮世絵化の一番大きな核となる部分ではないかと思います。

存在感のある肉体とか、そして線描自体も非常に優れたものですけれども、肉体の存在感といいましょうか、肉々しい感じといいますかそういうものが感じられるわけです。

日本の美術のなかで肉体の存在感というのを感じさせる絵というのは、それまでには実はほとんどありません。むしろ肉体の存在感を無くして、そうしたこう俗っぽい、仏教的にいえば、そういう肉欲の世界というのは非常に慎むべきものですから、そういうようなものを押し殺した上品な世界を表していくことが、むしろ表向きはいいこととされたのではないかと思うのです。浮世絵化ではむしろそれを逆手にとっていくわけです。

元禄年間にでた「色里三所世帯」という、あの浮世草子の一つなのだそうですが。その中に「菱川が筆にて浮世絵の草紙を見るに、ししおきゆたかに腰つきまるみありておおかたは……」云々とでてくるのです。これはもしかしたらポルノグラフィであった可能性もあるのですけれども、この肉のさま、「腰つき」そういうところにこう視線がいってそこをしっかり描写しているということは、それ自体、やはり菱川師宣自身もそういうところを狙って表現しようとしていたのではないかと思われます。

浮世絵風の翻案とはなにかといいますと、先程から何回も申しましたけれども単に絵解きということではなくて、簡略化、大衆化ということではなくて、そこの翻案の、なんといいますか、質自体に問題があるのだと思います。

これはご存じのかたも多いかと思いますが、浮世絵の「浮世」という言葉ですね、これ自体がもともとは中世、仏教的な世界観があって、この世は苦しみの多き憂き世、病いや老いやいろいろな苦しみが多い辛い世であり、仮の世として、隠遁したり、庵を結んだりするのですが、そういうような憂き世にたいして、苦しい戦国期をくぐり抜けてきて、やっと平和がおとずれてきた桃山江戸期においては、仮の世であるならば、それをたのしもうじゃないかというような、一種の現世主義的な世界観にかわっていきます。ですからそのなかで、風俗図屛風などが、非常にさかんに製作されていくわけです。現実に生きている人々の喜びや、ありのままの姿、ありのままではないのですけれども、少なくとも現実の姿ですね、そういうものに即した描写が増えていきます。

そうしたなかで、辛い世は、浮き浮きとした世のほうに字がかわっていくわけです。江戸初期、「浮世」ということばをつかった、さまざまなものがうまれてまいります。浮世草子とか、浮世小袖、浮世茶屋、浮世絵もまさにそのひとつであります。

浮世の持っている語感は、現代的、といいましても、その当時の現代的、今様であり、当世風である、享楽的である、もっというと好色的、色好みであるというような意味をこめて「浮世」という言葉が使われています。ですから浮世絵風の翻案というのは、そういうようなものを感じさせるふうに翻案していくこと、これが浮世絵風の翻案であったのだろうと思います。

だいたい浮世というようなことばがでてくるのも一六八〇年前後ですが、その一つに『それぞれ草』というのがありまして、「浮世絵の下においたる思ひ草」というのがのせられております。これもちょっと卑猥なものを連想させるものです。浮世絵の性格がそういうところにあるとするなら、浮世絵風の翻案というのはそういうものへの翻案を意味します。

その最たるものが、やはりポルノグラフィなんです。源氏のポルノグラフィというのは実は江戸初期にはじめて登場するのではなくて、もう少し古く室町期に源氏のポルノグラフィがあったというのが記録に残っております。しかしながら少なくとも、水面下にあったそういう源氏ポルノグラフィというのが一気に吹き出してくるのが江戸時代であろうかと思います。

その一つに菱川師宣の筆とされております『源氏きやしやまくら』があります。これは一六七六年の刊記があるものです。これ彩色がありますけれども、これはもちろん後から筆で彩色したもので、もとは墨刷りです。

これはなかなか稀覯本で、今お見せしているものは渋井清さんという、浮世絵の枕絵本の研究家の方が旧蔵していたもので、近年ニューヨークで売りにでたものです。【図7】はそのなかの一つです。、帖の名前がかかれていまして、それにそれぞれのちょっとした逸話が、これは柏木を説明する文章がきておりまして、そしてそれぞれの図があります。これはあんまり露骨なポルノグラフィではないのですけれども、実はこの庭で蹴鞠をしているというのは、再三ありますように若菜上のモチーフですから「柏木」のモチーフではないのですけれども、登場人物が柏木ということで「柏木」のところにあてていると思われます。

庭で蹴鞠をしていて、ここに鞠がありますが、一人柏木が中をみます。室内では、二人男女がよりそって、いまや始まろうとしていると言う状況なんですね。このシチュエーションと、中をのぞくという視線を利用して、ポルノグラフィの設定にしているわけです。

もっと露骨なのはこの浮舟の場面です。これは先程ふれた土佐光信が、一五〇九年、一五一〇年くらいに製作した色紙絵（ハーバード大学付属美術館）の一つの浮舟です。船上で匂宮と浮舟が、雪のなか宇治川に舟を浮かべて、船上で語り合うところです。これはだいたいどの浮舟の場面でも有名な場面でもっとも頻繁に絵画化された場面なのですが、『源氏きゃしゃ枕』ではこの記憶を船上で二人が一緒なら、船上ですることはこれしかないだろうという感じで、ポルノグラフィにしてしまっています。

【図7】『源氏きゃしゃ枕』

ですから基本的には構図。構図の記憶。構図がこうであるという記憶を中心に、そしてそのモチーフを用いながら、いろんなポルノグラフィカルなものだとかがうまれてくるわけです。

これ（無款、伝杉村治兵衛 柏木と女三の宮図〈東京国立博物館〉）も、先の「若菜上」の場面を遊郭にシチュエーションを変えているわけです。

これはサインがないのですけれども杉村治兵衛という、菱川師宣とほぼ同時期の人の作ではないか、師宣様式に近い作なので、そういう人の作ではないかとされているものです。ここに遊女達がいて、ここに公家装束の人がいます。これは本当に公家なのか、こういうふうに仮装しているのかよくわからないのですが。ここに蹴鞠をする柵がもうけられて、蹴鞠をしている人達、ここに蹴鞠の鞠がありますが、蹴鞠をしている人達と、振り返る男と、この人はその偶然垣間見たのではなく、大っぴらに姿をみせていますが、さきほどの柏木の振り返るポーズがみえまして、ここに猫がいるのですね、紐をつけられて猫がいて、これに「柏木の右衛門」という書き入れがみえます。あきらかに柏木のシチュエーションというのをかもしだしています。ですからあの構図、柏木が庭で蹴鞠をして、女性、女三宮を垣間見るという構図をしていて、そのなかのモチーフである猫がいたりと、そのなかの構図を知っているとそれをふまえていることが分かってきます。

これだけみていると、遊郭で、遊女にみられながら、男たちが蹴鞠をしているところでもいいんですけれど、さらに、作者のアイデアは、原画を知っているとさらに深くわかってくるわけです。江戸初期というふうに題に書きましたけれども、おおまかに江戸初期ばかりではなく、全体的に浮世絵風の源氏絵の変遷を少しここでたどってみたいと思います。一六七〇年代、九〇年代というこの師宣の活躍するあたり、これは初期浮世絵で、お見せしましたように源氏の構図を中心に、いかに卑俗化していくか、卑俗化していくおもしろさ、極端な場合にポルノグラフィまで卑俗化していく、その落差を楽しむところ、第一番目の初期浮世絵の時代です。

それにたいして浮世絵がずっと同じであったかといえばそうではなくて、浮世絵自体の質をかえていくのです。その質の変化と同時にテーマである源氏物語の取り扱い方、源氏物語を通じてどのようなことをあらわしていくかという内容もかえていきます。

一七〇〇年代になってくると奥村政信というこれも浮世絵師ですが、自らも俳諧をしたり、文学的な活動にも興味のあった人ですが、彼になってくると、源氏絵の構図を利用は勿論するのですけれども、しかし、師宣のように極端な卑俗化して雅な源氏を卑俗化することを楽しむというよりも、むしろ雅さを現実の生活にこう取り入れていこうとするような、そういうような面もでてまいります。さらに鈴木春信、これは一七六〇年代に活躍する人ですが、春信それから春信周辺にいた人々一七七〇年代に活躍するような人々になってくると、源氏もさらに暗示的な表現になってくる。で、ところが一七八〇年代九〇年代になってくると源氏はほとんどどこにいるのやらという感じで、源氏の世界から遠のいてしまうのですね。

そのへんの変化、目まぐるしい、一〇年二〇年を刻むような、目まぐるしい変化なのですけれども源氏絵というのは、このように変わっていきます。

奥村政信の絵の一つ、これは「女三のおふく」という、これは柏木が女三宮を垣間見るという構図を利用しているのですが、柏木が垣間見た女三宮の秘密というのは実はおたふくであったという、その秘密が暴露されてしまったという場面なのですね。おたふくというのは福が多いと書きますから、非常に縁起の良い図柄ではありますから、そういうおかしさとか、機知的な発想、一種の喜劇ですね。そういうようなものをここにあらわしています。

一つの構図を基本に、構図の記憶というものがこの構図の記憶があってこそ、また生きてくるのだろうと思います。でさらにやや情緒深い作品になってくるのは政信の晩年期の「源氏浮舟」です。雪の夜、匂宮と浮舟が舟を浮かべるというところですが。これは雪の夜ではなく月の夜になっておりますが、月の夜、二人の、役者と遊女が舟を浮かべるという姿になっているのです。「ゆきやゆき　身は浮きふねにつもる恋」という、たぶん政信自身の句が書き加えられ、雪の夜、匂宮と浮舟がつもる恋の気持ちを胸に、舟にのっていく、あの「浮舟」の情景を想起させているのです。で、実はこの人物さっき役者といいましたがここに紋所がありまして、初代佐野川市松、あの市松模様の市松ですね。こちらの女性の固有名詞はわかりませんが、こういう簪、その他の服装からたぶん遊女だと思われます。佐野川市松が遊女と舟を浮かべて月明かりのなか、しんしんとした月明かりのなか彼は鼓を手にですね、そうした、水面にこだまするような状況、それだけでも十分に情緒的な場面なのですけれども、それにさらに『源氏物語』の浮舟の情緒を加えることによって、さらに情感豊かなものにしていくのです。

師宣のように源氏絵を卑俗化することを、笑い飛ばすのではなくて、源氏絵の情感を現実の描写、当世風俗のなかにとりいれて、それを一種美化していく、風雅なものにしていく、そういうものとして源氏を利用していく、そうした例の一つだと思います。

で、そうした段階、これが第二段階、だいたい一七〇〇年代の前半といいますか、一七〇〇年代の前半に展開していくわけですが、また大きな一つの展開というのは、鈴木春信の頃におこっていきます。鈴木春信というのはこういうふうにして錦絵を創始した、多色刷り版画のことを錦絵。中国産の高級絹織物であります錦、これがあまりにも綺麗だったので、錦にたとえて錦絵というわけです。

この多色刷版画を発明していくのが、鈴木春信。彼が一人で発明したわけではないのですけれども、彼を中心とした人達が発明しています。このなかにひとつでてくるのが、これはここに源氏物語絵の記憶とかいてありますが、構図ではなくて源氏物語絵のなかにこういうのがあったかなというような記憶がさまざまに折り混ざっているのだろうと思います。

ここに実は源氏香があって、源氏香というのは源氏香という名前であって、源氏という名前がついているのですが、ほとんど源氏物語と関係のないものなのですね。これは五本線があって、縦に五本線があって、上に線があって、これだと一番目と二番目、三番目と五番目が上の線と繋がっているわけです。

聞香を行うときに、五回おこなうわけですが、何回目と何回目が同じであったかたという、一種の記号であらわすわけです。記号にそれぞれ名前が付けられていて、五四帖の帖名に因んだ名前が付けられていて。一回目と二回目、三回目と五回目が一緒だったよというかわりに若菜上とかですね、そういうような名前で呼んでいるわけです。一種のお遊びなのですけれども十八世紀に盛んになっていて、特に春信前後において急激に盛んになっていきました。

鈴木春信筆「蹴鞠をする若衆図」では、こういうところに源氏香がでてきます。そして、若菜上のモチーフである、蹴鞠がここにでてきて、そして上に実は歌があるのですね。この歌は先、引き歌というお話が、清水先生のお話の中にもでてまいりましたが、若菜上の中にでてくる引き歌の一つで、女三宮の気持ちをうたった引き歌といわれております。

ゆうやみは　道たどたどし、月まちて、かえれわがせこ、そのまにもみん

夕闇は道がたどたどしいので、月が出るのをまって帰りなさいと。その月を待つあいだにも一緒にいましょうという歌だと思うのですが、この引き歌が実は春信はこの作品に先立つ二、三年前に描いた「女三宮図」にも描かれているのですね。これは女三宮の気持ちをあらわしたものですから、「女三宮図」にこれがかかれていること自体非常にふさわしいわけです。女三宮は猫を持っていますから、猫があって、女三宮であることをさらに強調してみせているわけです。

いっぽう「蹴鞠をする若衆図」をみますと、それとなく柏木をあら

わして単に、これは派手な衣装を着た、たぶん若衆だと思うのですけれども、なかなか男女の区別というのは春信の絵ではなかなかわかりづらくて、髪型とか服装とかでないとわかりづらいのですが。とにかく男、乃至は、男芸者というような人かもしれないのですが、ともかく若い男の人がいて、そして蹴鞠をして、それとなく柏木のエピソードを連想させ、この歌は女三宮を連想させる、女三宮がよんだ歌ではないのですけれども、女三宮を連想させる歌をここにかく。そういうちょっと手の込んだといいますか、知っている人ではないと到底分からない、先程しめした構図さへ覚えていれば、何となく分かるといった卑俗化したことがわかるものではなくて、これはもう少し手のこんできているものです。暗示的というのはそういう意味です。かなりそういう意味で知識がつもってくる。さまざまな知識がつもればつもってくると、それを用いる手段といいますか、手法といいますか、そういうものにも手が込んでこざるをえないという状況に達していると思います、もちろんこの時期、春信の時期にも、構図を利用した源氏物語の浮世絵が無くなるわけではないのですけれども、新しい手法として登場したのはこういうものだったであろうと思います。

源氏香　早蕨

　この時期、源氏香というのが、非常に流行するのだと思うのですけれども、春信のなかには源氏香をまるで紋のように着物をつけた、男性がしかも若い男性というのがでてまいります。これは早蕨の源氏香です。早蕨の帖とは薫が桜をみて中の君を偲ぶそういう場面があるので、そういうものと関係しているという説をおっしゃる方もいらっしゃいます。これはちょうどそれにぴったりなのですけれども源氏香をつけたものが、源氏物語の本文とすべて対応しているかといえば、必ずしもそうではありませんが、少なくとも、この帖は非常にその点にあっているのです。

　これは若い男、全部源氏香をつけたのはだいたい若い男性です。とくにこれは毛むくじゃらの男性と対比されることによってこの初々しい若さ加減というのがクローズアップされているわけですが。こういう若い男性の、ちょっとした、なんといいますかブランドといいますかそういうものとして、源氏香が一種のアクセサリーのように利用されているわけです。

　このあたりまではまだ、『源氏物語』に対して親和的といいますか親しみを持って、肯定的に、否定するにせよ、非常にこう大事な物として、古典として尊重していたように思うのですけれども。その次の時代になってくると別に尊重しないわけではないのですけれども『源氏物語』は刺身のツマのようなものになってきて、『源氏物語』自体との関係というのがますます薄くなってきてまいります。鳥文斎栄之「風流やつし源氏　若菜上」は一見この若菜上の構図を踏まえているようにみえるわけですが、この一人の貴公子が手に蹴鞠をもっておりまして、ここが蹴鞠フロアといいますかこちらに向かおうとしているわけです。これを取り囲むように様々な女性達がいまして、いろいろんなさまざまな女性が取り囲んで、まるでハーレムの男性のように一人の貴公子として描写されています。

蹴鞠があること自体「柏木」のモチーフ、とくにこれは「風流やつし源氏」と題名がつけられておりますから、そうした源氏とのつながりがあるようにみえるのですが、ただこれをみますと御簾がここは閉まっていますが、開けっ放しであって、別に男性が女性をみつけるとか、その逆もないし、ようやく蹴鞠が若菜のつながりがあるかなというくらいで、まさしくハーレム状態といいますか、どっかの異質のような感じになっているわけです。そこではほとんど源氏が題名だけで、あまりこの絵自体、創作の意図とかいろんなことに積極的に関与していたのではないと思われます。

さらにですね、これは鳥居清長の『絵本五葉松』という絵本の一節で一七八〇年代、多分天明年間にだされたものだろうとおもわれます。「源氏物語絵はどこ」とかいておりますが、これはそれぞれ節句がテーマになっておりまして、端午の節句なのですね。男の子の節句でかなりのにぎにぎしさ。子供がいるから、そういう端午の節句を祝うのだということがかいております。「常夏もなでしこならば柏餅」という句がありまして、常夏という帖の名前が織り込まれているわけですが、全くこれは源氏絵の図柄ではないのですね。ただし、源氏絵の図柄が、

一月一日、三月三日、五月五日、七月七日、九月九日

とそれぞれ帖名が織り込まれています。

ただこれは端午の節句の様子で、子供がここにいて主役である男の子がここにいて、いろんなおかあさん、おねえさん、使用人その他がみんな、総出で柏餅を作っている。男の子に着物をきせている、飾りをしている様子があるといった節句のにぎにぎしき状況というのがここにあらわされている。ここになってくると、ほとんど源氏絵の、ほとんどというか全くといってもいいくらい源氏絵のものは、見えなくなっているわけです。

今は非常に先端的なといいますか源氏絵の移り変わりとして、新しい傾向、頂点にきた新しい傾向で源氏絵の移りかわりというのをお見せしましたので、新しい物ばかりをお見せしましたけれども、実は古い源氏絵といいますか、構図を利用した浮世絵風源氏絵は、この時代には全くないというわけではなくて、少しづつ継続して製作されているわけですけれども。時代の先端的な部分というのがこういうふうにして変わっていったわけです。浮世絵の源氏絵の変遷ということをお話させていただきました。

【付記】この論は科学研究費補助金「いくさにかかわる文字文化と文物の総合的研究」の一環として行った公開講演会「源氏物語の世界」（愛知県立大学・蓬左文庫・徳川美術館との共催、二〇一〇年一一月一三日、徳川美術館講堂）における講演に基づいている。

「源氏物語絵巻　桐壺」の絵画化
——物語研究の観点から——

青木慎一
あおき・しんいち

はじめに

本論で取り上げる「源氏物語絵巻　桐壺」は、〝幻の「源氏物語絵巻」〟[*1]や〝黄金の庭絵巻〟[*2]とも仮称される一連の絵巻の篇首となる巻である。個人蔵の本巻は二〇〇八年に徳川美術館にて初めて公開されたが、この絵巻を取り巻く研究状況が変わったのは、二〇〇七年から二〇〇八年にかけてのことだろう。それまでは石山寺に所蔵される末摘花上、ニューヨーク・パブリック・ライブラリのスペンサー・コレクションに収められる帚木・末摘花中下など、一部の巻が知られるばかりであった。二〇〇七年にフランスで、国内外の数多の源氏絵を挿絵に付したフランス語訳『源氏物語』[*3]が公刊され、その中にバーク財団蔵の賢木断簡二葉と、ベルギーの個人が所有する賢木断簡二葉の図版が掲載された。翌年五月には日本で『源氏物語と江戸文化』[*4]が刊行され、上記断簡の図版とともに、バーク財団蔵の断簡を中心とする調査・研究の成果が明らかとなった。同書は立教大学を軸とする海外調査プロジェクトを基盤とするものであったが、筆者はそのプロジェクトのメンバーとしてバーク財団調査に参加し、断簡発見にも立ち会った[*5]。その立場から、今日にいたるまで本絵巻の本文を中心に研究を続けてきており、本稿もその一部である[*6]。

「源氏物語絵巻　桐壺」の公開は、偶然にも賢木断簡をめぐる研究動向と時を同じくし、結果として本絵巻への関心が大きく高まることになった。それら桐壺・帚木・末摘花に加え、今日では京都国立博物館に寄託される個人蔵の葵、絵のみがパネル装として残る賢木断簡の現存が確認されている。桐壺の発見は、帚木や末摘花に先立つ冒頭部分が存在し、桐壺以下一揃いの作品を企図して作られたことを証すにとどまらず、研究史上にも重要な知見をもたらした。桐壺のみに見られる奥書には、明暦元年（一六五五）に装丁がなされ、絵巻として完成した旨が記されている。桐壺が発見されるまでは、反町茂雄氏によって作成されたスペンサー・コレクション（ニューヨーク・パブリック・ライブラリ）の蔵書目録[7]に記載された「万治3年の年記がある」添書の存在が、制作時期を考える手がかりとなっていた。しかし、小嶋菜温子氏による調査では、その添書が確認できず、「明暦萬治頃寫」と記された箱書のみが確認された[8]。本絵巻の成立年代を特定する上でも、桐壺が見つかった意義は大きい。

　ところで、本絵巻の最大の特徴は、全巻制作されていれば千を超えたと想像される場面数と、物語本文全てを書き写した詞書にあるだろう。近時、本絵巻に関しては、絵の様式や場面選択法などの美術史的視座[9]はもとより、絵画化にあたっての物語理解や注釈的姿勢を問うたり[10]、詞書染筆者の実態を解明しつつ、本絵巻制作の理由を探ったり[11]するような文学的・文化史的観点からの研究も進みつつある。現在知られる『源氏物語』絵画化の場面数は二、三百である。本絵巻の豊富な図像からは、新たな場面創出がなされたこともうかがわれる。本絵巻については、佐野みどり氏が「『源氏物語』のすべてを絵巻化するという、規模の大きさと図様伝統に依拠せず『源氏物語』本文と切り結んだ新図に籠められた〈読み〉の問題」に注目する[12]。そのことは、本絵巻を考える上で最大のテーマになるだろう。その一方で、現存作例を分析するだけで、源氏絵の図様伝統の中で新しい場面がどのように創り出され、受け継がれてきたかを解き明かすには限界がある。したがって、本絵巻には他の作品には見られない場面が相当数確認されるが、それらを本絵巻独自の絵画化と特定するのは難しい部分もある。しかしながら、本絵巻を含め、時代の枠を越えて現在目にすることのできる図様を広く見渡すことは、『源氏物語』のいかなる場面がどのようなかたちで視覚的に享受されてきたのかを考える上では有効だろう。以上のような観点をもとに、「源氏物語絵巻　桐壺」の場面選択法を中心に考察し、詞書との関連も視野に入れて、本絵巻の絵画化の特徴を捉えていきたい。桐壺の絵画化については、吉川美穂氏が美術史研究の見地から、すでに論じている[13]。以下、吉川氏の論に導かれつつ、物語研究の側面から、桐壺の絵画化の問題を考えることにする。

一　「源氏物語絵巻　桐壺」の概要と「桐壺」巻の場面選択

「源氏物語絵巻　桐壺」は、上中下の三巻からなり、十五図の絵が描き起こされている。各絵については、吉川氏が詳細な場面解説を作成しているので、ここでは巻末に図版を掲載し、各場面の概要を記すにとどめる。絵第一図から、帝が光源氏と対面、源氏の袴着（絵第二図）、桐壺帝と更衣の別れ（絵第三図）、更衣の訃報を聞き、悲しむ帝（絵第四図）、桐壺更衣の葬儀（絵第五図）、靫負命婦が更衣の母を弔問（絵第六図）、更衣の形見を目にして悲しむ帝（絵第七図）、「長恨歌」を前に悲しみに暮れる帝（絵第八図）、源氏の読書始（絵第九図）、鴻臚館での観相（絵第十図）、源氏が藤壺と対面（絵第十一図）、源氏の元服（絵第十二図）、引入れ役の左大臣に禄を下賜（絵第十三図）、源氏、葵の上と結婚（絵第十四図）、二条院の改築（絵第十五図）となる。

　この絵巻よりも前に制作された源氏絵が、桐壺巻からどのような場面を選んで絵画化していたのか調べてみると、次の五場面が確認できる。以下、代表的な作例とともに確かめてみる。

Ⅰ、帝が光源氏と対面（徳川美術館蔵「源氏物語図屏風」（図3）、個人蔵狩野氏信筆「源氏物語図屏風」、個人蔵狩野柳雪筆「源氏物語図屏風」、壇王法林寺蔵「源氏物語図屏風」、ニューサウスウェールズ州立美術館蔵岩瀬又兵衛派「源氏物語図屏風」）

Ⅱ、靫負命婦が更衣の母を弔問（個人蔵「白描源氏物語色紙貼交屏風」[14]（図4）やフリア美術館蔵土佐光則筆「白描源氏物語画帖」）

Ⅲ、鴻臚館での観相（京都国立博物館蔵土佐光吉筆「源氏物語画帖」（図5）、同館蔵伝土佐光元筆「源氏物語画帖」、徳川美術館蔵徳川秀忠詞書筆「源氏物語画帖」ほか多数）

Ⅳ、源氏の元服（浄土寺蔵「源氏物語図扇面散屏風」（図6）、ハーバード大学美術館蔵土佐光信筆「源氏物語画帖」、出光美術館蔵土佐光吉筆「源氏物語図屏風」ほか多数）

Ⅴ、引入れ役の左大臣に禄を下賜（個人蔵「白描源氏物語絵巻貼交屏風」[15]（図7）、ニューヨーク・パブリック・ライブラリ蔵「白描源氏物語絵巻」、個人蔵「源氏物語図屏風」[16]、個人蔵住吉如慶筆「源氏物語画帖」[17]）

右の一覧の通り、Ⅰ～Ⅴの中では「Ⅲ、鴻臚館での観相」か「Ⅳ、源氏の元服」を採る源氏絵が大勢を占める。ちなみに、「Ⅰ、帝が光源氏と対面」や「Ⅱ、靫負命婦が更衣の母を弔問」、「Ⅴ、引入れ役の左大臣に禄を下賜」は、作例の限られる場面である。ただし、二種の白描源氏絵巻（ニューヨーク・パブリック・ライブラリ蔵「白描源氏物語絵巻」と個人蔵「白描源氏物語絵巻貼交屏風」）と「源氏物語図屏風」、「源氏物語画帖」では、同じ場面を選択しながらも、その描写が大きく異なる点に留意すべきだ。白描絵巻では画面右に帝、その左横に酒を注ぐ上の命婦とそれを受ける左大臣、画面左の簀子に鷹を捧げ持つ蔵人が描かれる。屏風は左大臣が上の命婦から大袿を賜るところを、画帖は画面上に儀式の場、画面下に拝領した左馬寮の馬と蔵人所の鷹を描く。同じ場面を絵画化するとはいえ、図様としてはかなりの違いがあるのだ。

右に見てきた源氏絵は、一つの巻から一場面ないしは二場面を選んで絵画化するものであった。それに対して、大阪府立大学総合学術センター蔵『源氏物語絵詞』[18]（以下、源氏絵詞）や山本春正が出版した『絵入源氏物語』[19]（以下、絵入源氏）、石山寺蔵「四百画面源氏物語画帖」[20]（以下、石山画帖）は一つの巻から相当数の場面を選択しており、本絵巻の場面選択法を考える上で看過できない作品である。これらの作品においては、先の源氏絵の場面にくわえ、桐壺帝と更衣の別れ・更衣を喪い悲しむ帝（絵巻の「更衣の形見を目にして悲しむ帝」に対応）・二条院の改築の場面が選ばれている。以上の場面選択をまとめたのが次頁の表である。[21]

この表から、まずは「源氏物語絵巻　桐壺」と「源氏絵」として立項した先行作例を比べてみる。源氏絵においてよく取られた「鴻臚館での観相」や「源氏の元服」といった場面はもとより、「帝が光源氏と対面」や「靫負命婦が更衣の母を弔問」、「引入れ役の左大臣に禄を下賜」といった現存が確認される作品数のさほど多くない場面でも、「源氏物語絵巻　桐壺」で描かれない場面が見当たらない。源氏絵に、源氏絵詞や絵入源氏、石山画帖の場面選択を含めると、「桐壺」巻からは八場面の絵画化が確認できる。それでも、「源氏物語絵巻　桐壺」で絵画化されない場面を見つけられないほど、本絵巻はきめ細かい場面選択を行っている。

　各巻から一図ないしは二図を選ぶ源氏絵と、複数の場面（「桐壺」巻の場合は五図以上）を絵画化する源氏絵詞や絵入源氏、石山画帖とでは、場面選択には大きく異なる点が見られ、興味深い。源氏絵詞や絵入源氏、石山画帖では、従来の源氏絵には見られなかった、桐壺帝と更衣の物語に関する場面が絵画化される。これは「源氏物語絵巻　桐壺」においても同じである。各巻から一図ないしは二図を選ぶ源氏絵の場合、「桐壺」巻から選ばれるのが、主人公光源氏に関する場面であるのは半ば必然だ。桐壺帝と更衣が離別する場面や、更衣と死別し、帝が悲嘆する場面などは、源氏絵詞や絵入源氏、石山画帖、「源氏物語絵巻　桐壺」のように一巻から五場面以上を選び取ることができた作品だからこそ描けた場面だと言える。一巻から一、二図分の場面を選択する源氏絵では、余情あふれる桐壺帝と更衣の物語ではあっても、光源氏の生い立ちに比すれば割愛されざるをえない場面となる。しかし、それが絵入源氏や石山画帖、「源氏物語絵巻　桐壺」といった相当数の場面を描き起こすことのできる作品においては絵画化が可能であり、物語で語られるのと同様に、桐壺帝と更衣の物語を、「桐壺」巻をかたどる主要なモチーフの一つとして描出できた。絵画化できる場面数が増えれば、それだけ多くの内容を表現することができるだろう。「源氏物語絵巻　桐壺」は、現在確認できる源氏絵の中で、絵画化される場面数の最も多い作品である。この絵巻が多数の場面を用いて表現するのはいかなるものなのか。本絵巻の場面選択法を糸口に、絵が表すものを考えたい。

「源氏物語絵巻　桐壺」で絵画化された場面	源氏絵詞	絵入源氏	石山画帖	源氏絵
1、帝が光源氏と対面		○*22	○	○
2、源氏の袴着				
3、桐壺帝と更衣の別れ	●		○	
4、更衣の訃報を聞き、悲しむ帝				
5、桐壺更衣の葬儀				
6、靫負命婦が更衣の母を弔問	○	○	○	○
7、更衣の形見を目にして悲しむ帝	●	○	○	
8、「長恨歌」を前に悲しみに暮れる帝				
9、源氏の読書始				
10、鴻臚館での観相	○	○	○	◎
11、源氏が藤壺と対面				
12、源氏の元服	○	○	○	◎
13、引入れ役の左大臣に禄を下賜	○			○
14、源氏、葵の上と結婚				
15、二条院の改築			○	

二　「源氏物語絵巻　桐壺」独自の場面選択

「源氏物語絵巻　桐壺」独自に絵画化したものとしては、七図を数える。すでに吉川美穂氏が指摘するように[*23]、「桐壺」巻で本絵巻独自に選んだ場面は、通過儀礼にまつわるものが多い。本絵巻にしか見られない場面の中で、儀礼に関する場面が四図を占めることから、たしかに通過儀礼の絵画化が一つの傾向として挙げられよう。この点以外に特徴が認められるとしたら、それは何か。そのことを考える上で、第七・八図と第十一図を注視したい。まず、第七図から見ていくことにする。

第七図は従来の源氏絵には見られない場面で、絵入源氏と石山画帖が同じ場面を描く。しかし、絵入源氏や石山画帖の絵と比較してみると、場面は同一ながらも描かれる内容に大きな相違があることに気づく。絵入源氏の挿絵（図1）は、更衣の母のもとより帰参した靫負命婦が簀子におり、対面する帝に一部始終を報告するさまが描かれる。帝の左前には「長恨歌」の絵や和歌や漢詩集が、そして御前には更衣の母からの文が置かれる。画面左下の女房たちは物語中の「心にくきかぎりの女房四五人」であろう。この挿絵は、本文の「「あらき風ふせぎしかげの枯れしより小萩がうへぞ静心なき」などやうに乱りがはしきを、心をさめざりけるほどと御覧じゆるすべし」と「いとかうしも見えじと思ししづむれど、さらにえ忍びあへさせたまはず」の間に配される。このことからも明らかな通り、女房たちを前に「長恨歌」

【図1】　絵入源氏物語　桐壺第三図

【図2】　石山寺蔵　源氏物語画帖　桐壺第四図

桐壺第七図（徳川美術館蔵）

桐壺第八図（徳川美術館蔵）

桐壺第十一図（徳川美術館蔵）

の絵などを眺めては悲しんでいた余韻を残しつつも、更衣の母の手紙を読む帝に焦点が当てられ、手紙の内容がおのずと際立つようになっている。

石山画帖（図2）では、画面右上に帝が、中央に「長恨歌」の絵とおぼしき絵巻物をひろげる女房たちが描かれる。画面左下の襖が開かれ、そこに立つ女房が靫負命婦である。石山画帖は、「長恨歌」の絵巻を眺めて哀傷する帝のところに、靫負命婦が帰参したその時を描き出している。

「源氏物語絵巻　桐壺」では、邸内中央に帝が、やや下寄りに女房たち、帝の右側に靫負命婦が描かれる。人物構成は絵入源氏や石山画帖とも一致するものの、絵入源氏や石山画帖で描かれていた「長恨歌」の絵や歌集が画中に見えない。代わりに描かれているのは、更衣の形見の品として贈られた装束と髪結いの調度品である。これらが示すものを考えるにあたっては、物語展開を把握する必要がある。当該場面において、帝は装束や髪結いの調度を目前にし、更衣を偲んで「たづねゆくまぼろしもがなつてにても魂のありかをそこと知るべく」の一首を詠む。本図は桐壺更衣の形見を描くことによって、帝の独詠を表現しているのである。桐壺帝が「長恨歌」の絵を前に愁嘆し、「たづねゆく」の歌を詠ずる一連の章段は、源氏絵詞の書き入れにあたる本文と一致する。ただ、本図では「長恨歌」の絵自体が描かれることはない。あえて「長恨歌」の絵を排することにより、更衣の形見を目にし、詠歌せずにはいられなかった帝の悲哀を強調しているのである。また、絵の直前の詞書が、この帝の和歌で閉じられることも見逃せない。[*24]「たづねゆく」詠には「長恨歌」の引用が指摘される通り、物語表現から「長恨歌」のイメージが付与されているとも解せるが、図像として補完する役割を果たしているのが、次の第八図でなかろうか。

第八図は、「長恨歌」の絵本とおぼしき冊子を傍らに、悲愁する帝の様子を描く。「長恨歌」の冊子は、「たずねゆく」の和歌に続く本文、

> 絵に描ける楊貴妃の容貌は、いみじき絵師といへども、筆限りありければいとにほひすくなし。太液芙蓉、未央柳も、げにかよひたりし容貌を、唐めいたるよそひはうるはしうこそありけめ、なつかしうらうたげなりしを思し出づるに、花鳥の色にも音にもよそふべき方ぞなき。朝夕の言ぐさに、翼をならべ、枝をかはさむと契らせたまひしに、かなはざりける命のほどぞ尽きせずうらめしき。

とまず対応するものであろう。ただし、詞書のなかで本図の置かれた位置を考える時、そこにはもう一つの意味が生じてくるのではないか。本図へと至る詞書の末尾には、「他の朝廷の例までひき出で、ささめき嘆きけり。」とある。「他の朝廷の例」とは、玄宗皇帝と楊貴妃の例のことを指す。帝の前に置かれた「長恨歌」の冊子は、帝と更衣との悲恋を象るだけにとどまらず、帝の政務放棄が引き起こす政情不安までも暗示してはいまいか。仮に、第七図において絵入源氏や石山画帖と同様に「長恨歌」の絵を描いていたら、「長恨歌」は二重の意味を持ち得なかった。「長恨歌の御絵」と本文で明記される第七図に

おいてではなく、あえて第八図の段に配したところに、この絵巻の意図を読み取りたい。

先に第七図で、更衣を哀傷し、歌を詠む帝が強調されると述べたが、嘆き悲しむ帝を描くのは、桐壺を通しての顕著な傾向である。桐壺更衣との別れを惜しむ第三図、更衣の訃報を聞く第四図、そして、右に見た第八図にも哀号する帝の姿が描かれる。一帖から一、二場面の場面を選択する源氏絵に、これらの図様を見ることはできない。また、第四図・第八図については、本絵巻以外に作例が見られない。多くの場面を描き起こしてまで繰り返し帝の悲嘆する姿を観者に見せることには、桐壺帝の深い悲しみに寄りそって、帝と更衣の物語を読ませる趣向が看て取れるだろう。

続いて、第十一図について考える。第十一図は桐壺帝が光源氏と藤壺を引き合わせる場面を描く。物語でもわずかに語られるばかりのエピソードであり、本絵巻の他に絵画化した作品を知らない。「桐壺」巻で主に語られるのは、光源氏の生い立ちと桐壺帝と更衣の物語である。源氏と藤壺の対面は「桐壺」巻の本筋とは言えないが、物語全体を見渡した時に大きな意味合いを持ってくる。源氏と藤壺はやがて密通を犯し、不義の子の誕生を招く。二人の子は、後に冷泉帝として即位を果たす。「もののまぎれ」と呼ばれる源氏と藤壺の密通は、物語において秘匿されねばならない最大のタブーだ。源氏と藤壺が出会う当該場面は、「もののまぎれ」が顕在化する以前の話だが、後に「もののまぎれ」を引き起こす発端となる段なのである。小嶋菜温子氏が論じるように[*25]、バーク財団とベルギーの個人が所蔵する賢木断簡には、「もののまぎれ」と切り離せない場面が描かれる。本絵巻の制作に当たっては、「もののまぎれ」を描く意識が確実にはたらいていたと言えよう。本絵巻の場面選択法に通底するこの意識が、本場面を生み出したはずだ。

以上見てきたように、本絵巻の場面が制作者の仔細な検討のもとで選ばれたものであることは間違いない。重ねて描き出される桐壺帝の姿は、この世に一人取り残された生身の人間としての悲しみにあふれている。それは、場面選択にとどまらず、関係するモチーフを画中に配することで、一層明確となる。そこには、光源氏の物語の始発とともに、桐壺帝と更衣の悲しい別れも、「桐壺」巻の物語として読ませる目論見があったろう。絵によって、物語に注釈しているかのようである。源氏と藤壺の対面が描かれたのも、「もののまぎれ」の絵画化を目指した結果であり、物語の読みの反映ともとらえられる。本絵巻の制作においては、極めて顕著な読みが投影されているのである。

もちろん、これらの場面を描けた要因として、本絵巻が「桐壺」巻のみで十五もの場面を絵画化することのできた大型絵巻であったところも大きい。物理的な要因もさることながら、それだけではこのような場面選択をなしえなかったであろう。そこには詞書の文脈を意識した絵画化のありようが深く関わっている。次節ではこの問題について考察していく。

三　「源氏物語絵巻　桐壺」の場面選択と詞書・物語本文

近年、源氏絵の場面選択法に歌の場面がたびたび取り入れられていたり[*26]、源氏物語画帖の詞書に多くの和歌がおさめられていたりすること[*27]が指摘されるように、『源氏物語』の作中歌は絵画化と密接に関わっている。例えば、「桐壺」巻では、「Ⅱ、靫負命婦が更衣の母を弔問」を描くフリア美術館蔵土佐光則筆「白描源氏物語画帖」や個人蔵「白描源氏物語色紙貼交屛風」、「Ⅴ、引入れ役の左大臣に禄を下賜」を描く二種の白描源氏物語絵巻などが、物語中の和歌に重きを置いて絵画化した作例にあたるだろう。本絵巻においても、歌を念頭に選択した場面が見られる。先に述べた第七図に、桐壺更衣の詠歌「かぎりとて別るる道の悲しきにいかまほしきは命なりけり」を承ける第三図、桐壺帝が詠んだ「宮城野の露吹きむすぶ風の音に小萩がもとを思ひこそやれ」に続く第六図がそうである。とはいえ、残る十二の場面は和歌とのつながりが薄く、地の文から取られている。

地の文からの場面選択を考える時に忘れてならないのが、本絵巻の詞書の形式である。物語本文を抄出することなく書写された詞書は、他に類を見ない。詞書が持つ情報量は、抄出本文とは比べるべくもない。本絵巻の有する膨大な情報量は、地の文から場面を選択し、絵画化するにあたり、積極的に活用されたであろう。以下、二、三の実例を挙げ、考えてみる。

まず、先にも言及した第十一図を見てみよう。少々長くなってしまうが、光源氏と藤壺の対面を描く本図にあたる本文を以下に引く。

源氏の君は、御あたり去りたまはぬを、ましてしげく渡らせたまふ御方はえ恥ぢあへたまはず、いずれの御方も、我人に劣らむと思いたるやはある、とりどりにいとめでたけれど、うちおとなびたまへるに、いと若ううつくしげにて、切に隠れたまへど、おのづから漏り見たてまつる。母御息所も、影だにおぼえたまはぬを、「いとよう似たまへり」と典侍の聞こえけるを、若き御心地にいとあはれと思ひきこえたまひて、常に参らまほしく、なづさひ見たてまつらばやとおぼえたまふ。上も、限りなき御思ひどちにて、「な疎みたまひそ。あやしくよそへきこえつべき心地なんする。なめしと思さで、らうたくしたまへ。つらつき、まみなどはいとよう似たりしゆゑ、かよひて見えたまふも似げなからずなむ」など聞こえつけたまへれば、幼心地にも、はかなき花紅葉につけても心ざしを見えたてまつる。こよなう心寄せきこえたまへれば、《　絵　》弘徽殿女御、また、この宮ともそばそばしきゆゑ、うち添へて、もとよりの憎さも立ち出でてものしと思したり。世にたぐひなしと見たてまつりたまひ、名高うおはする宮の容貌にも、なほにほはしさはたとへむ方なく、うつくしげなるを、世の人光る君と聞こゆ。藤壺ならびたまひて、御おぼえもとりどりなれば、かかやく日の宮と聞こゆ。

詞書は「こよなう心寄せきこえたまへれば、」と「弘徽殿女御、また、」で絵の前後に分けられる。文の中途で段を分割するのは、きわめて特異である。当該場面の詞書から絵に転じるならば、「切に隠れたまへど、おのづから漏り見たてまつる。」、「はかなき花紅葉につけても心ざしを見えたてまつる。」、「かかやく日の宮と聞こゆ。」など、段を区切るに適した章句が散見される。それにもかかわらず、あえて一文の半ばで段を閉じるのは、意図するところがあってのことであろう。「こよなう心寄せきこえたまへれば」の一節はこの場面でどのような意味を担っているのか。「こよなう心寄せ」る主体は光源氏だ。前文にも「幼心地にも、はかなき花紅葉につけても心ざしを見えたてまつる。」と藤壺への思慕が語られるが、藤壺に対する最も強い思念が語られるのが「こよなう心寄せきこえたまへれば」の部分なのである。源氏の思いの強さは、「もののまぎれ」へ向かう格好の動機づけとなる。本絵巻はあえて文節で段を区切ることになっても、「こよなう心寄せ」る源氏の姿を刻みつけることを選んだのだ。

　続いて、桐壺更衣の葬儀を描く第五図を取り上げたい。対応する物語本文には、

> 限りあれば、例の作法にをさめたてまつるを、母北の方、同じ煙にのぼりなむと泣きこがれたまひて、御送りの女房の車に慕ひ乗りたまひて、愛宕といふところに、いといかめしうその作法したるに、おはし着きたる心地、いかばかりかはありけむ。（中略）内裏より御使あり。三位の位贈りたまふよし、勅使来て、その宣命読むなむ、悲しきことなりける。女御とだに言はせずなりぬるがあかず口惜しう思さるれば、いま一階の位をだにと贈らせたまふなりけり。《　絵　》これにつけても、憎みたまふ人々多かり。もの思ひ知りたまふは、（以下略）

とある。吉川氏が指摘するように[*28]、図像としては多数の人々が参列する厳かな葬儀の場を描くことに重点が置かれている。しかし、本絵巻の詞書に着目する時、そこには異なる見方が生じてくるのだ。詞書は「いま一階の位をだにと贈らせたまふなりけり。」で区切り、絵の後に「これにつけても、憎みたまふ人々多かり。」を続ける。前文を承ける指示語「これ」があり、その次の「もの思ひ知りたまふは」の一文から始めるほうが接続が良いにもかかわらず、詞書は「いま一階の位をだにと贈らせたまふなりけり。」で切ることを選ぶ。とするならば、観者に印象づけられるのは、やはり「女御とだに言はせずなりぬるがあかず口惜しう思さるれば、いま一階の位をだにと贈らせたまふなりけり。」の一文である。これをふまえて絵を鑑賞すると、桐壺更衣の載る輦輿の次に目に入るのが、宣命を読み上げる勅使の姿である。この時、観者の脳裏には目にしたばかりの詞書の内容が思い浮かぶはずだ。すなわち、帝からの勅使があり、三位追贈の宣命が読まれたことを想起し、生前に報いることができなかった帝の無念へと想いを致すことになるだろう。描かれた図像は悲しみの葬礼である。しかし、絵巻をたぐる観者の視線が宣命を読む勅使の姿をとらえた時、単なる儀式の情景としてよりも、桐壺帝の無念が表出する空間として立ち現れてこないか。前節にて第三・四・七・八図が帝の深い悲しみを浮き彫りにすることを論じたが、本図においても帝の悲悼の念が場面を象っているのである。

　このように、詞書で読み取った作中人物の心情が、即座に絵に投影される構造になっている。いわば詞書が絵の読みを支えているのであ

る。いずれの例からも、絵の直前にくる詞書に多分に注意を払う姿勢が看て取れる。本絵巻は、詞書の記述が絵の読解にはたらくよう構成されており、詞書の面からも物語の読みが示されているのだ。

本絵巻が頻繁に通過儀礼を描くことは先にふれたが、「桐壺」巻に登場する儀礼は、ほとんどが和歌をともなわないばかりか、地の文でも簡略に語られるにとどまる。本絵巻が元服以外の通過儀礼を絵画化できた背景には、全文を写した詞書の存在が前提にあるはずだ。物語本文同様の詞書によって、鑑賞者が記憶しているか定かでないような挿話であっても、絵画化する場面として選ぶことができたであろう。ここには、省筆のない詞書の存在が、場面選択の幅を広げた可能性を指摘できないか。

もちろん、物語の重要なモチーフが含まれるよう場面を選択し、地の文からの積極的な絵画化を可能にしたのが、制作者の深い物語理解であったことに異見はない。むしろ、物語本文を省略せずに詞書を作成すること自体が、制作者の企図するところであったと考える方が自然である。佐野みどり氏や吉川美穂氏が指摘するように[*29]、本絵巻の絵は物語本文の情景を忠実に絵画化したものではない。したがって、詞書の内容と絵が逐一対応するわけでもない。それでも、本文を一切省除することなく、絵を補完しうるよう巧みに配置される本絵巻の詞書が、詞書を有する他の源氏絵のそれよりも、重要な役割を負っていることは間違いないはずだ。

おわりに

これまで見てきたように、本絵巻は、絵と詞書を緻密に組み立てることにより、幅広く物語の読みを示すことに成功した。絵においては、従来の源氏絵で選ばれてきた場面を踏まえた上で、独自の場面を描き起こす傾向がうかがえた。この結果、今日見ることができる『源氏物語』絵画化の場面数は飛躍的に増大した。本絵巻の絵画化を考える上では、絵入源氏や石山画帖とも通じる、複数場面を絵画化することの特質に注目すべきだ。こうした作品では、一巻から一、二場面を描くよりも、はるかに物語の文脈を織り込んだ絵画化が可能となる。本絵巻は、従来の作品で描かれることのなかった間奏的位置づけの場面をも描出し、物語に沿った上で可能な限りの絵画化を果たしたと言えるのかもしれない。本絵巻固有の問題としては、更衣を喪い悲しみに暮れる帝や、源氏と藤壺の対面といった物語の重要な構成要素に焦点が当てられた。また、物語本文を一切省かず書写した詞書は、絵の内容を深めるとともに、詞書なしでは分かりにくい場面の絵画化を実現させた。これまでの源氏絵に類を見ない、長大な詞書と多数の絵の有機的な連関が、物語の読みをも含む豊かな表現世界を作り上げており、『源氏物語』享受のあり方としても特筆すべき作品であろう。

本稿で指摘した傾向は、他巻でも同様に見られるのだろうか。その問題については、引き続き検討していきたい。たとえば、桐壺同様に三巻仕立てで挿絵の総数も近い「源氏物語絵巻　末摘花」では、大輔命婦への仲立ちの依頼や源氏と末摘花の衣装の贈与といった場面がたびたび選択され、物語の流れを取り入れた絵画化がなされている。また、通過儀礼の図様ということでは、末摘花が源氏へ後朝の返歌をしたためる場面が描かれる。詞書の配置についてもおおよそ近似するなど、「源氏物語絵巻　桐壺」と共通する傾向があると考えている。本稿では紙数も尽きたため、稿を改めて論じることとしたい。

注

＊1　小嶋菜温子・小峯和明・渡辺憲司編『源氏物語と江戸文化　可視化される雅俗』森話社、2008

＊2　三田村雅子『記憶の中の源氏物語』新潮社、2008

＊3　ルネ・シフェール訳、エステル・レジェリー＝ボエール監修『*Le Dit du Genji*』Diane de Selliers、2007

＊4　注1に同じ。

＊5　2006〜2008年度文部科学省科学研究費補助金基盤研究（B）「王朝文芸の中世・近世における図像的展開をめぐる総合比較研究」（研究代表者：小嶋菜温子）。「源氏絵」調査メンバーは、代表者の小嶋菜温子のほかに、稲本万里子（研究分担者）、青木慎一（研究協力者）。

＊6　本絵巻に関する拙論は以下のとおり。青木慎一「幻の「源氏物語絵巻」の本文系統について―石山寺蔵「源氏物語絵巻」末摘花上の本文系統の確認」『立教大学大学院日本文学論叢』8、2008・8、同「石山寺蔵、スペンサー・コレクション蔵、バーク財団蔵「源氏物語絵巻」断簡をめぐって―幻の「源氏物語絵巻」、成立背景とそのゆくえ」『世界文学の中の日本文学―物語の過去と未来―（第32回国際日本文学研究集会会議録）』国文学研究資料館、2009、同「幻の「源氏物語絵巻」の本文について―スペンサーコレクション蔵「源氏物語絵巻」末摘花中の本文系統の確認」『立教大学大学院日本文学論叢』9、2009・8、同「幻の「源氏物語絵巻」の本文について―スペンサーコレクション蔵「源氏物語絵巻」末摘花下の本文系統の確認」、『立教大学大学院日本文学論叢』10、2010・8、同「図版篇掲載作品解説　源氏物語絵巻　末摘花」・「同　源氏物語絵巻　賢木」佐野みどり監修『源氏絵集成』藝華書院、2011。

＊7　反町茂雄編『スペンサー コレクション蔵　日本繪入本及絵本目録　増補改訂版』弘文荘、1978

＊8　小嶋菜温子「幻の「源氏物語絵巻」、宴の光と影―スペンサー本「帚木」・バーク本「賢木」断簡にみる」『季刊 iichiko』100、2008・10、同「幻の「源氏物語絵巻」にみる物語理解―近世初期の堂上流『源氏』享受をめぐって」『中古文学』84、2009・12

＊9　田口榮一「「末摘花」絵巻における物語の絵画化―源氏絵場面選択の意識とその造形化の一考察―」鈴木一雄監修・須田哲夫編『源氏物語の鑑賞と基礎知識 No.13 末摘花』至文堂、2000、稲本万里子「バーク財団蔵「源氏物語絵巻」賢木巻断簡について」『源氏物語と江戸文化』（注1掲書）、吉川美穂「新発見の「源氏物語絵巻　桐壺」―製作背景とその特質―」『金鯱叢書』36、徳川黎明会、2010・2

＊10　小嶋菜温子「幻の「源氏物語絵巻」覚書―室町期・近世初期の『源氏物語』享受史から」『立教大学大学院日本文学論叢』8、2008・8、および小嶋菜温子前掲論文（注8）

＊11　杉本まゆ子「九条幸家と源氏物語―源氏切紙と幻の絵巻―」『國文目白』49、2010・2

＊12　佐野みどり「源氏繪研究の現況」『國華』1358、2008・12

＊13　吉川美穂前掲論文（注9）

＊14　『源氏絵集成』（注6）の掲載図版による。

＊15　吉川美穂前掲論文（注9）

＊16　秋山虔・田口榮一監修『豪華「源氏絵」の世界　源氏物語』学習研究社、1988の掲載図版による。

＊17　田口榮一美術監修・解説『実用特選シリーズ「源氏物語」』学習研究社、1986の掲載図版による。

＊18　片桐洋一・大阪女子大学物語研究会編著『源氏物語絵詞―翻刻と解説―』大学堂書店、１９８３

＊19　吉田幸一『繪入本源氏物語考』青裳堂書店、１９８７

＊20　鷲尾遍隆監修・中野幸一編集『石山寺蔵　四百画面　源氏物語画帖』勉誠出版、２００５

＊21　諸本において絵画化される場面を「○」で表した。なお、源氏絵詞で使用する「●」は書き入れの体裁を残す本文箇所、源氏絵で使用する「◎」は作例の多い場面を意味する。

＊22　清水婦久子氏は、清水婦久子編『絵入源氏　桐壺巻』（桜楓社、１９９３）をはじめとして、本図が帝と源氏の対面ではなく、更衣が患う直前の初夏の候の場面であることを繰り返し指摘する。首肯すべき見解であるが、本稿では図様の類型性の面から一括してあつかった。

＊23　吉川美穂前掲論文（注９）

＊24　「源氏物語絵巻　桐壺」の詞書に関しては、吉川美穂前掲論文（注９）の詞書翻刻をもとに考察を行った（以下同）。

＊25　注10に同じ。

＊26　清水婦久子「「絵入源氏物語」の挿絵と本文・和歌・注釈」『中古文学』84、２００９・12

＊27　野口剛「源氏物語画帖の詞書をめぐる考察」『京都文化博物館研究紀要　朱雀』21、２００９、同「源氏絵・色紙・和歌―源氏物語画帖の詞書をめぐって」『中古文学』84、２００９・12

＊28　吉川美穂前掲論文（注９）

＊29　佐野みどり「『源氏物語』の絵画化―白描源氏物語絵巻紹介をかねて―」高橋亨編『王朝文学と物語絵』竹林舎、２０１０および吉川美穂前掲論文（注９）

※『源氏物語』の引用は『新編日本古典文学全集』（小学館）に拠る。

※本稿をなすにあたり、吉川美穂氏には、注９の論文も含めて多大の御教示を得たことを、特記して深謝申し上げます。

【図4】 個人蔵
白描源氏物語色紙
貼交屏風・桐壺

【図3】 源氏物語図屏風・桐壺
（徳川美術館所蔵 ©徳川美術館イメージアーカイブ／DNPartcom）

【図5】 京都国立博物館蔵
土佐光吉筆
源氏物語画帖・桐壺

【図6】 浄土寺蔵
源氏物語図扇面散屏風・桐壺

【図7】 個人蔵白描源氏物語絵巻貼交屏風・桐壺

桐壺第一図

桐壺第二図

桐壺第三図

桐壺第四図

桐壺第五図

桐壺第六図

桐壺第七図

桐壺第八図

桐壺第九図

桐壺第十図

桐壺第十一図

桐壺第十二図

桐壺第十三図

桐壺第十四図

桐壺第十五図

桐壺第一図～第十五図（徳川美術館蔵）

近世源氏絵に描かれた遊具、「雛」の形象
――京都国立博物館蔵「土佐光吉源氏物語画帖」を中心に――

川名淳子（かわな・じゅんこ）

一　源氏絵と「雛」

『源氏物語』に描かれた遊戯の模様は、物語の展開や登場人物の造型の有り方に深く係わっている。そしてそこに描出された遊具は、遊びに興ずる者たちの平穏な日常を演出すると共に、物語世界が必要とした固有の情況を導き出す装置として巧みに定位されている。例えば、碁盤に向かう無防備な空蟬の姿態は、垣間見る源氏にはなまめかしく映り、中の品の女性への興味をかき立てた。また、光源氏の後半生に苦悩と翳りをもたらすそもそもの導火線は、貴公子達の戸外の遊び、蹴鞠の特色がいかんなく発揮された〈動〉きの中にあった。物語の登場人物と遊戯・遊具が結びつき、その場の模様や人間関係が鮮やかに浮き彫りになる。「雛」も同様に、雛遊びを楽しむ者たちのその折々の情況を顕かにする。平安時代の「雛遊び」は、人形を用いて日常に行われる遊戯で、「雛」の語源は、鳥の子、ひな鳥の意に拠る。雛の小さくてあどけない姿が愛玩用の人形の愛らしさに転化したと考えられる。よって雛には、身代わりや呪術の具であるところの「人形（ひとがた）」や「形代」「撫物（なでもの）」とは異なる独自の形態と機能があった。周知のごとく『源氏物語』では、紫の上の幼少時代を照らし出す重要な物語上の小道具となっている。源氏は紫の上と共に雛遊びをすることで親密な関係を築いていったのである。

右の空蟬巻の碁や若菜巻の蹴鞠の場面は、後世の源氏絵に繰り返し描かれている。燈火に照らされた碁盤、向き合う空蟬と軒端荻、それを覗き見る源氏の姿が吹抜屋台の構図で描かれ、絵の鑑賞者は源氏の胸の高鳴りを感受する。また桜花舞い散る夕暮れの六条院、鞠を追う男たち、それを立って見る女三の宮、御殿から飛び出す猫、捲れ上がる御簾…と次々連なるシーンは、絵画化されることで、決定的な一瞬として人々の脳裏に鮮やかに記憶されていく。図様が定型化してゆく中世・近世の源氏絵において、そこに描かれた碁盤や鞠は、当該場面の内容を象徴する記号的な機能を果たすことになる。

同じく雛遊びの有り様も、絵画化された作例を数多く見出すことができる。田口榮一氏作成の「源氏絵帖別場面一覧」[*1]に拠れば、紅葉賀巻の雛遊びの有様は、同巻の源氏と頭中将の青海波の舞姿の絵よりも、多くの作品例が挙げられている。しかしその画面を確認し得るいくつかの源氏絵を見る限りでも、雛の描かれ方は、一様ではないようだ。婚礼調度に相当する金地濃彩の豪華本の源氏絵に描かれた雛と、例えば「絵入源氏物語」の挿絵に描かれた雛は、人形も、それに付随する人形用の道具類も全く異なる様相を見せている。

　雛は、碁盤や鞠、また同じく人形である天児（あまがつ）や這子（ほうこ）の描写とも異なり、その描かれ方が様々である題材であったと考えられる。平安時代の雛の遺品はないため、その形状は不詳といわざるを得ないが、おそらく平安時代の雛のかたちと、現存する近世の源氏絵の中の雛のかたちとは、同型ではないと思われる。源氏絵の中の雛は、その画中の〈人〉のかたちとそっくりに描かれたものもあるし、またごく簡素な作りの紙雛もある。雛は、碁盤や鞠のように、ほぼどの源氏絵においても同一の形状を保って描出される物品ではなく、当該する個々の源氏絵の制作意図や対象とする享受者によって描き分けられて画面を充填する題材であったと想定されるのである。

　近世の源氏絵を取り上げる本稿は、そこに描かれた雛が平安時代のそれとはいかなる差異を呈しているのか、その相違点を挙げることを最終目的とするものではない。後世の『源氏物語』の享受のありようを形象化した源氏絵において、雛がいかに描かれているかを分析することは、原典の中の遊戯がどのように読解され、原典が内包するいかなる側面が当該する源氏絵の中に反映されているのかを探るものなのである。平安文学内に叙述された雛の形態やその遊戯の独自性、物語絵と雛の相関性などを考察した前稿[*2]の延長上に、以下、源氏絵に描かれた雛のかたちの意味を探ってゆきたいと考える。

　本稿では、土佐派の画風を確立した土佐光吉の基準作品、京都国立博物館蔵「土佐光吉・長次郎筆源氏物語画帖」を中心に、関連作品として和泉市久保惣記念美術館蔵「土佐光吉筆源氏物語手鑑」を取り上げる。以下、両作品については、京博本源氏画帖、久保惣本源氏手鑑と表記する。また本稿では源氏の妻、紫の上については、少女時代の呼称「若紫の君」も含め、「紫の上」で統一する。

二　京博本源氏画帖「紅葉賀」の雛遊びの場面

　桃山期から江戸初期にかけて制作された源氏絵には、武家と公家の様々な事情が複雑に絡み合っている[*3]。『源氏物語』と源氏絵に王朝を幻視し、それを享受、所有することが、あたかも貴族の文化を掌握したかのような武家の源氏熱は、一方で、天皇や皇族、公家たちを刺戟し、彼らもまた『源氏物語』を利用しつつ自らの伝統と歴史的な立ち位置を確認し、武家に対抗する相互の結束を固めていった。源氏絵画帖の詞の寄合書を視点に、高橋亨氏は、『源氏物語』と源氏絵は、平家から鎌倉幕府、室町幕府から豊臣そして徳川幕府へと続く武家にとっての「源氏神話」を支える宝器であると同時に、朝廷や公家にとっては貴族の証しであり、権威となるその相互補完的な関係を分析する。[*4]また大阪夏の陣の最中に『源氏物語』の講義を受ける徳川家康（一五四二～一六一六）、そして同時期にまた『源氏物語』の講義、全巻の書写を企て、源氏絵画帖の詞の揮毫、及びその制作に大きく関わる後陽成天皇（一五七一～一六一七）について三田村雅子氏は、徳川幕府樹立の権力移行期（慶長五～十九年）に、源氏文化掌握への強い情熱が天皇を捉えていたことを詳述する。戦国覇者たちの源氏物語争奪戦を目の前にして、『源氏物語』ならば天皇こそ「本家」であるという家元意識が俄に湧き上がったという。三田村氏は、後陽成天皇が、秀吉、家康が『源氏物語』の外側の形ばかりの継承を願ったのに対し、天皇は天皇にふさわしい教養と伝統の厚みを見せ付ける形で、この物語に対峙した、その「帝王の」源氏物語が表出する意味を明らかにする。[*5]

一方、このような公家と武家の双方を、『源氏物語』を媒体として仲介する中院通村のような源氏学者の存在も重要であった。『岷江入楚』を著した中院通勝を父とする通村は、家康と後陽成天皇の双方に源氏の講義を行うと共に、源氏絵の制作のコーディネーターの役割も果たしている。土佐光吉はその通村と懇意であり、後陽成天皇に重用された絵師である。すでに土佐派は宮廷預所の絵師の職を失っていたが、それまでの宮廷絵師としての威信と家の再興を賭けて所有する粉本をもとに、さらなる新奇と独自性を発揮し、源氏絵の制作を精力的に行っていったとみられる。

また現存する源氏絵は、屏風などの大画面から色紙や冊子、扇面といった小画面までその形態はさまざまだが、その多くは女性の調度として制作されたと見られ、婚礼用の調度でもあった。[*6]使用者は特定の姫君であったとしても、貴顕の貴族や武家の婚礼は重要な政治的行為であり、その道具類の製作も自ずと公的な意味をおびる。そこに描かれた源氏絵は、「王朝」の恋愛模様の華やぎや華麗な諸行事を媒体として、注文主の現況と未来を寿ぐ役目を担う。さまざまな思惑が絡まりながら源氏絵＝吉祥というコンセプトが導き出されてゆくのである。

京博本源氏画帖は、絵と詞は一対となり、「桐壺」から「早蕨」までの各帖から一場面ずつ選択されているが、「宿木」から「夢浮橋」までを欠き、代わり「夕顔」「若菜」「末摘花」「蓬生」の六画面が重複して収められている。「土佐久翌」印のある「桐壺」から「若菜下」と「柏木」は土佐光吉筆、「柏木」以外の無印の場面と、以下の長次郎墨書のある絵は、光吉が側近の画人長次郎と共に制作したか、または光吉の死によってそれを引き継いだ長次郎ら複数の絵師によって成ったかとされている。詞書は、後陽成天皇と近親関係にある、親王、法親王ら皇族、近衛信尹（一五六五～一六一四）をはじめとする公家二十三名の寄合い書で、その中には当時、幼少であった信尹の子信尋（一五九九～一六四九）、信尹の娘太郎君が含まれていることから、信尹を中心としてに企図されたかと見なされている。[*7]

京博本源氏画帖において雛遊びの模様は、「紅葉賀」に描かれている。詞書は後陽成天皇弟大覚寺空性法親王の染筆で、

おとこきみは朝拝にまいり給とてさしのそき給へりいろしかひ（ママ）、なをしすへてそ、きゐたまへる三尺のみつしひとよろひにしな

【図1】 京都国立博物館蔵「土佐光吉・長次郎筆 源氏物語画帖」紅葉賀

くしつらひすへて又ちさきやともつくりあつめてたてまつり給へるを所せきまてあそひゝろけ給へり

とある。光吉筆の絵【図1】は、金地濃彩の画面の中央に雛の御殿が二棟が描かれている。左奥の几帳の傍らに坐す、亀甲文様の袿姿のやや小さく描かれた女性が紫の上。紫の上の側の筥は、雛の調度を納める雛櫃であろうか。右に元旦の朝拝に参内する束帯姿の源氏。振り向きざまに紫の上を見つめていて左手は、飾り太刀に添えられている。源氏の近く、雛を挟んで紫の上と相対するのが乳母の少納言であろうか。簀子縁に座るのが遊び相手の犬君に相当する女童かと思われるが、紫の上に向かって体を傾け右手をついて何か言おうとしている様子も窺えるから、こちらも紫の上を諭し仕える女房か。画面の左端に整然と冊子が積まれた二階棚の厨子。手前の襖障子には、竹、紫の上の左手の襖障子には藤が描かれ、庭には満開の梅が金雲越しに見える。本画帖の他の画面と同様、本図も人物の装束、几帳などの調度の文様は緻密で、厨子の蒔絵の描写にも光吉の細密画への拘りがうかがえる。雛の御殿の下に敷かれた紅白の二様の敷物の精緻な文様も、画面に華やぎを添えている。御殿の中の雛の人物たちは、男女五人が見える。雛の御殿の中の右隅の雛の女房たちは、紫の上に仕える二人の女房と同様、緑系と赤系の衣装を着て相似形の様態をみせているが、その二人の雛の女房が顔を向けている先に男君の雛と並んで、姫君の雛が坐しているのであろうか、屋台で見えない。雛の御殿は、その屋根の破風、板屋根の様も細かい描写が施されている。寝殿と対の屋を表現しているのであろう。冊子を収納した厨子が、詞書の「三尺の御厨子」に相当するのだとしたら、それに近接し並べて、それ以上の高さを保って描かれるこの雛の御殿は、人形用の住まいとしてはかなり大きいものであることを示す。二棟の雛の御殿は、この画面が「豪華」なものであるという印象を与える重要な要素となっている。

そしてその雛の御殿内に描かれた人形はかなり精巧である。精巧であるというのは、生身の人間を彷彿とさせるということではなく、人形が、物語絵の中でものを言い、動く画面の中の人物たちとほぼ同じ姿をして、細密に描かれてその存在を示しているということである。まさに画中の人物をそのまま縮小したように描かれている。この場合、人形が人形であることの証しはサイズが小さいというだけで、その形状は差異が全くない。その点、【図2】に挙げた「絵入源氏物語」[*8]（四〇三頁参照）の人形は、衣装も簡素である。明らかに物語世界の人物として描かれた〈人〉の姿と、遊具として描かれた雛は、別ものである。雛の住居も簡単な作り物（紙細工）であることが明確である。紫の上を取り囲む女房たちにも動きが見られ、原文にある紫の上が「ひゝなをしすへてそゝきゐたまへる」最中であることが描かれている。雛は、絵の中の人物に従属しているのである。

それに比べ、光吉の画帖の雛は、一筋二筋と分かれた毛髪が肩にかかり、髪の毛の束越しに装束が透いて見える様、袿姿の裾が裏返り下の衣の文様が見える様子、髻を中で留めた烏帽子が頭から少しずれることまでが細かく描出されている。また板屋根の中に後ろ姿を見せている男雛の黒い装束に描き込まれた金色の衣の輪郭線が、衣が作る皺と見なされその姿をより立体的なものにしている。雛の御殿内に座する者たちは、果たして画面の外にいるこの画帖の鑑賞者たちも手にすることができる「人形」であろうか。立体的な座り雛はすでに室町時代からに制作されていたようだが、装束を着けた座り雛は、―この画帖が制作した時に近いものとして寛永雛があるものの―、男女一対の内裏雛を飾るもので、日常の遊具として女房を見立てた人形まで身分の上下を揃えて、動かして遊ぶ人形遊びの具としては未だ普及していない。

そもそも人形を用いた遊びには、人形に向かい合い語りかける対話型と、人形を動かし単純な劇（ドラマ）を作り出す演劇型があるが、ここに描かれた雛は、あまりにしっくりとこの御殿に納まり、紫の上が操るそのしぐさが窺われない。犬君と共に、人形やその道具類が破損するほどの動きで追儺をなぞって遊んでいた形跡も、雛を手にして動かしている紫の上の動作も感じられない。まさに眺める人形として紫の上と雛との間に距離が保たれているのである。今、一歩踏み込んで言えば、この絵の中の紫の上の雛は、絵の中に存在するために描かれた人形であって、絵の外にいる鑑賞者たちも手にし得る人形が、画面の中に描かれているのではないのだと思われる。不自然なほど大きな御殿におさまる雛は、この絵全体が実は入れ子型の構造を持っていることを告げている。すなわち雛の御殿の雛は、絵全体の空間であるところの二条院の中の紫の上と対応関係にある。雛の御殿の人形たちを見つめる紫の上のまなざしは、この絵に描かれた紫の上をみつめる鑑賞者の視点と重なる。雛のジオラマからそれを見る絵の中の者たちの空間へ、そしてさらに画帖を見る者たち自身の居住空間へ、と鑑賞者の視点は重層的に誘導されてゆくのである。その過程で紫の上とは、御殿の中の雛のごとく、行儀よく、光源氏の二条院という大きな御殿におさまっている人物であることが印象づけられる。おそらく、画帖の鑑賞者も自らの豪奢な邸宅内で、その様を心地よく眺めていることになるのであろう。

一方、源氏はその身体を紫の上の部屋の外に向け、今まさに、出掛けようとしている。彼の意識は、紫の上を顧みつつ、画面の向こうへと向けられている。その行く先は、束帯姿で笏を持ち、太刀を佩いて向かう内裏である。彼は、内裏に向かって出てゆく人物であり、紫の上は、邸内に座して、内裏に向かう立場にある男君を見送る女君なのである。

「絵入源氏物語」の光源氏の装束が束帯でないことに疑義が唱えられているが、山本春正の描く紫の上の雛遊びの空間は、京博本源氏画帖のごとく源氏が内裏へと向かう、その姿勢と行為自体には結びついていないということになる。光源氏は、紫の上の日常の遊戯の模様を覗きみている体なのであった。源氏がこの時向かったのは、大極殿で百官が集いおこなわれる「御門拝み」の「朝拝」か、清涼殿における「小朝拝」か、解釈が分かれるところである。日向一雅氏は、紅葉賀巻の朝拝は、このときの桐壺帝の聖代、王権の権威を演出するものとして、朝賀が相応しいとする。[*9] 元旦、光源氏は儀仗の太刀を平緒に佩き、垂纓に笏の束帯姿で内裏の儀式に向かった人物なのである。この雛遊びの模様が、朝拝に向かう源氏の姿と明確に対応していると描くことは京博本源氏画帖の今一つ注目すべき大きな特徴であろう。

三　紅葉賀巻の「作りいでたる」雛

『源氏物語』紅葉賀巻の当該場面は次のように展開する。

男君は、朝拝に参りたまふとて、さしのぞきたまへり。（源氏）「今日よりは、大人しくなりたまへりや」とて、うち笑みたまへる。いとめでたう愛敬づきたまへり。いつしか、雛をしするて、そそきゐたまへる、三尺の御厨子一具に、品々しつらひするて、また小さき屋ども作り集めて奉りたまへるを、ところ狭きまで遊びひろげたまへり。（若紫）「儺やらふとて、犬君がこれをこぼちはべりにければ、つくろひ侍るぞ」とて、いと大事と思いたり。（源氏）「げにいと心なき人のしわざにもはべるなるかな。今つくろはせ侍らむ。今日は言忌して、な泣いたまひそ」とて、出でたまふ気色、所狭きを、人々端に出でて見たてまつれば、姫君も立ち出でて見たてまつりたまひて、雛の中の源氏の君つくろひ立てて、内裏に参らせなどしたまふ。（少納言）「今年だにすこし大人びさせたまへ。十にあまりぬる人は、雛遊びは忌みはべるものを。かく御男などまうけたてまつりたまひては、あるべかしうしめやかにてこそ、見えたてまつらせたまはめ。御髪まゐるほどをだに、もの憂くせさせたまふ」など、少納言聞こゆ。御遊びにのみ心入れたまへれば、恥づかしと思はせたてまつらむ、とて言へば、心のうちに、（若紫）「我は、さは、男まうけてけり。この人々の男とてあるは、みにくくこそあれ、我はかくをかしげに若き人をも持たりけるかな」と、今ぞ思ほし知りける。さはいへど、御年の数添うしるしなめりかし。かく幼き御けはひの、事に触れてしるければ、殿の内の人々も、あやしと思ひけれど、いとかう世づかぬ御添臥ならむとは思はざりけり。

冗長にはなるが、今一度辿ってみると、①源氏が元旦の内裏に出かける前に紫の上の部屋を覗く　②紫の上は人形遊びの最中　③追儺をまねて人形とその御殿、付随する遊具が破損　④繕い中だと訴える紫の上に、源氏はその修繕を約束、泣かないように諭して出かける　⑤紫の上、源氏を見送った後、同じく人形の「源氏の君」を雛の内裏に参内させる　⑥乳母の少納言が十歳を過ぎた紫の上にもう雛遊びをやめるように諭す　⑦紫の上、「夫」を持った身であることの乳母の詞に反応、源氏が夫であることを思う　⑧邸内の人々の、紫の上の幼さへの思惑、となる。時間の流れとしては、③の追儺のシーンは、源氏が登場する①の前のことになる。⑧の人々の思惑は、すでにこの時期、周囲の人々が恒常的に抱いていた感想ということになる。この一連の展開から判明することは、ⓐ追儺のような年中行事を模して遊ぶ紫の上の雛遊びの内容、そして壊れてしまったり、修繕可能な雛と雛の御殿の形態、ⓑ紫の上の側に立ち理解を示す源氏と紫の上の会話、ⓒ雛と源氏を同一視する紫の上の雛の扱い方、ⓓ夫を持ったことの淡い自覚と紫の上の心内語、ⓔ乳母の雛遊びの禁止の教育方針、ということが挙げられる。

乳母の少納言の嘆息と共に、紫の上がこの年頭にきっぱり雛を手放したとは思えないが、その後の物語の展開から翻ってみれば、ここが彼女の雛遊びの終結の場面となった。結果的に⑥⑦とⓔに収斂したことになる。では、裳着を間近にした十歳過ぎという年齢表記の他、右の場面で、雛遊び自体としては、どの部分がその遊戯の終わりを予感させるものになっているのであろうか。以下先ず、雛遊びのあり方を探った上で、この遊戯の終焉の様を考えてみたい。

王朝文学に描かれた諸場面から推量すると、雛遊びは裳着を前にした数年間、必ず行うべき子女の遊びの必須科目のようなものであったようだ。女児の成長と共に、いつしか顧みられなくなる現代の人形遊びとは異なり、その遊びの開始の時期から、人形から卒業する頃あいまでを母親や乳母、女房たちが管理をする姫君教育の一環としてあった。特に高家の姫君をめぐる後見者側に立てば、雛を用いた「ごっこ遊び」は、現実生活の真似事ではなく、「雛」が織りなす「虚」の空間に、姫君を埋没させることに大きな意味があった。幸福なストーリーの絵物語の鑑賞と同様に、少女たちは、雛遊びを通して愛別離苦の苦しみのない、夢々しい世界を満喫する。それが彼女たちの次なる理想的な結婚へと踏み出すためのイメージトレーニングとなるのであった。あまりに幼い入内や結婚が制度として存在する社会であるがゆえに、そのような操作によって結婚への憧れが刷り込まれなければ、彼女たちは来るべき、厳しい現実に突入してゆく精神的心構えを形成する術（すべ）を持たなかったのである。[*10] 従って、その遊具は、生身の男女の実相を学ぶツールではなく、またその遊び方も大人の恋愛関係の単なる模倣戯でもない。雛とは、夢々しい男女の結びつき、破綻のない幸福な〈お姫様〉の世界へと彼女たちを誘うアイテムでなのであった。
若紫巻で、紫の上が周囲の大人たちが絶賛する源氏の姿を初めて見たとき、自身は「雛遊びにも、絵描い給ふにも、源氏の君と作り出でて、きよらなる衣着せ、かしづき給ふ」とあるごとく〈光源氏〉の雛を制作した。この時の彼女にとって光源氏とは、今まで絵物語で読み、眺めてきた美しい貴公子に繋がる仮想的人間であった。〈光源氏〉の絵を描き、雛という形でミニチュア化されることで、〈光源氏〉はいつでも若紫の手の内にあり、彼女と身近に向き合い、想像の世界へと繋がる玩具となったのであった。この段階では、女房たちは、未だ源氏との結婚など想定していなかったが、「さらばかの方のお子になったら」などと笑いさざめきつつ、〈光源氏〉の雛を大事に扱う彼女を見守り、幼い憧れ気持ちを助長させている。男君との幸福な結びつきを期待する情操教育として雛遊びは位置づけられていたのである。

従って平安時代においては、雛は眺めるものではなく、雛に思い入れをもって動かし、遊ぶ少女たちが自身で雛を作り出すところから始まった。「作り」「動かす」ところに雛遊びの妙味があり、作る→こわす→繕う、そしてまた作るという一連の作業の繰り返しが遊びの重要な要素であった。右の紅葉賀巻の場面でも紫の上が「つくろひ侍るぞ」と言ったのに対し「いまつくろはせ侍らん」と源氏は即座に呼応した。源氏は彼女を引き取った当初より「雛など、わざと屋ども作りつづけて、もろともに遊びつつ」とあるごとく一緒に雛や雛の住居を作る作業を行った。『狭衣物語』や『寝覚物語』にも我が子との精神的交流の方途に「雛を作る」という共同作業が意味をもつ場面[*11]が見られるが、源氏は雛を作るという遊びの根本から紫の上に向き合うことによって、親のようなまなざしで、彼女の内面を共有しようと努め、絆を深めていったのだと思われる。

四　雛の形態・衣装・調度

このような雛作りが意味を持つ背景には、当時、雛という人形が身近な材料を使用し、素人が制作し得るごくシンプルな形態を有していることが必須の条件となる。紫の上が手にした雛の本体を形づくる素材は、紙であったと推定される。紙製の簡素なものであるがゆえに、その雛の個別性は、雛と向き合う者のみに理解されるものであり、個々の雛への愛着は「つくる」という制作過程で醸成されていった。当時の雛が紙で制作されたことの物的確証はないが、雛の住居に反古紙が使用されている例などを合わせて考えると、おそらく雛本体にも紙が用いられていた可能性が高い。たとえば夕霧巻に雲居雁が子供たちと「雛つくり拾ひ据ゑて遊びたまふ」という記述がある。「拾ひ据ゑて」とは、雛はそれ自体では立たないため、床から起こして手で支えながら動かし遊ぶということである。また総角巻では、臨終の床にある大君の衰弱の様が「中に身もなき雛を臥せたらむ心地して」と形容されている。そのような事例から見て、厚みのない身体こそが雛の特徴的形状であったことが想定し得る。横にすると薄く平面的だが、起こし支えると立つというのは、布だけでは不可能であろう。また胴体に木材を用いることは、姫君たちが直接手を下す制作過程においては無理があろう。従って雛の本体はやはり紙を素材にしていることが妥当だと思われ、その形態も少女たちが容易に作れる単純な形をなしていたことが想定される。このような雛は、雛で遊ぶ当事者の思い入れと「見立て」によって、息吹が注ぎ込まれていった。換言すれば、雛遊びとは、雛と向き合う者同士が、強い思い入れを共有し合わなければ成り立たない遊戯であったと言えるのである。

その雛に纏わせる衣装や雛用の調度などの道具類は、これはまた様々であったようだ。『枕草子』に、五寸程の殿上童をかたどった雛に結髪している記事[*12]がみられる。おそらく和紙で作った雛の髪を頭部に貼り付けたものと考えられる。そこに上質の「うるはしい」絹布を何枚か重ね衣装に見立てている。布を胴体に巻き付ける程度のものから、『蜻蛉日記』に見られるの例のごとく、縑（かとり）（薄絹）を用いて縫合し袿などの形態を保っていたものまであった。[*13]よって雛を「つくる」という語は、雛本体の制作に加え、装束を着け整えていくという意も含むことになろう。二十センチ弱の簡素な胴体にどの程度の衣裳がつけられたのか不明だが、紙製の胴体と布製の装束の均衡はおそらく装束の方に比重があり、バランスを欠く傾向があったのではなかろうか。幼い姫君が、その小さなからだがあたかも装束に埋まっているかのような様が、「いみじう美しう雛のやうにて」「雛のやうにて、おかしからん」と表現する修飾句[*14]にはそういった雛の特徴が窺がわれる。

雛が破損した時、源氏は「つくろはせる」と約束したが、源氏の指示のもと女房たちの裁縫の力も導入され、紫の上の雛の衣裳はより美麗なものになっていった。源氏は尼君に紫の上の後見を申し出た時、本人には「いざたまへよ。をかしき絵など多く、雛遊びなどする所に」とその興味をそそり絵や雛を贈った。自邸を「雛遊びができる所」と表現した源氏は、彼女を二条院に連れてくると、早速「をかしき絵、遊び物ども取りに遣わして、見せたてまつり、御心につく事どもをし給ふ」とその機嫌を取った。この「遊び物」もやはり雛とそれに附随する調度などの遊具であろう。西の対には「御遊びがたきの童べ、児ども」が集められ、雛遊びにふさわしい環境が調えられていった。少女時代の紫の上は、雛遊びの「場」というごく自然な形で源氏の膝下に落ち着いていったわけである。源氏の庇護に守られるということの心地よさ、贅沢さは、彼女自身が実際見るもの、手に触れる物を通してこそ実感し得る。雛つくりは親子のような紐帯を作り出す一方、源氏のもとで過ごすことの物質的充実感をもたらしていった。源氏は紫の上が過ごしてきたそれまでの日常性を損なうことなく、その中にさりげなく潤沢に「物」を調えることによって、彼女の意識の中から自らの境遇への不安感を排除してゆこうとしたのである。

そういった源氏のもくろみは、雛の調度に関しても見て取れる。雛には食器から住居、馬や牛車などの乗り物に至るまでそれに附随する小さな様々な道具類がある。『枕草子』の「うつくしきもの」の章段に、小さな蓮の葉や葵の葉を雛遊びの器や食器に見立てた記事があり、また『紫式部日記』に「このころ反古もみな破り焼きうしなひ、雛などの屋つくりにこの春し侍りにし…」という記述がある。草木や反古紙が雛遊びの道具や住居などに用いられていたことが判明する。野分巻で嵐の後、夕霧が明石の姫君を見舞う場面で「雛の殿はいかがおはすらむ」と冗談を言い、女房たちが笑いながら「扇の風だにまゐれば、いみじきことに思いたるを」と答えている場面も参考になる。明石の姫君の雛の御殿は、反古紙ではなかろうが、扇の風でも倒れてしまうのであるから、やはり紙で作られていたことがわかる。

　が、そのような当事者の手作りによるささやかなものがある一方で、おそらく専門の職人による鑑賞に値する工芸品のような遊具もあったことが、たとえば『宇津保物語』「蔵開下」で仲忠が藤壺腹の皇子たちのために調えた雛用の調度の例に窺われる。「雛の絲毛（な）黄金造の車いろに調じて人（乗せ）黄金の黄牛かけて（破(わり)）子ども銀黄金調じて、容れ物いとおかしくて、駒に人乗せなどして設け給へり」とある。『宇津保物語』特有の誇張表現があるものの、金銀をふんだんに使った豪華な道具類や雛の牛車などを仕立てる様が描かれている。『紫式部日記』の敦成親王の五十日祝いで、若宮の陪膳用の小さな器の様が「雛遊びの具と見ゆ」と形容されていることも併せて考えると、「雛遊びの具」とは実際に存在する物品の精巧なミニュチュアでもあったのである。時には、それは雛本体よりも雛の道具類の方が意匠を凝らすものになっていた当時の傾向が窺われる。雛は、それに向き合う者が我が思いを込めることで、貴公子にでも従者にでもなり得るが、「物」には「物」以上の意味づけはなし得ない。よって雛の道具は、職人の手により精巧にかつ美麗に作ることでその価値が付与されてゆくのである。

　簡素な紙雛に布を巻き付け、葉っぱや反古の紙を器や住居にみたてることも雛遊びであり、また立派な調度を並べて遊ぶことも同じく雛遊びであった。子供にとってはそれは何れも心踊るものであるが、財力や社会的地位をおびた大人側の論理で子供の関心を得ようとする時、たとえ遊戯の世界であってもその認識は後者に傾いていくものであろう。そこに雛を媒体にした「物」の授受の関係が生まれ、与える者と与えられる者の立場が浮き彫りになる。源氏は、紫の上のためにどのような雛の道具類を調えていたのかは、『宇津保物語』のような具体的描写には欠ける。が、「三尺の御厨子一よろひに、品々しつらひすゑて」と記されているところから、厨子に収納するような遊具を取り揃えていたことは否定できない。それは決して紙反古を用いて作られたものではあるまい。源氏が紫の上のために「御心につく事どもをしたまふ」とあるのは、彼女が気に入るような、そして未だ見たことのないような遊具を与えたということであろう。「御厨子」いっぱいの源氏が心して取り揃えたものによって作り出される雛の「環境」があってこそ、雛という人形だけで成立し得ない、「儺やらひ」のような行事や、内裏へ向かう雛の源氏の様が現出されていったのである。

　右のように述べきたって留意するべきことは、若紫巻で、初めて美しい光源氏の姿を見た時、紫の上が早速作り、いとおしんだ〈源氏の君〉の雛と、紅葉賀巻で内裏へと参内の様を見立てた〈源氏の君〉の雛は、同質な雛ではないということである。後者には源氏を見送るという紫の上の、源氏との関係性の上で意味づけられる「私」という主体が、強く提示されている。自己の置かれた環境を反映させ、自身との関わり中でより特別視されてゆく雛は、近い将来、様々な役割を与えては楽しむ、架空の「お話」の世界には、位置づけ難くなる日が来るのである。ごく単純な動きしか可能ではない雛が作り出すストーリーは、所詮幼い単純な恋物語でしかない。乳母は、雛の単純な形状や動きでは納まりきらない源氏と固有の男女の関係を、紫の上が学ぶべき時期が来ていることを強く認識する。雛を手放し、光源氏を我が夫として見つめ始めた時、紫の上は、男君への媚びとはにかみを入り混ぜた複雑な感情をみせるあらたなしぐさを身につけ、その魅力が増してゆくのである。源氏の豪奢な御殿で源氏が心して整えた遊具に囲まれ、源氏の庇護にある心地好さに浸りながら、彼女が雛を見つめるまなざしは、やがて源氏という男君の視線をしっかり受け止め、自らもその姿に視線を送る女君へと変化、成長していくのである。

五　雛の御殿と内裏

さて右のよう物語内における、雛の形態とその遊戯の模様を辿ったところで、京博本画帖の画面に戻ると、そこに描かれた、簡単に壊れたり、紫の上が自ら手を下して修繕したりする形態とは程遠い、堅固な雛の御殿の存在が改めて注目される。それは室町時代に成立した源氏絵のレパートリーブック『源氏物語絵詞』の当該部分の図様指定もあわせて考慮すると、本画帖の「小さくない」御殿、「こわれそうもない」御殿の独自性がいっそう明確化する。[*15] ここで京博本画帖の雛遊びの模様を次の二点から捉えておきたい。一つは、源氏の庇護のもとにあって繰り広げられる、この折の紫の上の豪奢な二条院の生活の視覚的な表出である。雛の御殿を中心に配置される調度の数々が醸し出す、紫の上の居住空間の華やぎが、満ち足りた女君の暮らしの証となる。雛にまつわる物品は、子女を育む後見者の財力、意匠の水準を最も反映する遊具であり、雛の御殿の規模は、それを演出する重要な題材となっているということ。そして今一つは、内裏に出掛ける光源氏の束帯の立ち姿を振り向き様に描くことで、より源氏と紫の上の関係が明確化するという点である。物語では、内裏に向かった光源氏を模して、紫の上が、雛の〈光源氏〉を雛の内裏に向かわせたというその行為の〈なぞらえ〉に意味があったのだが、画帖では、雛の御殿の中の雛のごとく、大きな二条院の中に紫の上は坐して、幼いながら妻として夫を〈見送った〉行為を重要視したのである。物語における雛遊びは、現実に近づきつつあるそのふるまいが遊戯の終焉の時期を告げたわけだが、画帖はこれから紫の上が源氏との関係で日々続けていくであろう妻の姿を掬い取り、その先取りを雛の御殿を介在させて描くことに主眼があったと言えるのである。

【図3】は、久保惣本源氏手鑑の同場面である。[*16] 久保惣本手鑑は、同じく土佐光吉の手になる。五十四巻の全段を網羅し、八十画面と詞を有する。徳川家康・秀忠に近侍した石川主殿頭忠総の求めに応じて、中院通村が斡旋して慶長十七年（一六一二）に成ったとされる。光吉晩年の京博本と比べてみると、人物の配置、構成はほぼ同じである。特に源氏の立ち姿は全く同じだが、久保惣本は、未だ室内に居るものとして描く。雛の御殿は同じく二棟だが、その大きさと配置が異なる。雛の男君の姿はこちらの方が明確で、相対している茜色の装束

【図3】 和泉市久保惣記念美術館蔵
「土佐光吉筆　源氏物語手鑑」紅葉賀

【図4】「土佐光則筆　源氏物語画帖」 紅葉賀
（徳川美術館所蔵　©徳川美術館イメージアーカイブ／DNPartcom）

【図2】「絵入源氏物語」紅葉賀

が雛の姫君でその横に仕えるのが女房役の雛であろう。御殿の向こう側に紫の上の方に向けて立てられた屏風の内側に坐す姫君役の雛の姿も見られる。装束の色が同じであるから、絵画の異時同図の用法のように、手前の御殿内の姫が男君の雛と向き合う時で、紫の上に向き合っているのが、男君を見送った後の姫君の雛ということなのであろうか。やはり京博本画帖の雛と同様、画中の人物の縮小版で細密に描かれているが、久保惣本の方が全体的に拡散して大小の人物が沢山いるような印象を受けるのは、京博本画帖の方が、雛が雛の御殿内に整然と収まっているからであろう。両画帖とも雛の姿は、画中の人物描写と筆致に差異が見られないが、雛の御殿は京博本画帖の方が、久保惣本手鑑の1・3倍[*17]とのことであるから、御殿はより大きく立派なものに意図的になっていったことが窺われる。雛の御殿は二条院であると共に、紫の上が内裏に見立てていることも反映しているのであろう。

また、久保惣本手鑑の源氏の太刀が殊更長く描かれ、刀を帯びていることが明らかであるのは、武家による依頼であることが影響しているのであろうか。京博本画帖では、簀子縁へと向かうその進行方向を室外へと開けて描いたことによって、束帯姿の光源氏が今まさにいずこかに向かうのか、絵の鑑賞者の意識をその行き先へと喚起する。朝拝—内裏という描かれざる〈場〉が明確に想起されてくるところに、注文主の公家の思惑が読み取れる。まさに光源氏は君臣合い和す朝廷の行事に参上する、〈公家〉なのであり、画中の紫の上はそれを見送る〈公家〉の妻なのである。

【図4】は、光吉の子、土佐光則筆の徳川美術館蔵「源氏物語画帖」の同場面[*18]である。これは雛そのものは左隅に寄せられ、本文の「出でたまふ気色、所狭きを、人々端に出でて見たてまつれば、姫君も立ち出でて見たてまつりたまひて」を絵画化していると言えよう。紫の上も女房も御簾の近くに描かれている。雛遊びの模様よりも、源氏が参内のため出かけて行くことが重要なモチーフとなっている。この画面で土佐光則が描く光源氏は、紫の上のいる室内を出てさらに廊を渡り、その途中で庭を眺め立ち止まっている様である。光則は、先行する光吉が描く画面の内容のその直後のシーン、またはそれに続く場面を意図的に描いていることを中川正美氏は、この紅葉賀巻及び他の巻々の画面において指摘している。[*19]光則の画帖が、父（もしくは師）の光吉筆の画面に描かれた源氏の動きに注目し、その出掛けてゆく光源氏の姿、行き先への方向性までを重く受け止めていたことから翻って考えてみれば、紫の上が見送る束帯姿の光源氏は、内裏に向かうべき高位の貴族であることが、京博本画帖は久保惣本手鑑よりも、より強調されていたことが想定し得る。京博本「紅葉賀」の画面は、雛遊びの様であると共に、詞書の「おとこきみは朝拝にまいり給とてさしのそき給へり」の絵画化だったのである。

六　雛に内在化するもの

平安時代の雛遊びの実体は実は不明であり、また絵師は粉本や梗概書を拠り所に描いているがゆえに、源氏絵は必ずしも原典の読解、解釈の上で制作されたものではないことを前提するべきであろう。しかし一方で絵師たちの一存で、注文者による源氏絵の内容が描き換えられていくわけでもないであろう。そこには詞を揮毫し画帖の制作に強く係わった注文主の意向が反映されているはずである。『源氏物語』の熟読した後陽成天皇はじめ近衛信尹たちが『源氏物語』を介していかに天皇の権威回復、貴族社会の再編成に力を注いでいたかを考慮すれば、雛遊びという遊戯の模様にもその神経は行き届いている思われる。

原典の『源氏物語』の紫の上は、紅葉賀巻の雛遊びを最後に、源氏との夫婦としての新たなる結びつきが開始した。その後の彼女の人生は、平穏なものではなく嫉妬も苦悩も体験することになる。その際、物語絵や雛は、何心なくそれらに没頭していた頃を紫の上自身にも読者にも郷愁をもって思い起こさせる物語上の小道具として描出されている。つまり雛は、紫の上の無邪気な少女時代を象徴すると共に、もはやそこには戻ることなどできはしない大人の女君としての人生の歩みを照出すものとして、物語には定位されているのである。一方、近世の源氏絵は、描かれた画中の〈光源氏〉や〈紫の上〉にいかなる意味を担わせるか、公家方武家方の思惑をいかに具象化するかという制作上の課題の中で、雛という遊具の形象も原典の物語世界とは異なる様相を見せていくことになる。敢えて「ゆがみ」という語を用いてみれば、『源氏物語』を読み替えてゆく近世源氏絵のゆがみの度合いが大きければ大きい程、その画面の装飾性や描き込まれた事物の整った美麗さは増してゆくようである。

京博本源氏物語画帖は、近衛信尹が娘太郎君を享受者として制作したという説のほか、後陽成天皇皇子で、近衛信尹の養子となった近衛信尋の生母、後陽成天皇中宮中和門院（近衛前子）への贈物説が提示されている。天皇家と近衛家の濃密な家族関係を思い巡らせば、宮中に向かう夫を見送る妻は、ありうべき摂関家の理想の夫婦像でもあったのである。一方、稲本万里子氏は、本画帖に込められたメッセージについて画帖末の重複する六画面を通して、「屋敷の奥にいて男の訪れを待っていれば、物語のように幸せになることができる」と述べる。[*20]男側から女性に向けられた視点が本画帖には内在化しているという。また西本美香氏は、京博本画帖制作の背景に、当時公家社会を揺るがせた猪熊事件を契機に、女性に求められた二つの役割、家の女と天皇の母を視覚的に体現したものであったと論じている。[*21]

近世の源氏絵に込められた〈男〉の視線については、今後は描かれた画面の個々の題材についてさらに検証してゆく必要があると思われるが、本稿で取り上げた雛の形象については、そこには結局、高家の姫君の理想像が、まさに雛型として、画中画のごとく存在していると言えよう。先に、雛への紫の上のまなざしは、その紫の上をみつめる本画帖の鑑賞者のまなざしに対応することを述べたが、この源氏絵には、さらにその現実の鑑賞者（おそらく政治的思惑を孕んだ結婚をする姫君）への、鑑賞者の庇護者たる男の視線がからみついているのであった。そしてその男は画中の光源氏の姿に自らを投影する。そういった絵の内外が響き合う仕組みが、京博本源氏画帖「紅葉賀」の画面には存在する。当源氏絵の享受者は、男たちによって守り育まれ、まっすぐその幸福なる婚姻へと向かってゆく人物であり、この雛の画面には、その朝廷に連なる男のもとにある女の平穏なる日常を祈念し、寿ぐ意識が窺われるのである。『源氏物語』は、名もない不特定多数の読者を獲得してゆく一方で、それは特定の高位の誰かに向けて加工し得る側面を確実に有している作品であることを物語るのである。

やがて時代が下ると光源氏の姿は、天皇の姿となり、雛の御殿自体が内裏を模しひな壇に坐す男雛、女雛が、帝と中宮を現すことになる。三田村雅子氏は江戸時代の天皇を中心とする「源氏文化」を流通させる文物とその意匠に「雛」も挙げ考究されているが、[*22]本稿で取り上げた近世初期の源氏絵の描かれた雛の形象にも、その方向性は感じ取ることができる。

昨今、近世の源氏絵は、美しいカラー版の図録などに掲載されて、美術の専門家以外にも身近なものになっている。国文学の書籍にも取り入れられ、物語の叙述に添えて「王朝」のイメージを視覚的に増幅させる効果がある。特に本稿で取り上げた「紅葉賀」の画面は、平安時代の雛遊びの模様を伝える文化史料として挿絵に用いられることが多い。しかし原典に対して装飾的、史料的な用い方を行なうことには、やはり相違や齟齬もあることは否めない。むしろその違いを強く意識しつつ、近世の源氏絵に盛り込まれた注文主や絵師の思惑を、個々の画面の文物から一つ一つ読み取る作業こそが、翻って新たなる原典『源氏物語』の読みの可能性を気づかせてくれることだと思うのである。

注

＊1　田口榮一「源氏絵帖別場面一覧」（秋山虔・田口榮一監修『豪華［源氏絵］の世界　源氏物語』所収、学習研究社、一九八八）

＊2　川名「若紫の君—得と雛遊びに興ずる少女」「雛の形態、遊戯の形—「作り出でたる」人形の独自性」「物語絵と雛の相関性—制度化された遊戯」（『物語世界における絵画的領域—平安文学の表現方法』ブリュッケ、二〇〇五）

＊3　江村知子『土佐光吉と近世やまと絵の系譜』（「日本の美術」№五四三ぎょうせい、二〇一一・八）以下、光吉について同書に拠るところが大きい。

＊4　高橋亨「近世源氏絵の享受と文化創造」（『王朝文学と物語絵』竹林舎、二〇一〇）

＊5　三田村雅子「信長・秀吉・家康の源氏物語」「源氏絵の天皇」（『記憶の中の源氏物語』所収　新潮社、二〇〇八）・「近世日本の源氏物語絵」（『源氏物語の謎を読み解く』所収　角川選書三〇二、一九九八）

＊6　吉川美穂「江戸時代における源氏絵の享受について—婚礼調度を中心に—」（徳川美術館図録『絵画でつづる源氏物語』二〇〇五）

＊7　「京都国立博物館蔵源氏物語画帖」解説（注6と同書）、本画帖全図と解説は、狩野博幸・下坂守・今西祐一郎共編『京都国立博物館蔵　源氏物語画帖』（勉誠社、一九九七）、京都国立博物館ＨＰ「収蔵カタログ」に拠る。

＊8　清水婦久子「江戸時代の「源氏物語」版本の挿絵」（大朝雄二編『首書源氏物語紅葉賀花宴』和泉書院、一九九六）に、雛遊びの模様の諸本の挿絵が比較されている。

＊9　日向一雅「桐壺帝の物語の方法」（『源氏物語の準拠と話型』至文堂、二〇〇一）、「朝賀—「紅葉賀」巻の「朝拝」の問題」（日向一雅編『源氏物語と平安京』青簡舎、二〇〇八）

＊10　注2と同書

＊11　『狭衣物語』巻三で狭衣が初めて逢ったわが子姫君に「雛は持ち給へりや、恥ぢ給はで、こなたに渡り給はば、いみじく作りて奉りたまへる」と

声をかけ愛しむ場面があり、『寝覚物語』では、石山の姫君と寝覚の上母子が水いらずで過ごす所に「夜は皆一つにわたりあつまり、昼は御帳のうちに二所、絵描き、雛つくりなどしてみせ奉り給ふ」とある。

＊12 『枕草子』一七六段「五寸ばかりなる殿上童のいとおかしげなるを作りて、みづら結ひ装束など、うるはしくて、なかに名かきて奉らせ給ひける」

＊13 『蜻蛉日記』下巻天延二年五月条「縑の雛衣、三つ縫ひたり」。「縑」は「固織」の意。細い絹糸で堅く織った無地の織物（日本古典文学全集本頭註）。

＊14 『源氏物語』藤裏葉巻（明石の姫君［十一歳］の入内の様の）「いといつくしげに雛のやうなる御ありさまを、夢の心地して見たてまつる…」、『栄華物語』巻八「はつはな」「また小姫君は九つ十ばかりにて、いみじううつくしう雛のやうにて」等。

＊15 『源氏物語絵詞』の「もみちの賀」には、「源二条院へ行給ふ座敷に一尺のみつしありひいなちいさきやあり紫上そひ給ふいぬきかそはに有ちいさきやをこほし候所少納言御くし参りに行源ハ朝拝に参内とて出給ふ車あるへしおくりの女房たちあるへし紫の衣装紅紫山吹のぢのかきりたれるこうちきをき給へり」とあり、「ちいさきや」が繰り返されている。絵詞の本文は片桐洋一・大阪女子大学物語研究会編『源氏物語絵詞—翻刻と解説』（大学堂書店、一九八三）に拠る。

＊16 本画帖の全図と解説、論考は、『和泉市久保惣記念美術館 源氏物語手鑑研究』（同美術館刊行、一九九二）、河田昌之「『源氏物語手鑑』考」（同書）に拠る。

＊17 注16と同書

＊18 土佐光則筆「徳川美術館蔵源氏物語画帖」全画面はイメージアーカイブ参照。榊原悟『江戸名作画帖全集5 光則・光起・具慶』（駸々堂、一九九二年）

＊19 中川正美「徳川美術館土佐光則筆『源氏物語画帖』を読む1」（『梅花女子大学文化表現学部紀要』三）

＊20 稲本万里子「京都国立博物館保管「源氏物語画帖」に関する一考察—長次郎による重複六場面をめぐって」（『國華』一二二三）

＊21 西山美香「源氏絵」（『源氏物語の変奏曲—江戸の調べ』三弥井書店、二〇〇三）

＊22 三田村雅子「源氏物語の政治学—教育システムとしての〈源氏絵〉と〈雛〉」（『日本文学』二〇〇七、三）

清原雪信の「源氏物語画帖」とその画風

高橋　亨
たかはし・とおる

一　江戸前期の女性画家、清原雪信

清原雪信画「源氏物語画帖」が尾張徳川家に伝来している。江戸前期の女性画家である雪信の描いた源氏絵各巻一図の絹本色紙五四図に、公家など五四名の寄合書きによる詞書を合わせて、画帖に仕立てられた作品である。こうした詞書を伴った色紙の源氏絵画帖は、室町時代から江戸時代にかけて数多く制作され、現存する作品も少なくない。この作品については、すでに岩田（吉川）美穂による詳細な紹介論文がある。[*1]

雪信は狩野探幽門下の特異な女性職業画家として注目され、近年にしばしば紹介されているが、その人物と画業についてのまとまった論は少なく、一般にはあまり知られていない。管見の範囲では、パトリシア・フィスターが江戸の女性画家に珍しい専門絵師として位置づけ、現存作品とその画風、また伝記とその時代については、伏谷優子と寺本健三の論文がある。[*2] 本論では、それら先行研究に依拠して全体像をまとめ、内外の未紹介作品などを追加し、その生涯に謎の多い雪信の画業と画風について、『源氏物語』などの王朝文芸と関わる側面を主として考察したい。

清原雪信の生没年は未詳だが、寛永二十年（一六四三）生まれで天和二年（一六八二）に没したとみられている。父は、狩野探幽門下の久隅守景、探幽の姪にあたる国が母で、名を雪といった。伊藤仁斎の子である梅雨の随筆『見聞談叢』に載る、「画工狩野雪信」と親しく、雪信の「西王母が鉢に桃を盛り持ちたる画」を所持していた梅雨の祖母（那倍）の話が、よく引用されている。

これによれば、梅雨の祖母は、雪信は「狩野法眼の姪」で「十七八歳より絵に器用、日々法眼へ通」っていたが、「稽古の時」に「尼崎の仕官の人の子」と通じ、雪信の母が強く叱ったので、家を出て「その通ぜる男子と別宅」して「画を描きて渡世」とし、「後に甚だ繁盛」し「尼崎にて死」んだとも聞くという。この「狩野法眼」が探幽で、その「姪」とする説も多いが、正しくは雪信の母が探幽の「姪」である。尼崎藩士の男は平野伊兵衛守清という。

「狩野雪信」という呼称は他の資料にも散見するが、作品の落款はほとんどが「清原氏女雪信」である。「雪信」という画家は他にもおり、男性画家と区別するためであろう。清原姓は夫が清原氏を本貫とした平野氏であったためと推定されており、「雪」という名から雪信と名乗った。延宝三年（一六七三）に没した伊藤梅雨の祖母那倍は、里村紹巴や角倉了意の孫で、京都の文化人と密接に繋がっていたから、京都における雪信の活躍を支えたのであろう。[*3]

雪信は『画乗要略』に「女画乃中興第一」と評され、生前から江戸時代を通して高い評価を得ていた。ボストン美術館には、「名誉職人盡之内「画工」」として、「女雪信」が竹の陰が障子に映るのを見て、障子の内外を建て替えて即妙に写す姿の浮世絵がある。柳下亭種員筆記というその事蹟についての色紙を画中に付した、歌川広重の団扇絵である。そこには、「清原氏の女探幽が姪なり。業は同人に学、名画の誉世に高く、或年、中秋月夜の頃に、園に生たる竹の陰の明障子にうつるを見て、障子を内外に建かへつつ、陰を其儘撫しけるとぞ。即智尤察すべし。一子春信また画道に妙を得たり」とある。

井原西鶴が天和二年（一六八二）十月に刊行した『好色一代男』には、島原の太夫である五代目の薫が、「白繻子の袷に狩野の雪信に秋の野」の絵を描かせ、「是によせての本歌公家衆八人の銘々書」を加えた贅沢な衣裳を着て、「世間の懸物にも希也」とある。この五代目薫が太夫になったのは延宝四年（一六七六）であるから、その頃に雪信は京都にいた。薫太夫の依頼を承けて雪信に絵を描かせ、公家衆に歌の書を依頼できたコーディネーターがいたことも興味深い。

談林の俳諧にも雪信は詠まれていて、「富士の事か白きより後雪信判」（我鴎、『洛陽集』）、「生れ付てうごく絵島のみこしの月　鵆は礒よはしる雪信」（不及、『松島眺望集』）がある。また、蕉門の句にも、「雪信が草木珍し冬籠り」（智月尼）、「松茸を見て雪信が筆捨てん」（不玉）がある。雪信の景物画や草木画の素材や特徴とどう関わるのかは不明だが、ともかく雪信は女性画家として有名だった。最後の句は、まさしく雪信の女絵師としての性を揶揄している。[*4]

画家としても有名な与謝蕪村は、雪信について三つの句を残している。「雪信が蠅打ち払う硯かな」はそれとして、「鬼灯や清原が女が生写し」は、雪信が絵の落款に「清原氏女雪信」と記したことが周知で、また「鬼灯」などリアルな草木画が有名だったからであろうか。寺本は、蕪村が雪舟と探幽については一句ずつしか詠んでいないとして、「雪舟の富士雪信が佐野いづれか寒き」に注目している。[*5]雪舟の「富士」と雪信の「佐野の渡し」つまり藤原定家の本歌取を画題とした雪景色の絵とが対比されている。唐絵である水墨画とやまと絵の代表的な画家を、男と女との組み合わせで発想したのであろうが、蕪村の雪信に対する評価の高さがうかがえる。

また、蕪村が主催した連句集『五車反古』に、几董の「雪信が屏風も見えつ雛祭」という句がある。寺本はこの屏風が「源氏物語絵」などかと推測するが、雛屏風であろうか。雪信の源氏絵屏風は現在のところ知られていない。

『古画備考』には「寛文六年（一六六六）十月中旬清原氏女雪信筆」と落款に年紀のある紅葉図の記述がある。岩田によれば、尾張徳川家伝来の雪信画「源氏物語画帖」は、その詞書筆者たちの生没年から、制作年代が承応元年（一六五二）から万治三年（一六六〇）の間と推定できるという。絵が同時に描かれたとすれば、万治三年でも雪信は十七歳だから、まだ江戸の探幽門下で、いかにも若すぎる。

狩野探幽は寛文二年に法印に叙せられている。その死は延宝二年であるから、雪信は探幽の全盛期に活躍したことになる。なお、雪信の父守景の伝記も不明であるが、息子の久隅彦十郎が探幽から勘当され、同輩を討とうとして佐渡に配流されたのが寛文十二年である。守景もまた京から加賀へと移って活躍したらしい。

個人蔵「女房三十六人歌合画帖」もまた、雪信画と堂上三十六人の寄合書を組み合わせた豪華な画帖で、添状と詞書筆者たちの生没年から、寛文十一年（一六七一）以前の制作と推定されている。[*6] 雪信「源氏画帖」よりは後の作とみられるが、画帖の色紙絵すべてを任されて完成し、貴人の寄合書の詞書と組み合わされた高級な注文制作であることが共通する。

二　雪信の現存作品とその画風

清原雪信の現存作品のうち、調査できたという七十点に及ぶ作品中から、伏谷は三四作品のデータを一覧表にしている。明らかに雪信作でないものは除外したという。[*7] これに、他の先行文献や日本語と英語のインターネットによる検索情報また架蔵の作品も加えて（＊印のもの）、以下には六五作品のリストを私に記した。

実見していない作品が多いし、所蔵者の移動などもあろう。他にも少なからず残されていると思うし、おおまかな傾向を知るためのあくまで暫定的なものである。Ⅰ［源氏絵・物語絵］、Ⅱ［歌仙絵・やまと絵人物］、Ⅲ［花鳥・山水図］、Ⅳ［唐絵・仏画等］という区分は、私の観点による分類である。

なお伏谷は落款の「氏」の第二画が長く運筆の硬いものをAとし、第二画が伸びすぎず第三画の位置が低いものをBとし、寛文十一年以降がその境目とみているので、判明するものについては、その区別も加えて末尾に記した。

Ⅰ［源氏絵・物語絵］

01・源氏物語画帖　一冊　絹本着色　個人 A
02・橋姫図　一幅　絹本着色　尼崎市教育委員会 A
03＊源氏物語図橋姫　一幅　絹本着色　石山寺 B
04・篝火図　一幅　絹本着色　尼崎市教育委員会 B
05・源氏物語浮舟図　一幅　絹本着色　板橋区立美術館 B
06＊野宮図　一幅　紙本着色　斎宮歴史博物館 A
07・小督局仲国図　一幅　絹本着色　尼崎市教育委員会 B
08＊平家物語小督局　一幅　絹本着色　高橋 B
09＊源頼政太刀拝受図　一幅　絹本着色　ボストン美術館（フェノロサ旧蔵）落款無し？　狩野雪信名で登録

10・三保・富士・清見寺図　三幅対　絹本着色　尼崎市教育委員会　A
11・西行・江口贈答図　一幅　絹本着色　個人　A
12・清少納言雪景（雪景宮殿）図　一幅　絹本着色　ロスアンゼルス州立美術館（プライスコレクション）B
13＊伊勢物語図　一幅　絹本着色　個人　署名無し？

Ⅱ［歌仙絵・やまと絵人物］

14・柿本人麻呂・小野小町・伊勢図　三幅対　絹本着色　個人　A
15・女房三十六人歌合画帖　一冊　絹本着色　個人　A
16・小野小町図　一幅　絹本着色　ミネアポリス美術館　A
17＊老女図（小町老衰図）　一幅　？　個人？
18・小野小町図　三幅対　絹本着色　個人　B
19＊宗祇古今伝授図　一幅　絹本着色　高橋　B
20＊王朝作家図屏風　六曲一隻　紙本着色　高橋　B
21＊清少納言・栗に鶉図　三幅対　絹本着色　［国華605］B
22・楠正成像　一幅　紙本着色　尼崎市教育委員会　A
23・紫式部図　一幅　絹本着色　尼崎市教育委員会　B
24＊紫式部図　一幅　絹本着色　実践女子学園香雪記念資料館　？
25＊紫式部観月図　一幅　絹本着色　石山寺　B
26＊王朝女房図　一幅　？　アイオワ大学美術館　？
27・男舞図　一幅　絹本着色　個人　A

Ⅲ［花鳥・山水図］

28・花鳥図屏風　六曲一双　紙本墨絵　板橋区立美術館　A
29＊花鳥図屏風　六曲一隻　紙本着色　個人（マーロン・ブランド旧蔵、クリスティーズ2005）
30・花鳥図　二幅対　紙本着色　尼崎市教育委員会　A
31＊花鳥図　一幅　絹本着色　個人［安村二〇〇六］A
32・秋草図　二幅　絹本着色　個人　A
33＊花虫図　一幅　絹本着色　高橋　A
34・月下萩鶉図　一幅　絹本着色　尼崎市教育委員会　B
35・粟鶉図　一幅　絹本着色　個人　B
36＊粟鶉図　一幅　絹本着色　メトロポリタン美術館　B

37・花鳥図　二幅　絹本着色　東京国立博物館　B
38＊牡丹猫図　一幅　絹本着色　eBAy オークション　B？
39＊山水図　一幅　水墨　『狩野派大観』二輯　B
40＊雪中柳鷺図　一幅　絹本墨画淡彩　インディアナポリス美術館　B
41＊柳家竹鶯図　一幅　紙本着色　高橋　A

Ⅳ［唐絵・仏画等］

42＊琴棋書画図屛風　六曲一双　紙本着色　個人（クリスティーズ２００５）
43＊八仙人図屛風　六曲一双　紙本金地墨画　マウント・ホルヨク大学アジア学美術館　？
44・西王母・唐子遊楽図　三幅対　絹本着色　尼崎市教育委員会A
45＊楊貴妃長恨歌図　一幅　絹本着色　ボストン美術館　B
46＊楊貴妃図　一幅　絹本着色　個人　B
47・貴妃化粧図　一幅　絹本着色　尼崎市教育委員会　B
48・劉女之図　一幅　絹本着色　個人　A
49・西王母図　一幅　絹本着色　個人　A
50・唐美人図　一幅　絹本着色　個人　B
51・王昭君図　一幅　絹本着色　個人［国華５９７］A
52＊范蠡と西施　一幅　絹本着色　ボストン美術館（フェノロサ旧蔵）？
53＊霊照女図　一幅　絹本着色　『狩野派大観』二輯　B
54＊霊照女図　三幅対　絹本着色　ロスアンゼルス州立美術館　B
55・白衣観音図　一幅　絹本墨画淡彩　尼崎市教育委員会　B
56＊瀧見観音図　水墨画　［国華63］？
57＊龍虎文殊図　三幅対　『狩野派大観』A壺型印
58・観音・松に鶴・竹に亀図　三幅対　絹本着色　個人　A
59・白衣観音図　一幅　絹本着色　個人　A
60・文殊菩薩図　一幅　絹本着色　個人　A
61・弁財天図　一幅　絹本着色　個人　B
62＊蘆葉達磨図　黄檗山木庵画讃　一幅　？　群馬県立美術館　？
63・龍図　一幅　絹本墨画淡彩　個人　A
64・唐子遊図　一幅　絹本着色　個人　B
65＊雲龍図　天上画　？　常楽寺（大船）？

前述のように、伊藤梅雨の祖母が雪信の「西王母が鉢に桃を盛り持ちたる画」を所持し、蕪村の句には「佐野の渡し」、『古画備考』には「紅葉図」が記され、几董は雛祭りに飾られた屛風を句に詠んでいた。

それらに相当するものは、この現存作品リストにはみえない。とはいえ、桃を描かない別の「西王母図」（49）は現存するし、和歌を素材にしたり紅葉を描いた絵は、少なからず現存する。

　このリストからは、絹本着色（淡彩）の掛幅が圧倒的に多いことが確かめられる。とはいえ、現存する屏風は、これまでは「花鳥図屏風」（28）のみが紹介されていたが、マーロン・ブランド旧蔵の「花鳥図屏風」（29）、架蔵の「王朝作家図屏風」（20）、「琴棋書画図屏風」（42）、「八仙人図屏風」（43）の五点が現存し、いずれも紙本である。その画題も花鳥図、やまと絵人物、唐絵や神仙図と多様である。

　寺本は「花鳥図屏風」（28）について、狩野探幽や尚信と同図様で、また、土佐派の影響もあるかとし、「大画面は不得手」だったとみている。これに比べて「山水図」（39）を絶賛し、「前中景の漢画的描写と遠景のやわらかな線描の組み合わせ」は、探幽の試みの敷衍かとみる。この「山水図」のすぐれた特徴は、後にふれるように他作品にも共通する。「花鳥図屏風」（28）についても、「探幽の祖本に忠実にまとめあげた中屏風の成功作」[*8]という評価もあり、近景の松や鳥と中景の瀧や飛鳥、そして遠景の山といった描法に雪信らしさを読むことはできる。いずれにせよ、雪信が大画面の屏風絵をも少なからず描いていることが判明したのであり、再検討が必要である。また、「雲龍図」（65）のような寺院の天上画もあるということも注目される。

　また、貴人たちの寄合書きと組み合わされた画帖は、「源氏物語画帖」（01）と「女房三十六人歌合画帖」（15）の二つのみで、いずれも絹本着色の豪華本である。これらを検討する為にも、他作品の特徴をおさえておきたい。

　Ⅳ［唐絵・仏画等］が多いのは、狩野派の絵師の伝統を強く承けた画材ゆえであろう。雪信の菩薩や弁天像などの仏教系絵画について、寺本は「見立としての美人画の部類」だという。楊貴妃など唐の美人画も、余白を生かした淡彩による優美で上品な画風と、ふくよかで端正な顔貌表現は、Ⅱ［歌仙絵・やまと絵人物］の諸作品と共通している。寺本はまた、「雪信の絵画を求めた人達は、恐らく裕福な上級武士や豪商達」で、雪信の作品ならば寛文美人画とは違って表向きの座敷の床の間に飾ることも許され、そこに雪信画の人気の秘密があったと推測している。

　全体として、雪信は人物画、とくに女性を描くことが得意であった。そして、Ⅲ［花鳥・山水図］においても、草花などの繊細で確かな描写力による描き込みと、遠景の淡い水墨による没骨体の山水の表現との組み合わせなど、雪信ならではの画風を示している。

三　雪信の源氏絵・物語絵の特徴と「源氏物語画帖」

伏谷は、「篝火図」（04）と「小督局仲国図」（07）とを、雪信の完成した様式と描写を示す作品だとしている。掛幅の「篝火図」については次節でふれるが、「小督局仲国図」（07）は、「対角線構図」で「遠景の山並みと月、近景の建物と人物が川をはさんで配され、画面の奥行きが表現」されており、横長の画面の右から左へ向う人物などが「絵巻物のように時間的な広がり」も表現しているとする。近景の

「平家物語小督局」
（高橋蔵）

「小督局仲国図」
（尼崎教育委員会蔵）

樹木や土坡も「橋姫図」（02）より自然な筆致で、細密画の人物は、「篝火図」（04）と同様、完成度の高い描写を見せているというのである。

　他にも優れた作品は多いと思うが、これと同じ場面を描いた架蔵の「平家物語小督局」（08）と比較することによって、雪信の表現様式と描写の特徴を確かめておきたい。

　「平家物語小督局」（08）は「小督局仲国図」（07）とは反転した構図で、その画面の比率も異なっている。「小督局仲国図」の縦四十・六糎、横九九・二糎に対して、「平家物語小督局」は縦四七・四、横七七・五糎である。この画面の方向性と縦横の比率の差異は、たんに反転した構図というのではなく、絵巻的な物語の時間性に対して、より奥行きのある凝縮した掛幅画としての完成度を増している。

　「平家物語小督局」では、琴を弾く小督の庵の屋根が描かれ、「小督局仲国図」で仲国の訪れを告げるらしい女房の姿が無い。代わりに、左手前で馬に乗った仲国が振り返って話す従者の姿が描かれている。画面中央上の遠景に、重なりあう没骨体の水墨による山と、朧な外隈の月が描かれている。中央の山の両横にはほのかに紅葉が配され、中景に流れ来る水が、小督の草庵の小柴垣と戸に隔てられている。その左に柳、右の近景には土坡の上の松が大きく描かれて、小督と仲国とを隔てる緊張感のある画面構成である。

　小督や仲国の顔貌表現も、ふっくらとして気品があり、人物表現や近景の樹木は彩色により緻密である。全体の余白を生かし、遠景から近景へと連続する淡彩を交えた優美な水墨表現は、その構図も技法も、まさしく雪信の特徴をなす完成度を示す。

問題は、雪信のこうした特徴が、どの程度に最初期とみられている徳川本「源氏画帖」の絵にみられるかということである。

雪信「源氏画帖」にもコーディネーターがいたであろうが、絵と詞書とを関連させようとする場面選択には無頓着であったらしい。岩田によれば、絵が詞書と一致しない場面は三十あり、半数を超える。そして「絵を読み解くのに必要なモチーフ」に乏しく「情景描写は希薄」だから、物語の挿絵のような「説明的な役割」はほとんど果たしていない。

また、この「源氏画帖」の図様は、狩野探幽筆「源氏物語図屏風」(宮内庁三の丸尚古館蔵)に近く、ほぼ同一なのが「桐壺」「帚木」「空蝉」「花宴」「賢木」「須磨」「絵合」「少女」「胡蝶」「篝火」「真木柱」「若菜下」「柏木」「鈴虫」「夕霧」「御法」「幻」「紅梅」「椎本」「総角」「早蕨」「宿木」「東屋」「浮舟」「蜻蛉」「手習」「夢浮橋」の二十七帖と半数をしめ、探幽本の図様を反転して再構成しているのが「若紫」「紅葉賀」「葵」「明石」「澪標」「蓬生」「薄雲」「蛍」「行幸」の九帖だという。

探幽の源氏絵はその後継者たちによって受け継がれていったから、この探幽本あるいはこれに類する狩野派の粉本により、雪信「源氏画帖」も描かれたと推定されている。岩田は他方で、リンデン民俗博物館蔵「源氏物語図貼交屏風」(リンデン本)が、「探幽本よりも本画帖と細部の描写、構図法」などが近似するという興味深い指摘もしており、探幽本以外の粉本の媒介を推定している。リンデン本は、その詞書筆者の生没年から寛文年間(一六六一~八〇)に成立し、もとは画帖仕立てだったと推定されている。

このリンデン本は未見であり、紹介されたほとんどは白黒の小さな写真画像によるしかないが、その場面選択はもちろん、絵様の圧倒的多数が雪信本と一致する。不確かな判断だが、リンデン本が雪信本よりも探幽本と一致するのは「関屋」のみで、リンデン本に比べて雪信本と探幽本の方が一致しているのが「絵合」「紅梅」の二巻である。また、「花散里」は三本ともに同一場面だが、それぞれに差異がある。*9

こうした絵様の類似にもかかわらず、雪信「源氏画帖」にもその後の雪信の個性的な表現の特徴に通じる要素はある。岩田はまず、吹抜屋台の室内の障壁画や屏風絵などが「すべて淡墨による水墨画」である点に注目する。そして、屋外の風景を描く場合だけでなく、室内を彩る画中画にも「没骨法による遠山」がある。また、遠山のほか、「末摘花」の山水画、「花散里」の竹雀図、「松風」の蓮池図、「蛍」の秋草図、「常夏」の瀑布図、「野分」の竹図、「夕霧」の山水図など、画中画に描かれた図様は多岐にわたり、「狩野派の絵手本をみるようで興味深い」とする。「松風」の蓮池図など、あるいはその画面の物語内容と関係しているかもしれない。

人物描写は「皆一様に背が低く、こぢんまりとした背恰好で、しかも動きに乏しい」と否定的にいう。装束の衣紋も「単調で描線も固く、どこか不慣れな、ぎこちない印象を受ける描写」だが、姫君たちの「赤や桃・緑などの華やかな装束には金泥で細かな模様」が入れられ、「賦彩は細部に神経が行き渡って」いる。女性の装束の「華やかな色彩」と「明るく落ちついた白緑の畳」、それらと「雲霞の金砂子」

とが見事に調和し、「明るく温雅な雰囲気を醸し出すことに成功」しているという評価である。

探幽本との比較では、「図様を反転して構図に変化」を与え、「明石」「浮舟」など探幽本では金雲で処理された余白に「遠山」を描き込んだり、すやり霞や桐紋で唐紙風にあっさりと描かれた探幽本の画中画に対して「山水図や秋草図などバラエティーに富んでいる」と指摘している。

岩田はこうした雪信の独自性を評価しつつも、全体としては「粉本による図様継承から脱しきれていない段階にある作品」と位置づけている。とはいえ、その構図などは粉本による伝統をふまえつつ、その制約の内に独自な発想や手法を組み込んでいくことが、源氏絵などの正統的な描き方であったはずである。

雪信が粉本によってこの「源氏画帖」を描いたことは確かであろう。リンデン本の絵師の流派は不明である。探幽は雪信の師であり、またその後の狩野派に圧倒的な影響を与えたことも事実であるが、雪信本やリンデン本の粉本も、探幽による狩野派のものとは限らないと思われる。あるいは探幽本でさえ、雪信本やリンデン本に近い粉本によっていた可能性もあろう。

そもそも、狩野探幽筆「源氏物語図屛風」は、六曲一双に金雲や霞で区切った五四帖すべての小画面の細画を配した作品だが、もとより色紙絵のような画帖とは異なる。どちらかといえば、絵巻のような横長の構図が基本である。小画面の源氏絵は、探幽以前は土佐派のお家芸であったから、探幽も先行する土佐派などの粉本を用いていた可能性もある。

これに関わる新資料として、架蔵の伝土佐光淳筆「源氏画帖（粉本）」を紹介し、これと雪信「源氏画帖」とを比べてみる。

四　土佐光淳「源氏画帖（粉本）」と雪信画帖

伝土佐光淳筆「源氏画帖（粉本）」は、紙本巻子仕立で、本紙の縦が三四・六糎、各画面の横はほぼ三六糎から三八糎である。源氏絵の十一場面を、巻の順は不同で貼り継ぎ、上下に紙を補ってもいる。布表紙に続く第一紙の紙背の裏打ちの下に、「土佐光淳筆　浮田蔵」との墨書が見え、各紙の継ぎ目の下部に「光淳」と朱の角印が押されている。土佐光淳は光芳の長男で元文十一年（一七三七）生まれ、絵所預となったが、三一歳で明和元年（一七六七）に没した。

この「源氏画帖（粉本）」を光淳が描いたならば、その成立は雪信本やリンデン本に遅れるが、先行作品や粉本の写しとして、同様の絵様の成立を遡らせることもできよう。その画中に記された巻名の順は、「紅梅」「［併］篝火」「早蕨」「御法」「しゐかもと」「［併］野分」「はし姫」「あけまき」「夕霧」「［廿七］匂兵部卿宮」「やとり木」である。光淳がまとめた粉本とみるのは、白描でその一部に淡彩で彩色をし、衣服の色や模様、調度品や器物などの、墨書による指示が描き込まれているからである。

興味ぶかいのは、その絵様が十一図のすべてにおいて、探幽本はもちろんリンデン本以上に、雪信「源氏画帖」と一致することである。

そして、雪信の特徴といえる画中画の没骨による墨絵や、前栽の植物などの細部は、探幽本やリンデン本と同様、光淳本とも大きく異なっている。この土佐光淳「源氏画帖（粉本）」が雪信「源氏画帖」により粉本化した可能性は無いとみられる。

以下では、探幽屛風（探幽本）とリンデン本の絵様をも参照しながら、巻の順に光淳本と雪信本の絵について、その共通性と差異を具体的に比較してみる。

a 篝火

四本ともほぼ同じ絵様だが、リンデン本のみ篝火の脇の男が奥向きで異なる。探幽本で篝火と岩の前に坐す男が、雪信本と光淳本では横向きで、ともに岩を描かない。探幽本の室内の屛風の画中画は雪の積もった松と土坡の彩色画であるが、雪信本では没骨の山と手前に樹木を描いた水墨画である。光淳本の屛風は空白で絵の指示もない。

ほぼ同じ場面を描いた掛幅の「篝火図」（04）は反転構図で、室内に二人の女房を配して、玉鬘が琴を弾いている。岩田は、「顔貌表現も丁寧で表情豊か」で「衣紋線」にも固さがなく、本画帖より洗練されて「手慣れた印象」だとする。

b 野分

探幽本のみ夕霧が室内の紫上をかいま見する場面で、雪信本・リンデン本は光淳本とほぼ同一で夕霧を描かない。違いはやはり壁代の画中画で、雪信本は竹の水墨、光淳本は淡彩の野辺である。屛風の裏の模様はほぼ同じだが、光淳本の屛風には朱の扇らしき絵が見える。また、光淳本は探幽本と同じく、右下に風になびく薄を描くが、雪信本には無い。

c 夕霧

四本ともにほぼ同じ絵様であるが、探幽本とリンデン本が描かない御簾や長押・柱と簀子を、雪信本と光淳本が描いている。リンデン本は右の三人の子どもたちを画面右下に描く。雪信本が障子と壁代に、ゆったりした水墨の山水を描いていることが、光淳本との差異である。壁代に描かれた近景の水辺の樹木、湖水の舟と中景の家と遠景の山、障子の雁の列など、後の雪信の画風を思わせる。画面の上下の遣り霞の形なども、雪信本と光淳本はほぼ同じである。

d 御法

リンデン本のみ庭の一部を描いて、格子など描かない。あとの三本は同じ絵様で、秋の前栽は描かない。ただし、探幽本は横長であるため、その左側の御簾と格子の三角形の部分、また右側の格子の部分を切り取って、室内に焦点化すると雪信本となる。光淳本は、雪信本よりやや横長であり、左側の部分は探幽本と同じである。遣り霞の形は、雪信本と光淳本で一致する。ここでも、探幽本の屛風の彩色画の雪をかぶった樹木と、雪信の水墨による草花との差異がある。光淳本に画中画の指示はない。

e匂宮
探幽本のみ六条院に向かう匂宮と薫の牛車の行列を描く。雪信本・リンデン本と光淳本はほぼ同じだが、光淳本・リンデン本が庭に描く遣水とそこに生えた草を、雪信本は描かない。光淳本の右の部分を上長押と簾の線まで切りつめれば、雪信本とほぼ同一となる。ここでもやはり、雪信本の屏風は水墨の山水画であり、光淳の屏風の山と夕焼け空のような淡彩画とは異なる。前栽の植物の種類は違うが、位置はほぼ同じである。

f紅梅
リンデン本のみ、建物の構図と若君の座る位置が異なる。他の三本ともにほぼ同じ絵様だが、それぞれに微妙な共通点と差異がある。探幽本は屋根を描くが、光淳本では遣り霞によってその下部のみ少しとなり、雪信本は描かない。探幽本は紅梅の下の小柴垣のもとに緑の草を描くが、雪信本も光淳本も描かない。雪信本は屏風の左上に光淳本と同じく巻き上げた御簾を描き、その下に庭の竹を描くが、探幽本は何も描かず、光淳本は簀子の下まで遣水を描く。屏風の秋草は雪信本と光淳本が似ている。

g橋姫
同じかいま見の場面だが、探幽本のみ竹の透垣の角に立つ薫の上半身をわずかに描き、立ち姿であろう。これに対して、雪信本と光淳本とは、左下に小柴垣のもとに坐す薫を描き、遣水をはさんだ簀子の上下に女房、そして廂の大君と中君を描く。リンデン本も小柴垣のもとに坐る薫を描くが、反転した構図で、簀子の女房の位置も異なる。小柴垣のもとに薫が坐るかいまみ姿は、きわめて特異だといえる。
雪信による「橋姫図」(02)は、リンデン本と同じく画帖とは反転した構図だが立ち姿で、近景の土坡と樹木、中景の川と、遠景の山を描く。

h椎本
四本ともにほぼ同じ絵様である。探幽本・雪信本ともに庭の築山の上に樹木を描くが、光淳本とリンデン本には描かれていない。リンデン本のみ右の格子を描かず、室内の後ろ姿の女性の一人がそこに見える。

i総角
四本ともにほぼ同じだが、リンデン本は庭の遣水を描かない。奥から遣り戸を開けて覗く女房は、探幽本が小さく遠く、遠近感が強調される。光淳本と雪信本はともに室外に竹林を描くが、探幽本にもある草花を雪信本は描かない。

j早蕨
四本ともにほぼ同じ絵様だが、探幽本のみ小柴垣のもとの柳の木を描かない。探幽本と光淳本が遣水を簀子の下からの流れとし、雪信本とリンデン本はともに小さく描く。ここでも、雪信本は室内の壁に草

【a 篝火】

土佐光淳筆「源氏物語画帖」（高橋蔵）

清原雪信筆「源氏物語画帖」（個人蔵）

狩野探幽筆「源氏物語図屏風」（宮内庁三の丸尚古館蔵）

清原雪信筆（尼崎教育委員会蔵）

【b 野分】

【c夕霧】

【d御法】

【e匂宮】

【f紅梅】

1段目　土佐光淳筆「源氏物語画帖」（高橋蔵）
2段目　清原雪信筆「源氏物語画帖」（個人蔵）
3段目　狩野探幽筆「源氏物語図屛風」（宮内庁三の丸尚古館蔵）

【g 橋姫】

【h 椎本】

【j早蕨】

【i総角】

1段目　土佐光淳筆「源氏物語画帖」（高橋蔵）
2段目　清原雪信筆「源氏物語画帖」（個人蔵）
3段目　狩野探幽筆「源氏物語図屏風」（宮内庁三の丸尚古館蔵）
4段目　清原雪信筆（尼崎教育委員会蔵）

花の画中画を描いている。

k宿木

四本ともにほぼ同じ絵様である。探幽本と光淳本は、遣水にそって菊の花を植え垣のように配している。リンデン本も遣水が簀子の下をくぐるが、やはり菊の花である。雪信本のみ様々の草花を描く。

以上のように、雪信本が探幽本に拠ったと考えるよりも、共通の粉本の流れがあって、構図や絵のモチーフなどはそれに拠りつつも、画面の大きさや絵の性格などに応じて、それぞれの絵師が創意工夫を加えたといえよう。粉本の流れといったのは、探幽本・雪信本・リンデン本そして光淳本を、同一の粉本に拠ったというのではなく、粉本もまた改変されつつ伝承されたと考えるからである。

こうした中で、以上で検討したように、わずか十一画面とはいえ、探幽本やリンデン本に比較して、雪信本と光淳本との一致に注目すべきであろう。現在のところ、残る四十三の巻については不明ながら、光淳本のように雪信本と一致する粉本があった可能性は強い。

だからといって、雪信が粉本に制約されて独自性を発揮していないわけではなく、すでに岩田が探幽本との比較で示していたように、画中画の水墨や室外の山水や景物の表現に、後の秀作と共通する個性が示されていることを確かめた。

【k宿木】

1段目　土佐光淳筆「源氏物語画帖」（高橋蔵）
2段目　清原雪信筆「源氏物語画帖」（個人蔵）
3段目　狩野探幽筆「源氏物語図屏風」（宮内庁三の丸尚古館蔵）

五　「女房三十六人歌合」と雪信の歌仙絵・やまと絵人物

個人蔵の「女房三十六人歌合画帖」(15)もまた、雪信画と堂上の寄合書を組み合わせた豪華本の画帖で、添状と詞書筆者たちの生没年から、寛文十～十一年(一六七〇～七一)の制作と推定されている。雪信「源氏画帖」と同じく色紙絵のすべてを描き、堂上の寄合書の詞書と組み合わせた注文制作である。伏谷は、寛文十一年にこの画帖が拝領された時の覚書にみえる「御台所」が四代将軍家綱の正室浅宮顕子女王で、大奥の老女が「松村中山」という高貴な妻女らしい人物に届けたという。

この画帖の見返しには、土佐光起が住吉と玉津島の両明神の社頭風景を描いている。光起にも「女房三十六人歌合」の画帖(三井文庫蔵)がある。寺本は雪信「清少納言・粟に鶉図」(21)三幅対の左右に描かれた粟に鶉の図様が、土佐光起が得意とした画材であることからも、光起が雪信を支援したと推測している。雪信もまた「粟鶉図」が得意であったとみられ、他に二作品(35・36)が現存している。

石山寺蔵の雪信「紫式部観月図」(25)もまた、石山寺で湖面に浮かぶ月を見て紫式部が『源氏物語』の構想を練る光起画の絵様を、反転構図として描いたかのような類似性がある。そこでは、光起の大きな月と雪信の小さな月といった差異もきわだつ。雪信「紫式部観月図」(25)はまた、石山寺蔵「源氏物語図橋姫」(03)の構図とも類似している。

すでに検討したように、土佐光淳「源氏画帖(粉本)」との類似からも、雪信と土佐派との関係は推測できる。土佐派は王朝の物語絵や歌仙絵が得意であり、京都に出た雪信に、公家の寄合書と合わせた豪華な画帖の絵を描かせた人として、土佐光起を推定することもできよう。

他方で、伏谷は雪信本の歌仙の姿態が土佐派と類似するという諸説に対して、探幽の「新三十六歌仙図」(東京国立博物館蔵)「百人一首手鑑」(同)などと、特に顔貌表現が近似するという。あえていえば、色紙画帖など小画面の歌仙絵や源氏絵において、土佐派と狩野派の差異はさほど大きくはなく、その粉本などの交流があったのではないだろうか。

伏谷はまた、「源氏画帖」とこの「女房三十六人歌合画帖」の落款の字形が類似して同一の印章を用いていることからも、近い時期の制作と推定している。「源氏画帖」の詞書は明暦三年(一六五七)ごろに成立したとみられ、寛文十一年(一六七一)までの成立と推定される「女房三十六人歌合画帖」とでは、十年以上の開きがある。

この矛盾を解決するのは、すでに成立していた「源氏画帖」の詞書に、ほぼ十年後の「女房三十六人歌合画帖」の制作に近い頃、雪信に絵を依頼して画帖としたという推定である。岩田によれば、絹本着色の絵は、五十四面すべてに「清原」の朱文方印が押されているが、長尺の絹布にあらかじめ絵を描いておき、画帖に仕立てる段階で色紙形に切って貼り込んだのである。絵と詞書の場面との不整合も、こうした制作過程によるとみられ、その仲介者がやはり土佐光起であった可能性もあろう。

ところで、雪信が「清原」姓を名乗ったのは、夫（あるいは母）の本貫という縁があるにせよ、清少納言が「清原」であったことを意識したと思われる。雪信は、「女房三十六人歌合画帖」をはじめ、王朝の歌人や作家の女性像を多く描いているが、その中で自分を清少納言に見立てていたふしがある。架蔵の「王朝作家図屏風」（20）は、そうした視座からも興味深い作品である。

「王朝作家図屏風」と仮に名づけた作品は、六曲一隻の屏風の各扇に紙本一図を貼り、向って右から、清少納言、江口遊女、遍照、業平、貫之、紫式部と推定できる。屏風の全長は、縦一二〇・五糎、横三〇〇・〇糎で、その各扇の大きさは、縦九九・〇糎、横四〇・五糎である。清少納言図とみられる第一扇右下に「清原氏女雪信筆」の落款と朱印が有る。この六人の図は、三つの対から成る画面構成とみることができる。

第一の組み合わせは、右端の第一扇と左端の第六扇の二人の王朝女性像で、清少納言と紫式部を向き合わせたと考えられる。第六扇の紫式部図は、松の木の下で書物と手紙らしきものを置いた文机に右手を置いて坐り、左手に文を持って読む。実践女子学園香雪記念資料館蔵の「紫式部図」（24）は、室内に坐って文机を前に文を読む。湖水に映る月なども描かれず、その室外にやはり松の木が描かれている。尼崎教育委員会蔵「紫式部図」（23）もより簡略だが同様である。本屏風の第六扇は反転構図だが、ともに建物の要素を消去すれば、冊子や紙を置いた文机と松の木から、紫式部図と推定できるのである。

なお、「清少納言・粟に鶉図」（21）とされる三幅対の、中央の女性像のポーズが本屏風の第六扇図と類似しており、清少納言ではなく紫式部だと思われる。「女房三十六人歌合画帖」の紫式部は、やはり反転構図でポーズも異なるが、髪や顔の表情などは似ている。本屏風の方が後期の作品とみられ、衣裳の表現なども硬さがとれ、より優美な完成度を示している。

紫式部に対する第一扇の立ち姿の女性像を清少納言と推定するのは、その右下の「清原氏女雪信筆」という落款ゆえである。清少納言の「清原」姓と、やはり「清原」を名のる自分とを重ねた遊びであろう。その女の立ち姿は、斎宮歴史博物館蔵の「野宮図」（06）の十二単の立ち姿とも類似している。また「清少納言雪景（雪景宮殿）図」（12）は、従来は「雪景宮殿図」とされていたプライスコレクションの作品だが、『枕草子』の香鑪峰の雪をめぐる場面の絵画化で、簀子に立って簾を巻き上げる立ち姿である。御簾の奥に顔を隠されて坐るのは一条天皇で、『枕草子』の原文とは違うこうした伝承が、江戸前期にはあった。

なお、ほぼ同じ横顔の角度ながら、「女房三十六人歌合画帖」の清少納言と「野宮図」のふっくらした下ぶくれ顔に対して、本屏風では頬やあごがよりほっそりと描かれている。紫式部像に比してもそうであり、自画像的といったら深読みしすぎであろうか。清少納言も紫式部も、そう確定する根拠は弱いともいえるが、他の王朝の歌人との組み合わせからの推定でもある。

第二の組み合わせは、第二扇の江口遊女と遍照で、向き合ったこの

「王家作家図屏風」（高橋蔵）

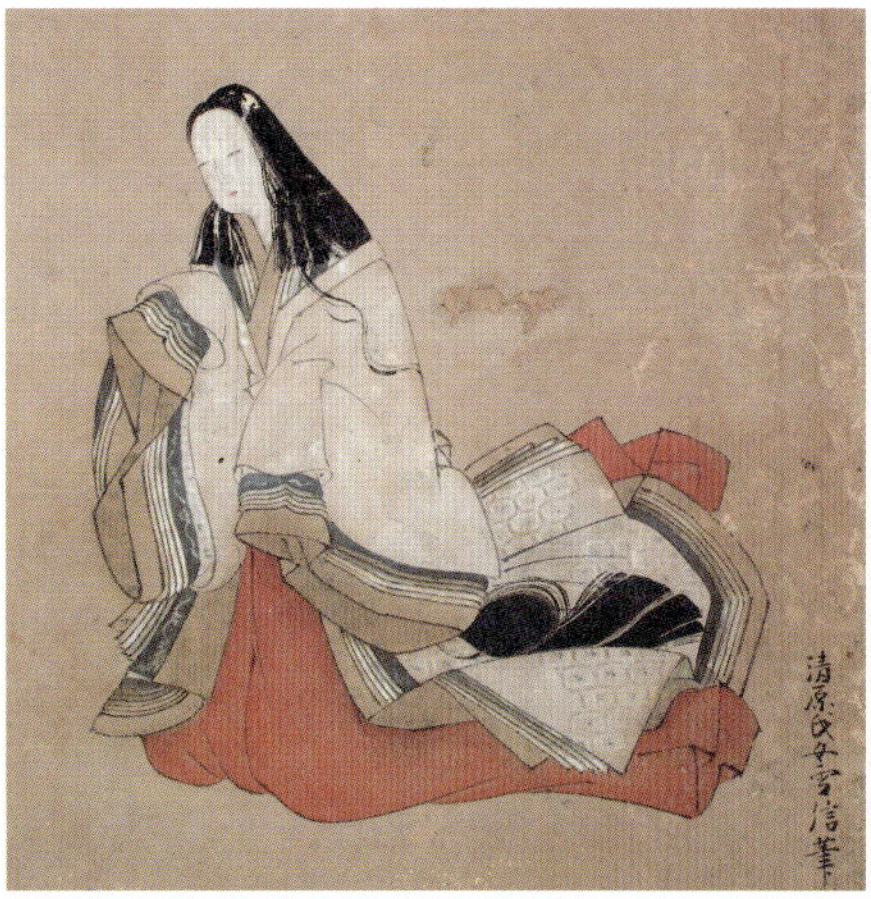

清原雪信筆「紫式部図」（尼崎教育委員会蔵）

「紫式部図」（実践女子学園　香雪記念資料館蔵）

二つの絵は、そのモチーフから確定できる。西行を作者に仮託した『撰集抄』では、室の遊女の長者の白拍子の舞に性空上人が目を閉じて観念すると、生身の普賢菩薩が現れ「法性無漏（むろ）の大海には、普賢恒順の月の光ほがらか也」と歌ったという。西行は「この遊女の歌の法文なる」ことを思い知ったと述懐している。この屏風の第二扇は、普賢菩薩として現れた江口遊女妙の図像とみられる。丸山応挙による兵庫法雲寺の絵がほぼ同じ構図である。

西行と江口の遊女妙との贈答歌は『新古今集』にも載り、謡曲『江口』などで流布した。その場面を雪信が描いた「西行・江口贈答図」（11）では、向き合って立つふつうの女性と僧の姿である。

寺本は、伏せた唐獅子に冊子を手にして騎乗する「龍虎文殊図」（57）の童形の文殊が、美人画の見立てに近く中性的魅力をたたえ、エロティクでさえあるという。「文殊菩薩図」（60）は明らかな女人で、「弁財天図」（61）と同じく、雪信特有の眸の清しさと顔貌のふくよかさをもち、見立て美人画以外の何者でもないとする。こうした文殊と対となり象に乗る普賢を、この屏風の第二扇では、二つの文殊図と同様の仰ぎ見るような角度と構図で、おおらかでゆったりした王朝美人図として描いている。湧き出た雲の中から顔を出す象の表情もよい。

これに対する遍照が落馬する第三扇の絵は、「名にめでて折れるばかりぞ女郎花我おちにきと人に語るな」という古歌による。若い女性に魅せられて堕落したのではないという戯れの歌意を、絵では落馬として形象している。黄色い女郎花が白く描かれているのは「男へし」

と意識したのかもしれない。その地面にひれ伏す僧が雲上の白象に乗っている女と向き合う構図は、遍照の「天つ風雲の通ひ路吹き閉ぢよ乙女の姿しばしとどめむ」とも重なる。あるいは、江口遊女に対する西行と、遍照とを僧つながりで重ねたとみられる。

この落馬した瞬間の遍昭を描いた第三扇の中央には、二本の金線状の霞の上に、淡く水墨の遠山が描かれている。そして、第二扇の普賢菩薩として顕現した遊女が、この遍昭の滑稽な姿を、まさしく見下す対角線構図である。女と僧、そしてほぼ水平に向き合う象と馬とは、明確な対比意識によって描かれている。

第三の組み合わせは、第四扇の川に散り流れる紅葉を対岸から見る貴族の男と従者に童、これと背中合わせで反対を向く第五扇の、扇をかざして対岸の桜を愛でる男と従者の絵である。前者は「ちはやぶる神代も聞かず竜田川から紅に水くくるとは」とみてよいであろう。後者は特定しがたいが、業平と組み合わせる桜の歌人としては貫之がふさわしい。

六曲の屏風の第四扇と第五扇とは、その折り目から背き合う。それを意図した秋の紅葉と春の桜との対比構図であろう。業平と貫之に比定した二人の男は、いずれも横顔で鼻が描かれている。第四扇の白衣の従者は正面から、赤い衣の童は少し斜めの後ろ姿、第五扇の白衣の従者は斜め横から描く。横顔で人物を美しく描くことは、やまと絵の伝統において少なくまた困難だと思うが、雪信の数少ない男性像の特徴かもしれない。

「宗祇古今伝授図」(19)と名づけた架蔵の掛幅では、脇息に片肱を置き冊子本を前にした僧衣の髭の長い老人に、衣冠束帯姿の男が対座し、若い従者らしい男が控えている。老人は斜め横顔だが、対座する男と従者は横顔で描かれている。

六　まとめにかえて

雪信の人物画には圧倒的に女性像が多い。そして、それらは、「源氏画帖」や「女房三十六人歌合画帖」の後、源氏絵や歌絵また物語絵といえる掛幅を主とした作品において、もとの物語や歌を離れ、美人画や風俗画的な傾向を強めている。そこでは、「源氏画帖」や「女房三十六人歌合画帖」のような初期にみられた粉本の枠から離れて、自由でおおらかに洗練された技法を発揮した表現がみられる。「王朝作家図屏風」なども、そうした性格から、典拠にこだわらない自由さで遊び、自分を清少納言に見立てて紫式部と対にして遊んだりしている

宗祇古今伝授図（高橋蔵）

のであろう。

とはいえ、今後の検討が必要ではあるが、大画面の屏風絵なども、かなり描いていたとみられる。それらを一人で描いたのか、あるいは工房制作といわないまでも、夫や娘などの協力者がいたのかどうか。そこには、水墨画の技法を基底としつつ、王朝からのやまと絵の伝統がふまえられている。

雪信の絵の魅力は、おおらかで気品のある彩色による細緻な女性像や景物と、余白を生かして遠近のある水墨による没骨の山水との組み合わせにある。そうした要素は、最初期とみられる「源氏画帖」の画中画や戸外の景物に、すでに示されていた。前期の画帖と後期の掛幅の優品との差異は、粉本に基づくべき画帖などの拘束の有無であり、その天性の技法は、探幽に学んだ最初期から習得していたともみることができる。

注

＊1　岩田美穂「清原雪信筆「源氏物語画帖」について」（『金鯱叢書』二十三輯、徳川黎明会、一九九六）。以下の岩田論文の引用は、すべてこれによる。

＊2　パトリシア・フィスター『近世の女性画家たち―美術とジェンダー―』（思文閣出版、一九九四）。『江戸の閨秀画家』（板橋区立美術館　図録、一九九一）。伏谷優子「江戸時代初期の狩野派における大和絵様式の継承について―清原雪信の作品とその画風を中心に―」（『鹿島美術財団年報』17、一九九九）。寺本健三「清原雪信とその時代―本邦初の女流職業画家の誕生―（一）・（二）・（三）・（四）」（『史迹と美術』706～709号、二〇〇〇・七・八・九・十一）。安村敏信『もっと知りたい狩野派　探幽と江戸狩野派』（東京美術、二〇〇六）。

＊3　注（2）伏谷論文。以下の伏谷説の引用はすべてこれによる。また小林忠「守景／一蝶」（『日本美術絵画全集　第十六巻　守景／一蝶』集英社、一九七八）。ただし、大平有希野は、雪信の母が神足常庵の娘であることから、清原姓は「母方の神足の本姓」（『神足家系』）の可能性があるとする（実践女子大学、ホームページの関連資料による）。

＊4　俳句の検索は『古典俳文学大系』および、そのCDROMによる。

＊5　注（2）の寺本論文。以下、寺本の引用はこれによる。

＊6　栖崎宗重「清原雪信筆　女房三十六歌仙図」（『国華』712号、一九五一）。若杉準治『女房三十六人歌合』（ふたば書房、一九九〇）。

＊7　注（2）の伏谷論文では、「清原氏女雪信筆」という落款をもつ作品のみを真筆の可能性がある対象としている。ここでもその原則に倣うが、それ以外の落款や印の作品についても、興味ぶかい作品については例外的に加えた。海外の主要な美術館が雪信作品を所蔵していることも注目される。

＊8　注（2）の安村敏信書。

＊9　榊原悟「源氏物語図貼交屏風」図版解説（平山郁夫・小林忠編『秘蔵日本美術大観十二　ヨーロッパ蒐蔵日本美術選』講談社、一九九四）。

【付記】貴重な所蔵品の図版を提供してくださった関係諸機関にあつくお礼申し上げる。また、参考文献資料の調査には眞野道子氏や、ミシェル・マイヤーズさんなど名古屋大学大学院生の協力を得た。

近代日本の教育と〈紫清〉

——〈紫式部〉帝国と「瑠璃壺一滴の芳酒」——

安藤 徹
あんどう・とおる

一 『源氏物語』の明治二〇年代

「制度の時代[*1]」と言われる明治時代にあって、とくに「日本における近代国民国家成立の根幹を形成した時期」であり、同時に「それに伴ってジェンダー規制がより強化され始める年代[*2]」であった二〇年代は、近代における『源氏物語』、あるいは『源氏物語』の近代を考えるうえでも、一つの劃期として重要である。

明治一〇年代には、「教育令」（明治一二年）、「改正教育令」（同一三年）、「小学校令」「中学校令」（同一九年）などの公布により、初等・中等教育の学校・教科書制度が構築されていった。一方、高等教育機関の整備に伴い、〝近代国文学〟が成立していくのもこの時期である。[*3] こうした教育・研究制度の近代化が進むなかにあって、『源氏物語』にかんしては「明治二十年代の末頃までは研究休止とも云ふべきほど、研究不振の時期であった[*4]」と評されるような状況にあった。

とはいえ、『源氏物語』はけっして研究の対象としてのみあるわけではない。実際、坪内逍遥『小説神髄』（明治一八年）を先駆けとして、明治二〇年代に『源氏物語』（をめぐる言説）はさまざまな形で広く社会に流通し、認識されるようになっていったと見られる。[*5] たとえば、江戸時代に最も流布した『源氏物語』テキストであり、研究にも大きな影響を与え続けたのが、北村季吟による注釈書『湖月抄』であることはよく知られているが、その活字版である『校正補注国文全書 源氏物語湖月抄』（国文館）が明治二三年に小田清雄により出され、猪熊夏樹も同二三〜二四年に『訂正増注 源氏物語湖月抄』（積善館・図書出版）を刊行するなど、二〇年代に入って、多くの読者が『源氏物語』を読みうる環境が出現したのであった。他に、同二一年から刊行された増田于信『新編紫史』（誠之堂書店）が訳文（通俗文）による『源氏物語』を提出したことも見逃せないが、それ以上に同二三年から刊行が始まった博文館の『日本文学全書』および『日本歌学全書』の登場は、「活字メディアにおいても物語・日記などの散文系と和歌の韻文系からなる近代における「国文学」が整えられてゆく[*6]プロセスを象徴し、「それまでとは比較にならない規模で古典受容がはじまった」[*7]ことを示す出来事として注目に値する。むろん、『源氏物語』も同年に上梓された。「本邦文学史の嚆矢」を謳う、三上参次・高津鍬三郎『日本文学史』（金港堂）が刊行されたのもこの年である。こうした動向が、三〇年代以降の研究と受容のコンテクストを形成したのであった。

ところで、この三上と高津による『日本文学史』は、『源氏物語』に対するコメントとともに、以後の「日本文学史」で反復されることになる「貞淑」「温柔」「温厚」で「節操」のある作家〈紫式部〉像を描いている。このことが示唆するのは、明治二〇年代における『源氏物語』〈をめぐる言説〉の普及が、『源氏物語』そのものよりも、むしろ作家〈紫式部〉への関心を惹起し、彼女の才能や境遇も含めた人物像へと焦点が引き絞られていくという傾向である。こうした事情について、三田村雅子は「再生産され、繰り返される文学史の叙述の中の紫式部には、明治という新しい時代の中で、女子教育に乗り出していかなければならなかった男たちの、かくあってほしい理想の女性像の鋳型が示されているのである。あの偉大な紫式部さえ、「貞淑温良」に生き、「静粛」で「温柔」で「謙譲」であるのだから、これから物を学ぶ女性たちも、どれほど勉強したとしても、すべからく、女子としてあるべき「謙譲」を忘れないように、との遠まわしな要請でもあった」[*8]と論じる。

しかし、すでに平井義直編『小学中等新撰読本』（明治一七年）巻五に『大日本史』を典拠とする「紫式部文詞」が採られ、〈紫式部〉を「資性敏慧」「婉順淑嫕」と評していることからも明らかなように、こうした〈紫式部〉像への関心の高まりの要因を、明治二〇年代における『源氏物語』〈をめぐる言説〉の拡大のみに求めるのは正確ではない。たとえば、寛文八年（一六六八）刊行の安部弘忠『本朝列女伝』巻三に、「筆端鼓舞之妙我国字[illegible]撰之最好者」である『源氏物語』を書いた「閨閣之才人」[*9]〈紫式部〉を本朝の〝貞女節婦〟の一人として登録するなど、江戸時代以来の女訓書などに繰り返し描かれてきた〈紫式部〉像が強く作用していると考えられるからである。明治二〇年刊行の西村茂樹『婦女鑑』（宮内省）巻五に載る「紫式部」にも、「才学とも世に絶れ、身をつゝしみて人にほこらず、よく婦女たるの徳を修めしにより、後の世までも人これを賞揚せり。その履歴の詳かなるは、自著の日記にあり、これについてみるべくこそ」[*10]とある。三田村は、とくに安藤為章『紫家七論』（元禄一六年〔一七〇三〕）が〈紫式部〉を「婦徳」ある「賢婦」と称賛したことが、後世に大きな影響を与えたと推測している。[*11]橋本光秋・小田清雄編『中等教育国文読本 訂正』（森本専助、明治二六年）巻四に（『源氏物語』ではなく）『紫式部日記』が教材化されているのも、こうした文脈が関連していよう。[*12]

一方、三宅雪嶺『真善美日本人』（政教社、明治二四年）は、「女流」の〈紫式部〉が『源氏物語』を著作したことを、「彼が如きの著作あるは頗る驚くべきの能力といふべし。閨秀の才情、他邦其人に乏からずと雖も、式部と幷び馳すべき者果して幾人かある」と称賛している。これについて、ゲイ・ローリーは「国粋主義者としての三宅は、ここで自国の偉人と国力とを結びつけている。国力とはこの場合、自立した独立国家として対等に交易することを目標とした、「不平等条約」の見直しである」[13]と指摘する。こうした対欧米意識のなかで、日本の「国力」を示す文化的象徴、あるいは日本の〈欧米と比較しうる〉普遍性と〈比較しえない〉特殊性とをともに表象しうる記号として、『源氏物語』作者〈紫式部〉の存在が要請されたことは、女子教育の場においても確認できる。三輪田真佐子『女子の本分』（国光社、明治二七年）は、「従順、節操、堪忍等の女徳に至りては、絶えて、彼（欧米のこと：安藤注）に無くして、我が国固有の長所なり」と主張し、「天下の諸嬢に、日本女子の思想を堅固にし、国の基は、家にあり、家の本は、女子にありと云ふに憚らざる女子となれかしと祈るのみ」と訴えつつ、「神功皇后は、武威を、海外に輝かさせ給ひたりき。下野形名の妻は、夫を、軍営に勇ましめ、紫式部は、源氏物語の大著をなし、等、毫も、彼に劣ることなしと雖、要するに、彼は有為活潑、以て、事業をなすに長じて、少しく卑し。我は、貞操節義、自守る徳ありて、遥に、高尚なり」[14]と述べている。ここでは、欧米と比較しつつ「日本女子」の特殊優秀性を誇示する文脈で、『源氏物語』という「大著」を書き得た〈紫式部〉の才能が、やはり「貞操節義」という「女徳」へと還元されている点に注意しておきたい。

こうしたいくつかの事例から浮かび上がってくるのは、少なくとも明治二〇年代ごろは、『源氏物語』の〝大衆化〟が実現しつつあったものの、〝卓越化（権威化・正統化）〟は必ずしも進んでおらず、後者はむしろ作者〈紫式部〉が担いながら、それと相俟って近代における『源氏物語』のカノン化が駆動していた、という見通しである。つまり、「明治期の『源氏物語』は、今日からは想像もつかないほど「不遇」であった」[15]としても、〈紫式部〉という記号が『源氏物語』それ自体の不遇を補って余りあるほどの意味作用を発揮していたのではないか、ということである。このことは、いわゆる「源氏帝国主義」[16]の批判的検証には、〈紫式部〉の権力作用を視野に入れなければならないことを示唆しよう。「源氏帝国主義」を構成する不可欠な要素として、〈紫式部〉という記号を正確に位置づけることが必要である。[17]

二　〈紫清〉と女子教育

近代日本における〈紫式部〉の権力作用を考えるうえで、女子教育というコンテクストはきわめて重要である。そして、そのコンテクストで〈紫式部〉がしばしば〈清少納言〉と対で語られていることも注意される。[18]明治期の言説をいくつか眺めてみよう。

『読売新聞』明治二一年一月一八日に掲載された両極道人（杉浦重剛）の社説「女子教育之話」では、女子教育の目的について「紫式部和泉式部の輩の如きものを養成するにもあらず又夫の所謂烈女なるものにて男子勝りの尤物を養成するにもあらずして寧ろ婦人の常道を失はざる事」だと述べている。「紫式部和泉式部」を「男子勝りの尤物」としての「烈女」[19]と名指ししているわけでないことは、両者を「又」で繋いで並記していることから理解できる。だが、いずれも「婦人の常道」からは逸脱した女性の例として扱われていることにはなる。この場合、文学において稀な才華を見せた特異な女性として位置づけられながらも、女子教育という点から見れば、〈貞女〉と表象される「紫式部」でさえ、その特殊性ゆえに一般女性の模範（目標）たりえないということなのであろう。[*20]では、こうした「紫式部和泉式部」らとは別に、「男子勝りの尤物」としての「烈女」であることを理由に、やはり女子教育の領域から追われた女性を具体的に想定するとすれば、それは誰なのか。参考になるのは、『女新聞』一七（同年一〇月七日）掲載の青萍逸人（末松謙澄）「婦人と才学」である。

生涯夫を持たずと迄云はざるも、学問のあるを鼻の先に懸け肩で風を切りながら世を渡らんとせらるゝは婦人の通弊なるが如し。（中略）我が国にも王朝の頃には才学ある婦人夥しく出でにき。そは多くは百人一首の中にて閨秀諸君の御近付となりたるならん。其中に清少納言と云るは、（中略）一条院の皇后に仕へ奉りし才女なるが、余りに其才と学とに誇りし様子にて、稍もすれば人を凌、また品行も如何はしき廉々あり

「学問のあるを鼻の先に懸け肩で風を切りながら世を渡らんとせらるゝ」とは、当時の〝女学生〟（を生み出した女子教育の現状）に向けられた批判かと推測されるが、そこに王朝の「才女」〈清少納言〉が呼び出されているのである。言い換えれば、自身の才学をむやみに誇る「品行」の悪い〈清少納言〉を現代の女学生になずらえ、反面教師として捉えているのだ。[*21]おそらく「男子勝りの尤物」として意識されていたのが、この〈清少納言〉であろうことは、『日本文学史』の著者、三上参次の次の発言からもうかがえる。

清少納言はあまり当世風にして学問に誇こと常に、内行もまた修まらず。之を今日の世の中にあてゝいはゞ、清少納言は耶蘇教の学校にて教育を受けたる女生徒の如く、男子と伍するを何とも思はざるのみならず、時々所々に英語にても挿みて議論を試み、男女の同権をも唱へんばかり活潑なる女性なり。紫式部は之に反し、おなじく高尚なる教育を受けながらも、尚幼時父母の膝下にて薫陶せられしごとく、女大学流に言行を処する婦人の如し。
（「清少納言と紫式部」『読売新聞』明治二二年五月二四日）

〈清少納言〉は「耶蘇教の学校にて教育を受けたる女生徒」のようなもので、現代で言えば「男子と伍するを何とも思はざるのみならず、時々所々に英語にても挿みて議論を試み、男女の同権をも唱へんばかり活潑なる女性」だと言う。[*22]

同様の捉え方は、来るべき「女性の小説家」が「道徳の観念高く」「自由の気骨勇ましく」「慈善の愛情温かなる」ことを「祈る」一方で、「分もなき少納言は実以て御免を蒙りたきもの也」（「女性の小説家」『女学雑誌』一四一、明治二一年一二月）との発言の背景にもかいま見える。[*23]また、「清女の宮仕生活・人物・才幹・末路等をはじめて総合的に論じたもので、（中略）よく当時の『枕草子』研究を総収されていて、稚拙ながらも清少納言事典ともいうべき性格を備えるに至っている」[*24]と評される緑亭主人『清少納言』（民友社、明治二九年）【図A】[*25]の基調は、あくまでも両者を「王朝に於ける、二個の大なる女星」と賞賛するものだが、しかし〈清少納言〉の「素行」「性行」

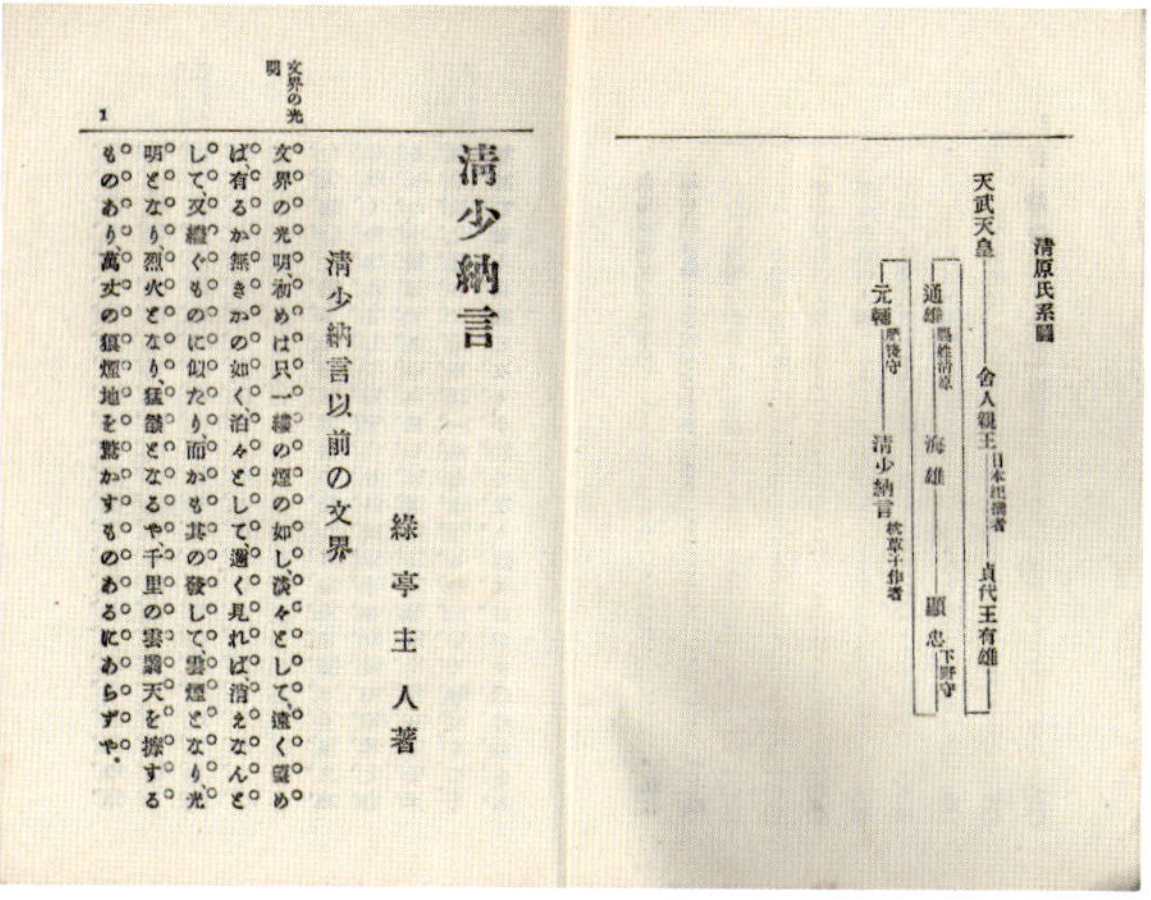

清原氏系圖

天武天皇――舎人親王 日本紀撰者――貞代王有雄

通雄 馬性清原――海雄――顯忠 下野守

元輔 肥後守――清少納言 枕草子作者

1 文界の光明

清少納言

緑亭主人著

清少納言以前の文界

文界の光明初めは只一縷の烟の如し、淡々として遠く認めば有るか無きかの如く泊々として遥く見れば消えなんとして又續ぐものに似たり、而かも其の發して雲烟となり光明となり烈火となり猛燄となるや千里の雲霧天を擦するものあり、萬丈の猩烟地を驚かすものあるにあらずや。

【図A】 緑亭主人『清少納言』（民友社、明治29年）

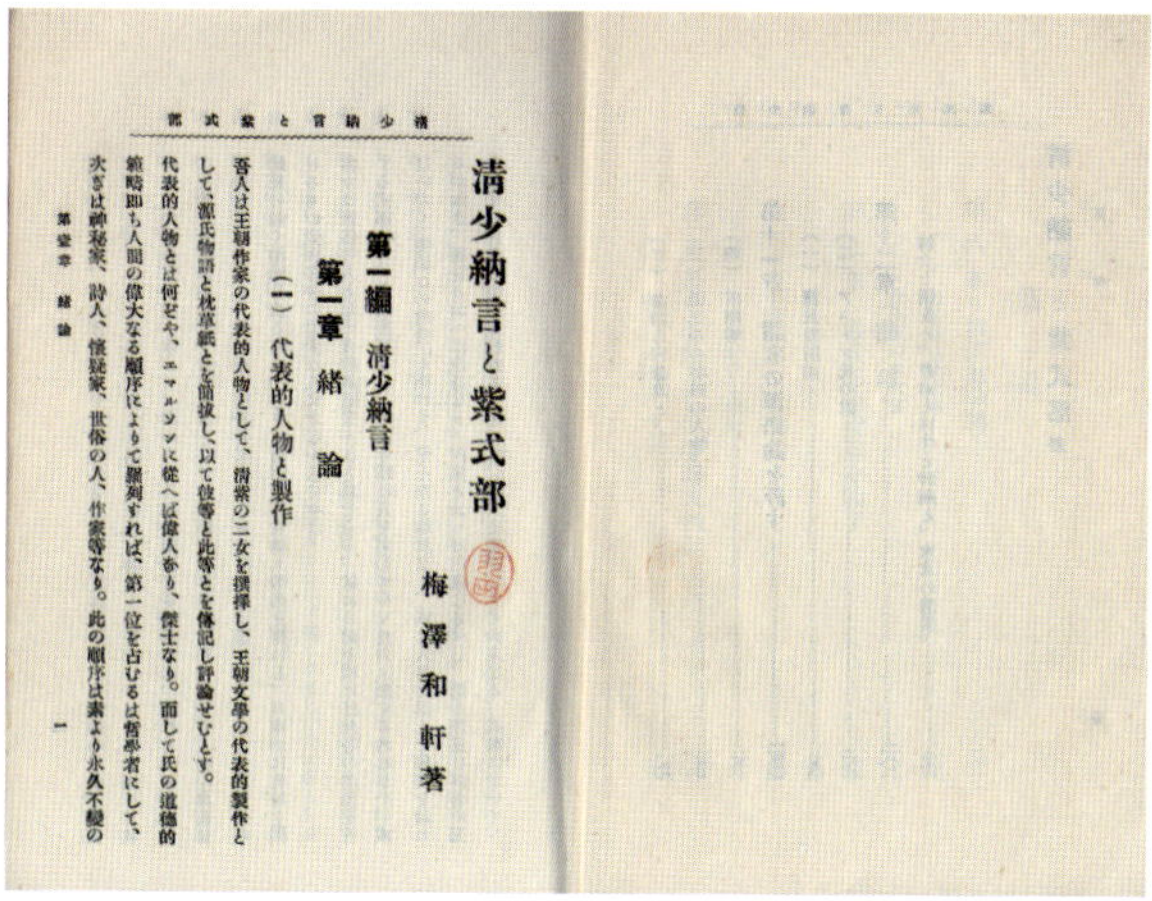

清少納言と紫式部

清少納言と紫式部

梅澤和軒著

第一編　清少納言

第一章　緒論

（一）代表的人物と製作

吾人は王朝作家の代表的人物として、清紫の二女を撰擇し、王朝文學の代表的製作として、源氏物語と枕草紙とを簡拔し、以て彼等と此等とを傳記し評論せむとす。

代表的人物とは何ぞや、エマルソンに從へば偉人あり、傑士なり。而して氏の道德的範疇即ち人間の偉大なる順序によりて羅列すれば、第一位を占むるは哲學者にして、次ぎは神秘家、詩人、懷疑家、世俗の人、作家等なり。此の順序は素より永久不變の

第壹章　緒論　一

【図B】 梅澤和軒『清少納言と紫式部』（国光社、明治35年）

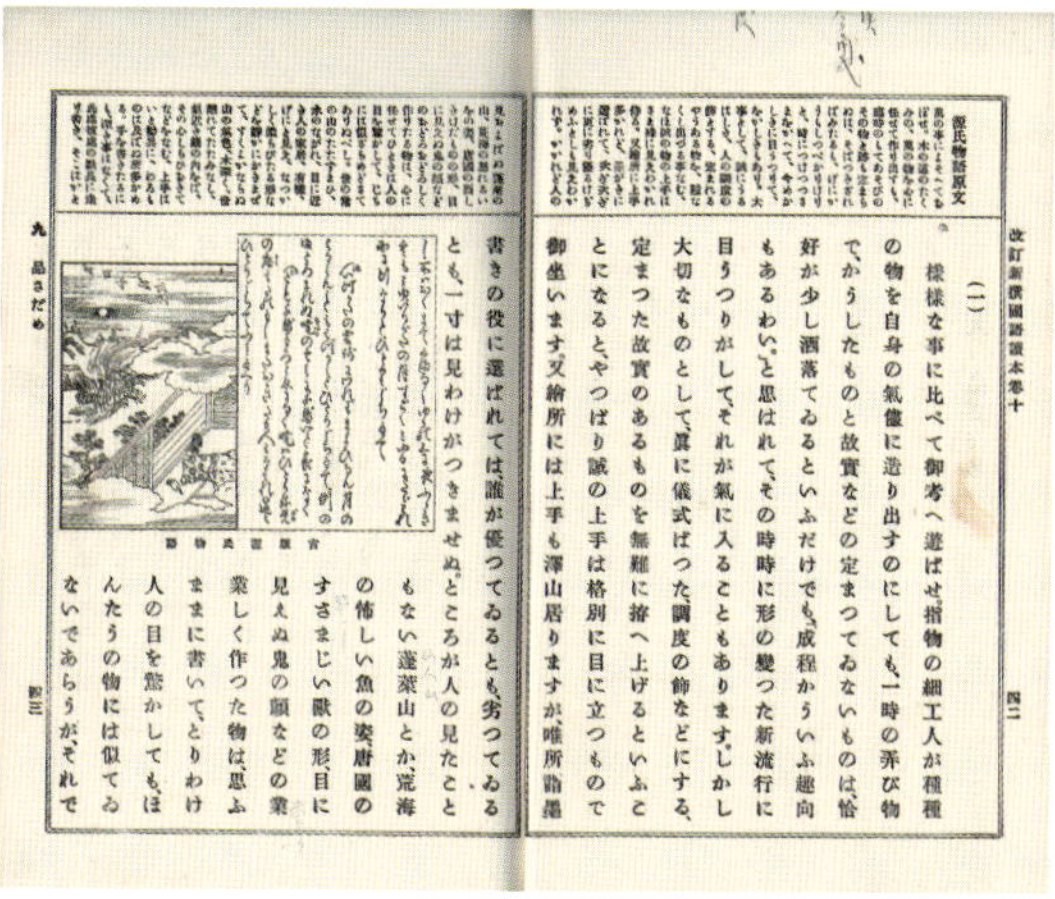

改訂新撰國語讀本卷十　四二

源氏物語原文

（一）

様様な事に比べて御考へ遊ばせ。指物の細工人が種種の物を自身の氣儘に造り出すのにしても、一時の弄び物で、かうしたものと故實などの定まつてゐないものは、恰好が少し洒落てゐるといふだけでも、成程かういふ趣向もあるわい。と思はれて、その時時に形の變つた新流行に目うつりがして、それが氣に入ることもあります。しかし大切なものとして、眞に儀式ばつた調度の飾などにする、定まつた故實のあるものを無難に拵へ上げるといふことになると、やつぱり誠の上手は格別に目に立つもので御坐います。又繪所には上手も澤山居りますが、唯所謂墨書きの役に選ばれては、誰が優つてゐるとも、劣つてゐるとも、一寸は見わけがつきませぬ。ところが人の見たこともない蓬莱山とか、荒海の怖しい魚の姿、唐國のすさまじい獸の形、目に見えぬ鬼の顔などの業業しく作つた物は、思ふままに書いて、とりわけ人の目を驚かしても、ほんたうの物には似てゐないであらうが、それで

九　品さだめ　四三

【図C】 佐々政一編『改訂新撰国語読本』（明治書院、大正3年）巻10

「徳行」にかんしては、従来の理解を踏まえてその欠点を認めざるをえないとする。曰く、「彼れが良女の淑徳に至つては、大なる欠点ありし也」、「如何に清少納言をして、百尺の高きに、置かしめんと欲するものも、彼れが欠点は遂に蔽ふべからざる也」、「清女が徳行に於ては、紫女の如く高潔ならず、貞淑ならず、将た謙遜ならざりき」。さらに、「男勝さりの彼れ」について、次のようにも述べている。

彼は紫女よりは、寧ろ活潑なりき、其の豪放にして、偉大なる気性は、女子的よりは、寧ろ男子的なりし也、彼が宮中にあるや、奇言を吐いて、往々男子の舌を捲かしめたり、彼が老衰の後に於てすら、余喘猶ほ、殿上人を屈せしめしにあらずや、／彼は男児をさへ、圧するに気力あり、此を以て其の、為す所尽く、女子に類せず、其の人に接するや、高慢なるものあり、自から尊大にして、人を茂如するの傾もあり、己の才学に、誇こりて、人を恐れざる慢心ある也、要するに、彼が畢世は、誇大主義なりし也、

「活潑」「豪放」「男子的」で「高慢」「尊大」な〈清少納言〉像は、梅澤和軒『清少納言と紫式部』（国光社、明治三五年）【図B】でも、「痛快なる婦人なれど、而も高慢は女徳にあらず」、「ハイカラ女史なり、（否チャイカラ女史なり）。御転婆者なり、生意気女なり」とされ、「貞操無比」の「良妻賢母」〈紫式部〉と比較して次のように評されている。

若夫女子の職分を以て良妻賢母にありとせば清女の如きは相去る万里と云ふべきも、而も女性の天職は必ずしも良妻賢母にあらず。時に例外なきにあらず。彼女の如きは正しく此の例外の才媛なり。清女は尋常の良妻賢母的模型に入るるには、余りに放逸なりき。

このように、女子教育の目的が〝良妻賢母〟の（再）生産へと定められていくなかで、[*26]「例外」である〈清少納言〉と繰り返し対照されながら、「女大学流に言行を処する婦人」としての〈紫式部〉は、伝統的な貞女観に基づいて、『源氏物語』ほどの大作を書く才能を有していたにもかかわらず貞淑謙遜であるという「良妻賢母的模型」の代表に祭り上げられていった。[*27]

むろん、〈紫式部〉の教育的な〝活躍〟に対して、〈清少納言〉が一方的に非難の対象になり、（反面教師以上の）教育上の価値が認められていなかったと見るのは早計である。たとえば、関礼子が指摘するように、〝良妻賢母〟路線が敷設されつつあった『婦女雑誌』に掲載された宮沢浦浪「清少納言」（三―一一、明治二六年一一月）では、〈清少納言〉を「節を持し、また変心せざること、実に雄雄しきものなりけり」と、中宮定子への変わらぬ忠節を貫いた「明治的な「貞女」」として評価している。[*28] また、矢田部良吉「女子ノ教育」（辻岡文助編『高名大家 女子教育纂論』金松堂、同二一年）は、「我邦ノ婦人ニハ是迄教育ナシト云フ人ハ非サルヘシ往古紫式部ヤ清少納言ノ如キ名婦人ノ出テタルヲ以テ見レハ婦人ニシテ文学ニ長スルヲ得ルノ機会モアリタルハ勿論ナリ此ノ如キ婦人ハ偶然出ルヘキモノニ非ス其時代ニ於テモ既ニ婦人ノ教育ニ心ヲ用ヒタルコトアルヲ知ルヘシ」[*29]と、〈紫式部〉とともに「婦人ノ教育」の成果たる「名婦人」として扱っており、そこに批判的なまなざしはない。[*30] 三輪田真佐子『女子教育要

言』（同三〇年）でも、『枕草子』の「雪のいと高う降りたるを」（いわゆる「香炉峰の雪」）の章段を引きながら、学識ある〈清少納言〉像に注意を促し、「これらを、史上の一話とのみ見しは、既に、昔のことなりけり。今は、開け行く御代のみめぐみ、あめが下に普きをもて、藻塩やく海人の女も、木こりする樵夫の子も、あるは、歌の道をたどり、あるは、文の林にわけ入りて、おのがじゞ、学識を養ふことゝはなりぬ。されば、中等社会の婦女にして、もし、学識なきものあらば、到底、その位置を有つこと能はざるべし」として、「中等以上の女子は、その位地を全うせんため、相当の学識を養ふべし」と主張するのであった。*31

これらは、〝良妻賢母〟として〈清少納言〉を語り、評価することがない点で、〈紫式部〉との対照性を示している。*32 同時に、あくまでも「見よ、忠孝節義の情深き女子は、亦、かゝる心に、小児を化し、閑雅高潔の心に富む女子は、亦、かゝる様に、家風を導き。所謂、一家仁なれば、一国仁に興る理にて、遂に、我が日の本のめでたき国体、及、善良なる風俗を、益、強国にすることを得ん。豈、女子の徳育は、女子一身のためのみかは」（三輪田）と、〝帝国日本〟の国力に益する女子の教育に奉仕すべく位置づけられている点で、〈清少納言〉と〈紫式部〉の果たす機能自体は通底すると言える。

三　明治期国語教科書の〈紫清〉

〈清少納言〉の「香炉峰の雪」をめぐる逸話は、『枕草子』の章段の中でも最も人口に膾炙したものであり、中世以来、〈清少納言〉の人となりを語るエピソードとして繰り返し諸書に引かれ、また絵画化されてきたことは周知のとおりである。*33 近代においても状況は変わらないが、ここではとくに教材としてたびたび教科書に採用され、教育に資されてきた点に注目したい。「教科書が日本人を作った」*34 と言われるように、近代日本の成立と展開において教科書が果たした機能や効果は決定的だからである。*35 以下、明治期の教科書をいくつか紹介しながら、教材としての〈紫清〉の一端を確認する。*36

第一節でも触れた、橋本光秋・小田清雄編『中等教育国語読本 訂正』は、巻三に『枕草子』を典拠とした「耳聡き人」「よく人の声を聞きわく」「香爐峯の雪」という三教材を載せ、巻四の末尾に「述懐」「和泉式部赤染衛門清少納言等を評す」と題して『紫式部日記』の一節を教材化している。『源氏物語』そのものは収載していないものの、「述懐」中に一条天皇が『源氏物語』を読んで「この人は、日本紀をこそよみ給ふべけれ」と評した場面もあり、作者〈紫式部〉にも触れることになる。また、〈紫式部〉が〈清少納言〉を非難して「したりがほに、いみじう侍りける人」云々と述べている箇所も見え、巻三の『枕草子』を通して浮かび上がる〈清少納言〉像を撃つ形になる。

物集高見編『新撰国語中学読本』（金港堂、明治三〇年）は、巻九に「紫式部　清少納言」という教材がある。前半は伴蒿蹊『閑田文筆』に拠り、以下の文章を載せる。

（前略）式部なん、その父も、男(ヲノコ)ならざるを、くちをしといへるばかりの才(ザエ)ながら、才(ザエ)がりて、我(ワレ)はと思ひあがれるは、女(ヲミナ)のあるまじき事とや、一といふ文字をだに知らぬ様にもてなし、文よむ事をば、召使ふ者にも、つゝむ由、その日記にみえたるは、己をもてみれば、源氏の物語つくれるよりも貴く、世に、難き事にて、大かたの女にも、この心ばへを知らせまほしうぞ思ふ。その世には、才ある女、これかれ聞ゆるものから、口がしこく誇りかにて、さしもの学生をも、ないがしろにし、或は、身を、あだ〳〵しうもてなすなども、また、その才を恃むからにこそとはからるゝを、この一人のみ、歳の寒きにあらはるゝ松の操の珍らかなる物かも。あはれ、この事を、主としるし給へかしとぞ思ふ。存れども亡き如くすと聞え、馬の進まざるなりと答へしなども、類なるを、其は、男にして、賢しといはるゝ人なり。女にしては、殊に称へざらましや。仰がざらましや。知られじと霞にこもる藤の花なか〳〵ふかき色ぞみえける。

〈紫式部〉は、『源氏物語』を書いたことよりも、「才」がありながらも「才がりて」「誇りかに」ふるまうのを「女のあるまじき事」と慎む女であったことを貴いと称賛し、「大かたの女にも、この心ばへを知らせまほしうぞ思ふ」とするこの文章は、〈清少納言〉を否定的媒介として、〈紫式部〉の女徳に焦点を合わせようとするものである。後半は、『十訓抄』所載の「香炉峰の雪」説話である。「心ざま、わりなく優にて、をりにつけたるふるまひ、いみじき事おほかけり」と結ばれるものの、前半との対応で、「優」なる「ふるまひ」のさかしらぶりが、かえって印象づけられる構成になっていると言えよう。

『高等国語読本　女子用』（金港堂、明治三二年）下編巻一の「紫式部と清少納言」も、「一条天皇の御世」の「名高き才女」として〈紫清〉を紹介する文章である。まず、やはり「香炉峰の雪」の逸話を持ち出し、皇后を経由しつつ〈清少納言〉の「敏才」を讃えているのだが、それに続いて「此の人、学問に誇り、才気を恃み、故老の学士を言ひ込めしことなどありて、自らの草紙にも、面白げに記したれど、紫式部が日記には、それと言はずに、之を譏りて、夫人に似げなき所行とせり」と付け加える。その上で、〈紫式部〉の学識の博さと深さとを述べつつ、「然れども性質、柔和・謙遜にして、人に向ひては、一といふ字をだに知らず顔をして過ぎたりき」と評している。宮崎荘平は、この教材を「清紫並称の系譜」[*37]にあると指摘するが、構造的には先に挙げた二種の教科書と同一だと言えよう。たしかに、「香炉峰の雪」に象徴される「才女」〈清少納言〉の活躍それ自体は評価する姿勢を見せてはいるが、さらに続けて、夫藤原宣孝と死別後は「又二夫に見えず」に中宮のもとに出仕したこと、また娘たちも「母の淑徳」を受け継いだおかげか、天皇の乳母に選ばれたと紹介して、〝良妻賢母〟としての〈紫式部〉像を前景化する点を考慮する必要がある。

『小学新読本 女子用』（文学社、明治三三年）は、〈清少納言〉に関する教材はなく、巻三に「紫式部」が載るのみである。一条天皇の時代、「文才ある女子」の中でもとくに「学問・徳行」兼備で、後世の「女子の手本」となった人物として〈紫式部〉を紹介する。例によって兄に勝る「才智」を示したエピソードに触れたうえで、「されども、柔和にして、謙遜をまもり、少しも、人に誇ることなかりき」とし、さらに結婚、夫との死別、「再び人に嫁せず」に出仕して一生を終えたこと、『源氏物語』を書いて一条天皇にも讃えられたこと、および「母の教を受けて、学芸すぐれたる女子」となった娘たちが天皇の乳母に選ばれたこと、と定番の素材を順に語る。

同様に、巻二に「紫式部」のみを教材化しているのが、第一期国定教科書の『高等小学読本』（明治三七年）である。内容もほぼ同じと言ってよい。文部省編『編纂趣意書』（修文館、同三八年）第三章「材料」の第一項「材料ノ選択」に言う、「本邦ニアリテハ忠良勇武ナリシ人々及為政家ノ事蹟重要ナル事件ノ（顛）末、神話伝説、文学者ノ事業、及文化ノ由来ヲ知ルニ足ルベキ幾多ノ事項」である「歴史ニ関スル材料」に位置づけられる教材であろう。[*38]〈紫式部〉の事績として『源氏物語』執筆は欠かせない要素ではあるものの、あくまでも彼女の人生の一齣として扱い、むしろ時の天皇が賞賛するほどの「非常の名誉」を得た『源氏物語』作者であるにもかかわらず「少しも、たかぶることなく、ますます、学問をはげみ、また、その身の行をつつしみ」ながら生きたことに力点を置いた語り口になっている。その点で、ここまで取り上げた他の教科書も同じだろう。とするならば、〝源氏帝国主義〟を構成する〈紫式部〉ではなく、〝〈紫式部〉帝国を構成する『源氏物語』〟という状況が視界に入ってくるはずだ。

第二期国定教科書『尋常小学読本』（明治四三年）巻一〇では、ふたたび「紫式部と清少納言」が教材として登場する。文章を読むかぎり、両者を比較するまなざしはこれまでのものより弱いものの、謙遜な〈紫式部〉とそうでない〈清少納言〉という対比構造は認められる。悩みがちに筆を持って文机に向かう〈紫式部〉と、自ら簾を巻きあげる〈清少納言〉という、ともに著名な構図を描いた二枚の挿絵の存在が、両者のちがいを視覚的にも印象づける効果を持つ。加えて興味深いのは、『源氏物語』『枕草子』いずれの作品名も登場していない点である。教材自体は、〈紫式部〉を『源氏物語』作者として直接に語らず、〈清少納言〉も『枕草子』作者とは指示せず、[*39]文才ある二人の「才女」の生き方を教育的な主題として浮かび上がらせるよう工夫されていると考えられる。

四　「棹のしづく」という一滴

大正元年刊行の佐々政一編『新撰国語読本』（明治書院）は、改訂・訂正をしながら昭和一〇年代まで使用された、大正期を代表する教科書である。いま、改訂版（大正三年）【図C】によって確認すると、巻一〇には「平安朝の文学」「春は曙」「翁丸」「品さだめ」という教材が連続して掲出されている。「平安朝の文学」は芳賀矢一『国文学歴代選』に拠る文章で、平安朝を「我が特有の文化」「純国文学」が発達し、「強大なる支那文化にも圧伏せられざりし我が国民の元気を発揮」した時代と定位し、代表的な文学作品を論評するものである。このうち、『源氏物語』は「後世の模範文学」となったことを述べ、その『源氏物語』と「相並びて国文の双璧となへられるは清少納言の枕草子なり」として、その作品の特徴を説明するとともに、〈清少納言〉を「才気奔放、当意即妙の才に富めり」と評している。

「或は自ら誇り」という一節はあるものの、人となりにまで踏み込んだ発言はない。むしろ、作者〈紫式部〉については頭注でその名を示すのみで、本文に触れるところがないのは、〈清少納言〉との対比で注意される。続く教材は、『枕草子』および『源氏物語』から採られている（ただし、「春は曙」は原文、「翁丸」は文語訳、「品さだめ」は口語訳）。前節で取り上げた教科書と比べると、〈紫式部〉から『源氏物語』それ自体へと力点が移っている点に特徴がある。その傾向は、初版は明治三九年ではあるものの、やはり大正〜昭和期を通じて長らく使用された吉田彌平編『中学国文教科書』（光風館、ここでは大正一二年の修正一五版を参照する）巻九【図D】にも確認できる。「香炉峰の雪」に触れるところがなく、また挿絵は「源氏絵」であって〈紫清〉像でないことも共通する。

こうした変化は、はたして時代状況等に反応した全般的な動きなのか、個別の教科書の事情と考えるべきなのか、あるいはまた、この変化を促した力学とはどのようなものか、いや、そもそもこれは変化と呼ぶべき現象かどうか——こうした問題を明らかにするためには、なお精査が必要であるが、本稿で取り扱う余裕はない。ただ、〈紫清〉の教材化（教材中での取り上げられ方）の動向も視野に入れることによって、『源氏物語』（や『枕草子』）の教育的意義・位置をより精緻に測定可能になるとの見通しが有効であろうことは、最低限確認しておきたいことがらである。

さて、ここに一冊の教科書がある。藤井乙男・春日政治編『新編女子国文 修正版』（修文館、大正一五年）巻一〇【図E】である。この教科書（の一部）は、『源氏物語』本文（須磨巻、原文）→「紫式部論」（五十嵐力『作文三十三講』による）→『枕草子』本文（「春は曙」「香炉峰の雪」「にくきもの」、原文）→〈清少納言〉論→「各時代の代表婦人（自修文）」（芳賀矢一）という順で構成されている。このうち、「紫式部論」では「国文学史上に現れた最大傑作」に『源氏物語』を挙げ、明治四〇年春の思い出として、「ニューヨークに世界の偉人の名を刻んだ大記念碑を建てるといふ計画」があった際に、日本から七名の偉人を選定するように依頼があり、投票の結果、『源氏物語』の作者としての〈紫式部〉が「我が国の過去の芸術界を代表し、婦人を代表し、又日本を代表して」選ばれたことを語る。続いて、『源氏物語』ほど「えらい作」にもかかわらず、ほとんど読まれていないことを嘆き（「今の世に本物の源氏を通読して居る人は、日本中を捜しても恐らく百人とはありますまい」とは大袈裟な表現か、妥当な判断か、にわかに決しがたい）、「よく読んで見ると、これほどまではと驚かれるほどの絶大な価値」に気づくのだと主張する。さらに、「作者の文学に対する非常にえらい見識」もうかがえ、「はかない一女子」でありながら「日本に於ける最初の自覚した文学者であり、同時に伎倆・見識の両面に於て前古無比の高い地位を占める」〈紫式部〉を絶賛している。つまり、〈紫式部〉はあくまでも『源氏物語』作者として（のみ）評価されているのであって、たとえば〝良妻賢母〟といった要素が見られないのである。芳賀の「各時代の代表婦人」も、「節操といふ点に於ては大いに欠ける所があつた」と指摘しながらも、「優勢な外国文明に圧伏されたやうに見えながら、女子が

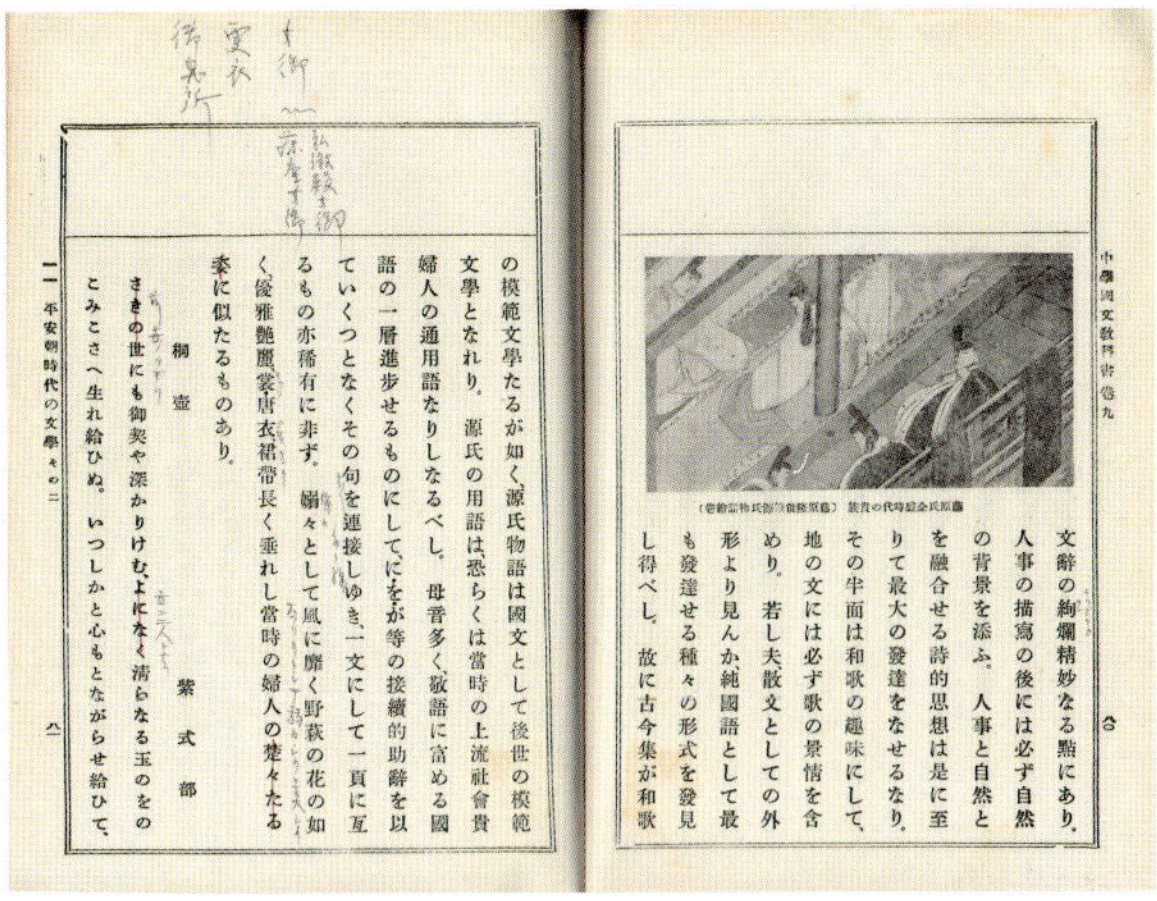
中學國文教科書　卷九

六〇

文辭の絢爛精妙なる點にあり。人事の描寫の後には必ず自然の背景を添ふ。人事と自然とを融合せる詩的思想は是に至りて最大の發達をなせるなり。その半面は和歌の趣味にして、地の文には必ず歌の景情を含めり。若し夫散文としての外形より見んか、純國語として最も發達せる種々の形式を發見し得べし。故に古今集が和歌の模範文學たるが如く、源氏物語は國文として後世の模範文學となれり。源氏の用語は、恐らくは當時の上流社會貴婦人の通用語なりしなるべし。母音多く、敬語に富める國語の一層進歩せるものにして、にをが等の接續的助辭を以ていくつとなくその句を連接しゆき、一文にして一頁に亙るもの亦稀有に非ず。嫋々として風に靡く野萩の花の如く優雅艶麗、裳・唐衣裙帯長く垂れし當時の婦人の楚々たる姿に似たるものあり。

桐壺　紫式部

さきの世にも御契や深かりけむ、よになく淸らなる玉のをのこみこさへ生れ給ひぬ。いつしかと心もとながらせ給ひて、

一一　平安朝時代の文學 その二

六一

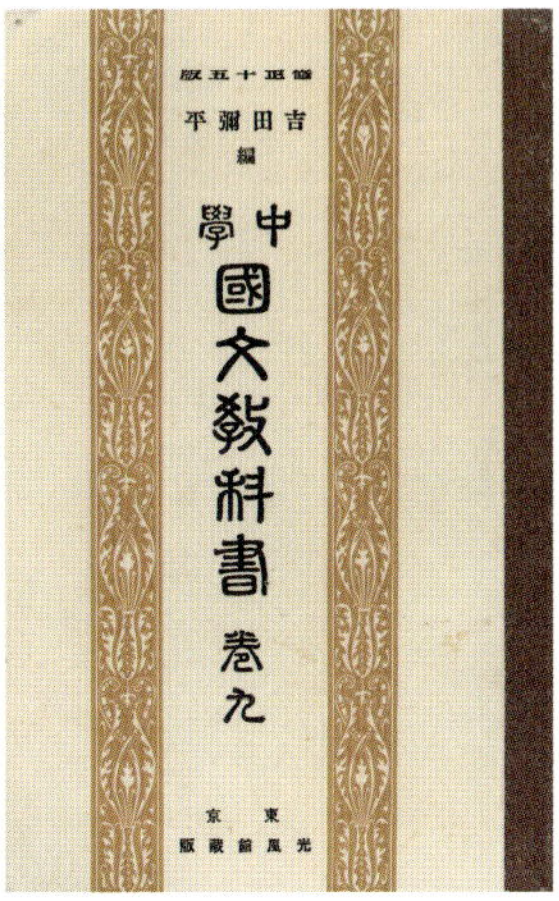

【図D】 吉田彌平編『中学国文教科書』(光風館、修正15版、大正12年)巻9

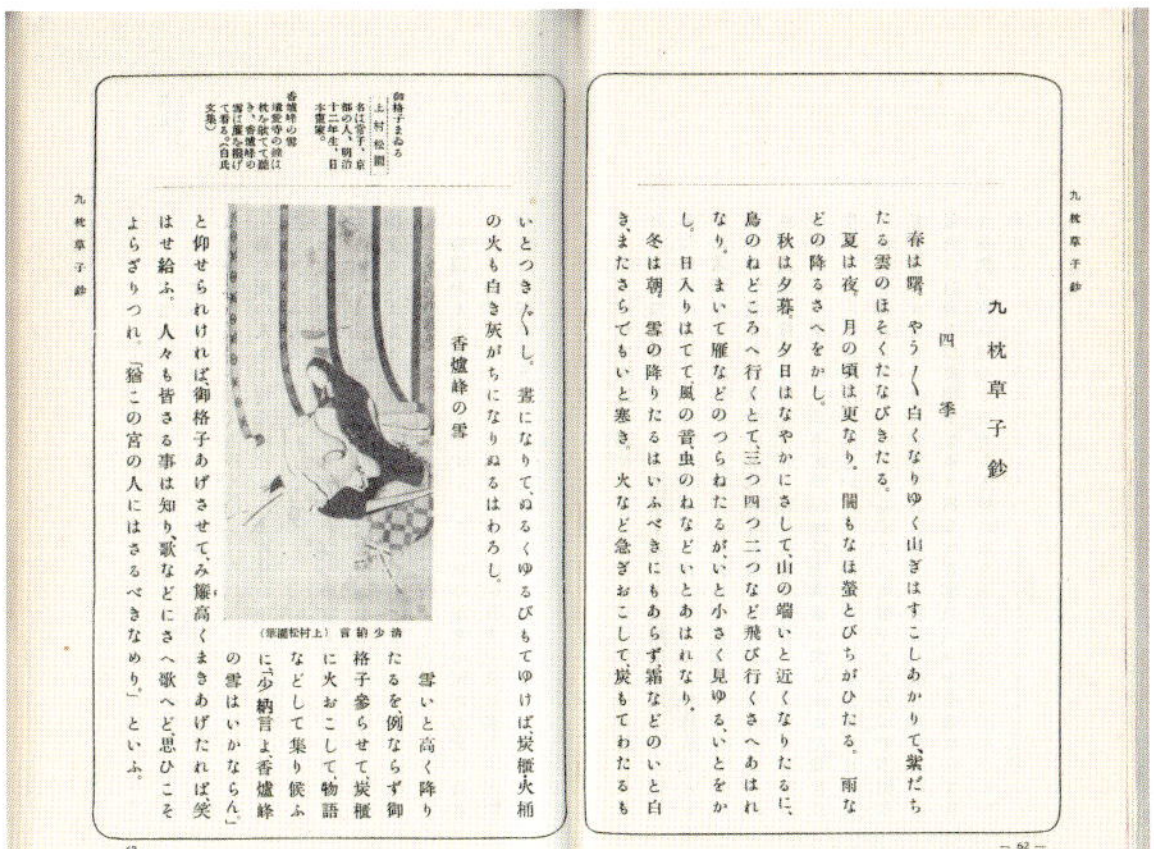
九 枕草子鈔

九 枕草子鈔

四季

春は曙。やう／＼白くなりゆく山ぎはすこしあかりて、紫だちたる雲のほそくたなびきたる。

夏は夜。月の頃は更なり。闇もなほ螢とびちがひたる。雨などの降るさへをかし。

秋は夕暮。夕日はなやかにさして、山の端いと近くなりたるに、烏のねどころへ行くとて、三つ四つ二つなど飛び行くさへあはれなり。まいて雁などのつらねたるが、いと小さく見ゆる、いとをかし。日入りはてて、風の音、虫のねなどいとあはれなり。

冬は朝。雪の降りたるはいふべきにもあらず、霜などのいと白き、またさらでもいと寒き。火など急ぎおこして、炭もてわたるもいとつき／＼し。晝になりて、ぬるくゆるびもてゆけば、炭櫃・火桶の火も白き灰がちになりぬるはわろし。

— 62 —

香爐峰の雪

雪いと高く降りたるを、例ならず御格子參らせて、炭櫃に火おこして、物語などして集り候ふに、「少納言よ、香爐峰の雪はいかならん。」と仰せられければ、御格子あげさせて、み簾高くまきあげたれば、笑はせ給ふ。人々も皆さる事は知り、歌などにさへ歌へど、思ひこそよらざりつれ。「猶この宮の人にはさるべきなめり。」といふ。

清少納言（上村松園筆）

— 63 —

【図E】 藤井乙男・春日政治編『新編女子国文 修正版』(修文館、大正15年)

却つて独得（ママ）の文芸を発達させたといふことは、世界に類のないこと」として「平安時代の才媛」（その代表は『源氏物語』の作者である〈紫式部〉で、〈清少納言〉らが続く）を評価する。「世界」「外国」を持ち出してきて、『源氏物語』そしてその作者〈紫式部〉の価値を最大限高めるというのは、第四期国定教科書（サクラ読本）にも確認できるレトリックである。[40]

こうした教材に挿まれて、しかしそれらの流れに棹さすような文章の掲載されていることが、実はこの教科書の大きな特徴ではなかろうか。それが、〈清少納言〉論の役割を割り振られた樋口一葉「棹のしづく」【図F】[41]である。〈紫清〉の優劣について、周囲がみな〈紫式部〉を絶賛するのに対して、「すね物」とも「明治の清少」とも呼ばれた一葉だけが「才女清少納言に対し尊敬と共に、自分との性格的環境的類似と同情を感じ」、「自己と清女とを混同したかにみえる熱意ある弁護をしてゐる」[42]姿を見ることのできるこの文章は、（一葉の側問題としてではなく）教材としてどのような意義があるのだろうか。[43]〈紫式部〉を賞賛する五十嵐の文章に対して、バランスをとるように〈清少納言〉に肩入れし、弁護することがこの教材の役割だとすれば、それはおそらく、これまで以上に『源氏物語』そして〈紫式部〉への一方的な評価の高まり（の予感）に対応すべく、〈紫式部〉にかろうじて匹敵しうる〈一葉〉という記号に期待するという配慮があったからではないか。すでにカノン化が進み、もの書く女性たちにとっての抑圧装置／推進装置として機能していた〈一葉〉という記号だからこそ、[44]そして「紫清去りて茲に数百年」ようやく現れた「女作家」（田岡嶺雲）と期待され、「一葉稲舟薄氷に次ぎて清紫に比肩し接踵する者は、ありやなしや」（梅澤和軒）と言われ、「明治の清紫」（佐佐木信綱）と呼ばれた〈一葉〉だからこそ、担いうる役割であったと言えよう。

しかし、「棹のしづく」という教材は編者の意図を超えて、あるいはすり抜けて、それとは別の効果を生じさせてはいなかったか。

> 少納言は心づからと身をもてなすよりは、かくあるべきものぞ、かくあれと教ふる人はあらざりき。（中略）少納言は心高く身のはかぐ〳〵しからざりしかば、言に出で行にあらはさでは、いづらいかにと見る人もあらざりけん、（中略）。才はおのづからのものにして、徳は養うて後のものにこそ。（中略）此の君を女としてあげつらふ人誤れり。はやう女の境を離れぬる人なれば、つひの世につまも侍らざりき、子も侍らざりき。仮初の筆すさびなりける枕の草紙を繙き侍るに、うはべは花紅葉のうるはしげなる事も、二たび三たび見もて行くに、哀に淋しき気ぞ此の中にも籠り侍る。源氏物語を千古の名物とたゝふるは、その時その人のうちあひて、つひにさる物の出で来にけん。少納言に式部の才なしといふべからず。式部が徳は少納言に優りたることもとよりなれど、さりとて少納言をおとしむるは誤れり。式部は天地のいとし児にて、少納言は霜降る野辺にすて子の身の上なるべし。あはれなるは此の君の上や。

教育環境の在／不在、主体の確立と自己表現の切実さの有／無、先天的な才能／後天的な女徳、女であること／独身であること、表層の

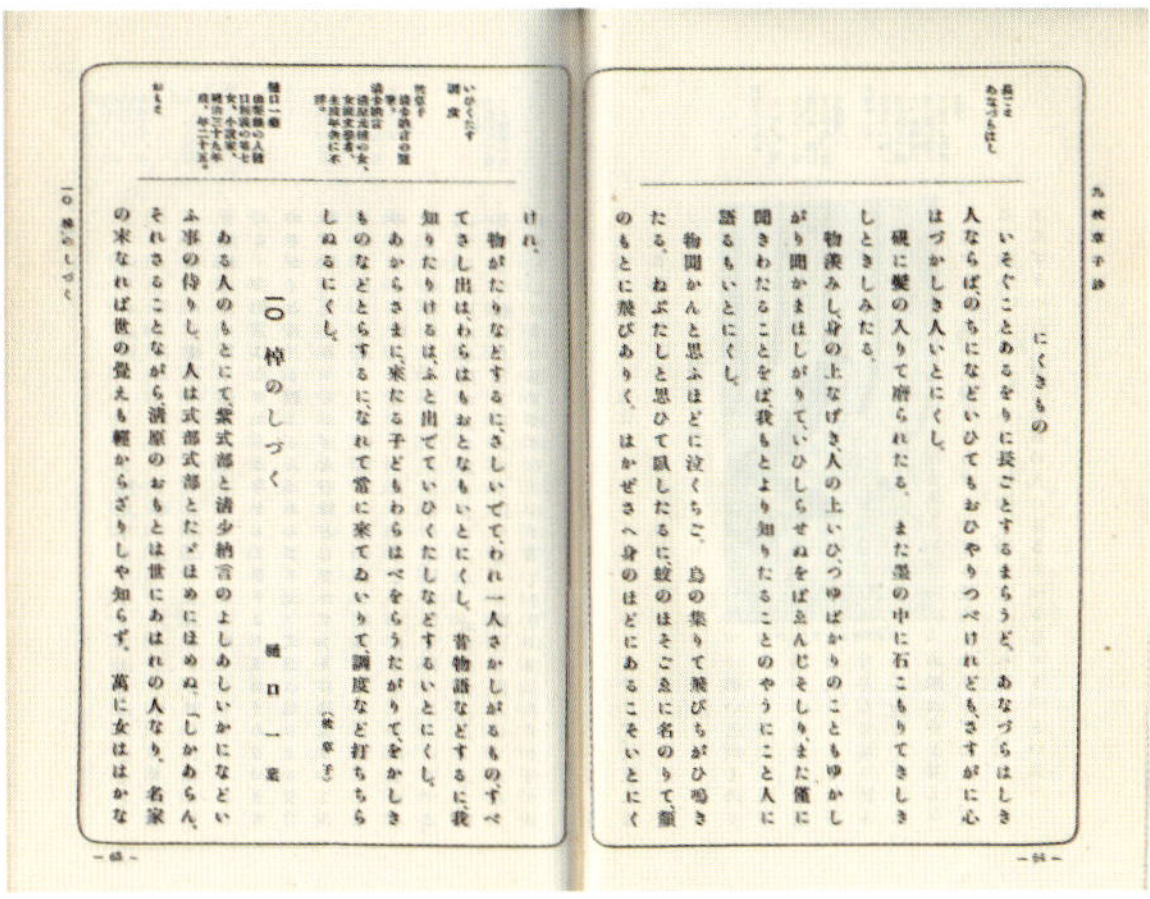

—64—

枕草子抄

にくきもの

いそぐことあるをりに長ごとするまらうど、あなづらはしき人ならば、のちになどいひてもおひやりつべけれども、さすがに心はづかしき人いとにくし。

硯に髪の入りて磨られたる、また墨の中に石こもりてきしきしときしみたる。

物羨みし、身の上なげき、人の上いひ、つゆばかりのこともゆかしがり聞かまほしがりて、いひしらせぬをばゑんじそしり、また僅に聞きわたることをば、我もとより知りたることのやうにこと人に語るもいとにくし。

物聞かんと思ふほどに泣くちご、烏の集りて飛びちがひ鳴きたる。ねぶたしと思ひて臥したるに、蚊のほそごゑに名のりて、顔のもとに飛びありく。はかぜさへ身のほどにあるこそいとにくけれ。

物がたりなどするに、さしいでて、われ一人さかしがるものずべてさし出は、わらはもおとなもいとにくし。昔物語などするに、我知りたりけるは、ふと出でていひくたしなどするいとにくし。

あからさまに、来たる子どもわらはべをらうたがりて、をかしきものなどとらするに、なれて常に来てゐいりて、調度など打ちちらしぬるにくし。（枕草子）

一〇 棹のしづく

樋口一葉

ある人のもとにて紫式部と清少納言のよしあしいかになどいふ事の侍りし。人は式部式部とたゞほめにほめぬ。「しかあらん、それさることながら清少のおもとは世にあはれの人なり。名家の末なれば世の覚えも軽からざりしや知らず。萬に女ははかな

—65—

【図F】『新編女子国文 修正版』巻10掲載の樋口一葉「棹のしづく」

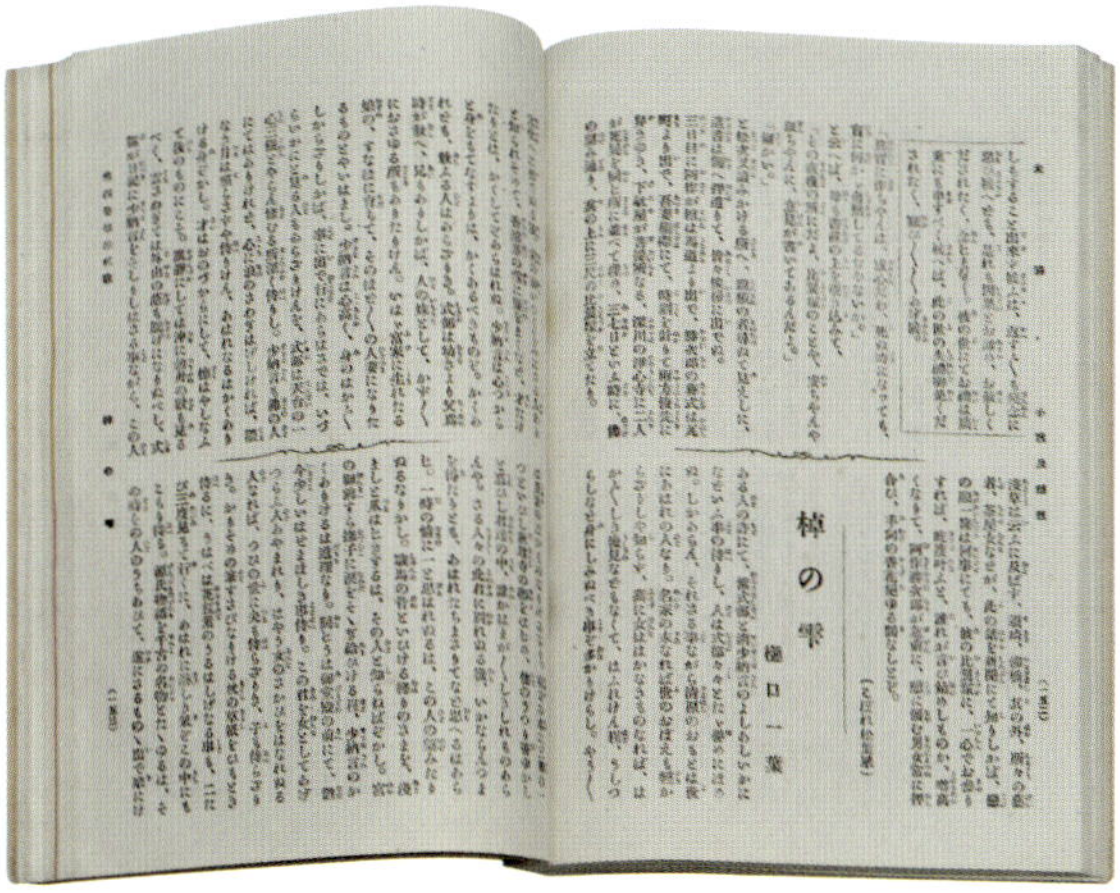

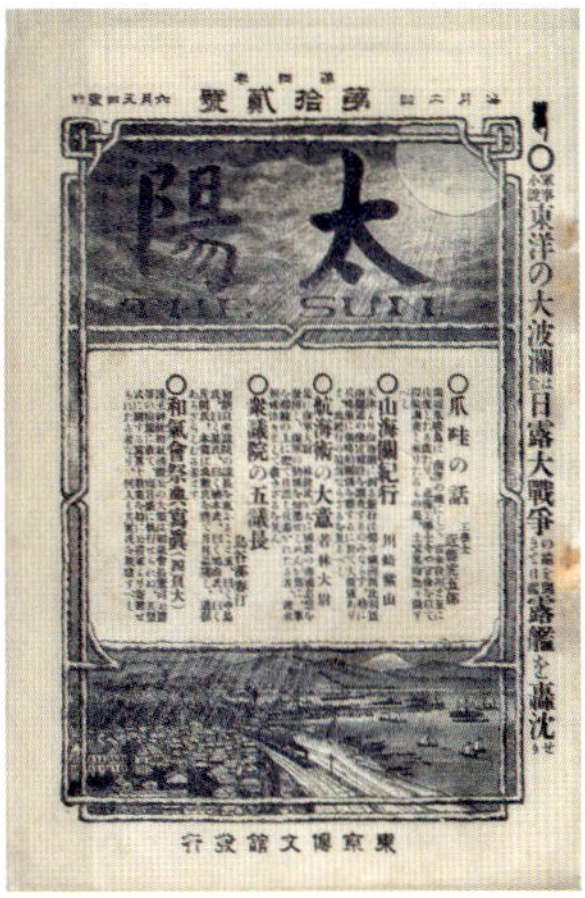

『太陽』第4巻第12号（明治31年6月5日）掲載の樋口一葉「棹の雫」

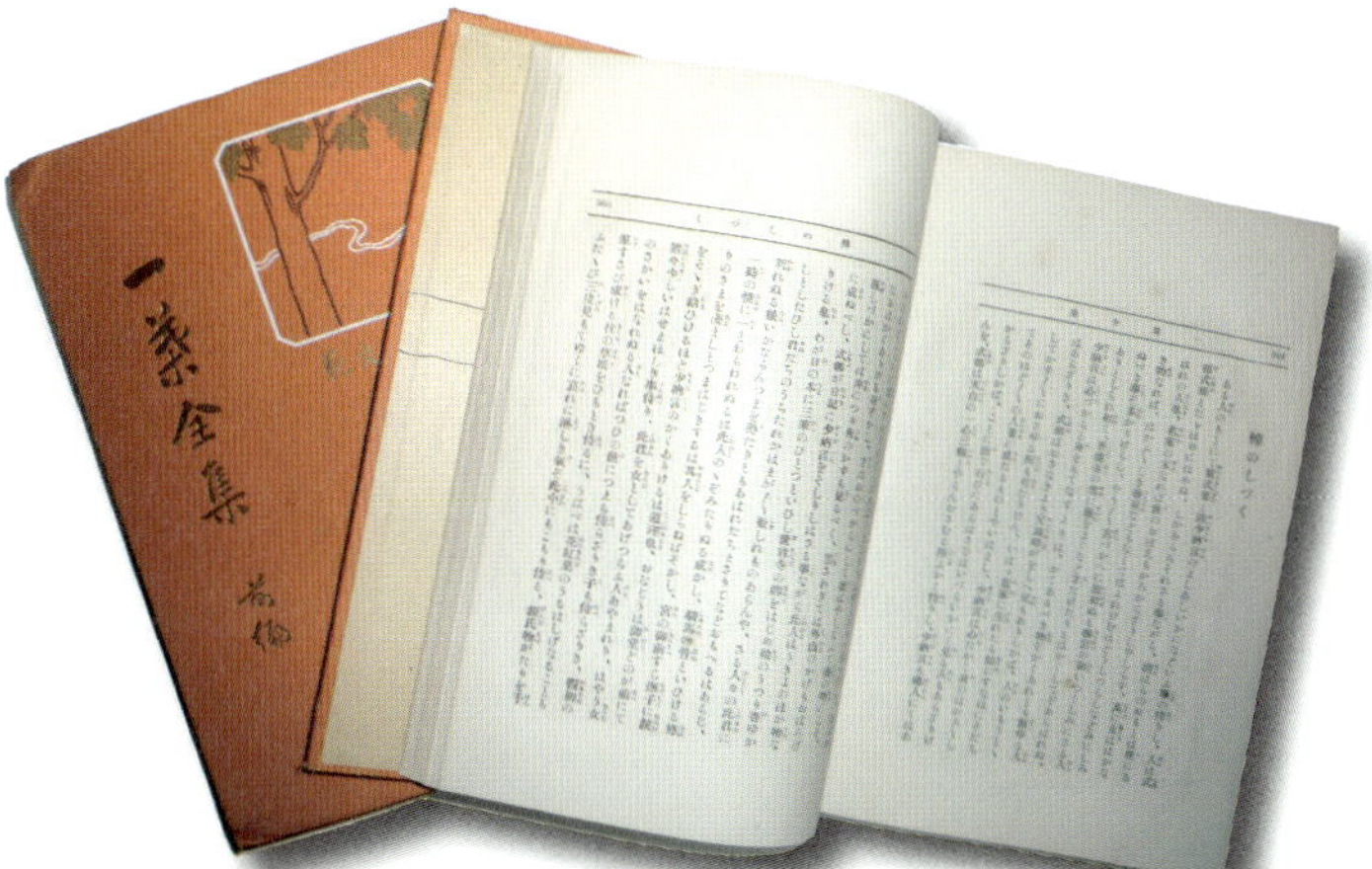

『一葉全集』（博文館、明治45年）

華麗さ／深層の深刻さ、徳／才による優劣の有効性／無効性、社会〈世界・国際〉関係の有／無……この教材は、〈紫清〉の比較を通して、〝近代―日本―女子―教育〟をめぐる複数の問題系をあぶり出してみせている。同時に、そのことが〈紫式部〉帝国―源氏帝国主義の脱構築の可能性を切り開くことにもなる。〈清少納言〉―〈一葉〉という記号連合によって達成しうる地平である。

星野天知は、〈清少納言〉を「プラウド爰に至りて迫らず激せず風流あり情粋あり、其能く王朝時代のヒユーマニストたるを得て紫女と共に日本文学に情流を残せしもの真に其瑠璃壺一滴の芳酒といふべし」（「清少納言のほこり」）と評していた。〈一葉〉の落とした「棹のしづく」はささやかな一滴にすぎない。しかし、「一粒の水滴のために容器が溢れる時、流れ出すのは、この一滴より多くなる」[*45]。〈清少納言〉―〈一葉〉という「芳酒」は、そろそろ〈紫式部〉とともに「瑠璃壺」から溢れ出てよいころだ。

味わうべし。

注

＊1　菅聡子「帝国の〈非国民〉たち」（『女が国家を裏切るとき』（岩波書店、二〇一一）

＊2　菅聡子「学問か器量か―彼女たちの受難」（注（1）前掲書）

＊3　〝近代国文学〟の成立については、神野藤昭夫「近代国文学の成立」（酒井敏・原國人編『森鷗外論集　歴史に聞く』新典社、二〇〇〇）など参照。

＊4　重松信弘『増補新攷源氏物語研究史』（風間書房、一九八〇）

＊5　『源氏物語』（めぐる言説）が広く社会に流通することは、必ずしも多くの読者に読まれるようになったということを意味するわけではない。むしろ、『源氏物語』のイメージ（幻想）を撒き散らす効果のほうが大きかったと推測される。吉井美弥子「国語教科書における『源氏物語』―『源氏物語』は「最高傑作」か」（『読む源氏物語　読まれる源氏物語』森話社、二〇〇八）は、「実は読まれないからこそ、『源氏物語』は「最高傑作」だという幻想を人々は抱き続けていくのかもしれない」と指摘する。ただし、カノンは自然発生するわけではなく、「言語管理の制度としての学校」（ジョン・ギロリー「正典」フランク・レントリッキア、トマス・マクローリン編『現代批評理論』大橋洋一他訳、平凡社、一九九四）を中心に形成されるものである。その際、榾野政子「「高等女学校国語教科書―古典文学教材」に見る近代―精神的教化手段としての「女流古典文学」」（『日本文学』二〇〇四・一二）が述べているように、実際に作品そのものを読むよりも「「女流古典の優秀性」という命題そのものを語る」ほうが、「生徒はもっと、平安朝「女流古典文学」の卓越性を認識し、内面化する」。安藤徹「教育する『源氏物語』―教科書と生涯学習」（立石和弘・安藤編『源氏文化の時空』森話社、二〇〇五）も参照。

＊6　関礼子「花圃と鉄幹をめぐる問題系―「亡国の音」前後」（『女性表象の近代』翰林書房、二〇一一）

＊7　関礼子「一葉「紫清論」への一視座」（注（6）前掲書）

＊8　三田村雅子『記憶の中の源氏物語』（新潮社、二〇〇八）

＊9　『本朝列女伝』の本文引用は、「奈良女子大学所蔵資料電子画像集」の「女性関連資料」（http://www.lib.nara-wu.ac.jp/nwugdb/jindex.html）掲載の画像による。ちなみに、この『本朝列女伝』は、『枕草子』の「香炉峰の雪」の話を紫式部のこととしている。

＊10　『婦女鑑』の本文引用は、注（9）に同じ。

＊11　注（8）三田村前掲書参照。津島知明「教科書の中の源氏物語」（『源氏研究』八、二〇〇三・四）も、『紫家七論』を近代における〈紫式部〉像の起源と見る。ただし、〈紫式部〉論の起源としての『紫家七論』がそのまま女徳的〈紫式部〉像の起源と言いうるかどうかは検証が必要である。

＊12　同年刊行の中村秋香編『中等国語読本』は『源氏物語』を教材化してい

る（『枕草子』も載る）。編者の中村は、翌二七年二月に「源語は国文の模範となすべきものならず、紫式部は斯文の罪人なり」と題する文章を『婦女雑誌』四―三に載せているが、これは「名作」としての『源氏物語』や「大家」としての〈紫式部〉そのものを否定するものではなく、皮相的にその文章を「模範」と仰ぎ、模倣することへの警告が主眼であろう。

*13　ゲイ・ローリー「明治・大正の『源氏物語』―『新訳源氏物語』の誕生をめぐって」（千葉俊二編『講座源氏物語研究　第六巻　近代文学における源氏物語』おうふう、二〇〇七）

*14　『女子の本分』の本文引用は、『近代日本女子教育文献集4』（日本図書センター、一九八三）による。

*15　助川幸逸郎「未だ眠れる〈聖典〉―近代市民社会生成期の『源氏物語』」（『国文学　解釈と鑑賞』二〇〇八・五）

*16　「源氏帝国主義」については、安藤徹「源氏帝国主義とサクラ読本」（『源氏物語と物語社会』森話社、二〇〇六）参照。

*17　注（11）津島前掲論文にも同様の指摘がある。

*18　増淵勝一「『枕草子』研究史素描」（日本文学研究資料刊行会編『日本文学研究資料叢書　枕草子』有精堂出版、一九七〇）は、明治中期の『枕草子』研究の特色の一つとして、「清少納言・『枕草子』と紫式部・『源氏物語』との〈清紫比較論〉が全面に押し出された」ことを挙げる。

*19　「烈女」は、激しい気性をもって信念を貫き、節操を固く守る女性の謂いであるが、ここではとくにありうべき女性像とは相容れないらしい〝激しい気性〟に焦点化して、批判的な意味で用いている。

*20　この理屈は、注（12）で紹介した中村秋香の主張と類同である。

*21　平田由美「女の読み書きを追う」（『女性表現の明治史』岩波書店、一九九九）は、「儒教的女性観」と結びついた「〈才徳兼備の紫式部〉対〈婦徳欠如の清少納言〉」という理解を前提にしつつも、「そうした言説が当代の女学生批判と重ね合わされて、女が書くことに対する処罰的言辞を補強するものとなっていたこと」に「近代における清少納言バッシング」の特徴を認めている。

*22　この記事は、同年五月一八日に皇典講究所で行われた「日本の文学」という「演舌」を市東謙吉が筆記したもので、五月二二日、二四日、二五日、二六日に連載された。三上は「紫式部ト清少納言ニ就テ」（『日本大家論集　第二巻』博文館、明治二十一年）においても、『源氏物語』と枕草子を「古来我国文学上ニ雙ビナキ宝」であり、「筆力ニ至リテハ紫清互ニ上ナリカタク下ナリカタシ、相雙ヒテ日本ノ大文学家ナルコト疑フベキニ非ザルナリ」としながら、『読売新聞』掲載記事と同じ発言を繰り返し、「枕草紙ト紫式部ノ日記トノミヲ比較シテ見ヨ、一方ハ温厚静粛ノ出来事オホクシテ格別飄然ナル妙味ハナケレド、一方ハ逸気奔放奇抜ナル事オホク巻ヲ掩フ能ハザル思ヒアラシムベシ」と述べている。こうした〈紫清〉観が翌二三年に刊行された『日本文学史』にも流れ込む。宮崎莊平『清少納言と紫式部―その対比論序説』（朝文社、一九九三年）参照。なお、注（14）三輪田前掲書に「一条天皇の朝、藤原道長の女、中宮上東門院、文学を嗜み、秀才の女子を召されしより、紫式部、清少納言等の才媛、続出しけるも、惜哉、其の節操欠けたるもの多かりき。故に、彼等は、女子にも、聡明の才器ある先例を垂れ、後世の女子を奮起せしめん効あると同時に、其の非行の声を、幾千代に伝ふるは、遺憾なる哉」とあるが、ここで「節操欠けたる」「非行」の「才媛」がもっぱら〈清少納言〉を指すことは、同『女子教育要言』（国光社、明治三〇年）において〈紫式部〉を憧憬し、「意中の師」と称しているのに対して、〈清少納言〉については学識の高さを認めつつも「操行の修まらざるは（中略）その人の至らぬなり」（引用は『近代日本女子教育文献集4』による）と述べていることから推測可能である。

*23　以上の言説については、注（21）平田前掲書参照。

*24　注（18）増淵前掲論文

*25　同書は、緑亭主人『紫式部』とともに「家庭叢書」の号外として刊行された。

*26　小山静子『良妻賢母という規範』（勁草書房、一九九一）など参照。

*27　注（8）三田村前掲書も「あの偉大な紫式部さえ、「貞淑温良」に生き、「静粛」で「温柔」で「謙譲」であるのだから、これから物を学ぶ女性たち

も、どれほど勉強したとしても、すべからく、女子としてあるべき「謙譲」を忘れないように、との遠まわしな要請でもあった」と指摘している。

＊28 注（7）関前掲論文。やや時代は下がるが、須崎邦武『紫式部と清少納言』（国史美談女傑叢書、子供の日本社、昭和五年）でも、「女らしい、しとやかな、暖かな情操を持った淋しい紫式部」の「その節操正しく謙遜であった美徳」に対して、「男らしい、元気のある、冷たい澄徹った富む明るい清少納言」の「かはらぬ忠節かゞやく才気」を称えている。

＊29 「女子ノ教育」の本文引用は、『近代日本女子教育文献集1』（日本図書センター、一九八三）による。

＊30 同書所収の宇川盛三郎「女子ノ教育」でも、「其時ノ教育ヲ立派ニ受ケラレタ」例として（小野小町とともに）〈清少納言〉を取り上げている。

＊31 教育水準や学識の高さは緑亭主人『清少納言』などでも強調されているが、同様の事態は〈紫式部〉にかんしても見られ、その点で〈紫清〉に決定的なちがいはない。

＊32 そもそも、〈清少納言〉が〝良妻賢母〟として語られることがないのは、彼女に夫も子もなく、生涯独身であったと理解されていたからである。「良妻なければ賢夫なく賢母なければ英児なし」（「雑誌の本領」『婦女雑誌』三―一、明治二六年一月）との発言の前提にあるのは、「女は男と結婚するもの」という発想である。つまり、「結婚シテ良妻賢母トナルト云フコトガ将来大多数ノ仕事デアルカラ女子教育ト云フモノハ此ノ任ニ適セシムルト云フコトヲ以テ目的トセネバナラヌ」（全国高等女学校長会議（明治三五年五月）での「文部大臣訓示」、引用は高等女学校研究会編『高等女学校資料集成　第五巻』大空社、一九八九、による）のであった。梅澤『清少納言と紫式部』が「貞操淑徳は問ふ所にあらず」というのも、「清女は芳紀二十八に至るまで老処女（old miss）」であって、その後も結婚することなく「ロマンチック　ラバー」として「才華開く所、翩々として色香を追うて走る」女であったとの認識があるからである。星野天知「清少納言のほこり」（『文学界』二〇、明治二七年八月三〇日）は貞淑云々を説かず、「プラウド」（ほこり）ある女性として〈清少納言〉を描く点で特異だが（注（7）関論文参照）、そこにも「三十歳まで能く処女の羞恥を有ちて春は幾かへりせしも風の触るゝものなくて蕾にあらぬ花未だ開くに時なかりしもの、一朝暖気もやすが如き季節に遇ひては艶花忽ち散らんばかりに咲き過ごしつ、世をも人をも見くだしたる老情驕奇のプラウドは風にも堪えぬ桜花一夕の哀れをたもち得ず」と、その「プラウド」の由縁の一つに独身であったことを想定していると思われる記述がある。このように、〝良妻賢母〟をめぐる〈紫式部〉と〈清少納言〉との決定的な隔たりと、それに基づく人物評価の違いは、実は結婚し子どもを生んだかどうかという伝記上の問題が大きく影響していたと考えられる。しかし、〈清少納言〉独身説が修正されたのちも、一度確立してしまったイメージは変更されることなく、今に至っているのではないか。研究史上、〈清少納言〉に夫と子のいたことを初めて説いたのは、森治蔵「清少納言の家庭」（『東亜の光』三―九、明治四一年九月）とされる。

＊33 中島和歌子「枕草子「香炉峯の雪」の段の受容をめぐって―中世・近世の説話集を中心に」（『国文論叢』一八、一九九一・三）、小日向麻衣「『枕草子』「香炉峰の雪」「二月つごもり」の受容史―『女郎花物語』『本朝女鑑』の役割と教育への影響」（『全国大学国語教育学会発表要旨集』一一八、二〇一〇・五）など参照。

＊34 唐澤富太郎『教科書の歴史』（創文社、一九五六）

＊35 「国語教科書は、編集者と、国家・文部省の教育制度や教育政策と、より広い、時代の文学空間とのせめぎあいの結実でもある」という、注（5）榎野前掲論文の指摘も重要である。

＊36 教科書教材については、海後宗臣・仲新編『日本教科書大系　近代編　第五～八巻　国語（二～五）』（講談社、一九六四）、井上敏夫編『国語教育史資料　第二巻　教科書史』（東京法令出版、一九八一）、田坂文穂編『旧制中等教育　国語科教科書内容索引』（教科書研究センター、一九八四）、教科書研究センター編『旧制中等学校教科内容の変遷』（ぎょうせい、一九八四）、注（22）宮崎前掲書、一色恵里『『源氏物語』教材化の調査研究』（溪水社、二〇〇一）、眞有澄香『「読本」の研究』（おうふう、二〇〇五）などの他、

国立国会図書館近代デジタルライブラリー（http://kindai.ndl.go.jp/index.html）も活用した。今回は一部の教材を紹介するにとどまる。

＊37 注（22）宮崎前掲書

＊38 第二期国定教科書の『編纂趣意書』（明治四三年）に、「紫式部と清少納言」という教材を「歴史材料」に配置していることから推測可能である。

＊39 〈清少納言〉にかんしては、これまで取り上げた「清少納言」を主題化した教材でも、わずかに『高等国語読本 女子用』に「自らの草紙にも」云々とあるのみで、直接に『枕草子』の名は見えない。

＊40 注（16）安藤前掲論文参照

＊41 一葉「棹のしづく」がはじめて発表されたのは、『文芸倶楽部』明治三一年三月二三日だが、この時は誤って「筆のすさび」と題されていた。その後、同年六月五日の『太陽』四—一二に斎藤緑雨の解題つきで改めて掲載され、明治四五年刊の『一葉全集』（博文館）にも収録された。教科書はこの全集に拠り、〈紫清〉を論じた箇所と『枕草子』風の一節を切り出して教材化している。

＊42 樋口苓子「一葉日記と枕草子」（『明治大正文学研究』一九、一九五六・四）。「棹のしづく」にかんしては、中島和歌子「明治の〈女流文士〉の清少納言覚書—樋口一葉と青踏社員上野葉の場合」（『北海道教育大学紀要（第一部A）』四七—二、一九九七・二）、菅聡子『時代と女と樋口一葉』（日本放送出版協会、一九九九）、関礼子「コンテクストからテクストへ—緑雨校訂・一葉「棹の雫」から見えてくるもの」（『日本近代文学』七七、二〇〇七・一一）、注（7）関前掲論文なども参照。

＊43 田中重太郎「一葉と清少納言」（『清少納言』白楊社、一九四八）は、「棹のしづく」が「従来屡々女子諸学校の国語教材に引かれた」とするが、現段階で当該教科書以外に教材化された事例は確認できていない。注（36）田坂前掲編書の情報も同様である。当該教科書の編者の春日政治が、「京阪方面の某高等女学校の一女教師」から届いた手紙で、この教材への質問を受けたというエピソードを語るなかで、手紙に「この同じ文を或現代読本」でも採っていると記してあったことを伝えているが（春日「撫子にそゝぐ涙」『春日政治著作集 第八冊 青靄集』勉誠社、一九八五）、具体的に何を指すかは不明。

＊44 関礼子「一葉以後の女性表現」（『一葉以後の女性表現』翰林書房、二〇〇三）、小平麻衣子「〈一葉〉という抑圧装置—ポルノグラフィックな文壇アイドルとの攻防」（『女が女を演じる』新曜社、二〇〇八）、李賢晙「樋口一葉と「新しい女」たち—国語教科書から『青鞜』へ、そして「内発的なフェミニズム」の発見」（『超域文化科学紀要』一四、二〇〇九・一一）など参照。

＊45 ゲオルク・ジンメル「日々の断想」（『愛の断想・日々の断想』清水幾太郎訳、岩波文庫、一九八〇）

鏡像としての戦時下『源氏物語』
――逆立の理路を求めて

小林正明（こばやし・まさあき）

一　私は陣中で

『源氏物語』は、あの八月一五日に敗戦という形で終った日本近代の最終戦争と、無縁ではなかった。小稿では、その媒介的な理路をこそ明らかにしたい。

日本戦没学生記念会編『第二集　きけ　わだつみのこえ――日本戦没学徒の手記』の中に次のような形見（かたみ）を拾い出すことができる。

> 私は陣中で源氏物語や古今集を講義させたという戦国の武将の故事を思い浮かべながら、時に社会科学を論じ、時に定家の芸術を語った。
>
> ――松永茂雄

松永茂雄は、続篇をなす第二集の冒頭に採られた詩「プロローグ　永遠の別離」の作者であり、のみならず、「飛鳥井雅経論」を遺す国文学研究者であった。その弟松永龍樹（まつながたつき）については、『源氏物語の始原と現在』の藤井貞和が[*1]「折口信夫の学風をうけながら、より多くこの風巻景次郎の影響下に、源氏物語の小論文をのこして出征し（中略）西郷信綱らと親交があった。源氏物語にとって実に重大な接合点にいた」と紹介し、その源氏物語論の動態性を高く評価していた。松永茂雄、昭和一三年一一月二八日、中支呉淞野戦病院にて戦病死、陸軍伍長、没年二五歳。松永龍樹、昭和一九年五月二八日、河南省魯山付近の戦闘にて戦死、陸軍中尉、没年二七歳。未完の胎動は異国の戦場でともに潰え去り、血書の遺稿だけが残った。

大日本帝国の総力戦は、古典文学をも動員・統制した。昭和一八年、決戦標語として採用された「撃ちてし止（や）まむ」は神武東征にまつわる記紀歌謡・久米歌から取材する。昭和一七年、文学報国会が情報局の後援をえて古典文学史の和歌の中から選定した『愛国百人一首』。能楽界では、皇室演目『蝉丸』『大原御幸』の抹殺・自粛事件。さらに、見落としがたきは、昭和一七年、大政翼賛会により『君が代』に次ぐ「国民の歌」として指定された信時潔（のぶときぎよし）作曲『海ゆかば』である。歌詞は、『万葉集』巻一八、大伴家持の長歌の一節から抽出されている。

海ゆかば水漬く屍　山ゆかば草生す屍
大君の辺にこそ死なめ　かへりみはせじ

『朝日新聞』（一九四二年一二月一六日）によれば「各種会合毎に斉唱するやう、一五日後藤事務総長の名を以て各方面に通達された」とあるが、この歌の力はそこに停まるものではなかった。丸山隆司の『海ゆかば——万葉と近代』[*2]は、「海ゆかば」の呪力をつぶさに検証する。それをラジオの音声は朝な夕なに刷り込み、それを沖縄の忠魂碑は刻み、それを戦争映画は映像の中に溶かし込み、そして沖縄のひめゆり学徒隊は決戦の極限情況のさなかに他ならぬそれを歌ったのだ。「死が犬死ではなく（中略）共同性に転位できるのか。そのようなとき「海ゆかば」がうたわれ／うたわされたのではなかったか」と丸山は沖縄戦の『海ゆかば』を「自決の表象」として追尋する。

家持の古代詞「海ゆかば」は、海・山の二項で作図した国土の戦場に散乱する個別具体的な死体を、後半の「大君の辺にこそ死なめ」という句によって、一挙に天皇への至誠という共同幻想へと繰り込む。さらにこの抽象過程に随伴する形で、聴取・唱和する各主体は「大君の辺にこそ死なめ」という扇情的な陶酔に感染ないし同化することになる。[*3]家持長歌のこの一節は、軍事を分掌した古代大伴氏の事立に由来するが、事立の最後の七音「のど（＝長閑）には死なじ」とある箇所を「かへりみはせじ」と差し替えている。「かへりみ」とは、顧慮・逡巡という抽象的な意味から、後方を返り見るという身体的・空間的な語源へと遡源できる。したがって、変形した家持詠は、そう発声する表現主体の身体と海・山に散乱する屍とを既視体験させながらに交感させる効果がある。「じ」という否定形ではあれ、不在の映像を喚起する想像力の作用によって、「返り見」された屍が、後方の時空だけでなく前方の時空にも顕現するからである。

『ドイツ・イデオロギー』[*4]は、国家が、成員の個別・集計的な現実利害と乖離する幻想的な共同体であることを、次のように解析する。

　そして他ならぬ特殊利害と共同利害とのかかる矛盾に基いて、共同利害は國家として、現實の各個の、又總體の現實な利害から分離せしめられて、一個獨立な態容を採る。と同時に、それは幻想的な共同性として出現するのである。

家持詠の「海ゆかば」自体、そのような「幻想的な共同性」が立ち上がる生成をまさに謳いあげている。昭和の音曲『海ゆかば』は、その家持の詞に、さらなる楽音の内面化する霊息を吹き込んだ。時としてあまりに崇高な幻想を鼓吹する昭和の『海ゆかば』は、戦時下に聖典化された古典文学の栄光と悲惨を奏でる鎮魂曲に他ならない。

二　源氏物語は大不敬の書である

戦時下の『源氏物語』は、記紀万葉と違って、不遇だった。『潤一郎訳　源氏物語』が光源氏・藤壺密事の主系列を悉皆削除していること。これは周知の事柄とされてきた。さらに、昭和八年の『源氏物語』劇上演が禁圧されたこと、禁圧を否定的媒体として紫式部学会が月刊学会誌『むらさき』を発行し続けたこと、昭和一三年に国定教科書の『源氏物語』登載に橘純一の反対が展開されたこと。これらの骨格的な図柄が、ここ十数年の間に若干の研究を通じて、浮かび上がってきた。

時局に適う形で『源氏物語』を論じた碩学や重鎮の論稿も散見する。おおむね少女巻の「なほ才（＝漢才）をもととしてこそ、大和魂の世に用ゐらるる方も強う侍らめ」（少女③二二）に着眼して、本居宣長の「もののあはれ」や藤田東湖の「正気の歌」との整合を試みるなど、「大和魂」の格上げを主旨とするものである。現代からすればいかにも奇妙な強弁であるが、そうした苦肉の曲学は、時局の公的価値観に収まる無難な処世に過ぎない。

戦時下に何が『源氏物語』の不遇を招き寄せたのか。その『源氏物語』の毒とは。

昭和一三年に国定教科書の登載をめぐってもっとも精力的に反対論を繰り出したのは、橘純一であった。なかでも「源氏物語は大不敬の書である」[*5]は、論題からも推測できるように、『源氏物語』の難点を明快に抉剔している。

一、皇子であるが源姓を賜つて既に臣列に下された源氏の君が、父帝の皇后と密通する。
二、皇后と源氏の君との間に出来た御子が帝位に即く。（これを古来冷泉院と申して居る）
三、冷泉帝が御身の秘密を知り、実父なる源氏の君を太上天皇に准じた待遇をなさる。

橘の三箇条は、戦時下の臣民として謹直な至言であり、また、否定的な身振りを通じてであれ、『源氏物語』の毒を抽出している。ちなみに、この橘の三箇条は、山田孝雄（やまだよしお）が『潤一郎訳　源氏物語』の校閲の任に応じた際に、山田から申し出された条件である削除「三カ条」と符合している。「三カ条」の挿話を、谷崎潤一郎は、昭和三四年の「あの頃のこと（山田孝雄追悼）」[*6]において、昭和一〇年に仙台の山田宅を来訪した際のこととして証言している。橘と山田との符合から、戦時下『源氏物語』の不遇の根源を抽出することは児戯にも等しい。他ならぬ光源氏の物語が皇統譜を蹂躙していること、これである。

三　万世一系と南北朝正閏論

『源氏物語』は、およそ千年のあいだ読み継がれてきたはずだった。にもかかわらず、なぜ、昭和の戦時下にその「不敬」があるいは糾弾されあるいは削除の対象と指定されるに至ったのか。要諦をいうなら、『源氏物語』という物語が、万世一系という大日本帝国という物語と逆立するからだ。戦時体制の強化とともに、肥大化する戦時情宜は弥増しに万世一系を喧伝していった。

大日本帝國は、萬世一系の天皇皇祖の神勅を奉じて永遠にこれを統治し給ふ。これ、我が萬古不易の國體である。而してこの大義に基づき、一大家族國家として億兆一心聖旨を奉體して、克く忠孝の美徳を発揮する。これ、我が國體の精華とするところである。

――『國體の本義』[*7]

大日本（だいにつぽん）は皇國なり。萬世一系の天皇上に在しまし、肇國（てうこく）の皇謨（くわうぼ）を紹繼して無窮に君臨し給ふ。
――『戦陣訓』[*8]

謹んで惟るに我神洲たる所以は、萬世一神たる天皇陛下御統帥の下に、挙國一體生成化育を遂げ、終に八紘一宇を完ふするの國體に存す
――二・二六事件『蹶起趣意書』[*9]

近代の万世一系の根源は『大日本帝國憲法』である。その第一章「天皇」の条文は次のようになっている。

第一條　大日本帝國ハ萬世一系ノ天皇之ヲ統治ス
第二條　皇位ハ皇室典範ノ定ムル所ニ依リ皇男子孫之ヲ繼承ス
第三條　天皇ハ神聖ニシテ侵スヘカラス

第一条の万世一系を始めとする天皇の規定は、近代国家への変革が必須課題だったにもかかわらず、大日本帝国にとってなおかつ枢要な理念だった。遠い共同幻想の遺制とも見まごうこの第一条の規定を内実化するために明治・大正の中央権力がいかに腐心しなければならなかったか。そのことを南北朝正閏論[*10]の迷走が証言している。

そもそも、明治天皇は「天皇歴代表」で第何代に相当するか。これが万世一系をうたう『大日本帝國憲法』の公布された明治二二年二月一一日においてすら揺らいでいるという事態があった。明治天皇睦仁は、『群書類従』の編集責任者・塙保己一の学統に拠れば第一二一代に、一方、『大日本史』[*11]の編纂を完遂した水戸学派に拠れば第一二二代に、それぞれ算定されていた。第一二一代か、それとも、第一二二代か。単なる一代分の微差とはいえ、『群書類従』と『大日本史』という国学・国史の両権威が挟み込むこの差異を解消しないかぎり、万世一系は捏造の痕跡をついに露呈せざるをえない。このままでは、『大日本帝國憲法』が規定するところの天皇の神聖がいちじるしく損なわれること必定であり、臣民を育成すべき義務教育の庭でも示しがつかない。

大きな背景としては、南北朝分立という歴然たる史実と南北朝合体の不始末があった。鎌倉幕府崩壊から室町幕府の安定期に移行するまでの時期、一三三六年から一三九二年まで、南北朝時代と通称されている。この五七年の間、朝廷が京都の北朝と吉野の南朝とに分裂し、二人の天皇、二つの元号が、同時に存立していた。二なる複数性は一系なる擬制をいちじるしく損なう。一三九二年、南北朝合体により、南朝の後亀山天皇が北朝の後小松天皇に三種神器を譲ることで、南北朝の分裂はようやく解消した。だが、和議の条件のひとつであった皇位継承を南北迭立とする条項は結局反故にされ、以降は北朝の子孫が皇位を継承し続けることとなった。また、南北が並立していた期間の天皇たちの歴代をどう算定するか、その公的な調整は放置されたまま、明治に至った。その帰結するところ、明治天皇睦仁の算定歴代に上記のような齟齬が生じることとなった。

明治の天皇睦仁は、北朝の血を引くが、一方、伝統的に尊王思想は南朝の正統性と忠君主義を偏愛した。この亀裂をいかに縫合するかが、明治の南北朝正閏論者の難所だった。

南北朝正閏論争が発火したきっかけは、明治四四年一月一九日の『読売新聞』であった。その「論議欄」は、明治三七年から使用されてきた文部省教科書『尋常小学日本歴史』に対して「天に二日なきが若く、皇位は唯一神聖にして不可分也。設し両朝の対立をしも許さ

ば、国家の既に分裂したること、灼然火を睹るよりも明らかに、天下の失態之より大なるは莫かる可し」と筆誅を加えた。この新聞の日付は、大逆事件の幸徳秋水・菅野スガ子らに死刑判決が下された翌日に相当する（そのような日付の連繋について『吉野葛』を南北朝正閏論の磁場において徹底読解した五味渕典嗣の論[*12]は念押しする）。南北両朝の皇位を対等視した記述と史観が、文部省側の泣き所であった。論争は白熱化し、政局もまた混乱した。結局、教科書問題じたいは、文部編修喜田貞吉の休職処分、南朝正統説決定という形で三月にかけて落着したが、歴代算定の調整は積み残されたままだった。[*13]

その調整は明治四四年から大正一五年まで持ち越された。ついに南朝の長慶天皇を後村上天皇に続き後亀山天皇に先立つ第九八代の天皇として追加公認する形で決着がついたのは、大正一五年、枢密院会議を経た一〇月二一日の詔勅発令によってである。この決定たるや、大正天皇嘉仁（よしひと）の死去に先立つこと、わずかに二カ月前のことだった。

幕末以降の皇位継承が「孝明――明治――大正」と綱渡り状態で男系を繋いできたことに鑑みても、万世一系じたい、万全に充当された現実態ではなく危ういまでに切実な要請態であることがわかる。明治天皇は、算定歴代がくすぶったまま、明治四五年七月三〇日に他界した。大正天皇は長慶天皇の追加公認により、第一二三代の天皇として、大正一五年一二月二五日、歴代の確定された死をまっとうすることができた。万世一系という抽象的な法理念は、大正天皇の死という実例を得て、判例的に受肉化された法へと昇格するに至った。かくして内実的に強化されたこの擬制は、昭和戦時下の支配装置としてより実践的な変態を示している。

大政翼賛会の通達文書に散見する「各戸の系図を尊重すべし」等の指示は、前掲『國體の本義』の「一大家族國家」観を参照するなら、皇統譜の神話作用が臣民次元にまで反映した縮小形態である、と解釈することができる。

朝鮮総督府は植民地朝鮮において、昭和一四年二月一一日（紀元節）の日付を以て、朝鮮人の姓名を日本式に改変させる創氏改名を断行している。この植民地政策は、族譜を重視する朝鮮民族および朝鮮文化に対する蹂躙であるとともに、他ならぬ万世一系の転倒形態でもある、と見ることができる。

いまや、昭和二〇年八月一五日に至る大日本帝国の法的原理のひとつが、万世一系の擬制であることが明らかになった。この擬制を完遂するために「後村上――長慶――後亀山」という形で、天皇歴代表に長慶一代分の罫線を継ぎ足すこと。これを、大日本帝国の支配原理と存在理由は、絶対の要請とした。その神聖不可侵な罫線の純化志向に対して、『源氏物語』の想像力は真っ向から逆立する。『源氏物語』は、「桐壺――朱雀――冷泉――今上」という計四代にわたる天皇歴代表において、第一代の天皇桐壺から第三代の天皇冷泉へと連なる神聖不可侵であるべき緯の罫線に、光源氏・藤壺の密事による乱れの赤い経糸を執拗に絡ませているからである。

戦時体制と戦局とが苛酷に極限化したとき、皇統譜の負の鏡像である『源氏物語』は、近代天皇制という擬制の極相をその歪みにおいて反照することとなった。

四　天皇冷泉の御学問、転倒過程、日本紀を嗤う妖女

『源氏物語』は、物語内部の粗筋で皇統譜を侵犯しているだけでなかった。さらに、物語の想像力は、現実の歴史との境界が融解しかねない極点へと、限りなく接近している。薄雲巻、いわゆる冷泉帝の御学問の箇所が、その極点をなす。

藤壺女院が死去したあと、夜居僧都の密奏で出生の秘密を知った一四歳の天皇冷泉は、人知れぬ煩悶のなか、和漢の書物をひとり繙く。冷泉が読んだ書物は、主に史書であると推断して支障ない。少なくとも、閲読範囲から史書が排除されることはあり得ない。

A　さまざまの書どもを御覧ずるに、唐土には顕れても忍びても、乱りがはしきこと、いと多かりけり。

B　日本には、さらに、御覧じうる所なし。

C　たとひあらむにても、かやうに忍びたらむことをば、いかでか伝へ知るやうのあらむとする。（薄雲②四五五）

以上引用の範囲で〔A――B――C〕と続く三文[*14]の相互関係を考察する。

まず、〔A――B〕過程は、二項対立の構成において、「A唐土／B日本」がそれぞれ「A乱れ有り／B乱れ無し」と対比できる。ここまでなら、帝位継承に関して、乱倫の不在という点において、日本の皇位継承史が聖別化されることになる。だが、〔A――B〕過程にはさらに第三文のCが付加している。第三文Cの「たとひあらむにても」の箇所は、一転して、譲歩構文的な効果をもつ仮定条件つきの逆接（「む」仮定条件、「も」逆接）の回路を通じて、隠蔽された乱倫が日本でも皆無なわけでない、という含意をなかば定着し得ている。〔C――B〕と逆行させると、CとBとの両項は、あるいは〔C――B〕過程は、日本における乱倫の有無について矛盾態を形成する。この矛盾態は、天皇冷泉を「かやうに忍びたらむことをば、いかでか伝へ知るやうのあらむとする」とあるような苦い思念に追い込む。無窮連綿たるはずの帝位の連続体に穿たれた陥没点、神聖なる皇統譜の裏事情、すなわち玉体の傷を、十四歳の天皇冷泉は独り深々と覗き込む。

さらに、天皇冷泉に日本の史書を読ませ、王位継承の正統性にかかわる「たとひあらむにても」との洞察を反芻させることによって、『源氏物語』は、日本の史書の信憑性をいちじるしく失墜させている。なぜなら、「日本の帝位継承に乱倫の可能性あり」を含意するCから遡れば、Bで「日本の帝位継承に乱倫なし」とする日本の史書そのものが、真偽に関して「偽」と判別されるからである。逆行的にまとめた〔C――B――A〕過程に拠れば、「帝位の継承に乱倫あり」とする唐土の史書の方が、真偽に関して「真」と判定すらできる。転倒させた〔C――B〕過程は、「唐土／日本」を「劣位／優位」と二項化する〔A――B〕過程（同じく〔B――A〕過程）に対する批判をなしている。物語の内部においてだが、叙述された歴史内容のみならず、叙述する歴史意識もまた、審問に付されている。

そのように日本の史書が「偽」と判別されるなら、系図を内在的に含む日本の史書によって担保されるところの、万世一系の正統性は無

傷なままではありえない。

『源氏物語』螢巻の物語論の箇所に、有名な「日本紀などはただかたそばぞかし」（螢③二一二）とあった。本節に照らしてみるなら、これはなんたる妖言ではないだろうか。

以上を要すれば、この冷泉帝の御学問の箇所は、皇統譜の乱倫に関して、物語の外側に位置する歴史叙述や正統論にまで波及する、汚染的・偶像破壊的な効果があり、万世一系という後世の歴史観を脅かす言説となっている。

五　安藤為章、正統論と禁忌

薄雲巻冷泉帝の御学問の箇所が皇統譜問題の中核であることを、それぞれの仕方ではあれ、明察した学術がすくなくとも三件ある。江戸期の安藤為章（あんどうためあきら）、戦時下の吉澤義則、戦後のアイバン・モリスそれぞれの論稿がそれである。

第一に、安藤為章の『紫家七論』（しかしちろん）[*15]「其の六」は「もののまぎれ」論として名高く、冷泉の出生と即位に焦点を定めて、ここを『源氏物語』の「一部大事」すなわち最要諦部として問題提起する。

> 藤壺に源氏のかよひて冷泉院をうみ給ふは、まことにあるまじき過ちにして、源氏は淫然の罪おもしといへども、皇胤のまぎれの思はずなる方にはあらず、桐壺帝の御為には正しく子也、孫也、神武天皇の御血脈也。

すなわち、為章は光源氏の密事を罪重しとするが、反面で、神武以来の系譜は、「光源氏――冷泉」の回路を経由するにしても、詮ずる所、「血脈」という「皇胤」の同一性に帰一すると解釈する。そして、『源氏物語』の「もののまぎれ」は、過往の「万世一宇」を前提にするなら、後世の女御・更衣に対する「諷諭」であり、したがって、その諷諭する紫式部像たるや「女なれども」「大儒」に等しいとの評価に着地している。

安藤為章は、京都で修学したのち、水戸の徳川光圀に出仕した。水戸学の言説圏内に為章の居たことが、皇統譜の危機にかかわる薄雲巻の当該箇所に鋭敏に反応し、なおかつ諷諭論で事態を収拾する運筆になった背景かと思われる。

とくに留意すべきは、為章が資料操作を施している点である。「一部大事」の章は、始めに「冷泉院の御事を」と切り出し、頭括的に冷泉問題を提起する。次に、光源氏・藤壺の密事から柏木・女三宮の密事まで整理する。その行文は、若菜下巻と薄雲巻に関してやや詳しく、それぞれの物語本文の要所をなぞってみせる。前節で〔A――B――C〕過程とした、薄雲巻冷泉帝の御学問の箇所については、Cまで含めて明示してある。

だが、続く「今按」と主論を展開する範囲において為章が「冷泉帝の御学問」の箇所について論及するのは、前掲〔A――B――C〕過程のうち、AとBについてだけであり、冷泉が懐疑するCについては一言も触れない。すなわち、Aの「唐土」の乱倫については、『史記』「呂不韋列伝」（りょふいれつでん）を始めとする幾つかの注釈的な事例で追証し、さらにB「日本」については物語本文の趣旨を「万世一宇さらに紛れさせ給ふ事なし」と強調的に反復する。ところが、後続する行論は、Cの「たとひあらむにても」一文を飛び越えたまま、光源氏・藤壺の密事を語る物語は後世むけの諷諭であり、「式部は女なれども（中略）大儒に等し」との総括的な評価に滑り込んでいる。諷諭という儒学的な観念形態と術語は、正統論に悖る『源氏物語』を擁護する、と同時に、殺しているのである。要するに、この「今按」の論考は、危険なCを全面的に排除することによって、冷泉の思考のうねりであり物語の理路である〔A――B――C〕過程の不可分な仕組みを無視して、「万世一宇」という全く逆の結論を導き出している。

ちなみに、本居宣長『源氏物語玉の小櫛』にしても、為章を「儒風」「唐心」と頻りに排撃するばかりで、こだわる割りには、為章が屈折した形でそれなりに提起した「万世一宇」「皇胤のまぎれ」という個別・具体的な中核には向き合わず、「もののあはれ」を繰り返すだけ。宣長は、結果として、『紫家七論』が肉薄した禁忌の聖櫃を、意図的にか無意識的にか黙殺することによって、正統論の魔界から聡明にも逃亡している。

六　吉澤義則、屈折の皇統論

第二に、戦時下における吉澤義則の「大東亜建設と国語国文学の在り方」[*16]は、『源氏物語』を『古事記』『万葉集』に伍する「聖典」（吉澤）に格上げすべく輾転反側した惨憺たる労作である。吉澤の行論は、『源氏物語』の「皇統論」を切り出したくて仕方がない。「紫式部の皇統論」は「最重大事に対する式部の見解」である、との用辞は安藤為章の「一部大事」をまっとうに継承したものであると推断できる。だが、と謹直な吉澤は続ける、これを紹介すると「今の世には誤解を伴ふ虞があるので、残念ながら、披露を遠慮する。式部の国粋主義と歴史的知識とを最も明らかに物語る例ではあるが、余儀ない事情とあきらめざるを得ないであろう」と計二〇頁（再録書の頁数）にわたる論稿の第七頁目で言いさし、その「最重大事」から遠ざかる。具体的に物語のどの巻やどの箇所が「紫式部の皇統論」に相当するのか、ここでの吉澤は口を割らない。だが、この禁欲的な論者は、いったん放棄したはずの皇統問題を、ついに第一六頁目で蒸し返す。

紫式部は薄雲巻に「さまざまに書どもを御覧ずるに、唐土には、あらはれても忍びても乱りがはしきこといと多かりけり。日本には更に御覧じうる所なし」といつて、皇統の純正国体の精華をたたへてゐる。〔また音楽に関しても＊ト続ク〕

このように「紫式部は」以下のワン・センテンスでのみ、薄雲巻の引用本文を付帯させながら、「皇統」に言及している。この一文に象嵌された「皇統」という要語ならびに付帯する引用本文によって、先行の第七頁で言いさした「最重大事に対する式部の見解」である「紫式部の皇統論」に相当する本文の箇所は、他ならぬここ薄雲巻のここ冷泉帝の御学問であると暗号解読さながらに了解できる。いったん遠ざかったはずの原点に立ち戻ってくる吉澤の行論の身振りと軌跡は、奇妙な跛行であり、精神分析学のいう「抑圧と抑圧されたものの回帰」（フロイト）に他ならない。

ここで見逃してはならないのは、炯眼の吉澤義則が第一六頁目の一文で明示した薄雲巻の引用本文は〔A――B〕過程に止まり、Cを割愛していることである。言い換えるなら、吉澤義則は、自分の皇統論の規矩にあわせて〔A――B〕過程だけを披露し、不都合なC形態を隠蔽していることになる。これまた為章の事例と同様に、資料操作以外の何物でもない。論者の屈折と小心の発現である資料操作は、まさにこのような些事によってこそ、皇統の正統論に逆立する『源氏物語』の激越さを陰画として裏書きしている。

七　アイバン・モリス、脚注番号Ⅷ―「48」

第三に、アイバン・モリスの『光源氏の世界』[*17]筑摩書房版・第八章の本文（二七九頁）は、冷泉と続篇・薫の悩みを寸言した後、次のように続けている。

> 天皇家の系譜の正統性（the legitimacy of the imperial line）が、法的にも疑問視されてもっともだと思われる。（中略）ともかく、冷泉帝の即位には正当性がない（Emperor Reizei's illegitimate succession to the throne）。おそらく小説の世界の出来事に対応する同様の例が現実に幾つもあったことであろう。

モリスは、右の行文に対する脚注（同頁）として、薄雲巻の御学問〔A――B――C〕過程の全文を示し、さらに他の英文学術によって、自己の非正統性論を補強する。

> 一九三九年に出版された谷崎潤一郎の現代語訳版では、これほど無害に見える一節ですら、検閲により削除されなければならなかった。なお、ハーシャル・ウェッブ著『徳川時代の日本天皇制』コロンビア大学出版部、一九六八年、一四頁参照。[*18]ここには帝室の血統の正統性が断絶可能であることが論じられている。「この驚くべき（『源氏物語』中の）記事は、日本皇室史の正しい血統が立証できないのではないかと考える理由を、捉え難い微妙な個所であるが、注意深い読者に与えている」。

このモリス／ウェッブが非正統論・非純血論を提起しえたのは、国籍上、天皇制の禁忌から自由であるという背景によるものだけでなく、「捉え難い微妙な個所であるが、注意深い読者に与えている」と明言するように、細読の実践によるものでもあった。いずれにしても、当該箇所の含意を読み破り、なおかつ、忌憚なく言明した学術は、管見の限りにおいて、ひとりモリス著あるのみ。

だが、モリスの著書には忌まわしい後日譚が憑き纏っている。すなわち、翻訳である筑摩書房版に見える前掲の脚注は、Peregrine Books版[*19]にも第Ⅷ章の脚注「48」としてまさしく明記されている。にもかかわらずその脚注「48」が、Tuttle版（初版一九七八年[*20]）および講談社インターナショナル版には見当たらない。ということになれば、英文の著作物においてすら、いったん出版された『源氏物語』論の特定箇所、しかも「検閲」による谷崎訳の「削除」を論及した他ならぬまさにその箇所を、後発の復刻版が「削除」している、という事態が発生していることになる。アイバン・モリス――一九七六年七月一九日、旅先ボローニャに死す、没年五〇歳。

八 羽織袴で泣く男、闘う『源氏物語』

半ば私事の昔話になるが、第一次オイルショックのころ、関連株の乱高下に呆れ返り、数ヶ月後に戦前朝日新聞縮刷版撰集の分冊[*21]を買ったことがある。戦時公債のことが知りたくなったからだ。でたらめに頁を繰っていると、「源氏物語」「受難」という大文字が目に入った。その程度のことなら、予知夢の記憶さながらに、どこかで小耳に挟んだ気もしたが、同じ頁の写真には目が惹き付けられた。羽織袴で泣く男の写真。翳す片手で顔をなかば拭いながら泣く立ち姿は、いかにも優男。男のくせに泣きやがってと、だが、いささかの不憫さは禁じえなかった。詳しい内容は大方すぐに忘れてしまったが、写真の泣く男のことは記憶の澱に残留することとなった。この開いた頁は、今から思えば、言うまでもなく、昭和八年『源氏物語』上演劇禁止の記事に他ならない。泣く男は、昭和の光源氏になるはずだった新劇場の主宰・坂東蓑助。

老の繰り言をさらに続ける。泣く男との遭遇からまた幾歳月が流れ、昭和も六〇年に近づきつつあったころだったろうか、源氏物語の研究の相場では王権論がバブルの仕手株となっていた。光り輝く言葉、成金顔負けの物神崇拝、あれも王権、これも王権、万能の方程式。奇術のごとくに。光源氏の超越性、云々。聖なる存在、云々。レガリア、云々。現実態の天皇を凌駕する理念態の天皇としての光源氏。元祖山口昌男の王権論なら、まだぎりぎりの線で許容できた。周縁から中心へと変容する力動性や中心から周縁へと転落する遠心力、それなりに活気が漲っていたからだ。一方、源氏物語王権論の主流は静止的であり中心固着型であるとの印象を禁じえなかった。その同語

「源氏物語」劇に受難
上演を眼前に禁止
希に見る藝術的計畫も
突如、警視廳が

顧問

東京朝日新聞　昭和8年11月23日　夕刊11面

反復たるや、頭蓋を愚鈍な鈍器で殴打し続けられるかのごとく、実存の嘔吐を催すほどだった。[22]そのような日々の中で、泣いている男のことが蘇ってきた。あの男を泣かせたのは誰か。あの男が泣いたのは、どのような時代だったか。能転気なことにはかまけていられない。

第二節で、ここ十数年の間、若干の研究が戦時下『源氏物語』事情の輪廓を浮かび上がらせてきた、と寸言した。その若干を片端なりとも並べなければならない。有働裕『「源氏物語」と戦争―戦時下の教育と古典文学』[23]、戦時下源氏事情の草分けであり、昭和一三年の国定教科書問題を徹底的に追尋した記念碑。『源氏物語』登載に国民文化主義や国民精神観の企図を見抜き、登載に尽力した文部官僚を戦後民主主義的な観点により礼讃することは戦時下古典教育の批判に達しないとする。研究の価値観にまで踏み込んだ物語批判になっている。安藤徹「源氏帝国主義の功罪」[24]は、明治以降の国文学から現代の源氏物語通念までを視野に収め、戦時下国定教科書『源氏物語』の推進言説は偏狭な自己評価であり、現代の源氏物語の評価通念もその戦時下言説と相同形であると果敢に喝破している。小嶋菜温子「『むらさき』を読む―戦時下の『源氏』学」[25]、紫式部学会月刊誌『むらさき』全一二三冊および創刊特輯號を扱う範例。同論は、戦時下源氏事情の宝庫『むらさき』を総点検した上で、その達成の得失を忌憚なく論定。皇統譜の乱輪を中核とする『源氏物語』の過激さは同誌の母性・女性の翼賛フェミニズム枠内に収まらない、と読む。西野厚司「ボロメオの結び目をほどく―新資料から見る『谷崎源氏』」[26]、富山市立図書館の山田孝雄文庫から谷崎源氏の校閲に山田孝雄が使用した金子元臣『定本源氏物語』を発見調査、その書き入れから山田の校閲に谷崎が自主協力したと考察する。谷崎源氏検閲の真相に迫る快挙。金榮心（キムヨンシム）「植民地主義／民族主義の呪縛を超えて―韓国から」[27]、日本占領時代の皇民化教育を古典文学・『源氏物語』教育資料から検証した新規開拓論稿。困難な資料調査と鮮烈な問題意識は植民地教育論の奇貨である。以上、管見の限りにおける、問題提起を孕む戦時下源氏事情の研究論著である。

必ずしも戦時下源氏事情そのものを主眼とするものではないが、姿見となる論著は次の通り。立石和弘の『源氏物語』加工流通に関する包括的な諸論稿[28]、戦後の源氏物語享受においてすら天皇制の禁忌機制が作動していることを解析する。三谷邦明『源氏物語の方法――〈もののまぎれ〉の極北』[29]、万世一系を謳う明治以降の近代日本が安藤為章の「一部の大事」論を「抹殺・鏖殺（おうさつ）」（三谷）したとの批判を基調的動機として、『源氏物語』全三部の解析を全面展開する。また、為章の論の隔世遺伝的な再生を昭和一三年の橘純一の大不敬論に見る。いわば『源氏物語』の読者共同体には天皇制禁忌に関する虚偽意識が瀰漫するとの告発は、行住坐臥の痛棒として、痛い。三田村雅子『記憶の中の源氏物語』[30]、『紫式部日記』から近現代までの『源氏物語』享受を縦断的に積分し、天皇制との遠近で測定した未曽有の大業。天皇制と『源氏物語』との親疎に関して、三田村雅子の価値指針は左右両極に振幅し続ける。その不安定な変動は、天皇制問題の複雑怪奇さに見合う函数といえる。藤井貞和「バリケードの中の源氏物語」[31]、近代の『源氏物語』諸論の基調として、坪内逍遙『小説神髄』以降の『源氏物語』通念およびナショナリズムの要請に見合う官学の国文学が、文学無効性の確認との緊張関係における「『源氏物語』の〝毒〟」を無害にし、また教養的に有用なものに『源氏物語』を転落させたとの理屈が立ち、現代もほぼその延長にある、と総括する。大日本帝國の萬世一系に逆立する戦時下源氏事情諸論は藤井貞和の「毒」に叶うか否か、思案のしどころである。鏡は以上。

　それにしても、なぜ、戦時下の『源氏物語』なのか。過ぎ去ったものは、過ぎ去ったもの。すでに起きたことは、取り返しがつかない。肝心なのは、郊原（こうげん）の白骨（はくこつ）ではなく、明日を兆す今のあなたの命であり私の魂でしかない。だがしかし、一例に過ぎないが、モリスの第Ⅷ章、消えた英文の脚注「48」はどこに行ったのか。日本近代の最終戦争はあの八月一五日の敗北で終ったはずなのに、この脚注「48」の消失が我が目の見誤りでないとするならば、その限りにおいてすら、『源氏物語』の戦争／闘争は終っていない、と言わなければならない。

注

＊1　藤井貞和『源氏物語の始原と現在─付　バリケードの中の源氏物語』（岩波現代文庫、二〇一〇↓『源氏物語の始原と現在』三一書房、一九七二）

＊2　丸山隆司『海ゆかば─万葉と近代』（491アヴァン札幌、二〇一一）

＊3　ヘーゲル『美学　巻三─中・下　分冊八・九』（岩波書店、一九九六）、内面化する音楽の特質、音楽と詩の相乗効果を考察する箇所がある。

＊4　マルクス／エンゲルス『ドイツ・イデオロギー』（岩波文庫）、引用本文は唯物論研究會譯『ドイツ・イデオロギー』（白揚社、一九三七）による。

＊5　橘純一「源氏物語は大不敬の書である」（秋山虔監修『批評集成　源氏物語　第五巻　戦時下篇』（ゆまに書房、一九九九）

＊6　『谷崎潤一郎全集』第二三巻（中央公論社、一九八三）

＊7　『國體の本義』（文部省、一九三七）

＊8　斎藤瀏編『戦陣訓讀本　陸軍省報道部閲』（三省堂、一九四一）

＊9　「〈二・二六事件〉蹶起趣意書」（粟屋憲太郎／小田部雄次編『資料日本現代史　第九巻─二・二六事件前後の国民動員』大月書店、一九八四）

＊10　佐藤秀夫編『続・現代史資料　八　教育Ⅰ』（みすず書房、一九九四）

＊11　『大日本史』（大日本雄辨會、一九二八）巻七一、長慶天皇を第九八代に扱う。

＊12　五味渕典嗣「小説としての闘争／小説からの逃走」（同『言葉を食べる─谷崎潤一郎、一九二〇～一九三一』第五章、世織書房、二〇〇九）

＊13　喜田貞吉「六十年の回顧」（『喜田貞吉著作集　第一四巻』平凡社、一九八二）。大町桂月譯評／頼山陽『新譯　日本政記』（至誠堂、明治四四年四月）、南北朝正閏論騒動直後の出版物、「序」および後亀山天皇条「桂月曰く」の論賛は、騒動に便乗して喜田貞吉を「曲學阿世の徒」と弾劾痛罵。

＊14　薄雲巻引用箇所、引用Aの前には本文X「上は、王命婦に詳しきこと問はまほしう思しめせど、今さらに、しか忍び給ひけむこと知りにけり、とかの人にも思はれじ、ただ大臣（＝光源氏）にいかでほのめかし問ひ聞こえて、先々のかかることの例はありけりやと聞かむ、とぞ思せど、さらについでもなければ、いよいよ御学問をせさせ給ひつつ」が先行。また、引用Cには次の本文Y「一世の源氏、また納言、大臣になりて後に、さらに親王にもなり、位にも即き給ひつるも、あまたの例あり。人柄のかしこきに事よせて、さもや譲り聞えまし、などよろづにぞ思しける」が後続。要するに、引用AはXを削除した文の残り、また、引用Cは「などよろづにぞ思しける」で括られる一連の思念の流れに内属する。だが、X・Yを前後に復元補充しても、〔A─B─C〕過程の理路は損なわれない。

＊15　安藤為章『紫家七論』（注5に同じ、第一巻・近世前期篇）

＊16　吉澤義則「大東亜建設と国語国文学の在り方」（注5に同じ）

＊17　アイバン・モリス『光源氏の世界』（筑摩書房、一九六九）、本文・注とも二七九頁。Ivan Morris "The World of the Shining Prince" の初版は、一

九六四年、英国では Oxford University Press、米国では Alfred A. Knopf, Inc. からそれぞれ刊行。

＊18　ウェッブ著の刊年「一九六八年」とあるが、モリス初版は一九六四年なので、初版にウェッブ著を引くことは不可能。六九年の筑摩版には、脚注にウェッブ著の引用あり、奥付に「1964/Originally published by Oxford University Press」と明記。したがって、翻訳の底本とした Oxford 版には当該注があるはず。筑摩版のモリス注にウェッブ著「一九六八年」とある理由は、モリス初版における刊年の表記ミスか改訂版追記かのいずれ。

＊19　Peregrine 版（一九八六年版）第Ⅷ章の脚注番号「48」p.239 による。Peregrine 初版は、一九六九年。

＊20　Tuttle 初版は、一九七八年、Alfred A Knopf, Inc とのアレンジによるリプリント版。もしクノップフ初版に当該注がなく、もし一九七六年まで生存していたモリスが一九七〇年前後のオックスフォード版やペルグレン版にウェッブを言及した当該脚注「48」があるにもかかわらず、クノップフ社に通知せず、もしタトル出版が一九七八年の段階で一四年前のクノップフ初版を底本にしたということであれば、タトル版（相当頁：p.227）に「ウェッブ」を含む脚注「48」が欠落しているとしても、自粛や検閲に相当しない。そうした蓋然性は絶無なわけではないが、上記の推論のごとく、仮定条件「もし」を累加した上で初めて成立する事態なので、現実的な可能性は極度に低い。各版の相互関係について書誌確認は怠っているが、タトル版に何らかの「検閲（意識）」が働いた、と思われる。

＊21　『朝日新聞に見る日本の歩み／昭和六――八』（朝日新聞社、一九七四）

＊22　北一輝『國體論及び純正社會主義』（私家版、明治三九年／『北一輝著作集　第一巻』みすず書房、一九五九）、「日本国民は万世一系の一語に頭蓋骨を殴打されて悉く白痴となる。」

＊23　有働裕『『源氏物語』と戦争――戦時下の教育と古典文学』（インパクト出版会、二〇〇二）、初出一九九七他。

＊24　安藤徹『源氏物語と物語社会』（森話社、二〇〇六）、初出一九九九。

＊25　小嶋菜温子「『むらさき』を読む――戦時下の『源氏』学」（長谷川啓編『文学史を読みかえる3』（インパクト出版会、一九九九）

＊26　西野厚司「ボロメオの結び目をほどく――新資料から見る『谷崎源氏』」（物語研究会編『物語研究　第六号』二〇〇六・三）

＊27　金榮心「植民地の文教政策と源氏物語・朝鮮篇」（『解釈と鑑賞』二〇〇八・五）

＊28　立石和弘「美的表象と性的表象――そして語られざる『源氏物語』」（『ユリイカ』二〇〇二・二）、立石和弘／安藤徹共編『源氏文化の時空』（森話社、二〇〇五）、他多数。

＊29　三谷邦明『源氏物語の方法――〈もののまぎれ〉の極北』（翰林書房、二〇〇七）

＊30　三田村雅子『記憶の中の源氏物語』（新潮社、二〇〇八）

＊31　藤井貞和「バリケードの中の源氏物語――学問論への接近の試み」（『展望――特集・状況としての学生反乱』一九六九・七、→注1岩波現代文庫に「付」として所収。

【付記】本稿は、以下の拙稿との部分的な重複を含む。「わだつみの『源氏物語』」（森話社、吉井美弥子編『〈みやび〉異説』、一九九七）、「昭和十三年の『源氏物語』」（『國文学』一九九九・四）、「解題　喪われた物語を求めて」（秋山虔監修、島内景二・小林正明・鈴木健一共編『批評集成　源氏物語　第五巻』ゆまに書房、一九九九）、「造反有理の源氏物語――戦時下篇」（『ユリイカ』二〇〇二・二）、「万世一系問題と戦時下源氏物語について」（『立教大学日本学研究所年報　第四号』二〇〇五）、「昭和戦時下の『源氏物語』」（立石和弘／安藤徹共編『源氏文化の時空』森話社、二〇〇五）、「『源氏物語』の文化現象」（伊井春樹監修・編集『講座　源氏物語研究　第一巻』おうふう、二〇〇六）、「闘う『源氏物語』―反「万世一系」論」（『日本文学』二〇〇七・一）、「Wartime Japan, the Imperial Line and The Tale of Genji」translated by Michael Emmerich（Editor: Haruo Shirane『Envisioning The Tale of Genji : Media, Gender, and Cultural Production』Columbia University Press, 2008）

国語教科書の中の『源氏物語』
—義務教育段階での扱いについて—

有働　裕（うどう・ゆたか）

はじめに—問題の所在

『源氏物語』が「復活」している。小中学校の教科書の中において。

二〇〇八（平成二〇）年の学習指導要領改訂により、これまでの〔言語事項〕という項目が、〔伝統的な言語文化と国語の特質に関する事項〕へと改められ、各社の国語教科書における古典の比重が急増した。全面改訂された教科書の使用は、小学校では二〇一一年度から、中学校では二〇一二年度からである。その中で、『源氏物語』についての記述も目立つようになった。以下は、小学校教科書における例である。

平安時代になると、平仮名や片仮名が生まれ、より多くの人が、文章を読んだり書いたりできるようになりました。貴族たちは、漢詩や漢文を楽しみ、短歌を作って、手紙のようにやり取りしました。かぐや姫で知られる「竹取物語」は、日本で初めての物語とされていますが、作者は分かりません。同じ時代に紫式部が書いた「源氏物語」は、すぐれた長編小説として、世界的な評価を受けています。また、清少納言の「枕草子」は、随筆のはじまりとなりました。これらの作品によって、わたしたちは、当時の貴族のくらしや、ものの見方、感じ方を知ることができます。（『国語　六　創造』「伝えられてきたもの」光村図書　二〇一〇〔平成二二〕年検定）

ある貴族の女性は、日記の中で、十四歳のころをふり返っています。何年も前から読みたくてしかたがなかった『源氏物語』をやっと手に入れ、五十巻以上もある長い話を「一巻から、だれにもじゃまされず一人で読んでいるのはほかに比べようもない気持ちで、昼間は日のくれるまで、夜はあかりを近くに寄せて、ねむくなるまで読みふけっていました。そして、自然に言葉を暗記してしまうほど、この物語のことで頭がいっぱいでした。」と書いています。

『源氏物語』は紫式部という女性が千年ほど前に書いた物語です。日本の古い物語の中でも特にすぐれた作品として、後の日本文化にあたえたえいきょうはとても大きいといわれています。

（『ひろがる言葉　小学国語　5下』「「物語」を楽しむ」教育出版　二〇一〇〔平成二二〕年検定）

後述するように、義務教育段階の国語教科書において『源氏物語』を扱った嚆矢は、一九三八（昭和一三）年から使用された国定国語教科書掲載の「源氏物語」である。その命脈は、敗戦という大きな転機を越えて継承されたが、一九七〇年代以降は途絶えていた。それがいま、にわかに「復活」している。

私は、古典文学研究者の端くれとして、大学における文学部の消滅や、「実学」重視の教育観の氾濫には、危機感を抱き続けてきた。また、学生の「古典離れ」の対処には私なりに腐心してきた。ただそれだけに、現状のような「古典重視」への急転回に対しては、極めて懐疑的・否定的である。簡単にいえば、妄信的な古典賛美がナショナリズムと安易に結びつくことを危惧している。この見解に関しては、以前に拙著で述べた時点から基本的に変化していない。[*1]

『源氏物語』と教育をめぐる言説の政治性について、無関心・無自覚であってはならない。本稿は、戦後の小中学校教科書における『源氏物語』に関する記述を概観しつつ、そのことを再確認するものである。

一　教材「源氏物語」とは何だったのか

国定教科書教材「源氏物語」とはどのようなものであったか。それは、第四期国定教科書、俗に「サクラ読本」と呼ばれた『小学国語読本　巻十一』（文部省、一九三八〔昭和一三〕年発行、六年生前期用）に掲載された。以下にその前半を引用する。なお、漢字は新字体に改めた。

第四　源氏物語

紫式部は、子供の時から非常にりこうでした。兄が史記を読んでゐるのを、そばでじつと聞いてゐて、兄より先に覚えてしまふ程でした。父の為時は、「あゝ、此の子が男であつたら、りつぱな学者になるであらうに。」

と言つて歎息しました。

大きくなつて、藤原宣孝の妻となりましたが、不幸にも早く夫に死別れました。其の頃から紫式部は、筆をとつて有名な源氏物語を書始めました。

其の後上東門院に仕へて、紫式部の名は一世に高くなりました。彼女は文学の天才であつたばかりか、婦人としても、まことに円満な、深みのある人でした。

父為時が願つたやうに、若し紫式部が男であつたら、源氏物語のやうな仮名文は書かなかつたでせう。当時、仮名文は女の書くもので、男は漢文を書くのが普通であつたからです。しかし、仮名文であればこそ、当時の国語を自由自在に使つて、其の時代の生活を細かく写し出すことが出来たのです。かう考へると、紫式部は、やつぱり女でなくてはならなかつたのです。

　源氏物語五十四帖は、我が国第一の小説であるばかりでなく、今日では外国語に訳され、世界的の文学としてみとめられるやうになりました。

　次にかゝげる文章は、源氏物語の一節を簡単にして、それを今日の国語で表したものですが、たゞこれだけで見ても、約九百年の昔に書かれた源氏物語が、如何によく人間を生き〳〵と、美しく、細かく写し出してゐるかがわかるでせう。

（一）

のどかな春の日は、暮れさうでなか〳〵暮れない。

　きれいに作つたしば垣の内の僧庵に、折から夕日がさして、西側はみすが上げられ、年とつた上品な尼さんが仏壇に花を供へて、静かにお経を読んでゐる。顔はふつくらとしてゐるが、目もとはさもだるさうで、病気らしく見える。そばに、二人の女がすわつてゐる。

　時々女の子たちが出たりはいつたりして遊んでゐる中に、十ばかりであらうか、白い着物の上に山吹色の着物を重ねてかけ出して来た女の子は、何といふかはいらしい子であらう。切揃へた髪が、ともすると扇のやうに広がつて、肩の辺にゆら〳〵掛るのが目立つて美しく見える。どうしたのか、其の子が尼さんのそばに来て、立つたまゝしく〳〵泣き出した。

「どうしました。子供たちと言合ひでもしたのですか。」

と言ひながら、見上げた尼さんの顔は此の子とどこか似た所がある。

「雀の子を、あの犬君が逃したの。かごに伏せて置いたのに。」

と、女の子は、さもくやしさうである。

　そばにゐた女の一人は、

「まあ、しやうのない犬君ですこと。うつかり者だから、ついゆだんをして逃したのでせう。せつかくなれて、かはいくなつてゐたのに。烏にでも取られたらどうしませう。」

かう言つて、雀を探しに立つて向かふへ行つた。それは、此の子の乳母であるらしい。

（以下略）

『紫式部日記』の記述をふまえた作者紹介、「若紫」をもとにした（一）、「末摘花」をもとに源氏と紫の上とのやりとりを描いた（二）という三部構成の教材である。紙数の都合により、（一）の後半と（二）とは省略した。

　この教材はさまざまな問題を内包しているが、本稿の論旨との関連から、ここでは以下の三つの特色だけを確認しておきたい。

　まず、①「人格者」としての紫式部像の強調。これは、「彼女は文学の天才であつたばかりか、婦人としても、まことに円満な、深みのある人でした」という表現が端的に示している。学才と謙虚さとがセットで賛美され、そんな女性によって日本の代表的文学が書かれたこと、そしてそれが世界的文学として認められていることが誇らしげに語られている。作者の人間性と作品の文化的価値を直結させる文脈の背後に、昭和戦前期のナショナリズムの高揚が感じられる。さらには、平安女流文学の評価と女性観・道徳観とをめぐる、明治以来の論議がその背景にあることは言うまでもない。[*2]

次に、②「理想的」な少女としての紫の上賛美。これについては、教科書編纂者の井上赳が以下のように解説している。[*3]

先づ主題は源氏物語中の婦人の理想として表現された紫の上の生立である。紫の上の幼児は、ごく無邪気な少女として描かれてゐる。普通の小説などによく見がちな、やゝませた怜悧さをもつた女でなく、将来人間として伸びて行く余裕のある少女に出発してゐる所に、作者が非凡な人生批評眼の持主であつたことを先づ考へさせられる。

作者紫式部に対するものとは異なった評価ながら、やはり女性の「道徳」の問題とかかわらせた言及が、登場人物の少女―紫の上に対してなされている。この①と②の発想が一体化したところに、次に引用した島津久基ような主張が生まれる。[*4]

尚もつと欲を申すことが許されますならば、源氏物語といふものを全国の倫理修身の先生や教育家全般の方に、真に理解して貰へる時が来ますならば、さうして源氏物語を修身の教科書として堂々使用し、立派に教えこなせる方が輩出する時が参りますならば、日本の倫理教育は駸々乎として進み、随つて無論、祖国文芸に対する正しき理解と認識とを有つ国民の教育が徹底し完成に向かつてゐることを意味する慶ばしい現象を迎へたことになるのであらうと思ふのであります。

そして、最も本質的な問題であると思われる、③原典『源氏物語』を知らせてはならないという「教育的配慮」。（一）を一読すればわかる通り、垣間見をしている光源氏の存在は完全に消し去られていた。これについても、井上赳は次のように述べている。[*5]

源氏物語の「若紫」及び「末摘花」の巻中、紫の君の生立に関する部分を抜粋し、それを現代語で表したのであるが、特に教育的見地から、削除変更した部分もあるから、原文を参照するとしても、此の考慮を破壊するが如きことがあつてはならない。

『源氏物語』の原文には在っても児童には知らせたくないこと、すなわち、教材本文から削除された光源氏のまなざしに含まれる危険な要素とは何か。それは、この教材を激しく非難して削除要求運動を展開した国文学者、橘純一の次の発言が明瞭に示している。[*6] なお、引用中のゴチックは原文のままである。

源氏物語の情的葛藤中、最も重要な枢軸をなす**藤壺中宮対源氏の君の関係**、これより起こつた**第三帝**（桐壺の巻に出で給ふ帝を第一帝として数へ申す）**御即位の事**、**源氏の君が太上天皇に准ぜられる事**、これらは**大不敬の構想**である。源氏の君の須磨引退の原因となつた**第二帝の寵姫朧月夜内待との関係も**亦然り。**源氏物語は全編一貫して、その性格が淫靡であり不健全である。**平安朝貴族衰亡の素因を露呈した文学である。これを無条件で、**「我が国第一の小説」「世界の文学」**として推奨することは、国民教育上有害である。

時局に迎合して強く自己をアピールしようと企てた、毒気に満ちた言説といえよう。ただし、その名を記憶すべき名作でありながら「本来の姿」を語ることは許されない、そしてそのようなものを小学校で扱わなくてはならない、という教材化における根源的な矛盾が、図らずも橘純一によって明らかにされていることに注目したい。

この教材は、多少の修正が加えられつつも、国民学校で使用された第五期国定教科書、いわゆる「アサヒ読本」の『初等科国語　七』(六年生前期用、文部省、昭和一七年発行)にも続けて掲載された。

二　「新教育」の出発期に

この教材「源氏物語」はその後どうなったのか。

まず、一九四五(昭和二〇)年八月の終戦とともに、連合軍司令部の指令によって、「アサヒ読本」の中の国家主義的・軍国主義的教科書が削除・訂正されることとなった。教師の指示によって児童が本文を墨で塗りつぶしたという、いわゆる「墨塗り教科書」である。当時の教科書は一学年で二巻を学び終えるようになっていたため、対象となったのは十二巻のうちの偶数巻が主であった。「水平の母」、「シンガポール陥落の夜」といった軍国教材はもちろんのこと、今日においても『平家物語』教材化の定番である「扇の的」なども削除されている。

翌年の四月からは、にわか仕立ての「仮綴じ教科書」が使用されるので、この混乱期に各学年の上巻に当たる奇数巻はほとんど使用されなかったと思われる。ただし、愛知教育大学図書館には、墨塗り・削除のほどこされた巻七を含む奇数巻も所蔵されており、その指示が出ていたことがうかがえる。そこでは、「日本海海戦」や「鎮西八郎為朝」などが削除されるが、「源氏物語」はその対象から免れている。

一九四六(昭和二一)年四月からは、先にも述べた通り、暫定的な教科書が使用される。「アサヒ読本」をベースにして軍国教材の削除や字句の訂正を行い、若干の新教材を加えたものである。新聞用紙に印刷され綴じられてもいないという粗末なものであった。

ここに至って、「源氏物語」は姿を消す。それだけでなく、「サクラ読本」以来顕著であった、古典重視の傾向そのものが改められており、小学校六年生用の『初等科国語』巻七・八の古典教材は、「朝顔に」「古事記」「古典思慕」のみである。「古典思慕」は「(一)紀貫之」と「(二)清少納言」との二部構成で、「枕草子は、随筆集で、源氏物語などのやうな長篇ではない」という『源氏物語』への言及がわずかにみられる。

翌年の四月からは、新たに第六期国定教科書の小学校での使用が始まる。やはり古典教材は少なく、狂言「ぶす」が見出せる程度である。

一方、新たに義務教育となった新制中学校の教科書はどうか。こちらも一九四七(昭和二二)年に文部省編の国定教科書『中等国語』が発行されており、『中等国語　一』『中等国語　二』が各三分冊、『中等国語　三』が四分冊となっている。三年生用ともなれば、「天の香具山」「羽衣」「芭蕉の名句」「随筆二題(『枕草子』と『徒然草』)」といった古典教材名も見えるが、その分量は旧制中学校教科書などに比してかなり少ない。

これらの背景には、言うまでもなく、ＧＨＱの指導下に行われた一連の教育改革がある。その方針は、一九四七（昭和二二）年に文部省から出された『学習指導要領　国語科編（試案）』に端的に示されている。以下にその文言を引用する。

> 中学校の国語教育は、小学校六カ年の基礎のうえにたつということから、程度の高いものになりがちであるが、日常生活のことばからはなれないように指導することがたいせつである。
>
> その意味からも中学校の国語教育は、古典の教育から解放されなければならない、また、特殊な趣味養成としての文学教育に終わってもいけない。つねにもっと広い「ことばの生活」に着眼し、実際の社会生活に役立つ国語の力をつけることを目がけなければならない。

かくして、義務教育の教科書の中から、「源氏物語」を紹介・説明する文章は一時的に姿を消した。

三　円地文子の「紫式部と清少納言」――検定教科書の中で（一）――

一九五一（昭和二六）年発行の『中等国語　三上（改訂版）』（編集委員長金田一京助、三省堂）に、円地文子の書き下ろし教材「紫式部と清少納言」が掲載される。検定教科書の使用が開始された一九四九年以降では、『源氏物語』に言及した最も早い例であると思われる。

以下に抜粋して引用する。なお、多数の注が付されていたがそれは省略した。

> 源氏物語は一条天皇の中宮彰子（あきこ）に仕えた紫式部の著作で、今からおよそ千年近い昔、平安朝の中期に書かれた物語です。
>
> その時代には、藤原（ふじわら）氏が朝廷に権力をふるっていて、才色のすぐれた娘を競って入内（じゅだい）させ、それによって一門の繁栄の基を開いたので、上流の女子の教養には特に注意が払われ、顕門の政治家は、自分の娘たちに、音楽や手蹟（せき）・和歌などを盛んに習わせました。それゆえ、宮廷にはいっても、それぐ＼の后妃は、教養の高い侍女を持つことを誇りとし、それらの才気や能力によって、自分をより美しく輝かせようとしました。紫式部は、こういう時代に、中流官吏であり、学者であった藤原為時（ふじわらのためとき）の娘として生まれ、一度は結婚しましたが、若くして夫に先立たれ、つゝましく暮らしていたのを、当時随一の権力者である藤原道長に見いだされ、その長女彰子中宮の学問の師として、宮中に召されたのでした。
>
> （中略）
>
> 「源氏物語」は五十四帖（じょう）から成り、四十四帖までは、光源氏という美貌（びぼう）の貴公子を中心として、おもに宮廷や上流貴族の生活を描いています。
>
> 光源氏は、帝（みかど）の第二王子として生まれました。生まれながら、光り輝く美貌とすぐれた才能と多情多感な心とを兼ね備えて、父帝からも宮廷の人々からも、深く愛されましたが、臣籍にくだって、「源」という姓を賜ったのです。

源氏は幼い時、たぐいまれな美人であった母に死に別れましたが、物心つくころから、母に似た女性を探し求めて、さま〴〵な美しい女と親しくなります。そうしてついに、後に紫の上といわれる少女を見つけ出して、それを自分の屋敷へ引き取り、自らさま〴〵の教養を与えて、理想の女性に育てあげ、妻とします。

そうして、物語は、長い年月にわたる源氏の生活をめぐって書き続けられた後に、最愛の紫の上の死によって、深い悲しみに閉ざされた源氏自身、出家しようとするところで終わっています。作者の女性観をじゅうぶんに語っている「帚木（ははきぎ）の巻」の「雨の世の品定め」や、源氏が罪を得て都を追われ、ひとり住まいしている「須磨の巻」の秋の夜の哀愁に満ちた描写など、古来多くの人にほめたゝえられていますが、紫の上の少女時代を描いた「若紫の巻」も、むじゃきな童女の美しさを心ゆくまで描き出しており、そのことが宮廷の評判になって、作者の式部が「若紫」という名で呼ばれていたことが「紫式部日記」に見えています。

「源氏物語」の作者は、紫の上に理想の女性美を表現しているといわれますが、同時に、編中に現われる十余人の重要な女性に、さま〴〵の異なった性格や環境を与え、そのひとりひとりを、あたかも現在生きている人のように、生き〳〵と表現しています。

「源氏物語」を読んでいる時、私どもが、しば〳〵千年という長い時代の隔たりを忘れて、編中の女性を友人のように身近に感じるのは、どういうわけでしょうか。それは、紫式部のたぐいまれな洞察（どうさつ）力が、長い年月の間にも移り変わることのない人間性の根本を、いみじくも描き出しているためだと思います。

（中略）

紫式部も清少納言も、当時の習慣によって実名さえ伝わっていません。しかし、「源氏物語」と「枕草子」は、次々の時代の人によって読み続けられて、現代では外国にも紹介されています。古典とは、こういうふうに、長い時代の試練を通して、人間の心に生き続けてきた書物のことです。

紫式部への賛美という点では、国定教科書の姿勢がそのまま踏襲されている。しかも、それが清少納言と組み合わせによっていっそう強調されるという形になっているが、これは現行の小中学校教科書に至るまで繰り返し用いられていくものである。

『源氏物語』の内容紹介はきわめて簡略であるが、「私どもが、しば〳〵千年という長い時代の隔たりを忘れて、編中の女性を友人のように身近に感じるのは」と、周知のものとした書き方になっている。ここに国定教科書の「残像」を見出すこともできよう。一方、恋愛が主軸の物語であることが明記されており、かつての「教育的配慮」からの多少の逸脱も感じられる。

円地文子の「紫式部と清少納言」は、一九六〇年代末まで三省堂の教科書に掲載が続いている。[*7]

四　「若紫」口語訳復活―検定教科書の中で（二）―

検定教科書の初期に、早くも二種類の「若紫」の口語訳が復活している。福田清人のものと谷崎潤一郎のものである。

福田のものは一九五三（昭和二八）年検定の『模範　中学国語　二下』（金子武雄編、実教出版）に、「二　すずめと少女」という題で掲載されている。口語訳の範囲や文体は国定教科書のものをほぼ踏襲しているが、光源氏の存在を明確化させたことに注目すべきだろう。出典は『世界名作文庫』[*8]によると記されている。以下にその冒頭部分を引用する。なお、本文は一九五三（昭和三〇）年発行の改訂版による。頭注は省略した。

暮れなずむ春の夕暮れ、源氏はつれづれに夕霞に紛れて、昼間見たきれいな僧坊の小柴垣のあたりまで出かけてみました。お供には惟光ひとり従っております。その坊をふと見ますと、西向きの部屋に仏像をすえて、よわよわし気にお経をあげている、上品な四十ばかりの尼僧が見えます。

そのそばにきよらかな侍女がふたりほどすわっていますが、そこにかわいらしい少女たちが、出たりはいったりして遊んでおります。その中に白い衣の上に、山吹色の着物を着た、十歳ばかりの少女がいました。

このように光源氏の垣間見であることが明らかな文章となっており、教材の結びも次のようになっている。

「かわいらしい少女だ。いったいどこの人かしら。」
と首をかしげながら、源氏はその少女をながめるのでした。

この福田のものよりも圧倒的に多く掲載されたのが、原典にも劣らぬ名訳とされる「谷崎源氏」、すなわち谷崎潤一郎の『新訳源氏物語　巻一』[*9]であった。学校図書『中学国語　三下』（一九五三年検定）、秀英出版『私たちの国語　三下』（一九五六年検定）、大日本書籍『私たちの国語　三』（一九六二年検定）、三省堂（一九六六年刊）などに「若紫」の掲載が確認でき、大阪書籍『中学国語　二年』（一九六一年検定）のように「須磨」を掲載した例もある。

多くは次に引用した麻生磯次編著『私たちの国語　三下』（一九五五年検定）のように、「若紫」の巻の冒頭から教材化している（注は省略した）。

瘧病をおわずらいになって、いろいろとまじないや加持などをなさいますけれども、その験がなくて、たびたび発作にお悩みになっていらっしゃいますと、ある人が、「北山の某寺という所に、偉い行者がおります。去年の夏もあの病気がはやりまして、ほかの行者たちが持てあつかっておりましたのを、わけなくなおした例がたくさんございます。こじらせるとやっかいでございますから、さっそくおためしなさりませ。」などと申しますので、使いをやってお招きになりますと（以下略）

光源氏の存在は冒頭から明白で、少女を見た源氏の「おとなになってゆくさまを見るのが楽しみのようなと、目にお留めになります」という心情も略されずに記されている。

このような口語訳の掲載は、当時の国語科教育全体の保守回帰傾向の反映と考えられる。占領下で実施されたさまざまな教育改革が、学力低下を招いた等の批判を受け、その反動としての古典復活が本格化するのは、一九五八（昭和三三）年の指導要領改訂以降であるが、ややそれに先行する形で先のような教材化が試みられたといえよう。すなわち「谷崎源氏」は、『源氏物語』本文に準ずる「原典」として採用されたと思われる。各社の「学習の手引き」等を見ても、和歌の中の比喩表現や人間関係と敬語との関連性、平安時代の習俗を学ばせようという意図が顕著である。それだけに、紫式部や紫の上を「理想の女性」として賛美し「道徳教育」に生かす、戦前の教材化の在り方とは一線を画している。

なお、異色の教材化例として一九五四（昭和二九）年検定・発行の『中学の国語（総合）三上』（武田祐吉・斎藤清衛監修、愛育社）の「わかくさ」をあげることができる。上段に原文、下段に谷崎の訳を配置した、原文重視で高度なものといえる。

この教科書は、他社が教材化しなかった、以下の部分までを範囲に含めている。

> さてもうるわしい子であったことよ、いったいなんであろうか、かの人の御身代わりにこのような子をかたわらに置いて、明け暮れの慰めにながめることができたらばと、思う心が強くきざされるのでした。

教科書上段の原文「かの人の御かはりにあけくれなぐさめにも見ばや」の、「かの人」には注が付され、親切にも「藤壺（ふじつぼ）」のことと記されている。橘純一が「大不敬の書」と批判した要素に大胆に迫るものといえるが、この教材が現場でどのように活用されたかは不明である。

五　『源氏物語』を読む少女（三）——検定教科書の中で（三）——

一九六一（昭和三六）年検定の『中学校　国語　一年』（大日本図書）から掲載が始まるのが、秋山虔の「源氏物語の夢」である。以下、その一部を引用する。

> 昼はひねもす、夜はよもすがら、ひを近くともして、これを読む以外に何も手につかないようなありさまでしたから、物語の人物や文章などは、しぜんにそらんずることができるようになりました。
>
> そして考えることは、
>
> 「私はいまでこそ顔も姿もきれいじゃないけど、年ごろになったら、顔もずっときれいになり、髪も長くなってすばらしい人になるわ。あの源氏の光（ひかる）の君に愛された夕顔や、薫（かおる）の君に愛された浮舟（うきふね）の女君（めぎみ）のようになっているのだわ。」
>
> ということでした。いまの気持ちから考えると、ほんとにたあいなく、あきれたようなことをしんけんになって思いつめていたのでした。
>
> （中略）
>
> そしてしまいには、

「光源氏や薫の君のようなかたが、一年に一度でもたずねてきてくださって、私は浮舟の女君のように寂しい山里で、春の桜や秋のもみじ、空の月や降りくらす雪などをながめて、ひっそりと暮らしていて、たまにすばらしいお手紙などをいただけたなら……。」

と、とりとめもなく、空想の翼を伸ばすのでした。すると、しまいには、ほんとうにそういうことがありそうに思えてくるのですから、おかしなものでした。

いうまでもなく『更級日記』の口語訳である。出典は『私たちの日本古典文学　源氏物語・更級日記』[*10]とある。一読して奇異に感じられるのは、出典の『更級日記』のことが全く説明されておらず、平安時代の一少女がひたすら『源氏物語』に耽溺する様が描かれているにとどまっていることである。

ここには、「無邪気」な少女（紫の上）から物語好きな少女（孝標の娘）への、主人公の交代を見ることができる。文学少女趣味、あるいは文学至上主義的な『源氏物語』賛美への移行といえようか。もちろんそれとても、女性に対する「道徳教育」と決して無縁ではないが、ここではその少女の思いを通してのみ『源氏物語』が紹介されている。

少女がひたすら読み続けたいと思うことで強調される『源氏物語』のすばらしさ。教材に付された「学習のために」では「源氏物語とはどういう物語か、図書室などで詳しく調べてみよう」という課題が提示されている。これは、一見戦前の「教育的配慮」の意識からは大きく抜け出しているようにも見えるが、教科書編纂者が、この問題と正面から向き合うことを回避したというのが実態ではなかろうか。

さらにいえば、『源氏物語』を賛美する素材としてのみ『更級日記』を利用することの是非の問題もある。晩年に人生を回顧する、菅原孝標の娘という女性の述懐であることを意識するかどうかは、『更級日記』の教材化に常につきまとっている問題である。[*11]

なお、堀辰雄が『更級日記』をもとにして書いた「姨捨」（『文藝春秋』一九四〇・七）を教材化したものも掲載されている。一九五七年検定の『国語　三上』（筑摩書房）の「物語の中の少女」、一九六一年検定の『新しい国語　中学三年』（東京書籍）の「夢見る少女」がそれである。主人公の少女が『源氏物語』に耽溺する場面だけでなく、他のエピソードをも含み込むことによって、平安時代の一少女の姿を描く独立した教材と成り得ている。

六　結語―再び退場、そして三度目の登場―

管見の限りでは、一九七〇年代以降の小中学校教科書において、『源氏物語』を特別に取り上げて解説・紹介するような教材は見当たらない。「文学偏重」から「言語教育としての国語教育」へ、「基礎基本」を重視して教育内容を「精選」する「ゆとり」重視の教育へという、国語科教育に対する行政の方針転換がその背景にはあろう。

それがいま、冒頭でも紹介した通りに、『源氏物語』の「復活」とでもいうべき状況がにわかに生じている。しかし、先に述べた国定教科書の「源氏物語」以来の三つの問題は克服されていないままである。

二〇一一（平成二三）年検定の中学校教科書、『新しい国語　2』東京書籍には、「枕草子」の補助教材的な位置付けながら、三角洋一の書き下ろしによる「清少納言と紫式部」という文章が掲載されている。以下はその一部である（注は省略した）。

　紫式部もまた、確かな漢詩文の素養を持ち、高い見識を備えていました。彼女の父は、漢詩人の藤原為時です。「紫式部日記」には、子どものころのこんなエピソードが書き留められています。

「弟の惟規が、幼いころ漢文を読み習っていたときに、覚えるのに手間取るようなところを、そばで聞いていた私がすらすらと理解するので、学問に打ち込んでいた父は、残念なことに、この子が男でなかったのは私に運がなかったのだ、と嘆いておられました。それなのに、『男でさえ、学識をひけらかす人はどうなのでしょう。立身出世しないようですよ。』と人が言うのを聞いてから、私は『一』という漢字さえ書いてみせることもしません……。」

　漢詩文の深い知識を持ちながら、彼女は人前でそれをひけらかさないように気を配っていたようです。

　一方、清少納言は、学才を隠すことはせず、むしろ積極的に振る舞いました。しかし歌はめったに詠まなかったといいます。歌人として名高い父、清原元輔を気遣い、もし下手な歌を詠んだならば、父の名声に傷がつくと考えたのです。

　清少納言と紫式部、二人は、ともに豊かな才能に恵まれていただけでなく、細やかな心遣いのできる人物でもあったようですね。

①の「人格者」としての紫式部像の強調が、ここでは国定教科書以上になされているといってもよいだろう。

②の「理想的」な少女としての紫の上賛美は、この教材には見られないが、その変形ともいえる『更級日記』の利用は、冒頭に紹介した現行の小学校教科書の記述の中に見出すことができる。

そして、③原典『源氏物語』を知らせてはならないという、「教育的配慮」の矛盾が問題にされたという形跡はいずれにもない。そして、その克服が今回の改訂に際して論じられたということも寡聞にして知らない。

『源氏物語』そのものとは正面から向き合わせないまま、ひたすらすぐれた作品であると強調する各社の教科書本文。なぜ『源氏物語』という「名作」の名前だけを小中学生に記憶させなければならないのか、という本質的な問題は放置されたままである。

これらを「古典重視」「伝統文化重視」の一環と呼ぶのはあまりに空しい。

注

＊1　有働裕『「源氏物語」と戦争　戦時下の教育と古典文学』（インパクト出版会、二〇〇二）、同『これからの古典ブンガクのために――古典教材を考える』（ぺりかん社、二〇一〇）。

＊2　ハルオ・シラネ、鈴木登美編『創造された古典―カノン形成・国民国家・日本文学』（新曜社、一九九九）、川勝麻里『明治から昭和における『源氏物語』の受容―近代日本の文化創造と古典』（和泉書院、二〇〇八）等参照。

＊3　国語教育学会編『小学国語読本綜合研究　巻一二』（岩波書店、一九三九）。

＊4　島津久基本『日本文化小輯　祖国文芸と国民教育』（日本文化協会出版部、一九三六）。

＊5　文部省編『小学国語読本尋常科用編纂趣意書・小学書方手本尋常科用第六学年上編纂趣意書』（日本書籍、一九三八）。

＊6　橘純一「小学国語読本巻十一「源氏物語」について文部省の自省を懇請する」（『国語解釈』30号、一九三八・七）。

＊7　同じ本文が掲載され続けたわけではない。一九五六（昭和三一）年版のものと比較しても、紫式部や『源氏物語』についての記述にかなりの異同が見られる。

＊8　福田清人『世界名作文庫　49　源氏物語』（偕成社、一九五一）。

＊9　『潤一郎訳源氏物語』（一九三九～四一）、『潤一郎訳新源氏物語』（一九五一～五四）、『潤一郎訳新々源氏物語』（一九六四～六五）のうちの二番目のもの。

＊10　秋山虔『私たちの日本古典文学5　源氏物語・更級日記』（さ・ら・え書房、一九五八）。

＊11　林良音「『更級日記』教材化の現状と課題―冒頭部と『源氏物語』耽溺場面を中心に―」（『愛知教育大学大学院国語研究』13号、二〇〇五・三）参照。

変革の時代と源氏文化
―文化統合システムとしての役割―

❖❖❖ 島内景二 しまうち・けいじ

はじめに

『源氏物語』は、日本文化の至宝と言われる。なぜなのか。それは、この物語が文学・芸術として優れているだけではなく、「文化統合システム」として、日本文化の変革期に有効に機能し続けてきたからである。その文化システムとしての有効性は、時代の経過と共に増大し、洗練され、改良され、二十一世紀の世界を覆いつつあるグローバリゼーションの暗雲と戦う武器とさえなりうる。

『源氏物語』という存在を、狭い文学・芸術の領域から解き放ち、文化統合システムという概念として定義し直したい。ここで言う「文化統合システム」とは、異文化が流入してきた際に、従来の日本文化と調和させ、新しく、よりパワーアップされた日本文化を作り出すシステムのことである。それでは、『源氏物語』に焦点を当て、その窓を通して、日本文化の過去・現在・未来を眺めてゆこう。見慣れた風景とは違う、新鮮な文化史が視界をよぎるに違いない。

一　『源氏物語』以前

むろん、『源氏物語』以前にも、日本文化は存在した。だから、文化統合システムは古代から存在し、機能していた。それが、十一世紀の初頭に誕生した『源氏物語』を組み込むことで、最強のシステムとなったのである。そのシステムのアップデートと進化の蓄積が、日本文化の歴史である。

古代から機能していた文化統合システムを一言で言えば、「神仏習合」である。神仏習合とは、日本固有の神道を、強力な外来思想である仏教と融合・調和させる、かなり強引な文化システムだった。「神仏混交」とも言う。「混交＝混淆」という言葉から最初に連想するのは、「和漢混淆文」という言葉である。日本古来の大和言葉と、外来語である漢語とが融合して、新しい文体を作り出した。それが、日本

【図1】　奈良県桜井市の「仏教伝来之地」碑

語の表現領域を飛躍的に拡大した。漢字を日本語と融和させるシステムは、南蛮貿易の開始以降に新しい外来語であるヨーロッパの言語を日本語にスムースに取り込んでゆくことを可能にした。

神仏習合に見られる日本的な文化システムは、「重ね」の文化を育てあげた。衣服の「襲」は、表側の色と裏側の色との、異なる色彩の配合を楽しむ美意識である。香道も、何種類もの香料を複雑に調合した薫香を楽しむ。和歌の「懸詞」は、同じ発音の言葉を異なる意味で重層させるレトリックである。このような「重ね」の文化の精髄が、十一世紀の『源氏物語』だった。

「重ね」とは、異なる二つのものが調和した姿である。調和は、対立と戦いを経て初めて可能となるものである。六世紀の仏教伝来に際して、物部氏と蘇我氏とが激しく抗争した事実は有名である【図1】参照）。血みどろの死闘があった後に、「神仏習合」という二階建ての共存システムが発動する。それが、異文化と既存の文化とを統合する日本文化の秘密だったのだ。

二　『源氏物語』の成立

紫式部が『源氏物語』を書いたのは、十一世紀の初頭である。ほぼ同じ頃に、藤原公任の『和漢朗詠集』も成立した。このアンソロジーは、「中国の漢詩句」「日本の漢詩句」「日本の和歌」の三階建て構造を採用している。すなわち、日本的な文化統合システムの産物である。全体に統一感があり、美的秩序が保たれているのは、「春興」「春夜」「暮春」「藤」などの題に反映している日本的な季節感の働きによる。これが、後に季題・季語・歳時記へと繋がる。

さて、『源氏物語』は、まさに「引用の織物」という言い方がふさわしい。天竺（インド）に起こった仏教の経典、『史記』『白氏文集』などの中国の歴史書や漢詩集、『日本書紀』などの日本の歴史書、そして『古今和歌集』『伊勢物語』などの日本の和歌や物語。天竺・中国・日本の歴史・文学・宗教が、丸ごと取り込まれた。なおかつ、「光源氏の一生」という典型的な日本人のライフサイクルによって、全体に統一感が生み出された。

『源氏物語』が巧みに調和させた、天竺・中国・日本の「三つ巴」、あるいは「三位一体」の世界観は、説話にも受け継がれた。天竺・震旦・本朝の三部構造を持つ『今昔物語集』や、天竺・明・日本の説話が順番に語られる『三国伝記』がその典型である。

三　源氏文化、流れ始める

『源氏物語』の幸運は、いつの時代にも最良の読者に恵まれ続けたことである。そのような読みの蓄積、すなわち注釈の堆積こそが、「源氏文化」である。言葉や文脈の読解を通して物語の主題に到達する。そして、その主題に共感したり反発したりすることで、読者の生きる時代の文化を理想の姿に変えてゆく。それが、源氏文化を担う源氏学者の悲願であった。この源氏文化が、「重ね」や「神仏習合」に原初的に見られた「文化統合システム」を、いっそうエネルギッシュでパワフルで先鋭なものへと鍛え上げてゆく。

まず、四辻善成の『河海抄』（一三六二年）の果たした役割の大きさを特筆したい。この注釈書によって、『源氏物語』は三次元的に立体化した文化資源へと昇格した。つまり、虚構と現実が重層化したのである。桐壺帝のモデル（准拠）は醍醐天皇、光源氏は源高明、若紫巻の北山のモデルは鞍馬山などと、作品内の架空の人名や地名が、現実世界のそれと重ね合わされた。虚構の文学が、読者の現実世界と結びつき、繋ぎ合わされた。

さらに『河海抄』は、大和言葉と漢字をも重ね合わせた。『源氏物語』で用いられた大和言葉に、漢字が当てられたのである。「めざまし」に「冷眼」、「はなやか」に「声華」、「すげなし」に「無人望」、「うしろめたし」に「影護」などという具合である。このような「日本語と漢語の統合システム」に真っ正面から反対したのが、江戸時代の国学者たち、なかんずく本居宣長だった。大和言葉と漢語は、それぞれが別個の発生をした、異なる体系の言語である。だから、両者は無関係であるとして、『河海抄』のシステムを全否定した。国学は、神仏習合を否定したことからもわかるように、異文化に対する排除性と攻撃性が際だつ。

ならば国学と国学者は、日本の誇る「文化統合システム」とは無縁の存在なのか。そうではないのだ。極端なまでに異文化を攻撃し、日本文化の純粋性を擁護する国学の戦闘的な姿勢は、日本文化が反発した異文化をも「新たな日本文化」として位置づける複眼的な価値観を持つ、次世代の文化人の登場によって、弁証法的に止揚される。対立を通過したうえでの統合なので、文化の質は格段に高まる。こうして、日本的な文化統合システムは、「統合」に反対する文化観までも貪欲に吸収し尽くし、日本文化の質を高めつつ領域を拡大してゆくのである。

四　北村季吟と本居宣長の両巨人

江戸時代には、源氏文化が日本の津々浦々に浸透した。中でも、北村季吟と本居宣長という、二人の巨人が出現したことの意義は大きい。季吟の『湖月抄』は、『源氏物語』の諸注釈書を集大成した、統合システムの金字塔である。一つの言葉には一つの意味しかないという常識に、季吟は決して囚われていない。しばしば「両説」が並列され、複数の解釈のどちらもが捨てがたいと結論づけられる。さまざまな注釈書は、誤読や誤解も含めて意味があると、季吟は考えた。なぜならば、人間の文化とは、誤謬と過失の上に築かれた、試行錯誤の総体だからである。

また、宗祇以来、中世文化の根幹となった「古今伝授」の思想を、『源氏物語』の生命力の核心として、季吟は位置づけた。『湖月抄』は、四辻善成の『河海抄』の唱えた主題、すなわち「君臣の交」「仁義の道」「好色の媒」「菩提の縁」を踏襲している。この四つのテーマを、江戸時代に適合させる秘密が、古今伝授の理想である「平和の希求」と「正しい政道の実践」だった。

「君臣の交」と「仁義の道」は、中国古代の儒教精神。「好色の媒」は、日本の和歌。そして、「菩提の縁」は天竺起源の仏教である。日本・中国・天竺が三層構造になって、「今、ここで生きる」人生を開花させ、「今、ここで死ぬ」人生を結実させる。そのためには、源氏文化を理解する理想の政治家と出会う必要がある。そこで、季吟は京から江戸へ下り、柳沢吉保に願いを託した。源氏文化は、文学ではなく、政治を含む文化の総体だからである。

季吟の集大成した『湖月抄』に敢然と嚙みついたのが、先にも触れた本居宣長である。ここが、日本文化の大きな曲がり角であったかもしれない。宣長の『玉の小櫛』は、新見に満ちている。宣長は、季吟の『湖月抄』が達成した、日本・中国・天竺の三層構造の世界認識を、まるごと否定しようとした。「異文化を取り込むことで豊饒な文化へとグレードアップし続けた日本文化」を全否定し、日本古代の固有文化への回帰を提唱したのである。宣長の語釈は、おおむね正しい。その彼は、何を最終目的として『源氏物語』を研究してきたのか。彼は、日本文化をどこへ向かって舵取りしたかったのか。

だが歴史という審判者は、季吟の構想力の方に軍配を上げたと、私は考える。なぜならば、宣長の名著『玉の小櫛』は、『湖月抄』への異議申し立てであるが、それ単独では読むのが大変に不便だからである。後世の『源氏物語』の愛読者たちは、季吟のデザインした『湖月抄』に宣長の新説を書き加え、完璧な注釈書を作り上げた。これを、『増注湖月抄』と言う。宣長の膨大な新解釈は、『湖月抄』のフォーマットに吸い込まれ、『湖月抄』を豊饒にする一翼を担わせられた。

『増注湖月抄』には、何種類ものバージョンがある。その編集者たちは、取り立てて一流の文化人というわけではない。『湖月抄』の独創的なフォーマットは既に確定しており、ある程度の学力さえあれば、誰でも『増注湖月抄』を作成することができた。北村季吟は、自分の死後に出現するであろう批判的な新解釈をも取り込みうる「異文化統合システム」を確立していた。だから、明治維新後のどのようなヨーロッパの文学理論・歴史理論・哲学理論をも『湖月抄』は取り込んで、自家薬籠中のものとすることが可能だった。

この『湖月抄』こそ、日本の文化統合システムの極致であり、源氏文化の理論的な極大値である。源氏文化の重要な点は、『源氏物語』という作品の愛好者だけでなく、『源氏物語』と敵対する価値観の諸文化まで統合可能なシステムが、生命力を持ったかのごとく躍動しているという点なのである。

五　柳沢吉保という、源氏文化の代表者

柳沢吉保（一六五八～一七一四）は、徳川幕府の五代将軍綱吉の側用人として、大老に準じた権力者である。この人物こそ、源氏文化を政治に活用することで、日本文化を一つの頂点に導いた、稀有の文化人だった。日本・中国・天竺の異なる文化体系を統合し、天皇・武士・庶民というさまざまな階層の人間を統合した文化国家を創出し、吉保はその要（＝接着剤）の位置に立とうとした。

一七〇〇年、北村季吟から念願の古今伝授を受けた吉保は、源氏文化のエッセンスを掌中に収めた。そして、若年の頃から親しんだ儒学や禅の文化を、源氏文化と立体化させることで、広大な宇宙を構築したのである。

5・1　季吟・徂徠、そして禅僧

柳沢吉保は、主君の徳川綱吉と共に、儒学を学んだ。湯島聖堂は、上野の忍が岡にあった孔子廟を、綱吉の時代（一六九一年）に湯島へと移し、整備したものである。吉保の儒学におけるブレーンは、荻生徂徠。この大儒は、吉保に五百石で召し抱えられ、彼の目となり手足となった。吉保の代理として、甲府を訪れた記録である『風流使者記』は、文学作品としても優れている。

徂徠はまた、吉保の公的記録である『楽只堂年録』を編纂し、吉保の参禅記である『勅賜護法常応録』も編纂した。『楽只堂年録』の「楽只」という言葉は、儒学の聖典「四書五経」のうちの『詩経』に由来している。吉保には、徂徠の他にも、漢詩人として名を成した服部南郭、書家としても著名な細井広沢などの儒者も仕えていた。

吉保は、青年期から禅に興味を持ち、竺道祖梵・雲巌全底・碩　秀一睡、さらには宇治の黄檗山万福寺の住持（帰化僧）たちと、深遠な禅問答を繰り広げた。このように本格的な禅と儒学の素養を身につけた柳沢吉保が「源氏文化」の体現者となりえたのは、北村季吟との出会いがあったからである。

『源氏物語』は、風雅の書である。「風雅」は、男女の風流な和歌の贈答（いわゆる「色好み」）であると同時に、『風雅和歌集』という勅撰集のタイトルが象徴しているように、正しい政治の実現への祈りでもある。この勅撰集の序文には、風雅が人の惑いを救うと宣言してある。柳沢吉保は、天竺から達磨が伝えた禅の修練を積み、「今、ここ」で生きる人生の根拠を探究した。そして、中国の儒学と我が国の和歌・物語によって、「正しい人生」こそが「楽しい人生」であることを確信した。吉保にとって、最後に取り込んだ「和」（和歌と物語）が、「意義のある、美しい人生」を輝かせたのである。

5・2　才女ぞろいの妻室たち

吉保の正室は、曾雌定子。側室に、正親町町子・飯塚染子などがいる。町子は、『松陰日記』を残した。『源氏物語』の語彙をちりばめ、『源氏物語』そっくりの文体で書かれた『松陰日記』は、柳沢吉保を元禄時代に降臨した光源氏の再来だと理想化する。町子に対して、北村季吟の強力な指導と助言があったことが、容易に推測される。

染子には、自らの参禅録である『故紙録』がある。吉保の嗣子・吉

里の後に生んだ四人の子どもが、すべて数えの三歳未満で早世した悲劇から立ち直り、女としてこの世に生きる意味を探究し尽くした哲学書である。また、禅の公案集『無門関』の注釈とも言うべき『鳥の空音』も、染子の作としてよい。この『鳥の空音』は和歌と禅とが一体化した、稀有の名作であり、文学史上もっと注目されてよい作品である。随所に『源氏物語』からの引用が見られ、源氏文化の一つの到達点を示している。私は今、注釈に挑んでいるところである。

　町子を「和歌と物語」、すなわち「和」のシンボルとすれば、染子は「禅」、すなわち「天竺、宗教」の女性である。そして広い心で、稀有の才能の持ち主である側室たちを束ね、柳沢家を経営した正室の定子は、「儒学」、すなわち「漢」の女性だと言える。

【図2】六義園（南側から中の島を眺める）

【図3】六義園の「坐禅石」

柳沢吉保が一人で「和漢梵」の三つの世界を立体化させたことと対応して、妻室たちも巧みに「和漢梵」の各層に棲み分けていたのだ。

5・3　六義園という奇跡の空間

　柳沢吉保が、将軍綱吉から拝領した駒込の広大な土地に造営した六義園は、大名庭園の最高傑作である（【図2】参照）。この庭園には、「りくぎえん」と「むくさのその」という、二通りの読み方がある。「りくぎえん」と読めば、『詩経』、すなわち儒教の理念の具現となる。「むくさ」と読めば、紀貫之の『古今和歌集』仮名序を踏まえた和歌の理念の具現となる。しかも、園内には「坐禅石」のように、禅に因む名所も存在する（【図3】参照）。

　六義園は、「和漢梵」の三層構造を調和させた、奇跡の空間だった。この三階建ての精神構造を空中分解させることなく調和させる要が、「調和」という熟語にも含まれる「和」の精神である。すなわち、古今伝授と合体した源氏文化なのである。吉保が自分自身を六条院に住む光源氏になぞらえるという次元を超えて、元禄年間に文化統合システムが完成したことの偉大なモニュメントが、六義園なのであった。

六　「みちのく」の源氏文化

『源氏物語』は、平安京の風土と密接に結びついており、「都ぶ」という動詞から派生した「みやび」の文化の精髄である。都から遠い辺境は「鄙」と呼ばれ、文化の花の美しさとは無縁の世界とされた。だが元禄時代には、鶏が鳴く東の江戸に、六義園という光源氏の六条院の再現が造営されるという奇跡が起きた。その秘密は、北村季吟の『湖月抄』にあった。この注釈書は版本という印刷技術によって全国に流通し、各地の城下町や港町を「ミニ平安京」へと昇格させた。かくて、源氏文化は、全国に浸透していった。

そこで、東北地方、すなわち「みちのく」における源氏文化の浸潤と浸透を検証したい。『源氏物語』で、末摘花は手紙の料紙として「陸奥紙」を用い、「無風流」の烙印を押されている。だが、源氏文化に大きな貢献をした松平定信は奥州白河藩主であった。白河の関よりもはるか先の仙台、そして盛岡の幕末期は、どのような文化状況であったのか。

6・1　仙台の『賤の苧環』

『国書総目録』に、「賤のをたまき　五五巻　(著)桑原如則　(成)弘化五自序　(写)宮城（巻二三欠、四〇冊）」とある。すなわち、一八四八年、ペリー来航まであと五年と迫った時点である。開国がもたらした幕末の大動乱の扉がまさに開かれようとする「近代前夜」に、この書物は成立した。

科学史家である佐藤賢一氏の教示によれば、如則は「ゆきのり」と読み、一七七七年の生まれ（没年は未詳）。『賤の苧環』の自序を記した一八四八年は、数えの七十二歳。桑原家は、代々仙台藩の藩医を務めたが、蘭方ではなく、漢方を基本とした。如則の祖母は、『うつほ物語考』を著した桑原やよ子。近年、注目を集めている女性思想家の只野真葛は、如則の従姉妹に当たる。真葛の母、つまり如則のオバ（おそらく伯母）の夫は、『赤蝦夷風説考』を著した工藤平助。平助の本業は医者であるが、柳沢吉保に仕えたこともある服部南郭に儒学を学び、大槻玄沢・青木昆陽などの蘭学者、思想家の林子平とも交流があった。なお如則の娘が、伊能忠敬の妻とも言われるが、正確な系図は不明である。

さて、この『賤の苧環』は、『源氏物語』の最初の俗語訳である【図4】参照）。タイトルの由来は、『古今和歌集』（『伊勢物語』にもある）の「いにしへの賤の苧環繰り返し昔を今になすよしもがな」という和歌である。「昔」の『源氏物語』の文体を、「今」の俗語に置き換えて再生させることを目的とした書である。

仙台市の宮城県図書館蔵の『賤の苧環』を全巻、閲覧する機会があった。「俗語訳」の実態を、桐壺巻の冒頭で示そう。仮名づかいとルビは、原文通りに翻刻する【図5】参照）。

> いつの比の帝にや、桐つぼの帝と申奉り、御側づかひの女中、数多き中に、きりつぼの更衣と申は、御家元もさまで申立る程の事にもあらざれども、当時第一の御寵愛にて、此かたにのみ御心をよせられし程に、御本妻の弘徽殿の女御をはじめ、前かたより御心をかけられてつとめゐたる人々、何となく心おもしろからず。わけて末々のわかき人たちは、殊にねたましく思ひ、朝夕何かにつけて、此きりつぼの更衣をにくしと思ふ心の絶ざるゆへにや、とかくわづらひがちにて病身なりし程に、帝はひとしほ御いとをしみ深く、人々のかれこれと申立るにもかまはず、外の者にかはりてよほど目立程の御とりあつかひなれば、奥向のみにかぎらず、御表向の御側勤の人々、御小姓等に至るまで、此更衣

を別段にとりあつかひ、何となく更衣の勢ひ、奥表に肩を並る人もなし。かかるためしは、もろこしの楊貴妃は、玄宗皇帝の寵愛深く、これがために、世のみだれを引出し、終には其身をほろぼしたることを思ひめぐらせば、そらおそろしくは思へども、又、君の御心よせのあつさのやるかたなさに、心ならずも日を、くりけり。

原文からは、かなり離れた翻訳ぶりである。『源氏物語』を原文で読む際の最大の難関は「敬語」であり、特に「給ふ」が面倒である。桑原如則は、「給ふ」を使わないことで、『源氏物語』の文体を一気に十九世紀の言語へと引き寄せた。如則は、冒頭の「題言」（題辞）で、この本は「児女子」に『源氏物語』の「大意」を悟らせるように工夫したものなので、大意を知ったならば、それ以後は原文で「考索」して「佳境」に至ってほしい、と述べている（【図6】参照）。この題言は、本音であろう。その証拠に、『賤の苧環』は、巻が進むにつれて、原文との距離が無くなってゆき、しまいにはほとんど原文そのままとなる。

つまり、『賤の苧環』の独創性は、訳語が不均一な点にある。最初は、思いきって現代語に接近させる。だが、読者の関心を惹きつけることに成功したと見るや、徐々に原文へと近づけてゆくのである。だから、この俗語訳『賤の苧環』を読み終えた読者が、『源氏物語』の桐壺巻の原文に挑戦すれば、すらすら読めるようになっている。与謝野晶子を嚆矢とする近代の『源氏物語』の現代語訳が、最初から最後まで、均質の口語に移し替えられていることと対照的である。『賤の苧環』の俗語訳は、端倪すべからざる戦略に満ちている。

この『賤の苧環』が、どういう読者層を想定し、どれだけの影響力があったのかは、現段階では不明である。だが、これだけの訳文を全巻にわたって成し遂げる源氏文化の持ち主が、十九世紀半ばの仙台に存在したのである。まもなく、怒濤のように西欧文化が日本国中に流入してくる。それを旧来の日本文化と調和させたのが、「文化統合システム」だった。そのシステムには、源氏文化が必須だった。源氏文化が「みちのく」にまで浸透していたからこそ、近代日本の成功がありえたのである。

6・2　岩手県立図書館の蔵書群から

盛岡市の岩手県立図書館には、江戸時代後期の源氏文化の流通を示す資料が、数多く収集されている。その中から、今は一つだけ紹介したい。『国書総目録』に、「源語詩歌　げんごしいか　一冊　(類)漢詩・和歌　(著)江幡春庵（詩）・飯島温郷（歌）　(写)岩手（楓園叢書六〇）」とある。著者名は、「江幡」が正しい。この写本は、一ノ倉則文所蔵の写本を池田亀鑑が筆写したものを、さらに転写したものである。『国書総目録』に記載のない原写本は、一九六二年に一ノ倉から岩手県立図書館に寄贈された（【図7】参照）。以下、この原写本の調査に基づいて論を進める。書名も、原写本の『源氏物語詩歌』に従う。

伊井春樹編『源氏物語注釈書・享受史事典』（東京堂）の「源語詩歌」の項目では、「江幡春庵」が「江情春庵」と誤植されている。成立は、「明らかではないが、幕末か、あるいは明治初年の作か」とするが、原写本の識語により、一八四六年（弘化三）であると判明する

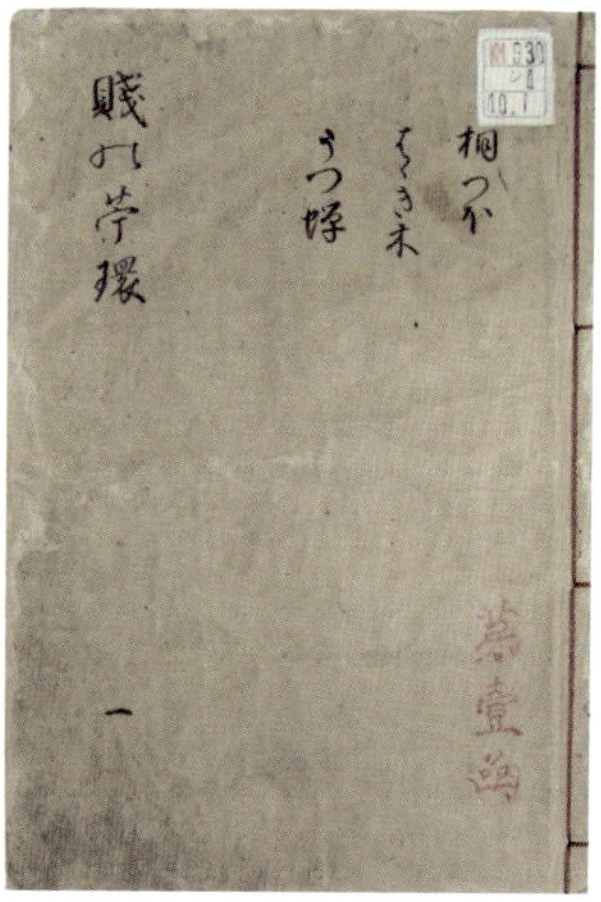

【図4】『賤の苧環』第一巻
（宮城県図書館蔵）

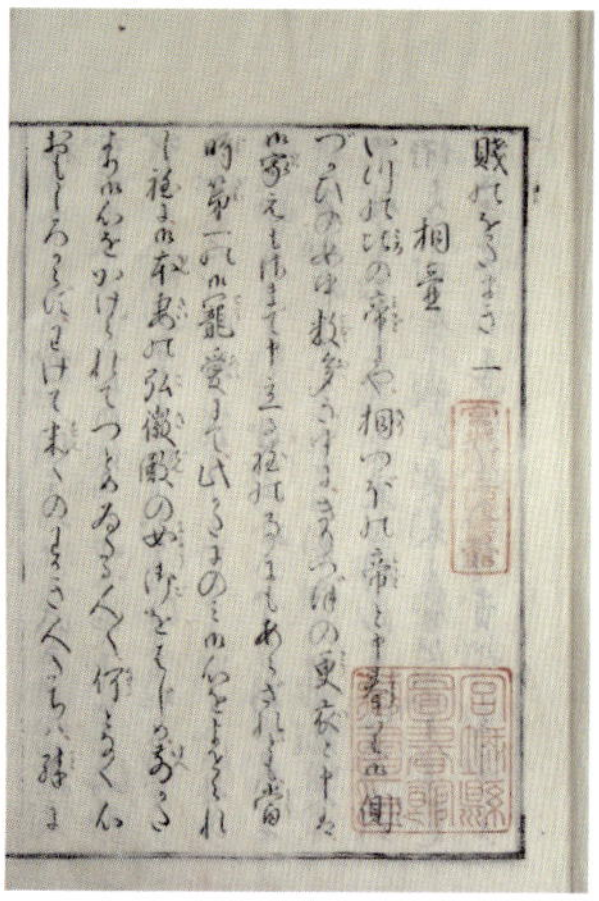

【図5】『賤の苧環』
桐壺巻の訳文の冒頭

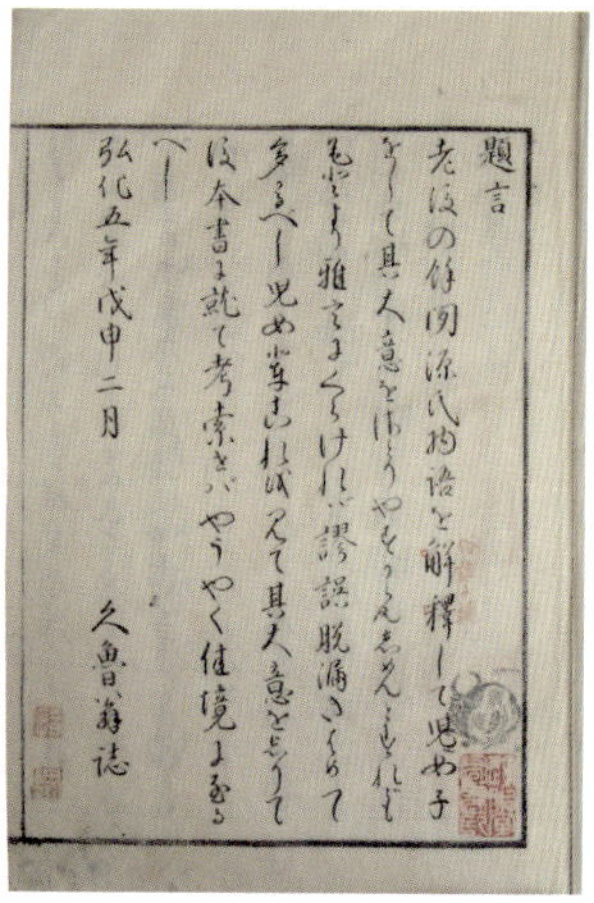

【図6】『賤の苧環』題言

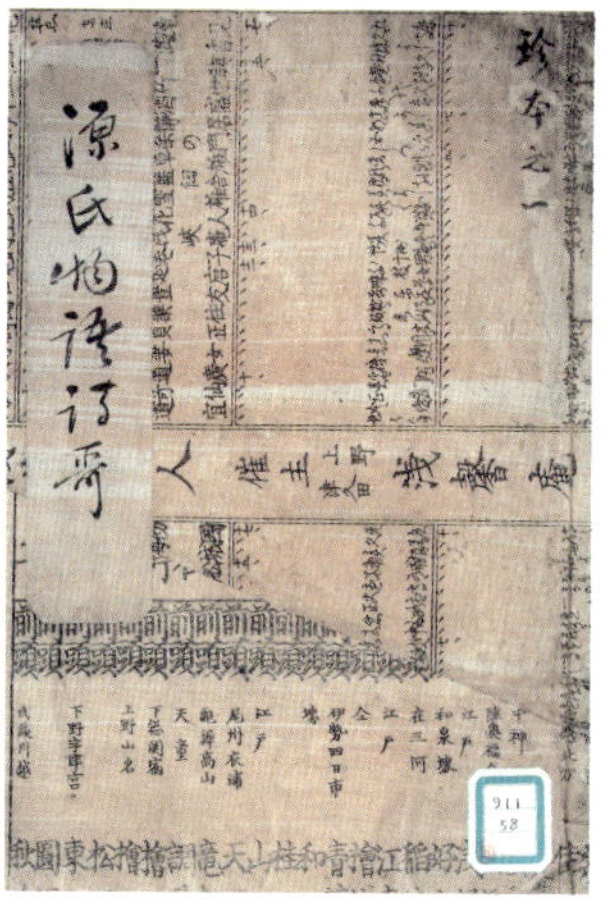

【図7】『源氏物語詩歌』

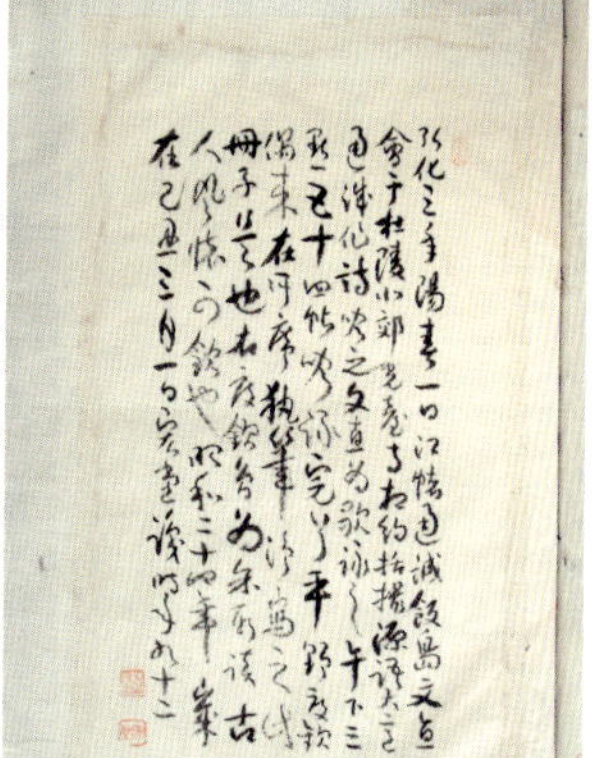

【図8】『源氏物語詩歌』末尾に
記された新渡戸仙岳の跋文

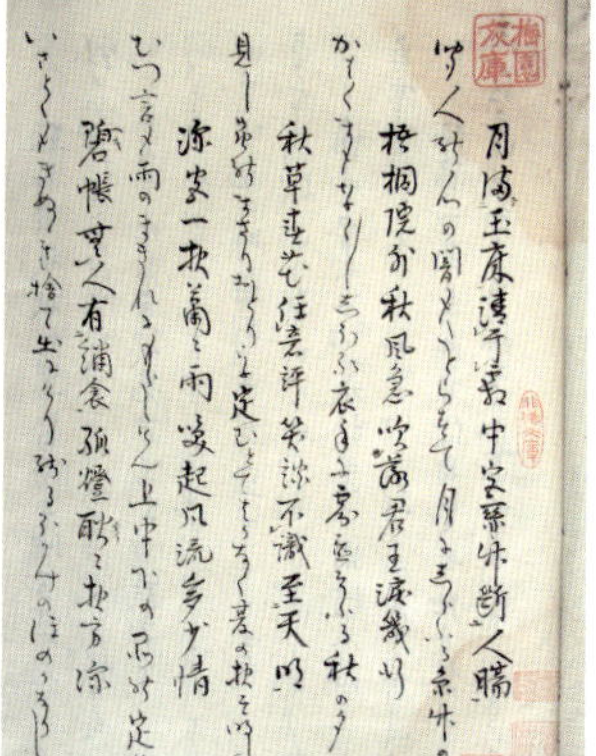

【図9】『源氏物語詩歌』冒頭

【図8】参照）。この年の春の一日、盛岡の光台寺において、江帾通誠（春庵）と飯島文直（温郷）が、わずか三時（六時間）のうちに、『源氏物語』五十四帖に関わる漢詩と和歌を詠み終えた。その場に居合わせた平野度欽が漢詩と和歌を筆写し、後に清書したのが、この原写本である。平野本人から原写本を譲り受けた新渡戸仙岳は、著名な郷土史家。それを一ノ倉則文が新渡戸から譲り受け、後に岩手県立図書館に寄贈したということになる。

江帾春庵は、漢学者・那珂梧楼（通高、一八二七〜一八七九）の兄で、藩の奥医師。吉田松陰・宮部鼎蔵と交友があったが、藩主継承問題に連座し、一八五四年に獄に繋がれ、三十三歳で憤死した。『源氏物語詩歌』を詠んだのは、二十五歳の時である。ちなみに、東洋史学者の那珂通世は、弟・梧楼の養子。和歌を詠んだ飯島温郷は、生没年未詳。町人だが、国学を三輪氏に師事し、和歌に堪能だった。後に出家して、寂念と名告った。

それでは、『源氏物語詩歌』の内容を見てみよう。前記『源氏物語注釈書・享受史事典』は、「詩歌それぞれ五十四首となっているが、かならずしもすべての巻の詩歌を詠んでいるとはかぎらないようである」と記すが、詩歌それぞれが百八首、詠まれている。すなわち、五十四帖すべてにわたっており、一帖（一巻）につき漢詩と和歌が二首ずつ詠まれている。まことに整然とした構成である（【図9】参照）。その中から、夕顔巻の漢詩と和歌を紹介する。

夢中何者奪人魂、万喚千呼黙不言。
さりともと思ふ心も弱りつつ果ては身さへぞ物も言はれぬ

生死一時離別去、単車東走馬西奔。
かきくらす涙の雨に亡骸を捨てていくべき道も知られず

漢詩と和歌は対応しており、同じ場面を詠んでいる。すなわち、夕顔が頓死する場面と、夕顔の葬儀の場面である。漢詩が盛り込める情報量に比して和歌の情報量は少ないので、和歌の方があっさりしている印象を受ける。やはり、江帾春庵の才能が突出していたのだろう。弟の那珂梧楼は「和漢一致」の学風だったと言われる。幕末期に、維新の志士たちと交流した若き異才が、「和漢」の一致を象徴する『源氏物語詩歌』を残していたことに、注目したい。源氏文化の高まりが、維新後の「和魂洋才」と「和漢洋の調和」を可能とする素地を醸成していた。それが、盛岡の地にも及んでいたのである。

岩手県立図書館には、この他にも何冊もの源氏文化の隆盛を証だてる蔵書群があり、江戸時代後期の源氏文化を考える際の宝庫である。今後、調査結果を随時、公刊したい。

七　長崎におけるヨーロッパ文明の流入

東北から一転して、九州に目を転じよう。長崎は、鎖国の時代にあって、世界に向かって開かれた唯一の窓であった。具体的には、清（中国）とオランダ（ヨーロッパ）である。その文化的影響は、計り知れない。

先述した儒学者の荻生徂徠は、長崎通事だった岡島冠山に中国語を習い、「古文辞派」の学風を確立した。一方、医学を中心とする蘭学

【図10】 野々口立圃自筆版下本『十帖源氏』（古典文庫）

【図11】 長崎市歴史民俗資料館蔵『十帖源氏』帚木巻

【図12】 長崎市歴史民俗資料館蔵『十帖源氏』夕顔巻

【図13】 野々口立圃自筆版下本『十帖源氏』

【図14】 長崎市歴史民俗資料館蔵『十帖源氏』柏木巻

【図15】 野々口立圃自筆版下本『十帖源氏』

が、長崎で栄えた。さらに、我が国の最高の知識人たちが何人も長崎を訪れた。幕臣であった大田南畝も、その一人である。一八〇四年から翌年まで、わずか一年間の滞在であったが、南畝は『百舌の草茎』『瓊浦雑綴』『瓊浦又綴』を著した。諏訪神社の境内に、南畝の歌碑がある（【図16】参照）。

『百舌の草茎』の序文には、「おのれひとり笑みの眉」という『源氏物語』夕顔巻の言葉や、「日々に書き記すよしなしごと」という『徒然草』序段の言葉が見られる。「和」すなわち古典の深い素養を身に付けていた南畝が、清人と交遊し、オランダ人との文化観の違いを感じたりする日々が、これらの作品で語られる。

『瓊浦雑綴』に、『長崎図志』を編纂した釈慧通の記述があるが、この慧通は長崎君舒（平君舒）とも言い、柳沢吉保に仕えた荻生徂徠とも交友があった。そして、北村季吟門下の和学者で、柳沢家に仕えた桜井元茂が著した『草庵集難注』に序文を書いている。柳沢吉保が作り上げた「文化統合システム」は、長崎という港町と地下水脈で繋がっている。その種々相を、具体的に見てゆこう。

7・1　『十帖源氏』の新版

長崎に中国やオランダの文物が見られるのは当然だが、一五七一年に港が開かれた長崎で、どの程度「和」の精神である古典文化が根づいていたのだろうか。

長崎市歴史民俗資料館に、相浦憲彦氏から寄贈された『十帖源氏』の版本の一部分がある。本文はなく、挿絵だけ十八枚である。『十帖源氏』は、松永貞徳の門下である雛屋立圃（野々口立圃）の著した『源氏物語』のダイジェストで、立圃自身の手になる挿絵が約百三十枚添えられている。ちなみに、北村季吟も松永貞徳の弟子である。

『十帖源氏』の版本で、これまで存在が知られているものは、すべて同じ版木から刷られている。識語のわずかな違いで、大きく二種類、細かく見れば三種類あるいは四種類に分類される。ところが、長崎市歴史民俗資料館の『十帖源氏』の挿絵十八枚は、従来知られている『十帖源氏』の挿絵とは、すべて異なる版木から刷られていることが、永松実館長の示唆によって判明した。しかも十八枚のうち七枚が、従来知られている挿絵とは左右反転している（【図10】と【図11】、【図12】と【図13】、【図14】と【図15】参照）。

寄贈した相浦氏の岳父は古書店の経営者だった。『十帖源氏』と同

【図16】　長崎諏訪神社境内の大田南畝の歌碑

時に寄贈された他の版本は、一六六一年の『釈迦八相物語』、一六七二年の『平家物語』、一七九九年の『清俗紀聞』などである。『十帖源氏』も、江戸時代の版本であることは確実である。あるいは、長崎で新たに刷られた可能性もある。それだけ、『十帖源氏』の需要は大きかったと言える。

わずか十八枚の挿絵であるが、長崎に源氏文化が根づいていたことを証明する資料だと考えられる。

7・2　中島広足『観蓮記』

長崎の源氏文化を考える際に、中島広足（一七九二〜一八六四）を避けて通ることはできない。国学者で、熊本出身の武士である広足は、長崎に永く居住した。国語学の研究に優れた業績を残したが、和文としては『橿園文集』などを残した。主要な作品は、弥富破魔雄・横山重校訂『中島広足全集』全二巻（大岡山書店、一九三三年）で読むことができる。長崎の諏訪神社には、広足神社がある（【図17】参照）。これは、かつて中島広足邸にあって、柿本人麻呂と本居宣長を祭っていた祠を、移築したものである。

池辺義象『近世八文家選』（啓成社、一九一一年）には、江戸時代を代表する名文家が八人選ばれているが、掲載順に、清水浜臣・伴蒿蹊・村田春海・中島広足・石川雅望・賀茂真淵・上田秋成・近藤芳樹である。最後の近藤芳樹には、『源語奥旨』がある。彼らが、近世最後の「和文」の名手だった。そして、明治以降は、文体の試行錯誤の末に「言文一致」が断行されるに至った。中島広足は、近代の文体の一大変革を準備した人物であると言える。広足は随筆の「物語文論」で、『源氏物語』の文体は素晴らしいが、今の時代にそれを模倣するのは最良ではない、という提言をしている。なぜなら、『源氏物語』は女性の文体であり、今を生きる男性には不向きだからだ。語学者として、『源氏物語』の言葉の意味を厳密に考証した広足の提言には、重みがある。源氏文化に深く傾倒し、それを武器に時代の変革と立ち向かう広足の姿勢は、源氏文化そのものまで変革していった。

そういう目で、広足の『観蓮記』を読んでみる（長崎歴史博物館蔵、【図18】【図19】【図20】参照）。これは、一八三七年の夏、友人たちと舟に乗って蓮を観賞した、日記的随筆である。六十一首の和歌も、織り込まれている。この『観蓮記』で広足が意識的に採用したのは、紀貫之『土佐日記』の文体だった。広足たちが舟で移動したから舟旅を描いた『土佐日記』が下敷きになったのではなく、男性的で格調の高い和文を書こうとした広足が、女性を仮構して和文を書いた紀貫之を意識したためである。

舟に乗って逍遥する広足たちを、親しい人たちが後から追いかけてきて、酒や肴を差し入れる。『観蓮記』には、「今朝、舟より追ひ来つる」とか「小舟より酒を持たせて追ひ来たり」などとあるが、『土佐日記』の「鹿児の崎といふ所に、守の兄弟、また異人これかれ、酒なにと持て追ひ来て、磯に下りゐて」とある箇所を連想させる。また『観蓮記』で、酒に酔った人々の描写として、「勢ひ猛に、盃捧げ、声高やかにて、わたつみの神を驚かすもあるべし」とあるのは、『土佐日記』の「飽き満ちて、舟子どもは、腹鼓を打ちて、海をさへ驚かして、波を立てつべし」という箇所を踏まえている。

我が国の散文は、『源氏物語』によって完成したと考えられる。中島広足は、和文の創始者であり、『古今和歌集』仮名序や『土佐日記』を書いた紀貫之まで遡ることで、もう一度、散文表現の進化をやり直そうとしたのだ。それが、近代日本の新しい散文の胎動となった。

7・3 中島広足『樺島浪風記』

『樺島浪風記(かばしまろうふうき)』は、長崎から郷里の熊本へ向かって船出した広足が、大暴風雨に遭遇した顛末を記したものである（【図21】参照）。一八二八年（文政十一）八月のことだった。この暴風によって、シーボルトが国禁の日本地図を海外に持ち出そうとしたことが発覚している。

この『樺島浪風記』は日付を明記しているので、物語ではなく日記である。また舟旅なので、『土佐日記』の文体を採用した箇所もある。だが、古典文学で暴風の描写として誰もが思い浮かべるのは、『源氏物語』の須磨巻末と明石巻頭で吹いた暴風雨、それと野分巻の台風であろう。『樺島浪風記』には、それらの表現を利用した箇所が、あまたある。また、人々の動揺を語る際には、桐壺巻の更衣の死去の場面が下敷きになっている。

広足の文才を感じさせるのは、このような幅広い古典引用の仕方である。女性が作者である『源氏物語』の言葉をちりばめていながら、『樺島浪風記』の文体は男性的で雄渾である。幸田露伴『五重塔』の暴風雨の描写すら連想させる。同じ源氏文化を土壌とした文体でも、時代に埋没する「後ろ向きの文体」と、未来を切り開く「前向きの文体」とには、大きな違いがある。

さて、『樺島浪風記』は、シーボルト事件と同時の成立なので、西洋と日本との角逐がテーマとならざるを得ない。国学者である広足は、どのような世界観に立脚していたのだろう。

嵐の前に、「阿蘭陀船」の航路を連想しながら、広足は「わが日(ひ)の本(もと)」の範囲と境界を考えている。辛うじて舟から地上に下り立った時、「神のちはひ」（神の加護）に感謝する。嵐が去った後で、阿蘭陀船の陰謀が発覚した。広足は、今度の嵐で日本人にも多数の死傷者が出たが、それは神の下した日本人への罰ではなく、阿蘭陀の悪と戦うための掛け替えのない犠牲だった、と結論づける。

広足にとって、「我が国」と言えば、第一義的には郷里である熊本藩のことである。江戸時代には、藩が「我が国」であった。ところが、源氏文化に親しみ、和歌を愛する中島広足にとって、古典を学ぶことは「我が国」から藩ごとの垣根を取り払い、日本という文化国家の輪郭を意識することに繋がった。暴風の被害を描写する筆致は、『方丈記』の災害描写を思わせるが、長崎の神社と仏閣の双方を記述している。「神道と仏教」、「神と仏」が合体して、強大な「阿蘭陀＝ヨーロッパ」と対決したのだ。広足にとって「洋」は、敵である。敵が強大であればあるほど、それと対抗する「和」の充実が必須である。その「和」は調和ではなく、中島広足の場合は戦いと対決を意味していた。

日本・中国・ヨーロッパという「和漢洋」が、一堂に会する港町の長崎で、江戸時代後期には激しい異文化の角逐が起きた。この角逐は、卓袱(しっぽく)料理などの「和華蘭(わからん)文化」を生み出した。長崎料理には「チャンポン」もあるが、無秩序に食材が混在しているのではない。複数

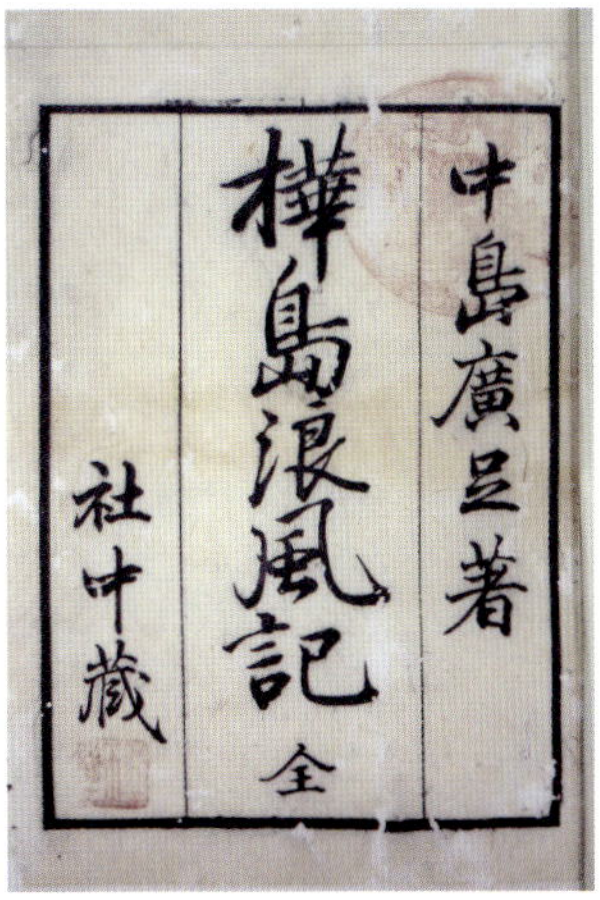

【図21】『樺島浪風記』板本
（長崎歴史博物館蔵）

【図17】長崎諏訪神社境内の広足神社

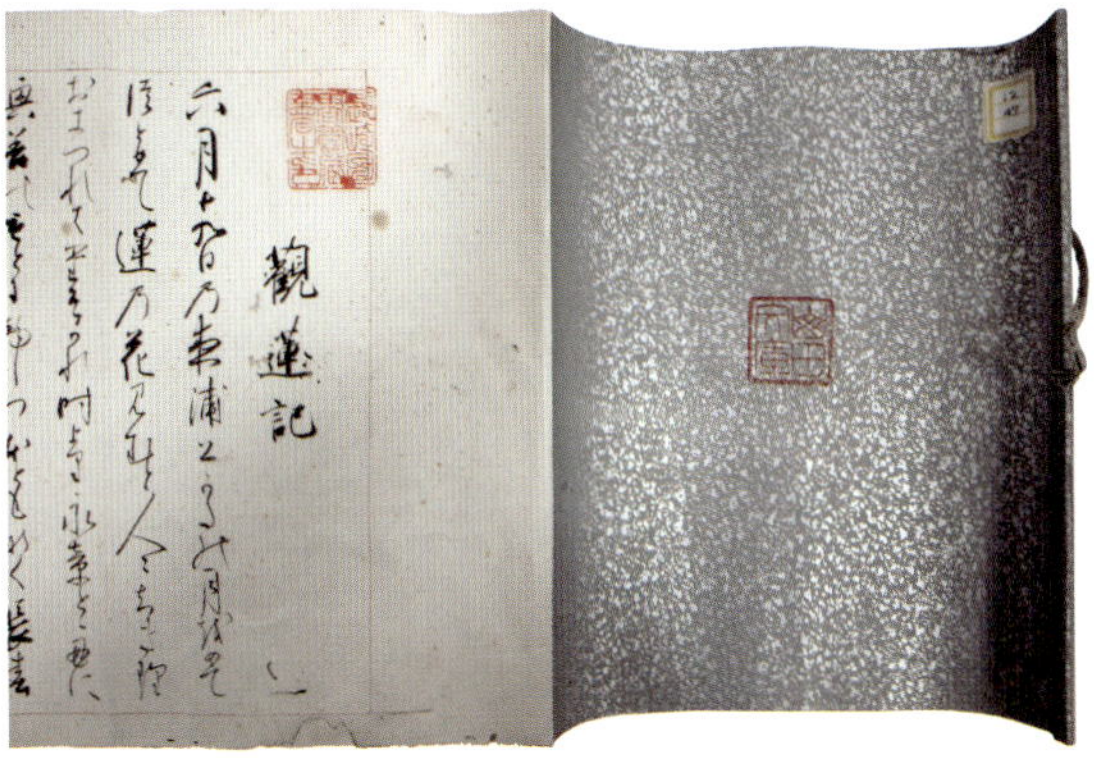

【図19】『観蓮記』巻頭

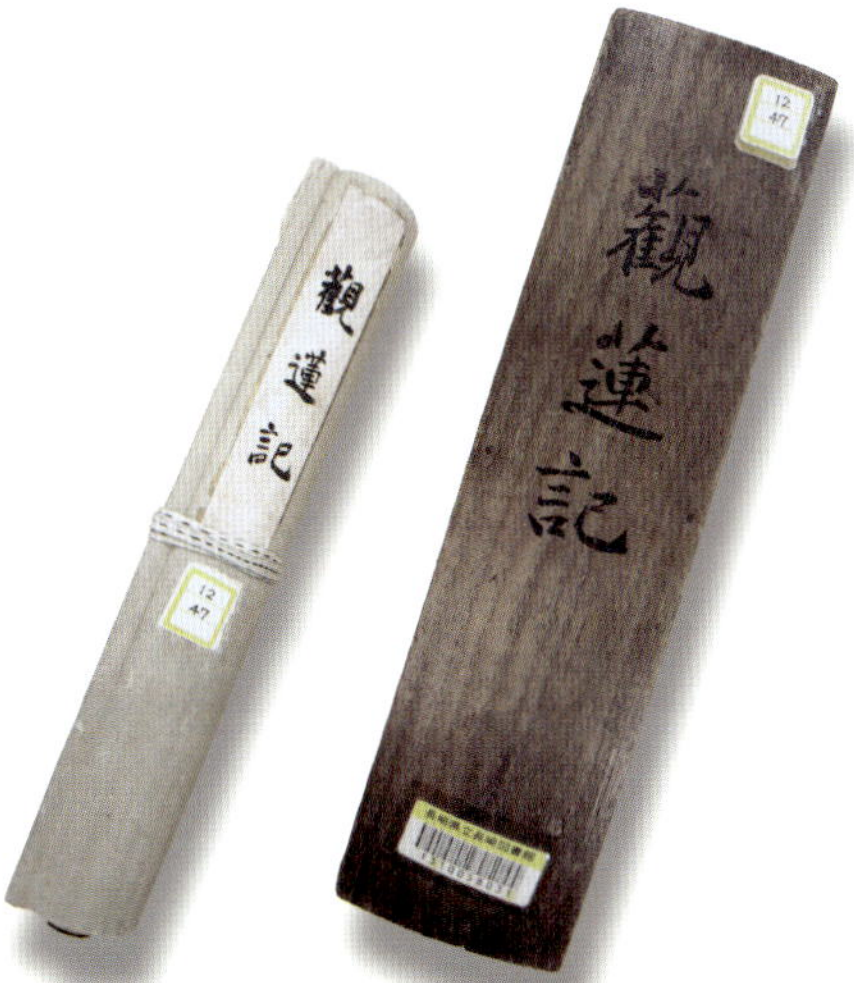

【図18】『観蓮記』
（長崎歴史博物館蔵）

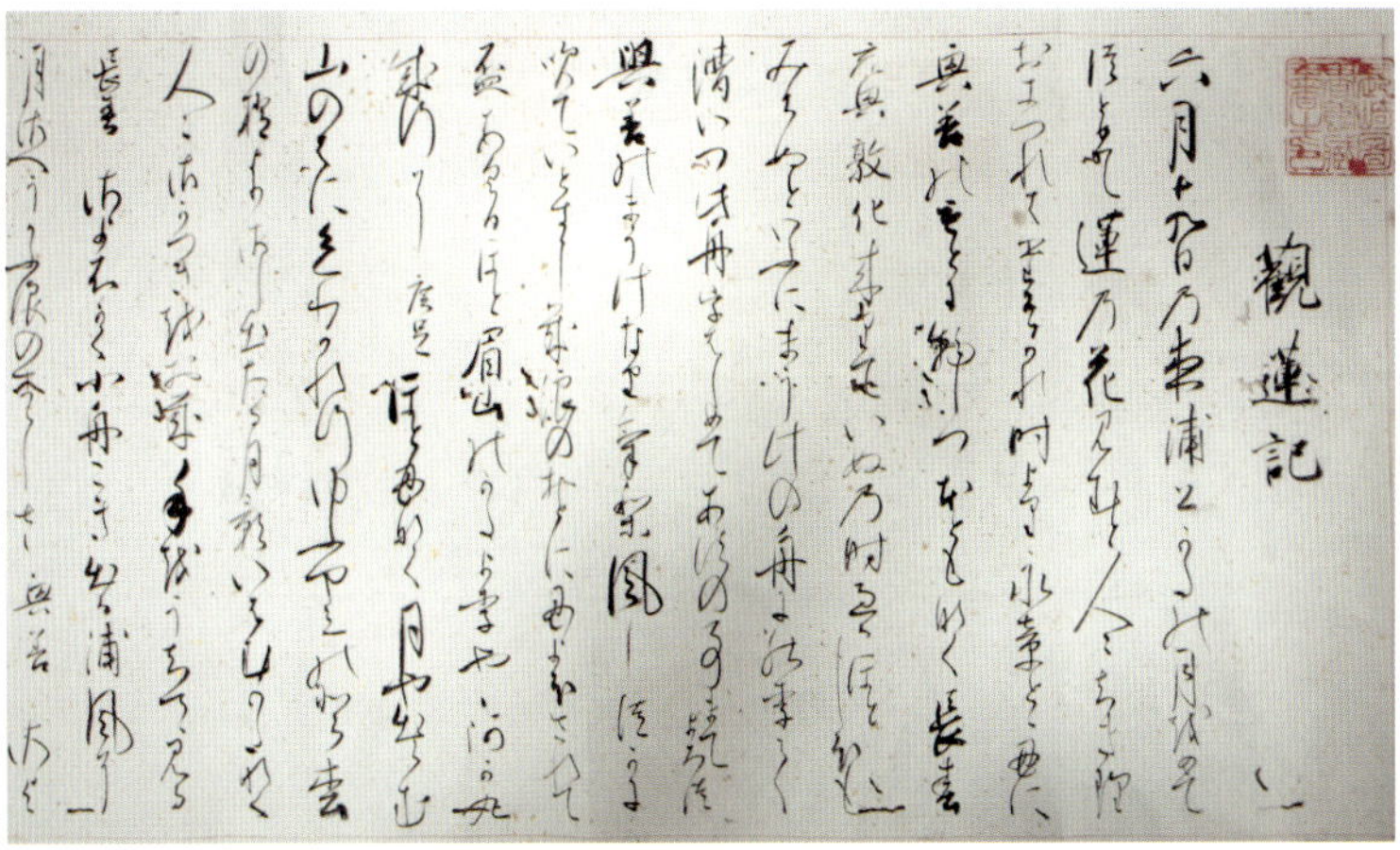

【図20】『観蓮記』

の食材が、絶妙に配合されたのが、卓袱料理でありチャンポンである。個々の素材、個々の文化が独自性と個性を主張し合う。そこに「文化統合システム」が作用することで、新しい文化が生み出されるのだ。その文化統合システムの要が、源氏文化だったのである。明治以前に、異文化を摂取したり排斥しながら、源氏文化は時代に適合した新しい近代日本を創り出していった。

八　夏目漱石と森鷗外、そして未来へ

柳沢吉保が元禄期に確立した「和漢梵」を三位一体とする文化統合システムは、江戸時代後期には「和漢洋」の三位一体へと拡大した。中国の儒教と天竺の仏教が連合し、それがさらに日本の伝統文化と手を結んで、強大なヨーロッパ文明と対峙するのだ。

古代日本の神仏習合から、いきなり近代日本の「和魂洋才」の思想は生まれない。永く続いた江戸時代において、日本的な文化統合システムが鍛え上げられ、現実に機能していたからこそ、明治時代の文明開化が可能だったのである。

近代文豪の双璧は、夏目漱石と森鷗外である。漱石は、「禅」の修行を積んでおり、漢詩の達人でもあるように、「漢」の深い教養があった。イギリスへの留学経験のある英文学者として、「洋」にも通暁していた。そして、見落とされがちであるが、漱石の「和」の要素、つまり我が国の古典文学への嗜好が深かったことは、拙著『文豪の古典力』（文春新書）で指摘した。なぜ私が漱石における「和」の要素にこだわるかと言えば、異文化を統合する文化システムの「要＝支点」となるのが「和＝源氏文化」だからである。

森鷗外は、漢籍を自在に読みこなした。かつ、ドイツに留学して西洋医学を学んだ、洋の巨人でもあった。その鷗外は、『舞姫』で『源氏物語』の言葉を駆使するほどに、和の領域でも深い教養を誇った。特筆すべきは、晩年の史伝で、江戸時代後期を生きた文化人たちの精神構造を発掘したことである。西洋を意識しながら、日本的な文化統合システムの必要性が高まっていた時期を、鷗外は凝視したのだ。

森鷗外の和漢洋にわたる広大な精神宇宙は、弟子の木下杢太郎から、「テーベス百門の大都」と称えられた。テーベスは、古代エジプトの都である。これほど広大な精神世界を混乱させることなく運用するシステムが、源氏文化を支点とする日本的異文化統合システムなのだった。漱石も鷗外も、日本的な文化統合システムを、アップデートしながら採用している。かつての柳沢吉保は、古今伝授も儒学も禅も、すべて肯定的に評価したうえで統合し、重ね合わせた。中島広足は、「和」を肯定しながら「漢」と「洋」を否定し、和漢洋を鼎立させる役割は日本社会全体に委ねた。

漱石は、西洋文明に幻滅した。そして、近代日本の文化も、合理性のない和洋折衷の接ぎ木だとして、その醜悪な現実を嫌悪した。だが、禅籍・漢籍や日本の古典の世界には、融通無碍に遊びえた。鷗外もまた、西洋の芸術を学んだものの、たった一人の「主」にも出会えない幻滅を味わった（『妄想』）。近代日本は、「普請中」の未成熟な段階である。だから、江戸の文化状況に理想郷を見出すノスタルジーが

作動して、史伝を書いた。

そのように古典を愛しながらも、漱石も鷗外も、『源氏物語』の文体を近代文学から消滅させるという、決定的な方向付けを行った。鷗外の『舞姫』の雅文体と、『雁』の言文一致は、同じ文学者とは思えないほどの距離である。彼の文体の変化は、源氏文化との間合いの取り方の変更を意味している。

はたして源氏文化という潤滑油なくして、「和漢洋」の三位一体は可能なのか。それが、漱石・鷗外以後の文学者たちに、宿題として手渡された。『源氏物語』以外に、増大する一方の異文化流入を制御する文化統合システムの要は、ありうるのか。

私個人は、現代文学では、三島由紀夫と村上春樹を愛する。なぜなら、彼らは源氏文化を踏まえて、世界文学へと飛翔しえた天才の双璧だからである。三島が愛し、かつ戦った「和」の要素については、拙著『三島由紀夫　豊饒の海へ注ぐ』（ミネルヴァ書房）に譲る。村上春樹の代表作『海辺のカフカ』には、『源氏物語』『雨月物語』、さらには『徒然草』などの古典、すなわち源氏文化が重要な隠し味となっている。彼らの活躍は、源氏文化が今もなお時代に合わせて変容、つまり進化できることを証明している。

文化統合システムの要として、日本文化の重層化と纏まりを維持させてきた『源氏物語』。『源氏物語』の評価や作品観が時代につれて変化するに合わせて、日本的な文化統合システムも変容し、時代に適合していった。

二十一世紀の源氏研究の最大の目的は、この千年の物語から新生面を抽出することに尽きよう。それができれば、グローバリゼーションの大波に併呑されつつある日本文化の独自性が保たれる。なおかつ、世界文化を変革する方向性を日本人が打ち出し、世界に向けて強烈なメッセージを発信することができる。それが、真の源氏研究の国際化であり、日本人の国際貢献であると、私は信じる。


【付記】資料の調査と掲載を認めていただいた宮城県図書館、岩手県立図書館、長崎市歴史民俗資料館、長崎歴史博物館に感謝申し上げます。

あとがき

二〇〇七年度から二〇一一年度に渡り、科学研究費補助金基盤研究(S)による研究「戦（いくさ）に関わる文字文化と文物の総合的研究」（研究代表者：愛知県立大学日本文化学部名誉教授遠山一郎）は、古代から近代に及ぶ戦（いくさ）の諸側面の研究を進めてきた。この研究は、日本において、いくさとそれに関わる諸現象が、人の生きかた、社会、文化にどのような影響を及ぼしたかを、人文学のさまざまな分野の学際的研究によって総合的に捉えようとした。この研究は、いくさを一連の歴史的・社会的・文化的なつながりとして捉え、いくさそのものだけでなく、空間的にその周辺にあることがら、時間的にその前後にあることがら全体を解き明かそうとした。

この研究の一環として、二〇一〇年九月から十二月にかけて、徳川美術館・蓬左文庫との連携による文物の展示と公開講座とをおこなった。徳川美術館・蓬左文庫は歴代尾張藩主等の武具甲冑、調度品から書物までの文物を保存している。ことに、その中心をなすのが徳川家康の所蔵品である。家康はいくさの時代を経て二六〇年におよぶ平和な時代の礎を築き、みずからの所蔵品を駿河御分物として徳川三家に譲り渡した。なかで、尾張徳川家はこの御分物をほぼ元のまま保ち、徳川美術館・蓬左文庫に伝えた。その伝来品は天下人家康と歴代藩主との日常生活用品、武具にくわえて家康および藩主たちの統治政策、文化政策を知るうえで貴重な手掛かりを今に残している。この文物の展示とその際の公開講座とに基づきつつ、徳川美術館・蓬左文庫の伝来品を起点にした文物の研究とともに、それらに連なる文化の受容、再構成のありかたを視野に収めることによって、武家の文物の多様性を探ることをこの論文集は試みた。さいわいにも、各分野における研究に優れた業績をあげているかたがたの御寄稿をいただき、徳川美術館・蓬左文庫の伝来品のみならず、それら伝来品に関わる多様な文物の諸側面の一端を明らかにできたものと思う。

なお全体にわたる構想・企画は研究代表者である本学名誉教授遠山一郎によるものであり、この構想に基づいて本巻は企画・構成された。本巻の第一章に関しては遠山及び編者三名(名古屋大学大学院文学研究科教授高橋亨氏・本学教員の久富木原玲・同じく中根千絵)が企画を担当し、第二章に関しては主に久富木原がその任に当たった。高橋亨氏には編者に加わっていただくと共に、監修的な立場から絵画資料に関する助言等、数々の貴重なアドバイスをいただいた。高橋氏にはこの場を借りて深く感謝申し上げる。

御寄稿いただいたかたがたのみならず、展示会・講演会等の実現につとめていただいたかたがたに、あつく御礼を申しあげる。くわえて、文物の視覚的な側面を伝えるべく、全面に元色彩を再現する印刷による製本を実現していただいた翰林書房のかたがたにも、あつく御礼を申しあげる。

(遠山一郎)

執筆者紹介

執筆順

吉岡眞之 ❖ よしおか まさゆき

一九四四年生、東京大学史料編纂所特任教授、国立歴史民俗博物館名誉教授。『古代文献の基礎的研究』（吉川弘文館）、『続日本紀　蓬左文庫本』（共編著・八木書店）、新日本古典文学大系『続日本紀』（共著・岩波書店）

遠山一郎 ❖ とおやま いちろう

一九四六年生、愛知県立大学名誉教授。『天皇神話の形成と万葉集』（塙書房）、『古事記』成立の背景と構想』（笠間書院）、編著『いくさの歴史と文字文化―七世紀東アジア世界の影―』（共編、三弥井書店）

桐原千文 ❖ きりはら ちふみ

一九五五年生、名古屋市蓬左文庫長。『規制緩和に挑んだ名君』（共著・小学館）『街道の日本史29』（共著・吉川弘文館）「『金城温古録』の諸本と奥村得義家旧蔵書について」（名古屋市博物館研究紀要20）

吉川美穂 ❖ よしかわ みほ

一九七一年生、徳川美術館学芸員。『かぶく美の世界』展覧会図録（徳川美術館）、「新発見の「源氏物語絵巻」桐壺―製作背景とその特質」（『金鯱叢書』第三十六輯）

龍澤彩 ❖ りゅうさわ あや

一九七四年生、徳川美術館学芸員。『絵で楽しむ日本むかし話　お伽草子と絵本の世界』展覧会図録（徳川美術館）、「大名文化と絵本」（『お伽草子百花繚乱』所収　笠間書院）

加藤洋介 ❖ かとう ようすけ

一九六二年生、大阪大学教授。『河内本源氏物語校異集成』（風間書房）、『大島本源氏物語の再検討』（共著・和泉書院）

藤本幸夫 ❖ ふじもと ゆきお

一九四一年生、麗澤大学教授、富山大学名誉教授。『日本現存朝鮮本研究　集部』（京大出版会）、『韓国語の歴史』（翻訳・大修館）。朝鮮語学・書誌学関係論文多数。

林 和利 ❖ はやし かずとし

一九五二年生、名古屋女子大学教授。『能・狂言の生成と展開に関する研究』（世界思想社）、『なごやと能・狂言』（風媒社）、『人間国宝野村万作の世界』（明治書院）

高橋 亨 ❖ たかはし とおる

一九四七年生、名古屋大学教授。『源氏物語の詩学』（名古屋大学出版会）、『源氏物語と絵の遠近法』（ぺりかん社）

久富木原 玲 ❖ くふきはら れい

一九五一年生、愛知県立大学教授。『和歌とは何か』（編著・有精堂）、『源氏物語　歌と呪性』（若草書房）、『源氏物語の変貌―とはずがたり・たけくらべ・源氏新作能の世界』（おうふう）

名倉 ミサ子 ❖ なぐら みさこ

一九四七年生、愛知県立大学院博士後期課程。「鬼と僧―『百鬼夜行絵巻』が語るもの―」（『あいち国文』第二号）

小谷成子 ❖ こたに しげこ
一九四五年生、愛知県立大学教授。「近世の絵本—謡曲の合戦物語—」（『いくさの物語と謡曲の文学史』三弥井書店）、「「さかな」浄瑠璃—遊びの響き—」（『愛知県立大学説林』57）

中根千絵 ❖ なかね ちえ
一九六七年生、愛知県立大学准教授。『今昔物語集の表現と背景』（三弥井書店）、『いくさの物語と謡曲の文学史』（編著・三弥井書店）、「神々の伝える薬—『仁和寺宝庫大日本神薬書紀』をめぐって—」（『伝承文学研究』60号）

長谷川 端 ❖ はせがわ ただし
一九三四年生、中京大学名誉教授。『太平記の研究』（汲古書院）『新編日本古典文学全集　太平記①〜④』（小学館）、『太平記　創造と成長』（三弥井書店）

狩野一三 ❖ かりの ひとみ
一九七八年生、愛知県立大学客員共同研究員。「『発心集』跋文考」（『古代中世文学論考』第九集）、「多度神社の祭神について」（『佛教文學』三十二号）

鈴木裕子 ❖ すずき ひろこ
駒澤大学教授。『『源氏物語』を〈母と子〉から読み解く』（角川書店）、「『源氏物語』の僧侶像——横川の僧都の消息をめぐって——」（『駒澤大学佛教文學研究』第八号）

清水 婦久子 ❖ しみず ふくこ
一九五四年生、帝塚山大学教授。『源氏物語の風景と和歌』（和泉書院）、『源氏物語版本の研究』（和泉書院）、『源氏物語の真相』（角川学芸出版）、『国宝「源氏物語絵巻」を読む』（和泉書院）

仲町啓子 ❖ なかまち けいこ
一九五一年生、実践女子大学教授。『光悦・宗達』（小学館）、『琳派に夢見る』（新潮社）「近世の源氏物語絵—文化的権威と浮世絵化」（『講座源氏物語研究　第十巻』おうふう）

青木慎一 ❖ あおき しんいち
一九八二年生、立教大学大学院博士課程後期課程。「夕霧の「生ひ先」」（『立教大学日本文学』第九十九号）、「子どもの和歌」（『源氏物語の歌と人物』翰林書房）、「『源氏物語』の抄出本文」（『源氏絵集成』藝華書院）

川名淳子 ❖ かわな じゅんこ
一九五七年生、愛知学院大学教授。『物語世界における絵画的領域—平安文学の表現方法』（ブリュッケ）、「物語の中の〈物語絵〉」（『源氏絵集成』藝華書院）

小林正明 ❖ こばやし まさあき
一九五〇年生、青山学院女子短期大学教授。『村上春樹・塔と海の彼方に』（森話社）、「『源氏物語』王権聖樹解体論——樹下美人からリゾームへ」（物語研究会編『新物語研究』四号、若草書房）

安藤 徹 ❖ あんどう とおる
一九六八年生、龍谷大学教授。『源氏物語と物語社会』（森話社）、『源氏文化の時空』（共編著、森話社）、『三条西公条自筆稿本源氏物語細流抄』（責任編集、思文閣出版）

有働 裕 ❖ うどう ゆたか
一九五七年生、愛知教育大学教授。『源氏物語と戦争』（インパクト出版）、『西鶴と浮世草子研究2　怪異』（笠間書院）、『これからの古典ブンガクのために』（ぺりかん社）、『西鶴　はなしの想像力』（翰林書房）

島内景二 ❖ しまうち けいじ
一九五五年生、電気通信大学教授。『源氏物語ものがたり』（新潮社）、『源氏物語の影響史』（笠間書院）、『北村季吟』（ミネルヴァ書房）、『伊勢物語の水脈と波紋』（翰林書房）

武家の文物と源氏物語絵――尾張徳川家伝来品を起点として

発行日――二〇一二年三月一五日　初版第一刷
編　者――高橋 亨・久富木原 玲・中根 千絵
発行人――今井 肇
発行所――翰林書房
〒一〇一―〇〇五一
東京都千代田区神田神保町二―二
電話　〇三―六三八〇―九六〇一
FAX　〇三―六三八〇―九六〇二
http://www.kanrin.cp.jp/
E-mail　kanrin@nifty.com
造　本――須藤康子＋島津デザイン事務所
印刷・製本――シナノ

ISBN 978-4-87737-327-6